LES

GRANDS ÉCRIVAINS

DE LA FRANCE

NOUVELLES ÉDITIONS

PUBLIÉES SOUS LA DIRECTION

DE M. AD. REGNIER

Membre de l'Institut

OEUVRES

DE

J. RACINE

TOME V

IMPRIMERIE GÉNÉRALE DE CH. LAHURE
Rue de Fleurus, 9, à Paris

OEUVRES

DE

J. RACINE

NOUVELLE ÉDITION

REVUE SUR LES PLUS ANCIENNES IMPRESSIONS
ET LES AUTOGRAPHES

ET AUGMENTÉE

de morceaux inédits, des variantes, de notices, de notes, d'un lexique des mots
et locutions remarquables, d'un portrait, de fac-simile, etc.

PAR M. PAUL MESNARD

TOME CINQUIÈME

PARIS
LIBRAIRIE DE L. HACHETTE ET Cie
BOULEVARD SAINT-GERMAIN, N° 77

1865

ÉPITAPHES

NOTICE.

Des trois épitaphes suivantes il y en a une que Louis Racine, dans ses *Mémoires*, reconnaît pour l'œuvre de son père : « Il a, dit-il, composé en prose l'épitaphe de Mlle de Vertus, dont la longue pénitence l'avoit pénétré d'admiration. » Voyez notre tome I, p. 347. Ce témoignage de Louis Racine est d'ailleurs superflu. L'épitaphe se trouve écrite, avec quelques ratures et corrections, de la main même de Racine, au tome II, feuillet 123, de ses manuscrits conservés à la Bibliothèque impériale.

L'authenticité de l'épitaphe de Michel le Tellier et de celle de Mlle de Lamoignon ne se démontre pas aussi absolument. Les preuves que nous en avons nous semblent cependant très-suffisantes.

Boileau écrivait à Racine le 29 juillet 1687 : « Je n'ai jamais pu deviner la critique que peut faire M. l'abbé Tallemant sur l'endroit de l'épitaphe que vous m'avez marqué. N'est-ce point qu'il prétend que ces termes : « il fut « nommé, » semblent dire que le roi Louis XIII a tenu M. le Tellier sur les fonts de baptême; ou bien que c'est mal dit, que le Roi le choisit « pour remplir la charge, etc., » parce que c'est la charge qui a rempli M. le Tellier, et non pas M. le Tellier qui a rempli la charge...? C'est à vous à m'expliquer cette énigme.... Vous ne me parlez point de l'épitaphe de Mlle de Lamoignon.... » Il est important de remarquer que dans la lettre autographe, la première phrase était d'abord ainsi écrite : « Je n'ai jamais pu deviner la critique que *vous* peut faire.... » Tel est le texte que tous les éditeurs avant M. Berriat-Saint-Prix avaient conservé. Boileau a effacé le mot *vous*. Mais, en dépit de la rature, il subsiste comme preuve.

Racine, dans la réponse qu'il fit à Boileau le 4 août suivant, parlait ainsi des deux épitaphes : « Je suis bien aise que vous n'ayez pas conçu la critique de l'abbé Tallemant : c'est signe qu'elle ne vaut rien. La critique tomboit sur ces mots : « Il en « commença les fonctions. » Il prétendoit qu'il falloit dire nécessairement : « Il commença à en faire les fonctions. » Le P. Bouhours ne le devina point, non plus que vous, et quand je lui dis la difficulté, il s'en moqua. Je donnai l'épitaphe de Mlle de Lamoignon à M. de la Chapelle en l'état que nous en étions convenus à Montgeron; je n'en ai pas ouï parler depuis. » On ne peut pas raisonnablement douter, après avoir lu ces passages des deux lettres, que Racine ne soit l'auteur de l'épitaphe de M. le Tellier, et qu'il n'ait rendu un semblable hommage à la mémoire de Mlle de Lamoignon. Ce qu'il écrit de l'épitaphe composée pour celle-ci pourrait, il est vrai, faire soupçonner que Boileau y a eu quelque part. Il semble toutefois plus probable que Racine lui a seulement demandé quelques conseils.

Les chicanes de l'abbé Paul Tallemant citées par Boileau et par Racine se rapportent au texte que nous donnons de l'épitaphe de le Tellier. Cette épitaphe est donc bien celle que Racine avait écrite.

A-t-on la même certitude pour l'épitaphe gravée sur le tombeau de Mlle de Lamoignon, et dont le lecteur trouvera ci-après le texte? Plusieurs avaient pu être proposées; mais, en fût-il ainsi, il resterait infiniment probable que la famille de Lamoignon, si étroitement liée d'amitié avec Racine, lui donna la préférence sur tout autre. M. Berriat-Saint-Prix (voyez le tome IV de ses *OEuvres de Boileau*, p. 166, note 6, et le tome II, p. 441, note 3) a cru que l'épitaphe mentionnée dans les lettres de Boileau et de Racine n'est autre chose que les *Vers* de Boileau *pour mettre au bas du portrait de Mlle de Lamoignon*. Cette opinion serait difficile à admettre.

Les épitaphes de le Tellier et de Mlle de Lamoignon ont été pour la première fois recueillies dans les *OEuvres de Racine* par M. Aignan (édition de 1824, tome IV, p. 381 et 382). Il les avait tirées de la *Description historique de la ville de Paris* par Piganiol de la Force (10 vol. in-12, 1765). Cet auteur ne dit pas par qui elles ont été composées. Il s'est contenté de les copier sur les pierres des tombeaux, dont l'une était dans l'église de Saint-Gervais et Saint-Protais, l'autre dans l'église des Cordeliers, située sur une petite place où commençait la rue de l'Observance, près de l'École de médecine. Nous n'avons pu savoir ce qu'est devenue, depuis la démolition de cette église, la pierre tumulaire de Madeleine de Lamoignon. Le tombeau du chancelier le Tellier se voit encore aujourd'hui dans l'église de Saint-Gervais; mais l'inscription a disparu; nous ignorons également quel sort elle a eu. On s'expliquerait sans peine que la Révolution ne l'eût pas épargnée; il y a même lieu de s'étonner que l'œuvre du sculpteur ait été préservée de la destruction. Le texte que nous donnons des deux inscriptions est celui de Piganiol de la Force.

Voici la description qu'il fait du tombeau de Michel le Tellier, au tome IV, p. 140 et 141, de l'ouvrage cité ci-dessus : « Dans une chapelle qui est à côté du chœur (*de l'église Saint-Gervais*), à main droite, on remarque le tombeau de Michel le Tellier, chancelier de France.... Sous un grand arc porté sur deux jambages est un sarcophage, ou tombeau de marbre noir, sur lequel est la figure du chancelier le Tellier, à demi couchée, et au pied de laquelle est un génie en pleurs. Sur un cartouche qui est au-dessus est l'urne qui est censée contenir ses cendres, et qui est entre deux autres génies aussi en pleurs. Sur l'archivolte sont les figures de la Prudence et de la Justice; et sur des piédestaux en saillie, au bas des pilastres, sont la Religion et la Force. Ce monument est orné de feuillages, de festons et de pentes, le tout de bronze doré. Tout l'ouvrage est d'un très-bon goût. La sculpture est du dessin et de l'exécution de Pierre Mazeline et de Simon Hurtrelle, sculpteurs de l'Académie royale de peinture et de sculpture. Sur le devant de ce tombeau est gravée l'inscription. »

Le Tellier est trop célèbre pour que nous ayons ici à parler de lui. Au sujet de l'épitaphe que, par ordre sans doute, Racine a composée pour ce dur ministre, nous ne ferons qu'une remarque. Les mots : « content d'avoir vu consommer ce grand ouvrage, » sont, dans les écrits qui nous restent de Racine, le seul éloge que nous ayons rencontré (et il eût été difficile alors de le faire plus modéré) de la révocation de l'édit de Nantes. Voyez ce que nous avons dit d'un passage du *Prologue d'Esther*, dans notre tome III, p. 462, note 4.

Piganiol de la Force, dans son tome VII, p. 27 et suivantes, décrit la chapelle des Besançon de l'église des Cordeliers. « La chapelle des Besançon, dit-il, renferme les cendres de plusieurs magistrats de ce nom et de plusieurs autres des familles des Bullion et des Lamoignon, qui en descendent par Charlotte de Besançon, femme de Charles de Lamoignon, conseiller d'État, mort en 1573.... On voit dans cette même chapelle les épitaphes de Charles, de Guillaume et de Madelaine de Lamoignon.... La Demoiselle (*de Lamoignon*) dont on va lire l'épitaphe étoit sœur de Guillaume de Lamoignon, premier président du parlement de Paris, et fille de Chrétien de Lamoignon, président à mortier au même parlement, et de Marie Deslandes (*de Landes*, dans le *Dictionnaire de Moréri*). »

L'épitaphe que Racine avait écrite pour Mlle de Vertus n'est point celle que cite le *Nécrologe* de 1723 comme ayant été gravée sur la pierre tumulaire, qui était à Port-Royal des Champs, dans le cimetière des Religieuses. Le lecteur aimera sans doute à trouver ici cette épitaphe du *Nécrologe* pour la comparer avec celle de Racine. On remarquera entre l'une et l'autre des rapports frappants : quelquefois des expressions semblables, et partout les idées s'enchaînant dans le même ordre. Il est vraisemblable que l'épitaphe de notre auteur a été composée la première, qu'à Port-Royal on s'est fait scrupule d'une forme qui pouvait sembler trop littéraire, et qu'on s'est beaucoup aidé du travail de Racine en le refaisant. Voici l'épitaphe qu'on trouve dans le *Nécrologe*, avec la courte notice qui l'y précède (p. 438) :

« Le vingt et unième jour (*de novembre*) 1692, mourut en ce monastère Demoiselle Catherine-Françoise de Bretagne de Vertus, que l'on peut regarder comme une héroïne du christianisme et un prodige de piété. En qualité de bienfactrice elle a demeuré vingt et un ans dans cette maison ; et pendant tout ce temps nous a donné en toute occasion des marques éclatantes de sa charité, de sa libéralité chrétienne et de son tendre attachement. Elle nous étoit si unie que la mort même n'a pas été capable de la séparer de nous. Son humilité lui a fait choisir sa sépulture dans le cimetière des Religieuses, où nous lui avons fait dresser cette épitaphe :

« Ici repose Catherine-Françoise de Bretagne, Demoiselle
« de Vertus. Elle fut sérieuse, constante, généreuse dès l'en-
« fance. Elle passa sa plus grande jeunesse pratiquant par
« piété la règle de saint Benoît dans un monastère. Elle en
« fut tirée par les flatteries de la cour, où elle prit trop de
« part aux intrigues et aux plaisirs qu'elle désapprouvoit. Mais
« Dieu la fit enfin ressouvenir de ses premiers sentiments ; et
« elle lui rendit tout son cœur. Il lui montra le sentier droit
« qui mène à la vie ; et la princesse Anne de Bourbon[1] l'y
« ayant suivie, elle la consola par l'exemple de sa joie dans
« les austérités d'un jeûne continuel, et la soutint par sa tran-
« quillité au milieu de la tempête qui agitoit alors l'Église.
« Son application aux besoins de l'Épouse de Jésus-Christ la
« rendit digne de contribuer à la paix de ses enfants. Après
« quoi, n'ayant plus rien à faire sur la terre, qu'à se préparer
« à la mort, elle se retira dans ce monastère, où elle se seroit
« engagée sans ses infirmités. Elles l'attachèrent au lit durant
« les dernières années de sa vie ; mais elles n'interrompirent
« ni sa régularité à la récitation de l'office à toutes les heures
« de la communauté, ni son attention aux besoins du pro-
« chain, ni le progrès de son amour pour Dieu et pour son
« Église. Elle passa de ce monde après vingt et un ans de souf-
« frances et de clôture, âgée de soixante et quinze ans, ayant
« disposé en faveur des pauvres du peu que ses grandes et
« continuelles aumônes lui avoient laissé, le 21 novembre
« 1692. »

Dans cette épitaphe, comme dans celle que Racine a écrite, le nom de Catherine-Françoise *de Bretagne* rappelle l'illustre origine de Mlle de Vertus, qui descendait des anciens princes de la Bretagne, et ne la rappelle qu'autant qu'il convenait. Le cimetière des Religieuses de Port-Royal n'était pas un lieu où dussent s'étaler avec trop de faste les titres mondains de la bienfaitrice du monastère. Il était mieux d'ailleurs de ne pas nommer expressément une maison souveraine dont

---

1. La duchesse de Longueville.

Mlle de Vertus n'était issue que par un frère naturel de la reine Anne. Le père de la pieuse pénitente de Port-Royal était Claude d'Avaugour, comte de Vertus, et sa mère Catherine Fouquet de la Varenne. La belle Montbazon était sa sœur aînée. On trouvera d'intéressants détails sur toute la vie de Mlle de Vertus, particulièrement sur le temps de sa pénitence et de sa retraite, dans le *Port-Royal* de M. Sainte-Beuve. Nous y avons déjà renvoyé à la page 347, note 2, de notre tome I; mais nous n'avions pas alors l'édition de ce livre publiée en 1867; nous indiquerons ici de préférence cette nouvelle édition, à laquelle l'auteur a fait des additions. On peut voir le tome V, aux pages 99-122; M. Sainte-Beuve y a cité dans une note (p. 103) quelques médisances du P. Rapin, qui ne sauraient jeter aucune ombre sur l'éloge que Racine a fait de Mlle de Vertus.

Dans un autre de ses écrits (voyez notre tome IV, p. 605) Racine a dit quelques mots de Mlle de Vertus et de son amie Mme de Longueville, en laissant tout l'avantage à la première.

Nous avons eu sous les yeux une ancienne copie de l'épitaphe de Mlle de Vertus, faisant partie des manuscrits de la bibliothèque de Troyes, que nous avons déjà mentionnés dans notre tome IV, p. 267 et 599. Cette copie est presque entièrement conforme à l'autographe, qui la rendait d'ailleurs à peu près inutile pour nous.

ÉPITAPHES.

I

ÉPITAPHE

DE C. F. DE BRETAGNE,

DEMOISELLE DE VERTUS [1].

Icy repose Catherine-Françoise DE BRETAGNE, Demoiselle DE VERTUS. Elle passa sa plus tendre jeunesse dans le desir de se donner à Dieu, pratiquant dès lors avec un goût particulier la règle de S. Benoît dans un monastère. Mais engagée dans le monde par ses parents, les flatteries des gens du siècle et cette estime dangereuse que lui attiroient les grâces de sa personne et les agréments de son esprit [2] l'emportèrent bientôt sur ses premiers sentiments, dont elle ne laissoit pas d'être toujours combattue. Pour surcroît de malheur [3] se trouvant mêlée fort avant

---

1. Le texte que nous donnons de cette épitaphe est celui du manuscrit autographe. Voyez ci-dessus, p. 3, au commencement de la *Notice*. — Dans la copie de Troyes, le titre est : *Épitaphe de Mlle de Vertus, morte et enterrée à Port-Royal des Champs.*
2. La première rédaction dans le manuscrit était : « que lui attiroient les grandes qualités de son corps et de son esprit. »
3. Pour comble de malheur. (1re rédaction.)

dans les cabales¹ qui divisoient alors la cour, elle prit hélas! trop de part et aux plaisirs et aux intrigues² que dans son âme elle condamnoit. Mais Dieu, qui ne vouloit pas qu'elle pérît, jeta une amertume salutaire sur ses vaines occupations³, et permit que rebutée de leur mauvais succès⁴ elle en connût mieux le néant, et qu'elle lui rendît tout son cœur. Elle eut le bonheur, dans les premiers temps de sa conversion, de fortifier par son exemple et par ses conseils la duchesse de Longueville dans le dessein qu'elle forma aussi de se convertir, et fut l'ange visible⁵ dont Dieu se servit pour aider à cette princesse à trouver la voie étroite du salut⁶. Catherine, malgré ses continuelles infirmités, affligeoit son corps par des austérités continuelles, goûtoit une paix profonde et une solitude intérieure au milieu des troubles et des orages dont elle voyoit avec douleur l'Église agitée, veillant sans cesse à tous les besoins de cette Épouse de J. C. et de ses membres, surtout de ceux qui souffroient pour la défense des vérités chrétiennes⁷; et fut rendue digne par cette charité si compatissante de contribuer à la paix qui calma pour un temps toutes ces tempêtes. Alors persuadée qu'elle n'avoit plus autre chose à faire que de consommer sa pénitence, elle se retira dans cette maison, dont elle embrassa toutes les pratiques, et où ses⁸ violentes maladies, qui l'attachèrent au lit pendant les

1. Dans les intrigues. (1ʳᵉ rédaction.)
2. Et aux affaires. (1ʳᵉ rédaction.)
3. Sur ses vains amusements. (1ʳᵉ rédaction.)
4. Dans la copie de Troyes : « de leurs mauvais succès. »
5. L'ange tutélaire. (1ʳᵉ rédaction.)
6. Et pour aider à cette princesse à trouver la voie étroite du salut, et pour la consoler et la soutenir dans les longs travaux de sa pénitence. (1ʳᵉ rédaction.)
7. Surtout de ceux qui souffroient pour elle. (1ʳᵉ rédaction.)
8. Il y a *les*, au lieu de *ses*, dans la copie de Troyes.

onze dernières années de sa vie, l'empêchèrent seules de faire profession. Mais elles n'empêchèrent pas sa régularité à réciter tous les jours l'office aux mêmes heures de la communauté, son attention aux nécessités du prochain [1], sa charité pour toutes les sœurs, et surtout son attention à Dieu dans une adoration perpétuelle [2] au milieu de tous ses maux, qu'elle souffrit avec une extrême humilité et avec une patience incroyable [3]. Enfin, âgée de 74 ans, après avoir laissé ce qui lui restoit de bien aux pauvres, et vécu en pauvre elle-même [4], elle rendit son âme à Dieu, munie de tous les sacrements des mourants, au milieu de toutes les sœurs [5], le.... [6].

1. Aux nécessités des pauvres. (1re rédaction.)
2. Son attention à Dieu et une adoration perpétuelle de sa miséricorde. (1re rédaction.)
3. Et avec une patience sans bornes. (1re rédaction.)
4. Et vécu elle-même comme les pauvres. (1re rédaction.)
5. De toutes les sœurs, qu'elle avoit tendrement aimées. (1re rédaction.)
6. La date est le 21 novembre 1692. Voyez ci-dessus, p. 6.

II

ÉPITAPHE
DE MICHEL LE TELLIER.

A LA GLOIRE DE DIEU,

ET A LA MÉMOIRE ÉTERNELLE

DE MICHEL LE TELLIER,

Chancelier de France, illustre par sa fidélité inviolable envers son prince, et par sa conduite toujours sage, toujours heureuse. Il fut nommé par le roi Louis XIII pour remplir la charge de secrétaire d'État de la guerre, et en commença les fonctions la première année de la régence d'Anne d'Autriche. Dans des temps si difficiles, il n'eut d'autre intérêt que son devoir, et fut regardé de tous les partis comme le plus habile et le plus zélé défenseur de l'autorité royale. Louis le Grand, ayant résolu de gouverner toutes choses par lui-même, le choisit pour être un des principaux ministres de ses volontés, et se servit de lui pour rétablir l'ordre de son État et la discipline dans ses armées. Il l'éleva depuis à la dignité de Chancelier.

Dans cette longue suite d'honneurs, il signala sa piété envers son Dieu, sa passion pour la gloire de son roi, et son amour pour le bien de l'État. Il fit également admirer en lui le grand sens, l'équité, la modestie. Enfin, à l'âge de LXXXIII ans, le 3o d'octobre de l'an MDCLXXXV, huit jours après qu'il eut scellé la révocation de l'édit de

Nantes, content d'avoir vu consommer ce grand ouvrage, et tout plein des pensées de l'éternité, il expira dans les bras de sa famille, pleuré des peuples, et regretté de Louis le Grand.

III

ÉPITAPHE
DE MADEMOISELLE DE LAMOIGNON.

Icy gist
Madelaine de Lamoignon,
fille de Chrestien de Lamoignon,
marquis de Basville,
grand president du parlement.
Elle fut uniquement occupée,
pendant une longue vie, du soin
de soulager toute sorte de malheureux.
Il n'y a point de provinces en France,
ni de pays dans le monde[1],

---

1. On peut rapprocher de cet éloge les vers suivants de Boileau :

> Cette admirable et sainte fille
> . . . .
> Jusqu'aux climats où naît et finit la clarté
> Fit ressentir l'effet de ses soins secourables
>
> *(Vers pour mettre au bas du portrait de Mlle de Lamoignon)* ;

et la note par laquelle le poëte explique ces mêmes vers : « Mlle de Lamoignon, sœur de Monsieur le premier président, faisoit tenir de l'argent à beaucoup de missionnaires jusque dans les Indes orientales et occidentales. »

QUI N'AIENT RESSENTI LES EFFETS
DE SA CHARITÉ.
ELLE NAQUIT LE . . . .
ELLE EST MORTE LE[1] . . . .

---

[1]. Dans la transcription donnée par Piganiol de la Force, la date de la naissance et celle de la mort sont restées en blanc. La première est le 18 septembre 1609, et la seconde le 14 avril 1687. Voyez le *Dictionnaire de Moréri*, à l'article *Chrétien de Lamoignon, seigneur de Báville.*

EXPLICATIONS
DE MÉDAILLES

NOTICE.

Racine a été pendant près de seize ans, de la fin de 1683 jusqu'à sa mort (avril 1699), un des membres de l'Académie royale des inscriptions[1]. La part qui lui revient dans les travaux collectifs de cette compagnie peut jusqu'à un certain point être connue. Nous en avons recherché les traces, et nous avons ainsi recueilli quelques pages qui manquaient aux précédentes éditions des Œuvres de notre auteur.

M. Berriat-Saint-Prix avait indiqué déjà la source où l'on pouvait puiser. Dans son édition des Œuvres de Boileau, il a donné, au tome III, p. 124-139, les *Descriptions ou explications de médailles* que celui-ci a rédigées. Il avertit qu'il en a pris le texte dans l'Histoire métallique du Roi publiée en 1702, et que ce sont les registres de l'Académie qui lui ont fait connaître qu'elles sont de Boileau.

M. Guigniaut, aujourd'hui secrétaire perpétuel de l'Académie des inscriptions et belles-lettres, nous a permis, avec la plus gracieuse obligeance, de consulter les mêmes registres. Nous y avons trouvé pour Racine ce que M. Berriat-Saint-Prix avait trouvé pour Boileau, c'est-à-dire une partie de ce que l'on peut revendiquer pour lui dans la rédaction de l'Histoire métallique du Roi.

Ce fut seulement en 1694 que, dans l'Académie dite alors des inscriptions et médailles, on commença à tenir un registre exact des assemblées. Celle du samedi 3 avril 1694 est la première dont il soit rendu compte dans le plus ancien des registres. En ce temps-là, le Roi avait placé l'Académie sous la direction de

---

[1]. Voyez les *Mémoires* de Louis Racine, dans notre tome I, p. 276, et la *Notice biographique* au même tome, p. 103 et 104.

Pontchartrain, contrôleur général et secrétaire d'État, ayant le département de la maison du Roi. Dans la liste des académiciens, qu'on lit en tête du registre de 1694, le premier nom est celui de ce ministre; il est immédiatement suivi de celui de son fils, M. Phelippeaux, secrétaire d'État reçu en survivance, puis de celui de l'abbé Bignon, neveu de Pontchartrain, et à qui celui-ci avait confié l'inspection de l'Académie. Les vrais académiciens, ceux qui étaient à titre égal dans la Compagnie et qui y prenaient part au travail, étaient alors, suivant l'ordre de leur réception, Charpentier, Félibien, Racine, Despréaux, de Tourreil, l'abbé Renaudot, de la Loubère, et l'abbé Tallemant secrétaire. La Compagnie siégeait au Louvre, dans le même lieu où se tenaient les assemblées de l'Académie française. Elle se réunissait deux fois la semaine, le mardi et le samedi. Pontchartrain, homme d'esprit, et qui aimait les lettres, donnait une attention particulière à ses travaux; ils étaient alors en progrès, parce que l'expérience était plus grande qu'à l'origine, et que, depuis Louvois, des hommes d'un mérite supérieur avaient été appelés dans le sein de cette académie. A l'époque où commencent les registres, on revoyait avec soin toutes les médailles dont le projet avait été adopté précédemment; on s'occupait d'en réformer plusieurs, et d'en ajouter un grand nombre de nouvelles, pour compléter la série. Il est à regretter que les procès-verbaux des assemblées ne remontent pas plus haut. Nous n'ayons ainsi qu'une histoire incomplète de la composition des médailles, et nous ne connaissons pas toutes celles auxquelles Racine a travaillé. Dès le temps de Colbert, et lorsque la Compagnie se réunissait chez ce ministre, dans une petite chambre, on travaillait à des médailles, dont la première fut celle de l'alliance des Suisses[1]. Interrompue dans les dernières années de Colbert, l'œuvre fut reprise avec ardeur sous Louvois. On fit frapper des médailles de grand module, qui ont été désignées sous le nom de *Médailles de la grande histoire*. Dans une lettre écrite de Paris, le 10 février 1685, à l'auteur des *Nouvelles de la République des lettres*, il est dit que les

---

1. *Mémoires* de Charles Perrault (1 volume in-12, à Avignon, MDCCLIX), p. 35.

membres de l'Académie des inscriptions, dont Racine et Boileau faisaient partie depuis deux ans, « travaillent à des desseins[1] de médailles et d'inscriptions pour Sa Majesté. » Parmi les médailles de l'histoire du Roi il y en a donc qui ont été composées avant le temps où les registres ont été exactement tenus, quelques-unes dès les commencements de l'Académie, un plus grand nombre depuis l'entrée de Racine et de Boileau dans la Compagnie jusqu'en 1694; des unes comme des autres nous ignorons les auteurs. A partir de 1694, les registres nous permettent d'attribuer à Racine cinq médailles, qui, dans l'ordre chronologique des événements historiques qu'elles rappellent, sont : 1° La prise de Marsal; 2° La ville d'Erford rendue à l'archevêque de Mayence; 3° Dunkerque fortifiée; 4° Woërden secouru; 5° La trêve de 1684. Voici les témoignages, extraits des registres, qui désignent Racine comme auteur des explications qui s'y rapportent : « Du samedi 19 février 1695.
« M. Racine a apporté la description de la médaille sur la
« prise de Marsal, et elle a été arrêtée. — Du samedi 31 août
« 1697. On a examiné trois descriptions faites par M. Racine,
« l'une sur la médaille des fortifications de Dunkerque; la
« seconde sur la médaille du secours de Woërden; et la
« troisième sur la médaille d'Erford rendu à l'électeur de
« Mayence. Ces trois descriptions ont été arrêtées. — Du
« mardi 18 février 1698. On a examiné la description faite
« par M. Racine de la médaille sur la trêve, et elle a été ar-
« rêtée. » Ces mentions des registres sont suivies du texte des descriptions rédigées par Racine. Nous parlerons tout à l'heure de ce texte.

Avant la date du 31 août 1697, où l'explication de la médaille d'Erford fut arrêtée, nous trouvons en divers passages des registres que cette médaille avait été proposée par Racine : « Du samedi 17 décembre 1695. M. Racine a proposé un
« dessein de médaille sur ce que le Roi fit rentrer la ville d'Er-

---

1. Dans les citations que renferme cette notice, nous avons cru plus sûr de conserver partout, pour le mot *dessein*, l'orthographe du temps. Cette orthographe ne faisait pas de distinction entre *dessein* et *dessin*; et en bien des cas il nous aurait été difficile de décider si le *dessein* d'une médaille signifiait la médaille *projetée*, *imaginée*, ou bien la médaille *dessinée*.

« ford sous l'obéissance de l'archevêque de Mayence, son véri-
« table seigneur, en 1664. Il vouloit représenter la France qui
« remet à la Religion le bouclier de la ville d'Erford, avec
« cette légende : Religione et sociis defensis; et à l'exergue :
« Erfortium archiepiscopo moguntino restitutum. Le type
« a assez plu à la Compagnie ; mais on a fait quelque difficulté
« sur l'inscription de l'exergue, plusieurs disant que ce mot
« de restitutum pouvoit supposer qu'Erford avoit été pris
« ou enlevé à l'archevêque de Mayence, et n'exprimoit pas
« bien la vérité, qui est que cette ville s'étoit soustraite à la
« domination de son légitime maître. On a proposé de mettre :
« Erfordia in possessionem archiepiscopi moguntini restituta,
« cette phrase étant toute de Cicéron ; d'autres ont proposé
« une phrase du droit romain, qui est, Juri restitutum ; d'au-
« tres encore trouvoient plus à propos de mettre : Erfordia
« dominationi archiepiscopi moguntini restituta ou reddita.
« On a remis à l'assemblée suivante à décider. — Du mardi
« 20 décembre 1695. M. l'abbé Tallemant a proposé à la
« Compagnie de décider sur le dessein de M. Racine pour
« Erford. Plusieurs avoient peine à s'accommoder de la lé-
« gende : Religione et sociis defensis, et sembloient pencher
« à mettre plutôt pour légende ce que l'on vouloit mettre à
« l'exergue et de se contenter de la date à l'exergue. Après
« plusieurs discussions des différentes manières d'exprimer
« en latin le fait dont il étoit question, on s'est arrêté à celle-
« ci : Erfordia ecclesiæ moguntinæ restituta. Mais pour cela
« il a semblé à propos de changer quelque chose au type.
« M. Coypel[1] doit donc représenter la France, qui présente
« à la Religion la ville d'Erford sous la figure d'une femme
« couronnée de tours, et qui a près d'elle un bouclier chargé
« de ses armoiries. Mais comme quelques-uns de Messieurs
« sembloient encore souhaiter à l'exergue quelque chose qui
« marquât que c'est le Roi qui par sa protection a forcé

---

1. Antoine Coypel, qui devint depuis premier peintre du Roi, avait été choisi pour exécuter les dessins des médailles. Il assistait d'ordinaire aux assemblées. On employait les plus habiles graveurs de l'Europe pour les coins d'acier. Voyez l'*Histoire de l'Académie royale des inscriptions et belles-lettres* (in-4°), tome I, p. 7.

« cette ville à rentrer sous l'obéissance de son souverain,
« M. l'abbé Tallemant a proposé de mettre à l'exergue :
« GALLIA VINDEX. La Compagnie a approuvé cette pensée. »
Sous la date du mardi 17 juillet 1696 on lit dans le registre : « M. l'abbé Tallemant.... a lu ensuite le catalogue des
« descriptions qui manquent, et Messieurs les ont distribuées
« entre eux, ainsi qu'il est ici arrêté. M. RACINE, Erford rendu
« à l'électeur de Mayence, Woërden secouru.... » Et sous
la date du mardi 5 juillet 1695 : « M. l'abbé Tallemant a
« dit que pour achever les descriptions des médailles jusqu'en
« l'année 1672, où commençoit la guerre de Hollande, il
« en restoit encore quelques-unes, et que si chacun de Messieurs vouloit se charger d'en faire une, cela avanceroit
« beaucoup le travail.... M. RACINE s'est chargé de celle qui
« a été faite sur les fortifications de Dunkerque, en 1671. »

On sait que les descriptions des médailles ont été imprimées dans l'ouvrage que l'on appelle d'ordinaire *l'Histoire métallique* de Louis XIV, et qui a pour titre : MÉDAILLES SUR LES PRINCIPAUX ÉVÉNEMENTS DU RÈGNE DE LOUIS LE GRAND AVEC DES EXPLICATIONS HISTORIQUES. *Par l'Académie royale des médailles et des inscriptions*, à Paris, de l'Imprimerie royale. M.DCC.II[1]. Dans ce magnifique volume in-folio, où les caractères, les dessins et la gravure des médailles sont d'une égale beauté, les descriptions sont toutes assez succinctes pour qu'aucune d'elles n'excède jamais la page. On avait ainsi voulu que le lecteur pût toujours avoir la médaille sous les yeux. Saint-Simon dit[2] que l'abbé Tallemant, Tourreil et Dacier avaient été chargés de l'explication des médailles. Bayle, dans les *Nouvelles de la République des lettres*[3], est plus exact lorsqu'il nomme Charpentier, l'abbé Tallemant, Racine, Despréaux, Tourreil, l'abbé Renaudot, Dacier, et, depuis la mort de Racine, Pavillon, comme s'étant occupés de ce travail

---

1. Nous n'avons pas dû tenir compte ici, à cause de sa date, d'une nouvelle édition publiée en 1723, avec beaucoup de changements, d'additions et de suppressions. Qu'il nous suffise de l'indiquer aux curieux. Cela ne regarde plus Racine.
2. *Mémoires*, tome III, p. 388 et 389.
3. Novembre 1702, article III.

sous la direction générale de l'abbé Bignon. Toutefois en se bornant à citer trois noms, Saint-Simon, qui a dû être bien initié dans tout ce qui touche à la préparation de l'ouvrage [1], n'a-t-il pas été en un certain sens plus près de la vérité qu'on ne le croirait d'abord? L'abbé Tallemant, Tourreil et Dacier avaient peut-être été choisis par la Compagnie pour être les éditeurs de l'Histoire métallique, et autorisés en cette qualité à reviser les *Explications* que chacun avait fournies. Ce qui est certain, c'est que le texte de ces explications n'a pas été imprimé tel que nous le trouvons dans les registres de l'Académie. Les modifications qu'il a subies avant l'impression sont-elles dues aux académiciens qui ont pris soin de l'édition? ou les auteurs de chacune des descriptions avaient-ils eu le temps de corriger eux-mêmes leur travail depuis la lecture qu'ils en avaient faite à l'Académie? Nous ne saurions le dire. Dans ce doute nous donnons d'abord comme le texte authentique des *Explications* rédigées par Racine, celui qui se trouve dans les registres académiques; mais nous avons cru qu'il convenait de le faire suivre du texte adopté pour l'impression de l'Histoire métallique, en distinguant cette seconde rédaction de la première par le caractère que nous avons réservé aux œuvres d'une authenticité incertaine.

La collaboration de Racine aux travaux de l'Académie des médailles a laissé dans les registres de cette compagnie d'autres traces que la rédaction des cinq explications que nous avons recueillies. Il prenait souvent la parole dans les discussions auxquelles donnait lieu la préparation des médailles. En outre l'Histoire métallique du règne de Louis XIV n'était point l'unique occupation de l'Académie. Ce que s'était proposé Colbert dans l'origine, c'était de se faire, dit Charles Perrault[2], « une espèce de petit conseil qu'il pût consulter sur toutes les choses qui regardent les bâtiments, et où il peut entrer de l'esprit et de l'érudition. » L'*Histoire de l'Académie royale des inscriptions et belles-lettres* entre à ce sujet dans

---

1. Il avait été chargé d'écrire une partie de la préface, et, après l'avoir composée, ne put la faire insérer, comme il le raconte lui-même dans le passage des *Mémoires* cité ci-dessus.

2. *Mémoires*, p. 33.

quelques détails[1] : « Il y faisoit continuellement inventer ou examiner les différents desseins de peinture et de sculpture dont on vouloit embellir Versailles. On y régloit le choix et l'ordre des statues; on y consultoit les ornements des fontaines et des bosquets, et tout ce que l'on proposoit pour la décoration des appartements et l'embellissement des jardins. » Ce fut aussi au temps de Colbert que, suivant la même *Histoire*[2], « on commença à faire des devises pour les jetons du Trésor royal, des Parties casuelles, des Bâtiments et de la Marine; et tous les ans on en donna de nouvelles. »

La *petite Académie* était même chargée de soins qui diffèrent encore plus des graves et savants travaux auxquels est livrée aujourd'hui la classe de l'Institut de France qui lui doit son origine : « Quand M. Quinault fut chargé de travailler pour le Roi aux tragédies en musique, Sa Majesté lui enjoignit expressément de consulter l'Académie. C'étoit là qu'on déterminoit les sujets, qu'on régloit les actes, qu'on distribuoit les scènes, qu'on plaçoit les divertissements. » On ne peut s'étonner beaucoup que le chancelier le Tellier se moquât de cette réunion de quelques beaux esprits, choisis dans l'Académie française pour délibérer savamment sur la plus agréable forme à donner aux plus frivoles flatteries qu'on prodiguait au Roi : « Elle étoit le sujet ordinaire de ses plaisanteries, et il disoit qu'il ne trouvoit pas d'argent plus mal placé que celui que M. Colbert donnoit à des faiseurs de rébus et de chansonnettes[3]. » Lorsque Louvois fit entrer dans la Compagnie Racine, Despréaux et le savant numismate Rainssant, il se proposait de donner à ses travaux un développement plus sérieux. Les devises des jetons continuèrent cependant d'être proposées par l'Académie des médailles. Avec les jetons dont on s'occupait déjà sous Colbert, on eut aussi à préparer ceux de l'Ordinaire et de l'Extraordinaire des guerres. Les compagnies et les princes en faisaient également fabriquer à leur nom, et à l'usage de leurs officiers. Destinés d'abord à faciliter les calculs de ceux qui, dans les administrations publiques ou dans

---

1. *Histoire de l'Académie royale*, etc., tome I, p. 3.
2. *Ibidem*, p. 2.
3. *Mémoires* de Charles Perrault, p. 198.

les grandes maisons, étaient chargés des états de dépense et du maniement des deniers, ces jetons avaient fini par n'être plus qu'une marque de distinction, une espèce de symbole qu'on distribuait à différentes personnes d'un certain état, ou dont on gratifiait les gens de lettres dans les académies[1]. On y mettait des devises ingénieuses, dont les spirituelles allusions pourraient bien paraître à quelques personnes sévères mériter encore le nom de rébus. Quoi qu'il en soit, les hommes d'esprit et de goût savent se distinguer même dans les petites choses. Racine, comme on peut bien le croire, n'était pas des moins heureusement inventifs dans ces jeux d'esprit. On aimera, ce nous semble, à trouver ici et les avis qu'il eut l'occasion de proposer sur quelques-unes des médailles dont la description ne lui fut pas confiée, et les devises qu'il imagina pour les jetons. Nous allons extraire des registres, en suivant l'ordre des dates, d'abord ses avis dans la discussion des médailles, puis ses propositions au sujet des devises.

« Mardi 20 avril 1694. On a proposé de faire une médaille
« sur la mort du feu roi Louis treizième, et sur le commence-
« ment du règne du Roi. La première pensée a été de faire
« une médaille à l'exemple de plusieurs antiques, où l'on voit
« d'un côté la tête de Jules César, et de l'autre celle d'Au-
« guste son successeur. Cette manière simple de marquer
« le mort et le successeur, le père et le fils, a paru assez natu-
« relle. On a douté seulement si la bienséance ne seroit pas un
« peu blessée de mettre un prince encore enfant au revers de
« la tête d'un prince avancé en âge.

« On proposa aussi de mettre le père et le fils en regard
« dans le même côté de la médaille et d'inventer un revers qui
« convînt à la mort de l'un et au commencement du règne
« de l'autre, mais on s'arrêta peu à ce dessein, étant peu con-
« venable de mettre en regard un mort et un vivant.

« On mit en délibération si on ne pourroit pas mettre la
« tête du Roi jeune d'un côté, au revers quelque chose en

---

1. Voyez dans l'*Histoire de l'Académie royale des inscriptions et belles-lettres*, au tome V, p. 259 et suivantes, le mémoire de Mahudel qui a pour titre : *De l'origine et de l'usage des jettons.*

« l'honneur du feu Roi ; mais on ne crut pas à propos de mêler
« rien de lugubre au commencement d'un si beau règne.

« Enfin on parut s'arrêter à la pensée de faire deux mé-
« dailles : l'une de la tête du feu Roi, avec un revers sur sa
« mort, et à l'exergue quelque chose qui marque que c'est le
« Roi qui l'a fait frapper.

« L'autre médaille pourra être des deux têtes, du père et
« du fils, à la manière antique, suivant la première proposi-
« tion.

« M. RACINE, dans cette pensée, a imaginé, pour revers de
« la médaille du feu Roi, de mettre une figure qui repré-
« sente la Gloire, et qui enlève au ciel Louis le Juste couronné
« de lauriers et comme mourant au milieu des triomphes;
« pour mot à la légende : MEMORIÆ OPTIMI PARENTIS. M. l'abbé
« Tallemant se chargea de la faire dessiner par M. le Clerc. »

La Compagnie, qui avait goûté la proposition de Racine, rejeta à la séance suivante le dessin de le Clerc : « DU SAMEDI
« 24 AVRIL 1694. On a apporté le dessin fait par M. le Clerc
« et projeté dans la dernière assemblée pour le revers de la
« médaille sur la mort du feu roi Louis XIII. Ce dessein n'a
« point plu à la Compagnie. La Gloire, qui étoit figurée par un
« ange, et qui, élevée sur des nuages, sembloit conduire
« Louis XIII. en paradis, a paru une chose tout à fait contre
« la bienséance. » Un autre projet prévalut. Dans l'Histoire
métallique il y a (folio 3) une médaille sur la *Mort de
Louis XIII.* On y voit sur un piédestal la Justice debout, qui
couronne ce prince. Les mots de la légende sont : LUDOVICO JUSTO,
PARENTI OPTIME MERITO. Ceux de l'exergue : OBIIT XIV MAII.
M.DC.XLIII. La même médaille représente de l'autre côté
Louis XIV enfant. Une autre médaille (folio 4) a été faite sur
le *Commencement du règne du Roi.* On y voit le Roi élevé sur
un pavois ou bouclier, qui est soutenu d'un côté par la France,
et de l'autre par la Providence, représentée à la manière antique sous la figure d'une femme qui tient un gouvernail et
aux pieds de laquelle il y a un globe et une corne d'abondance. C'est au sujet de la médaille de Louis XIII que Saint-
Simon avait été invité à écrire quelques lignes, qui devaient
être, dit-il, soit insérées dans la préface, soit placées au-dessous de la médaille, mais auxquelles les académiciens fini-

rent par renoncer, « pour n'obscurcir pas leur héros par une comparaison[1]. »

Dans la même année 1694, Racine fit des observations sur l'explication d'une médaille qui devait consacrer le souvenir de la bataille navale gagnée en 1643 par le duc de Brézé près de Carthagène : « Du mardi 11 mai 1694. M. l'abbé Renau-
« dot, revenu de la campagne, avoit envoyé la description de
« la bataille navale dont il s'étoit chargé. On l'a lue. M. Ra-
« cine a cru se souvenir qu'il y manquoit quelque circonstance
« essentielle, ce qui a été cause qu'on a remis l'examen au pre-
« mier jour, et M. Racine a promis d'apporter une relation qui
« est fort exacte de cet événement. — Du samedi 15 mai 1694.
« On a lu le mémoire que M. Racine a apporté touchant la ba-
« taille navale près de Carthagène. On a relu la description
« faite par M. l'abbé Renaudot, et comme il y avoit quelque
« petite circonstance dans le mémoire de M. Racine qui a
« paru nécessaire, on a prié M. l'abbé Renaudot de prendre la
« peine de l'insérer dans sa description, qui d'ailleurs a paru
« très-bonne. »

Racine avait, comme historiographe, une autorité toute particulière dans la préparation d'un ouvrage où ne devait être omis aucun des faits les plus éclatants du règne. On s'en rapportait volontiers à lui pour indiquer le choix à faire parmi ces faits : « Du mardi 25 mai 1694. M. Racine a rapporté le cata-
« logue des villes prises sous le règne du Roi, qu'il a revu
« exactement, et auquel on peut s'arrêter. — Du samedi
« 19 juin 1694. M. Racine a rapporté le mémoire de la vie du
« Roi, auquel avec beaucoup de soin il avoit ajouté quantité
« de choses mémorables qui peuvent fournir des sujets de
« médailles. On a examiné une partie de son mémoire, sur
« lequel il a marqué les événements que la Compagnie ju-
« geoit devoir être traités. On continuera à examiner le reste
« à une autre assemblée, après quoi on tâchera d'obtenir une
« heure de loisir de M. de Pontchartrain pour déterminer
« précisément les sujets qu'on doit traiter, afin que l'histoire
« du Roi soit complète, et que la Compagnie puisse travailler
« à achever ce grand ouvrage. »

---

1. *Mémoires* de Saint-Simon, tome III, p. 390.

« Du vendredi 23 juillet 1694. M. de Pontchartrain avoit
« mandé la Compagnie à Versailles. MM. l'abbé Bignon, Char-
« pentier, Félibien, Racine, Renaudot, Tallemant s'y sont
« trouvés.... M. Racine a lu..... le mémoire des événements
« du règne du Roi, auquel il avoit exactement travaillé ; et le
« tout bien examiné, suivant la décision de M. de Pontchar-
« train, il s'est trouvé que pour achever l'histoire du Roi
« jusqu'à aujourd'hui il reste trente-neuf médailles à faire. »
Le registre donne ensuite le catalogue de ces médailles.

Le mardi 13 décembre 1695 on discuta sur la médaille de la *Prise de Dunkerque en* 1646 : « M. Racine vouloit que l'on
« remarquât que c'étoit pour la première fois que Dunkerque
« avoit été prise par les François. » Il n'est pas dit dans le registre qu'on ait rien objecté à cette observation de Racine; cependant il n'en fut pas tenu compte, comme on peut le voir dans l'explication de la médaille, au folio 21 de l'Histoire métallique.

La médaille sur la *Flotte anglaise repoussée au Canada* en 1690, qui est au folio 234, doit quelque chose à Racine :
« Du samedi 28 janvier 1696. M. l'abbé Tallemant a apporté
« les différentes légendes de M. l'abbé Renaudot sur la dé-
« faite des Anglois à Kebec, et a dit en même temps que toutes
« ces légendes avoient été examinées dans l'assemblée du
« samedi 27 août (1695), et qu'on s'étoit arrêté à une pro-
« posée par M. Racine : Francia in novo orbe victrix, et à
« l'exergue : Kebeca liberata. m.dc.xc. La Compagnie a con-
« firmé sa première décision. »

La légende de la médaille sur la *Prise de Besançon en* 1668 donna lieu à diverses propositions. Celle de Racine ne fut pas adoptée : « Du mardi 29 mai 1696. M. Coypel a apporté le
« dessein de la médaille proposée sur la prise de Besançon en
« 1668. La Compagnie a jugé qu'au lieu de la figure de l'Hi-
« ver, il étoit plus à propos de mettre le vent Borée, qui souffle
« la neige et les frimas; et pour la légende M. Dacier a pro-
« posé un mot de Virgile : Mediisque aquilonibus; M. Racine
« du même Virgile : Nec frigora tardant; M. l'abbé Renaudot :
« Nec ignava hyems; et M. Despréaux : Nequicquam sæviente
« hyene. On a remis à la première assemblée à délibérer sur
« ces légendes. » — Du samedi 14 juin 1696. La Compagnie a

« résolu de mettre pour légende : Nec hyems ignava. » L'approbation donnée à la proposition de l'abbé Renaudot avait cependant rencontré quelques contradicteurs. Nous voyons au folio 104 de l'Histoire métallique que la médaille eut pour légende : Terror nominis, et pour exergue : Vesuntio capta. m.dc.lxviii.

Voici une médaille pour laquelle on adopta l'avis ouvert par Racine : « Du mardi 17 juillet 1696. On avait pro-
« posé quelque dessein pour les villes prises en 1653; mais
« M. Racine a dit qu'il croyoit que pour cette année-là on
« devoit faire connoître que les dissensions étoient apaisées,
« et que les villes prises étant simplement des villes qui ren-
« troient sous l'obéissance du Roi, il falloit s'exprimer autre-
« ment que pour des villes conquises sur les ennemis; et pour
« cela il a proposé de représenter le soleil qui sort brillant
« des nuages, pour légende : Serenitas, et à l'exergue : Plurimæ
« urbes receptæ. Cette pensée a fort plu à la société; le mot
« de *Serenitas* a paru un peu nouveau; mais on a trouvé qu'il
« exprime si bien le calme qui succéda à tous les malheurs
« de la guerre civile, que l'on a résolu que M. Coypel la
« dessineroit, et qu'on l'enverroit à M. de Ponchartrain. »
La médaille des *Villes remises sous l'obéissance du Roi* se trouve au folio 34 de l'Histoire métallique, telle que Racine l'avait proposée.

Un mois après il prit une grande part à la discussion de trois différentes médailles : « Du mardi 21 août 1696. Comme
« il restoit principalement encore trois médailles à inventer,
« savoir la prise de Beffort en 1654, et la prise de Saint-
« Guislain en 1655 et en 1677, M. Racine, pour en faciliter
« les desseins, a apporté un petit détail des circonstances de
« ces prises, qui a d'abord servi à trouver un type fort beau
« pour la prise de Beffort; car comme il fait connoître que
« cette ville, qui avoit une bonne citadelle, et qui étoit à l'en-
« trée de la haute Alsace, faisoit contribuer toute l'Alsace et
« toute la Lorraine, on a jugé qu'on ne pouvoit mieux faire
« connoître l'importance de cette prise qu'en représentant la
« Lorraine et l'Alsace tranquillement assises, et pour légende :
« Alsatiæ et Lotharingiæ quies; et à l'exergue : Befortium
« captum. m.dc.liv. M. Coypel doit faire ce dessein.

« M. Racine avoit remarqué, entre autres choses, sur la
« prise de Saint-Guislain en 1677, que cette place avoit été
« prise à la fin de l'année dans laquelle on avoit pris Valen-
« ciennes, Cambray, Saint-Omer, Fribourg : à quoi il joignoit
« encore la bataille de Cassel et plusieurs autres avantages.
« M. l'abbé Tallemant avoit heureusement entré dans sa pen-
« sée par un dessein qu'il a apporté; il vouloit figurer une
« Pallas qui tient un cercle formé par un serpent qui mord
« sa queue, ce qui est le symbole de l'année selon les anciens,
« et ce cercle doit être entouré de laurier; pour légende :
« Annus laureatus feliciter clausus, et à l'exergue : Gisle-
« nopolis capta, ou Fanum sancti Gisleni captum. 12 decem-
« bris m.dc.lxxvii. On a approuvé ce dessein; et pour la lé-
« gende, la Compagnie a jugé que le mot laureatus n'étoit
« pas nécessaire, et qu'il suffisoit de mettre Annus feliciter
« clausus; et elle a mieux aimé Fanum sancti Gisleni que Gis-
« lenopolis.

« Pour la première prise de Saint-Guislain en 1655, M. Ra-
« cine disoit qu'il falloit la joindre avec celle de Condé, qui fut
« pris peu de jours devant; mais comme ces deux places furent
« reprises deux mois après, et que l'on a d'ailleurs une mé-
« daille générale pour les conquêtes de cette même année,
« on a été d'avis de représenter à M. de Pontchartrain qu'on
« pouvoit se dispenser de faire cette médaille, et d'attendre
« un nouvel ordre là-dessus. » La *Prise de Beffort* est au
folio 35 de l'Histoire métallique; la *Prise de Landrecy, de
Condé et de Saint-Guislain* en 1655, au folio 41; la *Prise de
Saint-Guislain* en 1677, au folio 168. Ces trois médailles ont
été exécutées de la manière que la Compagnie l'avait décidé,
en tenant compte des remarques de Racine.

L'invention de la médaille sur la *Marche de Monseigneur le
Dauphin au pont d'Espierre* en 1694 appartient à Racine. La
Compagnie ne l'a du moins que légèrement modifiée. « Du
« mardi 29 janvier 1697. Sur la marche prompte de Mon-
« seigneur le Dauphin au pont d'Espierre, par laquelle les en-
« nemis furent prévenus et obligés de s'en retourner, sans
« exécuter le dessein qu'ils avoient de passer nos lignes, et
« peut-être d'assiéger Dunkerque, on a proposé de se servir
« de l'antique dans des médailles où l'on voit l'Empereur à

« cheval qui arrive en courant, avec le mot Adventus. Cette
« pensée a d'abord assez plu; mais en l'examinant davantage,
« on a reconnu que ces *Adventus* dans l'antique sont seulement
« pour l'arrivée de l'Empereur à Rome ou en quelque autre
« lieu, et que cela ne marquoit aucun avantage; qu'ici la
« prompte marche de Monseigneur avoit sauvé les lignes, et
« rompu toutes les mesures des alliés; que d'ailleurs il falloit
« marquer dans cette action la diligence et l'ardeur des trou-
« pes. Cela a fait penser à M. Racine de mettre Monsei-
« gneur sur un cheval ailé, et pour légende : Alacritas. Ce
« mot d'*Alacritas* a paru très-beau, et on a cherché s'il n'avoit
« pas été employé dans l'antique. On a trouvé dans le *Recueil*
« d'Occo une médaille de Gallien qui a paru comme faite ex-
« près pour cette pensée. Le type est le cheval Pégase, et pour
« légende : Alacritati. On a donc résolu de figurer Persée
« tenant la tête de Méduse et monté sur le cheval Pégase qui
« vole, et de mettre à l'exergue : Militum alacritas. Pour lé-
« gende on a proposé : Faustus ad Scaldim adventus, Faustum
« ad Scaldim iter, et on a cru qu'*iter* exprimoit mieux une
« marche; mais enfin, après avoir bien agité la chose, il a
« semblé que l'épithète de *faustus* étoit inutile, et qu'il suf-
« fisoit de mettre simplement : Delphini ad Scaldim iter.
« M. Coypel doit dessiner cette médaille et l'apporter à la
« première assemblée. » La médaille, qui est au folio 259 de
l'Histoire métallique, est entièrement conforme à la décision
que nous venons d'extraire du registre.

La médaille de la *Conférence pour la paix*, qui fut tenue
dans l'île des Faisans en 1659, fut également imaginée par
Racine : « Du mardi 12 mars 1697. On a reparlé de la mé-
« daille sur la Conférence.... M. Racine proposoit, au lieu
« de représenter la Conférence historiquement, de figurer un
« petit temple dans l'île des Faisans, et la Paix qui descend
« du ciel, et pour légende : Pacis adytum, pour dire *le Sanc-
« tuaire de la Paix*. Cette pensée a paru bonne; mais on a jugé
« plus à propos de représenter l'historique. — Du samedi
« 27 avril 1697. On a reparlé de la médaille sur la Confé-
« rence, et M. Racine a insisté sur la proposition qu'il avoit
« déjà faite de représenter un petit temple dans l'île des Fai-
« sans, et Mercure qui descend du ciel avec son caducée. La

« Compagnie a paru mieux goûter ce dessein qu'elle n'avoit
« fait la première fois, et la légende : Pacis adytum, a été fort
« approuvée, et à l'exergue : Ad Bidassoam. m.dc.lix. M. Char-
« pentier proposoit, au lieu d'un temple, de mettre seule-
« ment un autel de la Paix, à l'antique, et pour légende : Ara
« pacis; à l'exergue : Congressus ad Bidassoam. On a trouvé
« cette pensée très-bonne ; mais le type de l'autre a paru plus
« beau, avec la légende; et M. Coypel s'est chargé de le des-
« siner. » Dans la médaille, qui se trouve au folio 53 de l'Histoire métallique, on n'a point mis le Mercure avec son caducée;
il avait été en effet décidé dans une séance du samedi 22 juin
1697 « d'ôter le Mercure, et de laisser le temple, qui sera un
peu plus petit. » Pour le reste, les indications de Racine furent
suivies : « On y voit le cours de la rivière de Bidassoa, et
l'île des Faisans, qui depuis a été nommée l'*île de la Conférence*. Au milieu de cette île on a mis un temple de la Paix, à
l'antique. La légende : Pacis adytum, signifie *le Sanctuaire de
la Paix*; l'exergue : Colloquium ad Bidassoam. m.dc.lix, *Conférences tenues dans l'île de la rivière de Bidassoa*, 1659. »

Dans une explication que l'abbé Tallemant avait préparée
de la médaille sur la *Prise de Dole* en 1674, une omission fut
réparée par le conseil de Racine : « Du samedi 4 mai 1697.
« M. l'abbé Tallemant avoit apporté la description de la mé-
« daille sur la prise de Dole en 1674. Mais, comme il n'a-
« voit pas fait mention des nouvelles fortifications qui avoient
« été faites à cette place depuis 1668 qu'elle fut prise par le
« Roi, M. Racine a promis d'en apporter un petit détail, après
« quoi on l'arrêtera. » On lit en effet dans l'explication de
la médaille, au folio 135 de l'Histoire métallique : « Au commencement de l'année 1668, le Roi avoit pris Dole en deux
jours ; mais les Espagnols s'étoient persuadé que cette place
n'avoit été prise si facilement qu'à cause que ses fortifications étoient imparfaites. Ils en relevèrent les remparts, et y
mirent une grosse garnison. Tout cela n'empêcha pas le Roi
de l'attaquer, etc. »

Le vendredi 14 juin 1697, une assemblée qui tint lieu de
celle du lendemain, samedi 15, fut tenue dans le cabinet de
Pontchartrain, à qui l'on présenta le catalogue nouvellement
arrêté : « La première chose qui s'est présentée est la médaille

« du *Rétablissement de l'ordre de Saint-Lazare*. On lui a dit (à
« M. *de Pontchartrain*) que ce rétablissement-là n'ayant pas
« eu lieu, on avoit penché à la retrancher du catalogue; que
« la seule chose qui faisoit de la peine, c'étoit qu'ayant été
« frappée, elle étoit entre les mains du public, et qu'ainsi il y
« avoit peut-être quelque danger de la supprimer : à quoi on
« avoit répondu qu'il s'en trouvoit plusieurs ainsi retranchées
« de notre nouvel ordre; que la Compagnie s'attachoit à
« faire une suite d'histoire raisonnable, sans avoir égard à ce
« qui a été fait, et que cette médaille sera réputée avoir été
« frappée sans ordre.

« M. RACINE a proposé de la laisser et d'en faire une sur
« ce que le Roi reconnoissant le peu de droit qu'il avoit à
« se faire grand maître de l'ordre de Saint-Lazare sans les
« formalités requises, il avoit révoqué et annulé ce qui avoit
« été fait, aimant mieux avouer qu'il s'étoit trompé que de
« continuer une chose qu'il trouvoit peu régulière. A cela on
« a répondu qu'il valoit encore mieux n'en point parler que
« d'en faire une excuse.

« Plusieurs néanmoins convenoient que si on pouvoit faire
« une belle médaille dans le sens de M. RACINE, ce ne se-
« roit pas un petit sujet de louange pour le Roi; mais M. de
« Pontchartrain a dit qu'il la croyoit difficile, pour ne pas
« dire impossible. Sa raison est que la médaille est un mo-
« nument qui marque des choses positives et déterminées, et
« dont la légende est simple et claire; qu'à la vérité dans un
« arrêt, dans une déclaration, on donne les couleurs qu'on
« veut aux choses; qu'un poëte même, ou un orateur pourroit
« avec son art tourner cette action d'une manière noble et
« grande, comme l'action l'est en effet, mais que dans une
« médaille il ne croyoit pas que l'on pût bien intelligiblement
« et simplement donner un tour à une chose comme celle-là.
« Il a néanmoins laissé la question indécise, jusqu'à ce qu'on
« ait essayé si on pourra y réussir. » Les objections faites par
le ministre étaient justes; l'idée de la médaille proposée par
Racine fut abandonnée. On se contenta de supprimer simplement celle du *Rétablissement de l'ordre de Saint-Lazare*.

Charpentier avait apporté, le mardi 10 décembre 1697, trois
projets de médaille sur la *Paix de Ryswick*, contre les-

quels il s'éleva des objections. Racine prit alors la parole :
« M. RACINE a proposé un dessein sur le même sujet.
« Comme les ennemis n'ont consenti à la paix que parce
« qu'ils ont éprouvé la formidable puissance du Roi, et
« parce que Sa Majesté s'est dépouillée de ses propres inté-
« rêts par un principe d'équité et de justice, sa pensée est
« de représenter la valeur ou vertu guerrière, à la manière
« des anciens, sous la figure d'une femme armée qui tient
« un long javelot en sa main, et qui a un casque en tête; et
« vis-à-vis d'elle une autre femme qui tient une balance en la
« main, et qui représente l'équité; pour légende : VIRTUS ET
« ÆQUITAS; à l'exergue : PACATA EUROPA. Cette pensée, qui
« exprime les véritables motifs de la paix, a fort plu à la
« Compagnie. » Dans l'Histoire métallique il y a trois médailles sur la *Paix de Riswick*. La première, qu'on trouve au folio 272, est celle que Racine a inventée : « On voit l'Équité et la Valeur représentées à l'antique. Elles tiennent ensemble une couronne d'olive. La légende : VIRTUS ET ÆQUITAS, signifie *la Valeur et l'Équité*. L'exergue : PACATA EUROPA. M.DC.XCVII. veut dire, *l'Europe pacifiée*. 1697. »

A l'assemblée suivante, qui fut celle du samedi 14 décembre 1697, Racine fit une proposition que ce même jour l'Académie agréa, mais qui finit par être écartée : « M. RACINE
« a dit une pensée qui lui étoit venue pour une médaille sur
« la *Prise de Barcelone*. Il vouloit représenter la Victoire
« fermant le temple de Janus. Elle a près d'elle un bouclier
« où sont les armes de la ville de Barcelone; le mot de la
« légende : SIC JANUM CLAUSIT, pour faire connoître que c'est
« en faisant cette conquête que le Roi donna la paix d'une
« manière toute glorieuse; à l'exergue : BARCINO CAPTA.
« M.DC.XCVII. Cette pensée a été approuvée de toute la Compa-
« gnie. » Nous ne savons à quel moment la Compagnie prit une décision différente; mais dans l'Histoire métallique, au folio 267, la médaille de la *Prise de Barcelone* est tout autre que Racine ne l'avait imaginée : On voit Hercule appuyé sur sa massue; à ses pieds il a un bouclier aux armes de Barcelone. La légende est : BINIS CASTRIS DELETIS; et l'exergue : BARCINO CAPTA. M.DC.XCVII.

Le samedi 19 juillet 1698, Racine donna son avis sur la

description d'une médaille préparée par l'abbé Tallemant : « On a examiné la description faite par M. l'abbé Tallemant « de la médaille sur le *Combat de Leuze* 1691 ; mais comme « il y manquoit quelques circonstances essentielles, M. RACINE « mieux instruit s'est chargé de la réformer. » Comme il n'es point dit qu'il ait entièrement refait la description incomplète, nous n'avons pu regarder comme son œuvre celle qui se trouve au folio 238 de l'Histoire métallique.

La médaille du *Port de Toulon* donna lieu à une discussion, dans laquelle Racine eut à dire son mot : « Du sa- « MEDI 26 JUILLET 1698. M. Dacier a proposé pour légende à « la médaille de Toulon, où l'on a résolu de mettre une « figure de Minerve avec une vue du port et de l'arsenal : « MINERVA CUSTOS.... M. RACINE proposoit de mettre MA- « RITIMA, pour faire connoître que cette déesse ne s'occupe « à Toulon qu'aux ouvrages nécessaires à la mer. Après « plusieurs contestations, on a remis à une autre assemblée à « en délibérer.... — Du SAMEDI 2 AOÛT 1698. On a re- « parlé de l'inscription pour la médaille de Toulon. M. Char- « pentier a proposé encore MINERVA MILITARIS. M. Dacier « a toujours soutenu MINERVA CUSTOS.... Il proposoit aussi « MINERVA HOSPITA.... La Compagnie s'est enfin déterminée à « MINERVA CUSTOS, sauf le sentiment de M. de Pontchartrain. » Voici la médaille telle qu'on la trouve au folio 182 de l'Histoire métallique : « On y voit le plan de la ville, de l'arsenal et du port. Pallas, assise sur des nuées, paroît en avoir ordonné tous les travaux. La légende : TOLONII PORTUS ET NAVALE, signifie *le Port et l'Arsenal de Toulon;* l'exergue marque l'année 1680, où la plupart de ces ouvrages ont été achevés. »

La médaille du *Camp de Compiègne* fut une de celles qui exercèrent le plus l'esprit des académiciens. Racine donna son avis. On revint sur ce sujet dans plusieurs assemblées : « DU MARDI 18 NOVEMBRE 1698. M. de Tourreil a proposé.... « un athlète qui promène son fils dans l'arène, avec ce mot « de Virgile : HÆ TIBI ERUNT ARTES, pour le camp de Compiègne, « où le Roi enseignoit à Monseigneur le duc de Bourgogne « l'art de commander les armées. Sur le même sujet, une « aigle qui présente ses petits au soleil, avec ce mot de Clau- « dien : FLAMMAS JUBET ORE PATI. M. RACINE a proposé, sur le

« même sujet, Énée qui mène son fils Ascagne dans le camp,
« avec ce mot de Virgile : Disce, puer, pour marquer les
« instructions militaires du Roi à son fils. » Dans la séance
du samedi 17 janvier 1699 on avait goûté la légende proposée par Boileau : Pugna more hostili relata. Il avait tiré
cette expression d'un vers d'Horace, le 62e dans la xviiie épître du Ier livre; à l'exergue on devait mettre simplement :
Ad Compendium. « Du mardi 20 janvier 1699. On a encore
« parlé de la médaille du *Camp de Compiègne*. On s'est tenu
« au type qui a été d'abord proposé; et M. Racine a dit
« que l'inscription : Pugna more hostili relata, ne suffisoit
« pas, qu'il falloit dans cette médaille marquer quelque chose
« pour le Roi qui instruisoit ainsi Monseigneur le duc de
« Bourgogne au métier de la guerre; et pour cela il avoit
« pensé de mettre pour légende : Institutio ducis Burgun-
« diæ, et à l'exergue, au lieu de *Pugna* : Prælia more hostili
« relata. La Compagnie a été de son avis, et M. l'abbé
« Bignon s'est chargé de savoir le sentiment de M. de
« Pontchartrain. » Le ministre consulté fut d'avis, comme
on le voit dans le registre, à la date du samedi 21 février 1699,
que le mot *Institutio* tout seul était trop vague, puisqu'à ce
camp il ne s'agissait que de guerre, et que ce mot mis seul
comprend toute l'éducation du Prince. Il pensa donc qu'on
devait ajouter *militaris*. La médaille fut exécutée suivant ses
instructions. Elle est au folio 277 de l'Histoire métallique :
« On y voit un guerrier qui tient par la main un jeune
homme armé, et le conduit dans un camp représenté par des
tentes. La légende : Militaris institutio ducis Burgundiæ, signifie : *le duc de Bourgogne instruit au métier de la guerre.*
L'exergue : Castra Compendiensia. m.dc.xcviii, *le Camp de
Compiègne.* 1698. »

Nous venons d'intervertir légèrement l'ordre chronologique, pour donner de suite les diverses délibérations sur la
médaille du *Camp de Compiègne*. Avant l'assemblée du 20 janvier 1699, Racine avait donné son opinion sur une médaille
qui devait porter la date de l'année de la paix (1697), et rappeler que pendant dix ans la France avait heureusement tenu
tête à toute l'Europe. Dans la séance du mardi 2 décembre
1698, où cette médaille fut discutée, l'abbé Bignon fit savoir

que « M. de Pontchartrain trouvoit à propos de mettre quel-
« que chose à l'exergue de la médaille, sur ce que la France
« a résisté seule pendant dix ans à toutes les puissances de
« l'Europe sans recevoir aucun dommage. On avoit résolu dans
« la Compagnie de se contenter de la légende : GALLIA INVICTA,
« et de ne mettre à l'exergue que la date de l'année de la
« paix ; mais sur l'avis de M. de Pontchartrain, Messieurs ont
« jugé qu'effectivement une inscription à l'exergue rendroit
« la médaille moins obscure, et ils ont promis d'y penser. » —
« DU SAMEDI 6 DÉCEMBRE 1698. On a parlé de l'inscription
« pour mettre à l'exergue de la médaille : GALLIA INVICTA.
« M. RACINE croyoit qu'il étoit nécessaire de faire con-
« noître que toute l'Europe armée environnoit la France
« et l'attaquoit, et que néanmoins elle a toujours été victo-
« rieuse ; et pour cela proposoit : TOTA EUROPA PER DECEN-
« NIUM CIRCUMFREMENTE. Le mot paroissoit beau, mais un peu
« trop fort ; on croyoit que l'on devoit seulement parler du
« bonheur des armes du Roi pendant toute la guerre, et que
« cela suffiroit, puisque toutes les autres médailles parlent
« assez de tous les ennemis alliés contre la France. Sur cela,
« on a proposé plusieurs mots différents ; mais on s'est arrêté
« à ces deux : DECENNALI BELLO PROSPERE GESTO, ou bien : BELLO
« PER DECENNIUM FELICITER GESTO. Ces inscriptions ont paru
« nobles et simples, et la Compagnie a cru que c'étoit dans
« ce sens-là qu'on devoit s'expliquer. M. l'abbé Bignon s'est
« chargé de savoir là-dessus le sentiment de M. de Pont-
« chartrain. » Ce sentiment fut connu de l'Académie dans
l'assemblée du 21 février 1699, et suivi dans l'exécution de
la médaille, qui est au folio 270 de l'Histoire métallique. Elle
y a pour titre : *La France toujours victorieuse.* « On y voit
la France armée, et à ses pieds les boucliers où sont les armes
des puissances ennemies. D'une main elle tient un javelot, et
de l'autre une Victoire. Les mots de la légende : GALLIA IN-
VICTA, signifient : *la France invincible.* Ceux de l'exergue :
BELLO PER DECENNIUM FELICITER GESTO. M.DC.XCVII, veulent dire :
Guerre de dix ans faite avec succès. 1697. »

La Compagnie consacra plusieurs assemblées à la discussion d'une devise pour la médaille de l'*Académie des sciences*,
à laquelle le Roi venait de donner « une nouvelle forme et

un établissement plus solide. » Fontenelle, secrétaire de l'Académie des sciences, était venu dans l'assemblée du 7 février 1699 prier l'Académie des inscriptions de s'occuper de cette devise, et lui-même « avoit en même temps apporté quelques pensées.... Ces pensées ont paru belles. » Cependant plusieurs objections y avaient été faites. La délibération fut remise à un autre jour. Elle occupa la Compagnie dans la séance du mardi 10 février; mais ce fut seulement dans la suivante que Racine prit la parole : « Du samedi 14 février 1699. « On a encore parlé des devises pour l'Académie royale des « sciences. M. Racine a proposé une aigle qui regarde le « soleil avec ce mot : Solem imperterritus ipsum Perlustrat. « On a trouvé que cette idée est belle à cause que les astro- « nomes de ce temps ont trouvé des taches dans le soleil; « mais comme cette pensée ne regarde que l'astronomie, « M. l'abbé Tallemant a proposé, suivant la même idée, plu- « sieurs aigles, avec ce mot français : Rien n'échappe a nos « regards.... Cette devise a été approuvée, hors le mot, « qu'on auroit souhaité latin. » Nous n'avons pas à suivre jusqu'au bout les discussions de la Compagnie sur ce sujet. Elles continuèrent le mois suivant; mais Racine, alors très-malade, n'y assistait pas. En face de la légende proposée par lui dans l'assemblée du 14 février, on a écrit au crayon sur le registre. « C'est le dernier mot de Racine à l'Académie. Mort le 20 avril. » On peut voir dans l'Histoire métallique, folio 88, quelle médaille fut définitivement adoptée pour l'*Académie des sciences*. Elle n'a aucun rapport avec celle qu'avait imaginée Racine.

En ce qui touche aux médailles, les discussions auxquelles Racine a pris part s'arrêtent à celle de la devise qu'avait demandée l'Académie des sciences; il ne nous reste plus à parler que des devises qu'il proposa pour divers jetons.

Dans l'assemblée du 7 août 1694 l'abbé Bignon avait « exhorté Messieurs à songer de bonne heure aux devises.... « Ces devises sont pour les jetons du Trésor royal, des Par- « ties casuelles, de la Marine, des Galères, de l'Extraor- « dinaire des guerres, de l'Ordinaire des guerres, des Bâti- « ments du Roi, de l'Artillerie royale, de la Chambre aux « deniers, de la Ville. » Le mardi 7 septembre de la même

année, plusieurs devises furent apportées, et données à Coypel pour les dessiner, une entre autres que Racine avait imaginée sur les Bâtiments. Ce n'est point le procès-verbal du 7 septembre qui nous fait connaître cette devise, mais celui du samedi 13 novembre 1694 : « M. l'abbé Bignon
« a apporté les devises qui lui avoient été envoyées par
« quelques-uns de Messieurs, et dessinées par M. Coypel....
« Il a fait connoître à la Compagnie que désormais toutes les
« devises des jetons seroient faites par l'Académie royale des
« inscriptions, et que déjà celle des Bâtiments du Roi avoit
« été arrêtée. Elle est de M. RACINE, et elle est mise ici, des-
« sinée avec son explication. Une abeille sur des fleurs, et
« des frelons qui fuient, avec ces mots : ARCETQUE HOSTES DUM
« LUDIT IN HORTIS. Ce vers de Virgile (*Géorgiques*, livre IV,
« vers 168) a donné lieu à cette pensée :

« *Ignavum fucos pecus a præsepibus arcent.*

« L'abeille va de fleur en fleur et voltige dans les jardins,
« et chasse en même temps les frelons qui voudroient atta-
« quer sa ruche : ce qui convient au Roi, qui s'amuse et se dé-
« lasse dans ses jardins, tandis que ses ordres, portés dans ses
« différentes armées, éloignent les ennemis de nos frontières
« et de nos rivages. » — « DU SAMEDI 20 NOVEMBRE 1694....
« Pour les galères, une sirène, avec ce mot : ET DECUS ET
« TERROR PELAGI. Les sirènes se faisoient admirer par leur
« chant, et se faisoient craindre par la mort certaine qu'elles
« donnoient lorsqu'on s'y arrêtoit. Il n'est de même rien de
« plus beau à voir, ni rien de plus redoutable, que les galères
« du Roi. Cette devise est de M. RACINE, et le mot a été ré-
« formé dans la Compagnie. »
Dans l'assemblée du 23 novembre 1694, l'abbé Tallemant avait proposé pour la Marine un rocher au milieu de la mer, avec ce mot : IMMOTA TIMETUR. Pontchartrain avait fait une objection, parce que cette devise avait quelque ressemblance avec une autre choisie depuis peu. Racine proposa en conséquence une nouvelle devise le samedi 4 décembre suivant :
« Pour satisfaire.... à ce que souhaitoit M. de Pontchartrain,
« M. RACINE a proposé pour corps un cheval bridé et har-
« naché, avec ce mot : EXPECTATQUE TUBAM, pour comparer

« notre flotte, qui a toujours été équipée et prête, et n'at-
« tendoit que les ordres du Roi, avec un cheval de bataille,
« qui n'attend que le signal du combat pour partir. Cette idée
« a paru noble et assez convenable, d'autant plus que le
« cheval est un présent que Neptune fit aux hommes.
« M. Charpentier avoit proposé une devise d'un Neptune
« qui menaçoit de son trident une ville, avec ce mot : Per me
« non stetit, pour faire entendre que si les troupes de terre
« avoient été aussi bien en état que la marine d'attaquer
« Barcelone, on n'auroit pas manqué cette conquête. Mais ces
« paroles, Per me non stetit, avoient paru trop fortes :
« M. Racine a proposé de mettre, avec ce même corps, ces
« mots fameux du premier livre de l'*Énéide* (vers 135) : Quos
« ego.... sed.... Ces paroles qui ne disent guère, et signifient
« beaucoup, ont assez plu à la Compagnie, et M. Coypel,
« qui étoit présent, a promis de dessiner les deux devises
« pour le lendemain, et de les porter lui-même à M. l'abbé
« Bignon. » On apprit à la séance suivante ce qui avait été
décidé sur ces divers projets : « Du mardi 7 décembre 1694.
« M. l'abbé Bignon a dit que M. de Pontchartrain avoit arrêté
« que nonobstant la ressemblance, la devise de la Marine
« demeureroit ainsi qu'elle avoit été d'abord résolue; les
« autres doivent être gardées dans le portefeuille. »

« Du mardi 14 décembre 1694. M. Racine et M. de Tour-
« reil ont proposé chacun une devise pour Madame la prin-
« cesse de Conti. » A la séance précédente (samedi 11 décembre), Boileau, l'abbé Tallemant et Charpentier avaient
aussi proposé chacun la leur. Ce fut celle de Racine que
l'on préféra : « Du samedi 9 juillet 1695. On a dit que le
« choix avoit été fait de la devise de Madame la princesse
« de Conti; qu'elle avoit pris celle de l'Aurore, faite par
« M. Racine. La voici. Les mots sont : Solemque parentem
« Quis neget? Mais il étoit question de mettre en latin
« l'inscription autour du portrait de cette princesse : Marie-
« Anne de Bourbon, légitimée de France, princesse douai-
« rière de Conti. La Compagnie a trouvé presque impos-
« sible de mettre en bon latin *légitimée de France* et *princesse*
« *douairière*. Après plusieurs contestations, elle a cru que l'in-
« scription se devoit faire ainsi : Maria Anna Lud. Mag. filia

« PR. CONTYI VIDUA. On a pensé qu'il étoit plus honorable à
« Madame la princesse de Conti de la qualifier fille de Louis
« le Grand, d'autant plus que quelqu'un a assuré qu'il y
« avoit des jetons de Charles duc d'Angoulême, où on a mis
« CAROLI NONI FILIUS. La Compagnie a résolu que M. l'abbé
« Tallemant enverroit cette inscription à M. l'abbé Bignon
« pour savoir l'avis de M. de Pontchartrain. — DU SAMEDI
« 16 JUILLET 1695. M. l'abbé Renaudot a dit qu'il avoit parlé
« par occasion à M. de Pontchartrain de l'inscription du
« portrait de Madame la princesse de Conti, et qu'il lui avoit
« répondu qu'il falloit savoir le sentiment du Roi. M. RA-
« CINE s'est chargé d'en parler à Madame la princesse de
« Conti. — DU MARDI 6 SEPTEMBRE 1695. Le sieur Cheron,
« graveur, a fait demander à la Compagnie une résolution
« certaine sur l'inscription de la médaille de Madame la prin-
« cesse de Conti, dont il a été parlé dans le mois de juillet.
« M. l'abbé Bignon a dit que M. de Pontchartrain penchoit
« fort à la faire mettre en françois, parce qu'il étoit difficile
« de mettre en latin MARIE-ANNE DE BOURBON, LÉGITIMÉE DE
« FRANCE, ce mot de *légitimée* ne pouvant se joindre avec
« *France*. M. l'abbé Renaudot a dit que le mot *legitimata*
« étoit bon, et qu'il étoit employé dans le droit romain ; mais
« qu'on ne pouvoit dire *legitimata Franciæ*. M. l'abbé Bignon
« a proposé, pour lever la difficulté, de mettre MARIA ANNA
« BORBONIA, LUDOVICI MAGNI FILIA LEGITIMATA, ce que toute la
« Compagnie a approuvé ; mais pour ne rien faire qui ne soit
« agréable à Madame la princesse de Conti, M. l'abbé Re-
« naudot doit envoyer à M. Dodart les deux inscriptions,
« l'une latine, l'autre françoise, pour les faire voir à la prin-
« cesse, et savoir son sentiment, après quoi il en informera
« M. l'abbé Bignon. » Consultée par Dodart, son médecin,
qui avait toute sa confiance, que décida la princesse de Conti?
On ne nous l'apprend pas. Soit en latin, soit en français, elle
conserva sans doute le mot de *légitimée*, qu'elle tint toujours à
ajouter à sa signature pour se distinguer par là des filles de
Mme de Montespan et leur faire sentir, dit Saint-Simon[1],
« qu'elle avoit une mère connue et nommée. » C'est ce qui

---

[1]. *Mémoires*, tome I, p. 346.

explique la persistance de l'Académie des inscriptions à ne pas omettre ce titre, malgré la difficulté qu'elle trouvait à l'exprimer en latin. Peu importe d'ailleurs le choix que fit entre les deux langues la princesse de Conti. Le corps de la médaille et la devise, qui sont de l'invention de Racine, peuvent seuls nous intéresser.

« Du mardi 15 novembre 1695. M. Racine a proposé une
« devise pour la Marine. Le feu Saint-Elme, ou la constel-
« lation de Castor et Pollux autour du mât d'un vaisseau,
« avec ce mot : Sidere læta suo. Quand les matelots voient
« cette constellation ou plutôt ce feu autour de leur mât, ils
« sont sûrs d'une heureuse navigation. Tous les officiers de
« la marine se tiennent de même sûrs de toute sorte de bons
« succès, ayant Monsieur le comte de Toulouse pour leur
« admiral.... La Compagnie a examiné et approuvé ces devises.
« (*Il y en avoit eu d'autres proposées pour d'autres médailles*
« *à la même assemblée.*) M. Coypel les doit dessiner. »

« Du samedi 19 novembre 1695.... M. Racine a proposé
« pour l'Ordinaire des guerres un bélier dont se servoient
« les anciens pour battre les murailles, avec ce mot : Cuncta
« ruunt quocumque ferit. Le bélier dont se servoient les an-
« ciens renversoit les plus fortes murailles. Les gendarmes
« et les chevau-légers de la Garde du Roi font plier toutes
« les troupes ennemies qu'ils attaquent. La Compagnie a exa-
« miné et approuvé toutes ces devises. M. Coypel les doit
« dessiner. »

« Du mardi 22 novembre 1695. M. Racine a apporté une
« devise pour les Galères : Des rochers qui mettent un port
« à l'abri des vents et des orages, avec ce mot : Tutatur
« littora. Les rochers ou montagnes mettent les vaisseaux
« qui sont au port à couvert des orages. Les galères du Roi ont
« sauvé nos côtes des bombardements et des descentes dont les
« ennemis nous menaçoient. » Ici encore le registre constate l'examen et l'approbation de la Compagnie. Cette approbation toutefois laissait au secrétaire d'État sous l'autorité duquel était l'Académie la liberté du choix entre les projets approu=
vés. Ceux de Racine n'étaient pas toujours préférés aux autres. Dans l'assemblée du mardi 29 novembre, on fit connaître les devises que M. de Pontchartrain avait choisies. Pour l'Ordi-

naire des guerres il donna la préférence à celle qu'avait imaginée Boileau, un Hercule dans une lice, avec ce mot : Quis contra? et pour les Galères, à celle de l'abbé Tallemant, un laurier avec ce mot : Dat spernere fulmina.

« Du samedi 3 décembre 1695. M. Racine a dit à la Com-
« pagnie que M. Villacerf, surintendant des Bâtiments du
« Roi, avoit demandé une devise : à quoi il avoit répondu
« que M. de Pontchartrain en avoit choisi une, qu'il auroit
« soin de lui donner; mais il s'est trouvé que le mot n'en
« étoit pas encore tout à fait arrêté. M. Racine a proposé une
« autre devise, qui a paru aussi très-convenable, de sorte
« qu'on a résolu que M. Racine prendroit la peine de mon-
« trer les deux à M. de Villacerf. Dans la même séance
« plusieurs académiciens proposèrent des devises pour la
« Marine : M. Racine, sur le même sujet, une aigle avec ce
« mot : Ad prædam invigilat, ou Ut videt! ut rapit! On
« compare dans cette devise les armateurs françois, qui ont
« fait de si grosses prises sur les ennemis, à une aigle qui
« plane en l'air, et qui cherche la proie qu'elle ne manque
« jamais d'enlever. » — « Du mardi 6 décembre 1695.
« M. Racine a rapporté à la Compagnie les devises des Bâ-
« timents; voici celle qui a été choisie : …. Pallas armée
« ayant à ses pieds des équerres et quelques autres instru-
« ments servant à bâtir, avec ce mot : Nunc armis tota, pour
« faire connoître que la guerre occupe tous les soins du Roi,
« et lui fait négliger les Bâtiments, dont Pallas a soin sous le
« nom de Minerve. Cette devise est de M. Racine. » Il est dit
dans le registre, sous la date du 7 janvier 1696, que l'abbé
Tallemant apporta à la Compagnie une bourse de jetons d'argent, qui lui avait été donnée par M. le marquis de Villacerf.
Sur ces jetons était empreinte la devise proposée par Racine,
dont il vient d'être parlé. M. de Villacerf promettait que tous
les ans il en userait de même.

Le samedi 10 décembre 1695, Racine rapporta les devises choisies pour le Trésor royal et pour la Marine. Ce ne fut point son aigle que l'on préféra pour cette dernière; on adopta ce qui avait été proposé par l'abbé Tallemant : des nuages qui renferment le tonnerre, avec ces mots : Ipso etiam metuenda fragore.

« Du mardi 13 novembre 1696. On a d'abord parlé des de-
« vises pour les jetons de l'année 1697. Plusieurs de Mes-
« sieurs en ont apporté qu'ils avoient pensées dans leur loi-
« sir.... Pour les Bâtiments du Roi, M. Racine : un Alcyon,
« avec ce mot : Otia mundi Expectat. » M. de Villacerf,
comme le marque le registre à la date du 20 novembre 1696,
préféra cet emblème, donné par Charpentier : l'arc d'Hercule débandé, avec ce mot : Et sunt otia divis.

« Du samedi 17 novembre 1696. Pour l'Extraordinaire des
« guerres,... M. Racine : un faisceau de flèches délié, avec
« ce mot : Jam faciles frangi; M. l'abbé Tallemant : un
« lion qui met en fuite des troupeaux avec ce mot : Timidos
« arvis decedere cogit. M. Racine a proposé au lieu de ce
« mot : Hostili regnat in arvo.

« Du samedi 24 novembre 1696. M. l'abbé Bignon a rap-
« porté à la Compagnie les devises choisies par M. de Pont-
« chartrain.... Pour l'Extraordinaire des guerres, un fais-
« ceau de verges délié, avec ce mot : Jam faciles frangi.
« Cette devise est fondée sur une fable connue. Ce faisceau
« lié est difficile à rompre. Dès qu'il est délié, on rompt
« aisément les verges ou baguettes qui le composent. Les en-
« nemis de la France ligués étoient difficiles à dompter. La
« paix de Savoie, qui commence à désunir leurs intérêts,
« donne plus de facilité à les vaincre. — Du samedi 16 no-
« vembre 1697. On a continué à proposer des devises. M. l'abbé
« Tallemant, pour les Parties casüelles[1] : un homme qui
« taille un arbre, avec ce mot de Virgile (*Géorgiques*, livre I,
« vers 216) : Annua cura. M. Racine a dit que ce mot ne
« disoit pas assez, et qu'il falloit montrer que ce soin que
« l'on a de tailler les arbres tous les ans, comme de payer le
« droit annuel, est très-utile, et pour cela il a ajouté *juvat* :
« Juvat annua cura. M. de Villacerf avoit écrit à M. l'abbé
« Tallemant pour la devise des Bâtiments; M. Racine a

---

1. « Les Parties casuelles, outre le droit annuel, sont destinées à recevoir les fonds des charges que le hasard fait vaquer, ou faute d'avoir payé le droit annuel, ou par le changement des officiers. » (*Registre de l'Académie des inscriptions*, à la date du 19 novembre 1694.)

« dit qu'il croyoit qu'on devoit prendre pour corps de cette
« devise la nouvelle cascade de Marly qu'on appelle la Ri-
« vière, parce qu'effectivement toute l'eau de la Seine que la
« machine élève tombe en cet endroit dans les jardins de
« Marly. » L'idée suggérée par Racine ne fut pas adoptée :
« Du mardi 19 novembre 1697. M. l'abbé Tallemant a montré
« une lettre de M. de Villacerf, par laquelle il mandoit que
« la devise du Fleuve ne plaisoit pas, et qu'il prioit la Com-
« pagnie de songer à quelque autre. » Ce fut en définitive
une devise fournie par Boileau que l'on choisit.

« Du samedi 14 décembre 1697. M. l'abbé Bignon a dit
« que M. de Pontchartrain demandoit à la Compagnie une
« devise pour les jetons de Madame la duchesse de Bour-
« gogne. Plusieurs de Messieurs en ont proposé une sur-le-
« champ. Monsieur Dacier a proposé l'étoile de Vénus, avec
« ce mot : Serenæ nuntia lucis. M. Charpentier, une étoile
« naissante, ou plutôt qui commence à paroître sur l'hori-
« zon, avec ce mot : Oritur gratissima. M. l'abbé Talle-
« mant, une fleur d'hyacinthe sur laquelle le soleil darde ses
« rayons, avec ce mot d'Ovide (*Métamorphoses*, livre X,
« vers 214) : Is enim fuit author honoris, pour faire connoître
« que c'est le Roi qui a choisi cette princesse pour son petit-
« fils. M. Racine a imaginé deux petits palmiers, l'un mâle,
« l'autre femelle, qui se courbent l'un vers l'autre, selon
« ce que disent les naturalistes, avec ce mot de Virgile
« (*Églogues*, x, vers 54) : Crescent illæ, crescetis amores. »

« Du mardi 17 décembre 1697. Le sieur Roussel a apporté
« le poinçon de la tête de Madame le duchesse de Bourgo-
« gne, que l'on a trouvé très-beau. Il a demandé l'inscription
« pour mettre autour, et on a résolu de mettre simplement :
« Maria Adelaïs ducissa Burgundiæ.... M. l'abbé Bignon a dit
« que M. de Pontchartrain avoit choisi pour la devise pour
« Madame la duchesse de Bourgogne, deux petits palmiers
« qui se penchent l'un vers l'autre, avec le mot de Virgile :
« Crescent, crescetis amores. »

Le mardi 25 novembre 1698, on eut encore à délibérer sur
une devise pour la duchesse de Bourgogne. Afin que l'on
puisse comparer la proposition de Racine avec celle de ses
confrères, nous rapporterons les divers projets : « M. Char-

« pentier, un bouton de rose, avec ces mots : Quantos mox
« fundet odores! M. de Tourreil, sur le même sujet : un
« miroir ardent, avec ce mot : Quantus cum sole nitor!
« pour marquer le soin que le Roi prend de l'éducation de
« cette princesse. M. l'abbé Tallemant, sur le même su-
« jet : l'étoile de Vénus, et le soleil qui paroît sur l'horizon,
« avec ce mot : Propiori lumine fulget. L'étoile de Vénus,
« qui ne s'éloigne jamais du soleil, en tire un éclat plus
« brillant que les autres étoiles; Madame la duchesse de Bour-
« gogne, que le Roi prend soin d'élever, en reçoit un éclat
« sans pareil. M. Dacier, sur le même sujet : deux tour-
« terelles sur un myrte, avec ce mot : Amant, amantur.
« M. Racine, sur le même sujet : un bouton de rose sur
« lequel le soleil darde ses rayons, avec ce mot : Firmat sol,
« ce qui est tiré de[1].... M. de Tourreil, encore sur le même
« sujet : l'étoile de Vénus, avec ce mot d'Ovide (*Métamor-*
« *phoses*, livre IV, vers 197) : Quos debet mundo, præbet mihi,
« pour dire que le Roi partage ses soins entre son royaume
« et la jeune princesse. M. Despréaux, sur le même sujet :
« une vigne vierge qui est autour d'un laurier, avec ce mot :
« Lauros partitur adhærens, pour faire connoître que l'at-
« tachement de cette princesse au Roi lui attire toute sorte
« de grandeur et de gloire. » Dans l'assemblée du samedi
29 novembre 1698, la Compagnie fut informée que M. de
Pontchartrain « avoit été très-content de l'abondance et de
« la beauté des devises, et qu'il falloit garder pour d'autres
« années celles qui n'étoient pas employées. » Parmi celles
qu'il choisit dès lors, se trouva celle de Racine, pour la
duchesse de Bourgogne : « La devise du bouton de rose, avec
« le mot Firmat sol, pour Madame la duchesse de Bourgogne,
« plaisoit aussi à M. de Pontchartrain; mais il souhaitoit que
« l'on pût joindre encore un mot à Firmat. M. Racine, qui
« avoit fait la devise, a trouvé le mot à l'instant : Firmat et
« ornat, sans mettre *sol*, qui est inutile. La Compagnie a

---

1. La citation est restée en blanc dans le registre. Les mots de
la devise de Racine sont tirés du *Carmen nuptiale* de Catulle,
vers 41 :

   Quem mulcent auræ, firmat sol, educat imber.

« approuvé ce mot; et M. l'abbé Bignon s'est aussi chargé
« de l'envoyer à M. de Pontchartrain.

« Du mardi 2 décembre 1698. M. l'abbé Bignon a dit que
« M. de Pontchartrain avoit approuvé..., pour Madame la
« duchesse de Bourgogne, un bouton de rose sur lequel le
« soleil darde ses rayons, avec le mot : Firmat et ornat. »

Nous avons dit que les registres n'ayant été régulièrement
tenus que depuis 1694, nous n'avons pu connaître avant cette
époque la part que chacun des académiciens prit aux travaux
de la Compagnie. Nous n'avons donc ni toutes les explications
des médailles de l'histoire du Roi, ni toutes les devises que
l'on doit à Racine. Nous pouvons seulement rappeler ici,
comme un maigre supplément, ce que Louis Racine dit des
travaux de son père à l'Académie des inscriptions[1]. « Mon
père, dit-il, a donné, dans quelques occasions, des devises
qui, dans leur simplicité, ont été trouvées fort heureuses,
comme celle dont le corps étoit une orangerie, et l'âme : Conjuratos ridet aquilones. Elle fut approuvée, parce qu'elle avoit
également rapport à l'orangerie de Versailles, bâtie depuis
peu, et à la ligue qui se formoit contre la France. » Il nous
apprend aussi, au même passage de ses *Mémoires*, que Racine
et Boileau avaient remplacé par des inscriptions plus simples
les inscriptions pleines d'emphase qu'avait faites Charpentier
pour être mises au bas des tableaux de le Brun, dans la galerie de Versailles, et dont les pompeuses déclamations avaient
justement déplu à Louvois.

Nous ne pouvons mieux terminer cette notice que par les
quelques lignes que nous trouvons dans le registre de l'Académie à la date du 28 avril 1699. Elles renferment un témoignage des sentiments que Racine avait inspirés à sa Compagnie : « La mort de M. Racine, arrivée après une longue
maladie, le 20 de ce mois, a extrêmement affligé la Compagnie. Il étoit grand poëte, excellent orateur, et très-bien
instruit en toute sorte de genres de littérature. Il étoit d'un
grand secours à l'Académie, tant par la vivacité de son esprit
que par la connoissance certaine qu'il avoit de tout ce qui regarde l'histoire du Roi. »

1. Voyez notre tome I, p. 276.

I

LA PRISE DE MARSAL.

(Extrait du registre de l'Académie des inscriptions.)

Charles I[1], duc de Lorraine, célèbre par sa valeur et par son habileté pour la guerre, l'est encore plus par son inconstance et par la légèreté de son esprit, qui enfin l'ont conduit à sa ruine. Il n'est pas croyable combien de différents traités il avoit faits avec la France, qu'il avoit tous également violés. Le Roi néanmoins, peu de temps après la paix des Pyrénées, lui rendit gracieusement ses États, mais aux conditions qui furent jugées nécessaires pour s'assurer contre son peu de bonne foi. A peine il fut rétabli, qu'il proposa de lui-même au Roi le fameux traité par lequel il lui cédoit la Lorraine, et lui remettoit d'abord Marsal pour sûreté de sa parole. Mais le traité ne fut pas plus tôt signé qu'il chercha tous les moyens d'en éluder l'exécution. Il fit travailler en hâte aux fortifications de Marsal, y jeta une garnison nombreuse, et recommença ses anciennes pratiques avec les ennemis de la France. Le Roi, justement indigné de ce manquement de parole, fit aussitôt investir Marsal, et voulant faire ce siège en personne, se rendit en deux jours à Metz avec

---

1. Dans l'Histoire métallique, aussi bien que dans le registre de l'Académie des inscriptions, on lit *Charles I*, au lieu de *Charles IV*. Cette faute ainsi répétée est difficile à expliquer. On avait, il est vrai, coutume en France de dire simplement « le duc de Lorraine, » ou « Charles de Lorraine, » et non « Charles IV. » Mais ses prédécesseurs n'y étaient pas inconnus.

toute sa cour. Alors le Duc, dont cette extrême diligence avoit rompu toutes les mesures, vit bien qu'il ne lui restoit d'autre parti que de se remettre entre les mains du Roi. En effet il vint le trouver à Metz, et après avoir signé un nouveau traité, qui étoit le troisième depuis trois ans, envoya ses ordres pour faire rendre Marsal à Sa Majesté.

C'est le sujet de cette médaille[1]. Le duc de Lorraine y est représenté sous la forme du dieu Protée, qui, comme on sait, se changeoit en toutes sortes de figures, et qu'il falloit enchaîner pour le faire parler. Ces mots : MARSALIUM CAPTUM, et ces autres : PROTEI ARTES DELUSÆ, font entendre que toutes les ruses du nouveau Protée furent déconcertées par la prise de Marsal.

MÊME SUJET.

(Extrait de l'Histoire métallique.)

Charles I[2], duc de Lorraine, célèbre par sa valeur et par sa grande capacité pour la guerre, l'est aussi par son inconstance et par la légèreté de son esprit, qui enfin le conduisirent à sa perte. Il n'est pas croyable combien de différents traités il avoit faits avec la France, qu'il avoit tous également violés. Le Roi néanmoins, peu de temps après la paix des Pyrénées, lui rendit généreusement ses États. A peine fut-il rétabli, qu'il proposa de lui-même le fameux traité par lequel il cédoit au Roi la Lorraine, et remettoit d'abord Marsal, pour sûreté de sa parole. Dès que le traité fut signé, il chercha tous les moyens d'en éluder l'exé-

---

1. Dans l'*Album* qui sera joint à cette édition des *OEuvres de Racine*, nous donnerons, d'après l'Histoire métallique, les dessins des cinq médailles que Racine a décrites et expliquées.

2. Voyez ci-dessus la note 1 de la page 47.

cution, recommença ses anciennes pratiques avec les ennemis de la France, fit fortifier Marsal, et y jeta une garnison nombreuse. Le Roi, justement irrité, fit investir Marsal, dont il vouloit faire le siége en personne, se rendit à Metz en quatre jours, et s'avança à Nomeny, où il fit la revue de ses troupes. Alors le Duc, dont cette extrême diligence avoit rompu toutes les mesures, prit le parti de se mettre à la merci du Roi. Il vint trouver Sa Majesté à Metz, envoya ordre de remettre Marsal aux troupes du Roi, et signa un nouveau traité, qui étoit le troisième depuis trois ans.

C'est le sujet de cette médaille. Le duc de Lorraine est représenté sous la forme du dieu Protée, qui, selon la fable, se changeoit en toute sorte de figures, et qu'on ne pouvoit fixer que par la force. La légende : PROTEI ARTES DELUSÆ, signifie *Les artifices du nouveau Protée rendus inutiles;* l'exergue : MARSALIUM CAPTUM. M.DC.LXIII, *Prise de Marsal.* 1663.

II

LA VILLE D'ERFORD

RENDUE A L'ARCHEVÊQUE DE MAYENCE.

(Extrait du registre de l'Académie des inscriptions.)

Quoique par la paix de Munster l'archevêque et l'Église de Mayence eussent été rétablis dans leur droit de souveraineté sur la ville d'Erford, cette grande ville néanmoins, qui étoit presque toute luthérienne, prétendoit toujours demeurer libre et indépendante, et par son opiniâtreté avoit enfin obligé l'Empereur à la mettre au ban de l'Empire. Mais l'Empereur n'étoit guère en état de faire exécuter ce décret, étant lui-même assez embarrassé à se défendre contre le Turc : d'autant plus qu'on appréhendoit que tout le parti protestant ne se déclarât pour Erford. Dans cette extrémité, l'Archevêque eut recours au Roi, comme au protecteur des traités de Westphalie. Aussitôt le Roi lui envoya un corps de six mille hommes commandés par Pradel, lieutenant général, qui eut ordre de passer le Rhin en diligence, et de marcher droit à Erford. Ces troupes, auxquelles se joignirent quelques régiments de l'Électeur, s'emparèrent d'abord d'un fort dont la ville étoit commandée, et se préparoient à emporter la ville même; mais les habitants effrayés offrirent de se soumettre, et en effet jurèrent à l'Électeur et à son Église la fidélité qu'ils leur devoient.

C'est le sujet de cette médaille. On y voit la France

qui présente à la Religion la ville d'Erford, aisée à connoître à l'écusson de ses armes gravé sur son bouclier. Les mots latins de la légende : ERFORDIA ECCLESIÆ MOGUNTINÆ RESTITUTA, signifient *Erford restituée à l'Église de Mayence;* et ceux de l'exergue : GALLIA VINDEX, veulent dire *La protection de la France.* 1664.

MÊME SUJET.

(Extrait de l'Histoire métallique.)

Quoique par la paix de Munster l'archevêque et l'Église de Mayence eussent été rétablis dans leur droit de souveraineté sur la ville d'Erford, cette grande ville néanmoins, presque toute luthérienne, prétendoit toujours demeurer indépendante, et par son opiniâtreté elle avoit enfin obligé l'Empereur à la mettre au ban de l'Empire. Mais l'Empereur, assez embarrassé lui-même à se défendre contre le Turc, se trouvoit d'autant moins en état de faire exécuter ce décret, qu'il avoit sujet d'appréhender que tout le parti protestant ne se déclarât pour Erford. Dans cette extrémité, l'Archevêque eut recours au Roi, comme au protecteur des traités de Westphalie. Aussitôt Sa Majesté lui envoya six mille hommes commandés par le lieutenant général Pradel, qui eurent ordre de passer le Rhin en diligence, et de marcher droit à Erford. Ces troupes, auxquelles se joignirent quelques régiments de l'Électeur, s'emparèrent d'un fort qui commandoit la ville, et se préparoient à emporter la ville même; mais les habitants effrayés offrirent de se soumettre, et jurèrent à l'Électeur et à son Église la fidélité qu'ils leur devoient.

C'est le sujet de cette médaille. On y voit la France qui présente à la Religion la ville d'Erford. Les mots de la légende : GALLIA VINDEX, signifient *La France protectrice;* ceux de l'exergue : ERFORDIA ECCLESIÆ MOGUNTINÆ RESTITUTA. M.DC.LXIV, *Erford rendu à l'Église de Mavence.* 1664.

III

DUNKERQUE FORTIFIÉE.

(Extrait du registre de l'Académie des inscriptions.)

Dunkerque passoit déjà pour une des plus considérables places des Pays-Bas, lorsque le Roi la retira des mains des Anglois; mais il trouva tant de défauts dans son port et dans ses fortifications qu'il se crut obligé de la renouveler presque toute entière. En effet, outre la construction d'une citadelle à cinq bastions et du fort Louis, qui en a quatre, il est incroyable combien de nouveaux ouvrages on a élevés, tant du côté de la mer que de celui de la campagne, combien de bastions on a revêtus, combien d'autres on a rebâtis. Ses dehors, qui n'étoient partout que de terre, sont maintenant[1] de grosse maçonnerie. Il a fallu nettoyer et creuser les fossés, et pour empêcher qu'ils ne fussent comblés à l'avenir, on a rasé quantité de dunes fort élevées, dont les sables y étoient à toute heure portés par les vents. On n'a pas moins travaillé à creuser et à nettoyer son canal, en telle sorte qu'au lieu qu'il n'y pouvoit entrer que des barques de pêcheurs, les plus grands vaisseaux y entrent très-facilement. On a fait aussi des jetées de pierre, qui s'avancent fort loin dans la mer, avec des forts et des batteries; et on a coupé un grand banc de sable qui fermoit presque entièrement l'entrée du port. En un mot, à comparer l'état où le Roi a trouvé Dun-

---

1. Il y a dans le registre : « *que* de grosse maçonnerie. »

kerque avec celui où on la voit aujourd'hui, on peut dire que d'une place très-foible, il en a fait la plus formidable de ses places.

C'est le sujet de cette médaille. On y voit le plan exact de Dunkerque, du port, et de ses fortifications. Sur le devant de la médaille est la ville de Dunkerque, sous la figure d'une Femme couronnée de tours. Elle est assise, et tient d'une main un gouvernail, et de l'autre une ancre. Les mots de la légende : FRETI GALLICI DECUS ET SECURITAS, font entendre que cette place fait la sûreté et l'ornement de la côte de France. Il y a à l'exergue : DUNKERCA MUNITA ET AMPLIATA, *Dunkerque augmentée et fortifiée.* 1671.

MÊME SUJET.

(Extrait de l'Histoire métallique.)

Le Roi, lorsqu'il eut retiré Dunkerque des mains des Anglois, trouva de si grands défauts dans les fortifications qu'il jugea d'une absolue nécessité de les refaire presque entièrement. Dès l'année 1665, on commença par le château, et on changea tous les dehors. Ce travail fut continué en 1671 par trente mille hommes que le Roi y employa. Il n'est pas croyable combien il y a eu de nouveaux ouvrages élevés et du côté de la mer et du côté de la terre; combien de bastions revêtus, changés ou refaits. On a rasé plusieurs dunes qui dominoient la place, et dont les sables étoient portés par les vents dans les canaux et dans les fossés. La citadelle a été perfectionnée, et le fort Louis achevé; et pour rétablir le port, on a coupé un banc de sable de cinq à six cents toises, qui fermoit l'entrée. Au lieu du canal de Mardik, que les sables combloient, on a fait le nouveau canal, par où en tout temps peuvent entrer et sortir des vaisseaux de soixante pièces de canon. Ce canal est soutenu par deux jetées de charpente, qui s'avancent fort loin dans la mer, et dont les approches sont défendues par deux risbans, ou forts de maçonnerie, et par deux batteries. On a creusé dans la ville un bassin qui peut toujours tenir à flot trente vaisseaux de guerre, et plusieurs autres bâtiments. En un mot, à comparer l'état où le Roi a trouvé Dunkerque avec celui où elle est aujourd'hui, on peut dire que d'une place très-foible, il en a fait la plus forte de ses places.

C'est le sujet de cette médaille. Elle représente le plan exact de Dunkerque; la ville, sous la figure d'une Femme couronnée de tours, tient un (sic) ancre et un gouvernail. La légende : FRETI GALLICI DECUS ET SECURITAS, signifie *L'ornement et la sûreté de la côte de France dans la Manche;* l'exergue : DUNQUERCA MUNITA ET AMPLIATA. M.DC.LXXI, *Dunkerque agrandie et fortifiée.* 1671.

IV

WOËRDEN SECOURU.

(Extrait du registre de l'Académie des inscriptions.)

Le duc de Luxembourg, qui commandoit dans Utrecht, n'eut pas plus tôt appris que Woërden étoit assiégé par le prince d'Orange, qu'il y courut avec environ trois mille hommes qui se trouvèrent en état de marcher, laissant ordre au reste de ses troupes de le suivre en diligence. La place étoit fort pressée, et il n'y avoit pas de temps à perdre pour la secourir; mais la difficulté étoit de pouvoir aborder les quartiers des ennemis, tout le pays étant inondé, à la réserve d'une digue, où ils avoient cinq ou six retranchements les uns sur les autres, bordés de canon et d'infanterie. Toutefois le duc de Luxembourg ne balança pas à les attaquer. Il entra dans l'inondation l'épée à la main, et les prenant par le front et par les flancs, pendant que la garnison de la place les chargeoit aussi de son côté, il les força, et tailla en pièces tout ce qui osa lui résister. Le prince d'Orange n'eut que le temps de mettre des canaux entre lui et les François, leur abandonnant six pièces de canon et une partie de son bagage, quantité de prisonniers, et plus de deux mille morts, entre lesquels étoit le comte de Zuylestain, oncle naturel de ce prince et général de l'infanterie hollandoise. Cette action se passa le onzième octobre 1672.

C'est le sujet de cette médaille. La Victoire présente une couronne d'herbes verdoyantes et fleuries sur une colonne plantée au milieu d'un marais, et à laquelle est attaché un bouclier aux armes de Hollande. Cette couronne marque la levée du siége. Il y a à la légende : BATAVORUM CASTRIS CAPTIS ET DIREPTIS, *Le camp des Hollandois pris et pillé;* à l'exergue : WURDA OBSIDIONE LIBERATA, *Woërden secouru et le siége levé*. 1672.

MÊME SUJET.

(Extrait de l'Histoire métallique.)

Le duc de Luxembourg, qui commandoit pour le Roi dans la province d'Utrecht, n'eut pas plus tôt appris que Woërden étoit assiégé par le prince d'Orange, qu'il y courut avec environ trois mille hommes qui se trouvèrent en état de marcher, et laissa ordre au reste des troupes de le suivre en diligence. Les ennemis pressoient fort la place, et il n'y avoit pas de temps à perdre pour la sauver. La difficulté étoit d'aborder leurs quartiers dans un pays tout inondé, à la réserve d'une digue, où ils avoient cinq ou six retranchements l'un sur l'autre, bordés de canon et d'infanterie. Le onze d'octobre, à deux heures après minuit, le duc de Luxembourg, avec ses trois mille hommes, arriva à la vue des retranchements. Il attendit jusqu'à cinq heures le reste de son infanterie; mais craignant que s'il attendoit plus longtemps, il ne pourroit cacher le petit nombre de ses troupes aux ennemis, et perdroit l'occasion de se battre, il ne balança point. Il passa l'inondation sur la glace, et les attaquant de front et en flanc, pendant que la garnison de la place les chargeoit aussi de son côté, il força et tailla en pièces tout ce qui lui résista. Le prince d'Orange n'eut que le temps de mettre des canaux entre lui et les François. Il abandonna six pièces de canon et une partie de son bagage. On fit un grand nombre de prisonniers, et on tua plus de deux mille hommes, entre lesquels se trouva le comte de Zuilestain, oncle naturel de ce prince et général de l'infanterie hollandoise.

C'est le sujet de cette médaille. On voit au milieu d'un marais une colonne, à laquelle on a attaché un bouclier. La Victoire pose sur le haut de ce bouclier une couronne d'herbes verdoyantes et fleuries. La légende : CASTRIS BATAVORUM CAPTIS ET DIREPTIS, signifie *Le camp des Hollandois pris et pillé;* l'exergue : WURDA OBSIDIONE LIBERATA, M.DC.LXXII, *Woërden secouru.* 1672.

V

LA TRÊVE.

(Extrait du registre de l'Académie des inscriptions.)

Après la conquête de Luxembourg, le Roi se trouvoit en état d'emporter sans résistance le reste des Pays-Bas catholiques. Il avoit en Flandre deux armées de quarante mille hommes chacune, et non loin de là, les troupes de l'électeur de Cologne, son allié, montoient à près de vingt mille hommes, commandés par un de ses lieutenants généraux. Les Espagnols, qui lui avoient déclaré la guerre, n'avoient ni argent ni troupes. Toutes leurs places étoient en fort mauvais état. L'Empereur, occupé contre le Turc, ne pouvoit de longtemps les secourir; et les Hollandois, divisés entre eux par des factions, étoient à la veille d'une guerre civile. Le Roi, persistant dans le dessein de donner la paix à la chrétienté, ne changea rien néanmoins aux conditions auxquelles, avant la prise de Luxembourg, il avoit promis de poser les armes. Il offrit toujours de rendre à l'Espagne Courtray et Dixmude rasés, et de faire avec elle, et en même temps avec l'Empereur et avec l'Empire, ou la paix ou une trêve de vingt années. Les Hollandois, malgré les oppositions du prince d'Orange, embrassèrent avec joie la trêve, qui bientôt après fut aussi acceptée de tous les princes de l'Empire, et de l'Empereur même. Les Espagnols, demeurés seuls, enfin, après bien des plaintes, renvoyèrent aux commissaires de l'Empereur tous leurs différends pour être terminés à Ratisbonne. Ils espéroient faire comprendre dans le traité la république de Gênes, qui s'étoit nouvellement mise sous leur protection; mais le Roi voulut absolument se réserver la liberté de châtier cette république, si elle n'avoit recours à sa clémence. Ainsi la trêve fut signée et ratifiée pour vingt ans.

C'est le sujet de cette médaille. Pallas, qui représente la prudence et la valeur du Roi, y est assise à l'ombre d'un laurier, sur un monceau d'armes, tenant sa lance d'une main, et s'appuyant de l'autre sur son bouclier, dont elle cache l'égide. Les mots de la légende : INDUCIÆ AD VIGINTI ANNOS DATÆ, signifient *La trêve accordée pour vingt ans;* et ceux de l'exergue : VIRTUTE ET PRUDENTIA PRINCIPIS, veulent dire que cette trêve est également l'ouvrage de la valeur et de la prudence du Roi. 1684.

MÊME SUJET.

(Extrait de l'Histoire métallique.)

Depuis la conquête de Luxembourg, le Roi se voyoit en état de conquérir le reste des Pays-Bas catholiques. Il avoit en Flandre deux armées de quarante mille hommes chacune; et un de ses lieutenants généraux commandoit dans le pays de Liége les troupes de l'électeur de Cologne, son allié. Les Espagnols n'avoient ni troupes ni argent, et toutes leurs places étoient en fort mauvais état. L'Empereur, occupé contre le Turc, ne pouvoit de longtemps les secourir; et les Hollandois, divisés entre eux par des factions, étoient à la veille d'une guerre civile. Le Roi, constant dans la résolution de donner la paix à la chrétienté, ne changea rien aux propositions qu'il avoit faites avant la prise de Luxembourg. Il offrit toujours de rendre à l'Espagne Courtray et Dixmude rasés, et de faire avec elle, et en même temps avec l'Empereur et avec l'Empire, ou la paix ou une trêve de vingt années. La Hollande, malgré les oppositions du prince d'Orange, embrassa avec joie la trêve, qui fut aussi bientôt acceptée de tous les princes de l'Empire, et de l'Empereur même. L'Espagne demeura seule; et après bien des plaintes, elle renvoya enfin aux commissaires de l'Empereur tous ses différends pour être terminés à Ratisbonne, où la trêve fut signée et ratifiée.

C'est le sujet de cette médaille. Pallas, assise sur un monceau d'armes, à l'ombre d'un laurier, tient sa lance d'une main, et s'appuie de l'autre sur son égide, qu'elle cache. La légende : VIRTUS ET PRUDENTIA PRINCIPIS, signifie *Valeur et sagesse du Roi;* l'exergue : INDUCIÆ AD VIGINTI ANNOS DATÆ. M.DC.LXXXIV, *Trêve accordée pour vingt ans.* 1684.

FRAGMENTS

ET

NOTES HISTORIQUES

NOTICE.

Louis Racine a le premier publié, sous le titre de *Fragments historiques*, quelques notes qu'il avait trouvées dans les papiers de son père. On trouve ces *Fragments* aux pages 21-55 de l'appendice qui fait suite aux *Mémoires sur la vie de Jean Racine*, publiés à Lausanne et à Genève en 1747. Ils y sont précédés de cet avertissement (p. 19 et 20) : « Je ne donne qu'une petite partie de ces fragments, dont je ne relève le prix, ni pour le fond, ni pour la forme. Quant au fond, on n'y trouve rien de curieux : ce qui pouvoit l'être du temps de l'auteur a été écrit depuis par différents historiens. Quant à la forme, ce ne sont que de courtes observations que l'auteur, qui en devoit faire usage dans la suite, jetoit sur le papier sans style et sans ordre. Cette raison m'oblige encore à n'en donner qu'une petite partie, puisqu'on ignore l'usage qu'un auteur devoit faire des choses qu'on trouve après sa mort, écrites par lui sans ordre, et qu'il n'écrivoit que pour lui seul. Il peut avoir écrit tel fait, non comme véritable, mais comme débité de son temps, et dans le dessein de le détruire.

« Ce ne sont ici que des membres épars et décharnés, que l'historien devoit rassembler et animer ; et je n'ai d'autre objet, en les faisant connoître, que de détromper ceux qui croyent qu'il ne s'occupoit point de l'histoire du Roi, ou qu'il ne vouloit donner qu'un éloge historique de ce prince. Il paroît au contraire, par les extraits qu'il a faits de Vittorio Siri et de plusieurs Mémoires, qu'il s'étoit formé un plan très-vaste, et que se mettant au fait des affaires étrangères, comme de celles de l'intérieur, il embrassoit son grand objet dans toute son étendue, et comptoit faire l'histoire du royaume sous le règne de Louis XIV. Il en avoit déjà composé plusieurs grands morceaux; mais comme je l'ai dit, ils périrent dans l'incendie par lequel tout ce que M. de Valincour conservoit dans sa maison de Saint-Cloud fut consumé en un moment, *magno cum Musarum mœrore.* »

Louis Racine a eu raison de ne pas exagérer la valeur des quelques pages qu'il publiait; il est très-vrai qu'en général ce ne sont que de courtes notes prises en différents temps par Racine, lorsqu'il rassemblait les matériaux de son travail d'historiographe; et le nom de *Fragments historiques* qu'on leur a donné pourrait en faire prendre une fausse idée. Mais nous nous sommes contenté de modifier légèrement, sans l'abandonner tout à fait, un titre que l'usage a consacré dans toutes les éditions des *Œuvres de Racine*, et que Voltaire a adopté dans une note du chapitre xxv de son *Siècle de Louis XIV*. Parmi ces pages d'ailleurs, il se trouve, comme nous le dirons tout à l'heure, deux ou trois véritables *fragments* d'histoire.

A défaut du monument historique que Racine avait laissé plus ou moins avancé, mais que l'incendie a détruit, on trouve quelque intérêt à connaître le peu qui nous a été conservé des matériaux de son travail; et l'on ne serait pas aujourd'hui, nous le croyons du moins, de l'avis de Louis Racine, lorsqu'il jugeait suffisant « d'en donner une petite partie. » Sa publication incomplète, et cependant de quelque étendue, ne s'explique pas très-bien : c'était trop ou trop peu; ce qu'il a omis a généralement le même intérêt que ce qu'il a conservé. En outre, il aurait dû donner avec plus d'exactitude le texte des feuillets qu'il recueillait. Il avait donc laissé quelque chose à faire aux éditeurs qui sont venus après lui. Combler les lacunes de son travail, rétablir les passages altérés, devait être pour eux une tâche facile, le manuscrit autographe des *Fragments et Notes historiques* faisant partie des papiers que le même Louis Racine avait donnés à la Bibliothèque du Roi.

Parmi les éditeurs qui ont jugé utile de consulter ce manuscrit il ne faut pas compter ceux de 1768 (*édition de Luneau de Boisjermain*). Ils se sont bornés à réimprimer le texte donné par Louis Racine, comme on peut le voir dans leur tome VI, p. 335-366. La courte préface qu'ils ont mise en tête des *Fragments historiques* n'ajoute rien d'intéressant à l'*Avertissement* de 1747. Elle commence par une phrase assez malheureuse, qui lui est en partie empruntée : « Ce ne sont ici que des membres épars, auxquels l'historien devoit un jour donner la couleur, la force et la vie. » En forçant l'expression de Louis Racine, les éditeurs de 1768 l'ont rendue moins juste encore. On croirait qu'il s'agit d'une première esquisse, à laquelle il ne manque plus que le dernier trait et la vivacité du coloris. Il n'y a cependant là ni membres épars, ni ébauche, ni plan quelconque; mais, à peu d'exceptions près, de simples renseignements dont l'historien faisait provision.

Dans l'édition de 1807, connue sous le nom d'édition de la Harpe, les *Fragments historiques* se trouvent au tome VI, p. 211-244. L'éditeur, Germain Garnier, n'a pas négligé de comparer le texte du manuscrit avec celui de Louis Racine; cette collation lui a fourni d'utiles, quoique incomplètes, corrections, qu'il n'a pas cherché à faire valoir dans son *Avertissement* (p. 209 et 210). S'il s'est contenté d'ailleurs de corriger les fragments déjà publiés, sans y rien ajouter, c'est que « après avoir parcouru toute la liasse de ces notes, qui existe à la Bibliothèque impériale, » il avait cru n'y rien trouver « qui pût fournir matière à grossir ces *Fragments*. » Il cherche à justifier cette opinion dans une note (p. 209 et 210) : « Tout le reste de cette liasse, dit-il, ne consiste qu'en fragments extraits des *Mémoires secrets* (*Memorie recondite*) de Vittorio Siri. Ces Mémoires, aujourd'hui peu estimés, étaient alors rares et recherchés. Les deux premiers volumes parurent l'année même où Racine, nommé historiographe du Roi, se livra tout entier à l'étude de l'histoire de son temps. Il s'était hâté d'extraire de ce livre tout ce qu'il y avait trouvé digne d'être employé ou d'être réfuté. Ces extraits, copiés presque littéralement, ne sont donc nullement l'ouvrage de Racine, et quoique écrits de sa main, ils n'ont pas le droit de figurer parmi ses œuvres. » Cette note n'est pas tout à fait exacte. Les fragments laissés de côté ne sont pas tous, comme elle le donne à entendre, extraits de Vittorio Siri. En outre, ce n'est pas seulement sur les *Memorie recondite* de cet auteur que Racine avait pris des notes, mais aussi sur son *Mercure* (*il Mercurio*), et sur quelques-uns de ses ouvrages inédits. Il semblerait, à la manière dont s'exprime Germain Garnier, que Racine n'a fait des extraits que des deux premiers volumes des *Memorie recondite;* il en a fait aussi du dernier même, du huitième. Du reste, la raison alléguée pour exclure les extraits de Siri serait également valable pour supprimer à peu près tout le reste de ces notes, qui n'ont pas davantage le caractère d'un travail original, et ne sont d'aucune manière ce qu'on peut appeler une œuvre.

Germain Garnier a cru faire assez en corrigeant le texte déjà connu, en l'éclaircissant par quelques notes exactes, enfin en présentant les fragments dans un meilleur ordre. « Ces fragments, dit-il, ayant été écrits par l'auteur sur autant de feuilles détachées, l'éditeur est maître de les ranger dans l'ordre qu'il juge convenable; et nous avons usé de cette liberté pour faire disparaître un désordre et une confusion de dates et de matières, qui ne pouvait que fatiguer le lecteur. » Nous aurons à revenir sur cette question de l'ordre adopté par les différents éditeurs. Pour ajouter quelque chose à la clarté de celui qu'il a suivi, Germain Garnier a marqué la division des divers sujets par les titres suivants, qui la plupart ne sont ni dans le manuscrit, ni dans Louis Racine : *Campagne de 1667. — 1677. — 1678. Notes prises pendant la route. — 1693.* — Finances. Marine. — *Sur Louis XIV.* — *Le cardinal Mazarin.* — *Colbert.* — *Fouquet.* — *Turenne.* — *Schomberg.* — *Sobieski. Siége de Vienne.* — *Troubles de Hongrie. Tekeli.* — *Jean de Witt.* — *Lord Russel.* — *Alexandre VIII. Innocent XII.* — *Le nonce Roberti.* — *Le Tellier, archevêque de Reims.* — *Feuillet, doyen de Saint-Cloud.* — *Pierre de Marca.* — *Fra Paolo.* — *Les comté d'Auvergne et baronnie de la Tour.* — *Achille de Harlay.* — *Eudes de Mezerai.*

Geoffroy, dans son édition publiée en 1808 (voyez le tome VI, p. 329-383), a donné des *Fragments historiques* un texte plus étendu que celui dont on s'était jusque-là contenté. « En publiant ces *Fragments,* précieux à beaucoup d'égards, dit-il dans sa *Préface*[1] (p. 327 et 328), Louis Racine les

---

[1] Cette préface, beaucoup moins simple que celle de l'édition de 1807, ne nous paraît pas toujours aussi judicieuse. Nous avons inutilement cherché où Geoffroy avait lu cette phrase qu'il attribue à Louis Racine, qu'il semble citer comme extraite de son *Avertis-*

avait singulièrement altérés, et par conséquent en avait diminué l'intérêt. Ils paraissent ici dans un nouvel ordre, avec des augmentations considérables, et fidèlement rétablis sur les manuscrits de Racine. On pourra juger de l'importance des augmentations, en confrontant cette édition avec les autres. Nous indiquons particulièrement les articles qui concernent le cardinal de Richelieu, le cardinal Mazarin, M. de Turenne, la révolution de Portugal, et la Hollande. » L'assertion que le texte des *Fragments* était cette fois « fidèlement rétabli sur les manuscrits de Racine » ne soutient pas l'examen. En quelques passages, Geoffroy a copié le texte des éditions précédentes, sans en corriger, d'après le manuscrit, les inexactitudes. Quant aux additions qu'on lui doit, elles ont, comme il le dit, leur importance.

Aimé-Martin s'est aperçu que ces additions n'avaient pas épuisé le manuscrit, dont il a tiré encore plusieurs pages négligées par Geoffroy. En tête des *Fragments historiques* qui se trouvent aux pages 403-461 de son tome IV (édition de 1844), il a réimprimé la *Préface* de Geoffroy, en y ajoutant toutefois cette note : « L'auteur de cette préface a laissé des lacunes considérables, que nous avons remplies sur les manuscrits déposés à la Bibliothèque du Roi. Il sera facile de s'en convaincre en lisant les articles *Schomberg* et *Fra Paolo*. Les articles *Angleterre*, *Allemagne* et *Strasbourg* sont imprimés ici pour la première fois. » En général le texte d'Aimé-Martin est plus fidèle que celui de Geoffroy, sans l'être encore entièrement. Pour l'ordre dans lequel il a disposé les *Fragments*, il a suivi l'édition de Geoffroy, qui sur ce point diffère également et de l'édition de Louis Racine et de celle de 1807.

Malgré les promesses et les affirmations que nous venons de rapporter, nous avons eu beaucoup à faire pour compléter et réformer le travail de nos devanciers.

Les *Fragments historiques* sont au tome II des manuscrits de Racine que possède la Bibliothèque impériale, feuillets

---

sement sur les Fragments historiques, et qui n'y est pas : « Cependant on y trouve des anecdotes curieuses, et plusieurs mots piquants qui peignent bien le caractère des personnages auxquels on les attribue. »

156-234. Sur le premier de ces feuillets Louis Racine a mis cette note : « *Fragments historiques* écrits de la main de Jean Racine, dont plusieurs ont été imprimés à la fin des *Mémoires sur sa vie.* » En tête du même feuillet on lit : « 99 feuillets tant écrits que blancs. » Le compte des feuillets ne se trouve plus. Ce qui pourrait d'abord sembler rassurant, c'est que la note parle de feuillets blancs mêlés aux feuillets écrits; mais quelques-uns de ceux-ci mêmes ont incontestablement disparu; car Louis Racine a fait imprimer plusieurs pages que l'on chercherait en vain aujourd'hui dans le manuscrit. Elles existaient encore, sinon au temps où Aimé-Martin a travaillé à son édition, au moins en 1808, puisque Geoffroy, comme nous le montrerons dans les notes, a pu faire au texte de ces pages quelques légères additions.

Le papier des divers feuillets n'est point le même, ni de semblable format; l'écriture aussi diffère. Il est donc visible qu'ils n'ont pas été écrits dans le même temps, ni pour se faire suite. Ce sont des notes prises à différents moments, à mesure que l'occasion s'en présentait.

Plusieurs de ces feuillets n'ont pas été jugés dignes de l'impression par les éditeurs précédents. Cette exclusion nous a paru arbitraire, et difficile à justifier, surtout dans les éditions qui, à la différence de celle de Louis Racine, ont presque tout donné. Nous n'avons pu bien saisir ce qui à leurs yeux distinguait les passages omis de plusieurs passages recueillis, si ce n'est peut-être pour les tableaux chronologiques, qui ont, s'il est possible, moins de valeur littéraire encore que le reste, mais que nous avons cru devoir donner, au moins en petit texte, parce qu'ils sont aussi un témoignage des études de Racine. Nous avons eu à réparer quelques omissions et quelques inexactitudes dans les morceaux qui n'étaient pas restés inédits. On avait surtout supprimé à tort en plusieurs endroits l'indication donnée par Racine des auteurs qu'il avait consultés.

Si, après Germain Garnier, Geoffroy et Aimé-Martin, nous avons à notre tour rangé les *Fragments* dans un ordre nouveau, ce n'a pas été pour la puérile satisfaction de faire autrement que nos devanciers. Ils avaient eu raison de penser que des notes écrites sur des feuilles détachées n'avaient pas dans le manuscrit un ordre auquel les éditeurs fussent astreints, et qu'il fallait seulement tâcher d'adopter celui qui mettrait le moins de confusion dans les matières et dans les dates. Mais un tort qu'ils ont eu tous, ç'a été de ne pas remarquer ce qui limitait cette liberté des éditeurs. Ce que Racine a écrit sur un même feuillet, simple ou double, ne devait pas être séparé, même lorsqu'il s'agissait d'événements de nature et de date différentes. En transportant ainsi des notes d'un feuillet à un autre, pour les grouper suivant l'analogie des sujets, on risque de tromper le lecteur sur les sources d'information d'où Racine a tiré tel ou tel fait, et même, comme il est arrivé quelquefois, de tomber dans de graves erreurs, en donnant une apparence de liaison à des choses qui n'ont entre elles aucun rapport. Si l'ordre suivi par Louis Racine n'est pas tout à fait exempt de ce défaut, et est d'ailleurs un peu plus confus que celui des plus récents éditeurs, il avait eu le soin du moins de distinguer quelquefois par des astérisques les divers fragments; et dans un passage où la remarque avait quelque importance, il avertit par une note (p. 30) que « toutes ces observations sont détachées les unes des autres. » Il est fâcheux qu'il n'ait point placé ces astérisques partout où il aurait dû le faire. Les éditeurs suivants eussent été peut-être mieux avertis ainsi de leur sens et de leur utilité. Ils les ont au contraire jugés superflus, et les ont supprimés, à commencer par Luneau de Boisjermain, quoique du reste il n'ait fait, comme nous l'avons dit, que réimprimer le texte de Louis Racine.

Nous n'avons pas manqué, pour notre part, de marquer la séparation des divers fragments, et nous avons cru plus clair de les distinguer par des chiffres que par des astérisques. Sans attacher une grande importance à l'ordre chronologique dans la disposition de notes si diverses, nous avons cependant jugé plus naturel de le suivre autant que nous l'avons pu; nous y avons dérogé toutes les fois que c'est Racine qui, dans un même feuillet, s'en est écarté; toutes les fois aussi qu'il a paru bon de rapprocher, sans tenir compte de la suite chronologique, des morceaux de même nature. Il y en a trois par lesquels, sans égard aux dates, nous avons commencé, parce que seuls entre tous ils nous ont paru non de simples notes, mais de véritables *fragments* d'histoire. Nous croyons que cette remarque, qui n'avait pas encore été faite, est incontestable surtout pour les deux premiers. Nous en proposons les raisons dans les notes qui s'y rapportent, et où nous faisons remarquer en outre que Louis Racine et tous les éditeurs suivants avaient fait aux commencements de ces deux morceaux des modifications qui n'étaient pas sans inconvénient. Elles empêchaient le lecteur de s'apercevoir que ces fragments étaient détachés d'un plus long récit. C'est peut-être la plus grave infidélité que l'on ait à reprocher à ces éditeurs; et il est singulier qu'aucun d'eux n'ait manqué de la commettre.

Les fragments qui ne se trouvent plus dans le manuscrit, et du texte desquels nous n'avons pu par conséquent contrôler l'exactitude, devaient être séparés des autres. Nous les avons mis après ceux que la Bibliothèque impériale possède encore, avant toutefois les tableaux chronologiques, que leur moindre importance et le caractère dans lequel nous les avons imprimés ont fait passer au dernier rang.

Parmi les notes qu'on a réunies dans les manuscrits de Racine sous le titre de *Fragments historiques*, il y en a trois qui n'appartiennent pas à l'histoire proprement dite, et que par cette raison nous avons cru préférable d'en distraire pour les placer dans une autre section de notre volume. On les trouvera plus loin, rapprochées de notes du même genre auxquelles nous avons donné le titre de *Notes sur divers sujets religieux*.

L'annotation des *Fragments historiques* était fort courte dans les précédentes éditions, et, ce nous semble, insuffisante. Ces quelques feuilles volantes sur lesquelles Racine jetait des notes ne forment pas, il est vrai, une œuvre qu'on puisse songer à profondément étudier. Mais on y rencontre tant de faits et de noms divers[1], que de nombreux éclaircissements nous ont paru utiles.

1. Nous avons conservé pour les noms propres l'orthographe du manuscrit, qui très-souvent diffère de l'usage actuel.

I

Le [1] pensionnaire Wit pressoit avec impatience la conclusion de ce traité. C'étoit sur lui que rouloit alors la principale conduite des affaires des états[2] : homme zélé pour sa république, et ennemi de la maison d'Orange, qu'il tenoit le plus bas qu'il pouvoit[3]. Il avoit hérité ces sentiments de son père, vieux magistrat de Dort[4], qu'on regardoit autrefois comme le chef du parti opposé au prince Guillaume[5]. Ce prince, jeune[6] et entreprenant, fier de l'alliance du roi d'Angleterre, qui lui avoit donné sa fille[7], regardoit le titre[8] de gouverneur et de capi-

1. Ce fragment est évidemment quelque chose de plus qu'une note prise par Racine pour fixer un souvenir. Il suffit, pour être de cet avis, de faire attention à la manière dont il est rédigé, et de remarquer les ratures et les corrections, assez nombreuses, du manuscrit. Il semble que nous ayons là un morceau détaché de l'histoire du règne de Louis XIV, dès lors sans doute commencée. Il est écrit sur le double feuillet coté 216 et 217. — Le traité dont le grand pensionnaire pressait la conclusion est sans doute celui d'alliance défensive et de mutuelle garantie conclu le 27 avril 1662 entre la France et les Provinces Unies. Nous ne croyons pas qu'il s'agisse de la paix de Breda, signée le 31 juillet 1667. Louis Racine et les éditeurs suivants ont retranché la première phrase; on ne pouvait plus ainsi, comme nous l'avons dit dans la *Notice*, p. 70, reconnaitre que ce morceau était la suite d'un plus long récit.

2. Racine avait d'abord écrit : « la conduite des Provinces Unies. »

3. Il y avait d'abord : « dans un fort grand abaissement. »

4. Dort ou Dordrecht, dans une île formée par la Meuse et le petit golfe de Biesboch.

5. Guillaume II de Nassau.

6. Au lieu de *jeune*, il y avait d'abord « ambitieux. »

7. Guillaume II avait épousé Henriette-Marie Stuart, fille de Charles Ier.

8. Les charges. (1re rédaction.)

taine général des états comme trop au-dessous de lui, et aspiroit assez ouvertement à la monarchie. Il fit arrêter Wit dans son hôtel à la Haye[1], et l'envoya prisonnier, avec cinq des principaux de ce parti[2], dans son château de Louvestein. En même temps il marcha vers Amsterdam, qu'il avoit fait investir, et ne manqua que de quelques heures la prise de cette grande ville. On peut dire avec assez de certitude qu'il n'y avoit plus de république de Hollande, si la mort de ce prince[3] qu'on croit même avoir été avancée par[4] quelque breuvage, n'eût interrompu[5] tous ses desseins. Il laissa sa femme enceinte du prince qui vit aujourd'hui, dont elle accoucha deux mois après la mort de son mari. La Zélande et quelques autres provinces vouloient qu'il succédât à toutes les dignités de son père[6] ; mais la province de Hollande, où la faction d'Wit[7] étoit la plus forte, empêcha que cette bonne volonté n'eût aucun effet[8]. La charge de gouverneur et de capitaine général ne fut point remplie[9] ; et les états s'emparèrent et de la nomination des magistrats et de tous les autres privilèges attachés à cette charge[10]. On prétend que le vieil Wit, avant que mourir, ne cessoit d'encourager son fils à l'abaissement de cette maison,

1. En 1650. — 2. Il y avait d'abord : « de cette faction. »
3. Il mourut le 6 novembre 1650. — 4. *Par* a été substitué à *de*.
5. Il y avait d'abord : « arrêté. »
6. Que le fils succédât à toutes les charges de son père. (1re rédaction.)
7. Racine a écrit « d'Wit » et non « de Wit ; » un peu plus bas : « le vieil Wit. » Il prononçait apparemment le *W* comme une voyelle. — Nous trouverons de même plus bas, dans le ixe *fragment* (p. 98) : « d'Wigt. »
8. Il y avait d'abord : « que ces charges ne fussent remplies. »
9. Ce membre de phrase est écrit à la marge ; mais sans aucun doute il doit être placé où nous l'avons mis.
10. Aux charges de gouverneur et de capitaine général. (1re rédaction.)

dont il regardoit l'élévation comme la ruine de la liberté, et qu'il¹ répétoit souvent ces paroles : « Souviens-toi, mon fils, de la prison de Louvestein. »

II

Pendant² que les armes du Roi prospéroient ainsi en Allemagne, ses forces maritimes s'accroissoient considérablement, jusqu'à donner déjà de l'inquiétude à ses alliés. Ils s'étoient moqués³ de tous les projets qu'on faisoit en France pour se rendre puissant sur la mer, s'imagi-

1. Au lieu de : « et qu'il, » Racine avait d'abord mis : « On dit même qu'il lui. »
2. Ce fragment de quelques lignes, écrit sur un morceau de papier froissé, qui forme le feuillet 193, paraît, comme le précédent et par des raisons semblables, un débris de l'histoire écrite par Racine. Louis Racine l'a donné à la suite du *Voyage du Roi* en 1678 (voyez plus bas, p. 106), mais il a pris soin de l'isoler de ce qui précède par un astérisque, et de placer en cet endroit même une note pour avertir que : « toutes ces observations sont détachées les unes des autres. » En outre, il a retranché *ainsi*, après *prospéroient*. Geoffroy et Aimé-Martin, en laissant le fragment à la même place, n'ont reproduit ni l'astérisque, ni l'avertissement de Louis Racine, de sorte que la phrase : « Pendant que les armes du Roi prospéroient en Allemagne, » semble, dans leur édition, se rapporter à la prise de Gand et à l'année 1678. Dans l'édition de 1807, ce même fragment est placé après les événements de 1693. Le mot *ainsi* y est retranché, comme dans les autres éditions. — Ce que Racine dit de l'état où se trouvait la marine, ne peut, ce nous semble, convenir qu'au temps où Colbert commençait à la rétablir. Dans l'Histoire métallique, la médaille de *la Navigation rétablie* porte à l'exergue la date de 1665. Dans cette même année, les Français, après la victoire de Saint-Gothard, avaient eu un brillant succès en Allemagne, où ils avaient replacé Erfurt sous la domination de l'archevêque de Mayence.
3. Racine a écrit *mocqué*, sans accord.

nant qu'on se rebuteroit bientôt par les difficultés qui se rencontreroient dans l'exécution[1] et par les horribles dépenses qu'il falloit faire. Ils ne voyoient dans les ports que deux galères et une douzaine de vaisseaux de guerre, dont plus de la moitié tomboient, pour ainsi dire, par pièces; les arsenaux et les magasins entièrement dégarnis[2].

III

[3] CATHERINE de Médicis étoit fille de Laurent de Médicis, duc d'Urbin, et de Madeleine de la Tour, de la maison de Boulogne. Le pape Clément VIIe, son oncle, la dota, en la mariant, d'une somme de cent mille écus

1. Racine avait écrit d'abord : « ne croyant à la nation ni le génie ni la patience nécessaire pour réussir dans ce métier.
2. Après le mot *dégarnis*, Louis Racine et, à son exemple, Geoffroy et Aimé-Martin ont ajouté *etc.*, qui n'est pas dans le manuscrit.
3. Ce fragment est écrit sur le double feuillet 165 et 166. Le titre CATHERINE DE MÉDICIS, que lui ont donné Geoffroy et Aimé-Martin, n'est point dans le manuscrit. Dans l'édition de 1807, on a mis cet autre titre, qui n'est pas non plus de Racine : *Les comté d'Auvergne et baronnie de la Tour*. A en juger par les ratures et corrections, nous avons ici encore un morceau rédigé, et non une simple note. S'il en est ainsi, de quel travail ce fragment faisoit-il partie? Dans les factums pour et contre le maréchal de Luxembourg, dont nous aurons à parler plus loin dans ce même volume, on discuta beaucoup sur l'arrêt de 1652, rendu au sujet des terres de Château-Thierry et d'Albret, qui avoient été données au duc de Bouillon en échange de la principauté de Sedan, et érigées en sa faveur en duchés et pairies. Le comté d'Auvergne fut compris dans l'échange, et passa alors dans la maison de Bouillon, dont nous croyons probable que Racine s'occupait quand il a écrit cette page sur Catherine de Médicis. Nous ne voulons pas dire cependant qu'elle ait pu trouver place dans un des factums pour le maréchal de Luxembourg ; seulement elle nous fait plutôt songer à quelque mémoire judiciaire qu'à un ouvrage historique.

comptant; et Madeleine de la Tour déclara dans le contrat de mariage qu'elle lui donnoit et substituoit son droit[1] de succession aux comtés d'Auvergne et de Lauraguais, baronnie de la Tour, et autres terres possédées alors par Anne de la Tour, sa sœur aînée, laquelle n'avoit point d'enfants.

En effet, après la mort d'Anne de la Tour, Catherine[2], comme unique héritière de la maison de Boulogne, entra en possession de toutes ces terres. En l'année 1559, le roi Henri II, son mari, étant mort, le duché de Valois lui fut assigné. En 1582, elle détacha de cette duché[3] la terre de la Ferté-Milon, et l'engagea à Mme de Sauve, depuis marquise de Noirmoustier[4], pour une somme de dix mille écus d'or, que la reine Catherine lui avoit accordée pour récompense de services. Le roi Henri III, son fils, continua depuis et la donation et l'engagement. Catherine mourut en 1589, et le roi Henri III lui survécut de huit ou neuf mois. Ainsi ce prince a été, ou a dû être, son héritier[5].

Il est vrai que Catherine fit don, par son testament, des comtés d'Auvergne et de Lauraguais, etc., à feu

1. Il y avait d'abord : « lui donna par contrat de mariage son droit, etc. »
2. Racine avait d'abord écrit : « En effet, Catherine, après la mort de cette Anne, sa tante; » et après les mots : *de toutes ces terres :* « dont elle a joui jusqu'à sa mort. »
3. Racine a écrit *cette duché*, quoique à la ligne précédente il ait dit : « le duché de Valois. »
4. Il y avait d'abord : « fille du surintendant Semblançay et en secondes noces femme du marquis de Noirmoustier. » Charlotte de Baune Semblançay, dame de Sauve, si fameuse par ses galanteries, était née en 1551. Elle avait épousé Simon de Fizes, baron de Sauve. Devenue veuve en 1579, elle épousa en secondes noces, cinq ans après, François de la Trémoille, marquis de Noirmoûtier. Elle mourut en 1617.
5. Il y avait d'abord : « a pu hériter et des cent mille écus d'argent et des fonds de terre qu'elle possédoit. »

M. le duc d'Angoulême[1], qui en prit même alors le nom de comte d'Auvergne.

Mais, en 1606, la fameuse reine Marguerite, restée seule des enfants, fit déclarer ce testament nul ; et en vertu de la donation par forme de substitution stipulée dans le contrat de mariage de Catherine[2], se fit adjuger par le parlement de Paris et par le parlement de Toulouse toutes les terres que la Reine sa mère avoit possédées, et aussitôt en fit présent au Dauphin, qui depuis a été le roi Louis XIIIe, père de Sa Majesté : de telle façon que ces comtés et cette baronnie ont été[3] réunis à la couronne.

IV

Le[4] cardinal de Richelieu se fit donner la commission de chef et surintendant de la marine, parce que le duc

---

1. Charles de Valois, duc d'Angoulême, fils de Charles IX et de Marie Touchet, fille du lieutenant particulier au présidial d'Orléans. Il mourut le 24 septembre 1650. Quoique dépouillé en 1606 des comtés que lui avait légués Catherine de Médicis, il avait continué à porter le titre de comte d'Auvergne jusqu'en 1619, année où il obtint le duché d'Angoulême, après la mort de Diane de France, duchesse d'Angoulême.

2. De Catherine sa mère. (1re rédaction.)

3. Il y avait d'abord : « furent. »

4. Nous devons donner comme un seul et même fragment tout ce qui est écrit sur le double feuillet 175 et 176 du manuscrit. Louis Racine n'en a conservé qu'une partie ; et ce qu'il a choisi, il l'a dispersé çà et là, comme l'ont fait aussi les éditeurs suivants. En tête de la première page du double feuillet, Racine a mis : *M. le maréchal de Humières* (plus loin, p. 80, il écrit *d'Humières*), ce qui signifie certainement qu'il devait à ce maréchal les renseignements qu'il a recueillis dans cette suite de notes. On ne sera donc pas étonné d'y trouver dans plusieurs passages quelque sévérité pour Turenne, sous les ordres duquel le maréchal d'Humières n'avait pas voulu servir en 1672. D'Humières mourut en 1694.

de Guise¹, comme gouverneur de Provence, prétendoit être amiral de Levant, et ne point céder à l'amiral dans la Méditerranée. Il y a même encore des ancres à la porte de l'hôtel de Guise. Le gouverneur de Bretagne a aussi des droits de naufrage, etc. ; mais le cardinal de Richelieu avoit ce gouvernement.

Le cardinal Mazarin avoit recommandé au Roi trois hommes : Colbert, Lescot jouaillier², et Ratabon des bâtiments.

Deux jours avant sa mort, il vit Monsieur le Prince, M....³, leur parla fort longtemps et fort affectueusement, et ils reconnurent après qu'il ne leur avoit pas dit un mot de vrai.

La Reine mère dit un jour à la Chastre⁴, qui revenoit d'Anet, et qui disoit qu'il avoit vu M. de Beaufort : « Vous avez vu le plus galant⁵ homme du monde. » Beaufort se donna à Mme de Monbazon, et de là les haines contre lui.

Le Roi, peu avant le jugement de M. Foucquet, dit à la Reine, dans son oratoire, qu'il vouloit qu'elle lui promît une chose qu'il lui demandoit : c'étoit, si Foucquet étoit condamné, de ne point lui demander sa grâce. Le jour de l'arrêt, il dit chez Mlle de la Valière : « S'il eût été condamné à mort, je l'aurois laissé mourir. »

1. Charles de Lorraine, duc de Guise, fils aîné de Henri de Guise et de Catherine de Clèves, mort en 1640.
2. Telle est l'orthographe du manuscrit.
3. Après cette *M* il y a des points et une ligne de blanc.
4. Le comte de la Châtre, qui a laissé des *Mémoires*, étoit lié avec le duc de Beaufort, dont il partagea la disgrâce. Le maréchal d'Humières avoit épousé, en 1653, sa fille Louise-Antoinette-Thérèse de la Châtre. Nous le faisons remarquer, parce que cela servirait encore à prouver, s'il en était besoin, que Racine avait recueilli ces notes dans des entretiens avec le maréchal. Tous les éditeurs précédents ont omis ce passage.
5. Dans l'autographe : *galand*.

Il dit aussi à M. de Turenne très-fortement de ne plus se mêler de cette affaire. M. de Turenne espéroit gagner à la disgrâce de Foucquet, et se flattoit d'être chef du conseil des affaires étrangères, comme Villeroi des finances; et voyant qu'il n'en étoit rien, ne le pardonna jamais à M. le Tellier.

Un peu avant la guerre de Lille[1], on ôta à la charge de colonel général de la cavalerie légère[2] la nomination de toutes les charges; et Turenne n'osa souffler, de peur de dégoûter le Roi de lui, et qu'on ne fît point la guerre. Un peu après la revue de Mouchi[3], le Roi dit à Turenne : « On compte[4] à Paris que voilà la soixantième (ou la « soixante-deuxième[5]) revue. »

On pensa commencer la guerre dès le commencement de 1666, mais il n'y avoit rien de prêt. Le Roi en avoit fort envie. Lorsqu'on la commença, l'artillerie n'étoit pas prête, et ce fut une des raisons qui fit qu'on s'arrêta à réparer Charleroi, où les Espagnols avoient laissé des demi-lunes entières. De là le Roi alla à Avesnes, où on fit venir la Reine et Mme de Montespan. Feu Madame persuada à Mlle de la Valière, qui étoit à Mouchi, de

1. En 1667.
2. Cette charge appartenait à Turenne; elle lui avait été conservée, ainsi que celle de grand maître de l'artillerie au duc de Mazarin, quoique la charge de colonel général de l'infanterie eût été supprimée en 1661.
3. Ce fut le 15 mars 1666 que le Roi passa une grande revue dans la plaine de Mouchy, à deux lieues de Compiègne. Voyez l'*Histoire de Louvois* par M. C. Rousset, tome I, p. 97. Le maréchal d'Humières avait à ce Mouchy, qu'on appelle aussi Mouchy-Humières, une terre où Saint-Simon dit (*Mémoires*, tome I, p. 205) que le Roi alla le voir plusieurs fois. Un peu plus bas, au paragraphe suivant, il est encore question de ce même Mouchy.
4. Dans l'autographe : « On conte. »
5. Ces mots : « ou la soixante-deuxième, » sont écrits en interligne. Ils ne doivent sans doute pas faire partie de la phrase, et marquent seulement une hésitation du souvenir.

suivre la Reine, et lui prêta un carrosse. Monsieur l'amiral[1] étoit de cette année-là[2]. On auroit pu prendre Gand et Ipres; mais M. de Turenne eut peur d'attirer les Anglois et les Hollandois, et que la guerre ne finît. Il étoit haï de tout le monde, surtout des ministres, qu'il insultoit tous les jours. M. le Tellier envoyoit toujours demander à Humières où on alloit camper. Il[3] avoit décrié dans l'esprit du Roi tous les maréchaux, surtout le maréchal de[4] Gramont, qui étoit au désespoir, et qui monta la tranchée à la tête des gardes[5]. Il poussoit Duras[6], et le favorisoit en toutes rencontres; [il] voulut faire attaquer le château de Tournay[7] par Lauzun, déjà favori, quoique Humières fût de jour. Bellefonds[8] étoit aussi fort favorisé du Roi et de M. de Turenne. Bellefonds ne

1. Le duc de Beaufort. Il reçut en 1666 l'ordre d'opérer sa jonction avec la flotte hollandaise contre les Anglais.
2. Dans l'édition de Geoffroy et dans celle d'Aimé-Martin, on a remplacé *année* par *armée*.
3. Cet *Il* se rapporte à Turenne.
4. Les mots : « tous les.... le maréchal de, » ont été ajoutés après coup, en interligne.
5. Après la mort du duc d'Épernon, colonel général de l'infanterie, cette charge fut abolie ; et ce fut alors que le Roi donna au maréchal de Gramont celle de colonel de ses gardes françaises. « Le maréchal de Gramont fut douze ans colonel des gardes.... Il suivit le Roi à ses premières campagnes de Flandre ; et bien qu'il n'y eût point l'emploi qu'il devoit naturellement y avoir, M. de Turenne étant à la tête de l'armée, il ne laissa pas de monter la tranchée comme simple colonel des gardes, aux siéges de Tournay et de Douay (*juin et juillet* 1667), obéissant aux officiers généraux qu'il avoit vus à la bavette, etc. » (*Mémoires du mareschal de Gramont*, 2 volumes in-12, MDCCXVI, tome II, p. 286 et 287.)
6. Jacques-Henri de Durfort, comte et plus tard duc de Duras, alors lieutenant général. Il fut fait maréchal de France en 1675.
7. La citadelle de Tournai se rendit le 25 juin 1667.
8. Bernardin Gigault, marquis de Bellefonds, fut fait maréchal en 1668.

voulut point du gouvernement de Lille, pour ne pas quitter la cour; et Turenne le fit donner à Humières, qui se remit en grâce avec lui. Humières se plaignoit aussi de Duras, à qui, au siége de Tournay, on avoit donné une brigade fort bonne qui étoit au quartier d'Humières, et qui ne voulut pas laisser aller la brigade de la Vallette, et les garda toutes deux.

Pradelle[1] servoit aussi de lieutenant général, brave homme, mais pas plus capable qu'il est aujourd'hui. Le Roi l'aimoit assez.

Après la paix Turenne eut bien du dessous. Il demanda quartier au comte de Gramont, qui l'accabloit de plaisanteries. Un jour le Roi pensa dire des rudesses là-dessus à ce comte, à ce que disoit Turenne.

Monsieur le Prince entend bien mieux les siéges que M. de Turenne.

Le marquis de Créqui ne parut que sur la fin de la campagne, à l'affaire de Marsin[2]. On ne fortifia point Alost[3], place importante, et qui auroit coupé tous les Pays-Bas, parce qu'on avoit trop peu de troupes pour en mettre dans tant de places. M. de Turenne auroit bien voulu aller reconnoître Termonde[4], avant que de

1. Le marquis François de Pradelle ou de Pradel était déjà lieutenant général en 1664, lorsqu'il fit rentrer Erfurt sous la domination de l'électeur de Mayence.

2. Après la reddition de Lille, le marquis de Créqui battit dans un combat de cavalerie le comte de Marsin, autrefois lieutenant du grand Condé, et qui commandait alors les troupes espagnoles en Flandre, et était venu secourir Lille, dont il ignorait la capitulation. Le combat fut livré le 31 août 1667. L'année suivante, le marquis de Créqui fut fait maréchal.

3. Pendant le siége de Lille, les ennemis s'étaient établis dans Alost, que les Français avaient abandonné. Turenne y marcha après le départ du Roi, s'en empara le 11 septembre 1667, et fit raser la place.

4. Termonde ou Dendermonde, au confluent de la Dender et

l'attaquer; mais le Roi vouloit être partout. On y alla donc avec l'armée.

La Reine mère savoit qu'on arrêteroit M. Foucquet. On l'avoit dit à Laigue[1], pour le dire à Mme de Chevreuse, afin qu'elle y disposât la Reine : ce qui se fit à Dampierre. Villeroy le sut aussi. Le Roi vouloit l'arrêter dans Vaux, mais la Reine dit : « Voulez-vous l'arrêter au milieu d'une fête qu'il vous donne? »

On n'a jamais conçu l'état des places du Pays-Bas[2] aussi pitoyable qu'il étoit, même à ce dernier voyage[3].

En Hongrie[4], Coligni écrivoit en cour tous les jeudis, et donnoit ses lettres au courrier ordinaire de l'armée, pour les porter à Vienne. La Feuillade écrivoit tous les samedis, et les faisoit porter par un homme exprès. Il feignoit de prévoir tout ce que les Turcs avoient fait depuis le jeudi jusqu'au samedi.

Si[5], avant la guerre de Flandres, on eût donné au Roi

---

de l'Escaut. Turenne parut le 3 août 1667 devant cette ville; le 5, il leva le siége. Avant l'arrivée de l'armée royale, le comte de Marsin avait pu jeter deux mille cinq cents hommes dans Termonde, et inonder les alentours en ouvrant les écluses.

1. Le marquis de Laigue avait été un des chefs du parti de la Fronde.

2. Il y a bien dans le manuscrit : « du Pays-Bas, » au singulier.

3. Geoffroy et Aimé-Martin ont transporté ce paragraphe immédiatement après la phrase : « On y alla donc avec l'armée, » qui est à cette même page, lignes 1 et 2. Il semble en effet que ce soit sa vraie place. Mais dans le manuscrit, le paragraphe se trouve où nous l'avons laissé.

4. Racine a écrit en marge : *Dang.* Il tenait sans doute de Dangeau ce qu'il a noté ici. — Dans l'expédition de Hongrie de 1664, qui se termina par la victoire de Saint-Gothard, le comte de Coligny commandait en chef. Le comte de la Feuillade y servait comme maréchal de camp. On essaya de ravir à Coligny l'honneur de sa victoire pour l'attribuer à la Feuillade, qui avait un parti dans l'armée.

5. On lit ici en marge, dans le manuscrit : *Hum.*, sans doute le maréchal d'Humières, au témoignage duquel Racine revient.

Cambray ou même Bergue, il se seroit peut-être contenté. Lionne[1] surtout étoit au désespoir de la guerre.

Le[2] cardinal Mazarin avoit connu le Tellier en Piémont[3], et le mit à la place de des Noyers. Le Tellier devoit donner deux cent mille francs, le Roi cent mille. Des Noyers voulut un évêché pour sa démission, et mourut[4]. Le Tellier eut les cent mille écus.

Le cardinal de Richelieu avoit des traits de folie. Un jour, Schomberg dit à Villéroy, au sortir de sa chambre : « Le Cardinal voudroit pour cent mille écus que nous ne l'eussions pas vu ce matin. » Il s'étoit fort emporté.

Le cardinal Mazarin dit à Villeroy, quatre jours avant sa mort : « On fait bien des choses en cet état, qu'on ne fait pas se portant bien. »

Celui[5] qui a les finances peut toujours tromper quand il veut. On a beau tenir des registres.

---

1. Hugues de Lionne, secrétaire d'État des affaires étrangères depuis 1663. Il mourut en 1671.
2. Le manuscrit indique ici en marge une nouvelle autorité : *Le M. de Villeroy.*
3. Où Michel le Tellier était intendant de l'armée d'Italie depuis l'année 1639. Il fut nommé secrétaire d'État de la guerre peu de jours avant la mort de Louis XIII, en remplacement de Sublet des Noyers, que le Roi avait congédié le 10 avril 1643.
4. Le 20 octobre 1645.
5. En supprimant l'alinéa, et continuant les guillemets qui précèdent, Geoffroy et Aimé-Martin mettent cette réflexion dans la bouche de Mazarin. C'est très-évidemment à tort, comme le prouvent et le sens et le manuscrit, qui n'a, il est vrai, de guillemets nulle part, mais commence à la ligne la phrase : « Celui qui a les finances.... »

V

Extrait du XVIe *volume manuscrit de Siri*[1]. — Il traite de l'autorité du Parlement; il dit que les décrets, les actes et les délibérations des états généraux même, quoiqu'ils aient le pouvoir d'élire un roi, au cas que la race royale finît, n'ont aucune force, s'ils ne sont vérifiés au Parlement, lequel les modère, les corrige et les réforme, et même les annule pendant la tenue des états, comme il annula les délibérations des états tenus pendant la Ligue pour élire un roi, ce qui contribua le plus à conserver à Henri IV et aux Bourbons la succession à la couronne.

---

1. Ce fragment se trouve aux feuillets 172 et 173. Il a été omis par Louis Racine, et dans l'édition de 1807. Geoffroy et Aimé-Martin ont donné une partie des trois derniers paragraphes. — Quel est ce XVIe *volume manuscrit* de Siri? Nous ne trouvons aujourd'hui dans nos bibliothèques publiques de Paris aucun manuscrit de Siri qui réponde à cette indication; mais elle paraît se rapporter parfaitement aux manuscrits de Siri signalés dans la *Bibliographie instructive* de G. F. de Bure (Paris, 1768, in-12). Il y est dit, au tome I de l'*Histoire*, n° 4369, p. 278 et 279 : « L'auteur de cet ouvrage (*il Mercurio*) avoit eu dessein de donner au public deux autres volumes..., qui auroient formé les tomes XVI et XVII..., et qui auroient contenu l'histoire secrète des guerres civiles de France et des événements arrivés durant les troubles de Paris et la prison des Princes sous le règne de Louis XIV; mais ces deux volumes n'ont jamais pu jusqu'à présent passer à l'impression, et sont restés manuscrits. Il en existe un exemplaire à Paris, dans le cabinet de M. le comte de Lauraguais; et cet exemplaire.... passe pour être la copie qui fut déposée au Louvre, et que le cardinal Dubois en retira pour la mettre dans sa bibliothèque. On peut regarder ce manuscrit comme un morceau d'autant plus précieux qu'on le croit unique. Nous en allons donner l'intitulé dans le numéro suivant. » De Bure le donne en effet sous le n° 4370 : « *delle Turbulenze del regno di Francia*, opere mss. del medesimo Vittorio Siri, 4 vol. in-folio. » Voyez

Il prétend que les deux premières races ont disposé de l'État comme de leur patrimoine, l'aliénant et le partageant entre leurs enfants, et admettant leurs bâtards à portion égale avec les fils légitimes, en telle sorte que dans leurs apanages ils étoient souverains et indépendants comme les autres. Ainsi Théodoric, bâtard de Clovis, partagea également avec ses autres enfants, et eut la Lorraine. Un autre Théodoric, fils puîné de Clotaire, fut préféré aux aînés. Pepin égala son fils bâtard, Charles Martel, avec ses autres enfants. Il ajoute que les Mérovingiens ont été aussi cruels à leurs parents que le sont les Othomans. Les impositions sur le peuple ont été excessives et entièrement arbitraires pendant ces deux races.

Nota. Les Capétiens, *come usurpatori dello scettro reale contra Carlo*[1], y procédèrent avec plus de précaution, jusqu'à Philippe le Bel, qui foula beaucoup le peuple, imité en cela par Philippe le Long et par Charles le Bel. Et c'est à quoi on a imputé la ruine de leur maison.

Les dignités de ducs, de comtes et de barons étoient à vie et amovibles sous les Mérovingiens. Mais pendant les révoltes qui s'élevèrent sous le règne de Clotaire IIIe, les ducs, comtes et barons, dans l'Aquitaine, le Périgord et l'Auvergne, changèrent leurs gouvernements en seigneuries. Et de là vinrent les fiefs, les droits de *vassellaggio* et les justices subalternes, sans que les

---

aussi la *Bibliothèque historique de la France*, par Jacques Lelong (in-folio, MDCCLXIX), tome II, p. 560. C'est sans doute dans le tome XVI des manuscrits indiqués par de Bure que Racine a pris son *Extrait*. La *Biographie universelle*, article *Siri*, parle aussi de manuscrits de cet historiographe qui seraient aujourd'hui dans les bibliothèques de Parme et de Florence.

1. « Comme usurpateurs du sceptre royal contre Charles. »

Pepins et les Carlovingiens, qui se regardoient comme usurpateurs, osassent s'y opposer. Au contraire, pour se faire des créatures, ils exemptèrent plusieurs familles *dell' ordine populare*[1]. Philippe Auguste sut peu à peu s'assujettir les États et les terres dont les grands seigneurs jouissoient *come in sovranità*[2].

Les maires du palais font bien voir que les François sont toujours prêts à subir le joug de quiconque ose leur commander, pourvu qu'il ait en sa main la disposition des grâces.

Il remarque que les François, si hardis et si prêts à exposer leur vie dans les batailles, tremblent à l'aspect d'un homme de justice; et que les rois n'ont jamais mieux fait que d'établir ainsi entre eux et les grands un juge qui, sans qu'ils s'en mêlassent, pût châtier les grands et protéger les petits.

Ce fut le Coadjuteur qui porta le prince de Conti[3], le duc et la duchesse de Longueville à se mettre du parti du Parlement : celle-ci irritée contre Monsieur le Prince, qui désapprouvoit hautement sa conduite; le prince de Conti dépendant absolument de Mme de Longueville; et le Duc possédé de l'envie d'avoir le Pont-de-l'Arche, qu'il espéroit obtenir par le moyen du Parlement. Cette résolution fut prise à Noisy, maison de l'archevêque de Paris, où se trouva le duc de Longueville avec le Coadjuteur et le duc de Retz[4].

Le Cardinal fit tout son possible pour engager le duc

---

1. « De l'ordre populaire. »
2. « Comme en souveraineté. »
3. Armand de Bourbon, prince de Conti, frère de Monsieur le Prince (le grand Condé) : voyez notre tome IV, p. 477, note 1. Il mourut le 21 février 1666.
4. Pierre de Gondi, duc de Retz, frère aîné du cardinal de Retz. Il mourut le 20 avril 1676.

de Bouillon[1] dans les intérêts de la cour, et lui promit les récompenses du monde les plus avantageuses en échange de Sedan ; mais ce duc étoit gouverné absolument par la duchesse sa femme, qui étoit gagnée par Mme de Longueville. La duchesse de Bouillon[2] étoit aussi zélée catholique que Mlle de Bouillon[3], sa belle-sœur, étoit zélée huguenote. Celle-ci, extrêmement fière, ne pouvoit digérer de voir sa maison dépouillée de la principauté de Sedan, et vouloit toujours marcher d'égale avec les maisons souveraines. Aussi fut-elle une des principales causes de tous les partis que le duc de Bouillon et Turenne, son frère, prirent contre la cour.

La verità si era ancora[4] que les deux frères, Bouillon et Turenne, tous deux grands maîtres en fait de guerre, et le premier principalement joignant aux qualités militaires celles de fin courtisan et de très-habile politique[5], avoient hérité *la torbidezza dell' animo*[6] du père[7], chef de la faction huguenote, *pieno di rigiri e d'intrighi et in tutte le fattioni e partiti della Francia ò capo ò direttore, come anco precipuo sommovitore dell' elettore Palatino*[8], à recevoir des rebelles de Bohême la cou-

---

1. Frédéric-Maurice de la Tour d'Auvergne, duc de Bouillon, frère aîné de Turenne. Il mourut le 9 août 1652.
2. Le duc de Bouillon avait épousé la fille du comte de Berghes, gouverneur de Frise. Elle mourut cinq ans après le duc de Bouillon. Voyez les *Mémoires* de Saint-Simon, tome V, p. 313.
3. Morte sans alliance en 1662.
4. « La vérité pourtant était encore. »
5. *Politique* est écrit au-dessus de *négociateur*, qui n'a pas été effacé. C'est une variante; Racine n'a pu vouloir écrire : « et de très-habile négociateur politique. »
6. « La turbulence du caractère. »
7. Henri de la Tour d'Auvergne, duc de Bouillon par son mariage avec Charlotte de la Marck ; maréchal de France en 1592; mort le 25 mars 1623.
8. « Plein de détours et d'intrigues, chef de toutes les factions

ronne qui a été si funeste à lui et à toute sa maison : de sorte qu'ayant sucé tous deux avec le lait un esprit de faction et d'ambition, il ne falloit pas grand art ni grande rhétorique pour les engager dans un parti d'où ils attendoient des avantages, comme *la riscossa di Sedano*[1], et beaucoup d'autres qu'ils espéroient pêcher en eau trouble.

Le Cardinal avoit fait pressentir si Turenne voudroit se faire catholique, auquel cas il lui destinoit les plus grands emplois et les premières dignités du royaume, avec une de ses nièces. Mais Mlle de Bouillon, que la conversion de son frère aîné avoit mortellement affligée, fit son possible pour traverser cette seconde conversion; et elle auroit mieux aimé voir Turenne sur un échafaud que devenu catholique.

et de tous les partis en France, ou les dirigeant par ses conseils, comme aussi ayant plus que personne poussé l'électeur palatin.... » — Il s'agit de l'électeur palatin Frédéric V. La couronne de Bohême lui fut déférée au mois d'août 1619. Vaincu à la bataille de Prague le 8 novembre 1620, il fut dépouillé de ses États héréditaires et de la dignité électorale. Il mourut le 29 novembre 1632.

1. « Le recouvrement de Sedan. » — Frédéric-Maurice, duc de Bouillon (voyez ci-dessus, p. 86, note 1), avait, au mois de mars 1651, cédé au Roi la souveraineté de Sedan.

VI

Extrait du.... volume de Siri[1]. — Il traite fort au long l'origine de la paulette et tous les mouvements qu'elle a excités pendant la régence de Marie de Médicis par la peur que les parlements et les autres corps avoient qu'elle ne fût supprimée.

Il traite aussi de l'origine des parlements et de leur autorité.

Émeri Particelli[2] étoit de Luques et avoit une grande habileté pour les finances. Le cardinal Mazarin ne devoit jamais l'abandonner.

Chavigny[3] avoit été l'ami intime du cardinal Mazarin, qui lui faisoit bassement sa cour sous le ministère du cardinal de Richelieu. Puis il vit que Chavigny vouloit partager la faveur avec lui, et il le trompa, lui faisant pourtant de grandes caresses. Chavigny fut averti par Seneterre[4] que Mazarin le jouoit, et pour se venger

---

1. Ce fragment est au feuillet 170. Les quatre premiers paragraphes ont été omis par Louis Racine et par l'éditeur de 1807; les trois premiers seulement, par Geoffroy et par Aimé-Martin. — Racine a laissé en blanc le chiffre du volume de Siri dont il a donné cet extrait. N'est-ce pas le même XVIe tome manuscrit d'où le fragment précédent a été tiré? En tout cas, il s'agit sans aucun doute d'un des volumes manuscrits de Siri : voyez ci-dessus, p. 83, note 1.

2. Michel Particelli, sieur d'Émeri, mort le 25 mai 1650. Contrôleur général, puis surintendant des finances, Mazarin le sacrifia au Parlement, et le destitua le 9 juillet 1648. Il le rappela, il est vrai, à la surintendance le 9 novembre 1649.

3. Léon le Bouthilier, comte de Chavigny, mort le 11 octobre 1652. Il avait été ministre et secrétaire d'État aux affaires étrangères sous le ministère de Richelieu. Appelé au conseil de régence après la mort de Louis XIII, il donna sa démission lorsqu'il se vit abandonné auprès de la Régente par le cardinal Mazarin.

4. Henri de Senneterre ou de Saint-Nectaire, marquis de la

chercha à précipiter dans des conseils violents qui fissent enfin chasser le Cardinal. Il conseilla l'emprisonnement de Broussel[1], et en même temps il assistoit à des conférences secrètes avec les frondeurs chez Pierre Longuëi[2].

La raison pourquoi le Cardinal différoit tant à accorder les grâces qu'il avoit promises, c'est qu'il étoit persuadé que l'espérance est bien plus capable de retenir les hommes dans le devoir que non pas la reconnoissance.

VII

CARDINAL MAZARIN[3].

Siri[4], en cherchant les raisons pourquoi le Cardinal abandonna le duc de Guise[5], dit que peut-être ce cardinal songeoit à se faire roi de Naples. Cela est d'autant

Ferté-Nabert, ambassadeur en Angleterre et à Rome, et ministre d'État, mort le 4 janvier 1662, âgé de quatre-vingt-deux ans. Il était père du maréchal de la Ferté.

1. Pierre Broussel, conseiller clerc au parlement de Paris, fut arrêté le 26 août 1648.

2. L'abbé Pierre de Longuei ou de Longueil, frère de René Longueil, marquis de Maisons, président au Parlement, était conseiller de la grand'chambre.

3. Ce fragment se trouve aux feuillets 168 et 169, qui doivent incontestablement se suivre. Geoffroy et Aimé-Martin y ont intercalé d'autres notes de Racine, qui regardent aussi Mazarin, mais qui font partie d'autres fragments. Louis Racine et l'éditeur de 1807 n'ont pas donné le premier paragraphe.

4. Tome XI, p. 587. — Ce renvoi au *Mercure* de Siri est de la main de Racine.

5. Henri II duc de Guise, mort en 1664. Il était entré à Naples le 15 octobre 1647. Les Espagnols reprirent possession de cette ville le 6 avril 1648. Le duc de Guise resta quatre ans prisonnier de l'Espagne.

plus vraisemblable qu'il avoit quelque pratique pour se faire roi de Sicile : témoin une lettre qu'un certain Antoine d'Aglié[1] lui écrivoit de Rome, le 1ᵉʳ juin 1648, qui lui mandoit qu'on avoit fort délibéré en Sicile de mettre la couronne de ce royaume sur la tête ou du prince Thomas[2], ou du connétable Colonne[3], mais que le Cardinal avoit été préféré à tout autre ; que sans partir de Paris, il n'avoit qu'à envoyer une armée pour donner cœur au peuple et à la noblesse, et qu'on lui envoyeroit aussitôt des ambassadeurs pour le couronner; que s'il ne vouloit point quitter la France, il pourroit laisser en Sicile ou son frère[4], ou le cardinal Grimaldi[5], avec la qualité de vice-roi.

L'auteur croit, pour lui, que le Cardinal avoit dessein d'envoyer à Naples Monsieur le Prince, afin de l'éloigner de France, avec tous les petits-maîtres, et quantité d'autres gens capables de remuer[6]. Cela est si vrai, qu'après la disgrâce et l'emprisonnement du duc de Guise, le Cardinal envoya l'abbé Bentivoglio en Flandres, à l'armée de Monsieur le Prince, un peu devant qu'il assiégeât Ypres[7], pour le tâter, non pas en traitant directement avec lui,

---

1. S'agit-il de l'abbé d'Aglié qui fut envoyé du duc de Savoie en France ?

2. Thomas-François de Savoie, prince de Carignan, fils du duc de Savoie Charles-Emmanuel Iᵉʳ. Il avait toute la confiance de Mazarin. Il mourut le 22 janvier 1656.

3. Le prince Laurent-Onuphre Colonna, qui fut grand connétable du royaume de Naples. Il épousa en 1661 Marie Mancini, nièce du cardinal Mazarin. Il mourut le 15 avril 1689.

4. Michel Mazarin, archevêque d'Aix, cardinal en 1646. Il sera parlé de lui un peu plus bas.

5. Jérôme de Grimaldi, qui fut archevêque d'Aix après Michel Mazarin. Il mourut le 4 novembre 1685.

6. *Il Mercurio*, tome XI, p. 588.

7. Ypres fut assiégée le 13 mai 1648 et capitula le 29 du même mois.

mais avec Châtillon[1], la Moussaye[2], et les autres petits-maîtres, qui l'écoutèrent fort volontiers, se remplissant déjà l'esprit d'idées, l'un se flattant de se faire duc de Calabre, l'autre prince de Tarente. Le Cardinal offroit à Monsieur le Prince tous les régiments de Condé et de Conti, et de sa maison, avec une armée navale équipée aux dépens du Roi. Mais les cabales commençoient déjà à éclore ; et Monsieur le Prince, se défiant et de la proposition et de celui qui la faisoit, ne put se résoudre à quitter Paris et la cour[3].

Le même auteur dit que le Cardinal étoit maître de toutes ses passions, excepté de l'*avarice*[4].

Le cardinal de Sainte-Cécile, son frère[5], étant en mauvaise humeur contre lui, disoit à tous les gens de la cour qui venoient lui recommander leurs intérêts que le moyen le plus sûr d'obtenir de son frère tout ce qu'on vouloit, c'étoit de faire du bruit, parce que son frère étoit un coyon[6].

Ces paroles, dit Siri, ne tombèrent pas à terre ; et bien des courtisans se résolurent dès lors de le prendre de hauteur avec le Cardinal, et commencèrent à le menacer pour obtenir de lui ce qu'ils vouloient.

Ce cardinal de Sainte-Cécile s'en alla à Rome au sortir de son gouvernement de Catalogne, plein de mau-

---

1. Gaspard IV de Coligny, marquis d'Andelot, puis duc de Châtillon, tué le 8 février 1649 à l'attaque de Charenton.
2. Le marquis de la Moussaye-Goyon avait été aide de camp du duc d'Enghien à la bataille de Rocroi, dont il a laissé une relation.
3. *Il Mercurio*, tome XI, p. 589.
4. Racine indique ici le tome XII, p. 924. — On trouve en effet à cette page de Siri (*il Mercurio*) la phrase qui vient d'être traduite littéralement.
5. Voyez ci-dessus, p. 90, note 4.
6. *Perche suo fratello era un coglione.* (*Il Mercurio*, tome XII, p. 925.)

vaise volonté contre son frère, et résolu d'embrasser les intérêts des Espagnols, qui ne manquoient pas de leur côté de lui faire des offres avantageuses. Il mourut peu de jours après [1] qu'il fut arrivé à Rome, où il tomba malade d'une grosse fièvre que lui avoient causée la fatigue du chemin et les grandes chaleurs de l'automne.

Les secrets du Cardinal [2] étoient souvent trahis et révélés aux ennemis par des domestiques infidèles et intéressés. Le Cardinal fermoit les yeux pour ne pas voir leur friponnerie; et c'étoit là la plus grande récompense dont il payoit leurs services, comme il punissoit leurs infidélités en ne les payant point de leurs gages.

Il ne donna pas un sou [3] au courrier qui apporta la nouvelle de la paix de Munster, et ne lui paya pas même son voyage, là où l'Empereur donna un riche présent et mille écus de pension à celui qui la lui apporta. La reine de Suède fit noble son courrier. Servien étoit au désespoir de cette vilenie.

Le même Siri, tome XIII, p. 930, dit que ce cardinal avoit l'artifice de trouver toujours quelque défaut aux plus belles actions des généraux d'armée, non pas tant pour les rendre plus vigilants à l'avenir, que pour diminuer leurs services, et délivrer le Roi de la nécessité de les récompenser. Il dit cela à l'occasion de la prise de Tortose par le maréchal de Schomberg [4].

1. Dans la nuit du 31 août au 1er septembre 1648. (*Il Mercurio*, tome XII, p. 927.)
2. Tome XIII, p. 866. (*Note de Racine.*) — Il faut ajouter : *et p.* 867, du même ouvrage de Siri, *il Mercurio*.
3. Dans le texte de Louis Racine : « Il ne donna rien. » Geoffroy a reproduit cette correction, que cependant l'édition de 1807 avait déjà rejetée.
4. Charles de Schomberg, duc d'Halluyn, prit la ville de Tortose en Catalogne le 12 juillet 1648. Il mourut le 6 juin 1656.

VIII

Dans[1] la cession que l'Empereur et l'Empire faisoient du landgraviat de l'Alsace à la France[2], on n'exceptoit d'abord que le droit de l'évêque de Strasbourg. La ville ne se contenta pas de cette exception de l'évêque, mais voulut y être aussi comprise. On n'eut pas grand'peine à lui accorder une demande si juste, dans laquelle le roi de France ne prenoit aucun intérêt, n'ayant nulle prétention sur la ville de Strasbourg. Et il seroit arrivé même que le moindre refus ou le moindre doute qu'on auroit proposé là-dessus auroit suffi pour irriter toutes les villes impériales, et pour les aliéner entièrement de la France.

Cession de l'Empereur et des États de l'Empire[3]. Dans cet acte il paroît que le landgraviat d'Alsace et les deux Suntgaw[4] ont été cédés à la France de la même manière que les trois évêchés de Lorraine[5]. Il y a pourtant une parenthèse qui comprend l'exception des évêchés et États, singulièrement exceptés dans le traité[6].

1. Racine a écrit ici en marge : *Siri*, tome XIII, p. 136. Il traduit en effet presque littéralement la page du *Mercure* qu'il indique. — Ce fragment est au feuillet 187. Aucun des éditeurs précédents ne l'a donné.
2. Par le traité de Munster en 1648.
3. Racine a écrit en marge : *page* 124. Il faut lire *page* 223 (du *Mercure* de Siri, tome XIII). Le titre en italien de la pièce citée par Racine est : *Cessione dell' Imperadore e de gli Stati dell' Imperio.*
4. Dans Siri : *Superiore e inferiore Suntgovia.* Le Sundgau, qui avait pour chef-lieu Béfort, forme aujourd'hui la partie sud du département du Haut-Rhin.
5. Metz, Toul et Verdun.
6. *Salvi tuttavia e eccettuati quelli che nell' istrumento di pace sono singolarmente eccettuati, e all' Imperio Romano riservati.* (Siri, à l'endroit indiqué.)

IX

M. DE SCHOMBERG[1].

Son grand-père[2] amena des troupes au service d'Henri IV, lorsque le prince Casimir[3] en amena; et M. de Schomberg prétend qu'il lui en est encore dû de l'argent.

Son père[4] fut gouverneur de l'électeur Palatin, depuis roi de Bohême[5]; ce fut lui qui alla en Angleterre

---

1. Ce fragment est écrit sur le double feuillet 179-180, et sur le feuillet 181, qui lui fait évidemment suite. — Dans l'édition d'Aignan, il y a ici une note qui est donnée comme *Note de Racine* : « Le maréchal de Schomberg, pair de France, chevalier des ordres du Roi et colonel général des Suisses, mourut sans enfants, le 6 juin 1656. » Cette note se trouve en effet dans le manuscrit, mais paraît être de l'écriture de Jean-Baptiste Racine; elle n'est point et ne pouvait pas être de son père, qui savait bien de qui il parlait. L'éditeur de 1807 l'a remplacée par celle-ci, qui seule est exacte : « Frédéric-Armand de Schomberg, tué au combat de la Boyne, en Irlande, en 1690. » Il était d'une autre famille que les deux premiers maréchaux de Schomberg, dont le second, Charles duc d'Halluyn-Schomberg, fut celui qui mourut en 1656. Voyez ci-dessus, p. 92, note 4.

2. Menard de Schomberg. Il était de la même famille que Théodoric Schomberg, qui commanda les reîtres à la bataille d'Ivry, y combattit à côté de Henri IV, et y fut tué. Voyez le *Dictionnaire* de Moréri, article *Schomberg*.

3. Le comte palatin Jean Casimir, frère de l'électeur palatin Frédéric III. En 1568, il amena d'Allemagne une armée au secours du prince de Condé. Ce que dit ici Racine ne se rapporte pas à ce temps-là, puisqu'il parle d'un secours amené à Henri IV. Il s'agit évidemment des troupes auxiliaires qui vinrent se joindre à celles de ce prince en 1687. Mais cette fois Jean Casimir en avait laissé la conduite à Fabien, baron de Dohna.

4. Jean Menard, comte de Schomberg. Il fut grand maréchal du haut et bas Palatinat, gouverneur de Juliers et de Clèves.

5. Frédéric V, qui épousa en 1618 Élisabeth, fille de Jacques Ier roi d'Angleterre. Il fut élu en 1619 roi de Bohême. Voyez ci-dessus, p. 86, note 8.

négocier le mariage avec la princesse Élisabeth. Le roi d'Angleterre lui donna une pension de dix mille écus, dont il fut payé toute sa vie. Il eut beaucoup de part aux partis qui se formèrent en Bohême pour l'Électeur, et mourut âgé de trente-trois ans, avant que ce prince fût élu roi.

M. de Schomberg n'avoit que sept ou huit mois à la mort de son père. Il dit que l'Électeur voulut être son tuteur, et nomma quatre commissaires pour administrer son bien. Il prétend de grandes sommes de Monsieur l'électeur Palatin pour cette administration, dont on ne lui a pas rendu compte.

Il se trouva, âgé de seize ans, à la bataille de Nortlingue[1], où le duc de Veymar fut défait. Il se trouva aussi à la fameuse retraite de Mayence[2].

M. de Rantzau[3] lui donna une compagnie d'infanterie dans son régiment. Il se trouva à la retraite de devant Dôle[4], sous le même M. de Rantzau.

Il fut fait commandant dans Verdun-sur-Saône[5], avec un bataillon, et se trouva au secours de Saint-Jean-de-

1. Livrée le 6 septembre 1634. Le duc Bernard de Saxe-Weimar y fut battu par l'armée austro-bavaroise.

2. Au mois de septembre 1635. Après avoir forcé Mansfeld à lever le siége de Mayence, les armées du duc Bernard et du cardinal de la Valette, que la famine menaçait, se décidèrent à repasser le Rhin. Poursuivis par Galas, ils s'ouvrirent le passage par plusieurs combats très-brillants. Cette retraite de treize jours à travers les montagnes et les défilés fut une des plus belles opérations du duc de Saxe-Weimar.

3. Josias comte de Rantzau, maréchal de France en 1645, mort le 4 septembre 1650.

4. Les Français avaient mis le siége devant Dôle au commencement de juin 1636. Rantzau y perdit un œil d'une mousquetade. Le siége fut levé le 15 août. La sagesse des dispositions de Rantzau assura la retraite.

5. Verdun-sur-Saône ou sur-le-Doubs, au confluent de la Saône et du Doubs. Les Impériaux s'en emparèrent en 1636.

Laune[1], assiégé par Galas, la même année du siége de Dôle.

Hermenstein[2] ayant été pris par les ennemis, le cardinal de Richelieu, piqué au vif de cette perte, donna ordre à M. de Rantzau de lever en Allemagne douze mille hommes. Rantzau fit cette levée fort lentement, s'amusa vers Hambourg, et se maria à sa cousine, et se laissa enlever un quartier. Pour avoir sa revanche, il envoya Schomberg avec des troupes pour enlever un quartier des ennemis qui étoient dans Northausen[3]. Il tomba sur une garde de dragons qui étoient hors de la place, et entra dedans pêle-mêle avec les fuyards. Il étoit alors major du régiment de cavalerie de Rantzau, et avoit, outre cela, une compagnie franche de dragons. Vers ce temps-là, le cardinal de Richelieu, mécontent de Rantzau, le congédia[4].

Schomberg se maria[5]; et parce que l'Empereur avoit fait confisquer tous ses biens, il quitta le service de la France.

Ennuyé d'être sans rien faire, il alla en Hollande, où

1. Saint-Jean-de-Losne, sur la rive droite de la Saône, dans le voisinage de Dôle. Rantzau, chargé d'y conduire seize cents hommes, les introduisit dans la place. Le duc de Lorraine et Galas furent forcés de lever le siége le 3 novembre 1636. Le courage avec lequel les habitants de Saint-Jean-de-Losne avaient soutenu le siége valut à cette ville le nom de *Belle Défense*.

2. Le 21 juin 1637, la forteresse d'Hermenstein (Ehrenbreitstein), vis-à-vis de Coblentz, se rendit à Jean de Werth.

3. Ville impériale, près des montagnes du Hartz. Dans l'édition de Louis Racine, ce nom a été imprimé *Northauven*. Il y aurait plutôt dans le manuscrit *Northauren*.

4. Rantzau donna sa démission en 1638, et passa, avec la permission du Roi, en Danemark, où il demeura deux ans.

5. Avec sa cousine germaine, Jeanne-Élisabeth de Schomberg, fille de Henri Dieterich, comte de Schomberg. Il devait plus tard épouser en secondes noces Suzanne d'Aumale de Haucourt, qui fut liée d'amitié avec Mmes de Sévigné et de Grignan.

le prince Henri-Federic (*sic*)[1] lui donna une compagnie de cavalerie. M. de Turenne avoit alors un régiment d'infanterie. Il entra dans la confidence du prince Guillaume[2], malgré l'aversion de la princesse douairière[3], fille du prince de Solms, que le père de Schomberg refusa d'épouser, et qui étoit venue en Hollande avec la reine de Bohême, dont elle étoit fille d'honneur.

Le prince Guillaume lui communiqua son dessein sur Amsterdam, qui fut entrepris de concert avec la France et la Suède[4]. Schomberg donnoit avis de toutes choses à Servien[5]. Ce fut lui qui arrêta dix ou douze des états[6], du nombre desquels étoit le père de d' Wit[7], et il les remit entre les mains du capitaine des gardes du prince.

Le prince de Galles[8], peu de temps après, avoit résolu de faire une descente à Yarmout, et Schomberg le devoit suivre. Le prince d'Orange avoit préparé pour

1. Frédéric-Henri de Nassau, prince d'Orange, fils du quatrième lit de Guillaume de Nassau et d'une fille de l'amiral Gaspard de Coligny. Il succéda comme stathouder de Hollande à son frère Maurice de Nassau. Il mourut le 14 mars 1647.

2. Guillaume II, fils de Frédéric-Henri de Nassau, auquel il succéda comme stathouder. Voyez ci-dessus, p. 71 et 72.

3. Émilie comtesse de Solms avait épousé Frédéric-Henri de Nassau, à la Haye, le 25 avril 1625.

4. Les états de Hollande ayant, en 1650, ordonné aux capitaines de réformer leurs compagnies, Guillaume II, que ce licenciement irritait, résolut de se rendre maître d'Amsterdam. La résistance de cette ville le força à entrer avec elle en accommodement.

5. Abel Servien, marquis de Sablé, envoyé comme plénipotentiaire du roi de France à Munster, dont il signa la paix en 1648.

6. Basnage, dans ses *Annales des Provinces-Unies* (2 volumes in-folio, à la Haye, M.DCC.XXVI), tome I, p. 172, ne parle que de six députés arrêtés par ordre du prince d'Orange.

7. Voyez ci-dessus, p. 72. — Il y a bien ici *de d' Wit*.

8. Depuis Charles II.

cela des troupes et des vaisseaux. Mais le prince de Galles n'osa exécuter ce dessein, de peur d'irriter le Parlement, qui tenoit le Roi prisonnier dans l'île d'Wigt[1]. Le prince d'Orange, épuisé, et par la dépense qu'il avoit faite pour cette entreprise, et par l'argent qu'il envoyoit souvent à la Reine mère, réfugiée à Paris, déclara au Prince qu'il ne pouvoit plus se mêler de ses affaires.

Le prince Guillaume mourut peu de temps après[2]. Schomberg avoit promis de mener des troupes en Écosse au service du roi d'Angleterre; mais ce prince, ayant perdu la bataille de Vorcester[3], vint à Paris, où il conseilla à Schomberg, qu'on regardoit comme Anglois, et dont la mère[4] étoit Angloise en effet, d'acheter la compagnie des gardes écossoises du comte de Grey. Schomberg en donna vingt mille francs, avec six cents écus de pension viagère à ce comte.

Au commencement des guerres civiles, le cardinal Mazarin l'envoya en Poitou avec trois régiments de cavalerie et quelques compagnies franches, pour dissiper les levées que le prince de Tarante[5] assembloit dans cette province; de là il vint au siége de Rhetel[6], où M. de Turenne lui donna le commandement de l'infanterie, en l'absence des officiers généraux, qui n'étoient pas encore arrivés.

---

1. Voyez p. 72, note 7.
2. Le 6 novembre 1650, comme il a déjà été dit à la note 3 de la page 72.
3. Le 3 septembre 1651.
4. Anne, fille d'Édouard Dudley, pair et second baron d'Angleterre.
5. Henri-Charles duc de la Trémoille, prince de Tarente.
6. Rhetel, ou mieux *Rethel*, fut attaqué et emporté de vive force par Turenne en quatre jours, du 5 au 9 juillet 1653.

ET NOTES HISTORIQUES. 99

Lorsque Monsieur le Prince eut passé la Somme [1] et vint jusqu'à Montdidier, Schomberg eut ordre d'aller se jeter dans Corbie avec quatre cents chevaux, chacun un fantassin en croupe : ce qu'il fit, et passa pour cela derrière l'armée ennemie. Il eut quelque rencontre auprès d'Ancre [2].

Au secours d'Arras [3], il commandoit la gendarmerie. Ensuite le Cardinal le choisit pour aller surprendre Gueldres [4], que Plettemberg [5] promettoit de livrer au Roi. Schomberg avoit ordre d'aller faire des levées en Westphalie, et de se venir jeter dans cette place. Mais Plettemberg, mal satisfait du Cardinal, qui ne lui donnoit pas assez d'argent, voulut livrer Schomberg aux Espagnols. Schomberg échappa, alla faire ses levées, et les amena à Thionville.

L'Archiduc [6] s'étant plaint aux Hollandois de ce qu'une partie de ces levées s'étoit faite dans leur pays, les états cassèrent la compagnie de cavalerie que Schomberg avoit à leur service, et qu'il avoit toujours conservée jusqu'alors, comme Estrade [7] a toujours

1. Au mois d'août 1653.
2. Petite ville de Picardie, à 4 lieues et demie de Péronne, traversée par un bras de la rivière d'Ancre. Elle porte aujourd'hui le nom d'Albert, qui lui fut donné après la chute de Concini.
3. Les Espagnols avaient ouvert la tranchée devant Arras du 12 au 15 juillet 1654. Turenne fit échouer l'attaque qu'ils tentèrent le 25 août. Le siége fut levé.
4. Depuis que les Provinces Unies avaient secoué le joug de l'Espagne, la ville de Gueldres était restée en la possession des Espagnols.
5. Ce Plettenberg paroît avoir été à ce moment gouverneur de Gueldres.
6. Léopold-Guillaume, qui, de 1647 à 1656, fut gouverneur des Pays-Bas espagnols. Il était frère de l'empereur Ferdinand III. Il mourut le 21 novembre 1662.
7. Godefroi comte d'Estrades, maréchal de France en 1675, mort le 26 février 1686

conservé sa compagnie d'infanterie jusqu'à la dernière guerre.

Le Cardinal lui avoit donné une commission de lieutenant général[1] pour cette expédition de Gueldres. Il servit en cette qualité au siége de Landrecies[2], puis au siége de Saint-Guilain[3], où le Roi se trouva au camp. Schomberg fut blessé à ce siége, et eut le gouvernement de la place.

Il servit encore au siége de Valenciennes[4] en qualité de lieutenant général. Son fils aîné fut tué tout roide dans la tranchée, à sa vue, et comme il lui commandoit de poser une fascine à un endroit découvert. Il commanda qu'on l'emportât, et continua à donner ses ordres.

Il[5] étoit de jour lorsque Monsieur le Prince attaqua les lignes; il pensa être prisonnier, et fit enfin sa retraite jusqu'au Quesnoy, avec un bon nombre de régiments, M. de Turenne n'ayant donné aucun ordre pour la retraite.

Monsieur le Prince vint se présenter à la vue du Quesnoy. M. de Turenne ne doutant point qu'il ne s'allât jeter sur Condé ou sur Saint-Guilain, mais plutôt sur Condé, Schomberg fut détaché avec six cents chevaux, pour porter des sacs de farine dans ces deux places; ce qu'il exécuta à la vue de l'armée ennemie. Il revint dans Saint-

---

1. Le 6 juin 1655.
2. Investi par Turenne le 18 juin 1655, Landrecies se rendit le 13 juillet. Schomberg commandait la tranchée dans la nuit du 12 au 13 juillet.
3. La tranchée avait été ouverte devant Saint-Guislain le 22 août 1655. La ville capitula le 25 août.
4. Turenne investit Valenciennes le 15 juin 1656. Condé fit lever le siége le 16 juillet, ayant fait essuyer une sanglante défaite au corps d'armée du maréchal de la Ferté.
5. Ici commence le feuillet 181.

ET NOTES HISTORIQUES. 101

Guilain. Après la prise de Condé [1], Monsieur le Prince ne manqua pas d'assiéger Saint-Guilain [2]; la place étoit dépourvue de tout, par la faute du cardinal Mazarin, qui se fioit à de mauvais avis que lui donnoit Navarre, secrétaire à Bruxelles pour les affaires de la guerre, gagné par le Cardinal. Entre le peu de troupes qu'il y avoit à Saint-Guilain, il y avoit un régiment irlandois qui s'entendoit avec le roi d'Angleterre [3], alors dans l'armée d'Espagne, et qui livra aux ennemis une redoute et une demi-lune [4].

L'année suivante, on assiégea Montmédy [5], contre l'intention des Anglois, qui vouloient qu'on fît des sièges sur la côte. De là on prit Saint-Venant [6], puis Mardik [7]. L'hiver, Schomberg eut ordre de se tenir dans Bourbourg [8]. Il boucha deux fois le canal [9] par où Marsin entreprit [*de faire passer*] des vivres dans Gravelines.

A la bataille des Dunes [10], il commandoit la seconde ligne de l'aile gauche. Comme il vit que les Anglois de la première ligne étoient maltraités sur les dunes

1. La ville de Condé s'était rendue le 15 août 1656 au prince de Condé.
2. Schomberg, assiégé dans Saint-Guislain par douze mille Espagnols, qui perdirent deux mille hommes à ce siège, remit la place à don Juan d'Autriche et au prince de Condé le 22 mai 1657, après l'avoir défendue avec opiniâtreté pendant huit jours.
3. Charles II, ou peut-être Jacques II, alors duc d'York.
4. Racine écrit *une demie lune*.
5. Montmédi, dans le Luxembourg, fut assiégé, non l'année suivante, mais cette même année 1657, et se rendit au Roi en personne le 6 août.
6. Le 29 août 1657.
7. Le 3 octobre 1657.
8. Petite ville à cinq lieues de Dunkerque. Schomberg s'en était emparé le 18 septembre 1657, et en avait reçu le gouvernement.
9. Le canal de Bourbourg, sur lequel cette ville est située.
10. Livrée le 14 juin 1658, et gagnée par Turenne.

par les Espagnols, il vint prendre le second bataillon des Anglois dans la seconde ligne, et les mena au secours des autres, qui chassèrent et défirent les Espagnols.

Ensuite on assiégea Bergues[1], dont il eut le gouvernement; de là il fut encore commandé pour le siége d'Oudenarde, ensuite pour le siége de Gravelines[2]. Il employoit volontiers Vauban dans tous ces siéges, parce que le chevalier de Clerville[3] n'alloit point lui-même voir les travaux, et que Vauban se trouvoit partout.

Après la défaite du prince de Ligne[4], Schomberg eut ordre de marcher vers la Knoque[5], et d'investir Ypres[6]. On lui avoit promis que toutes les places qu'on prendroit de ce côté-là seroient de son gouvernement de Bergues. Cependant M. de Turenne fit donner Ypres à M. de Humières, qui étoit fort dans ses bonnes grâces. Schomberg sut encore que M. de Turenne avoit écrit à la cour pour faire que M. de Lillebonne[7] commandât en qualité de capitaine général : ainsi il n'auroit été que subalterne. Voilà les premiers sujets de mécontentement qu'il eut de M. de Turenne.

1. Bergues Saint-Winox, prise le 3 juillet 1658.
2. Gravelines capitula le 27 août 1658, après vingt-deux jours de tranchée; Oudenarde se rendit dans les premiers jours de septembre, et n'avait résisté que deux jours. Il aurait donc fallu placer le siége de Gravelines avant celui d'Oudenarde.
3. Louis-Nicolas de Clerville, commissaire général des fortifications, mort en décembre 1677.
4. Le prince de Ligne et don Francisco de Melo, ayant marché au secours de Menin (septembre 1658), furent défaits par les troupes de Turenne.
5. Forteresse de Flandre, bâtie sur l'Yser, entre Ypres et Dixmude, à une lieue de cette dernière ville.
6. Le 15 septembre 1658. Ypres capitula le 25 septembre.
7. François-Marie de Lorraine, comte de Lillebonne, mort le 11 janvier 1694.

ET NOTES HISTORIQUES.

Durant qu'on traitoit la paix aux Pyrénées, quelques Anglois de Dunquerque s'offrirent de lui donner les clefs d'une des portes de la ville, comme en effet ils les lui mirent entre les mains. Il en écrivit au Cardinal, qui rejeta cette affaire, de peur de se brouiller avec les Anglois, quoique Cromvel fût mort [1]. Schomberg proposa la chose au roi d'Angleterre, qui n'y voulut point entendre, parce qu'il étoit alors d'accord avec Monk.

X

En [2] 1663, le commandeur Pol [3] alla faire mettre le

1. Cromwell mourut le 3 septembre 1658.

2. Ce fragment n'a pas été donné par Louis Racine ni par les éditeurs suivants. Il se trouve au feuillet 197. Sur le même feuillet Racine a écrit, à la suite, quelques phrases et expressions latines tirées des livres XXIV et XXV de Tite Live. Comme elles n'ont aucun rapport avec la note historique qui les précède, nous les placerons parmi les notes de Racine sur les classiques anciens.

3. Paul de Saumur, connu sous le nom du *chevalier Paul* ou *Pol*. Le grand maître de Malte l'avait fait chevalier servant d'armes. Le cardinal de Richelieu le nomma capitaine d'un vaisseau de guerre. Plus tard, Pol s'éleva à la dignité de lieutenant du grand amiral de France. Voyez l'*Histoire des* .... *chevaliers de Malte* de Vertot (4 volumes in-4°, MDCCXXVI), tome IV, p. 185. Quincy, dans son *Histoire militaire du règne de Louis le Grand* (8 vol. in-4°, MDCCXXVI), tome I, p. 262, parle de l'expédition de 1663 : « Le Roi avoit pris des mesures pour réduire les Algériens.... Il avoit fait armer dans les ports de la Méditerranée une flotte, dont le duc de Beaufort, amiral, eut le commandement, ayant pour lieutenant général le commandeur Paul; il les combattit, maltraita quelques-uns de leurs vaisseaux ; et leur ayant donné la chasse, il les contraignit de rentrer dans leurs ports. » La *Gazette* du 15 septembre 1663 dit que le duc de Beaufort, parti le 2 août 1663 du golfe de Palma, s'était abouché à Bougie avec le commandeur Pol. L'expédition fut de courte durée. La *Gazette* parle de deux vaisseaux que Pol

feu à deux vaisseaux amarrés à la forteresse de la Goulette [1], et la chose fut exécutée par vingt mousquetaires du Roi, Moissat [2] entre autres. Béthomas [3] les commandoit.

Le même attaqua, lui quatrième dans une chaloupe, une chaloupe pleine de Mores, au nombre de trente.

XI

En [4] 1667, on effaça toutes les couleuvres [5] ou serpents des ornements qui étoient au Louvre.

En 1672, le Roi vouloit que MM. de Malte se déclarassent aussi contre les Hollandois. Ils dirent qu'ils ne se déclaroient jamais que contre le Turc. Néanmoins

poursuivit si vivement qu'il les contraignit de s'échouer; mais elle ne donne pas les détails que Racine a recueillis. Le commandeur Pol mourut le 18 octobre 1667.

1. Cette forteresse défend l'approche de Tunis.

2. Le même sans doute que *Moissac* nommé par Quincy (tome I, p. 537) parmi ceux qui furent tués à la bataille de Cassel en 1677. Il était alors cornette des mousquetaires.

3. Nous ne savons s'il s'agit d'un Béthomas qui fut tué à la Marsaille, en 1693, étant lieutenant d'une compagnie de gendarmes, ou du commandeur de Béthomas, qui fut chef d'escadre des galères, et mourut en 1702.

4. Ce fragment est écrit sur le feuillet 186. Louis Racine et l'éditeur de 1807 n'en ont donné que le second paragraphe.

5. Nous pensons que ces couleuvres avaient été sculptées en l'honneur de Colbert, dont elles étaient les armes parlantes, et qui, nommé surintendant des bâtiments en 1664, s'était beaucoup occupé de l'achèvement du Louvre. En 1667 son crédit n'avait encore nullement diminué; ce fut lui-même peut-être qui craignit d'exciter l'envie et de déplaire au Roi, dont la gloire seule devait être rappelée par les ornements de l'édifice.

l'ambassadeur demandoit qu'on les comprît dans le traité qu'on pensa faire à Utrecht.

On prétend que M. de Lauzun avoit eu une extrême passion d'avoir le régiment des gardes, mais qu'à cause du maréchal de Gramond[1] il eût bien voulu que le Roi l'en eût pressé. On dit donc qu'il en parla à Mme de Montespan, et qu'ensuite il se cacha pour voir comme elle en parleroit au Roi; qu'ayant vu qu'elle s'étoit moquée de lui, il lui chanta pouille et la menaça.

XII

Le[2] puits de Besançon, j'entends de la citadelle, a soixante-six toises deux pieds de profondeur.

On a creusé de douze pieds tout le terrain de la citadelle, pour se couvrir des deux montagnes qui la commandoient.

1. Le maréchal de Gramont était cousin germain du père de Lauzun, qui devait le ménager. Le régiment des gardes appartenait au maréchal, qui en avait obtenu la survivance pour son fils le comte de Guiche, à qui elle fut retirée par le Roi, dont il avait encouru la disgrâce. Suivant Saint-Simon, qui raconte avec des détails très-piquants l'anecdote notée ici par Racine (voyez ses *Mémoires*, tome XX, p. 40-44), ce ne serait pas le régiment des gardes, mais la charge de grand maître de l'artillerie qu'à ce moment Lauzun aurait sollicitée. L'anecdote est de l'année 1669.

2. Ces lignes, écrites sur le feuillet 202, n'ont pas été données par les éditeurs précédents. Elles sont précédées, dans le manuscrit, d'un astérisque, par lequel Racine renvoyait sans doute à quelque fragment historique où était raconté le siége de Besançon au mois de mai 1674. Sur ce siége, voyez ci-après le *Précis historique*.

XIII

Brie[1].
Nangis.
Provins.
Sezane. On y séjourna deux jours.
Fère Champenoise.
Vitry[2]. Affection des habitants; feux de joie, lanternes à toutes les fenêtres. Ils arrachèrent de l'église où le Roi devoit entendre la messe la tombe d'un de leurs gouverneurs, qui avoit été dans le parti de la

---

1. Ce fragment est aux feuillets 182 et 183. Le titre : *Voyage du Roi,* donné par quelques éditeurs, n'est pas dans le manuscrit, non plus que celui qu'on trouve dans l'édition de 1807 : *Notes prises pendant la route.* En tête du fragment on lit cette note : « Vraisemblablement en 1678. Le Roi partit de Saint-Germain-en-Laye dès le 7 de février. » Elle nous paraît de la main de Jean-Baptiste Racine. La forme dubitative : *vraisemblablement*, est assez étrange; car il est parfaitement clair qu'il ne peut être question que de l'année 1678, où Racine, comme historiographe, suivit pour la première fois le Roi à l'armée. On peut voir dans la *Gazette* du 19 février, du 23 février et du 5 mars 1678, le journal du voyage du Roi, depuis Brie-Comte-Robert jusqu'à Stenai (7-27 février); l'itinéraire y est semblable à celui que donne Racine. Les détails sur le siége de Gand (voyez dans la même *Gazette* de 1678, p. 205-216, le *Journal* de ce siége) auraient en tout cas déterminé l'année d'une manière indubitable. — Ce qui est plus étrange encore que l'hésitation de Jean-Baptiste Racine, c'est que la note dont nous le croyons l'auteur est attribuée à Racine lui-même dans l'édition de M. Aignan. M. Aimé-Martin la donne également pour être de Racine; mais il faut dire qu'il l'a corrigée par le retranchement du mot *vraisemblablement*, dans celle du moins de ses éditions que nous avons sous les yeux (la 5e).

2. Louis Racine ne donne pas les cinq premières lignes; il ne commence qu'à *Vitry*. M. Aimé-Martin a de plus la ligne 4 : *Sezanne*, etc. Il omet, dans la suite, de même que Louis Racine, *Bar-le-Duc, Pont-à-Mousson, Fresne, Oudenarde*, et plusieurs phrases des alinéas qui suivent celui de *Guise* (p. 107 et 108).

ligue, de peur que le Roi ne vît dans leur église le nom et l'épitaphe d'un rebelle.

Sermaise, vilain lieu, où le Roi avoit une chambre où son fauteuil ne pouvoit presque tenir.

Bar-le-Duc.

Commercy. Le bruit de la cour, ce jour-là, étoit qu'on retournoit à Paris.

Toul. On séjourna un jour. Le Roi fit le tour de la ville, visita les fortifications, et ordonna deux bastions du côté de la rivière.

Pont-à-Mousson.

Metz. On séjourna deux jours. Le maréchal de Créqui s'y rendit, et eut ordre d'en partir le lendemain. Quantité d'officiers eurent ordre de marcher vers Thionville. Le Roi visita encore les fortifications, qu'il fait réparer. Grand zèle des habitants de Metz pour le Roi.

Fresne.

Verdun. Le Roi y trouva Monsieur, qui avoit une grosse fièvre. Il alla visiter la citadelle, où l'on travaille, du côté de la prairie.

Stenay. Le Roi y arriva devant la Reine, et alla voir les fortifications de la citadelle, qui est assez bonne, mais un peu commandée par la hauteur. Le bas de la ville, c'est-à-dire le côté de la Meuse, est inondé. Le Roi quitta la Reine et partit le matin à cheval. Il ne trouva point son dîné en chemin; il mangea sous une halle, et but le plus mauvais vin du monde.

Aubigny, méchant village. Le Roi coucha dans une ferme; il vouloit aller le lendemain à Landrecies, mais tout le monde s'écria qu'il y avoit trop loin. Il envoya les maréchaux des logis à Guise. Il dîna le lendemain à une abbaye, et fit jaser un moine pour se divertir.

Guise. Grand nombre de charités que le Roi faisoit en chemin. A une lieue de Guise, une vieille demanda où étoit le Roi; on lui montra, elle dit : « Je vous ai déjà vu une fois[1], dit-elle, et vous êtes bien changé. »

Le Roi, approchant de Valenciennes, reçut nouvelle que Gand étoit investi, et qu'il n'y avoit dans la ville et dans le château que cent cinquante hommes d'infanterie et cinq cents chevaux. Grand zèle des paysans de cette frontière. Férocité des paysans à Cateau-Cambrésis.

Le sot de la ville vint à une lieue de Valenciennes au-devant du Roi[2]. Le Roi nous montra, au sortir des portes, le côté de l'attaque et les dehors qui furent emportés. A une lieue de Valenciennes, il m'avoit montré sept villes tout d'une vue, qui sont maintenant à lui; il dit : « Vous verrez Tournay, qui vaut bien que je hasarde quelque chose pour le conserver. »

1. Ce passage, depuis : « une vieille demanda », jusqu'à « bien changé », a été ajouté entre les lignes; et la fin, depuis : « dit-elle », est écrite un peu plus bas que le commencement, auquel elle se rattache par un signe de renvoi. Cela explique ce *dit-elle* superflu après *elle dit*, et qui a échappé à Racine.

2. Nous n'avons pu trouver ailleurs qu'ici la mention de cette petite circonstance. Pour savoir au juste ce qu'était le *sot* de Valenciennes, nous avons eu recours à l'érudition de M. Caffiaux, archiviste de cette ville. Il a eu l'obligeance de nous apprendre que dans les comptes de la ville il était souvent parlé des *fous* ou *bouffons* attachés aux compagnies bourgeoises des archers, des arbalétriers, des canonniers et des gladiateurs, autrement dit aux *quatre Serments;* ces fous les accompagnaient partout et étaient de toutes les fêtes. Il semble qu'il y avait plus particulièrement un *fou de la ville.* Dans un compte de 1611 il est dit : « Au *fol de la ville* pour et en advancement d'une robe à faire le fol, IV^{lb} X^s. » S'il n'y avait dans les comptes une lacune, de l'année 1611 à l'année 1686, il eût pu se faire qu'on y eût trouvé quelque indemnité accordée en 1678 au fou de Valenciennes pour les beaux habits qu'il avait dû revêtir, lorsqu'il alla au-devant du Roi, peut-être avec les *Serments de la ville.* Dans aucun des documents qu'a vus M. Caffiaux, le *fou* de la ville n'est appelé le *sot.* Mais il ne semble pas douteux que le *fou* et le *sot* n'aient été un seul et même personnage.

Saint-Amant. Le Roi, en arrivant, se trouva si las, qu'il ne pouvoit se résoudre à monter jusqu'à la chambre.
Oudenarde.

Gand, 4ᵉ mars. Le Roi, en arrivant, à onze heures du matin, trouva Gand investi par le maréchal d'Humières[1]. Il dîna, et alla donner les quartiers, et faire le tour de la place. Le quartier du Roi étoit depuis le petit Escaut jusqu'au grand Escaut; M. de Luxembourg, depuis le grand Escaut jusqu'au canal du Sas-de-Gand : la Durme, petite rivière, passoit au travers de son quartier; M. de Schomberg, entre le canal du Sas-de-Gand et le canal de Bruges; M. de Lorges, entre le canal de Bruges et le petit Escaut : la Lys passoit au travers de son quartier. M. le maréchal d'Humières étoit dans le quartier du Roi. Les lignes de circonvallation étoient commencées, et le Roi commanda qu'on les achevât : elles étoient de sept lieues de tour. On travailla dès le soir à préparer la tranchée. M. de Maran avec les fuseliers fit faire un boyau, dont on s'est servi depuis, et qui a été l'attaque de la droite, qu'on a appelée l'*attaque de Navarre*. Le lendemain, 5ᵉ mars, la tranchée fut ouverte sur la gauche par le régiment des gardes, et fut conduite jusqu'auprès d'un fort.

Le Roi a dit, après la prise de Gand, qu'il y avoit plus de trois mois que le roi d'Angleterre avoit mandé à Villa-Hermosa[2] qu'il avoit surtout à craindre pour Gand.

Misérable état des troupes espagnoles : ils se sont rendus[3] faute de pain. Le gouverneur, vieil et barbu, ne dit au Roi que ces paroles : « Je viens rendre Gand à Votre Majesté ; c'est tout ce que j'ai à lui dire. »

1. Racine écrit ailleurs : « de Humières » (voyez p. 76, note 4).
2. Le duc de Villa-Hermosa, gouverneur des Pays-Bas catholiques.
3. Il y a *rendu*, sans *s*, dans le manuscrit.

XIV

MORT DE M. COLBERT[1].

On prétend qu'il est mort mal content[2]; que le Roi lui ayant écrit peu de jours avant sa mort, pour lui commander de manger et de prendre soin de lui, il ne dit pas un mot après qu'on lui eut lu cette lettre. On lui apporta un bouillon là-dessus, et il le refusa. Mme Colbert lui dit : « Ne voulez[-vous] pas répondre au Roi? » Il lui dit : « Il est bien temps de cela. C'est au Roi des rois qu'il faut que je songe à répondre. » Comme elle lui disoit une autre fois quelque chose de cette nature, il lui dit : « Madame, quand j'étois dans ce cabinet à travailler pour les affaires du Roi, ni vous ni les autres n'osiez y entrer ; et maintenant qu'il faut que je travaille aux affaires de mon salut, vous ne me laissez point en repos. »

M. Mansard prétend qu'il y a trois ans qu'il[3] étoit à charge au Roi pour les bâtiments, jusque-là que le Roi lui dit une fois : « Mansard, on me donne trop de dégoûts, je ne veux plus songer à bâtir. »

Le vicaire de Saint-Eustache dit à M. Colbert qu'il avertiroit les paroissiens au prône de prier Dieu pour sa santé. « Non, pas cela, dit M. Colbert, mais bien qu'ils prient Dieu de me faire miséricorde. »

---

1. Ce fragment est au feuillet 177. Il porte au commencement, à la marge, la date de la mort de Colbert : « 1683, 6 septembre. » Cette date n'est pas de la main de Racine, mais de celle de son fils Jean-Baptiste.

2. Louis Racine et l'éditeur de 1807 ont supprimé ce premier membre de phrase.

3. Colbert.

On dit que la veille de sa mort il signa le contrat d'acquisition de la terre de[1]....

Deux jours après sa mort, les bouchers de Paris et les marchands forains avoient abandonné Seaux et alloient à Poissy : lettre de cachet, puis arrêt du conseil pour les obliger de retourner à Seaux.

Tailles[2].

En 1658.	56 millions.
En 1678.	40 millions.
En 1679.	34 millions.
En 1680.	32 millions.
En 1681.	35 millions.
En 1685.	32 millions.

XV

La dépense des bâtiments en 1685 a monté à seize millions[3].

XVI

La[4] France a cent soixante lieues de côtes sur l'O-

---

1. Le nom de la terre est resté en blanc dans le manuscrit. Tous les éditeurs ont omis cette phrase.
2. Ce tableau se trouve, comme ce qui précède, sur le verso du feuillet 177.
3. Cette phrase est au feuillet 194, et elle y est seule.
4. Cette courte note, que n'ont pas donnée les éditeurs précédents,

céan, trois bons ports, Brest, Rochefort, et le Port-Louis[1].

XVII

1685 [2].

Juillet. — Nouvelles des honnêtetés du prince Charles envers Messieurs les princes, leur donnant la main, et plus encore qu'ils n'auroient demandé, une garde à l'armée plus grosse que la sienne ; leur voulant céder son logis, et leur déclarant qu'il avoit ordre de l'Empereur d'empêcher qu'ils ne s'exposent trop.

est sur le feuillet 204. Elle y est précédée de l'explication, écrite de la main de Racine, de quelques termes de marine :
« *Louvoyer*, c'est lorsqu'on a le vent tout contraire, et qu'on va en manière de ziczac (*sic*) et à la bouline.
« *Aller au lost*, ou *au plus près du vent*, ce qui est la même chose, c'est lorsque le vent ne fait que glisser dans les voiles, et qu'il s'en faut peu qu'on ne l'ait contraire.
« *Étaler les marées*, c'est lorsqu'on se laisse aller au jusant, ou à la marée lorsqu'elle se retire. »
1. Port-Louis, dans le Morbihan, doit son nom à Louis XIII, qui l'avait fait construire à l'entrée de la rade de Lorient. Louis XIV le fit fortifier.
2. Le feuillet 188 ne contient que ce court fragment, qui n'a été donné ni par Louis Racine, ni par aucun des éditeurs suivants. Racine y parle de la campagne de 1685 contre les Turcs, à laquelle prirent part, sans l'autorisation du Roi, le prince de Conti et le prince de la Roche-sur-Yon son frère. L'armée de l'Empereur était commandée par le *prince Charles* et par *Monsieur de Bavière* (le duc Charles V de Lorraine, et Maximilien-Emmanuel, électeur de Bavière). Voyez, dans la *Gazette* du 21 juillet 1685, l'arrivée au camp impérial près de Gran, des princes français, suivis par le vicomte de Turenne, par le chevalier Lauzun, par le marquis de Lassay.

Monsieur de Bavière les avoit aussi traités de même. On dit que l'Empereur a offert de les faire traiter comme on traite les électeurs.

XVIII

1691[1].

Un officier espagnol, à qui Beauregard[2] avoit demandé quartier quand on fut repoussé de l'ouvrage à corne de Mons, non-seulement le lui donna, mais le défendit l'épée à la main contre des Brandebourgs[3] qui le vouloient tuer, se fit blesser pour lui, et l'ayant mis dans la ville, mit une garde devant la maison. Cet officier sortit de Mons dans une litière, à cause du coup qu'il avoit reçu dans cette dispute.

Le comte de la Motte[4], lieutenant général, ne voulut

1. Ce fragment est écrit sur le feuillet 189. La date de 1691 est d'une autre encre; mais nous la croyons de la main de Racine. Elle ne se rapporte qu'au premier alinéa, où il est question du siége de Mons. Le fragment tout entier manque dans Louis Racine et dans l'édition de 1807. Geoffroy et Aimé-Martin n'en ont donné que les deux premiers paragraphes.

2. « Le 1er de ce mois (*avril* 1691) .... le sieur de Beauregard, capitaine aux gardes, fut fait prisonnier. » (*Gazette* de 1691, p. 218, dans la *Suite du siége de Mons.*) — Ce même Beauregard, capitaine aux grenadiers des gardes, fut tué au combat de Steinkerque, le 3 août 1692.

3. Des soldats de l'électeur de Brandebourg. M. Aimé-Martin a mis : *des Brandebourgeois.*

4. Fils du frère aîné du maréchal de la Mothe-Houdancourt. Il mourut en 1728, âgé de quatre-vingt-cinq ans. On voulut à diverses reprises lui donner l'occasion de gagner le bâton de maréchal; mais il manqua toujours sa fortune; la reddition de Gand en 1709 l'abima

jamais quitter le service de Monsieur le Prince ; et quand M. de Louvois lui fit entendre, pour le débaucher, qu'il pourroit même dans la suite être maréchal de France, il fit réponse « que d'être à Monsieur le Prince, ce n'est pas un titre pour être maréchal de France. »

Bombe qui tomba au siége de Charleroy[1] sur un petit endroit où Monsieur le Duc[2] donnoit à dîner à plus de quarante personnes. Il n'y eut que deux verres de cassés, et tout le dîné gâté de la terre qui retomba en un nuage de poussière.

XIX

Traité[3] de neutralité avec le roi de Danemarc[4], du 27ᵉ mars 1691, par lequel on lui accordoit[5].... pour subsides ordinaires.

Autre traité particulier, du 5ᵉ avril 1693, par lequel on promettoit de lui payer des subsides extraordinaires au cas qu'il attaquât Ratzebourg[6] lorsque le Roi auroit com-

---

sans retour. Saint-Simon vante son désintéressement, mais le représente comme très-opiniâtre et très-incapable. Voyez les *Mémoires* de Saint-Simon, tome VI, p. 414, et tome VII, p. 31.

1. Ce siége dura du 9 septembre au 11 octobre 1693.
2. Louis III de Bourbon, petit-fils du grand Condé.
3. Ce fragment, qui n'a pas été donné par les éditeurs précédents, est écrit sur le feuillet 211.
4. Christian V ; il succéda à Frédéric III au mois de février 1670 ; il mourut le 25 août 1699.
5. Le chiffre est resté en blanc dans le manuscrit.
6. Ville d'Allemagne, dans un lac du même nom, à cinq lieues de Lubeck. Elle appartenait alors à George-Guillaume, duc de Zell, qui s'en était emparé en 1689, après la mort de Jules-François, dernier duc de Saxe-Lauenbourg. George-Guillaume était frère d'Ernest-Auguste, comme lui duc de Brunswick-Lunebourg, et qui

ET NOTES HISTORIQUES. 115

mencé à faire agir ses armées en Flandres et sur le Rhin.

Incident qu'on fait naître au roi de Danemarc sur ce qu'il n'a commencé les hostilités que le 20ᵉ août.

Néanmoins on est convenu que les cent mille francs qu'il a déjà touchés pour cette affaire lui demeureront. On veut remettre à lui payer après la paix les deux cent mille francs restants, et à lui faire un double payement prochain au cas qu'on le voye engagé en guerre avec la maison d'Hanovre (10 septembre[1]). Le roi de Danemarc se plaint que c'est l'abandonner et menace de s'accommoder. Le Roi, de son côté, craint que le roi de Danemarc, après avoir reçu son argent, ne s'accommode.

XX

1693.

Depuis[2] l'année 1689 jusqu'au dixième octobre 1693, on a fait pour quatre cent soixante et dix millions d'affaires extraordinaires.

Le[3] clergé, entre autres, dans ces quatre années, a donné soixante et cinq millions.

Le Roi avoit cette année[4] près de cent mille chevaux et quatre cent cinquante mille hommes de pied. C'étoit

était entré en 1692 dans la coalition contre la France, Guillaume III lui ayant promis de faire ériger en électorat son duché de Hanovre.

1. Cette date est à la marge dans le manuscrit.
2. Ce fragment est écrit sur le feuillet 192.
3. Louis Racine a supprimé ce paragraphe.
4. C'est-à-dire l'année 1693.

quarante mille chevaux de plus qu'il n'avoit dans la guerre de Hollande.

M. de Feuquières[1] avoit parlé tout l'hiver à M. de Pomponne[2] de l'avantage qu'on trouveroit à porter le fort de la guerre en Allemagne. Lorsqu'on fut arrivé au Quesnoy, et qu'on sut la prise de Heidelberg[3], ces discours furent remis sur le tapis. Le Roi demanda à Chamlay[4] un mémoire où il expliquât les raisons pour la Flandre et pour l'Allemagne. Chamlay avoue qu'il appuya un peu trop pour l'Allemagne. Ainsi on résolut dès lors de pousser de ce côté-là; et le détachement de Monseigneur[5] fut résolu. On espéroit en quelques négociations avec les princes d'Allemagne. Le Roi apprit cette résolution à M. de Luxembourg[6] près de Mons.

On[7] compte trente-six mille paroisses en France.

1. Antoine de Pas, marquis de Feuquières, mort le 27 janvier 1711. En 1692, il avait servi à l'armée d'Allemagne, sous le maréchal de Lorges. En 1693, il fut nommé lieutenant général.
2. Le nom est ainsi abrégé dans le manuscrit : « M. de Pomp. »
3. Parti le 15 mai 1693 de Versailles, Louis XIV était arrivé le 25 au Quesnoi. Le maréchal de Lorges avait pris Heidelberg le 22 mai.
4. Chamlay, maréchal des logis des armées, mort en 1719. Après la mort de Louvois, le Roi voulut lui donner la place de ce ministre; mais Chamlay la refusa, pour ne pas en dépouiller Barbezieux, qui en avait la survivance. Voyez les *Mémoires* de Saint-Simon, tome XII, p. 421 et 422, et tome XVII, p. 217. En cette année 1693, Chamlay fut fait grand-croix de Saint-Louis.
5. Du Dauphin.
6. « Le Roi déclara le 8 juin à M. de Luxembourg qu'il s'en retournoit à Versailles, qu'il envoyoit Monseigneur en Allemagne avec un gros détachement.... Luxembourg, au désespoir de se voir échapper une si glorieuse et si facile campagne, se mit à deux genoux devant le Roi, et ne put rien obtenir. » (*Mémoires de Saint-Simon*, tome I, p. 86 et 87.)
7. Tout le reste du fragment est sur le verso du feuillet 192. Jean-Baptiste Racine a écrit en tête de la page : « 1695. Voyez ci-derrière. » Il indiquait par là comme le verso du feuillet ce que

ET NOTES HISTORIQUES. 117

Au siége de Cambray[1], Vauban n'étoit pas d'avis qu'on attaquât la demi-lune de la citadelle avant qu'il eût bien assuré cette attaque. Du Mets[2], brave homme, mais chaud et emporté, persuadoit au Roi de ne pas différer davantage. Ce fut dans cette contestation que Vauban dit au Roi : « Vous perdrez peut-être à cette attaque tel homme qui vaut mieux que la place. » Du Mets l'emporta, la demi-lune fut attaquée[3] et prise ; mais les ennemis y étant revenus avec un feu épouvantable, ils la reprirent, et le Roi y perdit plus de quatre cents hommes et quarante officiers. Vauban, deux jours après, l'attaqua dans les formes, et s'en rendit maître, sans y perdre que trois hommes. Le Roi lui promit qu'une autre fois il le laisseroit faire.

C'étoit M. d'Espenan[4] que Monsieur le Prince et M. de Turenne firent gouverneur de Philisbourg, et qui, dans le temps même qu'ils lui déclaroient qu'ils l'avoient choisi pour cela, et qu'ils lui recommandoient de bien faire son devoir, les interrompoit pour aller chasser une chèvre qui mangeoit des choux sur un bastion.

nous avons considéré comme le recto. Il s'est trompé en mettant la date de 1695. C'est, comme nous l'avons vu, celle de 1693 que Racine a écrite en tête du fragment.

1. En 1677.
2. Claude Berbier du Metz, commandant de l'artillerie ; il devint en 1688 lieutenant des armées du Roi, et fut tué, en 1690, à la bataille de Fleurus.
3. Le 14 avril 1677.
4. Louis Racine écrit ce nom : *d'Erpenau*. — Le comte d'Espenan commandait à Rocroi le centre de l'armée française. — Ce fut en 1644 qu'Enghien et Turenne donnèrent à d'Espenan le gouvernement de Philisbourg, dont la garnison était sortie le 12 septembre. Voyez Quincy, tome I, p. 32.

XXI

1693, 21 mai[1].

M. le maréchal de Lorges dit qu'il avoit proposé tout l'hiver le siége de Mayence, l'estimant beaucoup plus important et plus aisé même que celui de Heidelberg.

Il prétend aussi que Monseigneur lui ayant demandé, en arrivant au delà du Rhin, ce qu'il y avoit à faire, il lui répondit qu'il falloit faire ce que César avoit fait en Espagne contre les lieutenants de Pompée : c'est-à-dire faire périr l'armée de Monsieur de Bade, en lui coupant les vivres et les fourrages. M. de Boufflers[2] fut de son avis. M. de Choiseuil[3] dit : « Cela me passe. » La chose auroit pourtant pu être exécutée, mais les nouvelles d'Italie firent prendre d'autres résolutions.

Il[4] assure que les prisonniers ont dit que si on eût pris le parti de bloquer Monsieur de Bade dans Hailbron[5], ce général avoit résolu de commencer par égorger tous les chevaux de son armée.

On[6] avoit fort négligé Brest sur de faux avis du roi

---

1. Ce fragment est écrit sur le feuillet 191. La date du 21 mai 1693 nous paraît être plutôt de la main de Jean-Baptiste Racine que de celle de son père. Elle se rapporte à la prise de Heidelberg. Cependant celle du 22 mai serait seule tout à fait exacte. Voyez ci-dessus, p. 116, note 3.

2. Louis-François duc de Boufflers, mort le 22 août 1711. Il avait été fait maréchal de France le 27 mars 1693.

3. Claude marquis de Francières, comte de Choiseul, maréchal de la même promotion que le duc de Boufflers ; il mourut le 15 mars 1711.

4. Louis Racine a supprimé ce paragraphe.

5. Heilbronn, ville impériale d'Allemagne, située sur le Neckar. — *Hailbron* est l'orthographe du manuscrit, et celle qui alors était communément suivie.

6. A la marge de ce dernier paragraphe, qui a été omis par

d'Angleterre[1]. Cependant l'armée navale y étoit en fort grand péril. Vauban représenta ce danger au Roi, après le départ de M. de Tourville, lequel de son côté demandoit au moins vingt mille hommes pour le garder. On résolut donc de l'en faire sortir, et de l'envoyer au cap Saint-Vincent[2].

XXII

1694.

Négociation[3] de Piémont. C'est Monsieur de Savoye qui le premier a fait des propositions d'accommodement[4]. Et l'on dit que c'étoit pour sauver son pays, qui alloit être ravagé.

Louis Racine aussi bien que par les éditeurs suivants, Racine a écrit : *M. de Croissy*. Il devait donc ces détails à ce ministre.

1. Du roi Jacques II.
2. Le maréchal de Tourville, vice-amiral de France, quitta Brest le 26 mai 1693, avec soixante et onze vaisseaux de ligne, plusieurs frégates et autres bâtiments. Le 4 juin, l'armée navale qu'il commandait mouilla dans la baie de Lagos, près du cap Saint-Vincent. Voyez la *Gazette* du 30 mai et du 27 juin 1693.
3. Le feuillet 190 ne contient que ces quelques lignes. Louis Racine et les éditeurs suivants les ont omises.
4. Après sa défaite de la Marsaille (3 octobre 1693), le duc de Savoie, Victor-Amédée II, avait engagé des négociations secrètes avec la France.

XXIII

Armement[1] à Brest et à Rochefort, que doit commander le marquis de Nesmond[2] pour Terreneuve et la Nouvelle Angleterre, où les ennemis envoyent aussi une escadre. Ils ont 70 vaisseaux de ligne pour la Manche.

De Gennes[3] est arrivé, et n'a rien fait.

Des Augers a dissipé l'Armadille des Espagnols[4], qui sert à assurer la navigation du Mexique à Saint-Domingue. Il a pris un vaisseau estimé onze à douze cent mille francs[5].

1. Ce fragment, qui se trouve au feuillet 195, n'a été donné ni par Louis Racine ni par les éditeurs suivants. En marge Racine a écrit : *Mai*. Il n'a pas marqué l'année, qui est 1697.

2. Le marquis de Nesmond, lieutenant général des armées navales du Roi.

3. En 1695, une escadre commandée par de Gennes était partie pour une expédition dans le grand Océan ; mais assaillie par des vents violents dans le détroit de Magellan, elle renonça à l'entreprise, et rentra à la Rochelle le 21 avril 1697.

4. « On a eu avis de l'île de Saint-Domingue que le sieur des Augers, commandant les vaisseaux du Roi *le Bourbon*, *le Bon* et *le Favori*, et la frégate *la Badine*, avoit rencontré le 6 du mois de janvier dernier, à douze lieues au vent de la ville de Saint-Domingue, une escadre de cinq vaisseaux de guerre espagnols, qu'ils appellent l'Armadilla.... A peine le sieur des Augers se fut approché à deux portées de canon, que ces cinq vaisseaux prirent la fuite. » (*Gazette* du 20 avril 1697.)

5. « On a eu avis de la Rochelle, du 20 du mois dernier, qu'un bâtiment arrivé d'Amérique avoit apporté la nouvelle que le sieur des Augers, avec deux vaisseaux du Roi, avoit pris et enlevé, dans un port sur la côte de Carthagène,... un grand navire espagnol,... chargé de 600 000 piastres.... » (*Gazette* du 2 mars 1697.)

XXIV

MM.[1] de Bouillon sont princes par brevet, mais le brevet ne fut point enregistré, comme l'échange l'a été[2].

Ce fut depuis ce brevet que M. de Turenne ne voulut plus prendre la qualité de maréchal de France[3]; et ce fut Mlle de Bouillon, sa sœur, qui l'en détourna. Il ne se trouva plus aux assemblées des maréchaux, et envoyoit même leur recommander les affaires pour lesquelles on le sollicitoit. Les maréchaux furent sur le point de le citer, mais n'osèrent.

Affaire[4] du cardinal de Bouillon avec Mme de Soubize[5]. Elle a desiré que l'abbé de Rohan[6] fût traité de *Sérénissime Prince*, et fût dispensé d'enseigner un cours de philosophie. Sur les difficultés de l'archevêque de Rheims[7], elle a écrit au cardinal de Bouillon pour

1. Ce fragment est au feuillet 171.
2. L'échange de Sedan et de Bouillon contre le comté d'Évreux et les duchés d'Albret et de Château-Thierry fut fait en mars 1651 par Frédéric-Maurice duc de Bouillon. Voyez les *Mémoires* de Saint-Simon, tome V, p. 313.
3. Racine parle sans doute d'après Siri. Turenne, selon Saint-Simon (tome V, p. 316), ne quitta qu'à partir de 1660, lorsqu'il eut reçu la charge de maréchal général des camps et armées de France, le titre de maréchal, « qu'il avoit toujours porté depuis plus de dix-sept ans. »
4. Ce paragraphe a été omis par Louis Racine et par tous les éditeurs suivants.
5. Anne de Rohan-Chabot, princesse de Soubise, morte le 14 février 1709.
6. Armand-Gaston de Rohan, fils de la princesse de Soubise. Il devint évêque de Strasbourg et cardinal. Il mourut le 19 juillet 1749. — Sur l'affaire dont Racine parle ici et qui est de l'année 1698, voyez les *Mémoires* de Saint-Simon, tome II, p. 165 et 166.
7. Charles-Maurice le Tellier. Dans les lettres de doctorat de

lui demander ce qui s'étoit passé à son égard[1]. Le Cardinal a dit qu'il ne s'en souvenoit pas bien, que ses titres étoient ici dans une armoire, où étoient tous ses papiers de la plus grande conséquence. Le Roi lui a fait écrire qu'il eût à dire la vérité. Le Cardinal l'a écrite, mais en même temps a mandé qu'il y avoit grande différence entre les Bouillons et les Rohans, alléguant entre autres une souveraineté subsistante. Le prince de Turenne[2], son neveu, fut assis devant Alexandre VIII (Ottobon)[3].

Quand le cardinal Mazarin sortit de France, il demanda à M. le Tellier un homme en qui il pût se confier, et celui-ci lui donna Colbert. Il pria même Monsieur le Cardinal que, quand il recevroit de lui des lettres secrètes, il ne les gardât point, mais les rendît à Colbert. Un jour le Cardinal en voulut garder une ; Colbert lui résista jusqu'à le mettre en colère. Ensuite le Cardinal le prit pour son intendant[4].

l'abbé de Rohan, l'Archevêque, alors proviseur de Sorbonne, ne voulait pas mettre les mots d'*Altesse Sérénissime*.

1. M. de Péréfixe avait donné à M. de Bouillon, depuis cardinal, l'*Altesse Sérénissime*, dans ses lettres de doctorat. Voyez Saint-Simon, à l'endroit cité.

2. Louis de la Tour de Bouillon, prince de Turenne, fils de Godefroi de la Tour, duc de Bouillon, et de Marie-Anne Mancini. Il accompagna en 1689, à Rome, son oncle le cardinal de Bouillon, envoyé au conclave où fut élu Pierre Ottoboni (Alexandre VIII).

3. C'est ce qui est attesté par les *Mémoires* de Coulanges, p. 187.

4. Louis Racine a omis cette dernière phrase.

ET NOTES HISTORIQUES.   123

XXV

BONS MOTS DU ROI[1].

Le Nonce[2] lui dit que si le Doge[3] et quatre des principaux sénateurs[4] venoient, la République demeureroit sans chef pour la gouverner ; il répondit : « Il n'est pas mal à propos qu'ils les envoyent ici pour apprendre à gouverner mieux qu'ils ne font. »

L'évêque de Mets[5], revenant, disoit-il, d'un séminaire, où il avoit demeuré dix jours, parloit avec exagération du désintéressement de tous ces ecclésiastiques, qui ne faisoient aucun cas ni de bénéfices, ni de richesses, et s'en moquoient même. Le Roi dit : « Ils s'en moquent, vous vous moquez donc bien d'eux[6]. »

L'archevêque d'Ambrun[7] louoit fort, au lever, la ha-

1. Ce fragment est écrit sur les feuillets 184 et 185.
2. Angelo Ranuzzi, mort le 27 septembre 1689.
3. Le doge de Gênes, Imperiale Lercaro, qui vint le 15 mai 1685 à Versailles, faire satisfaction au Roi, comme il avait été exigé de lui par le traité du 12 février de la même année.
4. Quatre sénateurs, Garibaldi, Lomellino, Salvago et Durazzo, vinrent en effet avec le Doge. Voyez la *Gazette* du 19 mai 1685.
5. Georges d'Aubusson de la Feuillade, qui passa de l'archevêché d'Embrun à l'évêché de Metz en 1668; il y mourut le 12 mai 1697, âgé de quatre-vingt-huit ans. « Le Roi, dit Saint-Simon (*Mémoires*, tome I, p. 436), lui parloit toujours, et plaisantoit avec lui.... On l'attaquoit fort sur son avarice. » Il ajoute qu' « il étoit bon évêque, résidant, et fort appliqué à ses devoirs. » Quelque bon évêque qu'il fût, son avarice suffirait pour expliquer le mot piquant du Roi.
6. Racine avait d'abord écrit : « Ils n'en font aucun cas, vous ne faites donc guère.... » Cette variante semble indiquer une espèce de travail pour polir, pour affiler le bon mot, dont sans doute le sens seul avait été retenu.
7. Charles Brûlart de Genlis, nommé à l'archevêché d'Embrun en 1668, en remplacement de Georges de la Feuillade. Il mourut dans son diocèse, le 2 novembre 1714, âgé de quatre-vingt-six ans.

rangue de l'abbé Colbert[1]. Le Roi dit à M. de Maulevrier[2] : « Promettez-moi de ne pas dire un mot à M. Colbert de tout ce que va dire l'archevêque d'Ambrun ; » et ensuite il dit à l'Archevêque : « Continuez tant qu'il vous plaira. »

Lorsque le chevalier de Lorraine fut obligé un jour de se retirer, il dit au Roi, en prenant congé de lui, qu'il ne vouloit plus songer qu'à son salut. Quand il fut sorti, le Roi dit : « Le Chevalier songe à faire une retraite, et emmène avec lui le père Nantouillet[3]. »

Quand je lui eus récité mon discours[4], il me dit devant tout le monde : « Je vous louerois davantage, si vous ne me louiez pas tant. »

Le[5] Roi reconnut dans le régiment de Hautefeuille un passe-volant qui étoit valet de chambre de M. de Hautefeuille, et le Roi le reconnut à ses souliers, que son maître avoit portés.

En donnant l'agrément et la dispense d'âge à M. Chopin pour la charge de lieutenant criminel, le Roi lui dit : « Je vous exhorte à suivre plutôt les maximes de vos ancêtres[6] que les exemples de vos prédécesseurs. »

1. Prononcée à l'Académie française le 31 octobre 1678. Voyez notre tome IV, p. 342 et 343.
2. Le comte de Maulevrier, qui mourut gouverneur de Tournai en 1693, du chagrin de n'avoir pas été fait maréchal de France, était frère du ministre Colbert, à qui le Roi lui fait promettre de ne rien dire des compliments de l'archevêque d'Embrun.
3. Sur François du Prat, dit le chevalier de Nantouillet, voyez notre tome II, p. 461, note 2. Premier maître d'hôtel de Monsieur, il était un des compagnons de plaisir du chevalier de Lorraine.
4. Celui qui fut prononcé à la réception de MM. de Corneille et de Bergeret. Voyez notre tome IV, p. 347.
5. Ici commence le feuillet 185. — « On appelle ainsi (*passe-volant*) un homme qui, sans être enrôlé, se présente dans une revue pour faire paroître une compagnie plus nombreuse, et pour tirer la paye au profit du capitaine. » (*Dictionnaire de l'Académie de* 1694.)
6. Parmi ces ancêtres du nouveau lieutenant criminel était le

M. Colbert disoit qu'au commencement que le Roi prit connoissance de ses affaires, ce prince lui dit et aux autres ministres : « Je vous avoue franchement que j'ai un fort grand penchant pour les plaisirs ; mais si vous vous apercevez qu'ils me fassent négliger mes affaires, je vous ordonne de m'en avertir. »

PATIENCE DU ROI.

Comme il se nettoyoit les pieds, un valet de chambre qui tenoit la bougie lui laissa tomber sur le pied de la cire toute brûlante ; le Roi répondit froidement[1] : « Tu aurois aussi bien fait de la laisser tomber à terre. »

A un autre valet de chambre, qui, en hiver, apporta la chemise toute froide, il dit encore, sans gronder : « Tu me la donneras brûlante à la canicule. »

Un portier du parc, qui avoit été averti que le Roi devoit sortir par la porte où il étoit, ne s'y trouva pas, et se fit longtemps chercher. Comme il venoit tout en courant, c'étoit à qui le gronderoit et lui diroit les injures[2] ; le Roi dit : « Pourquoi le grondez-vous? Croyez-vous qu'il ne soit pas assez affligé de m'avoir fait attendre[3] ? »

célèbre jurisconsulte du seizième siècle, René Chopin, auteur de savants ouvrages sur le *Domaine*, sur la *Police ecclésiastique*, sur la *Coutume d'Anjou* et sur la *Coutume de Paris*.

1. Dans le texte de Louis Racine : « Il dit froidement. » Cette correction a été adoptée par les éditeurs suivants.

2. Il y a bien « les injures », et non « des injures », comme a corrigé Louis Racine.

3. Cette anecdote est racontée à peu près de la même manière aux pages 317 et 318 du *Furetiriana*, qui donne aussi (p. 249), mais en s'éloignant davantage cette fois des termes du récit de Racine, celle de la cire brûlante (voyez ci-dessus, ligne 8).

XXVI

NOUVELLES[1].

Neuf hommes qui travailloient à tirer de la marne auprès de Château-du-Loir [2] ont été accablés de la terre qui s'est éboulée. Ils ont trouvé moyen de se retirer sous une petite caverne creusée dans la terre, où ils ont demeuré huit jours entiers sans boire ni manger, en attendant qu'on les ait déterrés.

XXVII

STRASBOURG[3].

V. Lotychius, p. 514. Un édit de Ferdinand II, qui ordonne aux magistrats et aux habitants de Strasbourg, *senatui populoque Argentinensi*, de restituer l'église ca-

---

1. Cette note, sur un fait auquel Racine ne songeait sans doute pas à donner place dans l'histoire, est écrite sur le feuillet 203, qui ne contient rien de plus. Les éditeurs précédents l'ont négligée, et cette fois l'on comprend leur omission.

2. Cette petite ville est aujourd'hui de l'arrondissement de Saint-Calais, dans le département de la Sarthe.

3. Ce fragment, qui est au feuillet 209, a été publié pour la première fois par M. Aimé-Martin. La source où ont été puisés ces renseignements est indiquée par Racine, qui a écrit en tête du fragment : « V. (*c'est-à-dire* voyez) Lotychius, p. 514. » Il s'agit du livre qui a pour titre : *Io. Petri Lotichii rerum Germanicarum sub Matthia, Ferdinandis II et III. Impp. gestarum libri LV.... Francofurti ad Mœnum. MDCXXXXVI.* 4 volumes in-folio. Racine avait en vue le tome I, 1re partie, livre XVIII, chapitre v. Il analyse fidèlement ce qui s'y trouve à la page 514.

thédrale et toutes les églises parochiales, qu'eux ou leurs pères ont usurpées sur les catholiques, et de restituer aussi tous les revenus, décimes, droits, priviléges, meubles, ornements, et généralement toutes choses appartenant légitimement à l'Évêque ou aux ecclésiastiques, de rétablir les catholiques dans le droit de bourgeoisie et tous leurs autres droits et honneurs.

L'archiduc Léopold, fils de Ferdinand, étoit alors évêque de Strasbourg et de Passau[1].

Il paroît, par cet édit, que dans les premiers troubles d'Allemagne, causés par l'hérésie de Luther, ceux de Strasbourg, ayant de bonne heure embrassé la religion protestante, s'étoient emparés des églises et de la maison épiscopale, avoient ensuite privé les catholiques de tous droits de bourgeoisie, et usurpé tous les biens et revenus ecclésiastiques dans leur ville.

Par l'édit de pacification de Passau, en 1550[2], il étoit ordonné que les deux religions seroient librement exercées dans toutes les villes, tant libres qu'impériales, et que les protestants ne troubleroient et n'offenseroient en aucune sorte les catholiques. Il étoit même arrivé qu'en l'an 1529 et en l'an 1549, les catholiques à Strasbourg avoient commencé de se remettre en possession de ce qui leur appartenoit[3]. Mais depuis, sans avoir

---

1. *Nobis, in absentia Reverendiss. et Celsiss. Principis, Leopoldi Guilhelmi, Archiducis Austriæ, Argentinensis et Passaviensis Episcopi,... Vicarius, Decanus et Capitulares, tanquam administratores..., humillime intimare cœperunt.* (LOTICHIUS.)

2. Racine a ajouté en interligne cette date inexacte : « en 1550. » Lotich donne pour la pacification de Passau la date de 1555. La vraie date est le 2 août 1552.

3. *Tametsi denique Episcopatus ille Argentinensis, sub annis MDXXIX et MDXLIX, in præsulatuum, et parochiarum, a S. P. Q. Argentinensi de facto occupatarum, possessionem plenissimam de jure immitti cœperit....* (LOTICHIUS.)

égard à l'édit de Passau, les protestants, en 1559 et 1561[1], s'emparèrent tout de nouveau de l'église et de la maison épiscopale, et de toutes les autres paroisses, y mettant des ministres de leur religion; en un mot, défendirent absolument l'usage de la religion catholique, et exclurent tous les catholiques du droit de bourgeoisie et de l'entrée aux charges.

L'édit de Ferdinand est de 1627, au mois d'avril[2]. L'auteur parle de grands troubles excités vers l'an 1600, entre les chanoines de Strasbourg, catholiques et protestants, pour l'église cathédrale, jusqu'à l'an 1604, qu'on fit une transaction par laquelle toutes choses demeuroient suspendues pour quinze ans. En 1620, cette transaction fut encore prolongée à Haguenau pour sept ans[3], lesquels étant expirés, le grand vicaire, le doyen et le chapitre de Strasbourg, en l'absence de l'archiduc leur évêque, présentèrent une requête à l'Empereur, en conséquence de laquelle il leur fit intimer l'édit dont il est question.

---

1. .... *Consules Senatoresques Argentinenses, sub ann. MDLIX, MDLXI, ædem basilicam, aliasque parochias, denuo, de facto, intercipere, pastores intrudere, Catholicæ religionis exercitium omnino eliminari ausi.* (LOTICHIUS.)

2. *An. MDCXXVII,... sub ipsis Idibus Aprilibus.* (*Ibidem.*)

3. *Sub anno MDCIV, intervenientibus arbitris, res ad transactionem devenit* interimisticam, *sic dictam, pactis in quindecim annos induciis. Isthæc capitulatio apud Haganoam..., anno MDCXX, in septennium usque extrahi cœpit.* (*Ibidem.*)

XXVIII

ALLEMAGNE[1].

La Transylvanie est divisée en sept comtés, sept villes, et sept siéges. Les sept comtés sont les Saxons, qui se prétendent originaires de Saxe, et suivent les mêmes coutumes et les mêmes changements de religion; les sept villes sont les originaires du pays; les sept siéges sont les Seclers, ainsi appelés de *chek*[2], qui, en langue du pays, signifie « siége. » Quelques-uns les font mal à propos descendre des Siciliens qui vinrent en Hongrie avec un roi de Naples.

Le Grand Seigneur prétendoit nommer[3] lui seul à la principauté de Transylvanie; mais lui et l'Empereur renoncèrent par le dernier traité de 1664 au droit qu'ils prétendoient avoir d'y nommer, et il fut dit que les états du pays nommeroient leur prince.

Solyman[4] fut appelé en Hongrie par Jean Zapolia[5], qui s'étoit fait élire par les peuples, malgré les prétentions de Ferdinand[6], qui prétendoit succéder au droit

---

1. Ce fragment est aux feuillets 207 et 208. M. Aimé-Martin est le premier qui l'ait donné.
2. Plusieurs éditeurs ont omis ce mot (en hongrois *szek*), et l'ont remplacé par un blanc qui n'est pas dans le manuscrit. A la même ligne, ils ont mis *Sicules*, au lieu de *Seclercs* (*Szeklers*, qu'on rend d'ordinaire en effet par le latin *Siculi*). Jean Betlen (*Rerum Transylvaniæ libri quatuor*, p. 52, Amsterdam, 1669) nomme les sept siéges *sedes siculicales*.
3. Dans le manuscrit, il y avait d'abord : *nomme*. Au-dessus de ce mot Racine a écrit : *prétendoit*.
4. Soliman Ier, le Magnifique, succéda en 1520 à son père Sélim Ier sur le trône des sultans.
5. Jean Zapolia ou Zapoli, comte de Scepus. Il mourut le 21 juillet 1540.
6. L'archiduc d'Autriche Ferdinand, depuis l'empereur Ferdi-

de Ladislas. Solyman vint en Hongrie, la conquit, et la rendit toute entière à Zapolia[1]. Mais comme ce Zapolia étoit encore opprimé par l'Empereur, Solyman vint, qui s'empara de toute la haute Hongrie, la retint pour lui, et investit Zapolia de la principauté de Transylvanie, qui faisoit partie du royaume de Hongrie, et qui étoit gouvernée par un vayvode qu'y mettoient les rois de Hongrie.

L'Allemagne[2], par la paix de Munster, a logé deux puissances formidables à ses deux extrémités : les Suédois dans la Poméranie, et les François dans l'Alsace : dangereux voisins qui balancent à la vérité la maison d'Autriche, mais qui épuisent aussi la plupart des princes de l'Empire, par l'inquiétude que leur cause un voisinage si redoutable.

V[3]. la cession de l'Alsace, du Suntgau, etc., à la France par l'Empereur et les États de l'Empire.

Tous les États de l'Empire louoient le procédé franc et sincère de la France, et au contraire blâmoient le procédé artificieux et intéressé des Suédois.

Avantages de la paix de Munster pour la France[4]. Elle est signée le 24 octobre[5].

Dans toute la guerre d'Allemagne, la France et la

---

nand Ier (1558). Il avait épousé en 1521 Anne Jagellon, sœur de Louis II roi de Hongrie, tué le 29 août 1526 à la bataille de Mohácz, et fille de Ladislas VI.

1. En 1529.

2. Siri, tome XIII, p. 5. (*Note de Racine.*) — A la page indiquée par Racine, on lit dans *il Mercurio* que les princes et les États d'Allemagne *se non sottoposero il collo al giogo di servitù straniera, furono costretti almeno di portarlo nelle due sue estremità, ove, in vece di duoi principi deboli, si piantarono due sterminate potenze;* etc.

3. Tome XIII, p. 223. (*Note de Racine.*) — Le V., comme nous l'avons déjà vu plus haut (p. 126, note 3), est l'abréviation employée par Racine pour *Voyez.* — Le passage du *Mercurio* auquel Racine renvoie a déjà été indiqué ci-dessus, p. 93, note 3.

4. *Il Mercurio*, tome XIII, p. 244 et 245. — 5. *Ibidem*, p. 241.

Suède ont plus combattu l'Empire avec des soldats allemands[1] qu'avec leurs propres soldats.

Et du temps même de Charles-Quint, tout grand et puissant qu'il étoit, François Ier avoit dans ses troupes tout autant d'Allemands qu'il vouloit. Car, outre l'argent que la France peut répandre en abondance, les Allemands s'accommodent mieux avec les François qu'avec les Espagnols.

Le titre d'Excellence étoit inconnu en Allemagne avant l'assemblée de Munster, et les Allemands ne vouloient point l'introduire, comme étranger et qui sonnoit mal en leur langue. Mais comme ils virent que les étrangers se le donnoient les uns et les autres, ils souhaitèrent d'être traités comme eux pour ne leur paroître pas inférieurs en rien. Les ambassadeurs de l'Empereur le prirent, et eurent ordre de le donner à ceux des électeurs. Le seul électeur de Saxe défendit à ses ministres de le prendre, et leur ordonna de laisser aux étrangers leurs cérémonies. Les ministres des princes d'Allemagne non électeurs, jaloux de ce qu'on le donnoit aux députés des électeurs, et non point à eux, évitoient avec soin de le donner à personne, et mirent au nombre de leurs griefs cette nouvelle coutume, comme contraire à l'usage de l'empire germanique. (Siri, tome V, partie II, p. 316[2].)

1. Ici commence le feuillet 208.
2. Le passage de Siri d'où Racine a tiré ce dernier alinéa continue à la page 317 du tome V du *Mercurio* qu'il indique ici.

XXIX

ANGLETERRE [1].

M. Arbert chez M. de Mont. [2].

Il n'y a pas plus de cinquante millions d'argent en Angleterre, soit dans le commerce, soit dans les coffres des particuliers.

La France tire tous les ans quelques [3] douze millions d'Angleterre, tant par les vins que par les toiles de Bretagne, etc.; et l'Angleterre ne tire pas de France plus de quatre millions.

1. Ce fragment est au feuillet double 205 et 206. Il manque entièrement chez tous les éditeurs qui ont précédé M. Aimé-Martin. Celui-ci en a donné seulement la première partie, qui se rapporte à l'Angleterre, et a omis ce qui concerne l'Espagne.

2. Cette ligne, placée dans le manuscrit au-dessous du titre ANGLETERRE, et qui indique sans doute de qui Racine tenait ces informations, a été retranchée par tous les éditeurs précédents. *M. de Mont.* doit être M. de Montaigu; et M. Arbert était sans doute attaché à son ambassade. Ralph de Montaigu ou *Montagu*, qui mourut en 1708, fut en 1669 ambassadeur en France. « Le 25 avril.... Mylord Montaigu, grand écuyer de la reine d'Angleterre, ambassadeur ordinaire du roi de la Grande-Bretagne, fit son entrée en cette ville (Paris). » (*Gazette* du 27 avril 1669.) Il revint en France, comme ambassadeur extraordinaire, au mois de décembre 1676. Il y était encore en 1678. Voyez la *Gazette* du 19 décembre 1676, et celle du 1er janvier 1678. Une note de M. Walckenaer sur la fable du *Renard anglois* supposerait qu'il était aussi à Paris en 1683. Ralph de Montaigu était frère d'Édouard de Montaigu, tué devant Bergues en 1665, et d'Élisabeth Harvey, mariée à sir Daniel Harvey, ambassadeur d'Angleterre en Turquie, et à laquelle la Fontaine a dédié *le Renard anglois*. Voyez au tome III des *Lettres de Mme de Sévigné*, la note 5 de la page 179.

3. Ici et cinq lignes plus loin, il y a bien *quelques*, au pluriel, dans l'autographe; mais à la page 144, ligne 5, Racine a écrit *quelque six mille hommes*.

ET NOTES HISTORIQUES.   133

La milice d'Angleterre, appelée *Trainbans* [1], peut faire quelques cent cinquante mille hommes [2]. Chacun les paye à proportion de ses biens. Un homme qui a huit cents pièces de revenus entretient un cavalier; et ainsi du reste. Ces milices ne peuvent être assemblées et demeurer armées plus de six semaines, pour remédier aux invasions ou aux rébellions, et donner temps au Roi d'assembler son parlement. On en fait des revues quatre fois l'an.

ESPAGNE [3].

V. Dans Siri, XIIIe vol. [4], p. 920, le siége et la prise de Tortose sur l'Èbre. L'Évêque y fut pris, la demi-pique à la main, aussi bien que tous les prêtres et les moines [5].

Embarras [6] de l'armée de France en Catalogne après la prise de cette place. Elle fut quatre mois entiers sans recevoir un sou. L'auteur prend de là un sujet de faire une très-belle réflexion sur la patience et sur la fidélité du soldat françois, capable de vivre sans paye, et de vendre jusqu'à ses habits pour subsister, bien différent en cela des Espagnols, avares, glorieux, impatients, et

1. Ou plutôt *Trainbands*.
2. C'est un chiffre qui diffère assez peu de celui que donne Macaulay pour 1660; la milice des *Trainbands* montait alors au moins à cent vingt mille hommes : *This force cannot be estimated at less than a hundred and twenty thousand men.* (*The History of England*, édition Tauchnitz, tome I, p. 146 et 147.)
3. Ici commence le feuillet 206, inséparable du feuillet 205.
4. Racine renvoie au XIIIe volume du *Mercure* de Siri. Le siége et la prise de Tortose y sont racontés aux pages 917-923. Voyez ci-dessus, p. 92, note 4.
5. *Il vescovo della città fû fatto prigione, combattendo egli con una meza picca, ed esortando i suoi a morire valorosamente per la patria, e in particolare i preti e regolari che tenevano impugnate l'armi.* (*Il Mercurio*, tome XIII, p. 923.)
6. Racine renvoie ici à la page 941 du même tome de Siri.

qui par leurs fréquentes révoltes ont mis la monarchie d'Espagne à deux doigts de sa perte [1].

XXX

TURCS [2].

NÉGOCIATIONS DE NOAILLES, ÉVÊQUE D'AX [3].

Saint Louis fut le premier qui traita et prit des sûretés pour le commerce avec le soudan d'Égypte, et fit établir des consuls à Alexandrie en Égypte, et à Tripoli de Sorie [4]. Les Circasses et Mamelus étoient bien plus traitables et moins injustes que les Turcs. Depuis ce temps-là, les rois de France ont toujours eu un ambassadeur ou un agent à la Porte, et pour l'intérêt du commerce, et pour détourner les Turcs d'attaquer les terres de l'Église.

Tous les chrétiens d'Europe, que depuis saint Louis

---

1. Voici les expressions de Siri à la page que Racine vient de citer : .... *Contra il comune sentire lo Spagnuolo anzi, contumace, cervicoso, avaro, insofferente, e grave a suoi generali; e per contrario il Francese, patiente, ossequioso, docile, liberale, e costante ne' debiti della sede a chi lo soprasta e regge.*

2. Ce fragment se trouve sur le feuillet double 223 et 224. Louis Racine et l'éditeur de 1807 l'ont entièrement omis. Geoffroy et Aimé-Martin en ont donné la partie qui est au feuillet 223, mais non celle qui est au feuillet 224, et qui a pour titre Venise.

3. Ce sous-titre est écrit en marge dans le manuscrit. — François de Noailles, nommé par Henri II évêque d'Acqs ou de Dax, puis ambassadeur de France d'abord en Angleterre, ensuite à Venise. Charles IX l'envoya en 1572 à Constantinople, dont il lui confia l'ambassade. Rentré en France en 1574, il y mourut en 1585.

4. Nous avons conservé le nom de *Sorie*, qui est dans le manuscrit; il était équivalent à *Syrie*.

on a appelés Francs dans le Levant, y ont négocié sous la bannière de France. Les Ragusains sont les premiers qui s'en sont tirés, se prétendant sujets ou sous la protection du Grand Seigneur; les autres ont tâché successivement de faire leurs affaires à part.

Le roi Charles IX pria la Porte d'envoyer recommander en Pologne les intérêts du duc d'Anjou. Le premier bassa y envoya un chiaoux pour recommander publiquement ce prince, et secrètement un grand seigneur polonois, parent du Bassa, au cas que la chose pût réussir; sinon, ordre à lui d'appuyer de tout son pouvoir le duc, et de menacer même de la guerre, si on élisoit un Moscovite ou un Autrichien [1].

L'évêque de Noailles, ambassadeur à la Porte, écrivoit ainsi à Monseigneur, car on appeloit de la sorte le duc d'Anjou : « Ramenez bientôt les François voir les Palus-Méotides, d'où ils sortirent lorsqu'ils vinrent s'établir en Franconie avant que de passer le Rhin. »

Cet évêque conseilloit fortement à Charles IX de ne point faire de ligue avec les Espagnols et les Vénitiens contre le Turc, mais bien plutôt d'entretenir avec lui bonne correspondance, afin de reprendre sur les Espagnols ce qu'ils avoient pris à la France.

Le duc d'Anjou avoit eu dessein de se faire roi d'Alger, à quoi les Turcs ne voulurent point entendre; mais au lieu de cela offroient à la France, si elle se vouloit joindre à eux, de donner au duc tout ce qu'ils prendroient en Italie ; et l'évêque d'Ax étoit de cet avis.

Les Turcs disoient que le duc d'Anjou ne voudroit jamais être leur tributaire; car ils appellent tribut les

1. Le succès de cette négociation fut dû à l'habileté de l'évêque d'Acqs, qui était alors, comme il est dit à la ligne suivante, ambassadeur à Constantinople.

présents que l'Empereur leur fait, et ceux que la Pologne leur faisoit encore.

VENISE [1].

Candie fut assiégée [2] et la tranchée ouverte le 2ᵉ mai 1648 par Ussaim Bacha, qui commandoit l'armée des Turcs en Candie, homme d'une fort grande valeur.

Les Turcs prirent le temps que l'armée navale des Vénitiens venoit de faire un grand naufrage, le 18 mars, devant l'île de Psara [3]. Ils perdirent dix-sept galères, douze vaisseaux et deux mille [4] tant soldats que forçats, avec leur général Grimani, qui alloit boucher aux Turcs le passage des Dardanelles.

Avant ce naufrage, leurs affaires étoient en très-bon état en Candie, et ils y avoient pris le château de Mirabel, d'où les Turcs commandoient tous les environs de Spina-Longa et de Sitia. Gildhas [5] commandoit les troupes allemandes, et le chevalier de Gremonville les françoises [6].

1. Ici commence le feuillet 224, inséparable du précédent. Racine a écrit à la marge : « Siri, tome XII, p. 960. » L'ouvrage de Siri auquel il renvoie est toujours *il Mercurio*.
2. La guerre de Candie dura vingt-cinq ans. Elle ne se termina qu'en 1669, par la prise de Candie, qui se rendit au grand vizir Achmet Kuperli ou Koproli le 5 septembre 1669.
3. Siri, *il Mercurio*, tome XII, p. 953. — « La *Gazette* dit devant Scio. » (*Note de Racine*.)
4. « La *Gazette* dit sept à huit mille hommes. » (*Note de Racine*.)
5. Voyez encore la *Gazette* du 11 avril 1648. Gildhas amena des secours en Candie en 1647. La *Gazette* écrit ce nom *Gil d'Has*, et ailleurs *Ghil d'Has*.
6. *Il Mercurio*, tome XII, p. 950. — Le chevalier, plus tard commandeur, de Gremonville, dont le frère fut ambassadeur du Roi à Venise, servait à Candie, dans les troupes de Venise, depuis l'an 1647. Il fut résident près de l'Empereur de 1664 à 1673. Il mourut le 1ᵉʳ décembre 1686. Voyez la *Gazette* du 7 décembre 1686.

En¹ janvier 1649, le baïle² de Venise offroit au nouveau visir (car Ibrahim venoit d'être étranglé, et Mahomet mis sur le trône³), il offroit, dis-je, de partager avec les Turcs l'île de Candie ; et se cachoit de l'ambassadeur de France pour faire cette offre.

La Haye⁴ avoit des ordres exprès de ne point tremper dans une paix si honteuse, et dans un traité par lequel les chrétiens abandonneroient un royaume tout entier aux infidèles⁵.

XXXI

VESSELLINI⁶ étoit d'abord chef des mécontents ; après lui Teleki⁷, premier ministre de Transylvanie ; puis celui-ci s'étant tiré adroitement d'affaire, Tekeli⁸ prit sa

1. Racine a écrit en marge : « Siri, tome XIII, p. 706. »
2. C'était le titre qu'on donnait à l'ambassadeur de Venise près de la Porte.
3. Voyez notre tome II, p. 476, note 1. Ce fut en 1648, comme nous l'avons dit dans cette note, qu'Ibrahim fut étranglé, et que Mahomet IV monta sur le trône. La *Biographie universelle*, articles *Ibrahim* et *Mahomet IV*, place à tort, ainsi que plusieurs historiens, ces événements en 1649. Voyez la *Gazette* du 19 décembre 1648.
4. Jean de la Haye, seigneur de Venteley. Il avait, en 1641, remplacé Philippe de Harlay, comte de Cézy, comme ambassadeur à Constantinople. Voyez notre tome II, p. 474, note 2.
5. *Il Mercurio*, tome XIII, p. 707.
6. Ce fragment est au feuillet 219. — Paul Wesselini, frère du palatin de Hongrie comte Wesselini, commanda l'armée des mécontents hongrois en 1677 et 1678.
7. Le commandement général des mécontents hongrois fut remis à Michel Teleki, premier ministre du prince de Transylvanie Apaffi, qui était arrivé à leur camp le 26 avril 1678. Voyez la *Gazette* du 11 avril 1678. Geoffroy a confondu *Teleki* avec *Tekeli*.
8. Émeric Tekeli ou, comme la *Gazette* le nomme le plus souvent,

place : homme de fort bonne maison, seigneur d'Huniade, et des descendants du fameux Huniade[1]. Son père étoit chevalier de la Toison. Il étoit tout jeune quand on fit le procès à Nadasti et au comte de Serin[2], et s'enfuit de Vienne pour se retirer en Transylvanie.

Le Grand Seigneur[3] ne songeoit rien moins qu'à la réduction des Cosaques, quand ils lui envoyèrent demander sa protection. Il étoit à la chasse à Larisse, vers la fin du siége de Candie[4]. Ce fut le général Tetera, chef des Cosaques, qui s'y en alla, pour se venger des Polonois, qui avoient pris le parti de.... son secrétaire, qui s'étoit révolté contre lui. Le Grand Seigneur leur donna un étendard, pour marque qu'il les prenoit sous sa protection. Nointel et M^r....[5].

le comte Teokeoli, mort le 13 septembre 1705. Après avoir servi quelque temps sous Teleki, à qui il était venu se joindre, il se trouva, vers la fin de l'année 1678, investi du commandement supérieur de l'armée. Pendant plusieurs années il fut vainqueur des armées impériales. En 1682, il fut proclamé prince de la haute Hongrie sous la suzeraineté ottomane.

1. Jean Corvin Huniade, vaïvode de Transylvanie, célèbre par ses exploits contre les Ottomans, surtout par la défense de Belgrade en 1456, qui fut l'année même de sa mort.

2. François de Nadasti, comte de Forgatsch, dont la fille fut mère d'Émeric Tekeli, et Pierre comte de Serin, dont le même Tekeli épousa la fille en 1682, furent décapités à Neustadt le 30 avril 1671.

3. Mahomet IV. Voyez ci-dessus, p. 137, note 3.

4. En 1669. Voyez ci-dessus, p. 136, note 2.

5. Peut-être cette phrase inachevée commençait-elle l'exposé de quelque nouveau fait. Peut-être aussi Racine se proposait-il seulement de citer ses autorités pour ce qu'il vient de rapporter. — Charles-François Olier, marquis de Nointel, fut, après la prise de Candie, nommé ambassadeur de France à Constantinople, où il eut sa première audience du Grand Seigneur en 1671, et d'où il ne fut rappelé qu'en 1678. Il mourut le 31 mars 1685.

ET NOTES HISTORIQUES. 139

Vers le même temps, les Hongrois, irrités de la mort du comte de Serin, etc., envoyèrent aussi demander au Grand Seigneur sa protection.

L'Empereur[1], pour ramener les mécontents, leur écrivoit pour les exhorter à revenir partager avec lui les grands butins qu'il faisoit en France.

XXXII

POLOGNE[2].

Les Cosaques commencèrent à se soulever en 1648, un peu avant la mort du roi Ladislas[3].

Ce prince avoit dessein de faire la guerre aux Tartares jusque dans leur pays de Crim, et vouloit mettre à la tête de l'armée des Cosaques Kmielnischi. La République n'approuva point cette guerre, et le Roi fut obligé de licencier, malgré lui, ses troupes. Il en eut tant de dépit qu'on prétend qu'il excita en secret Kmielnischi de faire révolter les Cosaques, afin d'obliger la République d'avoir, malgré elle, sur pied une armée, et de lui en donner le commandement, bien résolu de se joindre avec les Cosaques quand il seroit proche d'eux, et de marcher non-seulement contre les Tartares, mais même contre les Turcs. Kmielnischi, se voyant sans emploi, et de plus ayant été maltraité dans un grand pro-

1. Léopold Ier.
2. Ce fragment, qui est au feuillet 218, n'a pas été donné par Louis Racine, ni par l'éditeur de 1807. Geoffroy (1808) est le premier qui l'ait publié.
3. Ladislas ou Vladislas VII mourut le 20 mai 1648.

cès qu'il avoit eu pour des terres qui lui appartenoient, commença à cabaler parmi les Cosaques, à qui la paix étoit insupportable, et surtout au peuple de Russie, à cause des duretés et des vexations de la noblesse polonoise. Kmielnischi étoit fils d'un noble Polonois, et dans sa jeunesse s'étoit enrôlé dans la milice cosaque, où il s'étoit distingué et étoit monté à la charge de capitaine. (Voir[1] son portrait dans Siri[2], tome XII, p. 987; voir l'origine des Cosaques dans le *Voyage de la reine de Pologne*[3], p. 225, et Siri, au même tome et au même endroit.)

C'étoient des brigands sans loi et sans discipline, qui s'amassoient sur les frontières de Russie, pour faire des courses sur les Turcs par la mer Noire. Étienne Battori[4] leur donna des lois, pour s'en servir dans le besoin de la guerre et pour garder les avenues de la Russie. Il les plaça dans les îles du Boristène : ce qui les a fait appeler Cosaques Zaporouschi. *Kosa* signifie « chèvre, » et *porohi*, en langage sclavon, signifie « écueils[5], » à cause

---

1. Cette parenthèse a été omise par Geoffroy et par Aimé-Martin.
2. *Il Mercurio.*
3. Le titre exact de ce livre est : *Histoire et Relation du voyage de la royne de Pologne.... par Jean le Laboureur....* Paris, MDCXLVIII (1 volume in-4°). Cette reine de Pologne est Marie de Gonzague, femme de Ladislas IV. A la suite de la première partie de la *Relation*, le Laboureur a placé un *Traité du royaume de Pologne*, avec lequel recommence une nouvelle pagination. C'est à la page 225 de ce *Traité* que se trouve le chapitre intitulé : *des Cosaques Zaporoviens, milice de Russie*. Il finit au milieu de la page 231.
4. Prince de Transylvanie en 1571, élu roi de Pologne en 1576. Il mourut le 13 décembre 1586.
5. Cette double étymologie est tirée de l'*Histoire et Relation du voyage de la royne de Pologne*, p. 227. La première, dérivant *Kosak* de *Kosa*, « chèvre, » est plus que douteuse; on rattache ce nom avec plus de vraisemblance au mot *Kazzak*, qui, chez les Turcs orientaux, signifie « partisan, soldat errant, armé à la légère. » La

du grand nombre d'écueils qui sont dans le lit du Boristène, et qui le séparent en plusieurs petits bras[1].

Voy. aussi *Henricus I*[2] de Fredro, p. 269, où est l'origine et les mœurs des Cosaques.

V. au même endroit, p. 275, la manière de combattre des Tartares[3].

V. la harangue des ambassadeurs de Pologne au roi Henri IIIᵉ, où sont exprimés tous les droits, les avantages et les revenus du roi de Pologne, [page] 119[4].

---

seconde est exacte : *porog*, en russe, a pour sens « seuil, » et au figuré « barrage, brisant, chute d'eau ; » et *za* veut dire « au delà. »

1. Geoffroy et Aimé-Martin s'arrêtent ici dans le texte qu'ils donnent de ce fragment. Ils suppriment les indications suivantes des ouvrages auxquels Racine renvoie.

2. Le livre de Fredro, *Gesta populi Poloni sub Henrico Valesio....* (Dantisci, MDCLII, 1 volume in-4°), a pour titre courant : *Henricus primus rex Polonorum*. Le passage auquel renvoie Racine commence à la dernière ligne de la page 269, et finit aux dernières lignes de la page 273. Il y est question, à la page 272, des *porohi* dont Racine vient de parler : *Boristhenes fluvius.... per duodecim* porohos (*qui gradus seu obices dici possunt*) *descendit....*

3. Voici le passage assez intéressant de Fredro : *Tartari,... qui non pro victoria, sed præda certant, difficulter evocantur in prælium, dum sine periculo prædam quærunt; vel si coacti descendunt in pugnam, medio in conflictu cedere pro stratagemate habent.... Quare integris ordinibus sequendi; nam fugiunt, redeunt, assultant, omnia uno motu præstant, cum periculo sequentis. Arma eorum sunt framea et arcus; framea cominus, arcu eminus feriunt; in pugna desperatione armantur; cadere malunt quam captivari; nusquam Tartarum vitam orantem visum, nisi manu captum et ligatum; dum arma perdunt, pugno feriunt : optimi milites, dum pugnare proponunt.*

4. Racine renvoie encore ici au livre de Fredro, où se lit la harangue prononcée par le chef de l'ambassade, Adam Konarski, évêque de Posnanie. Elle commence à la page 119 et finit aux dernières lignes de la page 124. Fredro donne à la page 105 les noms des ambassadeurs envoyés à Paris au roi élu. Cette ambassade est de l'année 1573.

XXXIII

Ragotski[1] fut obligé d'abandonner Cracovie, pressé par les Polonois, qui avoient reçu du secours de l'Empereur ; tandis que le roi de Suède[2], de son côté, avoit été obligé de courir dans ses États de Brême, attaqués par les Danois. Ragotski, en se retirant de Pologne, fut battu[3] par les Polonois, qui l'attendoient dans de certains défilés, d'où il ne put sortir qu'à force d'argent et en signant une paix honteuse. Il n'en fut pas quitte pour cela. Car, dans sa retraite, il fut encore chargé par les Tartares, eut bien de la peine à se sauver de leurs mains, son général étant demeuré prisonnier avec la meilleure partie de son armée. Il revint donc dans ses États, détesté à cause de tant de malheurs dont il avoit été cause, et ne songea plus qu'à fléchir par beaucoup de soumissions et les Turcs et le conseil de l'Empereur, également indignés de l'irruption qu'il avoit faite dans la Pologne, malgré les avis de l'un et sans la permission des autres. Mais surtout le grand visir Kuperli[4] le haïssoit

1. En tête de ce fragment, qui se trouve au double feuillet 220 et 221, Racine a écrit Nani, nous indiquant ainsi quel historien il a suivi. L'ouvrage aux pages duquel il renvoie en plusieurs endroits a pour titre : *Historia della Republica Veneta di Battista Nani.... Parte seconda. In Venetia*, MDCLXXIX, 1 volume in-4°. Nous renvoyons, comme nous l'avons fait pour Siri, à quelques pages que Racine n'a pas indiquées. — Ce fragment a été laissé de côté par tous les éditeurs précédents. — Georges II Ragotski ou Racoczi succéda à son père, comme prince de Transylvanie, en 1648. Il mourut le 26 juin 1660. Les événements rapportés ici sont des années 1657 et 1658.
2. Charles-Gustave, qui avait fait alliance avec Ragotski. Le duché de Brême fut attaqué aux mois de juin et de juillet 1657.
3. Le 14 juillet 1657.
4. Mehemet Kuperli ou Koproli, père de cet Achmet Kuperli dont il a été parlé ci-dessus, p. 136, note 2.

ET NOTES HISTORIQUES. 143

mortellement, parce qu'autrefois Ragotski lui avoit rendu, à la Porte, de fort mauvais offices, et même lui avoit pensé faire perdre la tête[1].

Le Visir prit donc l'occasion de se venger en l'accusant d'avoir osé, sans la permission du Sultan, faire alliance avec des étrangers, entreprendre la guerre, et se retirer de l'obéissance qu'il devoit à la Porte.

Le conseil de Vienne, appréhendant qu'en voulant perdre Ragotski les Turcs ne s'emparassent de la Transylvanie, faisoit les derniers efforts pour apaiser le Visir; mais inutilement; car le Visir refusoit argent, emprisonnoit tous les envoyés de Ragotski, et menaçoit les Transylvains d'une entière ruine s'ils ne lui envoyoient la tête de leur prince[2]. Le Visir destitua les princes de Valachie et de Moldavie, amis de Ragotski[3]. L'Empire étoit alors vacant, et le roi de Hongrie étoit à la diète de Francfort.

Ligue du Rhin, p. 478[4].

Le Visir, vers le temps du couronnement de l'Empereur[5], se met en campagne, joint les bassas de Bude et

---

1. Tout ce qui précède est aux pages 460 et 461 de l'*Histoire* de Nani.
2. *Historia della Republica Veneta*, p. 461.
3. *Ibidem*, p. 477.
4. Racine renvoie encore à l'*Histoire* de Nani. — Cette ligue du Rhin fut signée au mois d'août 1658. La France fit alliance avec le roi de Suède, les électeurs de Mayence, de Cologne et de Trèves, l'évêque de Munster, les ducs de Brunswick et de Neubourg, et le landgrave de Hesse-Cassel : *I Francesi credendo la più sicura cautione de' patti essere il timore e la forza, stabilirono unione, che poi chiamassi lega del Rheno, con la corona di Suetia, con gli Elettori di Magonza e Colonia, con i Duchi di Brausvich, e di Neoburg, e col Langravio d'Hasia, con iscambievole accordo di aiutarsi l'un l'altro, e di astringere il nuovo Cesare all' osservanza della divisata capitolatione.* (NANI, à l'endroit indiqué.)
5. Léopold Ier. Il fut couronné le 31 juillet 1658.

de Temisvar. Ragotski, ayant ramassé ce qu'il put trouver de troupes, et entre autres trois ou quatre mille Allemands, qui fut tout ce qu'il put obtenir de l'Empereur, attaque et défait un grand corps de Turcs proche d'Arad[1], et leur tue quelque six mille hommes avec bon nombre d'officiers prisonniers[2].

Néanmoins le Visir, poursuivant sa pointe, attaque et prend Jenò (*Janos* [3]), place importante qui couvroit les villes des montagnes, environnée d'un grand marais, et oblige les états à déposer Ragotski. Jenò se rendit au mois de septembre[4], et Ragotski fit couper la tête au gouverneur. Acace Bachiani[5], avec le consentement de la Porte, à laquelle il promettoit un grand tribut, fut substitué à la place de Ragotski.

Il a dit plus haut[6] que Francisco Redey avoit été élu à la place de Ragotski, de son consentement même, et que, l'hiver suivant, comme il avoit des places, beaucoup d'argent et de partisans, se voyant pour un temps hors d'appréhension des Tartares et des Turcs, il avoit repris le nom et l'autorité de prince. Tout cela s'étoit passé avant que le Visir se fût mis en campagne.

1. Ville de Hongrie, sur le Maros. Sur cette victoire d'Arad, remportée par Ragotski, on peut voir la *Gazette* du 22 novembre 1659.
2. Page 479 [de Nani]. (*Note de Racine.*)
3. *Janos* est écrit au-dessus de *Jenò*, dans l'interligne. — 4. 1659.
5. *Acacio Bachiani, col beneplacito della Porta, perche le prometteva maggior tributo, fù sostituito nel principato.* (*Historia della Republica Veneta*, p. 479.) — Au-dessus du nom d'*Acace Bachiani*, Racine a écrit en interligne : *Bardaï*. La *Gazette* l'appelle constamment le *comte Barklai* ou le *prince Barklai*. Son nom paraît avoir été *Acazio Barczai*. Il est appelé *Acacius Barcsai* à la page 53 du livre de Jean Betlen que nous avons cité ci-dessus, p. 129, note 2.
6. Page 476. — Au-dessus du nom de *Francesco Redey* (dans Nani : *Francesco Redeii*), Racine a écrit en interligne : *Redeii Ferens*. Dans la *Gazette* du 22 juin 1658, ce compétiteur de Ragotski est appelé le *comte de Rédey Ferents*.

Bien que Ragotski eût donc fait un traité avec Bachiani, et qu'il ne se fût réservé que ses biens et deux comtés dans la Hongrie, néanmoins le Visir demandoit toujours sa tête. P. 492[1].

XXXIV

La[2] Valaquie est contiguë à la Pologne, et les géographes appellent mal à propos Moldavie ce qui est proprement la Valaquie. Les Polonois ne font souvent de ces deux pays qu'un seul pays, nommant l'un simplement Valaquie, et l'autre tantôt la Valaquie de delà les monts, *Transalpinam Valachiam*, et tantôt Moldavie.

Le [3] courrier de l'évêque de Marseille, Fourbin[4], qui apporta en France la nouvelle de l'élection de Sobieski pour roi de Pologne, alla descendre chez M. le Tellier[5], et fut renvoyé en Pologne avec une lettre du cardinal de

1. Voici le passage de Nani, à la page indiquée par Racine : *Riservatisi dal Ragotzi solamente i suoi beni, e i due Comitati dell' Ongheria, il Visir nondimeno non si mostrava contento, e chiedeva a'popoli pertinacemente, che gli mandassero la di lui testa.*
2. Ce fragment est au feuillet 222. Le premier alinéa n'a été donné par aucun des éditeurs précédents.
3. Au commencement de cet alinéa Racine a écrit en marge : « M. de Torcy. »
4. Toussaint de Forbin ou de Fourbin Janson, mort le 24 mars 1713. Il fut évêque de Digne en 1658, de Marseille en 1668, de Beauvais en 1679, cardinal en 1690. Louis XIV, à la fin de 1673, le nomma son ambassadeur extraordinaire à la diète de Pologne, alors réunie pour l'élection d'un roi. Il passa pour avoir beaucoup contribué à l'élection de Jean Sobieski (1674).
5. Michel le Tellier, secrétaire d'État au département de la guerre depuis 1643. Il ne devint chancelier qu'en 1677.

Bonzy[1] pour la Reine [2]. Ce cardinal lui mandoit que si le Roi son mari vouloit, on lui donneroit cent mille écus pour nommer au cardinalat un sujet qui auroit tout l'appui qu'on pouvoit desirer pour faire réussir cette nomination : et ce sujet étoit Monsieur l'archevêque de Reims[3].

Le[4] roi de Pologne Sobieski[5] ne songeoit point à reconnoître le prince d'Orange pour roi d'Angleterre, n'ayant ni besoin de lui, ni affaire à lui. Un Polonois, qui avoit besoin en Hollande d'une recommandation auprès du prince d'Orange, donna trois cents pistoles à un jésuite[6] allemand qui étoit auprès du roi de Pologne; et le Roi se laissa gagner par ce jésuite.

1. Pierre de Bonzi, mort archevêque de Narbonne en 1703. Il fut successivement évêque de Béziers et archevêque de Toulouse. Ambassadeur en Pologne, en 1668, au temps du roi Casimir IV, il rapporta de cette ambassade la nomination de Pologne au cardinalat. Voyez les *Mémoires* de Saint-Simon, tome I, p. 404, et tome IV, p. 133 et suivantes; et les *Lettres de Mme de Sévigné*, tome II, p. 517, à la note 6 de la lettre 253.

2. La reine de Pologne, femme de Sobieski, Marie-Casimire de la Grange d'Arquien, fille du marquis d'Arquien, capitaine des gardes de Monsieur.

3. Charles-Maurice le Tellier, mort le 22 février 1710, fils de Michel le Tellier. Il avait été nommé archevêque de Reims en 1671.

4. Ici Racine a écrit en marge : « Bonrep. » (*Bonrepaux*). Il devait ces renseignements à M. de Bonrepaux, comme les précédents à M. de Torcy. — François Dusson de Bonrepaux, mort le 12 août 1719, avait été dans les bureaux de la marine au temps de Colbert, puis devint un des premiers commis de Seignelay. Il fut chargé de diverses missions en Angleterre, en 1685, 1687 et 1688. En 1693, il fut nommé à l'ambassade de Danemark, et plus tard à celle de Hollande, où Jean-Baptiste Racine fut envoyé près de lui dans l'année 1698. Racine écrivait alors à son fils (lettre du 5 juin 1698) que M. de Bonrepaux était le meilleur ami qu'il eût au monde.

5. Racine écrit ici *Sobieschi*.

6. Ici et à la fin de la phrase, Louis Racine a remplacé le mot *jésuite* par celui de *religieux*. L'édition de 1807 donne *jésuite*, mais omet *allemand;* Geoffroy est revenu au texte de Louis Racine.

XXXV

VIENNE[1].

Comme le roi de Pologne[2] fut monté à cheval pour aller secourir Vienne[3], la Reine[4] le regardoit en pleurant, et embrassant un jeune fils qu'elle avoit; le Roi lui dit : « Qu'avez-vous à pleurer, Madame? » Elle répondit : « Je pleure de ce que cet enfant n'est pas en état de vous suivre comme les autres. » Le Roi s'adressant au Nonce lui dit : « Mandez au Pape que vous m'avez vu à cheval, et que Vienne est secourue. »

Après la levée du siége, il a écrit au Pape : « Je suis venu, j'ai vu, et Dieu a vaincu. »

Il avoit mandé à l'Empereur, lorsqu'il étoit encore en chemin, qu'il n'y avoit qu'à ne point craindre les Turcs, et aller à eux.

J'ai ouï dire à Monsieur le Prince, aux premières nouvelles de ce siége, que si la tête n'avoit point entièrement tourné aux Allemands, le plus grand bonheur du monde pour l'Empereur étoit que les Turcs eussent assiégé Vienne.

La première nouvelle de la levée du siége a été que les Turcs avoient été battus. Le jour d'après, on a dit qu'ils s'étoient retirés.

Insolence[5] des bourgeois d'Anvers à leur feu d'arti-

---

1. Ce fragment est au feuillet 210. — Ce que Racine rapporte dans les deux premiers alinéas, se lit aussi, et presque dans les mêmes termes, dans le *Furetiriana*, p. 327.

2. Jean Sobieski, mort le 17 juin 1696. Voyez ci-dessus, p. 145, note 4.

3. En 1683. — 4. Voyez ci-dessus, p. 146, note 2.

5. Cet alinéa, que Louis Racine avait conservé à sa véritable place, a été mis à tort par M. Aimé-Martin à la fin du fragment.

fice. Ils ont représenté le Grand Turc, un prince d'Europe[1] et le diable, ligués tous trois, qu'on a fait sauter, disent-ils, en l'air, avec l'applaudissement de tous les spectateurs[2].

Les cardinaux ont envoyé à l'Empereur cent mille écus, les dames romaines autant, et le Pape deux fois autant.

Le Roi, dès qu'il eut nouvelle du siége levé, l'envoya dire au Nonce.

Le roi de Pologne joue presque tous les soirs à colin-maillard : on dit qu'on le fait jouer de peur qu'il ne s'endorme.

XXXVI

HOLLANDE[3].

Celui[4] qui contribua le plus à séparer la Hollande des intérêts de la France, en 1648, ce fut un député de Hollande à Munster, nommé Knut. La France lui avoit promis une pension de deux mille écus en 1635, et il n'en

---

1. Évidemment Louis XIV, qui espérant que l'Empire serait forcé de recourir à la France, s'efforça d'empêcher Sobieski de secourir Vienne. On publia à Cologne un pamphlet intitulé : *La cour de France turbanisée.*

2. Louis Racine a retranché les mots « avec l'applaudissement de tous les spectateurs. » — Ils ont été rétablis dans l'édition de 1807, avec la variante : « aux applaudissements; » et exactement dans celle de 1808.

3. Ce fragment appartient aux feuillets 213, 214 et 215, qui évidemment ne doivent pas être séparés. Il manque presque entièrement dans l'édition de 1807. Geoffroy et Aimé-Martin en ont donné tout ce qui appartient aux feuillets 213 et 214, mais du feuillet 215 le dernier paragraphe seulement, qui se trouve d'ailleurs dans toutes les éditions.

4. Racine a écrit en marge : « Siri, tome XI, p. 839. » Voyez *il Mercurio*, au tome et à la page qu'il indique.

toucha jamais que la première année. C'est ce qui l'irrita contre la France, dont il ruina les affaires autant qu'il put ; et il goûta, dit Siri, la vengeance la plus douce qu'un particulier puisse goûter, qui est de se venger d'un grand prince qui l'a offensé[1].

On manqua aussi de payer à la princesse d'Orange[2] quelques sommes promises à son mari, qui les lui avoit cédées ; et de là vint cette inimitié qu'elle eut toujours depuis contre la France.

La duchesse de Mantoue[3] en usa de même, parce qu'on ne lui paya plus sa pension.

Ces sortes de manquements de parole que les rois font à des particuliers leur sont quelquefois rendus avec de grosses usures[4].

Les[5] Hollandois n'ont aucune religion, et ne connoissent de dieu que leur intérêt. Leurs propres écrivains confessent que dans le Japon, où l'on punit des plus cruels supplices tout ce qu'on y trouve de chrétiens, il suffit de se dire Hollandois pour être en sûreté ; et lorsqu'ils ap-

1. *Niente di più appetitoso, e più ghiotto potendo gustare il palato di persona di privata conditione, che il boccone della vendetta contra un Potentato di cui si dia per offeso.* (SIRI, à l'endroit indiqué.)

2. Émilie de Solms, femme de Frédéric-Henri de Nassau, prince d'Orange. Nous avons déjà parlé d'elle plus haut, p. 97, note 3. — Mme de Motteville (*Mémoires*, tome II, p. 211, collection Petitot, 2e série, tome XXXVII) donne de son hostilité contre la France une explication peu différente de celle de Siri : « D'Estrades.... me dit que cette princesse ne s'étoit liée à l'Espagne que par dépit de ce que le cardinal Mazarin manqua de lui envoyer des pendants d'oreilles de diamant qu'il lui avoit fait espérer. »

3. Marie de Gonzague, fille de François de Gonzague, duc de Mantoue. En 1637, elle fut chargée de la tutelle de son fils Charles III duc de Mantoue.

4. *Ma questi scherzi, che i regnanti sovente fanno alle persone di privata conditione, ricadono tal una fiata in loro danno con usura centuplicata.* (*Il Mercurio*, tome XI, p. 840.)

5. Siri [*il Mercurio*], tome XIII, p. 345. (*Note de Racine.*)

prochoient des côtes de ce royaume, le premier soin de leurs capitaines de vaisseaux étoit de cacher jusqu'aux monnoies où la croix étoit empreinte.

La ville d'Amsterdam[1] étoit celle qui avoit le plus conspiré à faire un traité séparé avec l'Espagne, dans l'envie d'attirer à elle tout le commerce d'Espagne durant la guerre entre les deux couronnes, et d'en priver les marchands françois; et ce fut là le principal but des Hollandois.

Les priviléges dont les Hollandois jouissoient en France n'étoient fondés que sur les traités de confédération qu'ils avoient violés[2].

La haine qu'ils avoient contre les Portugais, et les hostilités mêmes qui s'exerçoient de part et d'autre dans le Brésil, n'avoient pu faire résoudre les états à rompre ouvertement avec le Portugal, pour n'être pas privés du commerce de ce royaume, qui auroit passé en d'autres mains. En ce temps-là même, c'est-à-dire[3] en 1648, ils apprirent la défaite entière de leurs troupes dans le Brésil[4]. Brasset[5], dans ce même temps, négocie à la Haye pour la paix entre le Portugal et les états. La compagnie des Indes, insolente dans la prospérité et basse dans l'adversité[6], demande la paix; mais les états croient qu'il y va de leur honneur.

La France avoit intérêt à cette paix dans le Brésil,

---

1. Tome XIII, p. 22. V. pages suivantes. (*Note de Racine.*) Cette indication se rapporte toujours à Siri, *il Mercurio*.

2. *Ibidem*, p. 23.

3. Le manuscrit, en cet endroit, comme en plusieurs autres, donne, au lieu de *c'est-à-dire*, son équivalent i., abréviation de *id est*.

4. *Il Mercurio*, tome XIII, p. 24.

5. Il était résident de France à la Haye. — Au mot *Brasset* commence le feuillet 214.

6. *Il Mercurio*, tome XIII, p. 27.

afin que les Portugais n'eussent plus d'ennemis que les Espagnols.

Les Hollandois, aussitôt après qu'ils eurent traité avec l'Espagne, envoyèrent des ministres dans les terres qui leur étoient cédées, et en firent chasser rigoureusement les ecclésiastiques[1], sans que les Espagnols osassent protéger le moins du monde les catholiques.

Brasset, après le traité des Hollandois avec l'Espagne, leur déclara, de la part de la Reine, qu'elle ne pouvoit plus observer le traité de marine fait avec eux en 1646, par lequel ils pouvoient porter sur leurs vaisseaux des blés et autres denrées aux Espagnols[2].

Ils auroient voulu que toute l'Europe fût en guerre lorsqu'ils se virent en paix avec l'Espagne; et quelques-uns d'entre eux n'osèrent accepter la commission de plénipotentiaires à Munster, de peur que si la paix générale venoit à se faire, ils n'en fussent blâmés par les états.

Le commandeur de Souvray vint en ce temps-là[3] à la Haye en qualité d'ambassadeur extraordinaire du grand maître de Malte, pour demander la restitution des commanderies usurpées par les Hollandois. Les états déclarèrent qu'ils ne reconnoissoient point le grand maître, et par conséquent qu'ils ne reconnoissoient point Souvray pour ambassadeur. Grand nombre de chevaliers vouloient qu'on s'emparât des vaisseaux hollandois qu'on trouveroit dans la Méditerranée. Mais les autres, plus modérés, furent d'avis de remettre à un autre temps à

---

1. *Il Mercurio*, tome XIII, p. 28.
2. *Ibidem*, p. 29 et 30.
3. 19 septembre 1648. (*Note de Racine*.) — Jacques de Souvray ou de Souvré, fils de Gilles de Souvré, marquis de Courtenvaux, maréchal de France. Il devint en 1667 grand prieur de France, et mourut le 22 mai 1670. Racine a oublié d'indiquer ici le *Mercure* de Siri (tome XIII, p. 197 et 198), d'où il a tiré cet alinéa.

prendre leur résolution, pour ne pas s'engager dans une guerre dont ils ne sortiroient pas quand ils voudroient.

Charnacé[1] fut le premier qui traita d'Altesse le capitaine général des Provinces Unies.

D'Avaux et la Thuillerie[2] étant à Venise ne donnèrent jamais l'Excellence aux ambassadeurs des états, quoiqu'ils leur donnassent la main chez eux.

Plaintes[3] des plénipotentiaires de France contre les demandes des Hollandois, qui vouloient qu'on les traitât de pair avec Venise. V. leur naissance et leur élévation[4].

Il[5] y a dans les traités de confédération une lettre du comte d'Estrade aux états, 17 février 1645, par laquelle il les assure que le Roi consent que leurs ambassadeurs soient traités comme ceux de Venise.

Les plénipotentiaires, dans le traité de 1644, ne vouloient point mettre « les *Seigneurs* états généraux. » Mais voyant qu'il en faudroit venir à une rupture, ils consentirent de le mettre en deux endroits, d'autant plus qu'il étoit dans le traité de 1634 et dans celui de 1610, où même ils sont qualifiés *hauts et puissants Seigneurs* dans une déclaration où le Roi parle. Dans d'autres traités, on dit : *Messieurs*. Il n'y avoit point *Seigneurs* en aucun endroit du traité de 1635.

---

1. Siri [*il Mercurio*], tome IV, p. 70. (*Note de Racine.*) — Hercule-Girard baron de Charnacé fut successivement ambassadeur en Suède, en Bavière et en Hollande. Il fut tué en 1637 au siége de Breda.

2. Ceci est également de Siri, tome IV, p. 70. — Claude de Mesmes, comte d'Avaux, et Gaspar Coignet de la Thuillerie avaient été envoyés tous deux à la Haye pour la négociation de la paix de Munster.

3. Racine renvoie ici à la page 78 du tome IV de Siri, qu'il a cité plus haut.

4. Racine a écrit à la marge devant cette dernière phrase : *Nota*.

5. Ici commence le feuillet 215.

Le droit de cinquante francs par tonneau, autrement appelé droit de fret, est un droit que tout vaisseau étranger paye au sortir des ports de France, soit qu'il sorte chargé ou à vide. On jauge le vaisseau et on voit combien de tonneaux il peut contenir. Chaque tonneau paye cinquante francs; et cela sans compter le droit que payent les marchandises. Car ce droit de fret, c'est le maître du vaisseau qui le paye.

Dikfeld[1] a avoué à un Danois, nommé M. Schell, que ce Grandval qui fut exécuté en Hollande, pour avoir voulu assassiner le prince d'Orange, avoit déclaré en mourant que jamais le roi de France n'avoit eu aucune connoissance de son dessein; et que s'étant même voulu adresser à M. de Louvois, celui-ci lui dit que si le Roi savoit qu'il eût une pareille pensée, il le feroit pendre.

1. Cet alinéa se trouve au verso du feuillet 215. C'est le seul de ce feuillet que Louis Racine et les éditeurs suivants aient donné. Geoffroy et Aimé-Martin l'ont intercalé parmi les *anecdotes*. — Racine a écrit en marge de l'alinéa : « Bonrep. », c'est-à-dire « Bonrepaux. » — Dickfeld ou Dickvelt était ambassadeur en France des états généraux des Provinces Unies. Macaulay (*History of England*, chapitre xix, tome VII, p. 97-101 de l'édition Tauchnitz) a parlé de ce complot de François Grandval, qui fut mis en jugement quelques jours après la bataille de Steinkerque (1692). L'historien anglais dit que le complot contre le roi Guillaume III avait été préparé en France, dans les bureaux de la guerre, que Louvois en avait ébauché le plan et l'avait légué à son fils et successeur Barbezieux; que le silence du gouvernement français et de la *Gazette de France* sur cette affaire est significatif. Les renseignements que Racine tenait de M. de Bonrepaux sont intéressants à comparer avec le récit de Macaulay.

XXXVII

PORTUGAL[1].

En 1500[2], les Portugais découvrirent le Brésil, distant de la Guinée environ quatre cent cinquante lieues. Peralverez Cabral, capitaine du roi de Portugal, en prit possession pour le Roi son maître, sept ans après la découverte du nouveau monde par Christophe Colomb. « Le[3] Pape, pour conserver la paix entre les couronnes de Castille et de Portugal, ordonna[4] que chacune jouiroit des terres qu'elle pourroit découvrir, en tirant une ligne d'un pôle à l'autre, qui les séparât des îles Açores et des îles du Cap-Vert, à la distance de cent lieues. »

Les Castillans se rendirent maîtres du Brésil lorsque le Portugal tomba sous la puissance de Philippe IIe, et tuèrent tout ce qui leur osa faire résistance.

Les Hollandois, vers l'an 1623, non contents de faire la guerre en Europe au roi d'Espagne, voulurent encore la lui faire dans le nouveau monde. Ils passèrent la ligne, et étant abordés au Brésil, s'emparèrent de Fernambouc, du Récif, du cap de Saint-Augustin, en un mot, de toute la côte, depuis Ciara jusqu'à la Baye[5] de

---

1. Ce fragment est aux feuillets 228, 229, 230, 231 et 232. Il n'est point chez Louis Racine ni dans l'édition de 1807.
2. Le 24 avril.
3. En marge de cette citation, Racine a écrit : « *Herrera*, tome I, p. 109. » L'édition qu'il cite est celle de la traduction de la Coste, dont voici le titre : *Histoire generale des voyages et conquestes des Castillans dans les isles et terre-ferme des Indes occidentales, traduite de l'espagnol d'Antoine d'Herrera, par N. de la Coste...*, à Paris, MDCLIX-MDCLXXI (3 volumes in-4°). La citation, malgré les guillemets qui sont dans le manuscrit, n'est pas textuelle.
4. Par une bulle de l'an 1493.
5. Dans le manuscrit l'orthographe de ce nom est tantôt *Baye*,

tous les Saints, qui demeura toujours aux Castillans. Cette conquête s'étoit faite aux dépens de quelques particuliers, et non point de l'État. Ces particuliers, voyant les grandes richesses qu'ils pouvoient tirer du Brésil, tant par le débit du sucre que par le débit du bois de Brésil[1], demandèrent aux états qu'il leur fût permis d'établir une compagnie, avec pouvoir de nommer des officiers de justice, guerre et marine, dans les Indes, pour trente ans; après quoi, tout ce pays qu'ils auroient conquis appartiendroit aux états, auxquels cependant la Compagnie prêteroit serment de fidélité. Cela fut approuvé; et ainsi fut établie la compagnie des Indes occidentales, en 1624. Elle composa un conseil de directeurs, au nombre de dix-neuf, entre lesquels ils mirent par honneur le prince d'Orange[2].

Cette compagnie ne tarda guère à étendre ses conquêtes, et ils s'emparèrent de toute la côte qui est depuis la capitainerie de Siara jusqu'à la Baye de tous les Saints, c'est-à-dire de plus de trois cents lieues de côtes. Ils établirent un conseil politique, qui résidoit au Récif, qui jugeoit souverainement de toutes les affaires. Ils exigeoient de grands tributs des Portugais, leurs vassaux, qui travailloient à faire le sucre, descendus de ces premiers Portugais qui découvrirent le Brésil; et de crainte qu'ils ne se révoltassent contre eux, ils leur ôtèrent toutes les armes à feu.

En[3] 1641, la Baye de tous les Saints suivit la révolu-

---

tantôt *Baihe*, ou encore *Bahie*. *Baie* en espagnol est *Bahia;* et ce nom de Baya est celui de la province où se trouve la Baie de tous les Saints (*Bahia de todos los Santos*).

1. Bois rouge propre à la teinture. Il était connu avant la découverte du Brésil, qui lui doit son nom.
2. Frédéric-Henri de Nassau. Voyez ci-dessus, p. 97, note 1.
3. Ici commence le feuillet 229.

tion de Portugal : les Castillans en furent chassés, et on y reconnut don Jean IVe. Le gouverneur fit part de ce changement aux Hollandois dans le Récif, avec promesse de bien vivre avec eux. Les Hollandois furent bien aises de la perte que les Castillans faisoient, et cette même année ils firent un traité de trêve pour dix ans avec les Portugais ; et la compagnie des Indes voulut que le Brésil fût compris dans ce traité. Dès qu'il fut signé, ils envoyèrent des vaisseaux dans le Brésil, qui au lieu d'aller droit au Récif, pour y faire publier la trêve, allèrent en Guinée, et se saisirent d'Angola[1], de Loanda, et de quelques autres places des Portugais. Ils crièrent contre cette mauvaise foi; et voyant qu'on ne leur en faisoit point de justice, ils résolurent de s'en venger à la première occasion.

Le vice-roi de la Baye de tous les Saints commença à faire des pratiques parmi ceux de sa nation qui étoient au Récif, à Fernambouc et aux autres places de la domination des Hollandois. Il gagna surtout Jean-Fernandez Viera, Portugais, qui, de simple garçon boucher, s'étant mis au service des Hollandois, s'étoit extrêmement enrichi, et qui avoit grand nombre d'esclaves sous lui, qu'il faisoit travailler au sucre, dans plusieurs ingénions[2] ou manufactures de sucre qui lui appartenoient. Cet homme, qui avoit beaucoup d'esprit, conspira avec ceux de sa nation pour secouer le joug des Hollandois. Ils gardèrent longtemps ce dessein sans en rien faire paroître. Au contraire, ils flattoient

1. Racine a mis à la marge la date de *Mai* 1642, et cette note : « Angola est une forteresse et une grande province sur la côte d'Afrique, par delà la ligne, un peu au delà de Congo. »

2. Le mot portugais *engenho* (répondant à l'espagnol *ingenio*) a, outre le sens moral : « faculté d'inventer, » celui de « machine, » et en particulier de « moulin à sucre. »

plus que jamais les Hollandois par leur extrême soumission, s'endettant exprès envers eux de grosses sommes, achetant cher toutes les choses que les Hollandois leur vendoient, comme les viandes et l'eau-de-vie. Enfin ils firent si bien, qu'ils persuadèrent aux Hollandois de leur donner des armes, qu'ils achetoient bien cher, pour se défendre, disoient-ils, contre les Tapoios et les Brasiliens, qui les haïssoient naturellement, parce qu'ils les avoient autrefois traités avec beaucoup de dureté. Les Hollandois se laissent endormir par leurs belles paroles, et surtout par les artifices de ce Viera, qui se rendoit fort nécessaire à la Compagnie par son intelligence dans le commerce, et par les grands services qu'il leur rendoit.

Enfin [1], toutes choses étant préparées, et les Portugais étant convenus du jour qu'ils devoient faire éclater leur conspiration, et assassiner les chefs du conseil, les Hollandois en eurent avis de plusieurs endroits, et envoyèrent des gardes pour arrêter Viera, qui s'étant sauvé dans les bois, amassa autour de lui grand nombre de Portugais, s'empara de quelques places qui n'étoient point en défense. Les Hollandois, qui ne s'attendoient point à cette révolte, et qui, au contraire, pour s'épargner de la dépense, avoient renvoyé en Hollande la meilleure partie de leurs garnisons, avec les officiers et le comte de Nassau, se trouvèrent fort embarrassés. Ils envoyèrent à la Baye, se plaindre au Vice-Roi de la révolte de ceux de sa nation. Le Vice-Roi, feignant de la désapprouver, envoya un grand vaisseau, chargé de deux cents hommes qui mirent pied à terre, et se joignirent aux révoltés. Le fort Saint-Augustin leur fut rendu pour de l'argent; ils prirent aussi Fernambouc, et il ne restoit

---

1. Ici commence le feuillet 230.

presque plus que le Récif, qu'ils assiégèrent. Les Hollandois, qui n'avoient que peu de vivres, envoyèrent porter ces tristes nouvelles à la Haye, et demander du secours.

Les états firent grand bruit, ne menaçant pas moins que d'exterminer le roi de Portugal. Le peuple de la Haye se voulut jeter sur l'ambassadeur de ce prince, et le prince d'Orange eut beaucoup de peine à le sauver de leurs mains. Les ministres de France voulurent s'entremettre d'accommodement, disant que les Hollandois et les Portugais ne devoient point rompre pour cela, mais imiter les François et les Anglois, qui ne laissoient pas d'être en bonne intelligence en Europe, quoiqu'ils fussent presque toujours aux mains à Terre-Neuve en Amérique.

Les Hollandois envoient une flotte au Brésil, au comcement de 1646, sous la conduite de Baucher, amiral de Zélande, qu'ils déclarèrent amiral des mers de Brésil et d'Angola. Cette flotte ne fit pas grand'chose, quoiqu'elle fût de cinquante-deux vaisseaux. La plupart de ceux qui étoient dessus périrent de chaud et de maladie sous la ligne, où ils furent retenus par un calme de six jours. Baucher, l'amiral, fut contremandé peu de temps après son arrivée; et les états, voyant que la Compagnie étoit désormais trop foible pour soutenir cette grande guerre, entreprirent eux-mêmes de la soutenir en leur nom et aux dépens du public.

Cependant[1] l'ambassadeur de Portugal tâchoit à la Haye, par ses négociations, de les amuser, et d'empêcher qu'une nouvelle flotte ne mît à la voile. Il faisoit plusieurs offres, qui toutes furent refusées. Cette guerre du Brésil fut une des principales raisons qui détermi-

---

1. Ici commence le feuillet 231.

nèrent les états à faire leur paix avec l'Espagne[1]. En effet, ils firent comprendre dans leur traité avec les Espagnols toutes les places que les Portugais avoient prises sur eux dans le Brésil, parmi les places qui appartenoient aux états.

La flotte partit; et les Hollandois assiégés dans le Récif, pour faire diversion, envoyèrent le colonel Scop s'emparer de Taparica, île à trois lieues de la Baye. Il s'y fortifia, et s'y défendit longtemps; mais enfin il fut obligé de l'abandonner, sur la fin de 1647, après y avoir perdu beaucoup de monde. La flotte portugaise arriva en ce même temps à la Baye. La flotte de Hollande, forte de trente-deux vaisseaux et de quatre mille soldats, arrive au Récif le 18 mars 1648. Après s'être rafraîchis un mois, les Hollandois se mettent en campagne, au nombre de six mille hommes. Les Portugais révoltés, commandés par Jean Viera et André Vidal, les attendent de pied ferme, quoiqu'ils ne fussent que deux mille hommes. Le combat se donne le 19e avril; les Portugais gagnent la bataille, avec un grand butin. Les Hollandois y perdent douze cents hommes; leur général Scop, autrement dit Sigismond, y est blessé d'un coup de mousquet à la cuisse. Les Portugais continuent à les tenir enfermés dans le Récif, étant maîtres de tous les forts qui étoient au-dessus et au-dessous. D'un autre côté, la flotte hollandoise, commandée par l'amiral Witten-Wittens, tenoit la flotte portugaise enfermée dans le port de la Baye; mais, vers le mois d'août, cette flotte trouve moyen de sortir à l'insu des Hollandois.

Sur la fin de la même année 1648, les Portugais reprennent Angola sur les Hollandois, le roi de Portugal feignant de désapprouver le gouverneur de la rivière de

---

[1]. Elle fut signée à Munster en janvier 1647.

Janeïro, dans le Brésil, qui a fait cette entreprise dans un temps où l'on négocioit un accommodement entre les deux nations pour les affaires du Brésil [1]; car quelque sujet de plainte que les Hollandois eussent contre les Portugais, ils ne pouvoient pourtant se résoudre à une guerre ouverte, tant ils avoient peur de perdre les avantages que leur rapportoit leur commerce avec ce royaume. Surtout la province de Hollande insistoit à ne point rompre avec le Portugal, et ne vouloit point qu'on exerçât d'hostilités dans les ports de ce royaume, mais seulement en pleine mer. Mais enfin, les affaires n'ayant pu s'accommoder, et la trêve de dix ans expirant l'onzième juin 1651, l'ambassadeur de Portugal s'en retourne, et on se prépare à la guerre des deux côtés.

Néanmoins [2] toute l'année 1652 et celle de 1653 se passent sans aucune hostilité en Europe, et sans aucune expédition considérable dans le Brésil. Enfin, au mois de janvier de 1654, François Beretto, qui commandoit les Portugais révoltés de Fernambouc, ayant reçu quelque petit renfort de la flotte de la compagnie de Lisbonne, qui vint mouiller auprès du Récif, attaque l'un après l'autre tous les forts qui étoient au devant du Récif, attaque enfin le Récif même, qui lui est rendu avec toutes les places que les Hollandois occupoient sur les côtes du Brésil; et ils s'en retournent en Hollande avec les meubles et les autres choses que les Portugais leur avoient permis d'emporter, par la capitulation du 16 janvier 1654.

---

1. Racine a mis ici cette note en marge : « Les Portugais gagnent encore une bataille en 1649, près de Fernambouc, où plus de deux mille Hollandois demeurent sur la place.

2. Le feuillet 232 commence ici.

XXXVIII

PORTUGAL[1].

V. un mémoire présenté au Roi de la part du roi de Portugal, en 1648, par un François qui servoit en Portugal.

L'état où étoit alors le Portugal est dépeint dans ce mémoire, et surtout le grand besoin qu'ils avoient d'un secours de cavalerie.

« Le roi de Portugal, depuis les cinq dernières années, a fait une distraction de cinq ou six mille chevaux, et de quinze ou vingt mille hommes de pied, que les Espagnols auroient envoyés contre la France, et qui ont été occupés sur les frontières de Portugal. »

« Il me souvient, dit celui qui présente le mémoire, qu'en 1638, lorsque j'apportai au feu roi Louis XIII la nouvelle de l'intention des Portugais, il me commanda d'envoyer un homme exprès, pour les assurer que s'ils vouloient s'aider eux-mêmes et faire roi le duc de Bragance, la France leur envoyeroit cinq cents cavaliers bien montés et tout armés, mille autres avec selles, brides, armes et pistolets, et dix ou douze mille fantassins. Sur cette parole, qui leur fut portée par Tillac, ils m'écrivirent, au commencement de novembre 1640, qu'ils étoient prêts à se déclarer, et qu'il étoit temps de faire souvenir le Roi de sa promesse. Je mis cette lettre

---

1. Ce fragment est distinct du précédent. Il est au feuillet 233. Il manque chez Louis Racine et dans l'édition de 1807. Racine a écrit en marge : « Siri, tome XII, p. 932. » Le mémoire mentionné à la ligne 1 est cité dans le tome du *Mercure* que Racine indique, de la page 932 à la page 935. Siri dit qu'il ignore le nom du sujet français qui le présenta.

à Ruel, entre les mains de M. des Noyers, sur les dix heures du soir. Des Noyers la fit voir au Cardinal duc, qui le lendemain, de grand matin, la porta au Roi à Saint-Germain, qui l'a toujours gardée depuis; et il commanda au Cardinal d'assurer les Portugais de toute sorte de secours, quand il devroit engager la moitié de son royaume. Les Portugais ne manquèrent pas de se déclarer au bout d'un mois, c'est-à-dire au commencement de décembre, etc.; et le Roi promit que jamais il ne feroit de traité avec les Espagnols que le Portugal n'y fût compris. »

Les Portugais, durant qu'on étoit assemblé à Munster, s'étoient bien gardés de presser les Espagnols avec toutes leurs forces, de peur qu'ils ne fissent leur traité avec la France, et qu'ils ne retombassent sur le Portugal.

XXXIX

Un[1] peu avant que la reine de Portugal[2] se séparât du Roi son mari, elle avoit oublié sous son chevet une

1. Ce fragment est au feuillet 234. Il manque, comme les précédents, chez Louis Racine et dans l'édition de 1807.
2. « Célèbre pour avoir répudié, détrôné et confiné son mari, et épousé son beau-frère. » (*Mémoires de Saint-Simon*, tome VI, p. 59.) Voyez aussi le chapitre x du *Siècle de Louis XIV* de Voltaire. Cette reine de Portugal était Marie-Élisabeth-Françoise d'Aumale, princesse de Savoie-Nemours, fille puînée de Charles-Amédée de Savoie-Nemours, et d'Élisabeth de Vendôme, fille du duc de Vendôme, bâtard de Henri IV. Mariée en 1666 au roi Alphonse VI, elle le fit déposer, en 1667, de concert avec son beau-frère don Pèdre, qu'elle obtint de la cour de Rome la permission d'épouser. Elle mourut en décembre 1683.

ET NOTES HISTORIQUES. 163

longue lettre du comte de Schomberg[1], où étoit tout le projet de la révolution qui se devoit faire. Elle se souvint de sa lettre à la messe, fit l'évanouie, et se fit reporter sur son lit, où elle retrouva sa lettre.

Toute l'affaire fut entreprise et conduite par le P. Lami, jésuite, son confesseur.

Un peu avant la séparation, elle avoit écrit à Mme de Vendôme[2] qu'elle étoit grosse[3]. Celle-ci en montra la lettre à l'ambassadeur de Savoie, afin qu'il fît part de la bonne nouvelle en son pays.

On fait en Portugal des comtes pour la vie, quelquefois pour deux races, quelquefois pour tous les aînés. M. de Schomberg a été fait comte[4] pour tous les aînés qui descendront de lui.

Trois François de Mello : le premier, celui qui perdit la bataille de Rocroy[5]; le second qui, en 1661, fit le mariage du roi d'Angleterre[6], et qui fut ensuite assas-

1. Le comte Frédéric-Armand de Schomberg (voyez ci-dessus, p. 94) avait en 1659 passé au service de Portugal, avec l'agrément de la cour de France. Il y demeura jusqu'en 1668, et remporta pendant ce temps des victoires signalées sur les Espagnols.
2. Françoise de Lorraine, duchesse de Mercœur, veuve alors de César de Vendôme, morte le 8 septembre 1669, âgée de soixante-dix-sept ans. Elle était la grand'mère maternelle de la reine de Portugal.
3. Racine le fait remarquer, à cause des motifs qu'elle allégua bientôt après pour obtenir l'annulation de son mariage.
4. En récompense de ses services, Alphonse VI le créa comte de Mertola.
5. Don Francisco de Mello, gouverneur des Pays-Bas catholiques après la mort du cardinal infant, avait remporté des avantages signalés en 1642. Il fut vaincu à Rocroi le 19 mai 1643.
6. Le roi d'Angleterre Charles II épousa le 31 mai 1662 l'infante de Portugal Catherine, sœur du roi Alphonse VI. Voyez dans la *Gazette extraordinaire* du 5 mai 1662 la *Paix conclue entre l'Angleterre et le Portugal*. Dans cet acte, daté de Lisbonne, le 26 février 1662, le roi Alphonse dit que la paix a été conclue avec l'Angle-

siné; le troisième, qui a été depuis en ambassade aussi en Angleterre. Ils n'étoient point parents : le premier, Portugais de grande maison ; les deux autres, de médiocre noblesse.

XL

C'est[1] dans le premier volume des *Memorie recondite*, p. 434[2], que Siri charge Frà Polo[3] de n'avoir pas été bon catholique.

J'ai relu avec attention cet endroit de son histoire. Sa narration m'a paru fort embarrassée ; et de tout ce qu'il dit, je ne vois pas qu'on puisse tirer aucune démonstration contre la pureté de la foi de F. Polo.

Siri dit deux choses qui semblent même se contredire.

L'une, que F. Polo, dans le cœur, étoit luthérien ;

---

terre *par l'heureuse négociation de Francisco Mello, comte de Ponte*, qu'il y a employé en qualité d'ambassadeur extraordinaire, et que le traité de mariage a été signé par le même ambassadeur à Whitehall le 23 juin 1661. — Dans les *Mémoires de Gramont*, chapitre VI, on nomme, parmi les Portugais qui accompagnèrent Catherine de Bragance en Angleterre, Francisco de Mello, frère de la comtesse de Panetra, dame d'atour de la nouvelle reine.

1. Ce fragment est au feuillet double 226 et 227.
2. En marge du passage indiqué ici, Siri a écrit : *Credenza di F. Paolo.*
3. Pierre Sarpi, qui prit dans l'ordre des Servites le nom de Frà Paolo, né à Venise le 14 août 1552, mort le 14 janvier 1623. Bossuet, dans son *Histoire des Variations* (livre VII), l'appelle « un protestant habillé en moine..., un protestant dans un froc, qui disoit la messe sans y croire, et qui demeuroit dans une Église dont le culte lui paroissoit une idolâtrie. » Si Racine était disposé à une opinion plus indulgente sur Frà Paolo, c'est peut-être parce que quelques-uns des sentiments de ce théologien sur la grâce et sur l'abus que le saint-siége faisait des censures ecclésiastiques se rencontraient jusqu'à un certain point avec ceux de Port-Royal.

l'autre, qu'il entretenoit commerce avec des huguenots de France[1].

Il avance le premier fait sur un simple ouï-dire. Il appuie le second sur des dépêches de M. Brulart, ambassadeur de France à Venise, qui sont dans la bibliothèque du Roi.

« Ces dépêches portent, dit Siri, que le nonce du Pape en France, ayant surpris des lettres de F. Polo à des huguenots, forma le dessein de le déférer à l'inquisition de Venise, afin qu'on lui fît son procès, et en même temps de donner avis de la chose au sénat, afin que la République connût de quel théologien elle se servoit; car F. Polo avoit la qualité de théologien de la République. Mais le Nonce ayant fait réflexion qu'étant ministre du Pape, le sénat n'auroit pas grand égard à son témoignage, il s'adressa à M. Brulart, pour le prier de se charger de la chose, et de se plaindre, tant au nom du Roi son maître que pour l'intérêt de la religion, des cabales que F. Polo faisoit avec les calvinistes de France. M. Brulart, connoissant à quel point la République étoit prévenue pour F. Polo, jugea à propos de ne point intenter cette accusation, qui au lieu de perdre F. Polo, ne serviroit qu'à rendre sa personne et son mérite plus recommandables en ce pays-là. Du reste, M. Brulart savoit, il y a longtemps, ce prétendu commerce, qui lui avoit été révélé en France par un lieutenant de Laval[2], nommé la Motte. » Siri ajoute que cet ambassadeur, en arrivant à Venise, eut la curiosité de connoître un homme si fameux, et voulut lui rendre visite; mais que F. Polo, qui étoit devenu fort circonspect, et se tenoit sur ses

1. *Memorie recondite*, tome I, p. 435.
2. Il était aussi intendant de Mme de la Trémoille : *Sign. della Motta luogotenente della Val, e intendente de gli affari di Madama della Tramoglia.* (*Memorie recondite*, tome I, p. 436.)

gardes, fit dire à l'ambassadeur qu'étant théologien de la République, il ne lui étoit pas permis d'avoir commerce avec les ministres des princes sans permission de ses supérieurs[1], c'est-à-dire du sénat; que l'ambassadeur sachant d'ailleurs que c'étoit un homme sans foi, sans religion, sans conscience, et qui ne croyoit pas l'immortalité de l'âme, ne se soucia pas trop de faire habitude avec lui; et que la chose en demeura là. Siri dit encore que l'ambassadeur avoit apporté à F. Polo des lettres de M. de Thou et de M. l'Échassier, avocat au Parlement[2], comme voulant insinuer que c'étoient des calvinistes; mais que F. Polo, qui se croyoit épié, ne leur fit point de réponse.

Tout cela, ce me semble, ne prouve pas grand'chose contre F. Polo. Il faudroit avoir rapporté quelques-unes de ces lettres[3] pour juger si elles étoient hérétiques. Un homme peut écrire à des huguenots sans être huguenot lui-même : d'autant plus que Siri, comme j'ai déjà remarqué, l'accuse d'avoir été de la confession d'Ausbourg. Siri auroit mieux fait, ou de bien prouver la chose, ou de ne pas noircir légèrement la mémoire d'un homme qui vaut infiniment mieux que lui, et qui peut-être avoit plus de religion que Siri même. Je ne sais si ce n'est pas même faire quelque tort à la religion de dire qu'un homme si généralement estimé des hommes n'a point eu de religion. Les impies peuvent abuser de cet exemple.

1. *Memorie recondite,* tome I, p. 437.
2. *Ibidem,* p. 436 et 437. — Au lieu de *l'Échassier* (ou *Leschassier*), Siri écrit *le Chassier.*
3. On dit que les autographes de ces lettres sont encore à Venise.

XLI

CARDINAUX[1].

M. le comte de Soissons[2] ne vouloit point aller voir le cardinal de Richelieu, parce que ce ministre, suivant l'usage de Rome, ne vouloit point donner chez lui la main aux princes du sang. Enfin le comte fut obligé d'y aller.

Henri IIIe, en haine du cardinal de Guise, ôta aux cardinaux la possession où ils étoient de précéder les princes du sang. (Siri, *Memorie recondite*, tome VIII, p. 207[3].)

M. le cardinal de Bouillon n'a point marié M. de Bourbon[4], parce qu'il prétendoit se mettre à table à dîner avec Messieurs les princes du sang. On envoya au plus vite quérir Monsieur l'évêque d'Orléans[5].

1. Ce fragment est au feuillet 196. Il a été omis tout entier par Louis Racine, par l'éditeur de 1807 et par Geoffroy. Aimé-Martin en a donné le dernier paragraphe.

2. Louis de Bourbon, comte de Soissons, petit-fils de Louis Ier prince de Condé. Il mourut le 6 juillet 1641 à la bataille de la Marfée.

3. Racine renvoie à cette page du tome VIII des *Memorie recondite* (*In Lione*, MDCLXXIX), non-seulement pour ce second paragraphe, mais aussi pour celui qui précède.

4. Louis III duc de Bourbon-Condé, mort le 4 mars 1710, avait épousé le 24 juillet 1685 Mademoiselle de Nantes. Voyez le *Mercure galant* du mois d'août 1685, p. 206-263, et la *Gazette* du 28 juillet de la même année ; il y est dit que ce fut l'évêque d'Orléans qui fit le 23 juillet la cérémonie des fiançailles, et le 24 celle des épousailles.

5. Pierre de Cambout de Coislin, alors premier aumônier du Roi, et évêque d'Orléans depuis 1666 jusqu'à sa mort, dont la date est le 5 février 1706. Il fut fait cardinal en 1695.

XLII

ROME [1].

Alexandre VIII n'étant encore que Monsignor Ottobon, et ayant grande envie d'être cardinal [2] sans qu'il lui en coutât rien, avoit un jardin près duquel la dona Olympia [3] venoit souvent. Il avoit à la cour de cette dame un ami, par le moyen duquel il obtint d'elle qu'elle viendroit un jour faire collation dans son jardin. Il l'attendit en effet avec une collation fort propre, et un très-beau buffet tout aux armes d'Olympia. Elle s'aperçut bientôt de la chose, et compta déjà que le buffet étoit à elle; car c'étoit la mode de lui envoyer des fleurs ou des fruits dans des bassins de vermeil doré, qui lui demeuroient aussi. Au sortir de chez Ottobon, l'ami commun dit à ce prélat qu'Olympia étoit charmée, et qu'elle avoit bien compris le dessein galant d'Ottobon. Celui-ci mena son ami dans son cabinet, et lui montra un très-beau fil de perles [4], en disant : « Ceci ira encore *avec la credenza,* » c'est-à-dire avec le buffet. Quinze jours après il y eut une

---

1. Ce fragment est au feuillet 225. Racine a écrit en marge : *Le Nonce*. Il paraît qu'il tenait du Nonce cette anecdote, ainsi que la suivante, qui est aussi assez gaie dans la bouche d'un nonce. Ce nonce est vraisemblablement Marc-Daniel Delfini, qui fut nonce en France de 1696 à 1700, et mourut le 5 août 1704; ou son prédécesseur Jean-Jacques Cavallerini, mort le 18 février 1699. Racine a écrit ce fragment sous le pontificat d'Innocent XII, comme on le voit par le second paragraphe.

2. Pierre Ottoboni fut promu au cardinalat le 19 février 1652 par le pape Innocent X, puis élevé à la papauté le 16 octobre 1689.

3. Dona Olympia Maidalchini-Pamphili, belle-sœur du pape Innocent X, morte en 1656. Gregorio Leti a écrit sa vie.

4. Un très-beau collier de perles enfilées. Voyez le *Dictionnaire* de M. Littré, au mot *Fil*.

promotion dans laquelle Ottobon fut nommé ; et il renvoya le fil de perles chez l'orfévre, avec la vaisselle, d'où il fit ôter les armes d'Olympia.

M.[1] Pignatelli, maintenant pape, au retour de sa nonciature de Pologne[2], n'étoit guère mieux instruit des affaires de ce pays-là que s'il n'eût jamais sorti de Rome. Un jour qu'on parloit du siége de Belgrade, le pape Innocent XI[3], qui avoit fort à cœur la guerre du Turc[4], dit à M. Pignatelli qu'il vînt l'après-dînée l'entretenir sur le siége et la situation de Belgrade. Le bon prélat, fort embarrassé, se confia à un capitaine suisse de la garde du Pape, qui avoit servi quelques années en Hongrie. Ce capitaine fit ce qu'il put pour lui faire comprendre la situation de cette place ; et lui ouvrant les deux doigts de la main, lui disoit : *Eccovi la Sava, ecco il Danubio;* et dans la fourche des deux doigts, *ecco Belgrada.* Pignatelli s'en alla à l'audience, tenant ses deux doigts ouverts, et répétant la leçon du Suisse[5] ; mais sur le point d'entrer, il oublia lequel de ses deux doigts étoit la Save

1. Racine a écrit en marge : *Le même nonce.* — Antonio Pignatelli fut élu pape le 12 juillet 1691, sous le nom d'Innocent XII. Il mourut le 7 septembre 1700.

2. Où il avait été envoyé par le pape Alexandre VII. Voyez les *Mémoires* de Coulanges, p. 280.

3. Dans le manuscrit, il y a « Innocent XI, » et non, comme l'ont imprimé Louis Racine et les éditeurs suivants, « Innocent X. » Le I a été ajouté après coup et n'est pas très-distinct. — Belgrade, assiégée en 1688 par l'électeur palatin Maximilien-Emmanuel II, fut prise d'assaut le 6 septembre de cette année. La tranchée avait été ouverte dans la nuit du 12 au 13 septembre. Les Turcs reprirent Belgrade le 8 octobre 1690 ; mais ce second siége de Belgrade est du temps du pontificat d'Alexandre VIII.

4. Il y a : *de Turc*, dans le manuscrit ; mais c'est évidemment un *lapsus*.

5. Dans le manuscrit, il y a : « de la Suisse. » La correction a été faite par Louis Racine, et adoptée par tous les éditeurs suivants. On pourrait cependant la contester.

ou le Danube, et revint au Suisse lui redemander la position de ces deux rivières. Du reste, homme de grande piété[1], et aimant l'Église.

XLIII

Le[2] Parlement complimenta par députés le roi Henri IV sur la mort de Mme Gabrielle. Le premier président de Harlay, rendant compte de sa députation, dit : *Laqueus contritus est, et nos liberati sumus*[3].

XLIV

Plusieurs choses extravagantes trouvées après la mort de Mezerai dans son inventaire, entre autres ce billet : « C'est ici le dernier argent que j'ai reçu du Roi; aussi, depuis ce temps-là, n'ai-je jamais dit de bien de lui[4]. »

1. Dans Louis Racine et dans l'édition de Geoffroy : « *pape* de grande piété. »
2. Ce fragment et les sept suivants ont été donnés par Louis Racine. On ne les trouve plus aujourd'hui dans les manuscrits autographes. Voyez ci-dessus, p. 68.
3. « Le lacs est rompu, et nous avons été délivrés. » (*Psaume* cxxiii, verset 7.)
4. Colbert lui avait ôté sa pension d'historiographe, à cause de la liberté avec laquelle il avait parlé des financiers dans son *Abrégé chronologique*, imprimé en 1668. (*Note de l'édition de 1807.*) — Cette note ne paraît pas tout à fait exacte. Colbert demanda des corrections à l'*Abrégé*, et ayant jugé insuffisantes celles que Mezerai avait faites, il lui retrancha la moitié de sa pension.

Dans un sac d'écus d'or il y avoit un écu d'or enveloppé seul dans un papier où étoit écrit : « Cet écu d'or est du bon roi Louis XII ; et je l'ai gardé pour louer une place d'où je puisse voir pendre le plus fameux financier de notre siècle. » On lui trouva plus de cinquante mille francs en argent derrière des livres et de tous côtés. Il fit un cabaretier de la Chapelle[1] son légataire universel.

XLV

M. Feuillet[2] regardoit Monsieur faire collation en carême. Monsieur, en sortant de table, lui montra un petit biscuit qu'il prit encore sur la table en disant : « Cela n'est pas rompre le jeûne, n'est-il pas vrai ? » Feuillet lui répondit : « Mangez un veau et soyez chrétien. »

XLVI

Le nonce Roberti[3] disoit : *Bisogna infarinarsi di teologia, e farsi*[4] *un fondo di politica*[5].

1. Village près Saint-Denis. Ce cabaretier se nommait Lefaucheux. (*Note de l'édition de* 1807.) — Dans la *Biographie universelle*, article Mezerai, ce cabaretier est appelé *Lefaucheur*.

2. Nicolas Feuillet, chanoine de Saint-Cloud, mort le 7 septembre 1693.

3. Roberti, archevêque de Tarse, nonce en France de 1664 à 1667.

4. Dans le texte de Louis Racine, il y a *far*, au lieu de *farsi*, que donnent Geoffroy et Aimé-Martin, sans doute d'après le manuscrit, qu'ils ont encore pu voir (voyez ci-après, p. 178, note 3).

5. « Il faut s'enfariner de théologie, et se faire un fonds de politique. » Le même mot, attribué également au nonce Roberti, que désigne l'initiale R, est dans le *Furetiriana*, p. 317.

Le même nonce disoit à M. l'abbé le Tellier, depuis archevêque de Reims[1], qui lui soutenoit l'autorité du concile au-dessus du Pape : « Ou n'ayez qu'un bénéfice, ou croyez à l'autorité du Pape[2]. »

XLVII

Monsieur l'archevêque de Reims répondit à l'évêque d'Autun[3], qui lui montroit un beau buffet d'argent en lui disant qu'il étoit pour les pauvres : « Vous pouviez leur en épargner la façon. »

Quand il fut coadjuteur, sous le titre de Naziance[4], les révérends pères ....[5] lui vinrent demander sa protection; il leur dit : « Je n'ai point de pouvoir à Reims; mais à Naziance, tant que vous voudrez. »

On dit qu'à Strasbourg, quand le Roi y fit son entrée[6], les députés des Suisses l'étant venus voir, l'archevêque de Reims, qui vit parmi eux l'évêque de Bâle, dit à son voisin : « C'est quelque misérable apparemment que cet évêque? — Comment! lui dit l'autre, il a cent mille

---

1. En 1671. Voyez ci-dessus, p. 146, note 3.

2. Geoffroy explique bien ce mot : « La pluralité des bénéfices, dit-il, interdite par les conciles, n'étoit tolérée en France qu'en vertu des dispenses du Pape. »

3. Gabriel de Roquette, évêque d'Autun de 1667 à 1702, mort en 1707.

4. En 1668, il fut fait coadjuteur de Langres, et quelques jours après coadjuteur de Reims, et consacré le 10 novembre de la même année par le cardinal Barberini, dans la chapelle de la Sorbonne, sous le titre d'archevêque de Nazianze. Voyez le *Gallia christiana*, tome IX, p. 163.

5. Ces points sont dans le texte de Louis Racine. Les noms étaient peut-être dans le manuscrit.

6. Le 23 octobre 1681.

livres de rentes. — Oh, oh! dit l'Archevêque, c'est donc un honnête homme! » Et il lui fit mille caresses.

XLVIII

Milord Roussel, qui a eu depuis peu le cou coupé à Londres[1], en montant à l'échafaud donna sa montre au ministre qui l'exhortoit à la mort : « Tenez, dit-il, voilà qui sert à marquer le temps; je vais compter par l'éternité. » Ce ministre étoit M. Burnet[2].

XLIX

PIERRE DE MARCA[3].

Il fut nourri de lait de chèvre les quatre premiers mois[4]. Il se maria, eut plusieurs enfants, et demeura

---

1. Lord William Russel fut décapité le 21 juillet 1683, dans sa quarante-quatrième année.
2. Gilbert Burnet, qui devint en 1689 évêque de Salisbury. Il mourut le 17 mars 1715.
3. Sur Pierre de Marca, voyez notre tome IV, p. 492-499, 522, 531 et 532. — En écrivant cette notice, Racine avait sous les yeux la *Vie de Pierre de Marca* qu'Étienne Baluze a placée en tête de l'édition in-folio qu'il a donnée en 1663 du *de Concordia Sacerdotii et Imperii*. Cette *Vie* a pour titre : ... *Epistola ad clarissimum et eruditissimum virum Samuelem Sorberium*. Elle est ainsi datée à la fin : *Lutetiæ Parisiorum, III. Idus Decembris, anno* MDCLXII. — Baluze, chanoine de Reims, mort le 28 juillet 1618, avait bien connu de Marca, qui l'avait associé à ses travaux.
4. Il était né, d'après Baluze, le 22 janvier 1594, à Gant en Béarn.

veuf en 1632. Il étoit alors conseiller au conseil de Pau ; et lorsqu'en 1640[1] Louis XIII. érigea ce conseil en parlement, il fit Marca président.

On disoit que le cardinal de Richelieu, dans le dessein de se faire patriarche en France, avoit fait faire par M. Dupuy[2] le livre des *Libertés de l'Église gallicane*. Il parut un livre intitulé *Optatus Gallus*[3], contre le livre de M. Dupuy. Marca répondit à ce livre par ordre du Cardinal, et ce fut le sujet qui lui fit faire son livre *de Concordia sacerdotii et imperii*[4], l'an 1641. La même année, le Roi le nomma à l'évêché de Conserans. On lui refusa assez longtemps ses bulles, à cause de ce livre, dont plusieurs endroits avoient choqué la cour de Rome. Après la mort d'Urbain VIII.[5], Innocent X. fit encore examiner ce livre, et apportoit bien des longueurs aux bulles de Marca, qui en ce temps-là même fit un écrit[6] pour expliquer son

---

1. Racine s'est trompé sur la date de l'érection du conseil de Pau en parlement. Cette érection eut lieu en 1620 (octobre). Baluze, qu'il n'a pas cette fois lu avec assez d'attention, donne à la page 5 la date de 1621. C'est également celle que donne le *Gallia christiana* (tome XIII, p. 67), pour la nomination de Pierre de Marca au parlement nouvellement institué à Pau.

2. Pierre Dupuy, mort le 14 décembre 1651, auteur des *Traitez des droits et libertez de l'Eglise gallicane*, avec les *Preuves des libertez de l'Eglise gallicane*, MDCXXXIX. 2 volumes in-folio, sans nom d'auteur et s. l.

3. *Optati Galli de Cavendo schismate, ad illustrissimos ac reverendissimos Ecclesiæ gallicanæ Primates, Archiepiscopos, Episcopos. Liber parœneticus*, MDCXL, in-8º, s. l. L'auteur de ce livre est Charles Hersent, d'après le P. Lelong.

4. *De Concordia sacerdotii et imperii, seu de libertatibus Ecclesiæ gallicanæ. Dissertationum libri quatuor. Auctore Petro de Marca. Parisiis*, MDCXLI. 1 volume in-4º.

5. Urbain VIII mourut le 29 juillet 1644.

6. Baluze (p. 8) parle ainsi de cet écrit : *Libellum Barcinone edidit anno 1641, XII. kalend. aprilis : Quo editionis librorum de Concordia Sacerdotii et Imperii consilium exponit, opus Apostolicæ Sedis*

ET NOTES HISTORIQUES. 175

dessein sur la publication du livre *de Concordia*, etc., le soumettre à l'autorité et à la censure du saint-siége, et prouver que les rois étoient les défenseurs, et non pas les auteurs des canons; que les libertés de l'Église gallicane consistoient dans la pratique des canons et des décrétales, et beaucoup d'autres choses peu avantageuses aux rois. Il envoya ce dernier livre à Innocent X., avec une lettre où il désavouoit beaucoup de choses qu'il avoit avancées dans le premier, demandoit pardon des fautes où il y étoit tombé, et déclaroit qu'à l'avenir il soutiendroit de toute sa force les droits de l'Église : tout cela, comme il l'avouoit lui-même dans une autre lettre[1], pour avoir ses bulles, qu'il eut en 1647. Il n'étoit que tonsuré; il se fit ordonner prêtre après avoir reçu ses bulles à Barcelone, où autrefois saint Paulin[2] fut ordonné prêtre, mais malgré lui.

Peu de temps après, il écrivit *de singulari Primatu Petri*[3], pour faire plaisir à Innocent X., ensuite une lettre de l'autorité des papes envers les conciles généraux.

En 1644, il avoit été fait visiteur général de la Catalogne, avec une jurisdiction sur les troupes, et avec le soin des finances. En 1651, il partit de Barcelone, et fit son entrée à Conserans. L'année d'après, il fut nommé à l'archevêché de Toulouse. Il écrivit fort humblement à

---

censuræ submittit, et Reges canonum custodes, non vero auctores, esse docet. Hic est enim libelli hujus titulus.

1. Au cardinal Panciroli. Voyez Baluze, p. 8.
2. Saint Paulin, évêque de Nole, né en 353 à Bordeaux, mort le 22 juin 431. Il fut ordonné prêtre à Barcelone en 393.
3. *Exercitationem Barcinone V. kalendas junii anno MC.D.XLVII scripsit de singulari Primatu Petri, quæ nondum edita est.* (BALUZE, p. 10.) Plus tard Baluze publia l'*Exercitatio de singulari Primatu Petri* aux pages 53-72 du livre intitulé : *Opuscula Petri de Marca archiepiscopi Parisiensis, nunc primum in lucem edita.* Paris, MDCLXXXI. 1 volume in-8º.

Innocent X. pour avoir ses bulles, et se comparoit à un Exupère[1], qui, ayant été, disoit-il, président en Espagne, fut élevé par Innocent Ier à l'évêché de Toulouse. Sur quoi Baluze[2] remarque que son Mécénas (car c'est ainsi qu'il appelle toujours Marca) fit un mensonge de dessein formé pour chatouiller les oreilles du Pape; car l'Exupère qui fut évêque de Toulouse n'étoit point l'Exupère qui exerça la magistrature en Espagne. Baluze rapporte qu'ayant appris qu'un auteur l'avoit accusé de s'être trompé sur ce fait d'histoire, il rioit de la simplicité de cet auteur, qui n'avoit pas pris garde qu'il s'agissoit d'avoir ses bulles, et qu'il falloit tromper le Pape, qui ne lui étoit pas d'ailleurs fort favorable.

Le Pape le soupçonnoit fort mal à propos d'être janséniste, et ne lui envoyoit point ses bulles; mais heureusement ce pape ayant publié alors sa constitution contre Jansénius[3], et Marca l'ayant reçue avec grande joie, on lui envoya ses bulles.

1. Saint Exupère, élevé au siége épiscopal de Toulouse au commencement du cinquième siècle, mort vers 417.

2. On pourrait soupçonner ici Racine de malice; il n'a cependant rien prêté à Baluze, qui s'exprime ainsi (p. 13 et 14): *Sciebat sane vir eruditissimus* (de Marca) *diversum ab Exuperio episcopo Tolosano fuisse Exuperium illum qui præsidatum in Hispaniis egit; quis enim ignorat? Verum quum argumentum esset accommodatissimum ad rem quam tractabat, sciretque præterea principum aures ita esse formatas ut nihil nisi jucundum lætumque accipere velint, vim aliquam inferre veritati non abnuit, ut pontificem alioqui difficilem ac morosum, sibi faventem ac propitium habere posset. Quod ideo retuli, ut eatur obviam scrupulosæ cujusdam scriptoris diligentiæ, qui in adversariis suis adnotavit lapsum heic esse Marcam : de quo admonitus a me vir optimus paucis ante obitum mensibus, risit hominis supinitatem, qui non animadverteret cujusmodi argumentum in ea epistola tractaretur.* — Le *Gallia christiana*, tome XIII, p. 68, cite le passage de la lettre de Pierre de Marca à Innocent X. où le nouvel archevêque de Toulouse rappelle le souvenir d'Exupère, président en Espagne.

3. Le 31 mai 1653. C'est la bulle *Cum occasione*.

En 1656, il fut député à l'assemblée du clergé, où il soutint si vigoureusement les intérêts du saint-siége, que le pape Alexandre VII l'en remercia par un bref. C'étoit lui qui écrivoit toutes les lettres du clergé au Pape.

Comme il avoit honte d'être si longtemps absent de son diocèse, pour lever son scrupule on le fit ministre d'État. Durant les conférences de la paix, il fut un des commissaires pour régler les limites des deux royaumes du côté des Pyrénées. Ses décisions furent suivies, c'est-à-dire que les comtés de Roussillon, de Conflans, le Capsir et le Val-de-Querol, avec une grande partie de la Cerdagne, demeurèrent à la France[1]. Après la mort du Cardinal, le Roi le mit de son conseil de conscience, avec l'archevêque d'Auch, l'évêque de Rhodez, et le P. Annat[2]. Peu de temps après, il fit un traité *de l'Infaillibilité du Pape*, qui est son dernier ouvrage.

Le 25 février 1662, la duchesse de Retz[3] apporta au Roi la démission du cardinal de Retz pour l'archevêché de Paris, qu'il avoit signée à Commercy le 13 février. Le jour même, le Roi appela Marca dans son cabinet, lui dit

1. Baluze, p. 21.
2. *Rebus ecclesiasticis.... tractandis admotus est Marca, cumque eo Illustrissimi Viri Henricus Lamotha Hodencurius Rhedonensis episcopus,... Harduinus Perefixa Rutenorum item episcopus, et R. P. Annatus, presbyter e Societate Jesu.* (Baluze, p. 22.) — Le prélat que Racine appelle *l'archevêque d'Auch*, Baluze l'appelle *l'évêque de Rennes*. Henri de la Mothe-Houdancourt, frère puîné du maréchal de la Mothe, fut d'abord évêque de Rennes, et ne monta sur le siége archiépiscopal d'Auch que le 1er juillet 1662. Il était nommé sans doute dès l'année précédente, Dominique de Vic, son prédécesseur, étant mort en 1661. — L'évêque de Rhodez était, comme le dit Baluze, Hardouin de Beaumont de Péréfixe, qui avait été nommé à ce siége en 1648, et qui succéda plus tard à M. de Marca comme archevêque de Paris.
3. Voyez Baluze, p. 22. — Catherine de Gondi, duchesse de Retz, belle-sœur du Cardinal, dont elle avait épousé en 1633 le frère aîné, Pierre de Gondi. Elle mourut le 30 septembre 1679.

qu'il le faisoit archevêque de Paris, et écrivit lui-même au Pape pour avoir ses bulles. Il tomba malade le 10 mai suivant, reçut le 12 juin des lettres de Rome, qui l'assuroient de sa translation à l'archevêché de Paris, en témoigna une grande joie, et mourut le 29 juin[1], laissant un fils qui avoit sa charge de premier président et l'abbaye de Saint-Aubin d'Angers. Marca mourut à soixante-deux ans[2], et fut enterré dans le chœur de Notre-Dame, au-dessous du trône archiépiscopal.

L

Prédictions[3] de CAMPANELLA *sur la grandeur future*

1. Dans le texte de Louis Racine, il y a 28 *juillet*, au lieu de 29 *juin*. Nous ne savons si cette erreur se trouvait dans le manuscrit. La date donnée par Baluze, par le *Gallia christiana* et par la *Gazette* du 1er juillet 1662 est le 29 juin.

2. Il mourut dans sa soixante-neuvième année : *Decessit Marca ad III. kalendas julii, quæ dies D. Petro Apostolo sacra erat,... nono et sexagesimo ætatis anno nondum exacto.* (Baluze, p. 26.) — Les trois erreurs de chiffres qui se sont glissées dans ce fragment ne peuvent être que des inadvertances, puisque, dans tous les détails, Racine a pris pour guide Baluze, qui ne les a pas faites. La première (voyez ci-dessus, p. 174, note 1) est d'ailleurs la seule qu'on ne puisse attribuer à une copie inexacte du manuscrit de notre auteur.

3. Les pages auxquelles le lecteur est renvoyé dans le titre de ce fragment n'étant pas indiquées dans le texte de Louis Racine, comme elles le sont dans celui de Geoffroy et d'Aimé-Martin, on voit que ces derniers éditeurs, tout au moins le plus ancien, avaient encore l'autographe sous les yeux. L'ouvrage de Campanella, que cite Racine, a pour titre : *Ecloga in portentosam nativitatem Delphini Galliæ*, Paris, 1639, pièce in-4°. Mais c'est dans les *Lettres* de Grotius que Racine a trouvé la prédiction de Campanella, aussi bien que celle de Grotius; et les pages qu'il indique sont celles du livre intitulé: *Hugonis Grotii.... Epistolæ quotquot reperiri potuerunt.... Amstelodami*, MDCLXXXVII, 1 volume in-folio.

du Dauphin, p. 489¹. *Présages sur la même chose*, Grotius, p. 485².

La constellation du Dauphin composée de neuf étoiles (les neuf Muses, comme l'entendent les astrologues), environnée de l'Aigle, grand génie; du Pégase, puissant en cavalerie; du Sagittaire, infanterie; de l'Aquarius, puissance maritime; du Cygne, poëtes, historiens, orateurs, qui le chanteront. Le Dauphin touche l'équateur, justice. Né le dimanche, jour du Soleil. *Ad solis instar, beaturus suo calore ac lumine Galliam Galliæque amicos. Jam*³ *nonam nutricem sugit; aufugiunt omnes quod mammas earum male tractet*⁴. 1ᵉʳ janvier 1639.

1. Aux pages 488 et 489 du livre cité dans la note précédente, est une lettre de Grotius au chancelier Oxenstiern (*lettre* 1085, datée de Paris, le 18 décembre 1638), où se lit, à la page 489, cette phrase : *Mitto etiam Campanellæ, ex astris et aliunde divinandi artem sibi vindicantis, pro Delphino auguria*.

2. A cette page est une lettre de Grotius à Christine, reine de Suède (*lettre* 1079, datée de Paris le 5 décembre 1638). On y trouve tout ce qui est analysé en français et cité en latin par Racine, à l'exception de la dernière phrase. — Grotius s'était rendu le 4 décembre chez le Roi et chez la Reine pour les complimenter de la part de la reine de Suède sur la naissance du Dauphin, depuis Louis XIV. Il récita une partie de sa prédiction chez le Roi, une partie chez la Reine.

3. Ceci, depuis les mots : *Jam nonam,* n'est pas dans la lettre à la reine Christine, mais dans une lettre au chancelier Oxenstiern (*lettre* 1090, p. 490). Cette lettre est datée *Calendis januarii anni novi, ut hic numeramus*, 1639 : ce qui explique la date du 1ᵉʳ *janvier* 1639 donnée par Racine.

4. « Destiné comme le soleil à répandre sur la France et sur les amis de la France les bienfaits de sa chaleur et de sa lumière. — Déjà il tette sa neuvième nourrice ; toutes s'enfuient, parce qu'il maltraite leurs mamelles. »

LI

1665[1].

Comète[2]. *Janvier.*

Réforme de l'ordre de Saint-Michel[3]. *Janvier.*

Établissements pour le commerce et pour les arts[4], et expéditions du duc de Beaufort en Barbarie, la première en avril, sous la Goulette, et la seconde, qui est la plus considérable, devant Sanselle, en septembre[5].

Canonisation de saint François de Sales[6] et les affaires du Formulaire[7]. *Avril, mai.*

Grands jours d'Auvergne[8]. *Septembre.*

Fixation des charges[9]. *Décembre.*

---

1. Les tablettes chronologiques que nous donnons ici méritent encore moins que les notes précédentes le nom de fragments historiques. C'est pourquoi nous les avons rejetées à la fin et imprimées en petit texte. Celle par laquelle nous commençons, et qui se rapporte à l'année 1665, se trouve au feuillet 174.

2. Voyez la *Gazette* du 17 janvier 1665.

3. Voyez, dans la même *Gazette*, l'*Extraordinaire* du 13 février (p. 137), contenant ce qui s'est passé au rétablissement de l'ordre de Saint-Michel.

4. Voyage du cavalier Bernin depuis juin jusqu'en octobre. (*Note de Racine*, à la marge.) — Le cavalier Bernin avait été présenté au Roi le 4 juin par Colbert. Il quitta Paris le 20 octobre pour retourner à Rome. Voyez la *Gazette* du 13 juin et du 24 octobre 1665.

5. Sur l'expédition du duc de Beaufort en avril, voyez la *Gazette* du 19 juin 1665, p. 585. Voyez aussi dans la *Gazette* du 16 septembre 1665, p. 901, *Le combat donné entre les vaisseaux du Roy, commandez par le duc de Beaufort, et ceux des corsaires d'Afrique, sous la forteresse de Serselles* (Cherchell) *près d'Alger, le 24 août* 1665. — Cette ville que Racine appelle *Sanselles*, et la *Gazette Serselles*, cette même *Gazette*, dans son numéro du 13 octobre 1682, p. 668, l'appelle *Sarselli*, et dit qu'elle est située à trente milles d'Alger, du côté du couchant.

6. Voyez le récit des solennités de cette canonisation dans la *Gazette* du 22 mai 1665, p. 485.

7. Voyez la *Gazette* du 2 mai 1665.

8. L'ouverture des grands jours se fit le 26 septembre à Clermont. Voyez la *Gazette* du 17 octobre 1665.

9. Le 22 décembre, le Roi tint un lit de justice. « Le greffier en chef fit lecture de quelques édits par l'un desquels le Roi accorde le droit annuel pour trois années au Parlement, à la chambre des comptes, au grand conseil, à la cour des aides et à la cour des monnoies, et fixe le prix des charges de ces cinq cours souveraines. » (*Gazette* du 26 décembre 1665.)

Bussy mis à la Bastille[1]. *Avril.*
Guerre déclarée par les Anglois à la Hollande[2]. *Mars.*
Envoi de Verneuil et Courtin à Londres[3]. *Avril.*
Bataille navale[4]. 13 *juin.*
Attaque devant Bergue[5]. *Août.*
Peste en Angleterre[6].
Mariage de Mlle de Nemours avec le duc de Savoie[7]. *Mai.*
Propositions de mariage de Mlle d'Aumale[8].
Bataille de Montesclaros[9]. 9 *juin.*
Mort de l'archiduc d'Inspruk[10]. 24 *juin.*
Mort du roi d'Espagne[11]. 17 *septembre.*
Différend et accommodement des princes de Lunebourg[12]. *Août.*

1. Le 17 avril. Il y resta jusqu'au 16 mai 1666.
2. La déclaration, donnée à Londres le 4 mars 1665, se trouve dans l'*Extraordinaire* de la *Gazette* du 3 avril, p. 307-311.
3. Le duc de Verneuil et Courtin, maître des requêtes, prirent congé du Roi dans la seconde semaine d'avril, et firent le 10 mai leur entrée à Londres, comme ambassadeurs extraordinaires de Sa Majesté. Voyez la *Gazette* du 11 avril et du 30 mai 1665.
4. Voyez la *Gazette* du 3 juillet 1665, p. 625. — Cette bataille navale entre la flotte anglaise, commandée par le duc d'York, et la flotte hollandaise, commandée par l'amiral d'Obdam, eut lieu sur la côte de Suffolk. L'Angleterre eut la victoire.
5. Voyez dans la *Gazette* du 11 septembre 1665, p. 877, *Ce qui s'est passé à Bergue en Nortwege entre les vaisseaux anglois et ceux des Hollandois.... le tout en une lettre de la Haye.*
6. Elle fut si violente, qu'en moins d'un an elle enleva à Londres cent mille habitants. Le roi Charles II convoqua le Parlement à Oxford (10 octobre 1665).
7. Voyez la *Gazette* du 16 mai et celle du 23 mai 1665. — Charles-Emmanuel II épousa au mois de mai 1665 Marie-Jeanne-Baptiste de Nemours, fille aînée de Charles-Amédée duc de Nemours et d'Élisabeth de Vendôme.
8. Mlle d'Aumale était sœur puînée de Mlle de Nemours. Elle épousa au mois de mars de l'année suivante le roi de Portugal Alphonse VI. Voyez ci-dessus, p. 162, note 2.
9. Voyez la *Gazette* du 18 juillet 1665. — Dans cette bataille de Montes-Claros ou de Villaviciosa, livrée entre les Portugais et les Espagnols, ceux-ci furent entièrement défaits, grâce surtout à la valeur des Français et des Anglais et à l'habileté du comte de Schomberg.
10. Le prince François-Sigismond.
11. Philippe IV.
12. Georges-Guillaume duc de Brunswick-Lunebourg et son frère Jean-Frédéric furent longtemps en différend au sujet de la succession de leur père, le duc Georges, et de leur frère aîné, le duc Christian-Louis. Ils s'accommodèrent enfin dans l'assemblée tenue à Hildesheim entre leurs députés et ceux des médiateurs. L'aîné eut Zell pour son partage, et l'autre Hanovre. Voyez la *Gazette* du 19 septembre et celle du 3 octobre 1665.

Guerre de l'évêque de Munster contre les Hollandois[1]. *Septembre.*
Envoi de Pradelle[2]. *Novembre.*
Prise de Lokem[3]. *Décembre.*

LII

1672[4].

Juin 11. Passage du Rhin[5].
13. Le prince d'Orange abandonne l'Issel. Le Roi revient camper à Emmerick, et donne au vicomte de Turenne le commandement de l'armée du prince de Condé. Le vicomte de Turenne se saisit du pont que les ennemis avoient sous le fort. Prise de bagages.
15. Arnheim capitule. Knotzembourg attaqué.
16. Knotzembourg rendu.
19. Prise du fort de Skinc (2000 hommes de garnison), par le vicomte de Turenne.
Députés d'Utrecht viennent au camp devant Skinc demander un passe-port.
20. Rochefort[6] détaché avec 3000 chevaux.
21. Députés d'Utrecht envoyés au Roi, qui les reçoit devant Doesbourg. Witt attaqué par deux bourgeois et blessé. Le Roi

1. Voyez la *Gazette* du 10 octobre 1665.
2. Louis XIV envoya au secours des Hollandais attaqués par l'évêque de Munster un corps de quatre mille hommes de pied et de deux mille chevaux, sous le commandement du marquis de Pradel.
3. L'évêque de Munster avait fortifié la ville de Lochem. Les troupes de Hollande, jointes à celles de France, arrivèrent le 9 décembre devant cette bicoque mal défendue, qui se rendit le 14 décembre. Voyez la *Gazette* du 26 décembre 1665.
4. Cette tablette chronologique de l'année 1672 est au feuillet 167, écrite sur deux colonnes; on n'y reconnaît pas, comme dans les précédentes et dans les suivantes, l'écriture de Racine. Nous ne l'avons cependant pas retranchée, parce qu'elle avait été conservée parmi ses papiers, et qu'en tournant la page dans l'autre sens, on y trouve de sa main : *Espagne, Italie, France, Allemagne, Pologne.* Il est très-probable qu'il avait fait dresser ce tableau sous ses yeux.
5. La vraie date est le 12 juin.
6. Le marquis de Rochefort, lieutenant général et capitaine des gardes du corps.

apprend la nouvelle de la naissance du Dauphin. Prise de Doesbourg.

22. Le Roi reçoit la nouvelle de la prise de Deventer, de Zwol, Campen, Elbourg, Ardervick, Hattem, Hasselt, et Ommen. Trompette[1].

23. Vorn, Saint-André, à trois cents chevaux du vicomte de Turenne[2].

24. Le Roi envoie un renfort à Monsieur qui assiégeoit Zutphen. Il apprend du marquis de Rochefort que les habitants d'Utrecht lui avoient livré deux de leurs portes. L'évêque de Strasbourg arrive au camp.

25. L'évêque de Munster arrive au camp. Le Roi reçoit nouvelles de la prise de Zutphen. Prise de Zutphen[3].

27. Le Roi va de Biloin[4] à Ameronge.

Juillet 3. Le vicomte de Turenne commence à assiéger Nimègue. Élection du prince d'Orange à la charge de général. Monsieur à Utrecht.

4. Prise de Gennep par le comte de Chamilli, et de Grave par le chevalier du Plessis[5]. Infanterie de Bolduc[6] défaite[7].

7. Le Roi donne audience au sieur d'Arlington[8].

1. Ce qui peut sembler un peu obscur ici est expliqué par ce passage de la *Gazette* de l'année 1672, p. 666 : « Le 22 (*juin* 1672), Elle (*Sa Majesté*) eut avis de la prise de *Deventer*..., et que *Zwol, Kampen, Elbourg, Ardervick, Hattem, Hasselt* et *Ommen* avoient, sur la simple sommation d'un trompette, chassé leurs garnisons. » Sur la situation de toutes ces places, voyez la même *Gazette*, p. 678 et suivantes.

2. « Le 23, on la vint aussi informer de la prise du fort de Woorn et de celui de Saint-André, qui sont les clefs de l'île de Bommel : ces deux postes s'étant rendus seulement à la vue de trois cents chevaux que le vicomte de Turenne y avoit envoyés avec le sieur d'Apremont. » (*Ibidem*, p. 666.) — La même *Gazette*, p. 657, parlant du fort Saint-André, dit : « C'est une forteresse.... que l'amirante d'Aragon fit bâtir dans le plus étroit de ladite île (*de Bommel*), et que le cardinal André, d'Autriche, lieutenant général des armées d'Espagne, fit ainsi appeler de son nom. »

3. Zutphen s'était rendu à Monsieur le 22 juin.

4. « Du camp de Biloin, entre Doesbourg et Arnhem, le 28 *juin* 1672. Hier, Sa Majesté partit de ce lieu.... pour aller camper à Ameronge. » (*Gazette* du 9 juillet 1672.)

5. Du Plessis-Praslin.

6. *Bolduc*, ou *Bos-le-Duc*, ou *Bois-le-Duc*.

7. Par le marquis de Joyeuse. — Sur tous ces événements, voyez dans la *Gazette* du 19 juillet 1672, p. 709-720, *Le siége et la prise de Nimègue, avec celle de la ville et du fort de Grave, de Genep et de quelques autres postes.*

8. Henry Bennet lord Arlington. Buckingham avait été envoyé avec lui

9. Réduction de Nimègue. Siége de Coverden.
10. Le Roi décampe de Zeist¹ et revient à Ameronge.
12. Coverden rendu².
19. Crèvecœur rendú après deux jours de tranchée. Bommel assiégé, et pris en deux jours.
25. Le prince de Neubourg vient voir le Roi à son camp de Boxtel³.
Août 1. Prise du fort de Kronembourg⁴.

LIII

1679⁵.

En Angleterre, disgrâce du Trésorier⁶.
Traité de paix entre la France et l'Empereur. 5 *février*.

pour négocier avec Louis XIV. Ils étaient tous deux ministres de Charles II, et membres de la *Cabale*.
1. Près d'Utrecht.
2. A l'évêque de Munster. Voyez la *Gazette* du 30 juillet 1672.
3. Sur la rivière de Dommel.— « *Du camp de Boxtel, le 28 juillet* 1672.... Le 25, le duc de Neubourg, avec le prince son fils, vint saluer le Roi.... » (*Gazette* du 6 août 1672.)
4. « *D'Utrecht, le 4 août* 1672.... Le premier de ce mois, sur le soir, on fit ici un détachement de sept soldats par compagnie, dont on forma un gros de trois à quatre mille hommes, qui furent embarqués pour aller sur le chemin d'Amsterdam s'emparer de deux petits châteaux, où il y avoit garnison hollandoise, et d'un autre sur la route de Wesep, nommé *Cronembourg*, que les François avoient ci-devant abandonné, et dans lequel il y avoit trois cents hommes, qui sont demeurés prisonniers de guerre. Le prince Maurice, qui est à Muyden et près de Wesep, avec quatre à cinq mille hommes, se mit en devoir d'aller au secours de ce fort...; il abandonna sa belle entreprise. » (*Gazette* du 13 août 1672.)
5. Ces notes chronologiques de 1679, 1680, 1681 et 1682 sont écrites au feuillet 186 *bis*.
6. Sir Thomas Osborn, comte de Danby, grand trésorier. Lord Montaigu, ambassadeur en France, fit communiquer à la chambre des communes une lettre que Danby lui avait écrite, pendant la négociation de la paix de Nimègue, pour le charger de solliciter du roi de France, au nom de Charles II, un subside en argent. Les communes dressèrent contre le grand trésorier un acte de haute trahison.

Et de l'Empereur avec la Suède.

Traité de paix entre la France, la Suède et la maison de Brunswic. 5 *février*.

Traité de paix entre la France et l'évêque de Munster et de Paderborn. 29 *mars*.

Pendant avril, suspension entre la France, Suède et Danemarck et Brandebourg, et continuée pendant mai.

Sur la fin de juin, Créqui passe le Veser et défait le général Span[1].

Traité de paix entre la France, la Suède et l'électeur de Brandebourg, conclu et signé à Saint-Germain-en-Laye. 29 *juin*.

Traité de paix entre la France, la Suède et le Danemarck. Fait à Fontainebleau. 2 *septembre*.

Autre traité entre la Suède et le Danemarck, à Lunden en Scanie. 26 *septembre*.

Mariage du roi d'Espagne[2]. 30 *août*.

Chambre des poisons sur la fin de l'année[3].

Mort de Mme de Longueville[4]. 15 *avril*.

— du cardinal de Rets[5]. 24 *août*.

— de l'évêque de Beauvais[6]. 21 *juillet*.

1. Ce fut le 30 juin que le maréchal de Créqui força, près de Minden, le passage du Weser, et défit le major général comte Spaen. Voyez la *Gazette* du 15 juillet 1679.

2. Le contrat de mariage de Charles II, roi d'Espagne, avec Marie-Louise d'Orléans, fille de Monsieur et de Henriette d'Angleterre, fut signé à Fontainebleau le 30 août 1679, et l'on fit ce jour-là la cérémonie des fiançailles. La cérémonie du mariage fut célébrée le lendemain 31, dans la chapelle du château. Voyez la *Gazette* du 12 septembre 1679.

3. Ce fut en 1679 que le Roi attribua la connaissance exclusive du crime de poison à la chambre de l'Arsenal. Cette chambre ne fut installée qu'au mois de janvier 1680, pour l'affaire des poisons à laquelle donnèrent lieu les révélations de la Voisin.

4. « Le quinzième de ce mois, Anne-Geneviève de Bourbon, duchesse de Longueville, mourut ici (*à Paris*), après une longue maladie. » (*Gazette* du 22 avril 1679.)

5. « Le vingt-quatrième, Jean-François-Paul de Gondi, cardinal de Retz.... mourut ici (*à Paris*), âgé de soixante-six ans. » (*Gazette* du 26 août 1679.)

6. « Messire Nicolas-Choart de Busanval, évêque et comte de Beauvais, pair de France, est mort le vingt-unième de ce mois. » (*Gazette* du 29 juillet 1679.)

1680.

Mariage du prince de Conty[1]. 15 *janvier*.
Charlemont cédé à la France sur la fin de février[2].
Troisième bref du Pape sur la régale[3]. Il est daté du 28 décembre 1679.
Inondation à Maslipatan[4].
Pompone se retire; Croissy en sa place[5].
Mariage de Monseigneur[6]. 7 *mars*.
Réunions en Alsace et dans le bas Palatinat[7].
Prétendue conspiration des catholiques en Angleterre[8].

1. Louis-Armand de Bourbon, prince de Conti, fils aîné d'Armand de Bourbon, prince de Conti, frère du grand Condé, épousa Anne-Marie de Bourbon, dite *Mademoiselle de Blois*. Le contrat fut signé le 15 janvier 1680, à Saint-Germain, dans la chambre du Roi, et la cérémonie des fiançailles fut faite le même jour. Voyez la *Gazette* du 20 janvier 1680.

2. « *De Charlemont, le 27 février* 1680. Le comte de Montbron, lieutenant général de Flandre et gouverneur de Tournay, vient d'entrer ici avec les troupes du Roi, et a pris possession de la place, conformément au traité de Nimègue. » (*Gazette* du 2 mars 1680.)

3. Les deux premiers brefs du pape Innocent XI sur la régale étaient des mois de mars et de septembre 1678. Le *Mercure hollandois* de l'an 1680 donne aux pages 115-122 le texte du bref du 28 décembre 1679.

4. Ceci a été ajouté après coup, à la droite de la page, en dehors des autres lignes; de même que plus loin : « Mariage du grand-duc. *Juillet;* » et « Mort de Montecuculli. 16 *octobre* » (voyez ci-après, p. 187, note 4). — Maslipatan (*Masulipatam*) est une ville de l'Inde, sur la côte de Coromandel, sur la rivière Krichna. La compagnie française des Indes orientales, constituée en 1664, y avait établi un comptoir. La *Gazette* du 18 octobre 1681, p. 634, parle de l'inondation de Masulipatam sous la rubrique de *Golconda, le premier août* 1680 : « Les grandes eaux ont ruiné à Masulipatan toutes les maisons qui n'étoient pas de pierre. Celles des Anglois et des Hollandois ont été fort endommagées, et la plupart des marchandises ont été perdues. »

5. Pompone avait eu ordre de se défaire de sa charge le 18 novembre 1679. On lit dans la *Gazette* du 25 novembre de cette même année : « Le Roi a donné au sieur Colbert, président au mortier, la charge de secrétaire d'État, vacante par la démission du sieur de Pompone. » Colbert (Croissy) était alors en Bavière, pour y négocier le mariage du Dauphin, et ne prit possession de sa nouvelle charge qu'en 1680. C'est pour cela sans doute que Racine a placé son élévation au ministère à cette date.

6. Avec Marie-Anne-Victoire de Bavière, sœur de l'électeur de Bavière. Voyez la *Gazette* du 16 mars 1680.

7. Elles furent ordonnées par des arrêts du parlement de Besançon, de celui de Brisach, et de la chambre de Metz.

8. Le prétendu complot papiste avait été dénoncé par Titus Oates dès l'an-

Voyage du Roi en Flandres. Il part le 13 juillet [1].
Mort de l'évêque de Pamiers [2]. 7 *août*.
Mariage du grand-duc [3]. *Juillet.*
Mort de Montecuculli [4]. 17 *octobre.*
Mariage du roi de Suède [5]. 16 *mai.*
Prince de Parme envoyé aux Pays-Bas [6].
Mort du duc de la Rochefoucauld et de Foucquet [7].
Mort de l'Électeur palatin [8]. 7 *septembre.*

née 1678. Les communes en 1680 reprirent le procès contre les lords catholiques, prisonniers à la Tour. Le supplice du comte de Stafford est noté ci-après, p. 188.

1. Voyez dans la *Gazette* du 7 août 1680, p. 389, le *Journal du voyage du Roi.*
2. « Messire François-Étienne de Caulet, évêque de Pamiez, est mort en son évêché, le 7 de ce mois. » (*Gazette* du 24 août 1680.)
3. La *Gazette* du 21 septembre 1680, sous la rubrique de *Moscow, le 27 juillet* 1680, place au 14 juillet de cette année les cérémonies du mariage du grand-duc de Moscou, Fédor II Alexiewitch, surnommé *Théodore*, « avec une très-belle fille, qu'il a choisie dans une famille qui n'est pas fort considérable. » — Dans la *Gazette* du 12 octobre 1680, cette jeune fille est nommée Euphémie Routetsky, nièce de Simon Ivanowitz Sabarofsky Le *Dictionnaire* de Moréri (au mot *Moscovie*) dit que, suivant d'autres, elle s'appelait Agathe Gruzeschka, qu'elle était Polonaise de naissance, et qu'elle mourut peu de temps après son mariage.
4. Un peu plus loin, Racine répète la nouvelle de cette mort, dans une note ajoutée à la droite de la page (voyez p. 186, note 4), et il donne cette fois la date du 16 octobre. On lit dans la *Gazette* du 9 novembre 1680, sous la rubrique de *Lintz, le* 23 *octobre* 1680 : « Le prince de Montecuculli mourut ici la nuit du 16 au 17 de ce mois. »
5. Le roi de Suède Charles XI épousa, le 16 mai 1680, la princesse Ulrique-Éléonore, sœur du roi de Danemark Christian V. Voyez la *Gazette* du 15 juin 1680.
6. Le roi d'Espagne donna le gouvernement des Pays-Bas à Alexandre Farnèse, frère cadet du duc de Parme régnant, Ranuce II Farnèse. Le prince de Parme arriva le 14 octobre à Gand, où le duc de Villa Hermosa lui remit le gouvernement.
7. « François duc de la Rochefoucauld, pair de France, chevalier des ordres du Roi, mourut ici (*à Paris*), le dix-septième de ce mois. » (*Gazette* du 23 mars 1680.) — Foucquet mourut le 23 mars. « On nous mande de Pignerol, que le sieur Foucquet y est mort d'apoplexie. Il avoit été procureur général du parlement de Paris et surintendant des finances. » (*Gazette* du 6 avril 1680.)
8. « Le 7ᵉ de ce mois (*septembre*), Charles-Louis comte palatin du Rhin et électeur de l'Empire mourut subitement sur le chemin de Manheim à Frankendal…. Il étoit âgé de soixante-trois ans, et a laissé de Charlotte, fille de Guillaume landgrave de Hesse-Cassel, sa femme, Charles à présent électeur, né l'an 1651, et Charlotte-Élisabeth, femme de Monsieur. » (*Gazette* du 21 septembre 1680.)

1681.

Huit vaisseaux de Tripoli battus par du Quesne dans le port de Chio [1]. 23 *juillet.*
Leur paix [2]. *Décembre.*
Assemblée générale du clergé sur l'affaire des brefs [3]. *Octobre.*
Strasbourg et Casal reçoivent garnison du Roi [4]. 30 *septembre.*
Le Roi à Strasbourg. 14 *octobre* [5].
Exécution du vicomte de Stafford [6]. 17 *décembre.*
Ambassadeur de Maroc [7]. *Décembre.*
Blocus de Luxembourg sur la fin de l'année [8].
Conversions en Poitou [9].
Soulèvement en Hongrie [10].

1. Voyez ce combat de du Quesne dans la *Gazette* du 5 septembre 1681, p. 541.

2. La régence de Tripoli demanda la paix, et s'engagea à recevoir un consul français.

3. C'est la célèbre assemblée qui fut convoquée le 31 octobre 1681, et vota, le 19 mars 1682, les articles de la *Déclaration du clergé de France sur la puissance ecclésiastique.*

4. Les troupes françaises entrèrent dans Casal le même jour qu'à Strasbourg, à la date indiquée par Racine.

5. Le Roi fit son entrée à Strasbourg, non le 14, mais le 23 octobre. Voyez la *Gazette* du 31 octobre 1681. Le 14, les magistrats de Strasbourg étaient venus lui faire leur soumission à Schelestadt.

6. Ceci a été ajouté en interligne, et sépare dans le manuscrit les deux lignes précédentes. La date du 17 décembre aurait dû être rapportée, non pas à l'année 1681, mais à l'année 1680. Elle est celle de la sentence de mort, qui fut prononcée ce jour-là (en 1680); quant à l'exécution, elle eut lieu le 8 janvier 1681. Voyez la *Gazette* des 18, 25 et 29 janvier 1681.

7. La *Gazette* du 3 janvier 1682 dit que l'ambassadeur du Maroc arriva à Paris le 30 octobre 1681; mais il ne fut conduit à l'audience du Roi, à Saint-Germain, que le 4 janvier suivant. Voyez la *Gazette* du 10 janvier 1682, qui lui donne des noms un peu différents de ceux qu'on trouve dans celle du 3 janvier : « Le sieur Hadgi Mehemed Thummin, gouverneur de Tétouan, ambassadeur de Mula Ismaël, roi de Maroc et de Fetz. »

8. Voyez ci-après, année 1682, la levée de ce blocus.

9. Elles étaient conduites par l'intendant Marillac, qui fut révoqué l'année suivante.

10. Dans tout le cours de cette année 1681.

1682.

Le marquis de Grane arrive[1] aux Pays Bas sur la fin de mars.
Blocus de Luxembourg levé. *Mars.*
Premier voyage de du Quesne devant Alger, au commencement d'août[2].
Naissance du duc de Bourgogne. *7 août*[3].
Traité d'alliance entre la France, le Danemarck et Brandebourg[4].

LIV

Thorne[5], ville au-dessus de Dantsic sur la Vistule, dans la Prusse Royale.
Breslau, capitale de Silésie.
Le Sund, détroit qui passe entre la Selande et la Scanie ou Schonen. Il y a encore deux autres Sunds. Il y a le Belt Sund, entre la Selande et l'île de Fionie ou Funen. L'autre est un très-petit détroit qui passe entre Fredericode dans l'Holsace et l'île de Funen.
Malmoë ou Malmuyen en Schonen, sur le bord de la mer ou détroit du Sund.
Landschron, encore sur le bord du Sund, en Scanie, vis-à-vis d'Elseneur en Selande.
Christianstand, en Scanie, sur la frontière de Blekinge, province appartenante aux Suédois.

1. Othon-Henri de Caretto, marquis de Grana, gouverneur des Pays-Bas espagnols, mort le 19 juin 1685. Ce fut le 29 mars que le marquis de Grana arriva à Bruxelles, avec les patentes de gouverneur et capitaine général *per interim*. Le prince Alexandre de Parme partit le 1er avril. Voyez la *Gazette* du 11 avril 1682.
2. Du Quesne était parti de Toulon le 12 juillet 1682. Le 21, toute l'armée arriva sur la côte de Barbarie. Le 22, on fit voile vers Alger; et le 23, on mouilla dans la baie, à deux portées de canon de la ville. Voyez la *Gazette* du 29 août et du 13 octobre 1682.
3. Le duc de Bourgogne naquit le 6 août, entre dix et onze heures du soir. Voyez la *Gazette* du 8 août 1682.
4. Les traités furent conclus en septembre 1682.
5. Ces notes géographiques sont écrites sur le feuillet 212.

Gripsvalde, dans le duché de Poméranie, à 5 ou 6 lieues de Stralsund.

Hasselt, ville d'Hollande, dans l'Overissel, proche de Kempen.

Ruremonde, dans le duché de Gueldres, sur la Meuse, au-dessous de Maseich.

LV

Hugues Capet[1], fils de Hugues le Grand, duc de France, comte, c'est-à-dire gouverneur de Paris, fils de Robert roi, fils de Robert le Fort, comte d'Anjou, au-dessus duquel rien de certain.

Charles le Chauve fut celui qui, allant en Italie, confirma les ducs et comtes, c'est-à-dire les gouverneurs, dans leurs duchés et comtés, en sorte qu'ils en devinrent comme les seigneurs, relevant du Roi, et ayant quantité de seigneurs qui relevoient d'eux. Ainsi le duc d'Aquitaine avoit les comtes de Poitou, les comtes de Limoges et autres, qui relevoient de lui[2].

1. Cette chronologie d'une partie de l'histoire de France se trouve aux feuillets 157-164. Les éditeurs précédents n'avaient pas cru devoir la tirer des papiers de Racine. Elle est, il est vrai, presque entièrement extraite de Mézerai; et par cette raison, nous l'aurions également négligée, si le texte même de cet historien y était reproduit; mais Racine ne lui a emprunté que la substance des faits. Dans le manuscrit de Racine l'ouvrage historique qu'il avait pris pour guide n'est pas nommé; mais la *page* 23 y est citée, à l'occasion de l'*oriflamme* de Saint-Denis (1124). Cette indication ne convient qu'à l'édition de 1676 de l'*Abrégé chronologique* de Mézerai. En même temps, cette édition est la seule où tout soit conforme à ce que Racine a noté ici. Si l'on consulte les éditions antérieures à 1676, à commencer par celle de 1668 in-4°, et les diverses éditions de Hollande qui n'en sont que les réimpressions, on trouvera que sur beaucoup de faits elles ne sont pas en rapport avec les notes de Racine. L'édition de 1676 est très-différente des précédentes, ce que nous n'avons vu signalé nulle part; et c'est de celle-là que Racine incontestablement s'est servi. Nous en donnons la preuve en renvoyant dans notre annotation aux pages de cette édition. Nous avons donc ici une étude, non point de la première jeunesse de Racine, comme on pourrait d'abord être tenté de le croire, mais du temps sans doute où il commençait à se préparer à ses travaux d'historiographe. — Voici le titre de l'édition de 1676 : *Abrégé chronologique ou extrait de l'histoire de France par le sieur de Mezerai, historiographe de France*, 7 volumes in-12, à Paris, chez Denys Thierry, M.DC.LXXVI. Cette même édition parut, en 1676, chez Louis Billaine; il n'y a que le nom du libraire qui diffère.

2. Dans le manuscrit, il n'y a pas *de lui*, mais *d'eux*. Nous avons dû corriger ce lapsus.

ET NOTES HISTORIQUES.   191

Le comté d'Auvergne n'est pas toute l'Auvergne, mais seulement un petit pays, qui, ayant passé de la maison de la Tour à un duc d'Orléans, a été réuni à la couronne [1].

En 1034, sous le règne de Henry Ier, un seigneur de Normandie nommé Alvrède Gigault, c'est-à-dire le Géant [2].

1033.

Robert, frère du roi Henry Ier, fils du roi Robert, chef de la première race des ducs de Bourgogne [3].

1035.

Guillaume le Conquérant, fils bâtard de Robert duc de Normandie et de la fille d'un pelletier de Falaise. Robert, en allant en terre sainte, le laissa à la garde et protection du roi Henry [4].

1036.

Conquêtes des Normands en Italie [5].

Henry Ier, de peur de contracter un mariage dans un degré défendu, envoya chercher femme en Moscovie. Ces degrés étoient poussés jusqu'au septième [6].

Maison de Saint-Simon descend d'un Eudes fils de Hebert, dernier comte de la première branche de Vermandois et [qui] fut dépouillé par sa sœur Adeleïde à cause de son imbécillité, défaut de la race des Carlovingiens. Cette Adeleïde épousa Hugues, troisième fils du roi Henry, qui fut chef de la seconde maison de Vermandois [7].

1. Ce commencement, depuis « Hugues Capet, » jusqu'aux mots : « réuni à la couronne, » n'est pas emprunté à Mézerai ; mais tout ce qui suit se trouve en substance, comme nous venons de le dire, dans l'*Abrégé chronologique*. — Sur le comté d'Auvergne et la maison de la Tour, voyez ci-dessus, p. 74-76.
2. *Abrégé chronologique* de Mézerai (édition de 1676), tome II, p. 444.
3. *Ibidem*, p. 439. — 4. *Ibidem*, p. 444.
5. *Ibidem*, p. 445 et suivantes. — 6. *Ibidem*, p. 469.
7. *Ibidem*, p. 470. — Ce que Racine a tiré de Mézerai sur l'antiquité de la maison de Saint-Simon a été contesté. Dans le *Mémoire du parlement de Paris contre les ducs et pairs à S. A. R. le duc d'Orléans régent du royaume*, pamphlet qui est de l'année 1716 et que l'on a attribué à diverses personnes, entre autres au président Potier de Novion, et au président Portail, on lit : « La fortune des ducs de Saint-Simon est si récente que tout le monde en

1033.

Humbert comte de Maurienne et de Savoye, descendu, selon quelques-uns, de Vitikind, mais à la vérité d'un Constantin comte de Vienne, fils de Hugues roi d'Italie[1].

Robert eut trois fils, Hugues, l'aîné, qu'il fit couronner de son vivant, mais qui étant persécuté par la reine Constance, fut obligé de chercher sa vie, et même fut mis en prison par un comte du Perche pour une méchante action[2]; Henry, et Robert, que cette reine voulut soutenir contre Henry, et qui fut duc de Bourgogne.

1065.

Saint Édouard, roi d'Angleterre, ayant déclaré Guillaume le Bâtard son successeur par son testament, celui-ci passe en Angleterre, défait Haralde, grand seigneur du pays et fils d'une fille de Kanut II., change toutes les lois du pays, ôte aux Anglois toutes leurs terres, qu'il donne aux seigneurs qui l'avoient suivi[3].

1070.

Philippes Ier, encore fort jeune, battu à Cassel, ayant pris la défense de Richilde comtesse de Monts, contre Arnoul comte de Flandres[4].

1087.

Guillaume le Conquérant, raillé par Philippes, qui lui demanda quand il relèveroit de ses couches, voulut venir assiéger Paris, mourut en chemin. Son second fils, Guillaume le Roux, lui succède

---

est instruit. Jamais il n'y eut aussi mince noblesse. L'aîné de la maison était presque encore de nos jours écuyer du maréchal de Schomberg. La ressemblance des armes de la Vacquerie, qu'ils écartèlent avec celles de Vermandois, leur a fait dire qu'ils ont épousé une fille de cette maison. » (Voyez au tome XXIX du *Recueil Thoisy* de la Bibliothèque impériale la copie manuscrite de ce *Mémoire*. Le passage que nous venons de citer est aux feuillets 190 et 191.) Le *Dictionnaire* de Moréri, au contraire, tome IX, p. 62 et suivantes, article *Saint-Simon*, établissant la généalogie des Saint-Simon, la fait remonter aux comtes de Vermandois.

1. *Abrégé chronologique* de Mézerai, tome II, p. 441 et 442.
2. *Ibidem*, p. 427. — 3. *Ibidem*, p. 475 et 476.
4. *Ibidem*, p. 479-481.

en Angleterre; Robert, l'aîné, en Normandie. Robert voulut aussi soumettre l'Angleterre et ne put[1].

1090.

Grande désolation en France par les ardents, ou feu Saint-Antoine[2].

1094.

Philippes fait enlever Bertrade, femme de Foulques le Rechin, comte d'Anjou. De là les excommunications contre le Roi par le pape Urbain II. en personne, au collége[3] de Clermont. Yves de Chartres fit ce qu'il put d'abord pour détourner le Roi de ce mariage. Le Roi persévéra, et enfin l'emporta, et il ne paroît point qu'il soit mort excommunié. Ce roi fort mol et voluptueux[4].

1095.

Alors la querelle qui avoit commencé entre Grégoire VII. et Henri IVe sur le sujet des investitures étoit fort échauffée[5].

Les Turcs, appelés au secours du roi de Perse contre le calife de Babylone, mahométan, s'emparent de la Perse et établissent cinq dynasties dans l'Orient, Perse, Bithynie, Cilicie, Damas, dont Jérusalem dépendoit, et Antioche, et se font mahométans, qui étoit la religion des Persans[6].

Urbain II. prêche la croisade au concile de Clermont, et elle est embrassée. C'est la première croisade, où alla Godefroy de Bouillon, que tous les croisés élurent pour leur chef, puis pour roi; il ne régna qu'un an[7].

1100.

Seconde croisade, de plus de 300 000 hommes, dont étoit Hugues, frère du Roi. L'empereur de Constantinople les fit périr tous, parce

---

1. *Abrégé chronologique* de Mézerai, tome II, p. 489 et 490.
2. *Ibidem*, p. 491.
3. Un peu plus bas, ligne 21, Racine avait écrit : « Urbain II. prêche la croisade au collége de Clermont; » puis il a effacé *collége*, et écrit au-dessus : *concile*. Il a sans doute oublié de faire ici la même correction, qui y paraît également nécessaire.
4. *Abrégé chronologique* de Mézerai, tome II, p. 492-494.
5. *Ibidem*, p. 494. — 6. *Ibidem*, p. 495. — 7. *Ibidem*, p. 496 et suivantes.

qu'on refusa de tenir de lui les terres qui seroient conquises. De ces voyages l'usage des armoiries [1].

1103.

Louis le Gros, prince du royaume, désigné roi, travaille fort courageusement pour lui-même, et défait quantité de petits tyrans.

Le règne de Philippes, le plus fameux de tous les règnes, non par ses actions, mais par la conquête de Jérusalem, celle d'Angleterre par le duc de Normandie, et celle de Sicile, de la Pouille et de la Calabre par les aventuriers normands, sans compter de grands faits d'armes en Espagne contre les Mores par les François.

En ce siècle, naissance des sacramentaires par Jean Scot Erigene, puis par Berenger, archidiacre d'Angers, qui pourtant se rétracta par deux fois à Rome et se retira, pour faire pénitence enfin, dans le prieuré de Saint-Cosme, à deux lieues de Tours, où il mourut [2].

Entreprises des papes, qui usurpèrent la souveraine puissance sur l'Église, principalement en envoyant une multitude de légats, qui jugeoient souverainement et cassoient toutes les décisions des conciles provinciaux [3].

L'Annonciation, qui se célébroit en Espagne le 18 décembre, fut maintenue au 25e mars, comme on faisoit en France [4]. L'archevêque de Lyon déclaré primat des quatre Lyonnoises.

L'archevêque de Sens succomba, mais non celui de Rouen, qui s'appela primat de Normandie [5].

Urbain II. ordonna qu'on réciteroit l'office de Notre-Dame, que récitoient déjà les Chartreux [6].

La coupe commença à être retranchée, à cause de la trop grande foule des communiants à Jérusalem [7].

Naissance de quatre ordres, les Chartreux, Citeaux, les religieux de Saint-Antoine, et Fontevraud [8].

1108 [9].

Mort de Philippes, ayant régné 49 ans.

---

1. *Abrégé chronologique* de Mézerai, tome II, p. 505-511.
2. *Ibidem*, p. 535 et 539. — 3. *Ibidem*, p. 544 et 545.
4. *Ibidem*, p. 549. — 5. *Ibidem*, p. 558 et 559.
6. *Ibidem*, p. 555. — 7. *Ibidem*, p. 557. — 8. *Ibidem*, p. 559 et 560.
9. Dans le manuscrit, au lieu de « 1108, » qui est la vraie date, donnée d'ailleurs par Mézerai, on lit : « 1109. » Comme immédiatement après la ligne qui suit, et devant les mots : « Louis le Gros, succédant à son père, » Racine a écrit « 1108, » nous avons dû corriger ce qui n'est qu'une inadvertance.

Louis le Gros, succédant à son père, achève de délivrer la France de tous les petits tyrans qui l'infestoient.

1124[1].

Oriflamme, étendard de Saint-Denys. Les comtes du Vexin françois, comme premiers vassaux de Saint-Denys, avoient droit de le porter. Les rois de la deuxième race et les premiers de la troisième, jusqu'à la fin de Philippes Ier, faisoient porter devant eux la chape ou manteau de Saint-Martin par le comte d'Anjou.

1127.

Charles le Bon, comte de Flandres, assassiné à Bruges par des marchands. Sa mort vengée par le Roi[2].

1131.

Saint Bernard prédit au Roi, qui persécutoit les évêques, la mort de son fils ainé, et ce prince, nommé Philippes, déjà couronné, est tué en tombant de son cheval, qui se cabra par la peur d'un pourceau qui s'étoit fourré dans ses jambes, vers l'endroit où est la place Royale. Louis le Gros fait sacrer Louis le Jeune[3].

1136.

Guillaume, dernier duc de Guyenne, meurt, et laisse par son testament sa duché à Aliénor, sa fille ainée, avec ordre qu'elle épouseroit le jeune roi Louis, et lui apporteroit toutes ses seigneuries : ce qui s'exécute[4].

Grande piété de Louis le Gros à sa mort. Il se fait étendre sur un lit de cendre en forme de croix[5]. De lui est sortie la maison de Dreux, et celle de Courtenay, dont il y a encore des puinés[6].

---

1. Ici Racine a écrit, à côté de la date : « p. 23. » Cette remarque sur l'oriflamme se trouve en effet à la page 23 du tome III de l'*Abrégé chronologique*, comme nous l'avons dit ci-dessus, p. 190, note 1.

2. *Ibidem*, p. 26-28. — 3. *Ibidem*, p. 37 et 38.

4. *Ibidem*, p. 43. — 5. *Ibidem*, p. 47.

6. *Ibidem*, p. 48. — Il y a ici une lacune dans les notes de Racine. Celles qu'il avait prises sans nul doute sur les règnes de Louis VIII, de Philippe Auguste, de Louis VIII, de Louis IX, de Philippe III, de Philippe le Bel, de

1328.

La régence adjugée à Philippes de Valois par les pairs et hauts barons du royaume pendant la grossesse de la reine Jeanne d'Évreux, veuve de Charles le Bel. Édouard, roi d'Angleterre, la disputoit comme fils d'Isabelle, sœur du roi défunt[1].

Pierre Remy, qui avoit succédé à Enguerrand de Marigny dans l'administration des finances, pendu et attaché à Montfaucon, qu'il avoit fait rebâtir[2].

1329.

La reine Jeanne n'accouche que d'une fille, et les états, qui avoient déféré la régence à Philippes, lui confirment aussi la royauté. Il s'appela *le Bienfortuné*, à cause de la mort de ses trois cousins[3].

Bataille de Mont-Cassel, où les Flamands, qui s'étoient révoltés contre Louis leur comte, sont entièrement défaits[4].

Édouard rend hommage pour la duché de Guienne et pour les comtés de Ponthieu et de Montreuil[5].

1331.

Robert d'Artois, irrité d'avoir perdu son procès contre la comtesse Mahaud, se retire auprès d'Édouard, et l'excite à la guerre contre Philippes.

1333.

Le pape Jean XXII. condamné par une assemblée de docteurs de Sorbonne, et par une autre d'évêques assemblés à Vincennes, à se rétracter de son opinion sur l'imparfaite vision des âmes des bienheureux et aussi sur l'imparfaite punition des damnés jusqu'à la résurrection[6].

Origine de la querelle pour la Bretagne. Arthur II. avoit épousé deux femmes : l'une fille de Guy, vicomte de Limoges ; l'autre

---

Louis X, de Philippe le Long, de Charles le Bel, ne se trouvent pas dans le manuscrit.

1. *Abrégé chronologique* de Mézerai, tome IV, p. 3-5.
2. *Ibidem*, p. 6. — 3. *Ibidem*, p. 8.
4. *Ibidem*, p. 8 et 9. — 5. *Ibidem*, p. 15.
6. *Ibidem*, p. 26 et 27.

Yoland, fille de Robert comte de Dreux, héritière par sa mère d'Amauri comte de Montfort. Du premier lit, il eut Jean II., qui fut duc après son père et n'eut point d'enfants, et Guy, comte de Pentièvre, qui en mourant ne laissa qu'une fille nommée Jeanne. Du second lit, Jean comte de Montfort.

Le duc Jean marie sa nièce Jeanne à Charles de Chastillon, frère de Louis comte de Blois, et, par sa mère, neveu du roi Philippes de Valois. Le duc Jean le retire près de lui, et le traite comme son héritier présomptif[1].

1336.

Édouard redemande la couronne de France et déclare la guerre à Philippes. Commencement d'hostilités.

Philippes, à l'aide des Génois et des Espagnols, met en mer une armée navale, composée de 60 000 hommes, qui font de grands ravages aux côtes d'Angleterre. Elle avoit deux amiraux, qui ne l'étoient que par commission. L'un étoit Nicolas Bauchet, grand trésorier de France[2].

Jacques Artevelle, marchand de Gand, fait déclarer les Flamands pour Édouard[3].

1339.

Édouard prend le titre et les armes de roi de France[4].

1340.

Édouard défait l'armée navale de France et fait pendre Bauchet, par représailles des horribles ravages commis en Angleterre[5].

Trêve de trois ans entre les deux rois, à l'instance des légats du Pape[6].

1341.

Après la mort de Jean II. duc de Bretagne, Jean comte de Montfort entre en Bretagne, et s'empare, entre autres, des villes de Nantes, de Brest, de Rennes et de Hennebond, puis passe en Angleterre, pour se mettre sous la protection d'Édouard. Charles de Blois se pourvoit par devers Philippes, comme seigneur souverain

---

1. *Abrégé chronologique* de Mézerai, tome IV, p. 28 et 29.
2. *Ibidem*, p. 31-33. — 3. *Ibidem*, p. 34.
4. *Ibidem*, p. 38. — 5. *Ibidem*, p. 40. — 6. *Ibidem*, p. 42.

de la Bretagne, depuis que Pierre Mauclerc avoit reconnu la tenir des rois de France, et même ayant été honorée du titre de pairie par Philippe le Bel.

La dispute est remise au jugement des pairs. Jean de Montfort comparoît d'abord, puis s'enfuit. Les pairs prononcent en faveur de Charles, qui est reçu à l'hommage. Jean duc de Normandie, fils du Roi, mène Charles de Blois pour le mettre en possession, assiége Nantes, où étoit Jean de Montfort, qui se rend et est amené prisonnier dans la tour du Louvre. Mais sa femme Marguerite, fille de Robert comte de Flandres, soutient son parti, se fortifie dans Brest, envoie en Angleterre son fils âgé de 4 ans. Charles prend Rennes et accorde une trêve d'un an[1].

1342.

Robert d'Artois vient avec la flotte angloise pour rétablir la duchesse Marguerite, descend à Vannes, qu'il prend d'assaut, puis y est pris lui-même, et blessé à mort par ceux du parti de Charles de Blois. Édouard vient lui-même en Bretagne pour Jean de Monfort; le duc de Normandie y va aussi pour Charles de Blois. Trêve de deux ans[2].

1344.

Mais la mort d'Olivier de Clisson, que le roi Philippes, sur quelques soupçons, fit décapiter à Paris avec douze autres seigneurs bretons, fait rompre la trêve à Édouard, et donne lieu à la sanglante guerre qui a duré près d'un siècle[3].

1. *Abrégé chronologique* de Mézerai, tome IV, p. 42-46.
2. *Ibidem*, p. 47 et 48. — 3. *Ibidem*, p. 50 et 51.

NOTES

SUR

DES SUJETS RELIGIEUX

NOTES

SUR

DES SUJETS RELIGIEUX.

I

RÉFLEXIONS PIEUSES SUR QUELQUES PASSAGES
DE L'ÉCRITURE SAINTE[1].

Ps. LXXVII. *Adhuc escæ [eorum] erant in ore ipsorum, et ira Dei ascendit super eos*[2]. Combien de gens ayant travaillé toute

1. Ces réflexions ont été données par Louis Racine, en 1747, aux pages 56-60 de l'appendice placé à la suite des *Mémoires sur la Vie de Jean Racine* : « Je n'en donne qu'un très-petit nombre, dit-il dans une note, pour confirmer seulement ce que j'ai dit dans sa *Vie* de ses occupations de piété. » Il ne nous apprend pas s'il avait trouvé ces réflexions à la marge d'une Bible ayant appartenu à son père, ou si elles avaient été jetées par Racine sur quelques feuillets manuscrits, semblables à ceux où nous ont été conservées ses *Remarques écrites dans le temps apparemment qu'il composoit son* Athalie, et ses extraits des livres saints à propos de *Port-Royal* et des *Filles de l'Enfance* (voyez ci-après, p. 212-215). Cette dernière supposition est de beaucoup la plus vraisemblable, d'après la forme du fragment. Mais pourquoi Louis Racine n'a-t-il pas joint ce manuscrit précieux aux autres manuscrits de son père qu'il a donnés à la Bibliothèque du Roi, et pourquoi ne nous en a-t-il fait connaître qu'un court extrait? Craignait-il que le commentaire de Racine ne fût une occasion de critiques théologiques?

2. Versets 30 et 31. « Leurs viandes étoient encore dans leur bouche, et la colère de Dieu est montée sur eux. »

leur vie pour parvenir à quelque fortune, à une charge, etc., meurent dans le moment qu'ils espèrent en jouir, ayant encore le morceau dans la bouche !

Ps. cv. *Et dedit eis petitionem ipsorum*, etc[1]. C'est dans sa colère que Dieu accorde la plupart des choses qu'on desire dans ce monde avec passion.

Isaïe, lv. *Quare appenditis argentum non in panibus*, etc.[2] ? Pourquoi se donner tant de peines pour des choses qui nous rassasient si peu, et qui nous laissent mourir de faim ? L'enfant prodigue souhaitoit au moins pouvoir se rassasier de gland, et encore ne peut-on parvenir à avoir de ce gland. *Venite, emite absque argento*, dit Isaïe[3]. Nous n'avons qu'à nous tourner vers Dieu : il nous donnera de quoi nous nourrir en abondance.

Filius hominis non venit ministrari, sed ministrare. Math. xx[4]. Belle leçon pour nous faire souffrir toutes les négligences de nos domestiques. Il n'y a qu'à se bien mettre dans l'esprit qu'on n'est point né pour être servi, mais pour servir.

Jean, xi, vers. 9. *Nonne duodecim sunt horæ diei*, etc.[5] ? Jésus-Christ entend parler du temps que son père a prescrit à sa vie mortelle, et la compare à une journée, comme s'il disoit : « Tant que le jour luit, on peut marcher sans péril ; mais quand la nuit est venue, on ne peut marcher sans tomber : ainsi les Juifs ont beau me vouloir perdre, ils n'ont aucun pouvoir de me faire du mal, jusqu'à ce que la nuit, c'est-à-dire le temps des ténèbres, soit venu.

Idem, chap. xviii, vers. 1. *Trans torrentem Cedron*[6]. Grotius croit qu'il étoit ainsi nommé, à cause qu'il y avoit eu des cèdres dans cette vallée. En grec, c'est le torrent des Cèdres. Jésus-Christ accomplit ici ce qui le figura en la personne de

---

1. Verset 15. « Et il leur accorda leur demande. »

2. Verset 2. « Pourquoi n'employez-vous pas l'argent pour acheter du pain ? » — Dans le texte de Louis Racine, il y a 54 pour le numéro du chapitre : c'est une erreur.

3. *Ibidem*, verset 1. — « Venez, achetez sans argent. »

4. Verset 28. « Le fils de l'homme n'est pas venu pour être servi, mais pour servir. »

5. « N'y a-t-il pas douze heures de jour ? »

6. « Au delà du torrent Cédron. »

David, quand ce roi, fuyant Absalon, passa ce torrent, étant trahi par Achitophel.

Vers. 6. *Abierunt retrorsum*[1]. David a dit, Ps. xxxiv : *Avertantur retrorsum*[2] ; et Isaïe, xxviii : *Cadant retrorsum*[3]. Quelle terreur n'imprimera-t-il point quand il viendra juger, s'il a été si terrible étant près d'être jugé?

Responsum non dedit ei[4]. [Saint Jean] Chap. xix, vers. 9. Il lui en avoit assez dit, en lui disant que son royaume n'étoit pas de ce monde; et d'ailleurs Pilate, en faisant maltraiter un homme qu'il croyoit innocent, s'étoit rendu indigne qu'on l'éclaircît davantage. Ne s'étoit-il pas même rendu indigne que Jésus-Christ lui répondît maintenant, lui qui lui ayant demandé ce que c'étoit que la vérité n'avoit pas daigné attendre la réponse? Les gens qui ont négligé de savoir la vérité quand ils la pouvoient apprendre, ne retrouvent pas toujours l'occasion qu'ils ont perdue.

Nescis quia potestatem habeo, etc.[5]? vers. 10. Puisqu'il est en son pouvoir de le sauver, il se reconnoît donc coupable de sa mort, à laquelle il ne souscrit que par une lâche complaisance.

Non habemus regem, etc.[6] vers. 15. Les Juifs reconnoissent donc que le temps du Messie est venu, puisque le sceptre n'est plus dans Juda, et en même temps ils renoncent à la promesse du Messie.

Quod scripsi, scripsi[7]. C'étoit comme la sentence du juge, à laquelle on ne pouvoit plus rien changer. D'ailleurs Philon a remarqué que Pilate étoit d'un esprit inflexible[8]. Dieu se

---

1. « Ils s'en sont allés à la renverse. »
2. « Qu'ils soient rejetés en arrière. » Dans le texte de Louis Racine, le *psaume* indiqué est le xxxve ; mais le passage cité est au verset 4 du *psaume* xxxiv.
3. Verset 13. « Qu'ils tombent à la renverse. » Le texte de Louis Racine indique inexactement le chapitre xxxvii d'*Isaïe*.
4. « Il ne lui donna pas de réponse. »
5. « Ne sais-tu pas que j'ai le pouvoir... ? etc. »
6. « Nous n'avons pas de roi. »
7. *Ibidem*, vers 22. « Ce que j'ai écrit, je l'ai écrit. »
8. « Il était, dit Philon, inflexible et implacable avec arrogance. » Ἦν γὰρ τὴν φύσιν ἀκαμπὴς καὶ μετὰ τοῦ αὐθάδους ἀμείλικτος. (*De Virtutibus et Legatione ad Caium*, Paris, 1640, in-folio. p. 1034.)

sert de tout cela pour faire triompher la vérité en dépit des Juifs.

Miserunt sortem[1], vers. 24. Cette tunique qui n'est point déchirée est l'unité qu'on ne doit jamais rompre.

Stabat[2], vers. 25. La sainte Vierge étoit debout, et non pas évanouie, comme les peintres la représentent. Elle se souvenoit des paroles de l'ange, et savoit la divinité de son fils. Et dans le chapitre suivant, ni dans aucun évangéliste, elle n'est point nommée entre les saintes femmes qui allèrent au sépulcre : elle étoit assurée que Jésus-Christ n'y étoit plus.

Separatim involutum[3], chap. xx, vers. 7. Les linges ainsi placés, et séparés les uns des autres, marquoient que le corps n'avoit point été enlevé par des voleurs. Ceux qui volent font les choses plus tumultuairement.

Ad fratres meos[4], vers. 17. Il les appelle *frères*, pour les consoler du peu de courage qu'ils ont témoigné. *Narrabo nomen tuum fratribus meis.*[5]. Il semble que Jésus-Christ ait eu ce verset en vue, en les appelant ses frères, comme tout ce qui précède dans ce même *psaume* a été une prédiction de ses souffrances.

1. « Ils ont tiré au sort.... »
2. « Elle se tenoit debout. »
3. « Plié séparément. »
4. « Vers mes frères. »
5. « Je raconterai ton nom à mes frères. » (*Psaume* xxi, verset 23.)

II

REMARQUES SUR *ATHALIE*[1].

Nul Israélite ne pouvoit être roi qu'il ne fût de la maison

---

1. Elles se trouvent aux feuillets 89 et 90 du tome II des manuscrits de Racine. Sur le feuillet 88 on lit ce petit avertissement de Louis Racine : « Quelques remarques écrites par Jean Racine, dans le temps apparemment qu'il composoit son *Athalie*, puisqu'on y trouve que, pour justifier l'équivoque du grand prêtre, si elle est attaquée, on se servira de ces mots de J. C. : *Solvite templum hoc*, etc. [Saint Jean, chapitre II, verset 19]. » — On ne peut en effet douter que ces *Remarques* ne se rapportent à la tragédie d'*Athalie*. Racine a dû les écrire, non pas au temps qu'il composait *Athalie*, mais plutôt quand sa tragédie était achevée ou près de l'être ; car il y cite un vers de la scène VI de l'acte V. Nous avons déjà fait usage de ces *Remarques* pour l'annotation d'*Athalie*, et nous les y avons citées *passim*. Mais nous devons les remettre ici sous les yeux du lecteur dans leur ensemble et dans leur ordre. — Quelques personnes peut-être demanderont pourquoi nous n'y avons pas joint celles qui ont été publiées par M. de la Rochefoucauld-Liancourt sur la même tragédie (*Études littéraires et morales de Racine*, édition de 1856, p. 172-201). Dans ces *Notes* sur *Athalie* que M. de la Rochefoucauld dit avoir recueillies sur les feuilles volantes où Racine lui-même les avait écrites, on retrouve, avec quelques changements toutefois, presque toutes celles que nous donnons ici. Il s'y joint un certain nombre de citations des livres saints, que nous n'avons pas dans le manuscrit de la Bibliothèque impériale. A côté du texte latin de ces citations, l'éditeur en donne la traduction, qu'il attribue à Racine lui-même ; nous avouons cependant que cette traduction nous est souvent suspecte. Dans le manuscrit que nous avons suivi, Racine n'indique pas à quel vers de sa tragédie se rapporte telle ou telle de ses *Remarques* : il en est tout autrement dans les *Notes* publiées par M. de la Rochefoucauld. Si quelqu'un méritait d'être cru sur parole, c'était certainement M. de la Rochefoucauld-Liancourt. Mais il ne suffit pas que sa bonne foi soit indiscutable. Quelle règle a-t-il suivie dans son travail ? Il semble que pour ces *Remarques sur Athalie* il ait eu à la fois sous les yeux quelques notes trouvées nous ne pouvons savoir où, et qui, à tort ou à raison, passaient pour être de Racine ; en outre, les notes très-authentiques du manuscrit de la Bibliothèque

de David et de la race de Salomon. Et c'est de cette race qu'on attendoit le Messie. *Talmud* [1].

Les Septante, aux *Paralipomènes* [2], disent que Joïada entreprit de rétablir Joas à la huitième année.

Depuis le meurtre de Zacharie, *Sanguis attigit sanguinem*, l'État des Juifs a toujours été en dépérissant. (Voyez *Lichf.* tome II, p. 361.[3]) *Gladius vester exedit prophetas vestros* [4], p. 363.

---

impériale; et qu'il ait mêlé et arrangé tout cela à sa guise. Quant à croire que Racine ait deux fois écrit des remarques à peu près les mêmes, nous ne nous y prêterions pas facilement. Il nous paraît donc certain que M. de la Rochefoucauld n'a fait, pour une partie de ces notes, que se servir du texte que nous donnons ici nous-même. S'il en est ainsi, il y a là un échantillon de sa manière de travailler. Par exemple, trouve-t-il cette note : « Monsieur de Meaux appelle Joas précieux reste de la maison de David? » il met : « J'ai emprunté ces paroles de l'illustre et savant prélat, Monseigneur de Meaux, qui appelle Joas précieux reste de la maison de David. » Nous reviendrons ailleurs sur les raisons qui nous ont engagé à omettre généralement tout ce qu'auraient pu nous fournir les *Études littéraires et morales de Racine*.

1. A la marge de ce premier alinéa, Racine a écrit : *Lich.* tome II, page 3. L'auteur qu'il cite, et dont il a plus loin écrit en toutes lettres le nom de cette manière : *Lichfot*, est Jean Ligthfoot, théologien de l'Église anglicane et célèbre hébraïsant, mort en 1675. On publia en 1686 à Rotterdam, chez Leers, ses œuvres complètes (*Joh. Lightfooti Opera omnia*), en 2 volumes in-folio. C'est l'ouvrage que Racine a consulté. On y lit à la page qu'il indique ici : *Neminem Israelitarum regem futurum qui non e domo Davidis et Salomonis prosapia fuerit.* Talmud in sanhedrin. cap. x. *Ideoque regem Messiam ex ea prosapia expectabant.* Voyez notre tome III, p. 613, note 3.

2. Livre II, chapitre XXIII, verset 1.

3. A la page 361, Lightfoot parle de Zacharie ; mais c'est à la page 363 qu'il parle du dépérissement de l'État des Juifs et qu'il cite *Osée*, chapitre IV, verset 2, pour l'expression : *Sanguis attigit sanguinem* (dans la *Vulgate* : *Sanguis sanguinem tetigit*), « le sang est venu se mêler au sang. » Voyez notre tome III, p. 602, note 1.

4. « Votre glaive a dévoré vos prophètes. » Lightfoot renvoie au verset 30 du chapitre II de *Jérémie*, où le texte porte dans la *Vulgate* : *Devoravit gladius vester prophetas vestros*.

Lichfot dit que tout se fit par les prêtres et par les lévites[1].

Promesse de l'éternité du trône en faveur de Salomon. II *Reg.* cap. vii, vers. 13; et I *Paralip.* cap. xvii, vers. 12 et seq.

Psaume lxxi tout en faveur de Salomon. Psaume *Dixit Dominus*[2], *Misericordias*[3], et *Memento*[4]. Et I *Paralip.* cap. xxviii.

Jechonias eut Assir, Assir eut Salathiel, et celui-ci Zorobabel[5]. Quand Jérémie appelle Jechonias *virum sterilem*[6], c'est à dire : « dont les enfants n'ont point régné. » Car le même Jérémie parle ailleurs de la postérité de Jechonias.

Monsieur de Meaux[7] appelle Joas « précieux reste de la maison de David. »

Athalie[8] voulut qu'il ne restât pas un seul de la maison de David, et elle crut avoir exécuté son dessein. Il n'en resta qu'un seul, qui étoit fils d'Okosias.

M. d'And.[9]. Voilà le seul qui vous reste de la maison de David.

1. Voyez notre tome III, p. 597, note 3. Nous y citons le passage de Lightfoot (tome I, p. 89) auquel nous pensons que Racine a fait allusion.

2. *Psaume* cix. — 3. *Psaume* lxxxviii.

4. *Psaume* cxxxi.

5. *Filii Jechoniæ fuerunt Asir, Salathiel* (I *Paralip.*, chap. iii, vers. 17.) Il est dit au verset 19 du même chapitre que Zorobabel était fils de Phadaia; mais on lit dans *saint Matthieu*, chap. i, verset 13 : *Salathiel autem genuit Zorobabel;* et dans *Esdras*, chap. v, verset 2 : *Zorobabel filius Salathiel.*

6. « Un homme stérile. » (Chapitre xxii, verset 30.)

7. Dans le *Discours sur l'histoire universelle*, 2ᵉ partie, section vi. Racine, dans une note à la marge, renvoie à la page 27. Il s'est servi de la première édition, qui est celle de 1681 (1 volume in-4°, à Paris, chez Sébastien Mabre Cramoisy).

8. Racine a écrit à la marge : *Joseph.* Voyez les *Antiquités judaïques* de Josèphe, livre IX, chapitre vii, § 1.

9. C'est-à-dire, M. d'Andilly. Dans la traduction qu'Arnauld d'Andilly a donnée de l'*Histoire des Juifs écrite par Flavien Joseph*, la phrase citée par Racine ne se trouve pas textuellement, mais seulement celle-ci à la page 121 du tome II (édition de 1668,

II *Paralip.* chap. xxi[1]. *Joram occidit omnes fratres suos gladio.... Noluit autem Dominus disperdere domum David, propter pactum etc., et quia promiserat ut daret ei lucernam et filiis ejus omni tempore.*

Si ces promesses n'avoient été faites à la race de Salomon, Dieu n'avoit qu'à mettre sur le trône les enfants de Nathan[2].

Le P. R.[3]. Josabet conserva Joas, et Dieu le permit pour empêcher que la race de David ne fût éteinte.

Solvite templum hoc[4], etc., pour justifier l'équivoque du grand prêtre, si on l'attaque.

Zacharie, fils de Joad, est nommé prophète[5].

Les Ismaélites étoient idolâtres et fort attachés à leurs faux

---

5 volumes in-12) : « Voilà votre roi, et le seul qui reste de la maison de celui que vous savez que Dieu a prédit qui régneroit à jamais sur vous. »

1. Voyez les versets 4 et 7. « Joram fit mourir par l'épée tous ses frères.... Cependant le Seigneur ne voulut point perdre la maison de David, à cause de l'alliance, etc., et parce qu'il lui avoit promis de lui donner un flambeau à lui et à ses enfants pour tous les temps. »

2. Sur Nathan, le troisième fils de David et de Bersabée, voyez le livre II des *Rois*, chapitre v, verset 14; le livre I des *Paralipomènes*, chapitre III, verset 5, et chapitre xiv, verset 4; et le chapitre III de *saint Luc*, verset 31.

3. Racine a écrit à la marge : « p. 636. » *Le P. R.* signifie *le Port-Royal*. Racine désigne ainsi la *Bible* dite de Saci. Dans le volume où se trouve le passage qu'il ne cite pas textuellement, les *Explications* sont de Thomas du Fossé. C'est celui qui a pour titre : *Les deux derniers livres des* Rois. On lit dans l'*Explication du chapitre* xi du livre IV (p. 636 de l'édition de 1686) : « Une sœur d'Ochosias,... touchée de compassion pour ces enfants qu'on égorgeoit si cruellement, usa de sagesse pour en sauver un, et pour empêcher, comme parle l'Écriture en plusieurs endroits, que la lampe de David, c'est-à-dire que sa race ne fût éteinte. »

4. « Détruisez ce temple. » (*Saint Jean*, chapitre II, verset 19.) — Un peu plus loin, Racine cite de nouveau ce passage de l'évangéliste. Jésus-Christ y parle de son corps, tandis qu'il laisse comprendre aux Juifs qu'il s'agit de leur temple.

5. Au moins est-il dit au livre II des *Paralipomènes*, chapitre xxiv. verset 20 : *Spiritus itaque Dei induit Zachariam, filium Joiadæ.*

dieux. *Jérém.* chap. 11[1]. *In Cedar mittite et considerate.... si mutavit gens deos suos, et certe ipsi non sunt dii.*

Octo[2] *annorum erat Josias cum regnare cœpisset; et triginta et uno anno regnavit in Jerusalem; fecitque quod erat rectum in conspectu Domini, et ambulavit in viis David patris sui,* etc.[3].

Joachin, fils de Joakim, lequel étoit fils de Josias[4].

Octo annorum erat Joachin[5] *cum regnare cœpisset, et tribus mensibus ac decem diebus regnavit in Jerusalem, fecitque malum in conspectu Domini*[6]. » Dans les *Rois*, il a dix-huit ans[7].

Temple. « IN DOMO HAC *et in Jerusalem.... ponam nomen meum in sempiternum.* » II *Paralip.* XXXIII[8].

Prêtres apostats. Mathan. Voy. *Ezech.* chap. VIII, *idolâtrie des prêtres.*

Ad iracundiam me provocaverunt ipsi, et reges eorum, et sacerdotes eorum.... Ædificaverunt excelsa Baal. Jérém. chap. XXXII, vers. 32 et 35[9].

---

1. Versets 10 et 11. « Envoyez en Cédar et examinez.... si cette nation a changé ses dieux, qui certainement ne sont point des dieux. » Voyez notre tome III, p. 657, note 1.

2. Ici Racine a écrit à la marge : *huit ans.* Sur les raisons qu'il paraît avoir eues de rappeler l'âge de Josias, et plus bas celui de Joachin, à leur avénement au trône, voyez notre tome III, p. 595, note 1.

3. II *Paralip.* chap. XXXIV, vers. 1 et 2. « Josias avoit huit ans quand il commença à régner, et il régna trente et un ans à Jérusalem, et il fit ce qui étoit bon devant la face du Seigneur, et il marcha dans les voies de David son père.... »

4. Voyez le livre II des *Paralipomènes*, chapitre XXXVI, versets 4 et 8.

5. Jechonias. (*Note de Racine.*) Il veut dire qu'au même verset, dans les *Septante*, au lieu du nom de *Joachin*, donné par la *Vulgate*, il y a *Jechonias*. — Un peu au-dessous du nom de *Jechonias*, Racine a encore écrit à la marge : « *Nota.* Les 70 disent aussi huit ans. »

6. II *Paralip.* chap. XXXVI, vers. 9. « Joachin avoit huit ans quand il commença à régner, et il régna trois mois et dix jours à Jérusalem ; il fit le mal devant la face du Seigneur. »

7. Voyez le livre IV des *Rois*, chapitre XXIV, verset 8.

8. Verset 7. « Dans *cette maison* et dans Jérusalem j'établirai mon nom pour jamais. » — Au lieu du chapitre XXXIII, Racine a par erreur indiqué le chapitre XXIII.

9. Racine, au lieu des versets 32 et 35, indique par erreur le

Et in prophetis Jerusalem vidi similitudinem adulterantium[1]. Jérém. chap. XXIII, vers. 14.

Vers. 27[2]. *Qui volunt facere ut obliviscatur populus nominis mei..., sicut obliti sunt patres eorum nominis mei propter Baal.*

Jérém. chap. VIII. *Ejicient ossa regum Juda,... et ossa sacerdotum, et ossa prophetarum.... Et expandent ea ad solem et lunam et omnem militiam cœli quæ.... adoraverunt,* etc.[3] »

Les Juifs appeloient aussi Dieu leur père[4]. Moïse dit : « Vous avez abandonné le Dieu qui vous a engendrés[5]. » Et Malachie : « Il n'y a qu'un Dieu et un père de nous tous[6]. » Mais en priant ils ne disoient point : « Père. » Si quelques-uns l'ont fait, ç'a été par un instinct particulier. Saint Chrysostome sur *Abba pater*[7].

Un roi s'appelle *Joachin*[8], un grand prêtre *Joachim* ou *Éliachim*[9].

---

verset 34. Sa citation n'est pas tout à fait textuelle. — « Ils ont provoqué mon courroux, eux-mêmes et leurs rois et leurs prêtres.... Ils ont bâti des autels à Baal. »

1. « J'ai vu les prophètes de Jérusalem semblables à des adultères. » — A la marge de cette citation, Racine a écrit : *Nota*.

2. Au même chapitre de *Jérémie :* « Qui veulent faire que mon peuple oublie mon nom..., comme leurs pères ont oublié mon nom à cause de Baal. »

3. Versets 1 et 2. « Ils jetteront (*hors de leurs sépulcres*) les os des rois de Juda,... et les os des prêtres, et les os des prophètes.... Et ils les exposeront au soleil, et à la lune et à toute la milice du ciel..., qu'ils ont adorés. »

4. Voyez notre tome III, p. 645, note 2.

5. *Deutéronome*, chap. XXXII, verset 18. — 6. Chap. II, verset 10.

7. Les mots *Abba pater* sont trois fois dans le Nouveau Testament, dans *saint Marc*, chapitre XIV, verset 36; dans *saint Paul, Épître aux Romains*, chapitre VIII, verset 15 ; et *Épître aux Galates*, chapitre IV, verset 6. — Saint Jean Chrysostome a commenté ces passages en différents endroits. Mais nous croyons que Racine a eu en vue l'*homélie* qui est la XIVe au tome VIII de l'édition de Montfaucon (Paris, 1728, in-folio). Voyez aux pages 79 et 80 de ce tome. Saint Chrysostome y établit que l'adoption des Juifs comme fils de Dieu a été surtout nominale, et qu'ils ont conservé l'esprit de servitude, tandis que l'adoption des chrétiens a été réelle et effective; et il cite le verset 15 du chaptire VIII de l'*Épître aux Romains*.

8. Voyez ci-dessus, p. 209, note 6.

9. Voyez le *Livre de Judith*, chapitre IV, versets 5 et 11, dans la

Du haut de nos sacrés parvis[1]. On fit monter saint Jacques, frère du Seigneur, au haut du temple, pour y déclarer à tout le peuple ses sentiments sur Jésus-Christ. Et aussitôt tous ses ennemis y montèrent en foule pour l'en précipiter[2].

Équivoque de Joad. 1° *Solvite templum hoc*[3]. 2° Martyre de saint Laurent, à qui le juge demanda les trésors de l'Église. *A quo quum quærerentur thesauri Ecclesiæ, promisit demonstraturum se. Sequenti die pauperes duxit. Interrogatus ubi essent thesauri quos promiserat, ostendit pauperes, dicens :* HI SUNT THESAURI ECCLESIÆ.... *Laurentius pro singulari suæ interpretationis vivacitate sacram martyrii accepit coronam.* (Saint Ambroise, *de Officiis*[4].)

Dans Prudence[5], saint Laurent demande du temps pour calculer toute la somme.

Vulgate, où on lit le nom du grand prêtre *Éliachim*; et le même chapitre, versets 6, 8 et 14, dans les *Septante*, qui appellent ce même grand prêtre *Joakim*. — Racine a sans doute voulu expliquer le choix qu'il a fait du nom d'*Éliacin* dans *Athalie*, acte I, scène II, vers 182.

1. C'est le vers 1749 d'*Athalie* (acte V, scène VI). Voyez notre tome III, p. 701, note 3.

2. Voyez le tome I des *Acta sanctorum Maii*, publié par les Bollandistes en 1680. Aux pages 22 et 23, on trouve le récit du martyre de saint Jacques (*Martyrium sancti Jacobi, fratris Domini*) d'après Hégésippe.

3. Voyez ci-dessus, p. 208, note 4.

4. Livre II, chapitre XXVIII. « Comme on lui demandait les trésors de l'Église, il promit qu'il les montrerait. Le lendemain, il amena des pauvres. Questionné sur l'endroit où se trouvaient les trésors qu'il avait promis, il montra les pauvres, en disant : *Voici les trésors de l'Église....* Son explication singulièrement frappante valut à Laurent la sainte couronne du martyre. »

5. Dans l'*hymne* de Prudence en l'honneur de saint Laurent (vers 125-132), le Saint parle ainsi :

> *Unum sed orans flagito*
> *Induciarum paululum,*
> *Quo fungar efficacius*
> *Promissionis munere,*
> *Dum tota digestim mihi*
> *Christi supellex scribitur.*
> *Nam calculanda primitus.*

Saint Augustin même, si ennemi du mensonge, loue ce mot de saint Laurent : *Hæ sunt divitiæ Ecclesiæ*. (*Sermon* CCCIII[1].)

Dieu dit à Moïse : « Dites à Pharaon : *Dimitte populum meum, ut sacrificet mihi in deserto*[2]. » Et chap. VIII[3], Pharaon répond : *Ego dimittam vos ut sacrificetis Domino Deo vestro in deserto. Verumtamen longius ne abeatis*. Dieu a trompé exprès Pharaon. *Synops*[4]. Une autre fois Pharaon dit[5] : « Sacrifiez ici. » Moïse répond[6] : « Nos victimes sont vos dieux. » *Abominationes Ægyptiorum immolabimus domino*[7]. Donc Dieu vouloit faire sortir le peuple tout à fait, et Pharaon ne l'entendoit pas ainsi.

III

PORT-ROYAL ET FILLES DE L'ENFANCE[8].

Michée, chap. II, v. 9. *Mulieres populi mei ejecistis de*

Tunc subnotanda est summula.

Voyez les *OEuvres* de Prudence, publiées en 1527, à Bâle, 1 volume in-12, p. 128.

1. Voyez au tome V, 2ᵉ partie, de l'édition des Bénédictins (Paris, MDCLXXXIII), p. 1233, le sermon intitulé : *In Natali martyris Laurentii, II*. Saint Augustin y rapporte le mot de saint Laurent, et le loue en ces termes : *Aperuit fauces avaritia; sed sciebat quid faceret sapientia.*

2. *Exode*, chapitre V, verset 1. « Laisse aller mon peuple, afin qu'il me sacrifie dans le désert. »

3. De l'*Exode*, verset 28. « Je vous laisserai aller, afin que vous sacrifiiez dans le désert au Seigneur votre Dieu. Cependant ne vous éloignez pas trop. »

4. *Synopsis criticorum aliorumque sanctæ Scripturæ interpretum....* (Londres, 1669-1680, in-folio), tome I, p. 369. Voyez aussi notre tome III, p. 694, note 2.

5. *Exode*, chapitre VIII, verset 25. — 6. *Ibidem*, verset 26.

7. « Nous ferons au Seigneur des sacrifices abominables aux yeux des Égyptiens. »

8. En tête de ces pages qui se trouvent aux feuillets 91 et 92 du

domo deliciarum suarum; a parvulis earum tulistis laudem meam in perpetuum[1].

Chap. III, v. 3. Expressions fortes pour marquer les violences des grands[2].

Vers. 5. Faux prophètes, *qui seducunt populum meum, qui mordent dentibus suis, et prædicant pacem; et si quis non dederit in ore eorum quippiam, sanctificant super eum prælium*[3].

Vers. 11. Et cependant ces faux prophètes espéroient encore au Seigneur, disant : *Numquid non Dominus in medio nostri*[4] ?

tome II de ses manuscrits, Racine a écrit *Michée;* et sur ce nom il a fait cette note : « Il prophétisoit dans le même temps qu'Isaïe, et il se sert de beaucoup d'expressions qui semblent être tirées de lui. » — On peut voir aux pages 487 et 488 de notre tome IV ce que Racine, dans son *Abrégé de l'histoire de Port-Royal*, dit de l'Institut des *Filles de l'Enfance de Notre-Seigneur*. A la note que nous avons donnée (*ibidem*, p. 488) sur cet institut, ajoutons qu'Antoine Arnauld en prit la défense dans son livre intitulé : *L'Innocence opprimée par la calomnie, ou l'Histoire de la Congregation des Filles de l'Enfance de Notre Seigneur Jesus-Christ. Et de quelle maniere on a surpris la Religion du Roy Tres-Chrestien, pour porter Sa Majesté à la destruire par un arrest du Conseil. Violences et inhumanitez exercées contre ces Filles dans l'execution de cet arrest, et l'injure faite au S. Siege*, etc. *A Toulouse, chez Pierre de la Noue*, 1688. 1 volume in-12. L'année suivante, le même libraire de Toulouse publia la *Relation de l'Establissement de l'Institut des Filles de l'Enfance de Jesus, avec le recit fidele de tout ce qui s'est passé dans le renversement du mesme Institut. Par une des Filles de cette Congregation, de la maison de Toulouse.* 1 volume in-12. M. Sainte-Beuve, dans son *Port-Royal* (tome V de la 3e édition, p. 453-456, et p. 617-621), a donné des détails, auxquels nous renvoyons le lecteur, sur l'Institut et sur sa suppression.

1. « Vous avez chassé les femmes de mon peuple de la maison qui faisait leurs délices; vous avez pour jamais imposé silence à leurs petits enfants sur mes louanges. »

2. *Qui comederunt carnem populi mei, et pellem eorum desuper excoriaverunt; et ossa eorum confregerunt; et conciderunt sicut in lebete, et quasi carnem in medio ollæ.*

3. « Qui séduisent mon peuple, et qui déchirent avec les dents, et ne laissent pas de prêcher la paix; et si quelqu'un ne leur donne pas à manger, ils lui déclarent la guerre sainte. »

4. « Le Seigneur n'est-il pas au milieu de nous? »

Chap. vi, v. 7 [1], etc. *Quid dignum offeram Domino?... Numquid dabo primogenitum meum pro scelere meo?...* etc.

Vers. 8. *Indicabo tibi*[2], *o homo, quid sit bonum, et quid Dominus requirat a te : utique facere judicium, et diligere misericordiam, et sollicitum ambulare cum Deo tuo*[3].

Chap. vii, v. 1. Dieu se compare à un homme qui a envie de manger du raisin, et qui vient pour cela dans une vigne, qu'il trouve déjà vendangée. *Non est bonus ad comedendum*[4].

Vers. 2. *Periit sanctus de terra, et rectus in hominibus non est*[5].... etc.

Vers. 3. *Malum manuum suarum dicunt bonum. Princeps postulat, et judex in reddendo est. Et magnus locutus est desiderium animæ suæ, et conturbaverunt eam*[6].

Vers. 4. *Qui optimus in eis est, quasi paliurus; et qui rectus, quasi spina de sepe*[7].

MISÉRICORDE DE DIEU.

Vers. 19. *Revertetur, et miserebitur nostri : deponet*[8] *iniquitates nostras, et projiciet in profundum maris omnia peccata nostra*[9].

---

1. Plus exactement : versets 6 et 7.
2. Racine a écrit ici à la marge : *Vrais fruits de pénitence.*
3. « Qu'offrirai-je au Seigneur qui soit digne de lui?... Sacrifierai-je pour mon crime mon fils aîné?... O homme, je t'indiquerai ce qui est utile, et ce que le Seigneur demande de toi : c'est d'agir justement, et d'aimer la miséricorde, et de marcher plein d'une crainte respectueuse avec ton Dieu. »
4. « Il n'est pas bon à manger. »
5. « Il n'y a plus de saint sur la terre; personne parmi les hommes n'a le cœur droit. »
6. « Ils appellent bien le mal que font leurs mains. Le prince exige, et le juge a été acheté. Et le grand a laissé sortir de sa bouche la passion de son âme, et (*les hommes*) l'ont troublée. »
7. « Celui qui est le meilleur parmi eux, est comme une ronce; et celui qui est juste, est comme l'épine d'une haie. »
8. Racine a écrit en note à la marge : *Mettre sous ses pieds.*
9. « Il reviendra, et aura pitié de nous : il mettra sous ses pieds nos iniquités, et jettera tous nos péchés au fond de la mer. »

Chap. i, v. 1. Nahum[1], Peinture terrible de Dieu, lorsqu'il s'apprête à se venger[2].

SOCIÉTÉ DES MÉCHANTS.

Vers. 10. *Sicut spinæ se invicem complectuntur, sic convivium eorum pariter potantium. Consumentur quasi stipula ariditate plena*[3].

Chap. ii, v. 6. Le prophète prédit la ruine de Ninive de la même manière qu'elle arriva, c'est-à-dire par le débordement du Tigre, qui renversa une partie de ses remparts[4], et la livra ainsi aux Chaldéens après deux ans de siége.

Vers. 13. *Et non audietur ultra vox nunciorum tuorum*[5]. Les menaces de tes ambassadeurs. *Il parle à Ninive.*

Chap. iii, vers. 11. Excès du malheur. *Et tu quæres auxilium ab inimico*[6].

Vers. 12. Et tes remparts tomberont, comme les figues mûres tombent, pour peu qu'on secoue le figuier[7].

Vers. 17. Tes défenseurs seront comme des sauterelles qui s'arrêtent sur les haies dans un temps froid[8]. *Sol ortus est, et avolaverunt*[9].... etc.

1. Toute sa prophétie est contre Ninive, quelques cent ans avant sa ruine, qui arriva sous Sennacherib. (*Note de Racine.*)

2. Plus exactement Racine devait citer le verset 2 : .... *Deus æmulator, et ulciscens Dominus : ulciscens Dominus, et habens furorem : ulciscens Dominus in hostes suos, et irascens ipse inimicis suis.*

3. « Comme les épines s'entrelacent, ainsi ils s'enivrent ensemble dans les festins. Ils seront consumés comme la paille sèche. »

4. *Portæ fluviorum apertæ sunt, et templum ad solum dirutum.*

5. « Et l'on n'entendra plus la voix de tes ambassadeurs. »

6. « Et tu demanderas secours à ton ennemi. »

7. *Omnes munitiones tuæ sicut ficus cum grossis suis : si concussæ fuerint, cadent in os comedentium.*

8. *Custodes tui quasi locustæ; et parvuli tui quasi locustæ locustarum, quæ considunt in sepibus in die frigoris.*

9. « Le soleil s'est levé, et elles se sont envolées. »

IV

EXTRAIT DES 9ᵐᵉˢ DIFFICULTÉS[1].

On a mis à l'Index les *Lettres Provinciales*, on n'y a jamais mis Wendrok[2].

On y a mis l'*Histoire* de M. de Thou[3], celle de Grotius[4] et son excellent livre *de Jure belli et pacis*[5], l'arrêt du Parlement contre Jean Chastel[6], etc.

---

1. Feuillet 200 du manuscrit de Racine (tome II). Il se trouve mêlé, dans le volume, aux *Fragments historiques*. Le livre dont Racine a fait ici un extrait est d'Antoine Arnauld. Il a pour titre : *Difficultés proposées à M. Steyaert sur l'avis par lui donné à Mgr l'archevêque de Cambray*.... Les deux premiers volumes de cet ouvrage, contenant les huit premières parties, parurent en 1691, à Cologne, chez Pierre le Grand ; la 9ᵉ partie chez le même libraire, à la fin de 1692. C'est cette 9ᵉ partie que Racine appelle les 9ᵐᵉˢ *Difficultés*. Elle a été réimprimée au tome IX des *OEuvres de Messire Antoine Arnauld* (48 tomes en 45 volumes in-4°, publiés à Lausanne, 1775-1783). Dans les notes qui suivent, nous renvoyons à cette édition, n'ayant pu trouver l'édition détachée de 1692. On peut voir dans les lettres d'Arnauld ce qu'il dit lui-même de cette 9ᵉ partie des *Difficultés* (tome III de ses *OEuvres*, p. 466, 468, 554, 556 et 641). A cette dernière page, dans une lettre à M. du Vaucel, du 22 mai 1693, il dit avoir pour lui le suffrage de Bossuet : « On nous mande de Paris que Monsieur de Meaux est très-content de la 9ᵉ partie des *Difficultés*. » Les neuf parties de ces *Difficultés* furent mises à l'Index, mais seulement en 1705, sous le pontificat de Clément XI.

2. *OEuvres de Messire Arnauld*, tome IX, p. 286. — Arnauld y conclut de ce fait qu'il y a « un juste sujet de croire qu'elles (*les Lettres Provinciales*) ne se trouvent dans le Catalogue des livres défendus que parce qu'elles avoient paru sans nom d'auteur, sans approbateur et sans le lieu de l'impression. »

3. *Ibidem*, p. 301.

4. *Ibidem*, p. 299. — Il s'agit du livre qui a pour titre : *Hugonis Grotii Annales et historiæ de rebus Belgicis. Amstelædami*.... MDCLVII. 1 volume in-folio.

5. *Ibidem*, p. 299.

6. *Ibidem*, p. 301 et 302 : « C'est une chose bien surprenante,

Le *Rituel* d'Aleth fut condamné par l'Inquisition à être brûlé, parce qu'il fut publié pendant la querelle. Il fut depuis approuvé par vingt-neuf évêques, en y faisant seulement quelques changements[1].

Une des trente-deux propositions condamnées par le décret d'Alexandre VIII[2] se trouve en propres paroles être de saint Augustin : *Deo patri simulacrum nefas est Christianum in templo collocare*[3]. Belle explication de la doctrine de l'Église sur ce sujet[4].

On a mis dans l'Index la Métaphysique de M. Descartes et sa Réponse à Gassendi pour prouver l'immortalité de l'âme.

dit Arnauld, de le trouver dans l'Index en ces termes : *Arrestum contra Joannem Castellum Scholasticum.* »

1. *OEuvres de Messire Arnauld*, tome IX, p. 289-292. — Les instructions du nouveau *Rituel*, publié par Nicolas Pavillon, évêque d'Aleth, pour son diocèse, avaient été revues par Arnauld. Un bref du pape Clément IX, daté du 17 avril 1668, condamna ce *Rituel*.

2. Le décret d'Alexandre VIII, qui est daté du 7 décembre 1690, condamne non pas trente-deux propositions, comme Racine l'a écrit par inadvertance, mais trente-une : *Statuit et decrevit XXXI propositiones, tanquam temerarias, scandalosas, malesonantes, injuriosas, hæresi proximas, hæresim sapientes, erroneas, schismaticas, et hæreticas respective, esse damnandas et prohibendas.* De ces propositions la vingt-cinquième est ainsi énoncée dans le décret : *Dei patris sedentis simulacrum nefas est Christiano in templo collocare.*

3. Cette proposition avait été signalée chez Hesselius (Jean Hessels, docteur de Louvain), dans son *Catéchisme sur le Décalogue*, chapitre LXIV. Arnauld (tome IX, p. 387) montre qu'elle est textuellement dans saint Augustin, *de Fide et Symbolo*, chapitre XIV. On l'y trouve en ces termes au tome VI, p. 157 de l'édition des Bénédictins : *Nec ideo tamen quasi humana forma circumscriptum Deum Patrem arbitrandum est, aut id ipsum quod sedere Pater dicitur, flexis poplitibus fieri putandum est, ne in illud incidamus sacrilegium, quo execratur Apostolus eos qui commutaverunt gloriam incorruptibilis Dei in similitudinem corruptibilis hominis. Tale enim simulacrum Dei nefas est christiano in templo collocare, multo magis in corde nefarium est, ubi vere est templum, si a terrena cupiditate atque errore mundetur.* Dans le *Catéchisme* de Hessels les paroles sont exactement les mêmes, si ce n'est qu'au commencement de la première phrase il y a *Non igitur*, au lieu de *Nec ideo tamen*.

4. Voyez les *OEuvres d'Arnauld*, tome IX, p. 388-390.

On n'y a point mis la Philosophie de Gassendi, ni son Traité contre Descartes, où il donne des preuves contre l'immortalité de l'âme[1].

Belle dissertation sur le système de Copernic, aussi censuré à l'Inquisition[2], sur les façons de parler de l'Écriture accommodées au sentiment vulgaire[3]; sur la mer de Salomon, qui étoit ronde, qui avoit dix coudées d'un bord à l'autre, et dont le tour étoit de trente coudées au IIIe livre des *Rois*[4].

Sermon de saint Chrysostome sur ce que la terre nageoit sur l'eau[5]. Son ignorance sur la physique.

1. Voyez les *OEuvres d'Arnauld*, tome IX, p. 304. « N'est-ce pas, dit Arnauld, permettre d'avaler le poison et empêcher qu'on ne prenne l'antidote ? »
2. *Ibidem*, p. 307.
3. *Ibidem*, p. 312 et 313.
4. *Ibidem*, p. 312 : « Il y est dit : (*dans le* IIIe *chapitre du* IIIe *livre des* Rois) *que Salomon fit faire une mer de fonte, qui étoit ronde, qui avoit dix coudées d'un bord à l'autre, et qui étoit environnée à l'entour d'un cordon de trente coudées*. L'historien sacré a marqué par là que ce vaisseau rond, appelé *mer*, avoit dix coudées de diamètre, et trente de circuit ou de circonférence. Ce seroit donc, dira quelqu'un, démentir le Saint-Esprit que de ne pas demeurer d'accord que la circonférence d'un cercle est triple de son diamètre.... S'en pourra-t-on servir pour pousser le pyrrhonisme jusqu'à prétendre que la géométrie même n'est pas certaine, parce que, selon les géomètres, un vaisseau rond, qui auroit dix coudées de diamètre, en auroit plus de trente-une de circonférence, ce qui est contraire à ce que dit l'Écriture ? »
5. *Ibidem*, p. 311 : « Dans le IXe de ses sermons au peuple d'Antioche, il (*saint Chrysostome*) propose comme un fait indubitable) attesté par le Prophète-Roi dans ses *Psaumes* (XXIII et CXXXV) que la terre nage sur les mers.... etc. »

V

ACCUSATIONS CONTRE LES PP. BÉNÉDICTINS [1].

Il n'y a pas une seule déclamation contre Jansénius dans toute leur édition [2].

A la marge d'une définition de la Grâce : « C'est une inspiration lumineuse qui nous fait faire le bien par la Charité, » ils ont mis : *Definitio Gratiæ* [3].

1. Cette note, de même que la précédente, a été placée parmi les *Fragments historiques* dans les manuscrits de Racine. Elle est au feuillet 201. Racine a extrait ces accusations contre les Bénédictins d'une brochure intitulée : *Lettre de l'abbé *** aux R. R. P. P. Bénédictins de la Congrégation de Saint-Maur, sur le dernier tome de leur édition de saint Augustin*, pièce in-4°, de 36 pages, à Cologne, sans date et sans nom d'auteur. Un *Avertissement du libraire*, qui est en tête du libelle, dit que « cette lettre a été écrite en latin par un des plus considérables abbés d'Allemagne, » et que « l'imprimeur a cru obliger le public en la faisant traduire. » Mais on se douta bien tout d'abord que le prétendu abbé d'Allemagne était un jésuite. Racine ne put pas connaître son nom, s'il est vrai que ce fut seulement par une lettre de dom Sainte-Marthe, du 31 octobre 1699, écrite de Rome à Monsieur de Reims, qu'on apprit que l'auteur anonyme s'appeloit Langlois (Jean-Baptiste Langlois, jésuite de Nevers, mort en 1706). Voyez l'*Histoire des contestations arrivées entre les Jésuites et la Congrégation de Saint-Maur, au sujet de la nouvelle édition des OEuvres de saint Augustin procurée par la Congrégation*, pièce in-4°, *en France*, MDCCXXXVI. Elle est de dom Antoine-Vincent Thuillier. Il y est dit (p. 7.) que la lettre de l'abbé d'Allemagne parut sur la fin de l'année 1698. Racine n'a donc pu la connaître que dans les derniers mois de sa vie, et la page que nous donnons ici doit être une des dernières qu'il ait écrites.

2. « D'où vient qu'il ne vous est jamais échappé un mot qui marquât dans vous quelque indignation contre les Jansénistes?... » (*Lettre de l'abbé de ****, etc., p. 6, 1re *preuve*.)

3. « Voici.... la note que vous mettez à la marge vis-à-vis de ces paroles : « Un secours qui fait faire le bien par l'inspiration d'une « très-ardente et très-lumineuse charité, » *Definitio gratiæ Christi....* Mais il est évident que cette définition prétendue de la grâce de Jésus-Christ que vous faites donner par le Saint ne convient aucu-

A la tête du livre *de la Correction et de la Grâce*, quoiqu'il ne soit pas dit un mot de la grâce suffisante dans ce livre, ils ont mis : « Toute l'économie de la grâce est merveilleusement expliquée dans ce livre[1]. »

A la marge d'un autre passage : *Intelligenda est gratia Dei per Christum qua sola homines liberantur a malo*, ce qui ne se peut entendre de la grâce suffisante, ils ont mis : *Gratia Dei per Christum quænam sit*[2].

Voilà les principales raisons sur quoi cet impudent jésuite traite les bénédictins d'hérétiques.

---

nement à la grâce purement suffisante, car c'est la définition de la seule grâce efficace.... « (*Lettre de l'abbé de ****, etc., p. 18 et 19, VII° *preuve*.)

1. « Vous osez, dans une note qu'on trouve au commencement de ce traité, avancer que le livre *de la Correction et de la Grâce* présente aux yeux toute l'économie de la grâce divine : *universam divinæ gratiæ œconomiam subjicit hic liber*. Le croyez-vous, mes Pères, qu'un livre où, selon vous, on parle seulement de la grâce efficace et où il n'est fait nulle mention de la suffisante, présente aux yeux toute l'économie de la grâce divine ? » (*Ibidem*, p. 16, v° *preuve*).

2. « Saint Augustin parle d'une manière très-juste au livre *de la Correction et de la Grâce*, chapitre II, quand il dit qu'il *faut reconnoître* la grâce de Dieu en Jésus-Christ, par laquelle seule les hommes sont délivrés du mal. *Intelligenda est gratia Dei per Christum, qua sola homines liberantur a malo*. Cette vérité, mes Pères, est incontestable. .... Mais je vous avoue que je ne reconnois plus la pensée de ce saint docteur quand je jette les yeux à la marge, et que je vois vis-à-vis de ces paroles la note que vous y avez ménagée : *Gratia Dei per Christum quænam sit*.... En effet les paroles du saint ne donnent nulle atteinte à la grâce suffisante, et votre annotation la détruit. Car si la grâce de Jésus-Christ est précisément, comme le marque votre observation, celle qui délivre les hommes du mal, et qui les sanctifie,... la grâce suffisante des catholiques ne peut être grâce de Jésus-Christ, puisqu'elle ne délivre pas les hommes du mal et ne les sanctifie pas. » (*Ibidem*, p. 2, VIII° *preuve*.)

VI

EXTRAIT DES REGISTRES DU PARLEMENT[1].

Le 12. *février.* Les députés de Sorbonne, mandés par arrêt

1. Nous donnons sous ce titre, qui n'est point dans le manuscrit de Racine, des notes que sans nul doute il avait en effet tirées du *Registre du conseil secret* de l'année 1663, comme notre annotation le prouvera. On a bien voulu nous communiquer ce registre aux Archives de l'Empire. C'est un volume in-folio coté K — XI A 8393. Toutes les pièces sommairement analysées par Racine, et celles-là seulement, y sont marquées de traits au crayon rouge, ainsi que les passages les plus saillants des discours des gens du Roi qui se trouvent dans ces mêmes pièces. Ces traits et accolades au crayon rouge peuvent bien être de Racine lui-même; car on en trouve de semblables dans plusieurs livres qu'il a annotés.

Si cet *Extrait des Registres du Parlement* ne nous avait d'abord échappé au milieu des *Fragments historiques* parmi lesquels on l'a placé dans le manuscrit de Racine (tome II, feuillets 198 et 199), nous eussions dû plutôt l'insérer dans notre tome IV, à côté de l'*Extrait des Registres du conseil d'État* que nous avons donné aux pages 595-597, comme un appendice à l'*Histoire de Port-Royal*. Car, suivant toute apparence, c'est aussi lorsqu'il composait cette *Histoire* que Racine a noté les principaux incidents des démêlés du Parlement et de la faculté de théologie en 1663. Il a en effet parlé de ces démêlés dans l'*Histoire de Port-Royal*, et l'on y retrouve en substance tout ce que renferment les notes tirées du *Registre du conseil secret.* Voyez notre tome IV, p. 534-536. Nous avons indiqué, dans l'annotation de ces pages, quelques pièces imprimées qu'au besoin Racine aurait pu consulter également; mais les notes qui suivent sont trop complètes pour que Racine ne les ait pas puisées dans le registre même.

Cette affaire des thèses ultramontaines que favorisait la Sorbonne est fort curieuse à lire tout au long dans le *Registre du conseil secret.* Le Parlement, par ses arrêts, et par les discours des gens du Roi et du premier président, y défendit avec une grande fermeté, beaucoup d'érudition et une grave éloquence, les libertés de l'Église gallicane. Ce qui nous semble aujourd'hui le côté le plus étrange et le moins justifiable peut-être de son rôle, c'est que ses magistrats, comme s'ils n'eussent pas été seulement les gardiens des du XIe[1], représentent leurs raisons suivant la délibération de Sorbonne. Le premier président leur répond que c'est à eux de se soumettre, et qu'ils aient à rapporter l'enregistrement au premier jour, la proposition de *Concilia generalia non sunt necessaria*[2] étant mauvaise et contraire à la pureté et police extérieure de l'Église[3], etc.

La cabale de quelques particuliers avoit empêché le Recteur d'enregistrer l'arrêt.

lois de l'État, mais aussi ceux de la religion, parlaient un langage de théologiens dans les longues discussions où ils s'engageaient avec la Sorbonne.

1. L'arrêt n'est pas du 11, mais du 10 février, comme on le verra dans les deux notes suivantes. L'arrêt du samedi 10 février 1663 est au folio 283 du *Registre du conseil secret*.

2. « Les conciles généraux ne sont pas nécessaires. » Cette proposition ainsi énoncée textuellement : *Concilia generalia ad exstirpandas hæreses, schismata et alia incommoda tollenda, admodum sunt utilia, non tamen absolute necessaria*, était dans la huitième position d'une thèse qu'un Breton, bachelier en théologie, Gabriel Drouet de Villeneufve, avait dû soutenir publiquement en la dispute de la Sorbonne, le vendredi 19 janvier 1663. Ce même jour, la Cour, présidée par Guillaume de Lamoignon, et devant laquelle Jérôme Bignon, procureur du Roi, porta la parole, avait fait défense de soutenir la thèse, et avait ordonné que le syndic de la faculté de théologie, celui qui devait présider à la thèse et le répondant comparaîtraient publiquement le lendemain pour rendre raison du contenu d'une thèse dont plusieurs propositions étaient « contraires aux libertés de l'Église gallicane et aux anciennes maximes reçues de tout temps en France. » Un arrêt du lundi 22 janvier supprima la thèse. Un autre arrêt du samedi 10 février manda au premier jour six docteurs de la Faculté et le syndic « pour rendre compte de ce qu'ils ont fait en exécution de l'arrêt du 22 janvier, et s'il a été registré ès registres de ladite faculté. » La Cour avait appris qu'il ne l'avait pas encore été. Voyez aux folios 232, 252 et 283 du *Registre du conseil secret*.

3. « *Du lundi 12 février* 1663. Ce jour, les gens du Roi, Me Denis Talon, avocat dudit seigneur Roi, portant la parole, ont dit à la Cour que le doyen de la faculté de théologie de la maison de Sorbonne, le Syndic, et MM****, docteurs en ladite Faculté, mandés suivant l'arrêt du 10 de ce mois, étoient au parquet des huissiers; ont été faits entrer.... L'un desdits docteurs, curé de la

13. *avril.* Apporté au Parlement l'enregistrement de Bourges ; Orléans, Angers et Rheims ont enregistré, et même la Faculté de Paris, où ceci s'étoit passé le 15. février. Rapport fait en Sorbonne par les députés de ce qu'on leur avoit dit au Parlement ; en suite de quoi la Faculté ordonne qu'il sera enregistré, mais avec certaines distinctions[1].

16. *avril.* Douze docteurs mandés encore au Parlement, où on les réprimande, entre autres, de leurs distinctions ; et ordre à eux d'exécuter ponctuellement l'arrêt[2].

14. *avril.* Le syndic, le proviseur des bernardins, et autres bernardins, mandés pour leur thèse du 4ᵉ avril.

paroisse de Saint-André, a dit.... Monsieur le premier président leur a dit que quand la Cour a ordonné quelque chose, tous les sujets du Roi n'ont rien à faire qu'à s'y soumettre et obéir entièrement.... Et comme la Cour ne s'arrête pas à leurs distinctions scholastiques, qui bien souvent pourroient rendre soutenables en apparence les plus mauvaises propositions, elle a interposé l'autorité royale pour défendre absolument de soutenir des propositions si dangereuses, qui causent tant de trouble et de scandale, et qui sont si *contraires à la pureté de la police extérieure de l'Église*, qui fait une des principales parties de la police de l'État, qu'ils eussent à enregistrer incessamment l'arrêt et en rapporter l'acte au premier jour. » (*Registre du conseil secret*, folios 284 et 285.) La phrase que nous avons imprimée en italique, n'a pas été, on peut le remarquer, transcrite par Racine d'une manière textuellement exacte.

1. « *Du vendredi* 13ᵉ *avril* 1663.... Ce jour, le procureur général a rapporté les actes d'enregistrement de l'arrêt du 22 janvier touchant la thèse de Mᵉ Gabriel Drouet de Villeneufve, faits par les universités de Bourges, Orléans, Angers et Reims, ensemble l'acte d'enregistrement dudit arrêt fait en la faculté de théologie de cette ville. » Suit l'Extrait des registres des universités qui viennent d'être nommées, et le rapport fait en Sorbonne, qui est daté du 15 février 1663. (Folio 326.)

2. « *Du lundi* 16ᵉ *avril* 1663. Ce jour, les gens du Roi, Mᵉ Denis Talon, avocat dudit seigneur, portant la parole, ont dit que douze docteurs de la faculté de théologie mandés étoient au parquet des huissiers... La Cour a arrêté et ordonne que Monsieur le premier président (*G. de Lamoignon*) fera connoître auxdits docteurs que ladite Cour n'est pas satisfaite de la manière dont ils [en] ont usé en cette occasion, et leur enjoint de nouveau d'observer ledit arrêt du 22 janvier selon sa forme et teneur.... » (Folios 330 et 331.)

Grandin dit que les temps étoient mauvais et qu'il falloit attendre que la liberté fût rendue à la Faculté. Sur quoi interrompu et réprimandé par le premier président. La thèse signée dès décembre 1662, et soutenue le 4° avril. Plénitude de juridiction, et que les évêques étoient à l'égard du Pape, comme les curés à l'égard de l'évêque.

Arrêt par lequel Grandin suspendu de sa fonction pendant six mois. Défense au docteur la Morlière président de présider durant un an, et au Fr. Desplantes de prendre aucun degré dans la présente licence[1].

1. La veille du jour de cet arrêt, c'est-à-dire le 13, la Cour s'était déjà occupée de « la thèse soutenue le 4 avril dans le collége des bernardins par Frère Desplantes, religieux bernardin, dans laquelle il y avoit quelques propositions pareilles à celles de la thèse de Villeneufve; » et elle avait fait faire commandement au syndic de la Faculté, à celui qui avait présidé la thèse, au répondant, et au proviseur et aux deux lecteurs du collége des bernardins de comparaitre le lendemain matin. (Folio 316.) — Ils comparaissent en effet le samedi 14 avril, et nous trouvons sous cette date dans le *Registre*: « ... Ledit Grandin (*syndic*), ayant pris la parole, a dit qu'il ne croit pas avoir contrevenu à l'arrêt de la Cour du 22 janvier dernier, ni rien fait contre les défenses portées par icelui, d'autant qu'il avoit signé ladite thèse dès le mois de décembre 1662, que le répondant n'avoit pu soutenir avant le 4. de ce mois..., que d'ailleurs Gerson avoit parlé plus fortement que la thèse, ayant avancé que le Pape *habebat plenitudinem potestatis*, et que l'on s'étoit contenté de dire qu'il avoit *plenitudinem jurisdictionis*..., qu'il n'auroit pourtant pas signé cette thèse, si elle lui eût été présentée depuis l'arrêt de la Cour; qu'il falloit laisser passer ces mauvais temps, et que, puisque la Cour ne l'approuvoit pas, il n'en signeroit plus de pareilles. Sur quoi Monsieur le premier président (*G. de Lamoignon*) l'interrompit, et lui dit qu'avant que d'examiner ce qu'il venoit de dire sur la thèse, il étoit obligé de l'interrompre parce qu'on ne pouvoit pas souffrir qu'il avançât que les temps étoient mauvais et qu'il n'y eût pas de liberté; que les temps étoient très-bons pour soutenir la bonne et véritable doctrine et que la liberté étoit toute entière pour cet effet, mais que les temps étoient très-fâcheux et très-mauvais pour ceux qui vouloient avancer de mauvaises doctrines ou en altérer de véritables.... Monsieur le premier président leur a remontré qu'en ce que la thèse faisoit la même relation du Pape aux évêques, que des évêques aux curés, elle établissoit une dépen-

29. *mai*. Requête présentée par Grandin, la Morlière et Desplantes, à ce que leurs suspensions fussent levées. Nota qu'il étoit dit dans la requête que la faculté de théologie assemblée avoit fait une déclaration de ses sentiments touchant l'autorité du Pape. Ainsi, par l'arrêt de ce jour, ordonné que six anciens de la faculté viendroient le lendemain à la Cour et apporteroient ladite déclaration[1].

30. *mai*. Le Doyen, mandé avec quatre autres, dit qu'il apporte la déclaration extraite des registres de la faculté, signée du bedeau. La Cour leur ordonne que la déclaration sera enregistrée au greffe, lève les suspensions[2].

dance absolue des évêques à l'égard du Pape d'une manière qui n'a jamais été reçue en France.... Et quant à l'autre partie de la même proposition, qui parle de la plénitude de la juridiction, qu'on ne peut s'arrêter à l'explication qu'ils veulent donner à leur thèse pour la renfermer dans l'administration du sacrement de pénitence.... La Cour..., pour la contravention faite audit arrêt (*du 22 janvier*), a suspendu et suspend le docteur Grandin dudit syndicat pendant six mois,... a fait et fait inhibitions et défenses audit de la Morlière, qui a présidé ladite thèse, de présider aucunes assemblées pendant un an, et audit Desplantes, répondant, de prendre aucuns degrés dans la présente licence, de laquelle la Cour l'a déclaré déchu. » (Folios 322-330.) Le premier président de Lamoignon avait donné à sa réprimande de longs développements en grande partie théologiques.

1. « *Du mardi* 29⁰ *mai* 1663. Ce jour, la Cour ayant délibéré sur la requête à elle présentée par MM. Martin Grandin, docteur et syndic de la faculté de théologie de Paris, Jean de la Morlière, docteur de ladite faculté, et frère Laurent Desplantes, religieux de l'ordre de Cîteaux, bachelier de ladite faculté de théologie, à ce que.... leurs suspensions portées par l'arrêt du 14. avril fussent levées, ouï le procureur général du Roi, arrête que six anciens docteurs de ladite faculté viendront demain en ladite Cour, sept heures du matin, et apporteront à icelle la déclaration mentionnée en ladite requête, faite par la faculté de théologie, de ses sentiments touchant l'autorité du Pape.... » (Folio 372. Le même arrêt se trouve répété à la fin du *Registre*, folios 472 et 473.)

2. « *Du mercredi* 30⁰ *mai* 1663. Ce jour,... les docteurs de la faculté de théologie, mandés suivant l'arrêt du jour d'hier, étoient au parquet des huissiers. Eux entrés, Monsieur le premier président (*G. de Lamoignon*) leur a dit que la Cour les avoit mandés pour

25. *septembre* 1663. Le procureur général cite les arrêts de 1626, 52 et 48 pour la réduction des réguliers à deux de chaque ordre. Ces arrêts non exécutés, à cause d'arrêts du conseil accordés aux religieux pour la rencontre des temps.

Arrêt portant que lesdits arrêts de 21, 26 et 48 seroient exécutés, à peine de nullité de tous les actes. L'arrêt sera signifié dans les couvents, et lu dans la faculté, et enregistré[1].

27. *septembre*. Rapport fait par les députés de la Cour de ce qu'ils ont fait en Sorbonne. Ils ont fait apporter le registre

apporter la déclaration faite par la faculté de théologie de ses sentiments touchant l'autorité du Pape. Le doyen de ladite faculté a dit que pour obéir aux ordres de la Cour, ils ont apporté ladite déclaration extraite des registres de ladite faculté, et signée par le bedeau d'icelle.... Eux retirés, la Cour a ordonné et ordonne que les articles contenus en la déclaration de ladite faculté seront registrés au greffe..., a levé et lève les suspensions portées par les arrêts des 22. janvier et 14. avril dernier.... » (Folio 372.)

1. « *Du mardi 25ᵉ septembre 1663. — En vacations. — M. N. Potier président.* — Ce jour, est entré Mᵉ Achille de Harlay, substitut du procureur général du Roi, lequel dit que.... sachant par l'expérience du passé que la principale cause des altérations qui sont arrivées dans la faculté de théologie a été la contravention des anciens règlements, qui enjoignent aux Mendiants, après qu'ils ont reçu le degré de docteur, de se retirer dans le couvent de leur profession pour répandre dans toute la France les bonnes semences de la doctrine qu'ils ont apprise dans cette illustre école; et ç'a été dans cette pensée, et de peur que les sentiments et les suffrages des docteurs séculiers ne fussent emportés par la multitude des religieux nourris dans des maximes que leur exemption et les dépendances de leur ordre y ont introduites, que la Cour a perpétuellement réglé par ses arrêts qu'ils n'entreroient ès assemblées de la faculté de théologie en plus grand nombre que deux de chaque ordre, principalement par ses arrêts rendus ès années seize cent cinquante-deux, seize cent vingt-un, seize cent vingt-six et seize cent quarante-huit...; mais l'exécution desdits arrêts ayant été retardée par les arrêts accordés au conseil par les empressements desdits religieux par le rencontre seul du temps,... la chambre a arrêté et ordonné que lesdits arrêts et règlements des années seize cent cinquante-deux, seize cent vingt-un, seize cent vingt-six et seize cent quarante-huit seront exécutés..., à peine de nullité de tous les actes.... » (Folios 463 et 464.)

pour y transcrire l'arrêt. Le P. Lombard carme s'est opposé de la part de tous les religieux audit arrêt, demandant que le Roi en fût informé. On a répondu qu'il falloit obéir. Et l'arrêt fut enregistré[1].

VII

EXTRAIT DU LIVRE INTITULÉ *CONCORDIA RATIONIS ET FIDEI* SEU *ALNETANÆ QUÆSTIONES*.

Nous ne devions pas entièrement passer sous silence un *Extrait* dont Louis Racine parle dans ses *Mémoires* (voyez notre tome I, p. 304), et que l'on trouve au tome II des manuscrits de Racine, feuillets 79-82. Mais ne pas en omettre la mention, et, comme nous venons de le faire, en citer le titre, paraîtra sans doute suffisant. Ceux de nos lecteurs qui connaissent l'ouvrage sur lequel Racine a

---

1. Ce rapport, qui est aux folios 465 et 466 du *Registre*, est fait par Jean le Coq et Charles de Saveuse, conseillers du Roi en sa cour du Parlement, qui s'étaient rendus le jeudi 27 septembre en la maison de Sorbonne. Voici un extrait du rapport : « Nous avons enjoint au scribe et bedeau de ladite faculté d'apporter son registre, dans lequel nous lui avons fait en notre présence transcrire et registrer ledit arrêt, lequel lui a été dicté par notre greffier (*ce greffier était Hiérosme Boileau, frère de Nicolas Boileau Despréaux*); et pendant que l'on transcrivoit ledit arrêt, le P. Lombard, docteur de ladite faculté, religieux carme du grand couvent,... nous a demandé s'il lui étoit permis de représenter les raisons des religieux, pour n'être point réduits au nombre de deux.... Il nous a dit que.... pour obéir à l'arrêt de la Cour..., il étoit à propos de savoir du Roi si c'étoit sa volonté. Nous avons relevé ce discours, et lui avons dit que l'autorité du Roi étoit inséparable des arrêts de la Cour, et le substitut (*Achille de Harlay*), ayant pris la parole, a dit audit P. Lombard qu'il ne devoit parler en ces termes, et que quand la Cour donnoit des arrêts, c'étoit au nom du Roi et suivant sa volonté. Le P. Lombard a répliqué.... Nous lui avons représenté.... qu'il falloit obéir à l'arrêt et l'exécuter.... » (Folios 465-467.)

pris ces notes, ne s'étonneront point que nous n'ayons pas voulu risquer de lui faire attribuer à lui-même ce que certainement il condamnait avec autant de sévérité que personne. Le livre des *Questions d'Aulnay* (Aulnay était le nom de l'abbaye que Huet avait près de Caen) a pour titre : *Danielis Huetii Episcopi Abrincensis designati* Alnetanæ Quæstiones de Concordia rationis et fidei.... *Cadomi, apud Joannem Cavelier.... Prostant Lutetiæ Parisiorum, apud Thomam Moette....* MDCXC, in-4°. Basnage de Beauval, qui en a rendu compte dans son *Histoire des ouvrages des savants* (juin 1691, article II, p. 446 et suivantes), en a très-sagement montré les dangers. Son article fit connaître les *Questions d'Aulnay* à Arnauld, qui écrivait à ce sujet dans une lettre à M. Dodart, du 1er novembre 1691 : « Si l'auteur protestant (*Basnage de Beauval*) n'a point altéré ce qu'il rapporte de la seconde et de la troisième partie de ce livre, ce sont d'horribles choses.... Je ne m'étonnerois pas de trouver ces choses dans quelque ouvrage de la Mothe le Vayer.... Est-ce qu'un sous-précepteur de Monsieur le Dauphin ne vaudroit pas mieux, et qu'il auroit si peu de jugement que sans y penser, il détruiroit sa propre religion, en employant tout ce qu'il a d'érudition à faire voir que la raison ne s'accommoderoit pas moins bien du paganisme qu'elle s'accommode du christianisme? » (*OEuvres de Messire Arnauld*, tome III, p. 400 et 401, *lettre* DCCCXXXIII.) Arnauld n'était pas moins sévère pour l'ouvrage de Huet, après l'avoir lu. Il écrivait à M. du Vaucel, le 1er novembre 1691 : « Remarquez surtout ce qui est dit dans la page 454 (*il faut lire sans doute* 245) des miracles de Jésus-Christ comparés à ceux des païens. Cela est horrible... Je crois que vous serez obligé en conscience d'en faire avertir les cardinaux qui ont de la piété, afin qu'on en donne avis au Pape, en lui représentant qu'il ne doit point souffrir qu'on donne des bulles à un écrivain qui a fait un si méchant livre. » (*OEuvres de Messire Arnauld*, tome III, p. 404, *lettre* DCCCXXXIV.) Comment douter que Racine ne portât des *Questions d'Aulnay* un semblable jugement? Il n'a pu en faire l'*Extrait* conservé parmi ses manuscrits que dans un temps où ses sentiments religieux ne font pas question, et où ses opinions étaient sur de tels points en parfait accord avec celles d'Arnauld. Louis Racine d'ailleurs, dans le passage des *Mémoires* cité plus haut, dit expressément que son père désapprouvait les *Questions d'Aulnay*, et rapporte l'application piquante qu'il faisait d'un vers de Térence à un autre livre de Huet, la *Demonstratio evangelica*, où de semblables bizarreries d'érudition choquaient également les esprits sensés. Nous ne saurions dire si Racine songeait à préparer quelque réfutation du livre de Huet. Quoi qu'il en soit, on aurait pu nous accuser de trahir sa mémoire, si en publiant pour la première fois des notes où les témérités de l'évêque d'Avranches ne sont pas atténuées, mais plutôt aggravées et mises en relief par la crudité de l'expression, des notes où Racine ne commente pas ce qu'il rapporte, et n'explique pas son intention, nous donnions lieu contre lui à de fausses interprétations, et si nous faisions servir une édition de ses *OEuvres* à tirer de l'oubli et à propager ces étranges rapprochements entre la Bible et la mythologie, dont il avait assurément compris et déploré l'imprudence. Le lecteur ne perdra rien à l'omission d'*Extraits* où tout est de Huet, où rien n'est de Racine. C'est ce que les éditeurs précédents avaient aussi compris.

OUVRAGES

ATTRIBUÉS A RACINE

PRÉCIS HISTORIQUE
DES CAMPAGNES DE LOUIS XIV

DEPUIS 1672 JUSQU'EN 1678.

NOTICE.

Quelqu'opinion que l'on ait sur l'authenticité du *Précis historique des campagnes de Louis XIV*, et sur celle de la *Relation du siége de Namur*, que nous donnons à la suite, il faut reconnaître que ces deux ouvrages, écrits dans des occasions particulières, et formant chacun un tout complet, ne pouvaient faire partie de cette *Histoire du royaume sous le règne de Louis XIV* dont Racine « avoit déjà, nous dit son fils[1], composé plusieurs grands morceaux, » et que détruisit entièrement l'incendie de la maison de Valincour, à Saint-Cloud, dans la nuit du 13 au 14 janvier 1726[2].

---

1. Dans son *Avertissement* en tête des *Fragments historiques*, voyez ci-dessus, p. 64.

2. Voyez les *Mémoires* de Louis Racine, à la page 287 de notre tome I; la *Notice biographique*, à la page 118 du même tome; et le commencement de la préface de l'*Histoire militaire du règne de Louis le Grand*, par le marquis de Quincy. — La Beaumelle (*Mémoires pour servir à l'histoire de Mme de Maintenon*, livre VIII, chapitre XV) raconte que, dans cet incendie, Valincour, voyant l'ouvrage de Racine près d'être consumé, « donna vingt louis à un

Par leur étendue toutefois, ces deux écrits, le premier surtout, qui est d'un intérêt plus général et moins technique, peuvent suffire pour nous donner une juste idée du style historique de Racine, si on n'hésite pas à croire qu'il en soit l'auteur. Nous n'hésitons guère pour notre part, et nous regardons leur authenticité comme étant tout au moins d'une probabilité très-voisine de la certitude. Si nous les plaçons parmi les *Ouvrages attribués*, c'est seulement pour tenir compte des doutes qui peuvent rester à quelques personnes ; mais dérogeant d'ailleurs à la règle généralement suivie dans cette édition, nous avons cru qu'il nous serait permis de ne pas imprimer en petit texte deux morceaux de cette importance.

Le *Précis historique des campagnes de Louis XIV* a été pour la première fois joint aux *OEuvres de Racine* par les éditeurs de 1807. Ils l'ont fait précéder d'un *Avertissement* qui se trouve aux pages 97-102 de leur tome VI, et que nous devons reproduire ici presque tout entier, parce que « la destinée de cet écrit, » comme ils s'expriment, y est racontée, et que les raisons très-fortes qu'ils ont eues pour

Savoyard pour l'aller querir au travers des flammes. Au lieu du manuscrit unique, le Savoyard rapporta un recueil des *Gazettes de France*. » Le même la Beaumelle, dans ses *Lettres de Mme de Maintenon* (tome IV, p. 376 de l'édition de Glascow, 1756), donne une lettre de Valincour à Mme de Maintenon, lettre qui n'est pas datée, mais qui semblerait être de 1711. Il y est parlé en ces termes de ce que Racine et Boileau avaient laissé sur l'histoire du Roi : « Je prends la liberté de vous envoyer un mémoire, où je rends compte au Roi du peu de travail qui s'est fait, et de ce qui seroit nécessaire pour le faire avancer plus qu'il n'a fait jusqu'à présent. » Ce mémoire, s'il pouvait se retrouver, serait intéressant à connaître. Du rapprochement entre la lettre donnée par la Beaumelle et l'anecdote qu'il raconte, on pourrait conclure que Racine n'avait pas, lorsqu'il mourut, poussé bien loin encore son travail, et que cependant ce qu'il avait écrit ne laissait pas d'avoir un grand prix aux yeux même de Valincour, tout intéressé qu'il était à faire bon marché des travaux qu'on lui avait remis pour qu'il les continuât. Mais avec un homme tel que la Beaumelle, on ne peut faire grand fonds ni sur la vérité de l'anecdote, ni sur l'authenticité de la lettre.

NOTICE. 235

l'attribuer à Racine y sont fort bien déduites. Laissons donc parler ces éditeurs :

« Dans l'intervalle de tranquillité qui suivit la paix de Nimègue, Louis XIV agréa le projet d'un ouvrage où les événements mémorables de la guerre que cette paix avoit terminée, devoient être représentés dans une suite d'estampes dessinées et gravées par les premiers artistes. Ce livre, destiné à être donné en présent à ceux à qui le Roi jugeroit à propos d'accorder cette faveur, devoit commencer par un *Précis historique* des faits ainsi représentés. Cette dernière partie du travail fut confiée à Racine et à Boileau ; et la place d'historiographes du Roi, qui leur avoit été donnée dès 1677, ne permettoit pas qu'aucun autre qu'eux en fût chargé. Ce fut à cette occasion que Racine, celui des deux qui tenoit ordinairement la plume, composa l'écrit suivant. Mais cet écrit eut une destinée si singulière, que nous devons en rendre compte.

« La guerre, qui ne tarda pas à se rallumer, arrêta l'exécution de ce projet, qui fut repris, dans la suite, d'une autre manière, et qui se termina par le *Recueil de médailles* publié en 1702, dans lequel les explications historiques furent aussi, pour la plupart, rédigées par Racine et Boileau, qui s'adjoignirent dans ce travail plusieurs de leurs confrères de l'Académie des inscriptions. Quant au *Précis historique de la guerre de* 1672, il resta dans les papiers de Racine jusques à sa mort, et ensuite il passa successivement dans les mains de Boileau et dans celles de Valincour, avec tous les autres papiers relatifs à l'histoire du Roi. On sait quel fut le sort de ces papiers, et que tous périrent dans l'incendie de la maison de Valincour, à Saint-Cloud, en 1726. Les seuls qui purent échapper au désastre furent ceux qui se trouvoient alors dans des mains tierces. Tel fut le *Précis historique* que Valincour avoit communiqué à l'abbé Vatry, qui travailloit alors au *Journal des Savants*, et qui fut peu après principal au collége de Reims, et livré à d'autres études. Valincour mourut en 1730.

« Cependant, cette même année 1730, le libraire Mesnier fit imprimer ce *Précis*, sous le titre de *Campagne de Louis XIV*, *par M. Pellisson*, sans qu'aucune pièce préliminaire indiquât comment le manuscrit lui étoit parvenu, ni sur quel fondement il l'attribuoit à Pellisson, mort alors depuis trente-sept ans.

« En 1749, l'abbé le Mascrier donna une édition de l'*Histoire de Louis XIV*, par Pellisson, dans laquelle il essaya de remplir lui-même quelques lacunes qui se trouvoient dans les premiers livres. Ensuite il donna, comme un dixième livre de cette histoire, le *Précis historique de la guerre de* 1672, après avoir eu la précaution d'en retrancher les dernières pages, qui auroient appris à quelle occasion cet ouvrage avoit été originairement composé.

« Ce prétendu dixième livre cependant s'ajustoit mal avec le neuvième; car ce dernier n'a pas même été terminé par Pellisson. Une partie des événements de l'année 1670, tous ceux de l'année suivante, et notamment les importants traités qui furent alors conclus, ne s'y trouvent point racontés, en sorte qu'il existe un vide considérable entre l'ouvrage de Pellisson, et celui qu'on donne comme en étant la suite.

« La différence seule du style des deux auteurs auroit dû prévenir l'éditeur contre une telle méprise. Quoique Pellisson soit sans doute un des meilleurs écrivains du siècle de Louis XIV, cependant il a des défauts qui lui sont particuliers; et ces défauts sont ceux dont Racine s'est le plus éloigné....

« Mais si ces caractères du style peuvent être matière à dispute, ce qui est certainement incontestable, c'est qu'un travail dont la destination est aussi clairement indiquée, ne pouvoit être, à cette époque, confié à Pellisson. On sait qu'il avoit encouru l'inimitié de Mme de Montespan, et que, longtemps avant l'époque de la paix de Nimègue, on lui avoit ôté les fonctions d'historiographe. Comment donc supposer que, pour un ouvrage entrepris postérieurement à 1678, dont Mme de Montespan avoit eu la première idée, et auquel on vouloit donner tant d'éclat, on eût eu recours à la plume de Pellisson, au préjudice des deux célèbres écrivains qui avoient pour eux les titres réunis de la place, du talent et de la faveur? L'erreur de l'abbé le Mascrier est d'autant moins excusable, qu'ayant eu communication des manuscrits de Pellisson, il n'y avoit rien trouvé de relatif à la guerre de

1672, comme il en convient dans sa *Préface* (p. 41), et que ce n'est que sur des conjectures qu'il s'est appuyé pour attribuer à cet historien l'ouvrage de Racine.

« Enfin, en 1784, un autre éditeur, qu'on croit être Fréron le fils, fit imprimer chez Bleuet, à Paris, ce *Précis historique*, sous le nom de ses véritables auteurs, Racine et Boileau, historiographes de France. Cet éditeur, qui ignoroit que la même pièce eût déjà été imprimée en 1730 et en 1749, l'annonça, dans son *Avertissement*, comme la découverte récente d'un morceau jusqu'alors inconnu, trouvé parmi les papiers de feu l'abbé Vatry, à qui il avoit été confié par Valincour. Il est, dans cette édition de 1784, presque entièrement semblable à celle de Mesnier, de 1730; et on y retrouve les dernières pages que l'abbé le Mascrier avoit jugé à propos de supprimer, et qui constatent à quelle occasion et pour quel objet les deux illustres historiographes l'ont entrepris.

« Nous restituons donc aux *OEuvres de Racine* un morceau qui doit nécessairement en faire partie, et qui y paroîtra pour la première fois. »

Une objection pourrait être faite à un passage de cet *Avertissement*. Rien ne s'oppose absolument à ce que Pellisson ait été chargé de ce travail historique, puisqu'il n'était pas en complète disgrâce à l'époque où le *Précis* a dû être écrit, et qu'il suivit Louis XIV pendant les campagnes de 1672 à 1678, comme l'attestent ses *Lettres historiques*[1], adressées à Mlle de Scudéri. Tout le reste de l'argumentation des éditeurs de 1807 paraît convaincant. M. Marcou, dans son *Étude sur la vie et les œuvres de Pellisson* (1 volume in-8º, Paris, 1859), p. 314, est d'avis que la restitution du *Précis* faite par Fréron fils à Racine et à Boileau a pour elle toutes les vraisemblances. Il rappelle qu'elle a été adoptée par Quérard dans *la France littéraire*. « Comme les papiers de Pellisson concernant l'histoire du Roi, ajoute M. Marcou, avaient été portés chez Racine, en 1693, par ordre de Louis XIV, on ne pourrait décider auquel des deux il doit être attribué, si les caractères du style ne semblaient le donner à ce dernier. Le style a

---

1. 3 volumes in-12, Paris, 1729.

quelque chose de ferme et de court qui appartient rarement à Pellisson. » Les pages retranchées à dessein par le Mascrier prouvent d'ailleurs incontestablement que le *Précis historique* n'a jamais été le dixième livre de l'*Histoire de Pellisson*.

Un des arguments des éditeurs de 1807 en faveur de l'authenticité du *Précis* devient à peu près décisif, quand, au lieu de l'exposer, comme ils ont fait, en termes trop vagues, on lui donne toute sa force. L'ouvrage, dont ils disent seulement que Louis XIV avait agréé le projet, fut exécuté. Nous l'apprenons par ce passage du *Journal* de Dangeau (tome I, p. 87), que ces éditeurs auraient dû citer : « Dimanche 31 (*décembre* 1684).... Mme de Montespan fit présent au Roi, le soir après souper, d'un livre relié d'or et plein de tableaux de mignature, qui sont toutes les villes de Hollande que le Roi prit en 1672. Ce livre lui coûte quatre mille pistoles, à ce qu'elle nous dit. Racine et Despréaux en ont fait tous les discours, et y ont joint un éloge historique de S. M. Ce sont les étrennes que Mme de Montespan donne au Roi. On ne saurait rien voir de plus riche, de mieux travaillé et de plus agréable. »

Les dernières lignes du *Précis historique* s'accordent si bien avec ce témoignage de l'exact chroniqueur, qu'on croirait difficilement qu'ici et là il ne fût pas question du même ouvrage. Fréron paraît donc avoir eu de fort bonnes raisons, en publiant le *Précis*, de lui donner le titre d'*Éloge historique du roi Louis XIV*, et de nommer Racine et Despréaux comme en étant les auteurs. On a pu remarquer dans le passage de Dangeau qu'outre cet *Éloge*, les deux historiographes avaient fait *tous les discours*, c'est-à-dire sans doute les descriptions et explications qui accompagnaient chacun des tableaux. Ces *Discours* ne nous ont pas été conservés.

Lorsque les éditeurs de 1807 disent que Racine était celui « qui tenoit ordinairement la plume, » et en concluent qu'il a seul écrit le *Précis*, n'ont-ils pas été un peu vite ? Rien ne prouve que Boileau eût coutume de s'effacer aussi complétement qu'ils le prétendent devant son collaborateur. Bornons-nous donc à regarder comme vraisemblable que la part qu'il a prise à la rédaction du *Précis* n'a pas été la plus grande.

Cette narration élégante, écrite d'un style rapide, a surtout les qualités de la prose de Racine. Il faut convenir du reste que pour tous les écrits auxquels Racine et Boileau ont pu coopérer dans des proportions inégales, il restera toujours un petit problème qu'on n'a aucun moyen de résoudre complétement. Pour ce qui est du *Précis*, le manuscrit même, s'il nous était rendu, et qu'il se trouvât être de la main soit de Boileau, soit de Racine, ne déciderait pas entre eux : celui qui aurait tenu la plume aurait bien pu ne pas être le principal auteur. Au surplus, il est probable que le manuscrit confié à l'abbé Vatry, et que les premiers éditeurs du *Précis* ont eu sous les yeux, était de l'écriture d'un copiste, non de celle des deux historiographes, qui eût sans doute été reconnue et aurait sur-le-champ tranché la question contre Pellisson. Il n'en est pas moins regrettable que cette copie ait jusqu'ici échappé aux recherches. Elle aurait fixé le texte, dont il nous reste à parler. Les éditeurs de 1807 ont négligé de donner aucun éclaircissement sur la manière dont ils l'ont établi ; et tel qu'ils le donnent, on peut en affirmer l'inexactitude.

Les éditions du *Précis historique* qui ont précédé la leur sont les suivantes, qu'ils ont eux-mêmes citées :

1° *Campagne de Louis XIV. Par M. Pelisson. Avec la comparaison de François Ier avec Charles-Quint*, par M. *** (1 volume in-12, à Paris, chez Mesnier.... M.DCC.XXX).

2° Le *Livre dixième contenant la guerre de Hollande jusqu'à la paix de Nimègue*, au tome III, p. 212 et suivantes, de l'*Histoire de Louis XIV, depuis la mort de Mazarin en 1661 jusqu'à la paix de Nimegue en 1678. Par M. Pelisson, de l'Académie françoise* (publié par le Mascrier, 3 volumes in-12, à Paris, chez Rollin fils, M.DCC.XLIX).

3° *Éloge historique du roi Louis XIV, sur ses conquêtes depuis 1672 jusqu'en 1678, par MM. Racine et Boileau de l'Académie françoise, et historiographes de France* (1 volume in-8°, Amsterdam, et se trouve à Paris, chez Bleuet, M.DCC.LXXXIV). On le croit publié par Fréron fils. Le sous-titre de cet *Éloge* est : *Précis historique des campagnes de Louis XIV depuis 1672 jusqu'en 1678.*

Comparés entre eux, le premier et le dernier de ces textes

offrent des variantes très-nombreuses, et importantes pour le style. Dans l'*Avertissement* que nous venons de mettre sous les yeux du lecteur, il est dit à tort que les éditions de 1730 et de 1784 sont « presque entièrement semblables. » Le texte de date intermédiaire, celui que le Mascrier a donné en 1749, se rapproche beaucoup de celui de 1730, mais est bien loin encore d'être identique avec lui. Les éditeurs de 1807 ont suivi surtout Fréron, mais inexactement, et en se permettant des changements qui n'ont pu être qu'arbitraires.

Le texte de 1784 pourrait avoir autant d'autorité que celui de 1730; car il a été donné d'une manière tout à fait indépendante de la première édition, et, comme elle, très-évidemment sur le manuscrit, dont Fréron fils ignorait la publication antérieure. « On croit, dit cet éditeur dans son *Avertissement*, page vii, faire un véritable présent au public éclairé, en lui communiquant par la voie de l'impression ce manuscrit précieux, qui doit être ajouté aux *OEuvres* de Racine et de Boileau. » Mais si les deux éditions sont, l'une comme l'autre, immédiatement tirées du manuscrit, on s'aperçoit bien vite, en les confrontant, que la plus ancienne doit être la plus fidèle. Les retouches, le rajeunissement du style sont faciles à reconnaître dans celle de Fréron fils. Il y a cependant tel passage où visiblement le désaccord entre l'éditeur de 1730 et celui de 1784 ne vient que d'une différence de lecture; et, dans ce cas, il arrive parfois que Fréron paraît avoir mieux lu le manuscrit que son devancier. Lorsqu'il en est ainsi, nous avons donné la préférence au texte de 1784; partout ailleurs nous avons suivi celui de 1730. Nous indiquons dans les notes les différences des deux éditions, et nous y ajoutons celles qui sont particulières au texte de 1749. Nous ne saurions dire si le Mascrier a de son côté préparé sur le manuscrit le texte qu'il donne. Si l'on pouvait croire qu'il ne se fût pas borné à copier l'édition de 1730, en la défigurant quelquefois, ses leçons confirmeraient la plupart du temps l'exactitude de cette première édition, avec laquelle elles sont si souvent d'accord; et l'on aurait pu même examiner si, en quelques endroits, où son texte s'en éloigne, ce texte ne serait pas préférable aux deux autres. Mais ce qui nous paraît le plus probable, c'est qu'il n'a eu sous les yeux que l'édition de 1730, et que ses variantes ne sont que des changements dus à son caprice.

Si, malgré tant de vraisemblances, l'on se refusait à admettre l'authenticité du *Précis historique* et de la *Relation du siége de Namur*, les travaux auxquels Racine s'est livré durant tant d'années comme historiographe n'auraient véritablement laissé aucune trace, les *Fragments* donnés ci-dessus, p. 71 et suivantes, n'étant que de simples notes, à l'exception de quelques lignes. On ne pourrait non plus regarder comme une œuvre d'histoire la *Relation de la victoire remportée sur les alliés à Nerwinde*, qui se trouve dans la *Gazette* du 12 août 1693 (p. 399-400), cette courte *Relation* fût-elle incontestablement de Racine. Nous ne croyons d'ailleurs pas qu'il y ait lieu de lui donner place dans notre édition : les conclusions que nous avons entendu tirer à quelques personnes de la lettre écrite par Racine à Boileau le 6 août 1693 nous paraissent un peu forcées. Voici, dans cette lettre, le passage qu'il s'agit d'examiner : « Il me vient en pensée de vous envoyer deux lettres, une de Bruxelles, l'autre de Vilvorde, et un récit du combat en général, qui me fut dicté hier au soir par M. d'Albergotti…. Vous me feriez un fort grand plaisir, quand vous aurez lu tout cela, de l'envoyer bien cacheté, avec cette même lettre que je vous écris, à M. l'abbé Renaudot, afin qu'il ne tombe point dans l'inconvénient de l'année passée…. Il pourra distribuer une partie des choses que je vous envoie en plusieurs articles, tantôt sous celui de Bruxelles, tantôt sous celui de Landefermé,… tantôt même sous l'article de Malines ou de Vilvorde. » Il doit s'ensuivre, nous a-t-on dit, que le récit de la bataille de Nerwinde qu'on lit dans la *Gazette* est de Racine, et doit être recueilli par les éditions de ses *OEuvres*. Mais que trouvons-nous dans ce journal? On y chercherait en vain, en ce temps-là, les articles écrits de Malines et de Landefermé. Dans le numéro du 8 août il y a (p. 386) une lettre datée de Louvain, le 30 juillet 1693; une de Vilvorde (même page), du 31 juillet; et une de Bruxelles, sous la même date (p. 387). Chacune de ces lettres a une demi-page seulement; la défaite du prince d'Orange et de l'électeur de Bavière y est assez brièvement annoncée. La *Gazette* donne ensuite, dans un *Extraordinaire* du 12 août

(p. 389-400), la *Relation* que nous avons tout à l'heure mentionnée. Cette *Relation* n'est pas très-développée[1]. Renaudot y a fait certainement usage des lettres et mémoires communiqués par Racine, mais en les arrangeant et les abrégeant, puisqu'il n'a pas reproduit tous les détails qui sont dans la lettre de Racine à Boileau, une des pièces que Racine avait recommandé de lui envoyer; et lors même que nous serions assurés qu'il a tout copié exactement, serait-il légitime de grossir les *OEuvres* de Racine d'une relation composée en partie d'extraits d'une de ses lettres, que nous donnons en son lieu, en plus grande partie de mémoires écrits sous la dictée d'Albergotti, et auxquels Racine n'avait pu avoir le temps de travailler, même pour en polir le style?

1. La fin de la *Relation* (p. 400) a quelque chose d'oratoire. Ce serait le morceau le plus digne de quelque attention qu'on y trouverait, s'il y avait de meilleures raisons de croire que la *Relation* tout entière fût de Racine. Voici cette fin : « La perte que cause aux alliés cette mémorable journée, jointe à la prise de Heidelberg, de Rose, d'Huy, et de la plus grande partie des flottes angloise et hollandoise destinées pour Smyrne, fait assez voir que Dieu favorise toujours la justice de la cause du Roi; et que si ses ennemis sont assez aveuglés pour préférer la continuation d'une guerre si malheureuse pour eux à une bonne paix, ses sujets auront au moins la satisfaction de voir augmenter sa gloire et les limites de son royaume par de nouvelles conquêtes, et par une suite de prospérités qui les récompensera de ce qu'ils ont été obligés de contribuer pour le maintien de la religion et pour le bien de l'État. »

PRÉCIS HISTORIQUE

DES

CAMPAGNES DE LOUIS XIV

DEPUIS 1672 JUSQU'EN 1678.

Avant que le Roi déclarât la guerre aux états des Provinces Unies[1], sa réputation avoit déjà donné de la jalousie à tous les princes de l'Europe. Le repos des peuples[2] affermi, l'ordre rétabli dans ses finances, ses ambassadeurs vengés, Dunkerque retiré des mains des Anglois, et l'Empire si glorieusement secouru, étoient des preuves illustres de sa sagesse et de sa conduite; et par la rapidité de ses conquêtes en Flandres et en Franche-Comté, il avoit fait voir qu'il n'étoit pas moins excellent capitaine que grand politique.

Ainsi révéré de ses sujets, craint de ses ennemis, admiré de toute la terre, il sembloit n'avoir plus qu'à jouir en paix d'une gloire si solidement établie, quand la Hollande lui offrit encore de nouvelles occasions de se signaler, et ouvrit le chemin à des actions[3] dont la mémoire ne sauroit jamais périr parmi les hommes.

1. *Var.* Aux Provinces Unies. (1749.)
2. *Var.* De ses peuples. (1784.)
3. *Var.* Lorsque la Hollande lui offrit encore, comme nous l'avons dit, de nouvelles occasions de se signaler, en n'oubliant rien de ce qui pouvoit attirer sur elle l'orage qu'il avoit tenu longtemps suspendu, et ouvrit le chemin à des actions. (1749.) — Quand la

Cette petite république¹, si foible dans ses commencements, s'étant un peu accrue par le secours de la France et par la valeur des princes de la maison de Nassau, étoit montée à un excès d'abondance et de richesses qui la rendoient formidable à tous ses voisins. Elle avoit plusieurs fois envahi leurs terres, pris leurs villes et ravagé leurs frontières; elle passoit pour le pays qui savoit le mieux faire² la guerre; c'étoit une école³ où se formoient les soldats et les capitaines. Les étrangers⁴ y alloient apprendre l'art d'assiéger les places et de les défendre. Elle faisoit tout le commerce des Indes orientales, où elle avoit presque entièrement détruit la puissance des Portugais; elle traitoit d'égale avec l'Angleterre, sur qui elle avoit même remporté de glorieux avantages, et dont elle avoit tout fraîchement⁵ brûlé les vaisseaux dans la Tamise; et enfin, aveuglée de sa prospérité, elle commença à méconnoître la main qui l'avoit tant de fois affermie et soutenue⁶. Elle prétendit faire la loi à l'Europe; elle se ligua avec les ennemis de la France, et se vanta qu'elle seule avoit mis des bornes aux conquêtes du Roi. Elle opprima les catholiques dans tous les pays de sa domination, et s'opposa aux commerces⁷ des François dans les Indes. En un mot, elle n'oublia rien de tout ce qui pouvoit attirer sur elle l'orage qui la vint inonder.

Hollande lui offrit encore de nouvelles occasions de se signaler par des actions. (1784.)

1. Tout ce paragraphe, depuis : « Cette petite république, » jusqu'à : « Le Roi, las de souffrir, » manque dans l'édition de 1749.
2. *Var.* Qui savoit mieux faire. (1784.)
3. *Var.* C'étoit comme une école. (1784.)
4. *Var.* Et les étrangers. (1784.)
5. *Var.* Tout récemment. (1784.)
6. Ce même reproche est développé par Louis XIV lui-même dans son *Mémoire* (inédit) sur la campagne de 1672, cité par M. Rousset, *Histoire de Louvois*, tome I, p. 321-323.
7. *Var.* Au commerce. (1784.)

Le Roi, las de souffrir ses insolences, résolut de les prévenir[1]. Il déclara la guerre aux Hollandois sur le commencement du printemps[2], et marcha aussitôt contre eux. Le bruit de sa marche les étonna. Quelque criminels[3] qu'ils fussent, ils ne pensoient pas que la punition dût suivre de si près l'offense. Ils avoient peine à s'imaginer qu'un prince jeune, né avec toutes les grâces de l'esprit et du corps, dans l'abondance de toutes choses, au milieu des plaisirs et des délices[4], qui sembloient le chercher en foule, pût s'en débarrasser si aisément pour aller, loin de son royaume[5], s'exposer aux périls et aux fatigues d'une guerre longue et fâcheuse, et dont le succès étoit incertain. Ils se rassuroient pourtant sur le bon état où ils croyoient avoir mis leurs places.

En effet, comme le tonnerre avoit grondé longtemps[6], ils avoient eu le loisir de les remplir d'hommes, de munitions et de vivres; ils avoient fortifié tous les bords de l'Issel. Le prince d'Orange, pour défendre ce passage, s'y étoit campé avec une armée nombreuse. Le Rhin, de tous les autres côtés, couvroit leur pays. L'Europe étoit dans l'attente de ce qui alloit arriver. Ceux qui connoissoient les forces de la Hollande et la bonté des places qui la défendoient, ne pensoient pas qu'on la pût seule-

---

1. *Var.* Le Roi, las de souffrir son ingratitude, résolut enfin de la punir. (1749.)

2. « Le 7 (*avril* 1672), on publia ici (*à Paris*) l'ordonnance du Roi par laquelle Sa Majesté.... déclare avoir résolu de faire la guerre aux états généraux des Provinces Unies des Pays-Bas, tant par mer que par terre. » (*Gazette* du 9 avril 1672.) Louis XIV quitta Saint-Germain le 28 du même mois; le 5 mai il étoit au milieu de l'armée, à Charleroi.

3. *Var.* Quelque coupables. (1784.)

4. *Var.* Des délices et des plaisirs. (1784.)

5. *Var.* Loin de sa cour. (1749.)

6. *Var.* Fort longtemps. (1784.)

ment aborder[1] ; et ils publioient que la gloire du Roi seroit assez grande si, en toute sa campagne, il pouvoit emporter une seule de ces places. Quel fut donc leur étonnement, ou plutôt quelle fut la surprise de tout le monde, lorsque l'on apprit qu'il avoit mis le siége devant quatre fortes villes[2] en même temps, et que, sans qu'il eût fait ni lignes de circonvallation ni de contrevallation, ces quatre villes s'étoient rendues à discrétion au premier jour de tranchée[3] !

Un exploit si extraordinaire, et[4] si peu attendu, jeta la terreur dans tous les pays que les Hollandois occupoient le long du Rhin; on apportoit au Roi de tous côtés les clefs des places. A peine les gouverneurs avoient-ils le temps de se sauver dans des barques[5], avec leurs familles épouvantées, et une partie de leur bagage : sa marche étoit un continuel triomphe. Il s'avança de la sorte jusqu'auprès de Tholus[6]. Le Rhin, qui en cet endroit est fort large et fort profond, sembloit opposer une barrière invincible à l'impétuosité des François. Le Roi pourtant se préparoit[7] à le passer : son dessein étoit d'abord de

1. *Var.* Ne pensoient pas qu'on pût seulement l'aborder. (1749.) — Ne pensoient pas seulement qu'on la pût aborder. (1784.)

2. *Var.* Devant trois fortes villes. (1749.) — *Quatre* doit être la vraie leçon. Il s'agit de Rhinberg, Orsoi, Wesel et Burick. Ces quatre places sur le Rhin furent prises en quatre jours. Le Roi était arrivé le 2 juin devant Orsoi, qui fut la première place assiégée. Celle qui capitula la dernière, Rhinberg, se rendit le 6 juin au matin. Voyez la *Gazette* du 13 juin 1672, p. 553-564.

3. *Var.* De tranchée ouverte. (1749.)

4. *Et* manque dans l'édition de 1784.

5. *Var.* Sur des barques. (1784.)

6. *Var.* Il s'avança de la sorte auprès de Toluis. (1784.) — Boileau, au vers 55 de son *Épître* IV, *au Roi*, écrit *Tholus*. La vraie forme est *Tol-Huis* (maison du péage). L'édition de 1749 donne *Tolhuis*.

7. *Var.* Le Roi se préparoit cependant. (1749.) — Le Roi pourtant se prépare. (1784.)

faire¹ un pont de bateaux ; mais comme cela ne se pouvoit exécuter qu'avec lenteur, et que d'ailleurs les ennemis commençoient à se montrer sur l'autre bord, il résolut d'aller à eux avec une promptitude qui acheva de les étonner. Il commanda² à sa cavalerie d'entrer dans le fleuve : l'ordre s'exécute³. Il faisoit ce jour-là un vent fort impétueux, qui, agitant les eaux du Rhin, en rendoit l'aspect beaucoup plus terrible. Il marche néanmoins ; aucun ne s'écarte de son rang, et le terrain venant à manquer sous les pieds de leurs chevaux, ils les font nager, et approchent avec une audace que la présence du Roi pouvoit seule leur inspirer⁴. Cependant trois escadrons paroissent de l'autre côté du fleuve ; ils entrent même dans l'eau, et font une décharge qui tue quelques-uns des plus avancés, et en blessent d'autres⁵. Malgré ces obstacles⁶, les François abordent, et l'eau ayant mis leurs armes à feu hors d'état de leur servir⁷, ils fondent sur ces escadrons l'épée à la main. Les ennemis n'osent les attendre ; ils fuient à toute bride, et se renversant les uns sur les autres, vont porter la nouvelle jusqu'au fond de la Hollande⁸ que le Roi étoit passé.

Alors il n'y eut plus rien qui osât faire résistance. Le prince d'Orange, craignant d'être enveloppé, abandonna aussi⁹ les bords de l'Issel ; et le Roi y campa, peu de jours après, dans ses fortifications, dont le seul récit jeta l'épou-

1. *Var.* D'y faire. (1784.)
2. *Var.* Il commande. (1784.)
3. Le 12 juin 1672.
4. *Var.* Que la présence seule du Roi pouvoit leur inspirer. (1749.)
5. *Var.* Et en blesse d'autres. (1784.)
6. *Var.* Malgré cet obstacle. (1784.)
7. *Var.* Hors d'état de servir. (1749 et 1784.)
8. *Var.* Vont porter jusqu'au fond de la Hollande la nouvelle. (1784.)
9. *Var.* Abandonna aussitôt. (1784.)

vante[1]. Arnheim se rendit; Doësbourg suivit son exemple; le fort de Skink[2], si fameux par les longs siéges qu'il a autrefois soutenus, n'attendit pas l'ouverture de la tranchée. Utrecht, ancienne capitale de la Hollande, envoya aussitôt ses clefs. Woërden[3] pris, Narden emporté, tout reçoit le joug, tout cède à la rapidité du torrent. Amsterdam commença[4] à trembler. Cette ville, si superbe dans sa prospérité[5], maintenant humble dans l'infortune, songe déjà à faire sa capitulation. On voit ses ambassadeurs, qui quelques mois auparavant donnoient[6] au Roi le choix de la paix ou de la guerre, on voit, dis-je, ces mêmes ambassadeurs tremblants et soumis implorer la clémence du vainqueur. Cependant la désunion[7] se met parmi les chefs de la République. Les uns souhaitent la paix; les autres, dévoués au prince d'Orange, veulent

1. *Var.* Jetoit l'épouvante. (1784.) — Cette variante doit être une correction de l'éditeur, qui aura mal compris ce passage. *Dont*, qui est ici pour *ce dont*, *chose dont*, ne se rapporte pas au mot *fortifications*, mais à tout le membre de phrase qui précède. L'éditeur de 1749 ne s'y est pas trompé; mais croyant que cette phrase surannée devait être corrigée, il a mis : « et le Roi y campa, peu de jours après, dans ses retranchements. Ce seul récit jeta l'épouvante. »
2. Le fort de Skink ou de Schenck, qui défendait la pointe du Betau, se rendit à Turenne le 19 juin 1672, après trois jours de tranchée ouverte.
3. *Var.* Coeverden. (1784.) — La leçon Woërden est seule bonne. Koevorden, dans la province de Drenthe, avait été occupé par le duc de Luxembourg avant le passage du Rhin; Woërden, qui est sur le canal du Rhin, entre Utrecht et Leyde, fit sa soumission, ainsi que Naërden, après ce passage. Voyez la *Gazette* du 12 juillet 1672, p. 673-684.
4. *Var.* Commence. (1784.)
5. *Var.* Dans la prospérité. (1784.)
6. Dans les éditions de 1730 et de 1749 on lit *donnèrent;* mais *donnoient*, qui est dans l'édition de 1784, nous paraît être la vraie leçon.
7. *Var.* La division. (1784.)

empêcher la négociation. Le Pensionnaire est assassiné[1]. Ce n'est que confusion et que trouble. Le parti du prince d'Orange demeure enfin le plus fort. Ce prince prend son temps; et pour sauver son pays de l'inondation des François, ne sait point[2] d'autre expédient que de le noyer dans les eaux de la mer[3]; il lâche[4] les écluses de l'Océan : voilà Amsterdam au milieu des eaux, et les Hollandois sont de nouveau renfermés[5] dans le fond de ces marais d'où nos pères les avoient autrefois tirés[6].

Tandis que le Roi poussoit ainsi sa victoire jusqu'aux derniers confins de la Hollande, le duc d'Orléans assiégeoit Zutphen, qu'il prit en moins de huit jours[7]. Nimègue se défendit un peu mieux contre le vicomte de Turenne. Le Roi lui avoit donné la conduite de l'armée que commandoit le prince de Condé, qui avoit été blessé au passage du Rhin. Nimègue enfin se rendit aux mêmes conditions que Zutphen[8], et sa prise, qui fut suivie de celle de Grave et de Crèvecœur[9], mit tout le pays[10] sous le pouvoir des François. Ainsi les armes du Roi triomphoient également partout; et le duc de Luxembourg,

1. Le 20 août 1672.
2. *Var.* Il ne sait point. (1749.)
3. *Var.* Sous les flots de la mer. (1749.)
4. *Var.* Et lâche. (1784.)
5. *Var.* Et les Hollandois se voient de nouveau renfermés. (1749.) — Et les Hollandois tout de nouveau renfermés. (1784.)
6. *Var.* Les avoient tirés. (1749.)
7. Zutphen se rendit le 24 juin 1672 à Monsieur, qui y fit son entrée le 26.
8. Nimègue capitula le 9 juillet 1672.
9. Grave, sur la Meuse, fut pris par le comte de Chamilly le 5 juillet 1672, par conséquent avant la capitulation de Nimègue. Le fort de Crèvecœur, qui commandait les communications de Bois-le-Duc avec l'île de Bommel, fut pris le 19 juillet. Turenne y avait fait ouvrir la tranchée le 17.
10. *Var.* Tout le Betau et toute l'île de Bomel. (1784.)

ayant joint l'évêque de Munster, n'eut pas des succès moins glorieux que les autres capitaines. Le nombre des prisonniers de guerre étoit si grand, que les temples et les lieux publics ne pouvoient plus les contenir; et il y en avoit de quoi composer une armée presque aussi nombreuse que celle de France. Par là on peut voir qu'il y a quelquefois des choses vraies qui ne sont pas vraisemblables[1] aux yeux des hommes, et[2] que nous traitons souvent de fabuleux, dans l'histoire[3], des événements qui, tout incroyables qu'ils sont, ne laissent pas d'être véritables. En effet, comment la postérité pourra-t-elle croire qu'un prince, en moins de deux mois[4], ait pris quarante villes fortifiées régulièrement; qu'il ait conquis une si grande étendue de pays en aussi peu de temps qu'il en faut pour faire le voyage, et que la destruction d'une des plus redoutables puissances de l'Europe n'ait été que l'ouvrage de sept semaines?

Le Roi ayant ainsi conquis presque toute la Hollande, il[5] pouvoit exercer sur les villes qu'il avoit prises une vengeance légitime; mais la soumission des vaincus avoit désarmé sa colère. Il y rétablit seulement l'exercice de la religion catholique. Après avoir mis partout des gouverneurs et des garnisons, il reprit le chemin de France. On lui préparoit des entrées et des triomphes, mais il ne vouloit pas[6] les accepter : il se contenta des acclamations des peuples, et de la joie universelle que son retour excita dans le royaume.

1. *Var*. Qui ne sont point vraisemblables. (1784.)
2. *Et* manque dans l'édition de 1730.
3. *Var*. Dans les histoires. (1784.)
4. *Var*. Qu'en moins de deux mois un prince. (1749.)
5. *Il* manque dans l'édition de 1784.
6. 1749 et 1784 ont *voulut*, au lieu de *vouloit*; 1784 a *point*, au lieu de *pas*.

Son absence et les approches de l'hiver donnèrent quelque relâche aux Hollandois, à qui la mer avoit été un peu plus favorable que la terre.

Le prince d'Orange, déclaré généralissime de leurs armées, voulut signaler sa dignité[1] ; il sut le peu d'hommes qu'il y avoit dans Woërden[2], et se servant de cette occasion[3], alla mettre[4] le siége devant cette ville. Il s'étoit campé de telle sorte qu'on ne pouvoit aller à lui que par un grand marais, où il y avoit une chaussée très-étroite. Mais les François, quoique en petit nombre, se jetant dans l'eau[5], allèrent l'attaquer jusque dans les retranchements[6], au travers du feu épouvantable que faisoit son infanterie. Au même temps, la garnison de la ville étant sortie sur eux, il s'en fit un carnage horrible, et tous les marais des environs furent teints du sang des malheureux Hollandois. Depuis cette défaite, le prince d'Orange n'osa plus rien tenter du côté de la Hollande. Il ne perd pas[7] néanmoins tout à fait courage : il va en Flandres joindre les Espagnols, et songe avec leurs secours[8] à faire aux François quelque insulte qui pût en quelque sorte effacer l'ignominie de son pays. Charleroy semble lui en offrir l'occasion. Montal, gouverneur, avoit eu ordre d'en sortir pour aller à Tongres. Le prince d'Orange propose aux Espagnols de mettre le siége devant cette

1. *Var.* Sa nouvelle dignité. (1784.)
2. Dans l'édition de 1784 il y a ici *Coerden* (plus haut *Coeverden*). — Le prince d'Orange était arrivé dans la nuit du 10 octobre 1672 devant Woërden. Luxembourg lui fit lever le siége de cette place, le 12 octobre, après un combat acharné.
3. *Var.* Et se servant de l'occcasion. (1784.)
4. *Var.* Il alla mettre. (1749 et 1784.)
5. *Var.* Se jetant encore dans l'eau. (1784.)
6. *Var.* Jusque dans ses retranchements. (1749 et 1784.)
7. *Var.* Il ne perdit pas. (1784.)
8. *Var.* Avec leur secours. (1749 et 1784.)

ville, persuadé qu'elle seroit prise avant qu'on fût en état de la secourir. Ce dessein[1] leur plaît; ils l'investissent avec tout ce qu'ils ont[2] de forces. Mais le Roi s'étant approché de la frontière avec six cents hommes seulement, la terreur se met dans leurs esprits, déjà rebutés[3] par la rigueur de la saison[4]. Cette nuée se dissipa avec la même vitesse qu'elle s'étoit amassée, et les Espagnols ne remportèrent de cet exploit que la honte d'avoir donné atteinte aux traités qu'ils avoient faits[5] avec la France.

Cependant l'électeur de Brandebourg s'étoit mis en campagne avec les troupes de l'Empereur[6], dans l'espérance de faire pour les Hollandois[7] quelque chose d'éclatant. Mais le vicomte de Turenne lui coupa chemin dans la Westphalie, et l'ayant repoussé dans son pays, l'obligea à demander honteusement la paix[8], que l'année suivante il rompit[9] plus honteusement encore.

Un si grand nombre de victoires entassées les unes sur les autres devoient avoir abattu entièrement le courage des ennemis. Maëstricht[10] pourtant restoit encore; et

1. *Var.* Le dessein. (1784.)
2. *Var.* Avec tout ce qu'ils avoient. (1784.)
3. *Var.* Dans leurs troupes, déjà rebutées. (1784.)
4. Le comte de Marcin avait fait investir Charleroi le 15 décembre 1672. Le prince d'Orange y arriva le 17. Le comte de Montal rentra dans Charleroi dans la nuit du 18 au 19. Le 22, dès la pointe du jour, toutes les troupes des assiégeants décampèrent. Voyez la *Gazette* du 30 décembre 1672, p. 1281-1292.
5. *Var.* Au traité qu'ils avoient fait. (1784.)
6. *Var.* De l'Empire. (1749.)
7. *Var.* Plus que les Hollandois. (1784.)
8. Le 1er mars 1673, les Français étaient complétement maîtres de la Westphalie. Le 6 mars, les ennemis repassaient le Weser en désordre; et huit jours après, un envoyé de l'électeur de Brandebourg se rendait à Versailles pour négocier un traité de paix.
9. *Var.* Qu'il rompit l'année suivante. (1749.)
10. L'orthographe de ce nom est toujours *Mastrich* dans l'édition de 1730.

tandis qu'ils étoient maîtres d'une ville de cette réputation, ils ne pouvoient se croire absolument vaincus[1]. Le Roi l'avoit déjà comme bloquée par les postes qu'il avoit pris aux environs[2], où il pouvoit[3] peu à peu l'affamer s'il eût voulu; mais cette manière lente de faire la guerre s'accommodoit peu à l'humeur impatiente d'un conquérant. Il résolut d'ôter tout d'un coup aux Hollandois ce reste d'espérance qui nourrissoit leur orgueil, et alla en personne l'assiéger[4]. Les ennemis, qui s'attendoient à ce siége, n'avoient épargné ni soins[5] ni dépense. Il n'étoit parlé que des grands préparatifs qu'ils avoient faits pour se mettre en état de le soutenir. Il y avoit dans la place sept mille hommes de guerre, et entre eux des régiments d'Espagnols et d'Italiens, tous vieux soldats dont la valeur s'étoit rendue célèbre dans les guerres précédentes. Farjau[6] les commandoit, officier d'une expérience consommée, que les Hollandois avoient demandé aux Espagnols, et qui s'étoit signalé à la défense de Valenciennes, dont les François avoient autrefois été contraints de lever le siége. Les ennemis s'attendoient de voir la même chose

1. *Var.* Absolument ruinés. (1784.)
2. Nous suivons ici les éditions de 1749 et de 1784. Celle de 1730 a : « aux ennemis. » C'est sans doute une erreur de lecture.
3. *Var.* Et il pouvoit. (1784.) — L'édition de 1749 a ainsi corrigé la phrase : « par le moyen desquels il pouvoit l'affamer peu à peu.... »
4. L'investissement de Maëstricht fut commencé le 6 juin 1673 par le comte de Lorges et le comte de Montal. Le 10 juin, le Roi arriva dans le camp. Voyez la *Gazette* du 10, du 12 et du 17 juin 1673.
5. Dans les éditions de 1730 et de 1749, il y a *ni force*. C'est sans doute un mot mal lu dans le manuscrit.
6. On lit *Farjan* dans les éditions de 1730 et de 1749, *Fariant* dans celle de 1784. — Le nom du commandant de Maëstricht est le colonel *Fariau* dans la *Gazette;* et, ce qui revient au même pour l'orthographe du temps, *Farjau* dans les *Lettres historiques* de Pellisson (tome I, p. 293).

à Maëstricht. Jamais ville en effet ne fit d'abord une résistance plus vigoureuse, ni un feu plus cruel[1] et plus terrible. On y épuisa de part et d'autre toutes les finesses du métier. Mais que peuvent[2] la force et l'industrie contre une armée de François animée[3] par la présence de leur roi ? Cette ville si bien défendue, mieux attaquée encore, tint à peine treize jours[4]. On se rend maître des dehors ; toutes les défenses de la place sont ruinées : le Roi y entre victorieux, et la garnison se croit[5] trop glorieuse de pouvoir sortir tambour battant et enseignes déployées. La prise de Maëstricht n'étonne[6] pas seulement les Hollandois ; elle épouvante encore toute l'Allemagne[7].

L'Empereur, qui avoit déjà en quelque sorte rompu avec la France par les secours qu'il avoit prêtés[8] à l'électeur de Brandebourg, cherche[9] des prétextes pour se liguer ouvertement avec les Hollandois. Il portoit impatiemment la prospérité d'un prince trop redoutable à la maison d'Autriche, et appréhendoit que ce torrent, ayant emporté tous les Pays-Bas[10], ne se répandît enfin sur l'Allemagne même. Ainsi la frayeur, la jalousie, et l'argent des Hollandois prodigué à ses ministres, le déterminèrent à la guerre. D'autre côté, les Espagnols, voyant la ligue

---

1. *Var.* Plus continuel. (1784.)
2. *Var.* Mais que purent. (1784.)
3. *Var.* Animés. (1749 et 1784.)
4. Le 30 juin 1673, le gouverneur de Maëstricht fit battre la chamade. « Le sieur Fariau se préparoit à en sortir le lendemain, et le Roi y devoit faire son entrée le 2 de ce mois. » (*Gazette* du 4 juillet 1673.)
5. *Var.* Se crut. (1784.)
6. *Var.* N'étonna. (1784.)
7. *Var.* Elle épouvanta toute l'Allemagne. (1784.)
8. *Var.* Par le secours qu'il avoit prêté. (1749.)
9. *Var.* Chercha. (1784.)
10. *Var.* Tout le Pays-Bas. (1784.) — Voyez ci-dessus, p. 81, note 2.

bien formée[1], enorgueillis de la prise de Narden[2], dont le prince d'Orange, par leur moyen, venoit de se ressaisir[3], songèrent aussi à se déclarer.

Le Roi, instruit du dessein[4] de ses ennemis, se met en état de les prévenir, et s'empare de la ville de Trèves[5]. Alors l'Empereur crut qu'il étoit temps d'éclater ; il ne se souvient plus[6] des engagements qu'il avoit faits avec le Roi, ni du traité qu'il avoit signé. Il oublie que les François, quelques années auparavant, sur les bords du Raab, avoient sauvé l'Empire de la fureur des infidèles. Il fait des plaintes et des manifestes remplis d'injures, et publie partout que le roi de France veut usurper la couronne impériale, et aspirer[7] à la monarchie universelle. Il emploie enfin, pour le rendre odieux, tout ce que la passion peut inspirer de plus violent et de plus aigre. Il fit même des protestations dans Vienne, aux pieds[8] des autels ; il se montra[9] aux chefs de ses troupes, un crucifix à la main, et les exhorta[10] à rappeler leur courage pour défendre la chrétienté opprimée. Il oublie[11], en ce moment, que les Hollandois qu'il prenoit en sa protection[12] étoient les plus constants ennemis de la religion catholique ; et

1. *Var.* Si bien formée. (1784.)
2. Naerden fut investi le 4 septembre 1673 par l'armée du prince d'Orange, forte de vingt-cinq mille hommes ; la tranchée fut ouverte le 8, et la ville prise le 11. Voyez la *Gazette* du 16 et celle du 23 septembre 1673.
3. *Var.* Venoit de se ressaisir par leur moyen. (1749.)
4. *Var.* Des desseins. (1784.)
5. Trèves se rendit au marquis de Rochefort le 7 septembre 1673.
6. *Var.* Il ne se souvint plus. (1784.)
7. *Var.* Et aspire. (1749 et 1784.)
8. *Var.* Au pied. (1749.)
9. *Var.* Il se montre. (1784.)
10. *Var.* Et les exhorte. (1784.)
11. *Var.* Il oublia. (1784.)
12. *Var.* Sous sa protection. (1784.

que le Roi non-seulement la rétablissoit dans toutes les places qu'il prenoit sur eux, mais qu'il leur avoit même en partie déclaré la guerre pour défendre deux princes ecclésiastiques de leurs injustes oppressions[1]. Les plaintes de l'Empereur, toutes frivoles qu'elles étoient, ne laissèrent pas de faire impression sur l'esprit des Allemands, naturellement envieux de la gloire des François. Le duc de Bavière et le duc d'Hanover[2] furent les seuls qui demeurèrent neutres; tous les autres se déclarèrent peu à peu contre la France. Ni les raisons d'intérêt, ni les plus étroites alliances, ne purent les retenir; et la plupart de ces mêmes princes qu'on avoit vus si tardifs et si paresseux à secourir l'Empire contre l'invasion des Turcs, se hâtèrent de rassembler leurs forces pour s'opposer aux progrès des François, qu'ils ne pouvoient souffrir pour voisins, et dont la prospérité commençoit à leur donner trop d'ombrage. C'étoit la première fois qu'on avoit vu toutes ces puissances unies de la sorte avec l'Empereur. L'Angleterre même, qui s'étoit liguée avec la France pour abattre la fierté des Hollandois, trop riches et trop puissants, commença à regarder d'un œil de pitié les Hollandois vaincus et détruits, et quelques mois après fit son traité avec eux[3].

Jamais la France ne se vit tout à la fois tant d'ennemis sur les bras[4]. Les Allemands la regardoient déjà comme un butin qu'ils alloient partager entre eux. On crut que

---

1. *Var.* De leur injuste oppression. (1784.)
2. *Var.* Et celui d'Hanovre. (1749.)
3. « Le 19 (*février* 1674), le traité de paix d'entre le roy de la Grand'Bretagne et les états généraux des Provinces Unies fut signé par les députés de sadite Majesté britannique et par le marquis del Fresno, ambassadeur d'Espagne, au nom desdits états généraux. » (*Gazette* du 3 mars 1674.)
4. *Var.* Ne se vit tant d'ennemis à la fois. (1784.)

le Roi se tiendroit sur la défensive[1]; et les étrangers l'estimoient assez heureux s'il pouvoit sauver ses frontières de l'inondation qui les menaçoit. Cependant il méditoit en ce temps-là même la conquête de la Franche-Comté. Il s'étoit déjà une fois emparé[2] de cette province au milieu des neiges[3] et des rigueurs de l'hiver, avec une vitesse qui surprit toute l'Europe. Mais comme il ne l'avoit conquise que pour forcer ses ennemis à accepter les conditions qu'il leur offroit, il la leur avoit rendue par le traité d'Aix-la-Chapelle. Les Espagnols, devenus sages par l'expérience du passé, avoient tout de nouveau fait fortifier leurs places, et pensoient les avoir mises en état de ne plus redouter une pareille insulte. Surtout Besançon passoit alors pour[4] une des meilleures places du monde; et sa citadelle[5], bâtie sur un roc inaccessible, sembloit n'avoir rien à craindre que la surprise et la trahison. L'élite de leurs troupes étoit là; le prince de Vaudemont s'y étoit jeté avec plusieurs officiers résolus de se défendre jusqu'aux dernières extrémités. La saison sembloit conspirer avec eux. Le Roi ayant assiégé cette ville, le temps se rendit insupportable. La rivière du Doubs[6], qui passe au pied des remparts, devenue extrêmement grosse et rapide, il fit de si grandes pluies[7] que dans la tranchée et dans le camp[8] les soldats étoient dans l'eau jusqu'aux genoux. Il n'y a point de troupes qui ne se fussent rebutées : à peine les soldats pouvoient-ils porter

1. *Var.* Sur la défense. (1784.)
2. *Var.* Déjà emparé une fois. (1784.)
3. *Var.* Au milieu des glaces, des neiges. (1784.)
4. *Var.* Besançon surtout passoit pour. (1749.)
5. *Var.* Et la citadelle. (1784.)
6. Dans les trois éditions l'orthographe de ce nom est *Doux*.
7. *Var.* Étoit devenue extrêmement grosse et rapide, et il fit de si grandes pluies. (1749.) — Devint.... et il fit.... (1784.)
8. *Var.* Et dans les camps. (1784.)

leurs armes[1]. Le Roi avoit soin que l'argent ne leur fût point épargné; mais ils ne demandoient que du soleil. Enfin l'exemple du Roi, qui s'exposoit à tous les périls et essuyoit toutes les fatigues, leur fit vaincre ces obstacles. La ville fut obligée de se rendre, et la garnison se renferma dans la citadelle. On n'en pouvoit[2] approcher qu'en se rendant maître du fort[3].

Ce fort[4] étoit comme une autre citadelle, qu'on ne pouvoit aborder qu'à découvert et avec des difficultés incroyables. Une poignée de François entreprend de l'emporter en plein midi; ils grimpent sur le roc en se donnant la main les uns aux autres; ils rompent et arrachent[5] les palissades; les ennemis prennent l'épouvante, et cèdent plutôt à l'audace qu'à la force. Le Roi avoit si bien fait placer son artillerie, qu'elle battoit en ruine la citadelle et le fort. Il la fit tourner alors contre la citadelle[6]. L'effet du canon fut si prodigieux, qu'en peu de temps une partie du roc fut brisée[7]; les éclats en volèrent[8] avec tant de violence, que les assiégés n'osoient paroître sur les remparts, et ne pouvoient même dans la place trouver un lieu pour s'en garantir : tellement qu'au bout de deux jours ils furent contraints de capituler; et cette forteresse imprenable fut prise sans qu'il en coutât un seul homme aux François[9]. Dole, Salins[10] et toutes les autres

1. *Var.* Les armes. (1784.)
2. *Var.* Dans la citadelle, dont on ne pouvoit. (1749.)
3. *Var.* Du fort Saint-Étienne. (1784.)
4. *Var.* Le fort. (1784.) — 5. *Var.* Ou arrachent. (1784.)
6. *Var.* Contre la citadelle seule. (1784.)
7. *Var.* En fut brisée. (1784.) — 8. *Var.* En voloient. (1784.)
9. Le Roi était arrivé le 2 mai 1674 devant Besançon, investi dès le 15 avril. Le 15 mai, on signa les articles de la capitulation pour la ville, et le 22 mai pour la citadelle.
10. Dôle capitula le 6 juin; la Feuillade fit ouvrir le 24 juin la tranchée devant Salins, et entra dans la place le 12.

villes de la province furent attaquées avec le même succès, quoique l'armée du Roi fût si fort diminuée par les détachements qu'il avoit été obligé de faire, que les assiégés étoient bien souvent, en nombre, égaux[1] aux assiégeants.

Voilà donc le Roi encore une fois maître de la Franche-Comté ; et pour comble de gloire il reçut la nouvelle que le vicomte de Turenne avoit battu les ennemis à Sintzheim[2]. Cependant le comte de Souches, à la tête des troupes de l'Empereur, avoit joint en Flandres le prince d'Orange et les Espagnols. Ces trois armées ensemble faisoient[3] un corps de soixante mille hommes, qui ne se promettoient[4] pas moins que de conquérir la Picardie et la Champagne ; mais il falloit auparavant vaincre le prince de Condé, qui commandoit l'armée de France. Ce prince ayant grossi ses troupes des garnisons de plusieurs places d'Hollande[5], que le maréchal de Bellefonds, par ordre du Roi, avoit fait raser[6], se vint camper[7] vis-à-vis des ennemis proche le village de Senef, et s'étant posté avantageusement, les fatigua de telle sorte qu'il les obligea de décamper. On ne fait point impunément une fausse démarche en présence d'un tel capitaine. A peine ils commençoient à marcher, qu'il fond sur leur arrière-garde et la taille en pièces. Il poursuit sa victoire ; et c'étoit fait

---

1. *Var.* Égaux en nombre. (1749.)
2. *Zinzin* dans l'édition de 1730, *Seintzeim* dans l'édition de 1749, *Zintheim* dans celle de 1784. Ce fut le 16 juin 1674 que Turenne gagna la bataille de Sintzheim, dans le Palatinat, sur l'armée du duc Charles de Lorraine et sur les troupes de Caprara. Voyez la *Gazette* du 4 juillet 1674, p. 615-630.
3. *Var.* Faisoient ensemble. (1784.)
4. *Var.* Qui ne se promettoit. (1784.)
5. *Var.* De Hollande. (1749 et 1784.)
6. *Var.* Avoit fait raser par ordre du Roi. (1749.)
7. *Var.* Vint camper. (1749.) — Vint se camper. (1784.)

de leur nombreuse armée[1] sans que le comte de Souches plaça des troupes et fit en diligence mettre le canon[2]. Par cette précaution[3], il mit ses soldats en état d'entretenir le combat jusqu'à la nuit qui étoit proche. Alors ils se retirèrent à grande hâte[4], laissant les François maîtres du champ de bataille, de tout le bagage, et d'un fort grand nombre de prisonniers[5]. Les ennemis, honteux de cette déroute, la voulurent[6] faire oublier par quelque entreprise plus heureuse. Ils vont devant Oudenarde, et mènent un grand nombre de travailleurs pour presser le siége. Ils ne pensoient pas que le prince de Condé pût arriver à temps pour la secourir[7]; mais il y fut presque aussitôt qu'eux; et tout ce qu'ils purent faire, fut[8] de se retirer fort vite à la faveur d'un brouillard, auquel ce jour-là ils furent redevables de leur salut[9].

1. *Var.* De cette nombreuse armée. (1749.)
2. *Var.* Si le comte de Souches n'avoit pas placé des troupes et le canon avec précipitation. (1749.) — Sans une ravine où le comte de Souches plaça des troupes et fit mettre en diligence du canon. (1784.) — Sur la *ravine*, dont la mention a sans doute été ajoutée ici, pour corriger la phrase, par l'éditeur de 1784, voici comment s'exprime Pellisson (*Lettres historiques*, tome II, p. 260) : « Il n'y a personne qui n'ait été étonné de voir la ravine où les Suisses s'arrêtèrent et où finit l'action. Ce qui s'y passa de mémorable nous l'avoit fait concevoir à tous comme une grande fondrière fort difficile à passer. Cependant, à dire la vérité, jamais rien ne porta le nom de ravine à si bon marché. Ce n'est qu'un petit chemin qui coupe le champ de bataille, qu'on ne peut pas même en bon françois appeler un chemin creux ;... mais le grand feu qui étoit derrière le fit paroitre ravine. »
3. *Var.* Par cette prévoyance. (1784.)
4. *Var.* En diligence. (1749.)
5. Le sanglant combat de Senef fut livré le 11 août 1674.
6. *Var.* La vouloient. (1784.)
7. *Var.* Pour secourir la place. (1749.) — Pour le secourir. (1784.)
8. *Var.* Ce fut. (1784.)
9. Les armées confédérées des Impériaux, des Espagnols et des Hollandais avaient investi Oudenarde le 15 août 1674. Le 21, ils

Ainsi tous ces beaux projets de conquérir la Picardie et la Champagne s'en allèrent en fumée, et ces trois grandes puissances, jointes ensemble, purent à peine résister à une partie des forces du Roi. La division se mit parmi les généraux[1] : ils se séparèrent ; et le prince d'Orange, avec le reste de ses troupes, s'en alla devant Grave pour hâter la prise de cette ville, que les Hollandois assiégeoient depuis trois mois avec une lenteur et une infortune qui les exposoit[2] à la risée de toute l'Europe. Ils ne faisoient point de travaux qui ne fussent ruinés un moment après, point d'attaque qu'ils ne fussent repoussés[3]. Les choses en vinrent à tel point[4], que les assiégeants alloient devenir[5] les assiégés. La place étoit pleine de déserteurs, qui ne se croyoient point en sûreté dans leur camp, et s'alloient réfugier[6] dans la ville ; ils demandoient tous les jours des suspensions d'armes pour avoir la liberté d'enterrer leurs morts[7]. Le prince d'Orange, étant donc arrivé, crut à son abord que tout alloit[8] changer de face : il eut pourtant la douleur de faire[9] plusieurs attaques inutiles, et de voir périr à ses yeux ses meilleures troupes[10]. Cependant l'hiver approchoit. Grave, dont la prise n'avoit pas coûté au Roi un seul homme, en

---

décampèrent en hâte dès la pointe du jour, à l'approche du prince de Condé. Voyez la *Gazette* du 26 septembre 1674, p. 1024-1026.

1. *Var.* Parmi leurs généraux. (1749.)
2. *Var.* Qui les exposoient. (1784.)
3. *Var.* Où ils ne fussent repoussés. (1784.)
4. *Var.* Les choses en vinrent à un tel point. (1749.) — Les choses vinrent à tel point. (1784.)
5. *Var.* Étoient devenus. (1784.)
6. *Var.* Et s'étoient réfugiés. (1784.)
7. *Var.* D'enlever leurs morts. (1784.)
8. *Var.* Crut qu'à son abord tout alloit. (1749.)
9. *Var.* De faire lui-même. (1784.)
10. *Var.* Et de voir périr ses meilleures troupes. (1749.

coûtoit déjà douze mille[1] aux Hollandois; et quoique leur canon eût presque abattu toutes les maisons de la ville, la plupart des dehors étoient encore dans leur entier[2] quand le gouverneur[3] reçut ordre de capituler. Le Roi, touché de la valeur de tant de braves soldats, et ayant appris que la maladie se mettoit parmi eux, ne voulut pas les exposer davantage pour une place qui lui étoit si inutile[4]. Le gouverneur fit sa capitulation[5], à telles conditions[6] qu'il lui plut d'imposer aux assiégeants[7]. Tandis que ces choses se passoient dans le Pays-Bas[8], le vicomte de Turenne s'étant avancé[9] vers le Rhin, où il faisoit tête lui seul aux armées de l'Empereur et des confédérés, il[10] les chassoit de tous leurs postes, et rompoit[11] toutes leurs mesures. Il les avoit déjà mis en

1. *Var.* Coûtoit déjà douze mille hommes. (1784.)
2. *Var.* Étoient en leur entier. (1749.)
3. *Var.* Lorsque le gouverneur. (1749 et 1784.)
4. *Var.* Qui lui étoit inutile. (1784.)
5. *Var.* Fit la capitulation. (1784.)
6. *Var.* A telle condition. (1784.)
7. Le marquis de Chamilly, gouverneur de Grave, avait défendu vaillamment cette place depuis la fin de juillet 1674, avec une garnison de quatre mille hommes. Le prince d'Orange vint presser le siége au mois d'octobre, et concentra autour de Grave la plus grande partie de son armée. Le 12 octobre, le Roi envoya au gouverneur l'ordre de capituler. « On capitula le 26 (*octobre* 1674), et les articles furent signés le 27. Le 28, les troupes françoises sortirent avec tout leur bagage, tambour battant, mèche allumée par les deux bouts, balle en bouche, enseignes déployées.... Sa Majesté ne voulut pas recevoir des preuves extrêmes du zèle que ses sujets ont pour son service, et que les soldats, les officiers et le marquis de Chamilly avoient résolu de donner en cette occasion. » (*Gazette* du 10 novembre 1674, p. 1137 et 1141.)
8. *Var.* Aux Pays-Bas. (1749.)
9. *Var.* S'étoit avancé. (1784.)
10. *Il* manque dans l'édition de 1749.
11. Il les chassoit..., il rompoit. (1784.)

fuite à Ladenbourg[1]; et après que[2] les habitants de Strasbourg leur eurent donné passage sur leur pont, il avoit encore été à Ensheim, où il avoit défait leur avant-garde, et les avoit contraints de se retirer[3]. Enfin leurs armées s'étant grossies[4] des troupes de l'électeur de Brandebourg et de celles[5] des ducs de Zell, ce déluge d'Allemands se répandit de tous côtés dans la Haute-Alsace, résolus d'y prendre les quartiers d'hiver[6], et de fondre à la première occasion dans la Franche-Comté. Le vicomte de Turenne, avec un petit nombre de troupes fatiguées, n'étoit point en état de les arrêter; mais dans ce temps-là même il reçut un détachement considérable que le Roi avoit fait heureusement partir[7] de Flandres aussitôt après la levée du siége d'Oudenarde. Avec ce secours, le vicomte de Turenne, malgré les rigueurs[8] et les incommodités de la saison, fait une marche effroyable[9] au travers des montagnes de Vauge[10], et se présenta[11] tout d'un coup à eux. Il renverse tout ce qui se présente[12] à son

1. On lit *Luxembourg* dans les éditions de 1730 et de 1749, *Laximbourg* dans celle de 1784; mais nous avons dû corriger ces fautes. Il s'agit de Ladenbourg sur les bords du Neckar. Le duc de Lorraine et le comte de Caprara, qui, renforcés par Bournonville et par l'électeur palatin, avaient pris position entre Ladenbourg et Manheim, se retirèrent précipitamment jusqu'au nord du Mein, à l'approche de Turenne.
2. *Var.* Et depuis que. (1784.) — 3. Le 4 octobre 1674.
4. *Var.* Enfin leur armée s'étant grossie. (1784.)
5. *De celles* manque dans l'édition de 1749.
6. *Var.* Résolus d'y prendre des quartiers d'hiver. (1749.) — Résolut d'y prendre ses quartiers d'hiver. (1784.)
7. *Var.* Avoit heureusement fait partir. (1749.)
8. *Var.* Malgré la rigueur. (1749.)
9. *Var.* Fait une marche étonnante. (1749.)
10. On lit *de Vauge*, et non *des Vosges*, dans les trois éditions.
11. *Var.* Et se présente. (1749 et 1784.)
12. *Var.* S'offre. (1784.)

passage, et leur enlève des régiments tous entiers[1]. La terreur et la division se mettent dans leur armée ; vingt mille hommes en chassent cinquante mille ; toute cette multitude repasse le Rhin en désordre, entraîne[2] avec elle six mille hommes de renfort qu'elle rencontre, et qui, au lieu de lui faire rebrousser chemin, deviennent eux-mêmes les compagnons de leur fuite[3].

La fortune ne favorisoit pas moins les François sur mer. La flotte des Hollandois, délivrée de la crainte des Anglois, et forte de plus de cent voiles, après avoir vainement couru le long des côtes de France, avoit tourné enfin ses projets du côté de l'Amérique; mais elle ne fut pas plus heureuse dans le Nouveau-Monde que dans l'ancien; car ayant assiégé la Martinique, elle fut contrainte de lever honteusement le siége[4]. Elle revint de ce long voyage sans avoir fait autre chose que de donner[5] des preuves de sa foiblesse. Il n'en alla pas de même[6] de l'armée navale de France sur la mer Méditerranée[7]. Les Messinois, en Sicile, avoient secoué le joug d'Espagne ; on les environne[8] aussitôt de tous côtés : Messine fut bientôt affamée ; ses[9] malheureux habitants étoient déjà réduits

1. « Tous entiers » est dans le texte de l'édition de 1730 ; les autres éditions ont : « tout entiers. » — Ce fut à Mulhausen, le 29 décembre 1674, que Turenne mit ainsi en déroute la cavalerie de l'Empereur et celle du duc de Lorraine.
2. *Var.* Et entraîne. (1784.) — 3. *Var.* De sa fuite. (1749 et 1784.)
4. Le 20 juillet 1674. C'était Ruyter qui avait opéré la descente à la Martinique. Ses troupes furent forcées de regagner leurs vaisseaux, et il revint en Europe sans avoir réparé son échec. Voyez dans la *Gazette* du 20 décembre 1674, l'article intitulé : *La retraite honteuse du lieutenant amiral Ruyter de l'isle de la Martinique.*
5. *Var.* Que donner. (1784.)
6. *Var.* Il n'en fut pas de même. (1784.)
7. *Var.* Sur la Méditerranée. (1784.)
8. *Var.* On les environna. (1784.)
9. Il y a *ces* dans l'édition de 1730.

à manger des cuirs. Enfin, résolus de périr plutôt que de rentrer[1] sous le gouvernement tyrannique d'une nation qui ne pardonne jamais, ils arborèrent l'étendard de France, et implorèrent[2] le secours du Roi[3]. Il y envoya quatre vaisseaux et six cents hommes de guerre[4], avec ordre de se saisir des châteaux qui commandent la ville[5]. Il s'assure ainsi[6] des Messinois, et en même temps fait partir[7] le duc de Vivonne, général des galères. Ce général[8] trouvant la flotte espagnole à la vue de Messine, il l'attaque et la met en fuite[9], et entre triomphant dans la ville[10]. On ne sauroit concevoir la joie de ce misérable peuple, qui se voyoit délivré[11] dans le temps qu'il n'avoit plus devant les yeux que l'image des supplices et de la mort. Ses exclamations et ses transports faisoient assez voir qu'ils croyoient devoir au Roi quelque chose plus que la vie[12].

Ainsi la victoire menoit les François par la main[13] dans

1. *Var.* Que de tomber. (1784.)
2. *Var.* Ils arborent.... et implorent. (1749.)
3. L'insurrection de Messine éclata le 7 juillet 1674. Les Messinois envoyèrent une députation à Paris pour implorer la protection de Louis XIV.
4. Sous le commandement du chevalier de Valbelle.
5. *Var.* Qui commandoient à la ville. (1784.)
6. *Var.* Il s'assure aussi. (1784.)
7. *Var.* Fit partir. (1784.) — 8. *Var.* Le duc. (1749.)
9. *Var.* .... à la vue de Messine, l'attaque, la met en fuite. (1784.)
10. Le duc de Vivonne, parti de Toulon le 29 janvier 1675, se trouva le 11 février à la vue des ennemis, qui se retirèrent. Il put opérer son débarquement, et fut reçu des habitants de Messine comme un libérateur. Voyez la *Gazette* du 15 mars 1675, p. 161-171.
11. Le mot *délivré*, que donne l'édition de 1784, est omis dans celle de 1730. L'édition de 1749 a ainsi rempli la lacune : « qui se voyoit si efficacement secouru. »
12. « Quelque chose plus » est le texte de 1730 ; les autres éditions portent : « quelque chose de plus. »
13. *Var.* Comme par la main. (1784.)

tous les pays des Espagnols, qui avoient même bien de la peine[1] à se défendre du côté de la Catalogne, où ils avoient été repoussés plusieurs fois au delà des Pyrénées. Toutefois ces orgueilleux ennemis[2], voyant la France destituée du secours de ses alliés, ne désespéroient pas[3] de se racquitter de leurs pertes. En effet, les Suédois, qui étoient les seuls qui tenoient pour elle, n'avoient pas eu des succès plus heureux[4] contre l'électeur de Brandebourg.

Les Espagnols firent donc de nouveaux efforts . ils attendoient[5] à la prochaine campagne de se venger[6] de tous les affronts qu'ils avoient reçus ; mais à peine le printemps parut, qu'ils se virent encore dépouillés d'une de leurs meilleures provinces par la prise de Limbourg[7]. Le Roi, s'étant emparé de Dinant et de Huy[8], emporta cette place avec sa promptitude ordinaire, avant que les ennemis fussent en état de s'opposer à ses desseins.

La fortune néanmoins sembla un peu balancer du côté de l'Allemagne. Le vicomte de Turenne, allant recon-

1. *Var.* Qui avoient même beaucoup de peine. (1749.) — Qui avoient même de la peine. (1784.)
2. *Var.* Cependant ces ennemis. (1749.)
3. *Var.* Ne désespéroient pas encore. (1784.)
4. *Var.* N'avoient eu que des succès malheureux. (1749.) — N'avoient pas eu des succès heureux. (1784.)
5. *Var.* Ils s'attendoient. (1749.) — 6. *Var.* Pour se venger. (1784.)
7. Le 10 juin 1675, le marquis de Rochefort arriva devant Limbourg, qu'il investit. La place capitula le 21 juin ; le 22, les troupes du Roi prirent possession de la ville et du château. Voyez la *Gazette* du 22 et du 28 juin 1675.
8. « Le maréchal de Créqui s'étant présenté devant Dinant, le 19 de ce mois (*mai* 1675), la ville ouvrit d'abord ses portes.... Le 29 du passé (*mai* 1675), le château de Dinant se rendit, après sept jours de tranchée ouverte. » (*Gazette* du 1er juin et du 8 juin 1675.) — « Après la prise de Dinant sur la Meuse, le siége de Huy, sur la même rivière, fut aussitôt résolu. Le marquis de Rochefort.... arriva devant la place le 1er de ce mois (*juin* 1675).... Le 7e, la garnison impériale en sortit. » (*Gazette* du 15 juin 1675.)

noître une hauteur, sur le point de donner bataille, est emporté d'un coup de canon[1]. L'armée françoise étoit alors avancée[2] dans le pays ennemi ; et toute l'Europe la crut perdue par la perte d'un chef de cette importance, qui étoit mort sans communiquer ses desseins.

Les ennemis s'attendoient de l'exterminer[3] toute entière, et ne croyoient pas qu'un seul des François leur pût échapper[4]. Toutefois le comte de Lorges et le marquis de Vaubrun, lieutenants généraux, qui en avoient pris la conduite, ne s'étonnèrent point. Ils rassurent[5] les soldats affligés de la mort de leur général, mais animés d'un juste desir de la venger, aussitôt se rapprochent[6] du Rhin, et se mettent en devoir de le repasser[7].

Par là ils obligent les ennemis à sortir de leur camp pour les charger dans leur retraite[8]. Alors ils marchent à eux, et rompent leur arrière-garde. L'armée françoise se retire en bon ordre, et rapporte au deçà[9] du Rhin les dépouilles et les drapeaux de ceux qui prétendoient lui en empêcher le passage. Peu de temps après, le prince de Condé, par ordre du Roi, partit de Flandres[10] pour aller prendre le commandement de l'armée[11]. La présence et

1. Le 27 juillet 1675, près du village de Sasbach.
2. *Var.* Étoit alors fort avancée. (1784.)
3. *Var.* S'attendoient à l'exterminer. (1784.)
4. *Var.* Pût leur échapper. (1749.)
5. *Var.* Ils rassurèrent. (1784.)
6. *Var.* En même temps ils se rapprochent. (1749.) — Aussitôt ils se rapprochent. (1784.)
7. *Var.* En état de le repasser. (1749.)
8. Au pont d'Altenheim, entre la Schulter et le Rhin. Le combat d'Altenheim fut livré le 1ᵉʳ août 1675. Le marquis de Vaubrun y fut tué ; le comte de Lorge s'y couvrit de gloire.
9. « Au deçà » est le texte de 1730 ; les autres éditions ont : « en deçà. »
10. *Var.* Partit de Flandres par ordre du Roi. (1749.)
11. *Var.* Le commandement de l'armée en Allemagne. (1749.)

la réputation de ce prince achevèrent de rétablir toutes choses. Le comte de Montécuculi, qui avoit passé le Rhin à Strasbourg, à la tête de trente mille hommes, sembla n'être entré en Alsace que pour y faire une montre inutile de son armée; car après avoir tenté vainement le siége de deux villes[1], il se retira; et les Allemands furent encore obligés, pour cet hiver, d'aller loger sur les terres de leurs alliés. Bien que[2] la retraite des François ne fût pas une de leurs moins vigoureuses actions, néanmoins ils s'étoient retirés, et c'étoit assez[3] pour enfler le courage des ennemis[4] qui avoient toujours fui devant eux. Les Espagnols en triomphèrent[5] dans leurs relations; mais le Roi rabaissa bientôt cet orgueil par la prise de Condé, qu'il emporta d'assaut au commencement de la campagne[6]. Le prince d'Orange, justement alarmé de cette conquête, s'avança[7] à grandes journées pour secourir Bouchain, que le duc d'Orléans assiégeoit[8]. Il se campe[9] sous le canon de Valenciennes; mais le Roi se met[10] entre lui et le duc d'Orléans. Bouchain est pris[11]

1. *Var.* De deux places. (1749.) — Ces deux places sont Haguenau et Saverne. Le comte de Montécuculli investit Haguenau le 19 août 1675; il fit battre la place le 20 et le 21 avec trente-deux pièces de canon. Il leva le siége le 22 août, au bruit de la marche du prince de Condé. Voyez la *Gazette* du 31 août et celle du 4 septembre 1675. Le 12 septembre, l'armée impériale marcha pour investir Saverne. Le 14, le comte de Montécuculli changea de dessein. Il fit sommer le commandant de Saverne de se rendre, puis abandonna le siége. Voyez la *Gazette* du 21 septembre 1675.

2. *Var.* Quoique. (1749.) — 3. *Var.* Et c'en étoit assez. (1749.)
4. *Var.* Aux ennemis. (1749.) — 5. *Var.* En triomphoient. (1784.)
6. Le Roi était arrivé le 21 avril 1676 au camp devant Condé. Le gouverneur se rendit avec sa garnison dans la nuit du 25 au 26 avril. Voyez la *Gazette* du 25 avril et celle du 9 mai 1676.
7. *Var.* S'avance. (1749 et 1784.)
8. *Var.* Qu'assiégeoit le duc d'Orléans. (1784.)
9. *Var.* Il campe. (1784.) — 10. *Var.* Se mit. (1784.)
11. Monsieur, assisté du maréchal de Créqui et de Vauban, in-

sans que le prince d'Orange ose sortir de dessous les remparts qui le couvrent[1]; et il semble ne s'être approché de si près[2] que pour être spectateur des réjouissances que fit l'armée du Roi pour la prise de cette place.

Voyons maintenant ce qui se passe sur la mer. Le duc de Vivonne avoit pris la forteresse d'Agouste[3] : c'est un des plus fameux ports de la Sicile. Les Espagnols effrayés ont recours aux Hollandois. Ruyter reçoit ordre de passer le détroit. Quelle apparence que les François puissent tenir la mer devant les flottes d'Espagne et de Hollande jointes ensemble, et commandées par un capitaine de cette réputation? La fortune toutefois[4] en décida d'une autre sorte[5]. Duquesne, lieutenant général, ayant deux fois rencontré les ennemis, eut toutes les deux fois de l'avantage[6]; et Ruyter, au second combat, reçut une blessure dont il mourut peu de jours après[7]. C'étoit la plus grande perte que les Hollandois pussent faire. Aussi le duc de Vivonne, qui étoit alors dans Messine,

vestit Bouchain, le 2 mai 1676. Le 11 mai, le gouverneur demanda à capituler. Le lendemain 12, la garnison fut conduite à Saint-Omer avec armes et bagages. Voyez la *Gazette* du 21 mai 1676, p. 369-387.

1. *Var.* Qui le couvroient. (1784.)
2. *Var.* Ne s'être approché si près. (1784.)
3. Le duc de Vivonne arriva le 17 août 1675 à la vue du port d'Agosta. Le commandant du fort capitula le même jour. Voyez, dans la *Gazette* du 10 octobre 1675, p. 737-747, la *Relation de la prise d'Agousta*.
4. La fortune cependant. (1749.)
5. *Var.* En décida autrement. (1784.)
6. *Var.* Eut toutes les deux fois l'avantage. (1784.)
7. Le 7 janvier 1676, les deux flottes s'étaient trouvées en présence dans les eaux de Stromboli. Duquesne attaqua le même jour les vaisseaux hollandais. Les ennemis se retirèrent le 10 à Melazzo. Voyez la *Gazette* du 7 mars 1676. Le 22 avril de la même année, les flottes se rencontrèrent entre Catane et Agosta. Ruyter fut blessé dans le combat. Il mourut le 2 mai 1676, le dixième jour, des blessures qu'il avait reçues. Voyez la *Gazette* du 13 et du 16 juin 1676.

crut qu'il se falloit hâter de profiter de cette mort, et du trouble qu'elle avoit sans doute jeté[1] parmi les ennemis.

Dès que l'armée eut pris un peu de repos, il se met en mer[2], et il les va chercher[3], résolu de les combattre partout où il pourroit les trouver. Leur flotte étoit à l'ancre devant Palerme. Les ennemis le reçoivent d'abord avec assez de résolution; mais ils n'avoient point de chef à opposer au duc de Vivonne. Les François les pressent de tous côtés; ils les poursuivent jusque dans le port : jamais on ne vit une déroute et un fracas si épouvantable[4]. Les vaisseaux foudroyés par le canon, ou embrasés par les brûlots[5], sautent en l'air[6] avec toute leur charge, et retombant sur la ville, en écrasent ou brûlent une partie des maisons[7]. Enfin le duc de Vivonne, après avoir ainsi mis en cendres[8] ou coulé à fond quatorze vaisseaux et[9] six galères, tué près de cinq mille hommes, entre autres le vice-amiral d'Espagne, et mis le feu dans Palerme, retourna à Messine, d'où il envoya au Roi les nouvelles de cette victoire, la plus complète que les François remportèrent jamais sur mer[10].

1. *Var.* Jeté sans doute. (1749.)
2. *Var.* Ils se mettent en mer. (1784.)
3. *Var.* Il se met en mer, va les chercher. (1749.)
4. *Var.* Si épouvantables. (1784.)
5. *Var.* Foudroyés ou embrasés par le canon. (1749.)
6. *Var.* Sautant en l'air. (1784.)
7. *Var.* Écrasent et brûlent une grande partie des maisons. (1784.
8. *Var.* Après avoir mis en cendres. (1749.)
9. *Et* manque dans les éditions de 1730 et de 1749; la première de ces éditions l'a mis dans la même phrase devant *entre autres*, où il n'est pas nécessaire.
10. Voyez dans la *Gazette* du 23 juin 1676, p. 461-472, la *Relation du combat naval et de la victoire remportée le 2ᵉ juin (1676) par l'armée du Roy, sous le commandement du maréchal duc de Vivonne, viceroy de Sicile, sur les flottes d'Espagne et de Hollande mouillées à la*

Cependant le prince d'Orange, las de n'être que le spectateur des victoires de ses ennemis, forme[1] enfin un dessein qui devoit faire oublier toutes ces disgrâces[2]. Maëstricht étoit la place qui incommodoit le plus les Hollandois, à cause des contributions que sa garnison levoit jusqu'aux portes de Nimègue : il va l'assiéger[3], et voyant l'armée françoise fort éloignée, il s'apprête à faire les derniers efforts pour s'en emparer. Le Roi apprit la nouvelle de ce siége à Saint-Germain : il songea aussitôt à profiter de l'imprudence de ses ennemis ; et tandis qu'ils consommoient leurs armées[4] autour de Maëstricht, il donna ordre[5] au maréchal d'Humières d'aller assiéger Aire[6]. Comme cette ville est une des plus importantes places des Pays-Bas[7], on crut d'abord que désespérant de sauver[8] Maëstricht, il vouloit contre-balancer sa perte par la prise d'une ville[9] non moins forte, et beaucoup plus à sa bienséance. Mais il avoit bien de plus grands desseins[10] ; et connoissant, comme il faisoit, l'état de ses places et la valeur de ses troupes, il ne douta point[11]

rade de Palerme. Il y est dit que les ennemis ont perdu « douze corps de leurs plus grands vaisseaux, six galères, sept cents pièces de canon, plus de cinq mille hommes. »

1. *Var.* Forma. (1784.) — 2. *Var.* Toutes ses disgrâces. (1784.)
3. Il en commença l'investissement le 7 juillet 1676.
4. *Var.* Qu'ils consumoient leur armée. (1749.) — Qu'ils épuisoient leurs armées. (1784.)
5. *Var.* Il donne ordre. (1749.)
6. L'édition de 1730 nomme par erreur ici et plus bas *Ath*, au lieu d'*Aire*.
7. *Var.* Une des plus importantes des Pays-Bas. (1749.) — Une des plus importantes places du Pays-Bas. (1784.)
8. *Var.* Que désespérant en quelque sorte de sauver. (1784.)
9. *Var.* D'une place. (1749.)
10. *Var.* Des desseins bien plus grands. (1749.)
11. L'édition de 1730 porte : « il ne doute point. » Mais, la phrase étant incorrecte ainsi, on doit penser que l'éditeur de 1784, qui a donné « douta, » a mieux lu. Dans l'édition de 1749, il y a *doutoit*.

qu'après avoir pris Aire, son armée n'eût encore assez de temps pour aller secourir Maëstricht. La chose réussit comme il se l'étoit imaginée contre toutes les apparences humaines, et la ville se rendit au cinquième jour de tranchée ouverte[1]. Aussitôt le maréchal de Schomberg eut ordre de marcher vers Maëstricht. Les Hollandois, contre leur ordinaire, y avoient fait des actions d'une fort grande valeur[2]; et[3] le prince d'Orange y avoit été blessé. Et toutefois à peine étoient-ils encore sous la contrescarpe, qu'aussitôt que les premiers coureurs de l'armée françoise[4] parurent, les ennemis levèrent le siége; ils se retirèrent en diligence, et ne songèrent qu'à sauver les débris[5] de leur armée, dont la fatigue, les maladies, et les sorties continuelles des assiégés, avoient emporté plus de la moitié[6]. Il sembloit que la fortune de la France dût se borner là pour cette année. Cependant quelques mois après le Roi apprit que le maréchal de Vivonne avoit pris Tahormine et la Scalette[7],

1. Le maréchal d'Humières avait investi Aire la nuit du 19 juillet 1676. Le marquis de Wargnies, qui y commandait, en sortit le 31 juillet, après cinq jours de tranchée ouverte, et vint demander à capituler. Voyez la *Gazette* du 1er août et du 11 août 1676, p. 561-568.

2. *Var.* Les Hollandois y avoient fait des actions d'une grande valeur. (1749.)

3. *Et* manque dans l'édition de 1784.

4. *Var.* .... sous la contrescarpe. Aussitôt que les premiers coureurs françois. (1784.)

5. *Var.* Le débris. (1784.)

6. Le comte de Calvo, qui commandait la garnison de Maëstricht, se couvrit de gloire par sa belle défense. L'approche du maréchal de Schomberg, et le mauvais succès des dernières attaques des ennemis, les obligèrent à abandonner leurs tranchées le 27 août 1676. Le siége avoit duré cinquante et un jours. Voyez la *Gazette* du 10 septembre 1676.

7. Ces deux noms sont écrits *la Hormine* et *Leschalette* dans l'édition de 1730, *la Hormine* et *la Scalette* dans celle de 1749, *Tahor-*

et que toute la Sicile étoit en branle de suivre Messine [1].

Jamais les François n'avoient peut-être fait une campagne qui leur fût ni plus glorieuse ni plus utile. Néanmoins la prise de Philisbourg, qui, après six mois [2] de siége, fut obligé [3] de se rendre, et les autres avantages [4] que le prince de Lunebourg avoit remportés [5] dans l'évêché de Trèves, avoient persuadé aux ennemis que les François pouvoient être quelquefois vaincus. Ils croyoient qu'il en seroit de la fortune du Roi comme de toutes les choses du monde [6], qui étant parvenues à un certain point, ne sauroient plus croître. En effet, après tout ce

mine et *l'Escalette* dans celle de 1784. — Taormine fut prise le 16 octobre 1676. Le 25 du même mois, le maréchal de Vivonne fit investir la Scaletta par terre et par mer. Le 9 novembre, la capitulation fut signée et exécutée. Voyez la *Gazette* du 9 décembre 1676, p. 845-852.

1. *Var.* Se disposoit à suivre l'exemple de Messine. (1749.) — Étoit disposée à suivre l'exemple de Messine. (1784.)

2. Dans les éditions de 1730 et de 1749, il y a *après un mois*. Mais la tranchée fut régulièrement ouverte devant Philisbourg le 22 juin 1676; dès le 10 mai précédent, le prince de Bade l'avait ouverte devant le fort. Le blocus de la place avait commencé beaucoup plus tôt. La capitulation n'eut lieu que le 17 septembre 1676. *Après six mois*, que donne l'édition de 1784, doit donc être la véritable leçon. — Du Fay était gouverneur de Philisbourg. Il sortit de la place, tambour battant, mèche allumée; la capitulation fut très-honorable. Voyez la *Gazette* du 3 octobre 1676.

3. Dans l'édition de 1784 : *obligée*.

4. *Var.* Et les avantages. (1784.)

5. *Var.* Avoit remportés l'année précédente. (1784.) — Les événements malheureux auxquels l'historien ne fait ici qu'une rapide allusion avaient eu lieu en effet en 1675. Le duc de Lunebourg-Zell et son frère l'évêque d'Osnabrück, auxquels s'était joint le vieux duc Charles de Lorraine, avaient paru le 9 août 1675 sous les murs de Trèves. Le lendemain, le maréchal de Créqui se posta près d'eux à Konz-Saarbrück. Il y essuya une complète défaite le 11 août 1675. Trèves tomba au pouvoir de l'ennemi le 6 septembre.

6. *Var.* Comme de toutes les autres choses du monde. (1784.)

que ce prince avoit fait en Hollande, en Flandres[1], en Bourgogne et en Allemagne, il n'y avoit pas d'apparence que sa gloire pût augmenter. Elle augmenta pourtant : toutes ces conquêtes et tant de victoires qu'il a remportées[2] n'ont été, ce semble[3], qu'un acheminement aux grandes choses qu'il fit l'année suivante; car bien que[4] les villes qu'il avoit prises fussent des places d'une grande réputation, il y en avoit pourtant de plus fortes, et sur lesquelles les Espagnols faisoient un plus grand fondement. Valenciennes étoit de ce nombre. Elle est riche et fort peuplée ; ses habitants s'étoient rendus célèbres par la haine qu'ils ont toujours eue[5] pour les François ; et ses fortifications passoient dans l'opinion du monde pour une merveille. Le Roi, qui, dès le commencement de la guerre, méditoit de les assiéger, s'étoit saisi des villes voisines, et y avoit ordonné[6] de grands magasins : de sorte que sur la fin de l'hiver[7], et avant[8] qu'il y eût du fourrage à la campagne, il fut en état d'agir, et y alla mettre le siége[9].

Il y avoit dans la place une très-forte garnison : la noblesse voisine s'y étoit jetée ; et les habitants, pleins de leur ancienne animosité, présumoient qu'eux seuls, sans autre secours, pourroient[10] la défendre.

1. L'édition de 1784 omet : « en Flandres. »
2. *Var.* Qu'il avoit remportées. (1749.)
3. *Var.* N'étoient, ce semble. (1749.) — N'ont été ensemble. (1784.)
4. *Var.* Car quoique. (1749.)
5. *Var.* Qu'ils ont eue de tout temps. (1749.)
6. *Var.* Et avoit ordonné. (1784.)
7. *Var.* Si bien que dès le commencement du printemps. (1784.)
8. *Var.* Et même avant. (1784.)
9. « Le Roi chargea le duc de Luxembourg d'investir Valenciennes le 28 février (1677). Sa Majesté partit le même jour de son château de Saint-Germain-en-Laye pour se rendre à grandes journées devant cette place, où Elle arriva le 4 de ce mois. » (*Gazette* du 24 mars 1677, p. 222.)
10. *Var.* Pouvoient. (1784.)

Il n'y avoit point de bravades qu'ils ne fissent d'abord : ils donnoient le bal sur les remparts[1] ; ils disoient que leur ville étoit le fatal écueil où la fortune des François venoit toujours échouer[2] ; et fiers de leur avoir fait autrefois lever le siége, ils leur demandoient s'ils venoient autour de Valenciennes chercher les os de leurs pères. Cependant les François avançoient leurs travaux.

Valenciennes, du côté que[3] le Roi la fit attaquer, étoit défendue par un grand nombre de dehors, qu'il falloit forcer pied à pied, et qui, selon toutes les règles de la guerre, ne pouvoient être emportés sans qu'il en coutât plusieurs milliers d'hommes. Il falloit, entre autres choses, franchir quatre grands fossés, dont il y en avoit deux que la rivière de l'Escaut formoit, et où elle rouloit[4] avec beaucoup de rapidité.

Le Roi, après avoir fait battre par le canon les premiers dehors, ordonne qu'on fasse[5] l'attaque. Aussitôt les mousquetaires, accompagnés de grenadiers, et d'autres troupes commandées[6], partent de leurs postes différents avec une égale hardiesse : ils se rendent maîtres de la contrescarpe ; ils entrent dans un ouvrage couronné qui faisoit la plus forte défense de la place[7], et passant[8] au fil de l'épée huit cents hommes, de deux mille qui étoient dans cet ouvrage[9], le reste des ennemis, se voyant attaqué par le front et par les flancs, ne songe

1. *Var.* Sur leurs remparts. (1749 et 1784.)
2. Dans l'édition de 1730 : « écheoir. »
3. *Var.* Du côté par où. (1749.) — 4. *Var.* Couloit. (1784.)
5. *Var.* Ordonna qu'on fît. (1784.)
6. *Var.* Accompagnés des grenadiers, et les autres troupes commandées. (1784.)
7. *Var.* La principale défense de la place. (1749.)
8. *Var.* Passent. (1784.) L'édition de 1784 a en conséquence un point après « cet ouvrage. »
9. *Var.* Dans ce poste. (1749.)

plus qu'à se sauver : ils se pressent, ils se poussent; une partie tombe dans le fossé, l'autre se retire de fortification en fortification. Ils étoient suivis de si près, qu'ils n'eurent pas le temps de lever les ponts qui communiquoient avec la ville, ni même de fermer les portes qui étoient dans leur chemin. Une de ces portes se trouve[1] extrêmement basse et à demi bouchée de corps morts des ennemis : les François marchent sur ces corps sanglants, et passent pêle-mêle avec les fuyards, et sans s'amuser à se couvrir et à se loger[2], les poursuivent[3] jusqu'au corps de la place. C'est là qu'ils font ce qu'on n'a jamais lu que dans les romans et dans des histoires données à plaisir[4]. Ils trouvent un petit degré pratiqué[5] dans l'épaisseur d'un mur[6] : ce degré conduisoit sur le rempart; ils montent un à un; les voilà sur la muraille. A peine ils y sont, que les uns se saisissent du canon et le tournent contre la ville, les autres descendent dans la rue, s'y barricadent[7], et rompent les portes de la ville à coups de haches[8]. Tout cela se fit avec tant de vitesse, que les bourgeois les prenoient d'abord pour les soldats de la garnison. Le Roi, qui les suivoit de près pour donner ses ordres à mesure qu'ils avançoient, apprend

1. *Var.* Se trouva. (1784.) Dans l'édition de 1730, il y a la faute évidente *se trouvent*, pour *se trouve*.
2. *Var.* Ni à se loger. (1784.)
3. *Var.* Ils les poursuivent. (1749.)
4. *Var.* Et dans des histoires écrites à plaisir. (1749.) — Et dans les histoires inventées à plaisir. (1784.)
5. Tel est le texte de l'édition de 1749, et seul il nous paraît vraisemblable. Les éditions de 1730 et de 1784 s'accordent à donner *presque*, au lieu de *pratiqué*; et comme ces deux éditions ne se sont pas copiées, il faut croire que dans le manuscrit on lisait *presque*. Il y avait donc là un mot peu lisiblement écrit ou un lapsus.
6. *Var.* Du mur. (1784.)
7. Dans l'édition de 1730 : « et s'y barricadent. »
8. *Var.* A coups de hache. (1749.)

que ses troupes sont¹ dans Valenciennes². La première chose qu'il fit, ce fut d'envoyer défendre le pillage, qui étoit déjà commencé et qui cessa aussitôt³. Ce n'est pas sans doute une chose peu étonnante, qu'une des plus fortes villes de Flandres ait ainsi été emportée d'assaut en moins d'une demi-heure ; mais ce n'est pas un moindre miracle qu'elle ait pu être sauvée du pillage, et que l'ordre du Roi ait pu être sitôt écouté par des soldats acharnés au meurtre, au milieu du bruit et des fureurs de la victoire. On peut dire que jamais troupes n'ont donné une plus grande preuve d'obéissance et de discipline. Il y avoit dans la ville, outre les bourgeois qui étoient en armes, cinq mille hommes d'infanterie et douze cents chevaux, qui furent trop heureux de se rendre à discrétion. Le Roi, par le droit de la guerre, pouvoit traiter les habitants avec les dernières rigueurs⁴, et jamais peuple n'a⁵ mieux mérité de servir d'exemple ; mais ce n'étoit pas contre des malheureux, et des malheureux soumis⁶, que le Roi exerçoit sa vengeance : il les traite avec autant de douceur⁷ que s'ils eussent fait de bonne heure leur composition, et leur conserve⁸ presque tous leurs privilèges.

Mais, sans faire de séjour dans cette ville, il marche aussitôt, et se prépare à de nouvelles conquêtes. Cambray et Saint-Omer étoient les deux plus forts boulevards que

1. *Var.* Étoient. (1784.) — 2. Le 17 mars 1677.
3. « Le commandement exprès du Roi suspendit la fureur ordinaire aux soldats, animés par le succès, par le sang et par le desir d'un grand butin, et la ville ne fut pas pillée. » (*Gazette* du 20 mars 1677, p. 220.)
4. *Var.* Avec la dernière rigueur. (1749.)
5. *Var.* N'avoit. (1784.)
6. *Var.* Mais ce n'étoit pas contre des malheureux soumis. (1784.)
7. *Var.* Il les traita avec les mêmes douceurs. (1784.)
8. *Var.* Et leur conserva. (1784.)

les Espagnols eussent en Flandres. Ces deux villes, situées¹ sur les frontières de la France, lui servoient comme de fraise², et lui faisoient la loi au milieu de ses triomphes : surtout Cambray³ s'étoit rendu redoutable. Les rois d'Espagne estimoient plus cette place seule⁴ que tout le reste de la Flandre ensemble. Elle étoit fameuse par le nombre des affronts qu'elle avoit fait souffrir aux François, qui l'avoient plus d'une fois attaquée, et qui avoient toujours été obligés de lever le siége⁵. Elle faisoit contribuer presque toute la Picardie ; et sa garnison avoit autrefois fait des courses, et porté le ravage et la flamme jusque dans l'Ile-de-France, et dans les lieux voisins de Paris.

Ainsi, pendant que le Roi étendoit ses conquêtes au delà du Rhin, une ville ennemie levoit des tributs dans son royaume, et le bravoit pour ainsi dire aux portes de sa capitale. Il voulut donc pour jamais assurer⁶ le repos de ses frontières : il assiége⁷ en personne cette place avec la moitié de son armée, tandis que le duc d'Orléans, avec l'autre⁸, va attaquer⁹ Saint-Omer. Ces deux siéges, si difficiles autrefois¹⁰, entrepris en même temps, étonnèrent tout le monde. On jugea que les Espagnols feroient les derniers efforts pour sauver deux villes dont la perte

1. *Var.* Ces villes situées toutes deux. (1784.)
2. Le *Dictionnaire de l'Académie* (1694) définit la *fraise* « un rang de pieux qui garnit une fortification de terre par dehors, vers le milieu du talus, et qui présente presque la pointe à ceux qui voudroient monter à l'assaut. »
3. *Var.* Cambray surtout. (1749 et 1784.)
4. *Var.* Cette seule place. (1749.)
5. *Var.* D'en lever le siége. (1749.)
6. *Var.* Assurer pour jamais. (1749.)
7. *Var.* Et assiégea. (1784.)
8. *Var.* Tandis qu'avec l'autre le duc d'Orléans. (1749.)
9. *Var.* Va investir. (1784.)
10. *Autrefois* est omis dans l'édition de 1784.

alloit apparemment entraîner tout le reste des Pays-Bas[1]. Cambray toutefois ne fit pas une résistance digne de sa réputation. Le gouverneur, quoique très-brave, ne voulut point perdre ses troupes en s'opiniâtrant à défendre plus longtemps la ville, où il craignoit la révolte des habitants, que l'exemple de Valenciennes faisoit trembler. Il se retira dans la citadelle[2]; mais avant que de s'y renfermer, il fit mettre à pied la plupart de la cavalerie et tuer les chevaux[3]; il exigea de ses soldats de nouveaux serments de fidélité, et donna enfin toutes les marques d'un homme qui, par une défense extraordinaire, vouloit rétablir l'honneur de sa nation.

Saint-Omer, de son côté, se défendoit courageusement, et le prince d'Orange, qui avoit solennellement promis aux Espagnols d'en faire lever le siége, eut le temps de s'avancer. Le Roi, informé de sa marche, envoya ordre au duc d'Orléans d'aller au-devant des ennemis, et de s'emparer des postes qu'il croiroit[4] les plus avantageux pour les combattre; en même temps il fit un grand détachement de son armée pour renforcer celle de ce prince. Le duc d'Orléans, suivant cet ordre, s'avança vers le Mont-Cassel. A peine y étoit-il campé qu'il vit paroître les ennemis. Comme il avoit laissé une partie de ses troupes au siége de Saint-Omer[5], il fut d'abord un peu incertain du parti qu'il devoit prendre, ne se croyant pas en état, avec si peu de forces, de donner la bataille[6]; mais le Roi avoit pris ses mesures si justes, que dans cet instant même le

1. *Var.* Du Pays-Bas. (1784.)
2. Le 5 avril 1677, la ville capitula, les ennemis se retirèrent dans la citadelle. Une note de l'édition de 1749 dit à tort le 15 au lieu du 5 avril.
3. *Var.* La plupart de sa cavalerie, et fit tuer les chevaux. (1784.)
4. *Var.* Qu'il jugeroit. (1749.) — Qu'il croyoit. (1784.)
5. *Var.* Une partie de ses troupes devant Saint-Omer. (1784.)
6. *Var.* De donner bataille. (1784.)

renfort qu'il lui envoyoit arriva. Alors il ne balança plus, et plein de joie et de confiance, il résolut de combattre. Les deux armées n'étoient séparées que par un petit ruisseau. Le lendemain[1], dès le point du jour, le duc d'Orléans mit son armée en bataille[2]; et voyant que les ennemis commençoient à faire un mouvement, il passa le ruisseau, et marcha à eux. Leur armée étoit au moins de trente mille hommes : ils soutinrent le premier choc des François avec une grande vigueur[3], et renversèrent même plusieurs de leurs escadrons. La victoire fut plus de deux heures en balance; mais la présence du duc d'Orléans, qui fit ce jour-là[4] partout l'office de soldat et de capitaine, força la fortune à se déclarer de son parti. Alors les François, irrités d'une si longue résistance, firent un fort grand massacre[5] des ennemis. La déroute fut générale, et il y demeura de leur côté plus de six mille hommes sur la place; leur canon fut pris, et tout leur bagage pillé[6]. Aussitôt le duc d'Orléans retourna devant Saint-Omer, et eut soin de faire savoir aux assiégés le succès de la bataille.

Cependant le Roi, quoiqu'avec un petit nombre d'hommes, pressoit fortement la citadelle de Cambray; et malgré les sorties continuelles des assiégés, qui étoient au nombre de plus de quatre mille hommes[7], il avoit emporté tous les dehors de la place; il avoit fait attacher les mineurs[8]. Les assiégés néanmoins refusoient encore de

1. 11 avril 1677. Voyez la *Relation de la bataille de Cassel* dans la *Gazette* du 23 avril 1677, p. 313-324.
2. *Var.* Mit ses troupes en bataille. (1749.)
3. *Var.* Avec une fort grande vigueur. (1784.)
4. *Var.* Qui ce jour-là fit. (1749.)
5. *Var.* Un grand massacre. (1784.)
6. *Var.* Et tout leur bagage entièrement pillé. (1784.)
7. *Var.* Qui étoient au nombre de quatre mille. (1784.)
8. *Var.* Où il avoit fait attacher les mineurs. (1749.) — Il avoit

se rendre; mais la mine ayant fait une brèche, et le canon d'un autre côté ayant ruiné un bastion tout entier, ils demandèrent à capituler, et n'osèrent s'exposer au hasard d'un assaut. Quoique ils eussent attendu cette extrémité, le Roi ne laissa pas de leur accorder une composition honorable [1], et le gouverneur eut la triste consolation de sortir de sa citadelle par la brèche [2].

Saint-Omer, privé de toute espérance de secours, ne tarda guère [3] à suivre l'exemple de Cambray [4]. Ainsi le Roi réduisit, en six semaines, trois places qui avoient été [5] la terreur et le fléau de ses frontières, et dont la moindre n'auroit pas paru trop achetée par un siége de six mois [6] et par les travaux de toute une campagne. Cependant [7] les ennemis trouvoient encore des raisons pour excuser leurs disgrâces. Ils publioient [8] que la prise de ces trois places [9] n'étoit pas tant un effet de la valeur des François que de la prévoyance du Roi, qui en faisant de bonne heure des magasins, prévenoit toujours ses ennemis; que les choses changeroient bientôt de face, et que la fin de la campagne seroit pour eux aussi favorable que le commen-

emporté tous les dehors, s'étoit approché du corps de la place, où il avoit fait attacher les mineurs. (1784.)

1. *Var*. Une capitulation honorable. (1749.)
2. La citadelle de Cambrai capitula le 17 avril 1677. — « Vous aurez su les conditions de la capitulation pour la citadelle de Cambray, et la garnison sortie par la brèche;... cela fut exécuté le lendemain 18., jour de Pâques, le Roi présent. » (*Lettres historiques de Monsieur Pellisson*, tome III, p. 252.)
3. *Var*. Ne tarda pas. (1749.)
4. Le 20 avril 1677, les assiégés de Saint-Omer demandèrent à capituler. Voyez la *Gazette* du 8 mai 1677, p. 377.
5. *Var*. Qui avoient été longtemps. (1784.)
6. *Var*. De six semaines. (1784.) C'est évidemment une faute que les imprimeurs ont faite, ayant trouvé, deux lignes plus haut, *six semaines*.
7. *Var*. Toutefois. (1784.) — 8. *Var*. Ils publièrent. (1784.)
9. *Var*. De ces trois villes. (1784.)

cement en avoit été[1] malheureux. Déjà le prince Charles de Lorraine[2] étoit sur les bords du Rhin avec vingt-quatre mille hommes, fier de se voir à la tête de toutes ces forces de l'Empire, plus fier encore de l'espérance d'être dans peu beau-frère de l'Empereur; il triomphoit en idée des plus fortes places de la Lorraine et de la Champagne, où il avoit résolu de prendre ses quartiers d'hiver, et où il se tenoit si assuré de la victoire, qu'il avoit fait mettre sur ses drapeaux : « Ou maintenant, ou jamais[3]. » Il passe la Sarre, il entre dans la Lorraine, et se vient camper fort près[4] de l'armée de France, commandée par le maréchal de Créqui. Les François, quoique beaucoup inférieurs en nombre, pressoient[5] de combattre; mais le Roi ne voulut point faire dépendre de l'incertitude d'une bataille une victoire qu'il pouvoit remporter sans combat : il commanda au maréchal de Créqui de les fatiguer le plus qu'il pourroit[6], et de ne combattre qu'avec avantage.

Cependant le prince d'Orange rassembloit[7] une autre armée beaucoup plus nombreuse que la première; et l'ayant grossie des troupes des princes de la basse Allemagne[8], il formoit, à son ordinaire, de grands desseins. Enfin, après avoir longtemps consulté avec le gouver-

1. *Var.* Que le commencement avoit été. (1749 et 1784.)
2. *Var.* Déjà le prince Charles. (1784.) — Le duc Charles V. En France on continuait de le nommer le prince Charles. Son oncle le duc Charles IV étant mort le 18 septembre 1675, il avait alors fait part de son avénement à l'Empereur et aux états généraux des Provinces Unies.
3. *Aut nunc, aut nunquam.*
4. *Var.* Et vient camper au voisinage. (1749.) — Et vint se camper fort près. (1784.)
5. *Var.* Brûloient. (1784.)
6. *Var.* De fatiguer les Impériaux. (1749.)
7. *Var.* Le prince d'Orange de son côté rassembloit cependant. (1749.)
8. *Var.* Des troupes des princes et de la basse Allemagne. (1784.)

DES CAMPAGNES DE LOUIS XIV. 283

neur des Pays-Bas laquelle place[1] seroit le plus à leur bienséance, il vint, avec soixante mille hommes, tenter une seconde fois la fortune devant Charleroy[2]. On crut qu'il ne retourneroit pas devant cette place sans avoir bien pris ses mesures pour ne pas recevoir[3] un second affront. Déjà les lignes de circonvallation étoient achevées ; déjà le prince Charles, qui le devoit joindre avec toutes ses troupes, étoit sur le bord[4] de la Meuse : le duc de Luxembourg eut ordre de s'avancer vers la place. On se croyoit[5] de part et d'autre à la veille d'un grand événement[6]. Plusieurs braves volontaires s'étoient rendus en diligence à l'armée de ce général[7], où ils étoient accourus comme à une occasion infaillible de se signaler. Le prince d'Orange et le gouverneur des Pays-Bas avoient fait bonne provision de poudre[8], de bombes, de grenades et de tout ce qui est nécessaire pour un siége ; mais ils trouvèrent tout à coup que le pain leur manquoit : c'étoit la seule provision à laquelle ils n'avoient pas songé. Le duc de Luxembourg s'étoit placé entre eux et Bruxelles ; et le maréchal d'Humières, d'un autre côté, leur fermoit le chemin de Mons et de Namur[9], et de leurs autres places : de sorte que voyant leur armée en danger de mourir de faim, ils décampèrent au grand étonnement de tout le monde[10] ; et après avoir tourné leur furie contre le bourg

1. *Var.* Quelle place. (1784.)
2. Il l'investit le 6 août 1677. Voyez la *Gazette* du 21 août 1677, p. 660.
3. *Var.* Pour n'y pas recevoir. (1784.)
4. *Var.* Sur les bords. (1749.)
5. Il y a dans l'édition de 1730 : « On le croyoit » ; c'est évidemment une faute d'impression.
6. *Var.* De quelque grand événement. (1784.)
7. *Var.* Dans l'armée du général. (1784.)
8. *Var.* De poudres. (1749.)
9. *Var.* De Mons, de Namur. (1749.)
10. Le 14 août 1677. Voyez la *Gazette* du 21 août 1677.

de Binch[1], leur consolation ordinaire quand ils ont manqué Charleroy[2], ils employèrent le reste de la campagne à faire des manifestes l'un contre l'autre.

Les Allemands, de leur côté, n'étoient pas plus heureux. Le maréchal de Créqui les suivoit toujours, campant à leur vue, toujours maître de donner bataille ou de la refuser; quelquefois son canon les foudroyoit jusque dans leurs tentes; il leur coupoit les vivres et arrêtoit leurs convois; il leur enlevoit leurs chevaux au fourrage[3]; tout ce qui s'écartoit du gros de l'armée tomboit entre les mains des soldats, ou des paysans, plus terribles encore que les soldats. Le prince Charles reconnut alors son imprudence : son armée à demi défaite repassa en diligence et la Moselle et la Sarre, et abandonna[4] une partie de son bagage[5].

Dans ce même temps[6], l'armée[7], commandée par le

1. Ce bourg, situé entre Mons et Charleroi, est nommé *Bains* dans les éditions de 1730 et de 1749, *Bines* dans celle de 1784. — « On vient d'apprendre que l'armée des confédérés, se retirant de Charleroy, s'est rapprochée de Binch ; et que l'ayant investi une seconde fois, elle l'a pris en peu de temps, quoique il y eût soixante et dix hommes qu'on y avoit laissés pour garder quelques grains. Ce poste avoit été pris une autre fois par les ennemis; et il n'y a point de ville dans la Flandres françoise de laquelle ils aient tant affecté la conquête. » (*Gazette* du 28 août 1677, p. 676.)

2. On lit dans les éditions de 1730 et de 1749 : « Leur consolation ordinaire, quand ils eurent manqué Charleroy. » Mais ce n'est point sans doute le véritable texte. Le prince d'Orange avait déjà pris deux fois le bourg ou la petite ville de Binch : après le siége manqué de Charleroi, en 1672, après le siége manqué d'Oudenarde en 1674 : voyez la note précédente.

3. *Var.* Leurs chevaux et fourrages. (1784.)

4. *Var.* Et abandonna, en se retirant. (1784.)

5. Au mois d'août 1677.

6. *Var.* Dans le même temps. (1749.) — Dans ce même moment. (1784.)

7. *Var.* L'armée des Cercles. (1784.)

prince de Saxe-Eisenach[1], étoit de l'autre côté du Rhin, et ne pouvoit se débarrasser du baron de Montclar, qui la tenoit comme assiégée en pleine campagne. Pour comble d'effroi, le maréchal de Créqui s'avance et repasse le Rhin. L'armée des Cercles, entourée de tous côtés, se retire en hâte[2], laissant[3] sur le chemin[4] un grand nombre de morts et de prisonniers, arrive effrayée au pont de Strasbourg, et se réfugie dans une île qui est au milieu[5] de ce pont. Les habitants de Strasbourg, touchés du péril des Allemands, qu'ils voyoient exposés à la boucherie, s'employèrent pour eux, et demandèrent[6] au maréchal un passe-port pour des malheureux qui ne cherchoient qu'à s'enfuir[7]. La demande est accordée, et on vit l'heure que l'armée et le général se mettoient en chemin, conduits par un garde que le maréchal avoit chargé du passe-port. Mais le prince Charles, qui étoit accouru au même temps, leur épargna cette honte. Toutefois[8] il acheta cher la gloire de les avoir délivrés; car, à quelques jours de là[9], l'aile droite de sa cavalerie fut taillée en pièces, et tout ce qu'il put faire fut de regagner promptement les lieux d'où il étoit parti, et de songer à couvrir Sarbruck, que les François sembloient menacer. Le maréchal profite de cette erreur : il fait semblant de mettre ses troupes[10] en quartier d'hiver aux environs de Schelestat[11]; mais ayant

1. *Var.* Par le duc de Saxe-Eisenach. (1749.) — Dans l'édition de 1730, il y a : « par le prince de Condé. » C'est une inadvertance.
2. *Var.* A la hâte. (1749.) — 3. *Var.* Et laissant. (1784.)
4. *Var.* Sur sa route. (1749.) — 5. *Var.* Vers le milieu. (1784.)
6. *Var.* S'employent pour eux, et demandent. (1749.)
7. Voyez dans la *Gazette* du 2 octobre 1677, p. 768, la copie du *passe-port accordé par le maréchal de Créqui à l'armée commandée par le prince d'Eysenach.* Il est daté du 24 septembre 1677.
8. *Var.* Cependant. (1749.) — 9. Le 7 octobre 1677.
10. *Var.* Ses forces. (1784.) — 11. *Celestat* dans l'édition de 1730.

appris que les Allemands avoient déjà disposé les leurs en plusieurs quartiers, il passe encore le Rhin, et va assiéger Fribourg[1].

Le prince Charles, étrangement alarmé de cette nouvelle, se représente l'étonnement de toute l'Allemagne, l'indignation[2] de l'Empereur, si on lui enlève une place si importante[3]. Qui pourra désormais empêcher les François d'entrer dans la Souabe[4] et dans le Virtemberg, de ravager[5] les terres impériales[6]? Il rassemble donc ses troupes; il marche à grandes journées, et arrive à une lieue de Fribourg. Mais trouvant tous les passages fermés, il demeure sans rien entreprendre; toutefois[7] il ne voulut point s'en retourner qu'il n'eût vu de ses propres yeux que la place étoit rendue[8]. Pour surcroît de malheur, la nouvelle arrive[9] que les troupes que le Roi entretient[10] dans la Hongrie ont battu[11] celles de l'Empereur, dont il est demeuré[12] sur le champ de bataille plus de trois mille hommes.

Les ennemis, voyant approcher la fin de l'année,

1. Le baron de Monclar, par l'ordre du maréchal de Créqui, investit Fribourg le 9 novembre 1677.
2. *Var.* Et l'indignation. (1749 et 1784.)
3. *Var.* De cette importance. (1784.)
4. Les éditions de 1730 et de 1749 ont *la Suabe*.
5. *Var.* Et de ravager. (1749 et 1784.)
6. L'édition de 1730 a un point et virgule devant *qui pourra*, et n'a pas de point d'interrogation à la fin de la phrase; mais cela est contraire au vrai sens.
7. *Var.* Cependant. (1749.)
8. Elle se rendit le 17 novembre 1677. Voyez dans la *Gazette* du 25 novembre 1677, p. 881-890, la *Relation de la prise de la ville et de la citadelle de Fribourg*.
9. *Var.* Arriva. (1784.)
10. *Var.* Entretenoit. (1784.)
11. *Var.* Avoient battu. (1784.)
12. *Var.* Dont il est resté. (1749.) — Dont il étoit demeuré. (1784.)

croyoient avec apparence être aussi à la fin de leurs disgrâces. Ils comptoient en une seule campagne quatre de leurs meilleures villes emportées, deux batailles perdues, un siége honteusement levé, deux grandes armées ruinées, et le pays de leurs alliés entièrement désolé. Le Roi pourtant ne put pas se résoudre[1] à les laisser en repos. Il commande au maréchal d'Humières d'assembler des troupes, et d'aller mettre le siége devant Saint-Ghislain[2]. Quand il n'y auroit pas eu[3] dans la place une garnison de douze cents hommes, les pluies, les neiges, et les marais dont elle est environnée[4], sembloient être seuls capables de la défendre; mais le soldat, animé de tant de victoires[5], l'emporte en moins de huit jours[6]; et il étoit déjà maître des portes quand le gouverneur[7] des Pays-Bas donna le signal qu'il étoit arrivé à Mons pour le[8] secourir.

La prise de cette place acheva de consterner les ennemis. Ils commencèrent à changer de langage. Ce n'étoit[9] plus des menaces, comme autrefois, et des espérances de victoires[10] : ils reconnoissoient[11] de bonne foi leur foi-

1. *Var.* Le Roi ne put cependant pas se résoudre. (1749.) — Le Roi pourtant ne put se résoudre. (1784.)

2. *Saint-Guillin* dans les éditions de 1730 et de 1784; *Saint-Guillain* dans celle de 1749.

3. *Var.* Quand il n'y eût pas eu. (1749.)

4. Dans l'édition de 1784 il y a : « dont il est environné. » Ce n'est qu'une faute d'impression. A la fin du membre de phrase, la même édition porte : « de *la* défendre. »

5. *Var.* Par tant de victoires. (1784.)

6. Saint-Ghislain avait été investi dans la nuit du 30 novembre au 1er décembre 1677; dans celle du 9 au 10 décembre, tous les dehors furent emportés. Don Hernandez fit battre la chamade le 10 décembre à midi. Le lendemain, 11 décembre, à la pointe du jour, il sortit de la place. Voyez la *Gazette* du 18 décembre 1677.

7. *Var.* Lorsque le gouverneur. (1749.)

8. Au lieu de *le*, les éditions de 1749 et de 1784 ont *la*.

9. *Var.* Ce n'étoient. (1749.) — 10. *Var.* De victoire. (1749.)

11. *Var.* Ils reconnurent. (1784.)

blesse. Tant de puissances liguées contre un seul homme, l'Espagne, la Hollande et [1] l'Allemagne, ne se croient pas [2] assez fortes pour lui faire tête. Ils vont mendier de nouveaux secours; ils cherchent à faire pitié aux Anglois, et n'oublient rien [3] de ce qui peut renouveler [4] cette ancienne jalousie qui a tant de fois armé l'Angleterre contre la France. Le prince d'Orange, qui avoit épousé [5] la fille du duc d'Yorck [6], et qui étoit regardé comme l'héritier présomptif de la couronne, fait sa brigue auprès des grands et auprès du peuple [7]. Il leur représente la perte infaillible des Pays-Bas, les François maîtres bientôt de toutes les côtes de la Manche, et en état de faire la loi à l'Océan; la religion protestante en péril, l'Europe entière menacée d'une dangereuse servitude. Les peuples murmurent, le Parlement demande qu'on sauve la Flandre, le roi d'Angleterre lui-même est ébranlé. Les Espagnols, désespérant de pouvoir conserver leurs places, parlent de les lui abandonner. Enfin on ne doute point qu'il ne quitte le personnage de médiateur pour prendre celui d'ennemi. Sur cette espérance, les confédérés reprennent courage; ils veulent continuer la guerre, ou prescrire eux-mêmes les conditions de la paix; ils se flattent que le Roi va laisser au moins la Flandre en repos, et qu'ils n'auront plus à couvrir que les provinces voisines de l'Allemage. Le Roi contribue à les entretenir dans cette erreur. Il venoit de

1. *Et* manque dans l'édition de 1784.
2. *Var.* Ne se croyoient pas. (1784.)
3. *Var.* Et n'oubliant rien. (1749.) — La même édition n'a en conséquence qu'une virgule, deux lignes plus bas, avant : « Le prince d'Orange. »
4. *Var.* De ce qui peut réveiller. (1749.) — De tout ce qui peut réveiller. (1784.)
5. *Var.* Qui venoit d'épouser. (1784.)
6. Le 15 novembre 1677.
7. *Var.* Auprès des grands et du peuple. (1749.)

prendre Saint-Ghislain pour faire croire[1] qu'il vouloit attaquer Mons, et achever la conquête du Hainaut. Enfin il se met en campagne, et part avec sa cour[2] au commencement de février pour s'en aller à Metz[3].

Au bout de quelques jours, il semble tourner vers Nanci; puis tout d'un coup il se rend[4] à Metz, où il avoit mandé au maréchal de Créqui de le venir trouver. Il y avoit quelques jours[5] que le maréchal[6] avoit eu[7] ordre de passer le Rhin, et d'aller avec un corps d'armée dans le Brisgau, tandis que d'autres troupes se tiendroient aux environs de Metz.

Tout cela avoit fait juger que l'orage tomberoit vraisemblablement du côté de l'Allemagne. Cette opinion augmente lorsqu'on voit arriver à Metz le maréchal, tout malade qu'il étoit. Pour confirmer entièrement le bruit[8], le Roi lui commanda[9] de marcher vers Thionville, et fait semblant[10] lui-même d'y vouloir aller.

Les ennemis, alarmés de la marche[11], sont dans une

1. *Var.* Pour leur faire croire. (1784.)
2. *Var.* Avec toute sa cour. (1784.)
3. « Leurs Majestés partirent du château de Saint-Germain en Laye le 7 de ce mois. » (*Gazette* du 19 février 1678.)
4. *Var.* Ensuite il se rend tout d'un coup. (1749.) — Puis tout à coup il se rend. (1784.)
5. Il y avoit quelques mois. (1784.)
6. *Var.* Que ce général. (1749.) — Que ce maréchal. (1784.)
7. *Var.* Avoit reçu. (1749.)
8. *Var.* Pour confirmer ce bruit. (1749.) — Nous avons suivi, comme la plus satisfaisante, la ponctuation de cette dernière édition. Celle de 1784 a une virgule après : « tout malade qu'il étoit; » un point avant : « le Roi. » L'édition de 1730 ne décide rien, mettant entre deux virgules la phrase : « pour confirmer entièrement le bruit. »
9. *Var.* Lui commande. (1784.)
10. *Var.* Et fit semblant. (1749.)
11. *Var.* Alarmés de cette marche. (1749.) — Alarmés et incertains de sa marche. (1784.)

agitation continuelle[1]. Les Allemands, qui à peine avoient leurs quartiers d'hiver[2], sont contraints d'en sortir pour se rassembler. La ville de Strasbourg parle d'envoyer des députés; Trèves se croit déjà voir au pillage[3]; Luxembourg ne doute plus d'être assiégé. Cependant le Roi rebrousse chemin, et se rendant à Verdun, fait courir le bruit qu'il va assiéger Namur[4]. Le gouverneur des Pays-Bas ne sait plus de quel côté tourner : il voit aller et revenir[5] de toutes parts les armées françoises; il voit que depuis le fond de la Flandre jusqu'au Rhin, le Roi a partout des magasins; il ne sait quelle place abandonner ni défendre : s'il en assure une, il en expose vingt autres. Il court enfin au plus pressé, et rappelant toutes les troupes qu'il avoit en Flandres, il en remplit toutes les villes du Hainaut et du[6] Luxembourg. A peine il a pris ces[7] précautions[8], qu'on lui vient dire[9] que le maréchal d'Humières s'approche d'Ypres : il y jette la meilleure partie de la garnison de Gand[10]. Il se repose alors[11], et pense avoir bien pourvu à toutes choses; mais en un même jour il apprend de six courriers différents qu'il y a six grandes villes[12] investies : Mons, Namur,

1. *Var.* Dans une continuelle agitation. (1784.)
2. *Var.* Étoient entrés dans leurs quartiers d'hiver. (1749.) — Avoient pris leurs quartiers d'hiver. (1784.)
3. *Var.* Se croit déjà au pillage. (1749.)
4. *Var.* Et se rend à Verdun, faisant courir le bruit qu'il alloit assiéger Namur. (1784.)
5. *Var.* Aller et venir. (1749 et 1784.)
6. Il y a *de*, et non *du*, dans l'édition de 1730.
7. *Ses*, au lieu de *ces*, dans la même édition.
8. *Var.* A peine a-t-il pris ces précautions. (1749.)
9. *Var.* Qu'on vient lui dire. (1784.)
10. Dans l'édition de 1784, il y a : « la meilleure garnison de Gand. » Ce ne peut être qu'une faute de l'imprimeur.
11. *Var.* Il respire alors. (1784.)
12. *Var.* Cinq grandes villes. (1749.)

Charlemont, Luxembourg, Ypres ; enfin que Gand même[1] est assiégé. Cette dernière nouvelle est pour lui un coup de foudre : il est longtemps sans y vouloir ajouter foi[2]. Quelle apparence que le Roi, qu'il croit en Lorraine, vienne assiéger au fort de l'hiver la plus grande ville des Pays-Bas, entreprenne[3] de faire une circonvallation de plus de huit lieues dans un pays de marécage[4] et facile à inonder, coupé de quatre rivières et de deux larges canaux? Cependant la chose se trouve vraie. Plus de soixante mille hommes, partis de différents endroits, étoient arrivés à une même heure devant cette grande ville, et l'avoient investie, sans savoir eux-mêmes qu'ils l'investissoient. Le Roi, ayant supputé le temps que[5] ses ordres pouvoient être exécutés, laisse la Reine à Stenay, monte à cheval, traverse en trois jours plus de soixante lieues de pays, et joint son armée qui est devant Gand[6]. Il trouve en arrivant la circonvallation presque achevée, et tous les quartiers déjà disposés, suivant le plan qu'il en avoit lui-même dressé à Saint-Germain. Les ennemis avoient lâché leurs écluses ; mais il y eut bientôt partout des digues et des ponts de communication. La tranchée est ouverte dès le soir ; bientôt les dehors sont emportés l'épée à la main : la ville se rend ; et la citadelle, quoique très-forte et environnée de larges fossés, capitule deux jours après[7].

1. *Var.* Gand lui-même. (1749.)
2. *Var.* Sans pouvoir y ajouter foi. (1784.)
3. *Var.* Et entreprenne. (1784.)
4. *Var.* De marécages. (1749 et 1784.)
5. *Var.* Le temps auquel. (1749.)
6. Le Roi arriva le 4 mars 1678 devant Gand, que le maréchal d'Humières avait investi depuis quelques jours. Voyez la *Gazette* du 5 mars 1678.
7. La ville de Gand se rendit au Roi le 9 mars 1678, et la citadelle le 12. Voyez, dans la *Gazette* du 18 mars 1678, le *Journal du siége de Gand.*

Ainsi le Roi, par sa conduite, se rend en six jours maître[1] de cette ville si renommée[2], qui faisoit autrefois la loi à ses princes[3], et qui prétendoit égaler Paris même par la grandeur de son circuit[4] et par le nombre de ses habitants. A peine est-elle prise, que le maréchal de Lorges a ordre de s'avancer vers Bruges avec un corps de cavalerie. Aussitôt deux bataillons espagnols de la garnison d'Ypres s'y jettent[5]; mais tout à coup voilà le Roi devant Ypres[6]. Il y avoit longtemps[7] qu'il avoit dessein sur cette place importante par elle-même et parce que sa prise achevoit d'assurer toutes ses conquêtes[8]. Il y restoit encore trois mille hommes de guerre, qui se défendirent d'abord courageusement; mais les approches étant faites, la contrescarpe, bordée d'une double palissade, est forcée en une nuit, et le lendemain, dès le point du jour[9], la citadelle et la ville envoyèrent des otages et signèrent la capitulation[10]. Ces deux dernières conquêtes changèrent toute la face des affaires. Le Roi est à deux lieues des places des Hollandois, et ils pensent à toute heure le revoir encore aux portes de leur capitale. Mais quelle douleur aux Espagnols[11] de perdre tout un grand pays dont ils tiroient

1. *Var.* Se rend maître en six jours. (1749.)
2. *Var.* De cette ville renommée. (1749.)
3. *Var.* A ses princes mêmes. (1784.)
4. *Var.* Et qui prétendoit égaler Paris par la grandeur de son enceinte. (1784.)
5. *Var.* Se jettent dedans. (1749.)
6. Il y arriva le 15 mars 1678. Voyez la *Gazette* du 2 avril 1678.
7. *Var.* Il y avoit déjà longtemps. (1749.)
8. *Var.* Toutes nos conquêtes. (1749.)
9. *Var.* Dès la pointe du jour. (1784.)
10. Le vendredi 25 mars 1678, jour de l'Annonciation, Ypres capitula. La garnison sortit le lendemain 26. Voyez la *Gazette* du 2 et du 5 avril 1678.
11. *Var.* Pour les Espagnols. (1749 et 1784.)

toute leur subsistance, et de le voir en proie aux armées de leurs ennemis!

Les Anglois[1] se troublent à cette nouvelle : c'est en vain qu'ils sont déjà dans Bruges et dans Ostende. Par quel chemin iront-ils joindre les Espagnols? Tous les passages leur sont fermés : les voilà désormais resserrés dans un très-petit espace[2] de pays; et les seules garnisons d'Ypres et de Gand sont capables de ruiner leurs armées[3]. On arme pourtant à Londres; on distribue[4] des commissions pour lever des troupes; on équipe des vaisseaux; on défend tout commerce avec la France, et on veut que les Hollandois fassent de pareilles défenses chez eux. Mais les Hollandois ne veulent point renoncer aux avantages qu'ils tirent du commerce. Les disputes s'échauffent[5]; l'alliance n'est pas encore signée, et les voilà déjà brouillés. Le Roi, instruit de leur division, compte pour vaincus des ennemis qui s'accordent si mal ensemble. Toutefois, comme il voit[6] sa gloire au point de ne pouvoir croître[7], ses frontières entièrement assurées, son empire accru de tous côtés, il songe au repos et à la félicité de ses peuples.

Cette seule ambition peut désormais flatter son courage : il se résout donc de donner[8] la paix à l'Europe; mais c'est aux conditions qu'il veut bien imposer lui-même. Il trace un petit projet de paix et l'envoie[9] à Ni-

1. *Var.* Les Anglois eux-mêmes. (1749.)
2. Dans l'édition de 1730 on a imprimé : « une très-petite espace. » *Espace* a été autrefois du féminin.
3. *Var.* Leur armée. (1749 et 1784.)
4. *Var.* On délivre. (1784.)
5. *Var.* La dispute s'échauffe. (1784.)
6. *Var.* Cependant, comme il voit. (1749.)
7. *Var.* De ne pouvoir plus croître. (1784.)
8. *Var.* Il se résout donc à donner. (1784.)
9. *Var.* Il traça.... et l'envoya. (1784.)

mègue. Ce projet rendu public fait[1] l'effet qu'il s'étoit imaginé. Les ennemis commencèrent[2] à ouvrir les yeux. Les peuples de Hollande, épuisés d'argent et de forces, et las d'entretenir des armées qui peuvent les opprimer un jour, songent à assurer leur repos et leur liberté[3]. Les propositions du Roi sont dans la justice, et il faut ou de l'aveuglement ou de l'opiniâtreté pour les refuser. Enfin, si on ne fait la paix, ils déclarent qu'ils ne fourniront plus aux frais de la guerre. Les états généraux s'assemblent; mais le terme que le Roi leur a donné expire bientôt. Il leur semble à tout moment qu'il va partir, et ils demandent du temps pour délibérer. Il leur accorde trois semaines, et va lui-même attendre à Gand la réponse[4], à la tête de son armée. Tandis qu'ils consultent et que les choses sont balancées[5], il leur envoie un trompette pour achever de leur expliquer les intentions favorables qu'il a pour eux. Alors les Hollandois ne peuvent plus[6] se contenir; la mémoire de tant de bienfaits qu'ils ont reçus autrefois[7] de la France se réveille en eux. Ils avouent leurs ingratitudes[8]; ils crient que les François sont leurs vrais alliés, que le Roi est leur naturel protecteur. On entend partout retentir dans la Haye : « Vive le roi de France! Vive le grand prince qui veut bien nous donner la paix! » En même temps ils lui envoient des députés pour lui témoigner leur juste reconnoissance. Le prince d'Orange est le seul qui ne prend point de part à la joie publique. Quoique la guerre jusques alors lui ait été si contraire, il ne

---

1. *Var.* Produit. (1749.) — 2. *Var.* Commencent. (1784.)
3. *Var.* Et leur félicité. (1749.) — 4. *Var.* Leur réponse. (1784.)
5. *Var.* Sont en balance. (1784.) — Cette édition a une virgule avant *tandis que*, et un point après les mots *en balance*.
6. *Var.* Ne pouvant plus. (1784.)
7. *Var.* Qu'ils ont autrefois reçus. (1784.)
8. *Var.* Leur ingratitude. (1749.)

peut souffrir une paix qui lui va ôter[1] le commandement des armées : il n'y a point d'adresse qu'il n'emploie, point de machine qu'il ne remue. Il fait agir ses créatures; il envoie en Angleterre; il jette l'alarme dans toutes les cours des alliés[2]. On voit arriver de toutes parts à Nimègue des courriers chargés de plaintes contre les états. L'Empereur éclate surtout en reproches; il les accuse[3] d'abandonner la cause commune : c'est pour eux que l'Allemagne est engagée dans une guerre qui lui est[4] si onéreuse; que deviendront maintenant leurs alliés? et comment soutiendront-ils séparément une puissance que tous ensemble n'ont pu soutenir[5]? D'autre part les Anglois achèvent de lever le masque : ils se déclarent ouvertement contre la France, et sont désormais ses plus grands ennemis. Il n'y a rien qu'ils ne fassent pour empêcher les Hollandois de se réconcilier avec elle : ils leur offrent de l'argent, des vaisseaux, des troupes, et les engagent enfin à signer un traité de ligue offensive et défensive avec eux[6].

Le Roi, de retour à Saint-Germain, apprend sans s'émouvoir toutes ces ligues nouvelles. Il a ses mesures prises; il est si assuré de faire la loi à ses ennemis, qu'il a déjà par avance déchargé ses peuples de six millions de tailles[7]. Il semble même que, dans le temps qu'il offre la paix, la fortune de tous les côtés[8] prenne plaisir à favoriser ses armées : trois cents hommes de la garnison de

1. *Var.* Qui va lui ôter. (1749 et 1784.)
2. *Var.* Dans tous les cœurs des alliés. (1784.)
3. *Var.* Et les accuse. (1784.)
4. *Var.* Qui lui devient. (1749.)
5. *Var.* Que tous ensemble n'ont pu arrêter? (1749.) — Que tous ils n'ont pu soutenir? (1784.)
6. Il fut conclu le 26 juillet 1678.
7. *Var.* Des tailles. (1749.)
8. *Var.* De tous côtés. (1784.)

Maëstricht emportent d'assaut, en une nuit, une place du Brabant[1] que trente mille hommes oseroient à peine assiéger. Le duc de Navailles[2], malgré des difficultés incroyables, et presque à la vue de l'armée d'Espagne, prend la capitale de Cerdagne[3], et s'ouvre l'entrée dans la Catalogne. Le maréchal de Créqui défait une partie des meilleures troupes de l'Empire, les poussant[4] avec grand carnage[5] jusque dans les fossés de Rheinfeld[6]; il brûle le pont de Strasbourg, et s'empare de tous les forts qui le défendoient. Le duc de Luxembourg de son côté ne demeure pas oisif. Après avoir tenu longtemps Bruxelles comme assiégé[7], il entre dans le Haynaut, et va bloquer Mons. Le prince d'Orange, ayant grossi son armée de plusieurs troupes angloises et allemandes, marche en diligence pour secourir cette grande ville, et les armées sont en présence. Cependant les Hollandois, plus

1. Lewe ou Leeuw, à huit lieues de Maestricht. Le comte de Calvo concerta le dessein de la surprendre avec M. de la Bretèche, colonel d'un régiment de dragons à Maestricht. Dans la nuit du 3 au 4 mai 1678, les troupes arrivèrent près de la place. Le gouverneur fut obligé de se rendre prisonnier. La garnison de la ville et de la citadelle était de six à sept cents hommes. « Le sieur de la Bretesche a mis sous l'obéissance du Roi, en moins d'une heure, la place la plus forte et la plus considérable du Brabant. » (*Gazette* du 17 mai 1678, p. 410.)

2. L'édition de 1730 a changé par erreur ce nom en celui de Noailles.

3. *De Serdaigne* dans l'édition de 1730. — Cette capitale de la Cerdagne est Puycerda. Le gouverneur capitula le 28 mai 1678, après trente et un jours de tranchée ouverte. Voyez dans la *Gazette* du 14 juin 1678 la *Prise de la ville de Puycerda*.

4. *Var.* Et les pousse. (1784.)

5. *Var.* Avec un grand carnage. (1749.)

6. *Brisfeld* dans l'édition de 1730; *Rhinfelds* dans l'édition de 1749; *Rinfeld* dans celle de 1784. — Deux ou trois mille Impériaux furent tués, noyés ou faits prisonniers dans ce combat de Rheinfeld, livré le 6 mai 1678.

7. Dans l'édition de 1784, *assiégée*, au féminin.

touchés de leurs véritables intérêts[1] que des vaines promesses des Anglois et de leurs autres alliés, ordonnent à leurs plénipotentiaires d'achever le traité qu'ils ont commencé avec la France. La paix est signée à Nimègue[2], et un courrier en porte la nouvelle au prince d'Orange. Néanmoins ce prince malheureux ne perd pas encore l'espérance d'empêcher la ratification. Il résout[3] de tenter encore une fois la fortune en attaquant promptement les François, et songe, par un dernier effort, ou à rompre la paix, ou du moins à terminer la guerre avec éclat.

Le lendemain, dès le point du jour[4], il passe les défilés qui séparoient[5] les deux armées, et attaque[6] les François dans leurs postes. Comme il combattoit en homme désespéré, sa témérité eut d'abord quelque succès : il renverse quelques gardes avancées, et les poursuit jusque vers l'endroit où le gros de l'armée étoit en bataille. Mais alors la fortune changea de face[7] : les François fondent sur les ennemis avec leur impétuosité ordinaire, et les mettent en déroute ; près de quatre mille hommes demeurèrent[8] sur la place[9]. Le prince

1. *Var.* De leur véritable intérêt. (1784.)
2. Dans la nuit du 10 au 11 août 1648.
3. *Var.* Il se résout. (1784.)
4. *Var.* Deux jours après, dès le point du jour. (1749.) — Le lendemain, dès la pointe du jour. (1784.)
5. *Var.* Qui séparent. (1784.)
6. *Var.* Et charge. (1749.)
7. *Var.* Change de face. (1749.)
8. *Var.* Demeurent. (1784.)
9. Le combat de Saint-Denis, près de Mons, fut livré le 14 août 1678. « Le duc de Luxembourg ayant demeuré quelques jours campé à Soignies, sur le chemin de Bruxelles à Mons, et voyant que le prince d'Orange marchoit pour attaquer le comte de Montal et le baron de Quincy, lieutenants généraux, qui avoient depuis quelque temps formé le blocus de Mons, il s'approcha d'eux, pour être en état de les secourir, en cas que les ennemis les voulussent atta-

d'Orange¹ fut trop heureux le jour suivant de publier lui-même la nouvelle de la paix. C'étoit le seul moyen de délivrer Mons.

Les plénipotentiaires d'Espagne la signèrent bientôt après². Mais quand le traité parut à Madrid, et qu'il fallut le ratifier, la plume tombe³ des mains à tout le conseil. Ces politiques, si accoutumés à regagner par des traités⁴ ce qu'ils avoient perdu dans la guerre⁵, ne savent plus où ils en sont lorsqu'ils voient tout ce qui leur faut abandonner par celui-ci : Cambray, Valenciennes, tant d'autres places fameuses, de grandes provinces, ou, pour mieux dire, des royaumes entiers, et surtout cette Bourgogne qui leur donnoit voix dans les diètes de l'Empire⁶. Mais cependant les armées de France sont aux portes de Bruxelles, et il n'est plus temps⁷ de délibérer. Le Roi d'Espagne envoie à Nimègue le traité ratifié de sa main⁸, avec ordre à ses ministres d'obtenir des conditions meilleures s'ils peuvent, sinon de le publier tel qu'il étoit⁹.

Que fera désormais l'Empereur, destitué du secours

quer. Il se posta sur le ruisseau qui passe par Sirieu, par Casteau et par l'abbaye de Saint-Denys.... Le 14, le prince d'Orange.... tenta le passage des défilés de Casteau et de l'abbaye de Saint-Denys ; et après un combat de plus de six heures, où il perdit près de quatre mille hommes, il fut obligé de se retirer. » (*Gazette* du 27 août 1678.)

1. *Var.* Et le prince d'Orange. (1749.)
2. Le 17 septembre 1678.
3. *Var.* Tomba. (1784.)
4. *Var.* Par les traités. (1784.)
5. *Var.* Ce qu'ils avoient perdu à la guerre. (1749.) — Ce qu'ils ont perdu dans la guerre. (1784.)
6. On peut comparer à cet endroit un passage du *Discours prononcé à la réception de Thomas Corneille* : voyez tome IV, p. 364, ligne 19, jusqu'à la ligne 3 de la page 365.
7. *Var.* Sont aux portes de Bruxelles; il n'est pas temps. (1784.)
8. Il avait été ratifié le 15 décembre 1678.
9. *Var.* Tel qu'il est. (1749.)

des Hollandois et des Espagnols? Il croit d'abord, en traînant la négociation, rendre son traité plus avantageux; mais à mesure qu'il retarde, le Roi lui fait de nouvelles demandes. Il se hâte donc de conclure, et sans s'arrêter[1] aux vaines protestations de ses alliés qui différoient de souscrire la paix aux conditions qu'on lui avoit présentées[2].

Ainsi le Roi, qui avoit vu tous les princes de l'Europe se déclarer l'un après l'autre[3], voit les mêmes princes[4] l'un après l'autre[5] rechercher son amitié, recevoir en quelque sorte la loi de lui, et signe[6] une paix qui laisse à douter s'il a plus glorieusement fait la guerre, ou s'il l'a terminée avec plus d'éclat[7].

Voilà, en abrégé, une partie des actions d'un prince que la fortune a pris, ce semble, plaisir d'élever[8] au plus haut degré de la gloire où puissent monter les hommes, si toutefois on peut dire que la fortune ait eu quelque part dans ces succès[9], qui n'ont été que la suite infaillible d'une conduite toute merveilleuse. En effet, jamais capitaine n'a été plus caché dans ses desseins, ni plus clairvoyant dans ceux de ses ennemis. Il a toujours vu en toute chose ce qu'il falloit voir[10], toujours fait ce qu'il

1. *Var.* Et il le fait sans s'arrêter. (1749.)
2. *Var.* Et sans s'arrêter aux vaines protestations de ceux de ses alliés qui différoient de souscrire, il accepte la paix aux conditions qu'on lui avoit prescrites. (1784.)
3. *Var.* Contre lui l'un après l'autre. (1749.) — L'un après l'autre contre lui. (1784.)
4. *Var.* Ces mêmes princes. (1749 et 1784.)
5. « L'un après l'autre » manque ici dans l'édition de 1784.
6. *Var.* Et signer. (1749 et 1784.)
7. Le *Dixième et dernier livre de l'Histoire de Louis XIV* (1749), qui contient ce *Précis des campagnes de 1672 à 1678*, s'arrête ici. Voyez ci-dessus, p. 236.
8. *Var.* A élever. (1784.) — 9. *Var.* Dans ses succès. (1784.)
10. L'édition de 1730 ne donne point les mots : « toujours vu

falloit faire. Avant que la guerre fût commencée, il avoit aguerri ses troupes dès longtemps par de continuels exercices, par l'exacte discipline qu'il leur faisoit observer. Il a toujours prévenu ses ennemis par la promptitude de ses exploits. Dans le temps qu'ils faisoient des préparatifs pour l'attaquer[1], il les a souvent réduits à la nécessité de se défendre, et leur a quelquefois enlevé trois villes pendant qu'ils délibéroient d'en assiéger une. Il ne s'est point trompé dans ses mesures, et quand[2] il entra dans la Franche-Comté, il avoit pris ses précautions si justes du côté de l'Allemagne, qu'en une province ouverte de toutes parts, les ennemis ne purent, dans une occasion si pressante, se faire un passage pour y jeter le moindre secours. Il n'a point fait de conquêtes qu'il n'ait méditées longtemps auparavant, et où il ne se soit acheminé comme par degrés. En prenant Condé et Bouchain, il se mit en état d'assiéger Valenciennes et Cambray; par la prise d'Aire, il s'ouvrit le chemin à Saint-Omer[3]; et c'est en partie à la conquête de Saint-Ghislain qu'il doit celle[4] de Gand et d'Ypres.

Jamais prince n'observa si religieusement[5] sa parole; il l'a toujours exactement tenue[6] à ses ennemis mêmes; et dans la paix d'Aix-la-Chapelle, il aima mieux, en ren-

---

en toute chose ce qu'il falloit voir, » qui ne paraissent pas cependant pouvoir être une interpolation de l'édition de 1784.

1. L'édition de 1730 met une virgule avant les mots : « Dans le temps ; » point et virgule après ceux-ci : « pour l'attaquer. » La ponctuation de 1784 semble préférable.

2. Au lieu de *et quand*, l'édition de 1784 donne simplement *quand*, et fait précéder d'un point cette conjonction.

3. L'édition de 1730 n'a pas ce membre de phrase : « par la prise d'Aire, il s'ouvrit le chemin à Saint-Omer. »

4. *Var.* Qu'il doit la conquête. (1784.)

5. *Var.* Si régulièrement. (1784.)

6. *Var.* Il l'a toujours tenue. (1784.)

dant la Franche-Comté, renoncer à la plus glorieuse et à la plus utile de ses conquêtes, que de manquer à la parole qu'il avoit donnée de la rendre. Ce n'est pas une chose concevable que la fidélité qu'il a gardée à ses alliés : il a toujours[1] eu plus de soin de leur intérêt[2] que des siens propres. Dans le projet de paix qu'il envoya à Nimègue, il y avoit pour premier article, qu'avant toutes choses on restitueroit aux Suédois ce qui avoit été pris[3] sur eux ; et quoiqu'il vît toute l'Europe en armes contre lui, ce ne fut qu'à l'instante prière des mêmes Suédois[4] qu'il souffrit que la paix se fît avec la Hollande avant la restitution. Jamais un mouvement de colère ne lui a fait faire une fausse démarche. Quand l'Angleterre, qui s'étoit liée avec lui, se détache[5] tout à coup de ses intérêts, il ne s'emporte ni en plaintes ni en reproches ; il n'en témoigne au roi d'Angleterre aucune froideur ; et en lui montrant au contraire qu'il étoit toujours persuadé de son amitié, il l'engage à demeurer[6] son ami. Il a toujours appelé aux emplois[7] de la guerre les hommes qui en étoient les plus dignes, et n'a jamais laissé une belle action sans récompense : aussi jamais prince ne fut servi avec tant d'ardeur par ses soldats. Cette ardeur a passé à de tels excès, qu'il a eu besoin de toute son autorité pour la réprimer. Quand il a pu voir une chose par ses yeux, il ne s'est point fié aux yeux d'autrui. Il a toujours

1. *Var.* Que dans la fidélité qu'il a gardée à ses alliés, il a toujours.... (1784.)
2. *Var.* De leurs intérêts. (1784.)
3. *Var.* Tout ce qui avoit été pris. (1784.)
4. *Var.* Des Suédois. (1784.)
5. *Var.* Se détacha. (1784.) La même édition met également au prétérit les autres verbes de cette phrase.
6. *Var.* A demeurer toujours. (1784.)
7. L'édition de 1730, au lieu d'*emplois* donne *exploits*. C'est évidemment une faute.

reconnu lui-même les places qu'il a voulu attaquer; et en cette noble fonction de capitaine, il a eu plusieurs fois des hommes tués et blessés auprès de lui[1]. Judicieux dans toutes ses entreprises, intrépide dans le péril, infatigable dans le travail, on ne sauroit rien lui reprocher que d'avoir souvent exposé sa personne avec trop peu de précaution.

Cependant il est merveilleux que parmi les soins d'une guerre qui a dû, ce semble, l'occuper tout entier, ce prince soit encore entré dans le détail du gouvernement de son État, et qu'on l'ait vu aussi appliqué aux besoins particuliers[2] de ses sujets, que si toutes ses pensées avoient été renfermées au dedans de son royaume.

De là vient que dans un temps que toute l'Europe étoit en feu, la France ne laissoit pas de jouir de toute la tranquillité et de tous les avantages d'une paix profonde. Jamais elle ne fut si florissante, jamais la justice ne fut exercée avec tant d'exactitude, jamais les sciences, jamais les beaux-arts n'y ont été cultivés avec tant de soin. Il a lui seul plus fait bâtir de somptueux édifices, que tous les rois qui l'ont précédé. Il n'est pas croyable combien de citadelles il a fait construire, combien il en a réparé, de combien de nouveaux bastions il a fortifié ses places.

Les François[3], il y a quinze ans, passoient pour n'avoir aucune connoissance de la navigation : ils pouvoient à peine mettre en mer six vaisseaux de guerre, et quatre galères. Maintenant la France compte dans ses ports vingt-six galères, et cent vingt gros vaisseaux, et un nombre prodigieux d'autres bâtiments : elle s'est rendue

1. *Var*. A côté de lui. (1784.)
2. *Var*. Au besoin particulier. (1784.)
3. Tout ce passage, depuis : « Les François » jusqu'à « et des matelots, » ne se trouve pas dans l'édition de 1730.

si savante dans la marine, qu'elle donne aujourd'hui aux étrangers et des pilotes et des matelots. Il n'y a point de génie un peu élevé au-dessus des autres, dans quelque profession que ce soit, que le Roi, par ses largesses, n'ait excité à travailler. Aussi la France, sous son règne, ne se ressentit[1] en rien ni de l'air grossier de nos pères, ni de la rudesse qu'une longue guerre apporte d'ordinaire avec soi : on y voit briller une politesse que les nations étrangères prennent pour modèle et s'efforcent d'imiter. Mais ce ne sont pas les seuls bienfaits du Roi qui ont produit tant de miracles, et qui ont porté toutes choses à ce degré de perfection : la finesse de son discernement y a plus contribué que ses libéralités ; les plus grands génies, les plus savants ouvriers[2] ont remarqué que pour trouver le plus haut point de leur art, il leur suffisoit d'étudier le goût de ce prince. La plupart des chefs-d'œuvre qu'on admire dans ses palais doivent leur naissance aux idées qu'il en a fournies. Toutes ces grâces, toute cette disposition si merveilleuse, qui surprend, qui enchante dans ses magnifiques jardins, n'est bien souvent que l'effet de quelque ordre qu'il a donné en les visitant.

Il est donc juste que les sciences et les arts[3] s'emploient à éterniser la mémoire d'un prince à qui ils sont redevables. Il est juste que les écrivains les plus illustres le prennent pour l'objet de toutes leurs veilles[4]; que les peintres, que les sculpteurs[5] s'exercent sur un si noble sujet. Mais tandis qu'ils travaillent à remplir les places et les édifices publics d'excellents ouvrages où ses actions[6]

1. *Var.* Ne se ressent. (1784.)
2. *Var.* Les plus savants artistes. (1784.)
3. *Var.* Que les sciences, que les beaux-arts. (1784.)
4. Comparez les vers 193-222 du chant IV de l'*Art poétique* de Boileau.
5. *Var.* Que les peintres et les sculpteurs. (1784.)
6. *Var.* Où ses victoires. (1784.)

sont représentées, quelques personnes zélées plus particulièrement pour sa gloire ont voulu avoir dans leur cabinet un abrégé en tableaux des plus grandes actions de ce prince; c'est ce qui a donné occasion à ce petit ouvrage, qui renferme tant de merveilles en très-peu d'espace, pour leur mettre à tout moment[1] devant les yeux ce qui fait la plus chère occupation de leurs pensées.

1. *Var.* C'est ce qui a donné occasion à ce volume. Elles ont choisi un pinceau délicat, qui pût renfermer tant de merveilles en très-peu d'espace, et leur mettre à tous moments.... (1784.)

FIN DU PRÉCIS HISTORIQUE.

RELATION

DE CE QUI S'EST PASSÉ

AU SIÉGE DE NAMUR.

NOTICE.

Louis Racine a donné place à cette *Relation* parmi les *Ouvrages attribués à Jean Racine* qu'il a publiés en 1747 dans l'appendice qui fait suite à ses *Mémoires*. Voici l'*Avertissement* dont il l'a fait précéder : « La relation suivante, imprimée in-folio, par ordre du Roi, chez Thierry, en 1692, est attribuée à feu M. Racine par quelques personnes qui prétendent que le public, trompé par un style qu'il n'attendoit pas d'une plume poétique, n'en soupçonna pas l'auteur, et parut même goûter davantage l'histoire du même événement faite dans un style très-différent par M. de Visé. Quoi qu'il en soit, on a cru devoir imprimer ici cette *Relation*, parce qu'elle est devenue fort rare, et qu'elle a rapport à plusieurs choses qui se trouvent dans les lettres écrites du camp devant Namur par M. Racine à Boileau. » On pourrait souhaiter que ce témoignage, le seul que nous ayons, fût plus affirmatif. Toutefois, recueillie par un fils de Racine, une tradition, même trop timidement attestée, a sa valeur. La présomption qu'elle fournit nous paraît confirmée par les indices d'authenticité qu'à notre sentiment l'opuscule porte en lui-même.

Le style en est toujours élégant; mais qu'on fasse particulièrement attention au début de l'historien, aux réflexions par lesquelles il conclut sa *Relation*, à tous les passages qui ne sont pas purement techniques : c'est là surtout qu'on trouvera la même noblesse sans enflure, la même marche ferme et rapide des périodes, parfois ce même souffle oratoire, qui se modère autant qu'il faut dans un écrit de ce genre, en un mot les mêmes caractères que d'autres avant nous avaient remarqués dans le *Précis des campagnes de 1672 à 1678*[1]. Il semble bien que les deux ouvrages doivent être de la même plume. Ceux qui le remarqueront comme nous ne mettront pas beaucoup plus facilement en doute l'authenticité de la *Relation* que celle du *Précis*.

La *Relation du siége de Namur* a été attribuée à Louis XIV lui-même par le général de Grimoard, et par suite insérée au tome IV, p. 341 et suivantes, de son édition des *OEuvres de Louis XIV*[2], parmi les *Mémoires et pièces militaires*. Comme l'*Avertissement* dont il l'a fait précéder (p. 338) contredit l'opinion qui est à nos yeux la plus vraisemblable, nous devons le citer ici : « Lorsque Louis XVI me remit les *Mémoires* de Louis XIV, il y ajouta quelques pièces, soit manuscrites, soit imprimées, relatives au même sujet, et parmi ces dernières un volume très-rare (contenant seulement 44 pages petit in-folio, ou grand in-4°, ou plutôt d'un format bâtard), intitulé : *Relation de ce qui s'est passé au siége de Namur. Avec les plans des attaques, de la disposition des lignes et des mouvements des armées*, imprimée à Paris par Denis Thierry, en 1692, avec tout le luxe typographique en usage alors, un plan et une carte, sur lesquels on a eu soin de ne pas omettre qu'ils étaient gravés par ordre du Roi, dont on voit le chiffre et les armes sur les vignettes placées au frontispice et à la première page de ce volume. L'examen attentif que j'en fis me persuada que Louis XIV en était l'auteur. On y reconnaît presque à chaque phrase son ton, ses locutions; et si l'on substitue le *moi* habituel à Louis, quand il parlait de lui-même,

---

1. Voyez dans l'édition de 1784 de ce *Précis* la page VIII de l'*Avertissement*.

2. Six volumes in-8°, à Paris, chez Treuttel et Würtz, 1806.

aux qualifications *le Roi* ou *Sa Majesté*, on croira lire ses *Relations* de 1673 et de 1678, qui sont ce qu'il a composé de plus étendu et de plus suivi dans ce genre. On remarque seulement que le style de cette pièce historique est un peu moins négligé, parce qu'on y fit quelques légères corrections avant de la mettre sous presse : mesure qui eut lieu immédiatement après le retour du Roi de l'armée, et par le motif évident de blâmer la conduite du prince d'Orange, qui n'avait rien tenté pour secourir Namur. L'opuscule dont il s'agit contient même sur son compte des réflexions et des traits que Louis seul aurait osé se permettre ; et quand même il n'aurait pas eu pour principal objet de décrier son ennemi, la conquête de Namur était pour lui une entreprise et un succès de prédilection, dont il est assez naturel qu'il ait rédigé et fait publier sans délai le résultat. Louis XVI partagea mon opinion, et la fortifia en m'apprenant qu'il avait trouvé la campagne de Namur dans les armoires de Louis XV, où il en existait deux exemplaires. Il m'en montra un très-bien conservé, avec une ancienne reliure fort dorée, et ajouta que l'état de dégradation de celui qu'il m'avait remis paraissait indiquer qu'il avait pu servir à l'éducation de Louis XV pendant son enfance. Je crois que Pellisson, rédacteur ordinaire de Louis XIV, et qui ne mourut que le 7 février 1693, corrigea la *Relation* de 1692. Il est cependant possible que ç'ait été Racine. L'éditeur de ses *OEuvres* a placé, page 293 du troisième volume, sous la dénomination d'*Ouvrages attribués à M. Racine*, précisément le même écrit, avec le titre de *Relation de ce qui s'est passé au siége de Namur*. Mais Racine n'en peut être l'auteur; car, outre qu'il eût certainement employé une diction plus pure et plus élégante, il n'entendait pas assez les détails d'un siége et des mouvements d'armée pour les rendre avec autant de clarté, surtout d'exactitude, et dans les termes techniques. Il rassemblait des matériaux authentiques pour l'*Histoire de Louis XIV*, qui lui en fournissait lui-même ; il peut donc lui avoir donné une copie de cette *Relation*, qui aura été trouvée parmi ses papiers, et que l'éditeur de ses *OEuvres* a supposé mal à propos être son ouvrage. »

Personne ne croira que la *Relation du siége de Namur* ait été écrite par Louis XIV, ni qu'on y reconnaisse « presque à

chaque phrase, son ton, ses locutions. » Qu'il ait fourni les
matériaux du travail, il est permis de le supposer; mais il ne
l'eût pas ainsi rédigé lui-même, avec tout l'art d'un littérateur
de profession. On peut voir dans les *Mémoires de Louis XIV*
publiés par M. Charles Dreyss (2 volumes in-8°, Paris, 1860),
tome II, p. 508-511, à quoi se réduisent ces *Relations* de
1673 et de 1678 qu'allègue le général de Grimoard. L'éditeur des *OEuvres de Louis XIV* reconnaît d'ailleurs que la
Relation du siége de Namur a dû, avant l'impression, être corrigée par quelque écrivain auquel le Roi aura confié ce soin.
Il voudrait seulement que les corrections fussent regardées
comme légères. Mais quel a été le correcteur? Pellisson,
comme il le croit probable? Les objections qu'on a opposées
à ceux qui ont attribué à Pellisson le *Précis des campagnes
de 1672 à 1678*, nous paraîtraient avoir plus de force contre
la conjecture du général de Grimoard. Il est encore moins
vraisemblable que Pellisson ait été choisi de préférence à Racine en 1692, qu'à l'époque de la paix de Nimègue. On ne
reconnaît pas plus le style de Pellisson dans la *Relation du
siége de Namur* que dans l'autre opuscule historique : c'est
plutôt, dans l'une comme dans l'autre, celui de Racine, suivant
l'idée que peut nous en donner l'éloge de la politique de
Louis XIV dans le discours prononcé à la réception de Thomas Corneille. M. de Grimoard accorde qu'il est possible que
Racine ait corrigé la *Relation* écrite par le Roi. Cela nous suffirait; car ici, entre avoir corrigé et avoir rédigé, la différence ne saurait être grande. Cependant M. de Grimoard ne
l'entend pas ainsi. Il ne juge pas le style de la *Relation* assez
pur, assez élégant pour l'attribuer à Racine; nous ne pensons pas que tout le monde ait la même impression. Il
croit que Racine ne pouvait pas raconter un siége avec
cette exactitude et dans cette langue souvent technique. Mais
un écrivain tel que Racine, ayant sous les yeux les documents qu'avaient fournis les hommes du métier, savait comprendre et parler leur langue. Il avait d'ailleurs assisté à ce
siége de Namur, avec le devoir de s'y rendre compte de tout,
et les lettres qu'il a écrites alors à Boileau attestent assez que
les détails techniques ne lui échappaient point. Du reste, avec
cet argument de l'incompétence dans les choses militaires,

on écarterait également, ou l'on pourrait tout au plus reconnaître pour auteurs de quelques retouches de style, Pellisson ou Boileau ; si même l'on songeait à Valincour, nous doutons qu'il fût beaucoup plus homme de guerre que les autres historiographes. Les noms de Boileau et de Valincour sont les seuls qui se soient présentés à notre idée avec ceux de Racine et de Pellisson. Au commencement de la lettre que Racine écrivait à Boileau, *Au camp près de Namur, le* 24 *juin* (1692), il lui annonçait que Valincour allait lui écrire une relation de la prise du fort Guillaume. Valincour était donc là près du comte de Toulouse. Témoin oculaire, comme Racine, des hauts faits du siége, il aurait pu à la rigueur être chargé d'en écrire l'histoire. Il ne faut pas oublier cependant qu'il ne fut désigné pour continuer les travaux de Boileau et de Racine qu'après la mort de celui-ci; et il est difficile d'admettre qu'en 1692 Louis XIV se soit adressé plutôt à lui qu'à l'un de ses historiographes en titre. Quant à Boileau, qui n'était pas à Namur, comme son collaborateur, il y a peu de vraisemblance qu'on ait fait choix de lui ; il se contenta sans doute de composer son *Ode* sur le fameux siége. Enfin il faut toujours, en l'absence de toute preuve positive, en revenir au style de la *Relation :* la plume de Valincour ou de Boileau lui-même s'y reconnaît-elle plus que celle de Pellisson?

Dans le court *Avertissement* de Louis Racine que nous avons cité, il est dit que le public parut goûter, plus que la *Relation* attribuée à Racine, celle que de Visé fit « dans un style très-différent. » C'est ce qu'on a de la peine à s'expliquer. Sans doute les informations qui avaient été données au *Mercure galant* étaient exactes aussi ; et pour une partie des événements il a pu citer textuellement un *journal* envoyé de l'armée au duc de Bourgogne. Ce document avait son prix. Mais combien d'ailleurs le récit de de Visé, indigeste dans son ensemble, méritait peu la préférence qui lui fut, dit-on, donnée! Louis Racine a bien raison de parler de la grande différence du style. Une singularité à noter, c'est que dans la *Relation* attribuée à Racine, on ne trouve rien qui rappelle particulièrement ce qu'il a écrit à Boileau du camp devant Namur, tandis que de Visé, qui avait eu évidemment communication des lettres de Racine, a raconté, avec des détails tout semblables à ceux qui s'y trouvent, plusieurs épisodes du siége, l'histoire du grenadier *Sans-Raison*, le mot du maréchal de Luxembourg à un officier espagnol fait prisonnier, celui d'un déserteur de notre armée au prince d'Orange, l'anecdote du soldat qui eut le bras fracassé en posant un gabion. Mais il ne faudrait pas que cette remarque rendît douteuse l'attribution à Racine d'une relation où il aurait moins fait d'emprunts que de Visé, dans la sienne, à sa propre correspondance. Son bon goût a pu l'avertir que dans le récit simple et sévère, publié comme celui même qu'adoptait l'État (nous dirions aujourd'hui *dans le récit officiel*), certains détails, quelque piquants qu'ils fussent, ne devaient pas trouver place.

La *Relation* de de Visé a été publiée en deux parties. L'une et l'autre servent de suppléments au *Mercure galant* de juin 1692. La première a pour titre : *Siege de Namur, avec un journal des mouvemens faits pendant ce siege par l'armée du Roi, commandée par M. le maréchal duc de Luxembourg, et par celle des alliés, commandée par M. le prince d'Orange* (1 volume in-12, à Paris, chez Michel Brunet, M.DC.XCII). En tête du volume est une épître *A Son Altesse Sérénissime Monseigneur le Duc*, signée Devizé. La seconde est intitulée : *Histoire du siege du chasteau de Namur* (1 volume in-12, à Paris, chez Michel Brunet, M.DC.XCII). Il y a également une épître en tête de ce volume ; elle est adressée *A Monseigneur le comte de Toulouze, amiral de France*, et signée aussi Devizé.

Le texte que nous donnons, et que Louis Racine avait déjà suivi avec une exactitude à peu près irréprochable, est celui de la première édition, dont le titre est tel que dans l'*Avertissement* du général de Grimoard ci-dessus cité. Avant le titre il y a dans la première édition un *Plan de la ville et chasteau de Namur*; à la fin du volume une *Carte particuliere des mouvements faits et des postes occupez par les armées de France et celles des confederez pendant le siege de Namur*, et un *Plan des lignes de l'armée du Roi devant la ville et château de Namur*. Nous reproduisons dans l'*Album* qui accompagne notre édition cette carte et ces deux plans.

Dans l'édition de Luneau de Boisjermain (1768), la *Re-*

lation de ce qui s'est passé au siége de Namur a été placée parmi les *Ouvrages attribués à M. Racine.* Les éditions de la Harpe (1807), de Geoffroy (1808) et de M. Aimé-Martin l'ont donnée sans la distinguer des œuvres authentiques.

RELATION

DE CE QUI S'EST PASSÉ

AU SIÉGE DE NAMUR.

Il y avoit près de quatre ans[1] que la France soutenoit la guerre contre toutes les puissances, pour ainsi dire, de l'Europe, avec un succès bien différent de celui dont ses ennemis s'étoient flattés. Elle avoit non-seulement renversé tous les projets de la fameuse Ligue d'Augsbourg, mais même, par la sagesse de sa conduite et par la vigueur de sa résistance, elle avoit réduit les confédérés, d'agresseurs qu'ils étoient, à la honteuse nécessité de se défendre. Tout le monde voyoit avec étonnement qu'une nation attaquée par tant de peuples conjurés contre elle, et dont ils avoient par avance partagé la dépouille, eût si heureusement fait retomber sur eux les malheurs qu'ils lui préparoient; qu'elle eût vaincu dans tous les lieux où ils l'avoient obligée de porter ses armes; et qu'enfin, tant de puissances réunies pour l'accabler n'eussent fait que fournir partout de la matière à ses conquêtes et à ses triomphes.

En effet, depuis cette dernière guerre, sans parler des célèbres journées de Fleuru[2], de Staffarde et de

---

1. La guerre de la Ligue d'Augsbourg avait commencé le jour où Louis XIV publia le manifeste qui précéda le siége de Philisbourg, c'est-à-dire le 24 septembre 1688.

2. L'édition de 1692 a partout *Fleuru*, et non *Fleurus*. Nous conservons pour les noms propres l'orthographe de cette édition.

Leuze[1], où ils avoient perdu leurs meilleures troupes, sans compter aussi plusieurs de leurs places prises et rasées, ils avoient vu passer sous la domination de la France Philisbourg en Allemagne, Nice et Monmélian en Savoie, et enfin Mons dans les Pays-Bas[2].

Mais, malgré les avantages continuels que le Roi remportoit sur eux, ils se flattoient tous les ans de quelque révolution en leur faveur ; ils croyoient que la fortune se lasseroit de suivre toujours le même parti, et qu'enfin la France seroit contrainte de succomber et à la force ouverte qu'ils lui opposoient au dehors, et aux atteintes secrètes qu'ils tâchoient de lui porter au dedans.

La principale espérance de leur Ligue étoit fondée sur la haute opinion que tous ceux qui la composent avoient du grand génie du prince d'Orange, qui en est comme le chef et le premier mobile ; et lui-même ne manquoit pas de les flatter par toutes les illusions dont il les croyoit capables de se laisser prévenir. Il leur avoit fait espérer d'abord que le premier effet de son établissement sur le trône d'Angleterre seroit l'abaissement de la France. Il s'étoit depuis excusé du peu de secours qu'ils avoient reçu de lui, sur la nécessité où il s'étoit vu d'employer à la réduction de l'Irlande la meilleure partie de ses forces. Mais enfin, se voyant paisible possesseur des trois royaumes, et en état de se donner tout entier à la cause commune, il avoit marqué l'année 1692 comme l'année fatale à la France, et où les révolutions si longtemps attendues

---

1. Le maréchal de Luxembourg avait été vainqueur dans la première de ces journées (1er juillet 1690); Catinat, dans la seconde (18 août 1690); le maréchal de Luxembourg, dans la troisième (19 septembre 1691).

2. Philisbourg avait capitulé le 29 octobre 1688; Nice, le 26 mars 1691 ; et la citadelle de Nice, le 2 avril suivant; Montmélian, le 21 décembre 1691 ; Mons, le 8 avril de la même année.

devoient arriver. Pour joindre l'exécution aux promesses, il employoit aux grands apprêts de la campagne prochaine les sommes excessives qu'il tiroit des Anglois et des Hollandois; et à son exemple ses alliés faisoient aussi tous les efforts possibles pour profiter d'une si favorable conjoncture.

Le Roi, vers la fin de l'année 1691, instruit de leurs préparatifs, jugea qu'il falloit non-seulement opposer la force à la force, pour parer les coups dont ils le menaçoient, mais qu'il falloit même leur en porter auxquels ils ne s'attendissent pas, et les forcer par quelque entreprise éclatante ou à faire la paix, ou à ne pouvoir faire la guerre qu'avec d'extrêmes difficultés. Il étoit exactement informé de l'état de leurs forces tant de terre que de mer. Il n'ignoroit pas que le prince d'Orange, dans les Pays-Bas, pouvoit, avec ses troupes et avec celles de ses alliés, mettre ensemble jusqu'à six-vingt mille hommes; mais, connoissant ses propres forces, il crut que ce nombre, quelque grand qu'il fût, ne seroit pas capable d'arrêter ses progrès; et résolu d'ailleurs de combattre ses ennemis s'il s'en présentoit, il ne douta point de les vaincre.

Il ne crut pas même devoir se borner à une médiocre conquête; et Namur étant la plus importante place qui leur restât, et celle dont la prise pouvoit le plus contribuer à les affoiblir et à rehausser la réputation de ses armes, il résolut d'en former le siége.

Namur, capitale de l'une des dix-sept provinces des Pays-Bas, à laquelle elle a donné le nom, avoit été regardée de tout temps par nos ennemis comme le plus fort rempart, non-seulement du Brabant, mais encore du pays de Liége, des Provinces Unies, et d'une partie de la basse Allemagne. En effet, outre qu'elle assuroit la communication de toutes ces provinces, on peut dire que, par sa situation au confluent de la Sambre et de la Meuse, qui la rend maîtresse de ces deux rivières, elle étoit également bien placée, et pour arrêter les entreprises que la France pourroit faire contre les pays que je viens de nommer, et pour faciliter celles qu'on pourroit faire contre la France même. Ajoutez à ces avantages l'assiette merveilleuse de son château, escarpé et fortifié de toutes parts, et estimé imprenable ; mais surtout la disposition du pays, aussi inaccessible à ceux qui voudroient attaquer la place, que favorable pour les secours ; et enfin le grand nombre de toutes sortes de provisions que les confédérés y avoient jetées, et qu'ils avoient dessein d'y jeter encore pour la subsistance de leurs armées.

Le Roi, après avoir examiné toutes les difficultés qui se présentoient dans cette entreprise, donna ses ordres, tant pour établir de grands magasins de vivres et de munitions le long de la Meuse et dans ses places frontières des Pays-Bas, que pour faire hiverner commodément dans les provinces voisines de grands corps de troupes, sous prétexte d'observer celles des ennemis, qui y grossissoient continuellement. Il fit aussi des augmentations considérables de cavalerie et d'infanterie, et disposa enfin toutes choses avec sa prévoyance ordinaire.

Mais en même temps il préparoit une puissante diversion du côté de l'Angleterre, où il prenoit des mesures pour y rétablir sur le trône le légitime souverain.

Les alliés, de leur côté, ne formoient pas, comme j'ai dit, de petits projets. Le prince d'Orange, en passant la mer, l'avoit aussi fait repasser à ses meilleures troupes, et en assembloit de toutes parts un grand nombre d'autres, qu'il établissoit dans toutes les places de son parti les plus proches de celles de France. Il avoit soin surtout d'en remplir les places des Espagnols, desquelles par ce moyen il se proposoit de se rendre insensiblement le maître.

Il se tenoit de continuelles conférences à la Haye, entre lui et les autres confédérés, sur l'emploi qu'ils devoient faire de leurs forces, ne se promettant pas moins que de faire une irruption en France au commencement du printemps. Dans cette vue ils faisoient travailler à un prodigieux amas de tout ce qui est nécessaire pour une grande expédition, et se tenoient tellement sûrs du succès, qu'ils ne daignoient pas même cacher les délibérations qui se prenoient dans leurs assemblées.

Ces conférences finies, le prince d'Orange s'étoit retiré à Loô, maison de plaisance qu'il a dans le pays de Gueldres, lieu solitaire et conforme à son humeur sombre et mélancolique, où d'ailleurs il trouvoit le plus de facilité pour entretenir ses correspondances secrètes. Le déplaisir qu'il avoit eu l'année précédente de voir prendre Mons en sa présence, sans avoir pu rien faire pour le secourir, donnoit lieu de croire qu'il prendroit des mesures pour se mettre hors d'état de recevoir un pareil affront. Et en effet, il prétendoit avoir si bien disposé toutes choses, qu'il pouvoit assembler en peu de jours toutes les forces de son parti, ou pour tomber sur les places dont il jugeroit à propos de faire le siége, ou pour courir au secours de celles que la France entreprendroit d'attaquer.

Ainsi, en attendant la saison propre pour agir, il affectoit de mener à Loô une vie fort tranquille, y prenant presque tous les jours le divertissement de la chasse, et paroissant aussi peu ému de tous les avis qu'il recevoit des grands préparatifs de la France sur mer et sur terre, que si elle eût été hors d'état de rien entreprendre, ou qu'il eût été le maître des événements. Cette tranquillité apparente, à la veille d'une campagne si importante pour les deux partis, étoit fort vantée par ses admirateurs, qui l'attribuoient à une grandeur d'âme extraordinaire; et ses alliés la croyant un effet de sa pénétration et de la justesse des mesures qu'il avoit prises pour assurer le succès de ses desseins, se moquoient eux-mêmes de toutes les inquiétudes qu'on leur vouloit donner, et demeuroient dans une pleine confiance qu'il ne leur pouvoit arriver aucun mal.

Au commencement du mois de mai, ils apprirent que le Roi, suivi de toute sa cour, étoit arrivé auprès de Mons, où étoit le rendez-vous de ses armées de Flandres[1]. En même temps ils surent qu'une autre armée étoit sur les côtes de Normandie, prête à passer la mer avec le roi d'Angleterre; qu'un grand nombre de bâtiments de charge étoient à la Hogue, avec toutes les provisions nécessaires pour faire une descente dans ce royaume; et qu'enfin une flotte de soixante gros vaisseaux, destinée pour appuyer le passage et le débarquement des troupes, n'attendoit à Brest, et dans les autres ports, qu'un vent favorable pour entrer dans la Manche.

Le prince d'Orange commença alors à se repentir de sa fausse confiance. D'un côté, il prévit l'orage qui alloit fondre dans les Pays-Bas, et jugea dès lors qu'il lui seroit fort difficile de l'empêcher; de l'autre, il n'ignoroit pas que tous les ports d'Angleterre étoient ouverts, qu'il n'avoit encore ni flottes pour couvrir les côtes du royaume, ni armée pour combattre les François à la descente; qu'il leur seroit aisé d'aller jusqu'à Londres, où ils trouveroient la plupart des seigneurs mécontents de lui, et les peuples fatigués des grandes sommes qu'il exigeoit d'eux. En un mot, il appréhendoit que le roi son beau-père ne trouvât autant de facilité à se rétablir sur le trône, qu'il lui avoit été facile de l'en chasser. Dans cet embarras, il feignit pourtant de ne songer qu'à sau-

1. Le Roi était parti de Versailles le 10 mai 1692; il arriva le 17 mai au camp de Gevries, près de Mons.

ver la Flandre, et assembla en diligence, et avec grand bruit, un corps de troupes sous Bruxelles. Mais en même temps il dépêcha le lord Portland à Londres, pour concerter avec la princesse d'Orange et avec son conseil les moyens de garantir l'Angleterre de l'invasion des François. Il donna ordre qu'on armât toutes les milices du royaume, et qu'on y fît repasser les troupes restées en Écosse et en Irlande ; qu'on arrêtât toutes les personnes soupçonnées d'intelligence avec les ennemis ; et qu'enfin on assemblât la plus nombreuse armée qu'on pourroit, tant pour contenir le dedans du royaume, que pour border les côtes où l'on soupçonnoit que les François voudroient tenter la descente. Surtout il pressa l'armement de ses flottes, et voulut qu'on y travaillât nuit et jour, n'épargnant pour cela ni l'argent des Anglois et des Hollandois, ni celui de tous ses alliés. Non content de ces précautions, il fit remarquer à Willemstat, entre l'embouchure de l'Escaut et de la Meuse, une partie des régiments qu'il avoit amenés d'Angleterre, pour être en état d'y repasser au premier ordre, et commanda qu'on lui tînt un vaisseau tout prêt pour y repasser lui-même. Toutes ces précautions étoient un peu tardives, et couroient risque de lui être absolument inutiles, si les vents eussent été alors aussi favorables aux François qu'ils leur étoient contraires.

Sur ces entrefaites, le Roi, durant cinq jours, ayant assemblé ses armées dans les plaines de Gevries, entre les rivières de Haisne et de Trouille, il en fit, le vingt-unième de mai[1], la revue générale. Il les trouva com-

---

1. Racine, dans sa *Lettre* à Boileau datée « Au camp de Gevries, le 21e mai, » écrit : « Le Roi fit *hier* la revue de son armée et de celle de M. de Luxembourg. » Cette revue générale eut donc lieu le 20, et non le 21. Il est vrai que dans la *Gazette* du 8 juillet 1692 (*Journal du siège de Namur*, p. 325) on lit : « Le 21, il fit la revue

plètes, et dans le meilleur état qu'il pouvoit souhaiter. Il trouva aussi que, conformément à ses ordres, on avoit chargé à Mons de munitions de guerre et de bouche plus de six mille chariots tirés des pays conquis : tellement qu'il se vit en état de se mettre en marche deux jours après cette revue.

L'armée destinée pour faire le siége de Namur, et qu'il avoit résolu de commander en personne, étoit de quarante bataillons et de quatre-vingt-dix escadrons. L'autre armée, commandée par le maréchal duc de Luxembourg, composée de soixante-six bataillons et de deux cent neuf escadrons[1], devoit tenir la campagne et observer les ennemis, qui à cause de cela l'ont depuis appelée l'armée d'observation.

Les lieutenants généraux de l'armée du Roi étoient le duc de Bourbon, le comte d'Auvergne, le duc de Villeroy, le prince de Soubize, les marquis de Tilladet et de Boufflers et le sieur de Rubentel. Le marquis de Boufflers étoit nommé aussi pour commander une autre armée que dans ce temps-là même il assembloit dans le Condroz[2].

---

des troupes. » Mais dans celle du 24 mai 1692, p. 252, les informations sont d'accord avec celles de la *Lettre* de Racine : « Le 20, il fit la revue des deux armées. » Le *Mercure galant* (*Siége de Namur*, p. 29) donne à la revue la date du 21.

1. « Son armée (*celle de Luxembourg*) est de soixante-six bataillons et de deux cent neuf escadrons. » (*Lettre* de Racine à Boileau, 21 mai 1692.) — « L'armée de Sa Majesté, qui est de quarante bataillons et de quatre-vingt-dix escadrons, s'étendoit sur la gauche de Saint-Symphorien ; celle que commande le maréchal de Luxembourg tenoit depuis Auray jusqu'aux hautes Estines.... Elle est de soixante-six bataillons et de cent quatre-vingt-onze escadrons. » (*Gazette* du 24 mai 1692.) — On voit qu'il y a une différence, mais peu considérable, entre les chiffres des diverses relations.

2. La *Gazette* du 8 juillet 1692, p. 326, nomme aussi le *Condros*, à l'occasion de l'investissement de Namur : « Le marquis de Boufflers, qui étoit dans le *Condros* avec son armée, l'investit en même temps. » Autrefois les Cendruses, peuples de la Gaule Belgique, voisins de

Les maréchaux de camp étoient le duc de Roquelaure, le marquis de Montrevel, le sieur de Congis, les comtes de Montchevreuil, de Gassé et de Guiscar, et le baron de Bressé. Au reste, le dauphin de France, le duc d'Orléans, le prince de Condé et le maréchal de Humières avoient le principal commandement sous le Roi. Le sieur de Vauban, lieutenant général, étoit chargé de la direction des attaques.

Le maréchal de Luxembourg avoit pour lieutenants généraux le prince de Conti, le duc du Maine, le duc de Vandosme, le duc de Choiseüil, le comte du Montal, et le comte de Roses, mestre de camp de la cavalerie légère; et pour maréchaux de camp, le chevalier de Vandosme, grand prieur de France, les marquis de la Valette et de Coigny, les sieurs de Vatteville et de Polastron. Le baron de Busca, aussi maréchal de camp, commandoit particulièrement la maison du Roi. Le corps de réserve étoit commandé par le duc de Chartres.

Ces deux armées partirent donc le vingt-troisième de mai. Celle du maréchal, qui étoit campée le long du ruisseau des Estines, alla passer la Haisne entre Marlanwelz sous Marimont et Mouraige, et campa le soir à Feluy et à Arquennes, proche de Nivelle. Celle du Roi traversa les plaines de Binche, et ayant passé la Haisne à Carnières, alla camper à Capelle d'Herlaimont, le long du ruisseau de Piéton. Le Roi menoit avec lui une partie de son artillerie et de ses munitions; l'autre partie, accompagnée d'une grosse escorte, alla passer la Sambre à la Bussière, pour marcher à Philippeville, et de là au siége qui devoit être formé.

la forêt des Ardennes, habitaient, sur les bords de l'Ourthe, un petit pays qui, dans la basse latinité, s'est appelé *Condrustum*, et qui au dix-septième siècle faisait partie de l'évêché de Liége, sous le nom d'*archidiaconé de Condros*.

Cependant l'alarme étoit parmi les ennemis. Comme ils ignoroient encore où aboutiroit la marche du Roi, ils se hâtoient de renforcer les garnisons de toutes leurs places. Ils craignoient surtout pour Charleroy, pour Ath, pour Liége, et pour Bruxelles même. Mais à l'égard de Namur, l'électeur de Bavière, se confiant à la bonté de la place et à la grosse garnison qui étoit dedans, souhaitoit qu'il prît envie au Roi de l'assiéger. Le rendez-vous de leur armée étoit aux environs de Bruxelles, et il y arrivoit tous les jours un fort grand nombre de troupes de toute sorte de nations. Elles faisoient déjà près de cent mille hommes, dont le principal commandement et la direction presque absolue étoient entre les mains du prince d'Orange, l'électeur de Bavière[1] n'ayant dans cette armée qu'une autorité comme subalterne. On peut juger combien des forces si prodigieuses enfloient le cœur des confédérés. Ils demandoient qu'on les fît marcher au plus vite, et se tenoient sûrs de rechasser le Roi jusque dans le cœur de son royaume. Il étoit d'heure en heure exactement informé et de leur marche et de leur nombre, et se mettoit de son côté en état de les bien recevoir.

L'armée devant Namur étoit séparée par les deux rivières en trois principaux quartiers, dont le premier, c'est à savoir celui du Roi, occupoit tout le côté du Brabant, depuis la Sambre jusqu'à la Meuse; le second, qui étoit celui du marquis de Boufflers, s'étendoit dans le Condroz, depuis la Meuse au-dessous de Namur, jusqu'à cette même rivière au-dessus; et le troisième, sous le sieur de Ximenes, tenoit le pays d'entre Sambre et Meuse. Au reste, le quartier du Roi étoit divisé en plusieurs autres quartiers; car outre le Dauphin et le duc d'Orléans, qui

1. Maximilien-Emmanuel, duc et électeur de Bavière, avait été nommé gouverneur des Pays-Bas espagnols, en 1691, après la mort du marquis de Castañaga.

campoient tout auprès de sa personne, il avoit aussi dans son quartier le prince de Condé, le maréchal de Humières, et tous les lieutenants généraux, à la réserve du marquis de Boufflers ; et ils y avoient chacun leur poste ou leur quartier, le long des lignes de circonvallation.

Le Roi, dès le premier jour, donna ses ordres pour faire tracer ces lignes sur un circuit au moins de cinq lieues. Elles commençoient à la Sambre, du côté du Brabant, un peu au-dessus du village de Flawine ; et traversant un fort grand nombre de bois, de villages et de ruisseaux, en deçà et au delà de la Meuse, passoient dans la forêt de Marlagne, et revenoient finir à la Sambre, entre l'abbaye de Malogne et une espèce de petit château qu'on appeloit *la Blanche-Maison*.

Le vingt-septième, c'est-à-dire le lendemain de l'arrivée du Roi devant la place, il alla visiter le quartier du prince de Condé, entre le ruisseau de Wedrin et la Meuse, et y vit les parcs d'artillerie et de munitions. De là s'étant avancé avec le sieur de Vauban sur la hauteur du Quesne de Bouge, qui commande d'assez près la ville, entre la porte de Fer et celle de Saint-Nicolas, la résolution fut prise d'attaquer cette dernière porte. Ce même jour les ponts de bateaux furent partout achevés, et la communication des quartiers entièrement établie.

Il restoit encore les quartiers de Boufflers et de Ximenes à visiter. Le Roi s'y transporta donc le vingt-huitième, et ayant passé la Sambre à la Blanche-Maison, et la Meuse au-dessous du village de Huepion, reconnut tout le côté de la place qui regarde le Condroz, reconnut aussi le faubourg de Jambe, où les ennemis s'étoient retranchés au bout du pont de pierre qu'ils y avoient sur la Meuse ; et ayant remarqué le long de cette rivière une petite hauteur d'où on voyoit à revers les ouvrages de la porte de Saint-Nicolas qui est de l'autre côté, il commanda qu'on y élevât des batteries. Ces derniers jours et les suivants, les convois d'artillerie et de toute sorte de munitions arrivèrent de Philippeville par terre, et de Dinant par la Meuse; et on commença à cuire le pain dans le camp pour la subsistance des deux armées[1].

Ce fut vers ce temps-là que plusieurs dames de qualité[2] de la province, qui s'étoient réfugiées dans Namur, et plusieurs des dames mêmes de la ville firent demander par un trompette la permission d'en sortir, ce qu'on ne jugea pas à propos de leur accorder. Mais ces pauvres dames se confiant à la générosité du Roi, et la peur des bombes l'emportant en elles sur toute autre considération, elles sortirent à pied par la porte du château, suivies seulement de quelques-unes de leurs femmes, qui portoient leurs hardes et leurs enfants, et se présentèrent à la garde prochaine. Les soldats les menèrent d'abord à la Blanche-Maison, près des ponts qu'on avoit faits sur la Sambre, d'où le Roi, qui eut pitié d'elles, et qui les fit traiter favorablement, les fit conduire le lendemain à l'abbaye de Malogne, et de là à Philippeville.

Vingt mille pionniers, commandés dans les provinces conquises, étant arrivés alors à l'armée, ils furent aussitôt employés aux lignes de circonvallation, aux abatis de bois et aux réparations de chemins.

Les assiégés avoient encore quelque infanterie dans les bois au-dessus des moulins à papier de Saint-Servais;

---

1. « Les fours étant achevés de bâtir au village de Flavines, près de la Sambre, on commença à y cuire du pain pour l'armée du Roi et pour celle de M. de Luxembourg. » (*Mercure galant, Siége de Namur*, p. 71.)

2. Elles étaient au nombre de trente ou quarante, d'après le *Mercure galant*, qui conte cet épisode avec plus de détails, dans le *Siége de Namur*, p. 59-65.

mais le Roi ayant ordonné qu'on l'en chassât, elle ne tînt point, et se renferma fort vite dans la ville.

La garnison étoit de neuf mille deux cent quatre-vingts hommes, en dix-sept régiments d'infanterie de plusieurs nations, savoir cinq allemands des troupes de Brandebourg et de Lunebourg, cinq hollandois, trois espagnols, quatre wallons, et en un régiment de cavalerie et quelques compagnies franches. Le prince de Barbançon, gouverneur de la province, l'étoit aussi de la ville et du château, et toutes ces troupes avoient ordre de lui obéir. On ne doutoit pas qu'étant pourvues de toutes les choses nécessaires pour soutenir un long siége, et ayant à défendre une place de cette réputation, également bien fortifiée et par l'art et par la nature, une garnison si nombreuse ne se signalât par une vigoureuse résistance, d'autant plus qu'elle n'ignoroit pas les grands apprêts qui se faisoient pour la secourir.

Le Roi, pour ne point accabler ses troupes de trop de travail, n'attaqua d'abord que la ville seule. On y fit deux attaques différentes; mais il y en avoit une qui n'étoit proprement qu'une fausse attaque, et c'étoit celle qui étoit de delà la Meuse. La véritable étoit en deçà. Il fut résolu d'y ouvrir trois tranchées, qui se rejoindroient ensuite par des lignes parallèles : la première, le long du bord de la Meuse; la seconde, à mi-côte de la hauteur de Bouge; et la troisième, par un grand fond qui aboutissoit à la place du côté de la porte de Fer.

Toutes choses étant donc préparées, la tranchée fut ouverte la nuit du vingt-neuvième au trentième mai. Trois bataillons avec un lieutenant général et un brigadier montèrent à la véritable attaque, et deux à la fausse avec un maréchal de camp : ce qui fut continué jusqu'à la prise de la ville. Le comte d'Auvergne, comme le plus ancien lieutenant général, monta la première garde. Dès cette nuit on avança le travail jusqu'à quatre-vingts toises près[1] du glacis; on travailla en même temps avec tant de diligence aux batteries, tant sur la hauteur de Bouge que de l'autre côté de la Meuse, que les unes et les autres se trouvèrent bientôt en état de tirer, et de prendre la supériorité sur le canon de la place.

La nuit suivante, le travail qu'on avoit fait fut perfectionné.

La nuit du trente-unième mai, on travailla à s'étendre du côté de la Meuse, pour resserrer d'autant plus les assiégés, et les empêcher de faire des sorties.

Le premier de juin, on continua les travaux à la sape, l'artillerie ruinant cependant les défenses des assiégés, qui étant vus de front et à revers de plusieurs endroits, n'osoient déjà plus paroître dans leurs ouvrages.

La nuit du premier au deuxième juin, on se logea sur un avant-chemin couvert, en deçà de l'avant-fossé que formoient les eaux des ruisseaux de Wedrin et de Risnes. On tira ensuite une ligne parallèle pour faire la communication de toutes les attaques, et on éleva de l'autre côté de la Meuse, sur le bord de l'eau, deux batteries, qui commencèrent à tirer, dès la pointe du jour, contre la branche du demi-bastion et contre la muraille qui règnent le long de cette rivière. Ce même jour, sur les huit heures du matin, le marquis de Boufflers fit attaquer le faubourg de Jambe, que les ennemis occupoient encore, et s'en rendit maître. Sur le midi, l'avant-fossé de la porte de Saint-Nicolas se trouvant comblé, et toutes choses disposées pour attaquer la contrescarpe, les gardes suisses et le régiment de Stoppa[2], de la même nation, qui étoient

---

1. Louis Racine a supprimé le mot *près*.
2. Il est dit dans le *Mercure* (*Siége de Namur*, p. 120) : « deux (*bataillons*) du *vieux Stoupe*. » On trouve dans les diverses relations ce nom écrit *Stoppa, Stuppa, Stouppa, Stoupe*. — Pierre Stoppa,

de tranchée sous le marquis de Tilladet, lieutenant général de jour, y marchèrent l'épée à la main, et l'emportèrent. Ils prirent aussi une petite lunette revêtue, qui défendoit la contrescarpe, et se logèrent en très-peu de temps sur ces dehors, sans que les ennemis, qui faisoient de leurs autres ouvrages un fort grand feu, osassent faire aucune tentative pour s'y rétablir. On leur tua beaucoup de monde en cette action.

Le soir du deuxième juin, le marquis de Boufflers étant de garde à la tranchée, on s'aperçut que les assiégés avoient aussi abandonné une demi-lune de terre qui couvroit la porte de Saint-Nicolas. Comme le fossé n'en étoit pas fort profond, il fut bientôt comblé, et quoique la demi-lune fût fort exposée, et que les ennemis tirassent sans discontinuer de dessus le rempart, on se logea encore dans cette demi-lune sans beaucoup de perte.

Les batteries basses de la Meuse continuoient cependant à battre en ruine la branche du demi-bastion et la muraille, qui étoient, comme j'ai dit, le long de cette rivière. Comme ses eaux étoient alors assez basses, on s'étoit flatté de pouvoir conduire une tranchée le long d'une langue de terre qu'elle laissoit à découvert au pied

---

Grison d'origine, et qui devint en 1678 lieutenant général des armées du Roi, avait été chargé en 1671 de négocier en Suisse la levée de plusieurs régiments pour le service de la France. Par commission du 17 février 1672, il en eut un qui porta son nom. En 1677, son frère cadet, Jean-Baptiste Stoppa, fut colonel d'un autre régiment suisse, composé de compagnies franches, et qu'on distingua, par le nom de *jeune Stoppa*, du *vieux Stoppa* qui était celui de Pierre Stoppa. Le régiment du *vieux Stoppa* faisait partie, au siége de Namur, de la brigade de Polier. Après la reddition de la ville, il y fut mis en garnison. Voyez la *Chronologie historique-militaire*.... par M. Pinard (8 volumes in-4°, Paris, 1760-1778), tome IV, p. 305; et l'*Histoire militaire des Suisses au service de la France*.... par M. le baron de Zur-Lauben (8 volumes in-12, Paris, 1751-1753), tome I, p. 142 et 143, et tome III, p. 148, 175 et 232.

du rempart, et on auroit ainsi attaché bientôt le mineur au corps de la place. Mais la Meuse s'étant enflée tout à coup par les grandes pluies qui survinrent, et qui ne discontinuèrent presque plus jusqu'à la fin du siége, on fut obligé d'abandonner ce dessein, et de s'attacher uniquement aux ouvrages que l'on avoit devant soi.

L'artillerie ne cessa, pendant le troisième et le quatrième juin, de battre en brèche la face et la branche du demi-bastion de la Meuse, et y fit enfin une ouverture considérable. Les assiégés témoignoient à leur air beaucoup de résolution, et travailloient même à se retrancher en dedans. Mais on les voyoit qui, dans la crainte vraisemblablement d'un assaut, transportoient dans le château leurs munitions et leurs meilleurs effets. A la fin, comme ils virent qu'on étoit déjà logé sur la pointe du demi-bastion, le cinquième de juin au matin, le duc de Bourbon étant de jour, ils battirent tout à coup la chamade, et demandèrent à capituler. Après quelques propositions qui furent rejetées par le Roi, on convint, entre autres articles : Que les soldats de la garnison entreroient dans le château avec leurs familles et leurs effets ; qu'il y auroit pour cela une trêve de deux jours, et que pendant tout le reste du siége on ne tireroit point ni de la ville sur le château, ni du château sur la ville, avec liberté aux deux partis de rompre ce dernier article lorsqu'ils le jugeroient à propos, en avertissant néanmoins qu'ils ne le vouloient plus tenir.

La capitulation signée, le régiment des gardes prit aussitôt possession de la porte de Saint-Nicolas. Ainsi la fameuse ville de Namur, défendue par neuf mille hommes de garnison, fut, en six jours d'attaque, rendue à trois ou quatre bataillons de tranchée, ou, pour mieux dire, à un seul bataillon, puisqu'il n'y en eut jamais plus d'un à la tranchée le long de la Meuse, qui fut celle par où la place fut emportée. On peut même remarquer qu'on n'eut pas le temps de perfectionner les lignes de circonvallation, et qu'à peine on achevoit d'y mettre la dernière main, que, la ville étant prise, l'on fut obligé de les raser pour transporter les troupes de l'autre côté de la Sambre.

Pendant que la ville capituloit, on eut nouvelles qu'enfin les alliés s'avançoient tout de bon pour faire lever le siége. Au premier bruit que le Roi étoit devant Namur, ils s'étoient hâtés d'unir ensemble toutes leurs forces. Ils avoient dépêché aux généraux Flemming et Serclaës, dont le premier assembloit les troupes de Brandebourg aux environs d'Aix-la-Chapelle, et l'autre celles de Liége dans le voisinage de cette ville, avec ordre de les venir joindre; et le prince d'Orange avec l'électeur de Bavière, à la tête de l'armée confédérée, ayant passé le canal de Bruxelles, étoit venu camper à Dighom, puis à Lefdaël et à Wossem, de là à l'abbaye du Parc et au château d'Heverle, près de Louvain. Il séjourna quelque temps dans ce dernier camp, ou pour donner le temps à toutes ses forces de le joindre, ou n'osant s'engager trop avant dans le pays, ni s'éloigner de la mer, dans l'inquiétude où il étoit de la descente dont l'Angleterre étoit menacée. Il apprit enfin que sa flotte, jointe à celle de Hollande, faisant ensemble quatre-vingt-dix vaisseaux de guerre, étoit à la mer avec un vent favorable; et qu'au contraire le comte de Tourville, n'ayant pu être joint par les escadres du comte d'Estrée, du comte de Châteauregnaut, et du marquis de la Porte, n'avoit que quarante-quatre vaisseaux, avec lesquels il s'efforçoit d'entrer dans la Manche. Alors, voyant ses affaires vraisemblablement en sûreté de ce côté-là, il feignit de n'y plus songer, et ne parla plus que d'aller secourir Namur.

Il partit des environs de Louvain le cinquième juin, et vint camper à Meldert et à Bauechem. Il campa le lendemain sixième auprès de Hougaerde et de Tirlemont; le septième, entre Orp et Montenackem, au delà de la rivière de Ghete; et enfin le huitième, sur la grande chaussée entre Thinnes et Breff, à la vue du maréchal de Luxembourg. La prise de la ville ayant mis le Roi en état de faire des détachements de son armée, il avoit envoyé à ce maréchal le comte d'Auvergne et le duc de Villeroy, lieutenants généraux, avec une partie des troupes qui se trouvoient campées du côté du Brabant.

Pour lui, la trêve qu'il avoit accordée aux assiégés étant expirée, il avoit passé de l'autre côté de la Sambre, avec ce qui lui étoit resté de troupes au delà de cette rivière. C'étoit le septième de juin qu'il quitta son premier camp pour en venir prendre un autre entre Sambre et Meuse, dans la forêt de Marlagne. Voici de quelle manière ce nouveau camp étoit disposé. Le quartier du Roi étoit auprès d'un couvent de carmes, qu'on appeloit *le Désert*. Il y avoit une ligne de troupes qui s'étendoit depuis l'abbaye de Malogne sur la Sambre, jusques au pont construit sur la Meuse à Huepion. Une autre ligne de dix bataillons, qui composoient la brigade du régiment du Roi, eut son camp marqué sur les hauteurs du château, pour en occuper tout le front, qui est fort resserré par les deux rivières, et pour rejeter ainsi les ennemis dans leurs ouvrages. Mais il n'étoit pas facile de les déposter de ces hauteurs, et moins encore des retranchements qu'ils y avoient faits à la faveur de quelques maisons, et entre autres d'un hermitage qu'ils avoient fortifié en forme de redoute. Néanmoins la brigade du Roi eut ordre de les aller attaquer.

Les troupes, qui avoient cru ce jour-là n'avoir autre chose à faire qu'à s'établir paisiblement dans leur nouveau camp, et qui, dans ce moment-là, portoient leurs tentes et leurs autres hardes sur leurs épaules, jetèrent aussitôt à terre tout ce qui les embarrassoit, pour ne garder que leurs armes, et grimpant en bon ordre et sur un même front, malgré l'extrême roideur d'un terrain raboteux et inégal, arrivèrent sur la crête de la montagne, au travers d'une grêle de coups de mousquet, que les ennemis leur tiroient avec tout l'avantage qu'on peut s'imaginer. Le soldat, quoique tout hors d'haleine, renversa leurs postes avancés, et les poursuivit jusques à une seconde hauteur, non moins escarpée que la première, où leurs bataillons étoient rangés en bon ordre pour les soutenir. Mais rien ne put arrêter la furie des François. Les bataillons furent aussi chassés de ce second poste, et menés battant, l'épée dans les reins, jusques à leurs retranchements, qui même couroient risque d'être forcés, si le prince de Soubize, lieutenant général de jour, et le sieur de Vauban, rappelant les troupes, ne les eussent obligées de se contenter du poste qu'elles avoient occupé. Cette action, qui fut fort vive et fort brillante dans toutes ses circonstances, coûta à la brigade du Roi douze ou quinze officiers, et quelque[1] cent ou six-vingts soldats, ou tués ou blessés.

Aussitôt on travailla à se bien établir sur cette hauteur, et on y ouvrit une tranchée, laquelle fut tous les jours relevée par sept bataillons. Il ne fut pas possible les jours suivants d'avancer beaucoup le travail, tant à cause du terrain pierreux et difficile qu'on rencontra en plusieurs endroits, que des orages effroyables et des pluies continuelles qui rompirent tous les chemins, et les mirent presque hors d'état d'y pouvoir conduire le canon. On ne put aussi achever les batteries qu'avec

1. Dans l'édition de 1692, *quelque*, dans ce sens, est mis ordinairement au pluriel (ici et p. 344, ligne 5, et p. 347, ligne 4); il est cependant imprimé sans *s*, conformément à l'usage actuel, dans une phrase qui se trouve à la page 333 de notre édition (ligne 25).

d'extrêmes difficultés. Cependant les assiégés profitèrent peu de tous ces obstacles, et firent seulement quelques sorties sans aucun effet.

Enfin, le treizième juin, les travaux ayant été poussés jusqu'aux retranchements, il fut résolu de les attaquer. La contenance fière des ennemis, qu'on voyoit en bataille en plusieurs endroits derrière ces retranchements, et qui avoient tout l'air de se préparer à une résistance vigoureuse, obligea le Roi de leur opposer ses meilleures troupes, et de se transporter lui-même sur la hauteur, pour régler l'ordre de l'attaque.

Le signal donné sur le midi, deux cents mousquetaires du Roi à la droite, les grenadiers à cheval à la gauche, et huit compagnies de grenadiers d'infanterie au milieu, marchèrent aux ennemis l'épée à la main, soutenus des sept bataillons de tranchée et des dix de la brigade du Roi, qu'il avoit fait mettre en bataille sur la hauteur, à la tête de leur camp. Les assiégés, jusqu'alors si fiers, s'effrayèrent bientôt. Ils firent seulement leur décharge, et abandonnant la redoute et les retranchements, se retirèrent en désordre dans les chemins couverts des ouvrages qu'ils avoient derrière eux. Ils perdirent plus de quatre cents hommes[1], la plupart tués de coups de main, et entre autres plusieurs officiers et plusieurs gens de distinction. Les François eurent quelque cent trente hommes, et quarante tant officiers que mousquetaires tués ou blessés.

Le comte de Toulouze, amiral de France, jeune prince

---

1. La *Gazette* du 9 juillet 1692 (*Suite du journal du siége de Namur*, p. 340) dit « plus de cinq cents hommes. » Elle compte parmi les ennemis qui furent tués dans cette affaire du 13 juin don Francisco Carlos de Castro, fils du comte de Lemos, grand d'Espagne, et le colonel Rocafull. Voyez la *Lettre* de Racine à Boileau, *Au camp près de Namur, le 15 juin* (1692).

âgé de quatorze ans, reçut une contusion au bras, à côté du Roi, et plusieurs personnes de la cour furent aussi blessées autour de lui. Le duc de Bourbon, qui étoit lieutenant général de jour, donna ses ordres avec non moins de sagesse que de valeur. Les troupes, animées par la présence du Roi, se signalèrent à l'envi l'une de l'autre; et les moindres grenadiers de l'armée disputèrent d'audace avec les mousquetaires, de l'aveu des mousquetaires mêmes. On accorda aux assiégés une suspension pour venir retirer leurs morts; mais on ne laissa pas, pendant cette trêve, d'assurer le logement et dans la redoute et dans tous les retranchements qu'on venoit d'emporter.

Entre ces retranchements et la première enveloppe du château, nommée par les Espagnols *Terra-Nova*, on trouvoit, sur le côté de la montagne qui descend vers la Sambre, un ouvrage irrégulier que le prince d'Orange avoit fait construire l'année précédente, et qu'on appeloit, à cause de cela, *le Fort-Neuf*, ou *le Fort-Guillaume*. Il étoit situé de telle façon que, bien qu'il parût moins élevé que les hauteurs qu'on avoit gagnées, il n'en étoit pourtant point commandé; et il sembloit se dérober et au canon et à la vue des assiégeants, à mesure qu'ils s'en approchoient. Ce fut, de toutes les fortifications de la place, celle dont la prise coûta le plus de temps et de peine, à cause de la grande quantité de travaux qu'il fallut faire pour l'embrasser.

La nuit qui suivit l'attaque dont nous venons de parler, le travail fut avancé plus de cinq cents pas vers la gorge de ce fort. Le quatorzième, on s'étendit sur la droite, et l'on y dressa deux batteries, tant contre le Fort-Neuf que contre le vieux château. Ce même jour, les assiégés abandonnèrent une maison retranchée, qui leur restoit encore sur la montagne; et ainsi on n'eut plus rien devant soi que les ouvrages que je viens de dire.

Le quinzième, les nouvelles batteries démontèrent presque entièrement le canon des assiégés ; mais elles ne firent que très-peu d'effet contre le Fort-Neuf.

La nuit suivante, on ouvrit au-dessus de l'abbaye de Salzenne une nouvelle tranchée pour embrasser ce fort par la gauche, et le travail fut poussé environ quatre cents pas.

Pendant qu'on pressoit avec cette vigueur le château de Namur, le prince d'Orange étoit, comme j'ai dit, arrivé sur la Mehaigne. Il donna d'abord toutes les marques d'un homme qui vouloit passer cette rivière et attaquer l'armée du maréchal de Luxembourg, pour s'ouvrir un chemin à Namur. Plusieurs raisons ne laissoient pas lieu de douter qu'il n'eût ce dessein : son intérêt et celui de ses alliés, l'état de ses forces, sa réputation, à laquelle la prise de Mons avoit déjà donné quelque atteinte; en un mot, les vœux unanimes de son parti, et surtout les pressantes sollicitations de l'électeur de Bavière, qui ne pouvoit digérer l'affront de se voir, à son arrivée dans les Pays-Bas, enlever la plus forte place du gouvernement qu'il venoit d'accepter.

Ajoutez à toutes ces raisons les bonnes nouvelles que les alliés avoient reçues de la bataille qui s'étoit donnée sur mer[1]. Car bien que le combat n'eût pas été fort glorieux pour les Hollandois et pour les Anglois, mais surtout pour ces derniers, et qu'il fût jusqu'alors inouï qu'une armée de quatre-vingt-dix vaisseaux, attaquée par une autre de quarante-quatre, n'eût fait, pour ainsi dire, que soutenir le choc, sans pouvoir, pendant douze heures, remporter aucun avantage, néanmoins, comme le vent, en séparant la flotte de France, leur avoit en quelque sorte livré quinze de ses vaisseaux, qui avoient

1. Le combat de la Hogue, livré le 29 mai 1692.

été obligés de se faire échouer, et où ils avoient mis le feu, il y avoit toute sorte d'apparence que le prince d'Orange saisiroit le moment favorable où il sembloit que la fortune commençât à se déclarer contre les François. Il reconnut donc, en arrivant, tous les environs de la Mehaigne, fit sonder les gués, posta son infanterie dans les villages et dans tous les endroits qui pouvoient favoriser son passage, et enfin fit jeter une infinité de ponts sur cette rivière. On remarqua pourtant avec surprise que dans le temps qu'il faisoit construire cette grande quantité de ponts de bois, il faisoit démolir tous les ponts de pierre qui se trouvoient sur la Mehaigne.

Une autre circonstance fit encore mieux voir qu'il n'avoit pas grande envie de combattre. Le Roi, qui ne vouloit point qu'on engageât, d'un bord de rivière à l'autre, un combat où sa cavalerie n'auroit point eu de part, manda au duc de Luxembourg de se retirer un peu en arrière, et de laisser le passage libre aux ennemis; et la chose fut ainsi exécutée. C'étoit en quelque sorte les défier, et leur ouvrir le champ pour donner bataille s'ils vouloient. Mais le prince d'Orange demeura toujours dans son premier poste, tantôt s'excusant sur les pluies qui firent déborder la Mehaigne pendant deux jours, tantôt publiant qu'il feroit périr l'armée du maréchal sans la combattre, ou du moins qu'il la réduiroit à décamper, faute de subsistance.

Il forma néanmoins un projet qui auroit été de quelque éclat s'il eût réussi. Il détacha le comte Serclaës de Tilly, avec cinq ou six mille chevaux, du côté de Huy. Ce général, ayant pris encore dans cette place un détachement considérable de l'infanterie de la garnison, passa la Meuse, qu'il fit remonter à son infanterie, dans le dessein de couper le pont de bateaux qui étoit sous Namur, et qui faisoit la communication de nos deux armées. Lui cependant marcha avec sa cavalerie pour attaquer le quartier du marquis de Boufflers, et brûler le pont de haute Meuse, avec toutes les munitions qui se trouveroient sur le port, et qu'on avoit fait descendre par cette rivière. Le Roi eut bientôt avis de ce dessein : il fit fortifier la garde des ponts et le quartier de Boufflers ; et ayant rappelé un corps de cavalerie de l'armée du maréchal, il fit sortir ses troupes hors des lignes, et les rangea lui-même en bataille. Mais Serclaës, qui en eut le vent, retourna fort vite passer la Meuse, et alla rejoindre l'armée confédérée.

Le prince d'Orange, après avoir demeuré inutilement quelques jours sur la Mehaigne, en décampa tout à coup, et remontant le long de cette rivière jusque vers sa source, vint camper, sa droite à la cense de Glinne, près du village d'Asche, et sa gauche au-dessus de celui de Branchon.

Le maréchal de Luxembourg, qui observoit tous les mouvements des ennemis pour régler les siens, ne les vit pas plus tôt en marche, que de son côté il remonta aussi la rivière, en telle sorte que ces deux grandes armées, séparées seulement par un médiocre ruisseau, marchoient à la vue l'une de l'autre, éloignées seulement d'une demi-portée de canon. Celle de France campa, la droite à Hanrech, la gauche à Temploux, ayant à peu près dans son centre le village de Saint-Denys.

Le prince d'Orange fit encore en cet endroit des démonstrations de vouloir décider du sort de Namur par une bataille. Il fit élargir les chemins qui étoient entre les deux armées, et envoya l'électeur de Bavière pour reconnoître lui-même le camp des François. L'électeur passa la rivière à l'abbaye de Boneffe, et se mit en devoir d'observer l'armée du maréchal ; mais on ne lui laissa pas le temps de satisfaire sa curiosité, et il fut obligé de repasser fort brusquement la Mehaigne à l'approche de quelques troupes de carabiniers, qu'on avoit détachées pour l'éloigner de la vue des lignes.

A dire vrai, le maréchal ne fut pas fâché d'ôter aux ennemis la connoissance de la disposition de son camp, coupé de plusieurs ruisseaux et de petits marais, qui rendoient la communication de ses deux ailes fort difficile, et d'ailleurs commandé de la hauteur de Saint-Denys, d'où les ennemis auroient pu incommoder de leur canon le centre de son armée, et engager enfin, dans un pays serré et embarrassé de bois, un combat particulier d'infanterie, où ils auroient eu tout l'avantage du lieu. Le Roi, qui sut l'inquiétude où il étoit, lui envoya proposer un autre poste, que le maréchal alla reconnoître; et il le trouva si avantageux, que sans attendre de nouveaux ordres, il fit aussitôt marcher son armée; il n'attendit pas même son artillerie, dont les chevaux se trouvoient alors au fourrage, et se contenta de laisser une partie de son infanterie pour la garder. Il plaça sa gauche au château de Milmont, la couvrant du ruisseau d'Aurenault, et étendit sa droite par Temploux et par le château de la Falize, jusques auprès du ruisseau de Wedrin, au delà duquel il jeta son corps de réserve : de sorte qu'il se trouvoit tout proche de l'armée du Roi, et tout proche aussi de la Sambre et de la Meuse, d'où il tiroit la subsistance de sa cavalerie, couvroit entièrement la place, et réduisoit les ennemis à venir l'attaquer dans son front par des plaines ouvertes et propres à faire mouvoir sa cavalerie, qui étoit supérieure en toutes choses à celle des ennemis.

Il fit en plein jour cette marche, sans qu'ils se missent en devoir de l'inquiéter, et sans qu'ils se présentassent seulement pour charger son arrière-garde. Le prince d'Orange décampa quelques jours après. Il passa, le vingt-deuxième de juin, le bois des Cinq-Étoiles, et ayant fait faire à ses troupes une extrême diligence, alla se poster, la droite à Sombreff, et la gauche proche de Marbais, sur la grande chaussée.

Cette démarche, qui le mettoit en état de passer en un jour la Sambre pour tomber sur le camp du Roi, auroit pu donner de l'inquiétude à un général moins vigilant et moins expérimenté. Mais comme il avoit pensé de bonne heure à tous les mouvements que les ennemis pourroient faire pour l'inquiéter, il ne les vit pas plus tôt la tête tournée vers Sombreff, qu'il envoya le marquis de Boufflers avec un corps de troupes dans le pays d'entre Sambre et Meuse; et après avoir fait reconnoître les plaines de Saint-Gerard et de Fosse, qui étoient les seuls chemins par où ils auroient pu venir à lui, il ordonna à ce marquis de se saisir du poste d'Auveloy, sur la Sambre. Il fit en même temps jeter un pont sur cette rivière, entre l'abbaye de Floreff et Jemeppe, vers l'embouchure du ruisseau d'Aurenault, où la gauche du maréchal de Luxembourg étoit appuyée. Par ce moyen, il mettoit ce général en état de passer aisément la Sambre, dès que les ennemis voudroient entreprendre la même chose du côté de Charleroy et de Farsiennes. La seule chose qui étoit à craindre, c'est que le corps de troupes qu'il avoit donné au marquis de Boufflers ne fût pas suffisant pour disputer aux ennemis le passage de la Sambre, et que s'ils le tentoient si près de lui, on n'eût pas le temps de faire passer d'autres troupes pour le soutenir.

Pour obvier à cet inconvénient, le maréchal eut ordre de lui envoyer son corps de réserve, qui fut suivi, peu de temps après, des brigades d'infanterie de Champagne et de Bourbonnois, et enfin de l'aile droite de sa seconde ligne, commandée par le duc de Vandosme. Toutes ces troupes furent postées sur le bord de la Sambre, proche des ponts de bateaux, à portée, ou de passer en très-peu de temps dans les plaines de Fosse et de Saint-Gerard, ou de repasser à l'armée du maréchal, selon le parti que prendroient les ennemis.

Pendant ces différents mouvements des armées, les attaques du château de Namur se continuoient avec toute la diligence que les pluies pouvoient permettre, les troupes ne témoignant pas moins de patience que de valeur. Depuis le seizième de juin, les assiégés se trouvoient extrêmement resserrés dans le Fort-Neuf, où ils commençoient même d'être enveloppés. Le matin du dix-septième, ils firent une sortie de quatre cents hommes de troupes espagnoles et de Brandebourg sur l'attaque gauche, et y causèrent quelque désordre. Mais les Suisses, qui y étoient de garde, les repoussèrent aussitôt, et rétablirent en très-peu de temps le travail. Il y eut quarante ou cinquante hommes tués de part et d'autre. Le dix-huitième et le dix-neuvième, les communications du Fort-Neuf avec le château furent presque entièrement ôtées aux assiégés, et leur artillerie rendue inutile; et enfin le vingtième, toutes les communications des tranchées étant achevées, on se vit en état d'attaquer tout à la fois et le fort et le château. Mais comme vraisemblablement on y auroit perdu beaucoup de monde, le Roi voulut que les choses se fissent plus sûrement. Ainsi on employa toute la nuit du vingtième, et le jour suivant, à élargir et à perfectionner les travaux; et le soir du vingt-unième, toutes choses étant prêtes pour l'attaque, on résolut de la faire, mais seulement aux dehors[1] de l'ouvrage neuf.

Huit compagnies de grenadiers, commandées avec les

---

1. Dans l'édition de Louis Racine : « au-dehors. »

sept des bataillons de la tranchée, commencèrent sur les six heures à occuper tous les boyaux qui enveloppoient les deux ouvrages. Le duc de Bourbon se trouvoit encore à cette attaque lieutenant général de jour, se croyant fort obligé à la fortune de ce qu'en un même siége elle lui donnoit tant d'occasions de s'exposer. Le signal donné un peu avant la nuit, il fit avancer les détachements soutenus des corps entiers. Ils marchèrent en même temps au premier chemin couvert, et en ayant chassé les assiégés, les forcèrent encore dans le second, et le fossé n'étant pas fort profond, les poursuivirent jusques au corps de l'ouvrage, dans lequel même quelques soldats étant montés par une fort petite brèche, les ennemis battirent à l'instant la chamade, et leurs otages furent envoyés au Roi. Mais pendant qu'ils faisoient leur capitulation, on ne laissa pas de travailler dans les dehors de l'ouvrage, et d'y commencer des logements contre le château.

Le lendemain[1], ils sortirent du fort au nombre de quatre-vingts officiers et de quinze cent cinquante soldats en cinq régiments, pour être conduits à Gand. De ce nombre étoit un ingénieur hollandois nommé Cohorne, sur les desseins duquel le fort avoit été construit; et il en sortit blessé d'un éclat de bombe. Quelques officiers des ennemis demandèrent à entrer dans le vieux château, pour y servir encore jusqu'à la fin du siége. Mais cette permission ne fut accordée qu'au seul Wimberg, qui commandoit les troupes hollandoises.

Le Fort-Guillaume pris, on donna un peu plus de relâche aux troupes, et la tranchée ne fut plus relevée que par quatre bataillons. Mais le château n'en fut pas moins

---

1. Suivant la *Gazette* du 10 juillet 1692, p. 353, ce fut le 23, à quatre heures après midi, que la garnison sortit.

vivement pressé, et les attaques allèrent fort vite, n'étant plus inquiétées par aucune diversion.

Dès le vingt-troisième, on éleva dans la gorge du Fort-Neuf des batteries de bombes et de canon.

Le vingt-quatrième et le vingt-cinquième, on embrassa tout le front de l'ouvrage à cornes qui faisoit, comme j'ai dit, la première enveloppe du château; et on acheva la communication de la tranchée qu'on avoit conduite par la droite sur la hauteur qui regarde la Meuse, avec la tranchée qui regardoit[1] la gauche du côté de la Sambre. Le Roi alla le vingt-cinquième visiter le Fort-Neuf et les travaux. Comme il avoit remarqué que sa présence les avançoit extrêmement, il fit la même chose presque tous les jours suivants, malgré les incommodités du temps et l'extrême difficulté des chemins, s'exposant non-seulement au mousquet des ennemis, mais encore aux éclats de ses propres bombes, qui retomboient souvent de leurs ouvrages avec violence, et qui tuèrent ou blessèrent plusieurs personnes à ses côtés et derrière lui.

Le vingt-sixième, les sapes furent poussées jusqu'au pied de la palissade du premier chemin couvert. A mesure qu'on s'approchoit, la tranchée devenoit plus dangereuse à cause des bombes et des grenades que les ennemis y faisoient rouler à toute heure, surtout du côté du fond qui alloit tomber vers la Sambre et qui séparoit les deux forts.

Le vingt-septième, les travaux furent perfectionnés. On dressa deux nouvelles batteries pour achever de ruiner les défenses des assiégés, pendant que les autres battoient en ruine les pointes et les faces des deux demi-

---

1. Le texte de l'édition de 1692 porte : *regarde*. Sur l'exemplaire dont nous avons fait usage, une correction à la main a substitué *regardoit* à *regarde*. C'est évidemment avec raison.

bastions de l'ouvrage; et on disposa enfin toutes choses pour attaquer à la fois tous leurs dehors. Tant d'attaques, qui se succédoient de si près, auroient dû, ce semble, lasser la valeur des troupes; mais plus elles fatiguoient, plus il sembloit qu'elles redoublassent de vigueur; et en effet, cette dernière action ne fut pas la moins hardie ni la moins éclatante de tout le siége. Le Roi voulut encore y être présent, et se plaça entre les deux ouvrages. Ainsi, le vingt-huitième, à midi, le signal donné par trois salves de bombes, neuf compagnies de grenadiers commandées, avec quatre des bataillons de la tranchée, marchèrent avec leur bravoure ordinaire, l'épée à la main, aux chemins couverts des assiégés. Le premier de ces chemins se trouvant presque abandonné, elles passèrent au second sans s'arrêter, tuèrent tout ce qui osa les attendre, et poursuivirent le reste jusqu'à un souterrain qui les déroba à leur furie. Les ennemis ainsi chassés reparurent en grand nombre sur les brèches, quelques-uns même avec l'épée et le bouclier, et s'efforcèrent, à force de grenades et de coups de mousquet, de prendre leur revanche sur nos travailleurs. Cependant quelques grenadiers de la compagnie de Saillant du régiment des gardes ayant été commandés pour reconnoître la brèche qui étoit au demi-bastion gauche, ils montèrent jusqu'en haut avec beaucoup de résolution. Il y en eut un, entre autres, qui y demeura fort longtemps, et y rechargea plusieurs fois son fusil avec une intrépidité qui fut admirée de tout le monde[1]. Mais la brèche se trouvant encore trop escar-

---

1. « Le sieur de Saillant, capitaine au régiment des gardes françoises, passa le fossé, et monta à la brèche avec huit grenadiers. Cinq autres des mêmes gardes y montèrent le plus haut qu'il leur fut possible, et tirèrent chacun leurs grenades sur les ennemis dans le bastion. Un d'eux s'étant détaché seul, monta par trois fois au haut de la brèche, tirant toujours sur les ennemis. A la dernière

pée, on se contenta de se loger dans les chemins couverts, dans la contre-garde du demi-bastion gauche, dans une lunette qui étoit au milieu de la courtine, vis-à-vis du chemin souterrain, et en un mot dans tous les dehors. La perte des assiégés monta à quelque trois cents hommes, partie tués dans les dehors, partie accablés par les bombes dans l'ouvrage même. Les assiégeants n'eurent guère moins de deux ou de trois cents tant officiers que soldats tués ou blessés, la plupart après l'action, et pendant qu'on travailloit à se loger.

Peu de temps après, les sapeurs firent la descente du fossé; et dès le soir, les mineurs furent attachés en plusieurs endroits, et on se mit en état de faire sauter tout à la fois les deux demi-bastions, la courtine qui les joignoit, et la branche qui regardoit le Fort-Neuf, et de donner un assaut général.

Néanmoins, comme on se tenoit alors sûr d'emporter la place, on résolut de ne faire jouer qu'à la dernière extrémité les fourneaux, qui en ouvrant entièrement le rempart, auroient obligé à y faire de fort grandes réparations. On espéra qu'il suffiroit que le canon élargît les brèches qu'il avoit déjà faites aux deux faces et aux pointes des demi-bastions; et c'est à quoi on travailla le vingt-neuvième.

La nuit du trentième, le sieur de Rubentel, lieutenant général de jour, fit monter sans bruit au haut de la brèche du demi-bastion gauche quelques grenadiers du régiment Dauphin, pour épier la contenance des ennemis. Ces soldats, ayant remarqué qu'ils n'étoient pas fort sur leurs gardes, et qu'ils s'étoient même retirés au dedans de l'ouvrage, appelèrent quelques autres de leurs camarades,

fois, il tua un officier espagnol qui, soutenu de plusieurs autres, venoit sur lui. » (*Gazette* du 10 juillet 1692, p. 356.)

qui étant aussitôt montés, ils chargèrent avec de grands cris les assiégés, et s'emparèrent d'un retranchement qu'ils avoient commencé à la gorge du demi-bastion, où ils commencèrent à se retrancher eux-mêmes. Ceux des ennemis qui regardoient le demi-bastion de la droite, voyant les François dans l'ouvrage, et craignant d'être coupés, cherchèrent, comme les autres, leur salut dans la fuite, et laissèrent les assiégeants entièrement maîtres de cette première enveloppe. Il restoit encore deux autres ouvrages à peu près de même espèce, non moins difficiles à attaquer que les premiers, et qui avoient de grands fossés très-profonds et taillés dans le roc. Derrière tout cela, on trouvoit le corps du château, capable lui seul d'arrêter longtemps un ennemi, et de lui faire acheter bien cher les derniers pas qui lui resteroient à faire.

Mais le gouverneur, qui vit sa garnison intimidée tant par le feu continuel des bombes et du canon que par la valeur infatigable des assiégeants, reconnoissant d'ailleurs le peu de fonds qu'il y avoit à faire sur les vaines promesses de secours dont le prince d'Orange l'entretenoit depuis un mois, ne songea plus qu'à faire sa composition à des conditions honorables, et demanda à capituler.

Le Roi accorda sans peine toutes les marques d'honneur qu'on lui demanda ; et dès ce jour, une porte fut livrée à ses troupes. Le lendemain, premier jour de juillet, la garnison sortit, partie par la brèche, qu'on accommoda exprès pour leur en faciliter la descente, partie par la porte vis-à-vis du Fort-Neuf. Elle étoit d'environ deux mille cinq cents hommes, en douze régiments d'infanterie, un de cavalerie, et quelques compagnies franches de dragons, lesquels, joints aux seize cents qui sortirent du Fort-Neuf, faisoient le reste des neuf mille deux cents hommes, qui, comme j'ai dit, se trouvoient dans la place au commencement du siége. Ils prétendoient qu'ils en avoient perdu huit ou neuf cents par la désertion; tout le reste avoit péri dans l'artillerie ou dans les attaques.

Quelques jours avant que les assiégés battissent la chamade, les confédérés étoient partis tout à coup de Sombreff; et au lieu de faire un dernier effort, sinon pour sauver la place, au moins pour sauver leur réputation, ils avoient en quelque sorte tourné le dos à Namur, et étoient allés camper dans la plaine de Brunehaut, la droite à Fleuru, et la gauche du côté de Frasne et de Liberchies. Pendant le séjour qu'ils y firent, le prince d'Orange ne s'étoit appliqué qu'à ruiner les environs de Charleroy, comme si dès lors il n'avoit plus pensé qu'à empêcher le Roi de passer à de nouvelles conquêtes.

Enfin, le soir du dernier jour de juin, ils apprirent par trois salves de l'armée du maréchal de Luxembourg et de celle du marquis de Boufflers, la triste nouvelle que Namur étoit rendu. Ils en tombèrent dans une consternation qui les rendit comme immobiles durant plusieurs jours, jusque-là que le maréchal de Luxembourg s'étant mis en devoir de repasser la Sambre, ils ne songèrent ni à le troubler dans sa marche, ni à le charger dans sa retraite. Il vint donc tranquillement se poster dans la plaine de Saint-Gerard, tant pour favoriser les réparations les plus pressantes de la place, et les remises d'artillerie, de munitions et de vivres qu'il y falloit jeter, que pour donner aux troupes, fatiguées par des mouvements continuels, par le mauvais temps, et par une assez longue disette de toutes choses, les moyens de se rétablir.

Le Roi employa les deux jours qui suivirent la reddition du château à donner tous les ordres nécessaires pour la sûreté d'une si importante conquête. Il en visita tous les ouvrages et en ordonna les réparations. Il alla trouver à Floreff le maréchal de Luxembourg, qu'il laissoit avec une puissante armée dans les Pays-Bas, et lui expliqua

DU SIÉGE DE NAMUR. 347

ses intentions pour le reste de la campagne. Il détacha différents corps pour l'Allemagne, et pour assurer ses frontières de Flandres et de Luxembourg. Il avoit déjà quelque quarante escadrons dans le pays de Cologne, sous les ordres du marquis de Joyeuse, et il les y avoit fait rester pendant tout le siége de Namur, tant pour faire payer les restes des contributions qui étoient dues, que pour obliger les souverains de ce pays-là à y laisser aussi un corps de troupes considérable : ce qui diminuoit d'autant l'armée du prince d'Orange.

Enfin, tous ses ordres étant donnés, il partit de son camp le troisième de juillet, pour retourner, à petites journées, à Versailles, d'autant plus satisfait de sa conquête que cette grande expédition étoit uniquement son ouvrage; qu'il l'avoit entreprise sur ses seules lumières, et exécutée, pour ainsi dire, par ses propres mains, à la vue de toutes les forces de ses ennemis; que par l'étendue de sa prévoyance il avoit rompu tous leurs desseins, et fait subsister ses armées; et qu'en un mot, malgré tous les obstacles qu'on lui avoit opposés, malgré la bizarrerie d'une saison qui lui avoit été entièrement contraire, il avoit emporté, en cinq semaines, une place que les plus grands capitaines de l'Europe avoient jugée imprenable, triomphant ainsi, non-seulement de la force des remparts, de la difficulté des pays, et de la résistance des hommes, mais encore des injures de l'air et de l'opiniâtreté, pour ainsi dire, des éléments.

On a parlé fort diversement dans l'Europe sur la conduite du prince d'Orange pendant ce siége; et bien des gens ont voulu pénétrer les raisons qui l'ont empêché de donner bataille dans une occasion où il sembloit devoir hasarder tout pour prévenir la prise d'une ville si importante, et dont la perte lui seroit à jamais reprochée. On en a même allégué des motifs qui ne lui font pas honneur. Mais à juger sans passion d'un prince en qui l'on reconnoît de la valeur, on peut dire qu'il y a eu beaucoup de sagesse dans le parti qu'il a pris. L'expérience du passé lui ayant fait connoître combien il étoit inutile de s'opposer à un dessein que le Roi conduisoit lui-même, il a jugé Namur perdu dès qu'il a su qu'il l'assiégeoit en personne. Et d'ailleurs, le voyant aux portes de Bruxelles avec deux formidables armées, il a cru qu'il ne devoit point hasarder un combat dont la perte auroit entraîné la ruine des Pays-Bas, et peut-être sa propre ruine, par la dissolution d'une ligue qui lui a tant coûté de peine à former.

FIN DE LA RELATION DU SIÉGE DE NAMUR.

ÉPÎTRE

A

MADAME DE MONTESPAN.

NOTICE.

L'*Épître* qui suit se trouve en tête des *OEuvres diverses d'un auteur de sept ans*, ce recueil de quelques lettres, réflexions morales, etc., du jeune duc du Maine, qui fut offert le 1ᵉʳ janvier 1679 à Mme de Montespan, et dont nous avons déjà parlé aux pages 237 et 238 de notre tome IV. Là nous avons dit d'après quels témoignages il ne paraît pas douteux que Racine ait, aussi bien que Boileau, prêté son concours à Mme de Maintenon lorsqu'elle prépara l'impression du petit livre. Nous avons cité le *Madrigal* que l'on regarde avec tant de vraisemblance comme écrit par notre poëte. A-t-on autant de motifs de croire que Mme de Maintenon se soit également servie de la plume de Racine, pour l'*Épître à Mme de Montespan*?

C'est dans l'édition de Luneau de Boisjermain (tome VI, p. 427-429) que cette *Épître* a été pour la première fois placée parmi les *Ouvrages attribués à Racine*. Au sujet de cette attribution, la *Préface des éditeurs*, qui est aux pages 369 et 370 du même tome, dit seulement : « Nous avons placé après ces deux morceaux (la *Harangue de l'abbé Colbert* et le *Siège de Namur*) une *Épître dédicatoire* faite par Racine au nom de Mme de Maintenon, que quelques gens de lettres lui attribuent. »

Les éditeurs de 1807 ne nous en apprennent pas beaucoup plus dans leur *Avertissement* (voyez les pages 35 et 36 de leur tome VII). « Cette pièce, disent-ils, qui n'était pas signée, fit bruit dans le monde, et fut d'abord attribuée à Mme de Maintenon. Mais les gens de goût ne tardèrent pas à penser que c'était l'ouvrage d'une plume encore plus habile et plus exercée que la sienne. Ils trouvèrent que les louanges, qui n'y étaient pas ménagées, y étaient cependant présentées avec une délicatesse et relevées par une grâce d'expression et une variété de tournure qui leur donnait tout le piquant de la nouveauté. Ils en conclurent que Mme de Maintenon avait, dans cette occasion, emprunté le secours de l'écrivain le plus distingué de son siècle, de celui qui avait le mieux étudié les finesses de la langue, et qui en connaissait le mieux toutes les ressources. Cette pièce a néanmoins été insérée dans le recueil des *Lettres* de Mme de Maintenon donné en 1751[1] (*par la Beaumelle*); mais l'éditeur des *OEuvres complètes de Racine*, publiées en 1768, n'a pas balancé à la comprendre dans son édition. » Les auteurs de cet *Avertissement* parlent très-bien, ce nous semble, et avec beaucoup de justesse, des qualités littéraires de cette *Épître*, qui disposent à la croire l'œuvre de Racine ; mais quant aux témoignages positifs, ils n'en allèguent aucun. Ils s'en rapportent à Luneau de Boisjermain, et à des *gens de goût*, que d'ailleurs ils ne nomment pas. Geoffroy était plus disposé que les éditeurs de 1807 à élever des doutes sur l'auteur de l'*Épître à Mme de Montespan.* « L'*Épître*, dit-il dans sa *Préface* (tome VII, p. 7), est au nom de Mme de Maintenon : on y trouve beaucoup d'esprit, des éloges du Roi tournés de la manière la plus fine ; mais il me semble qu'il n'y a rien qui soit au-dessus de la portée de Mme de Maintenon : une pareille femme n'avoit pas besoin de secrétaire. »

M. Aimé-Martin, au contraire, qui a reproduit dans son édition l'*Avertissement* de celle de la Harpe, en adopte l'opinion sur l'attribution à Racine de l'*Épître dédicatoire ;* il est même plus affirmatif, sans proposer toutefois de nouvelles preuves. Dans une note au bas de la page 443 de son tome VI (édition de 1844) il dit : « Cette *Épître* fut d'abord attribuée à Mme de Maintenon ; mais elle est évidemment de Racine. » Nous ne saurions nous contenter d'une décision dont les motifs ne sont pas donnés. Il faut sortir du vague où sont restés les précédents éditeurs.

1. Il y a là une erreur de date. La première édition donnée par la Beaumelle parut en 1752, à Nancy, en deux volumes in-12.

L'*Épître*, quoique sans signature dans les *OEuvres diverses d'un auteur de sept ans*, était écrite cependant comme au nom d'une femme, qui n'aurait pu être que Mme de Maintenon. On crut même tout d'abord qu'elle en était l'auteur en effet. Au tome III des *Nouvelles de la république des lettres*, imprimé à Amsterdam en 1685, l'écrivain (Bayle sans doute) qui rend compte, à la date de février 1685, article IX, p. 193 et suivantes, des *OEuvres diverses d'un auteur de sept ans*, s'exprime ainsi à la page 197 : « [Ce livre] est dédié à Mme de Montespan, et selon toutes les apparences c'est Mme de Maintenon qui a fait l'*Épître dédicatoire*. Elle est tournée de la manière du monde la plus délicate. Il semble qu'on n'y touche pas, ou qu'on ne veuille qu'effleurer. Cependant on loue jusqu'au vif, et on va loin en peu de paroles. » Les apparences ne trompèrent pas longtemps les personnes bien informées. Dans une autre édition du même volume des *Nouvelles de la république des lettres*, donnée également à Amsterdam, mais l'année suivante, cette note sur le passage que nous venons de citer fut ajoutée au bas de la page 207 : « On a su depuis qu'elle (l'*Épître*) a été composée par M. Racine, mais c'est pour Mme de Maintenon. » Ce témoignage est remarquable par sa date. Dès l'année 1686, on regardait Racine comme le véritable auteur de l'*Épître dédicatoire*.

L'autorité de Cizeron-Rival, qui a écrit beaucoup plus tard, n'a pas, il s'en faut, le même poids. Cependant à l'occasion du *Madrigal* tiré des mêmes *OEuvres diverses d'un auteur de sept ans*, et inséré dans notre tome IV, p. 238, nous avons dit que cette autorité n'était pas sans quelque valeur, Cizeron ayant fait usage des notes recueillies par Brossette, qu'avaient fournies à celui-ci ses entretiens avec Boileau. Or voici comment Cizeron parle de l'*Épître* à la page 181 de ses *Récréations littéraires* publiées en 1765 : « Mme Scarron.... fit imprimer ce petit recueil (les *OEuvres diverses d'un auteur de sept ans*), et le dédia à Mme de Montespan. M. Racine en fit l'*Épître dédicatoire*, qui est fort belle, et que l'on sera d'autant moins fâché de trouver ici qu'elle n'est pas imprimée dans les *OEuvres* de cet auteur. » Le texte qui est ensuite donné dans les *Récréations littéraires* diffère un peu de celui que nous avons dans les *OEuvres diverses d'un auteur de sept ans*.

Sans tenir compte de l'affirmation très-expresse de l'auteur des *Nouvelles de la république des lettres*, ni de celle de Cizeron-Rival, M. le duc de Noailles, dans son *Histoire de Mme de Maintenon* (tome I, à la note de la page 477, édition de 1848), incline à revendiquer l'*Épître* pour l'illustre femme dont il raconte la vie. « M. Charles Nodier, dit-il (voyez *Mélanges tirés d'une petite bibliothèque*), a cru que cette *Épître dédicatoire* avait été composée par Racine, et ce qui détermina son opinion, c'est que dans l'exemplaire qui lui appartenait (des *OEuvres diverses d'un auteur de sept ans*), le nom de Racine, d'une écriture qui lui parut être de Racine lui-même, se trouvait au bas du deuxième madrigal, et que le nom de Mme de Maintenon se trouvait de la même main au bas de l'*Épître ;* d'où il infère que Racine a marqué de cette manière les deux pièces qu'il avait composées, tout en mettant le nom de Mme de Maintenon au bas de la lettre où elle parle en son propre nom.... Ce raisonnement paraît peu concluant, et le nom de Mme de Maintenon, même écrit par Racine, pourrait prouver au contraire qu'il savait que la lettre était d'elle, et qu'il levait ainsi sur cet exemplaire l'anonyme qu'elle avait gardé. Rien ne nous démontre que Mme de Maintenon se soit crue obligée d'emprunter la plume de Racine pour cette *Épître*, qu'elle étoit fort en état de rédiger elle-même, et où l'on reconnaît en effet la grâce ordinaire de son style et un ton que tout autre écrivain à sa place aurait pris difficilement. » Nous avons déjà parlé (tome IV, p. 238) de cet exemplaire de Charles Nodier. L'authenticité des signatures qu'il y avait trouvées, et qui lui semblaient être de la main de Racine, est difficile à admettre, puisque l'une d'elles, nous l'avons dit, forcerait d'attribuer à Racine un madrigal qui est bien plus vraisemblablement de Boileau. Il faut quelquefois se défier des autographes dont l'origine est sans preuves suffisantes. Mais quand l'écriture de Racine ne laisserait pas de doute en cette occasion, nous trouverions assez plausible l'explication que Charles Nodier donnait du nom de Mme de Maintenon mis au bas de l'*Épître*. Il était naturel que Racine n'y écrivît pas le sien, et qu'il ne dépouillât pas de l'honneur de ce petit ouvrage celle à qui il avait prêté sa plume. On ne reprend pas ce qu'on a donné.

Mais tout raisonnement paraîtra superflu en présence d'un témoignage bien moins équivoque assurément que celui de l'exemplaire de Charles Nodier, et plus irrécusable encore que ceux dont nous avons jusqu'ici parlé. Ce témoignage, nous l'avons trouvé au tome II, p. 26, de la *Correspondance générale de Mme de Maintenon*, publiée par M. Lavallée, tome qui a paru en 1865, et que par conséquent nous ne connaissions pas lorsque a été imprimée notre

Notice biographique sur Jean Racine. Autrement nous n'y aurions pas, à la page 108, parlé sous une forme aussi dubitative du véritable auteur de l'*Épître dédicatoire.* On sait que M. Lavallée a eu entre les mains l'exemplaire des *Lettres de Mme de Maintenon,* publiées par la Beaumelle, qui a appartenu à Louis Racine, et sur lequel celui-ci a écrit quelques remarques. Dans la *Note préliminaire* que M. Lavallée a mise en tête de l'*Épître* dont nous nous occupons, il dit : « Louis Racine écrit à la marge de son exemplaire des lettres publiées par la Beaumelle : *Cette lettre a été faite par mon père.* » Voilà ce qui ne laisse plus guère d'incertitude. Nous devions toutefois laisser l'*Épître à Mme de Montespan* parmi les *Ouvrages attribués,* avec tous les écrits que Racine a destinés à paraître sous un autre nom que le sien.

Le texte que nous donnons est conforme à celui du volume in-4°, qui a pour titre : *OEuvres diverses d'un auteur de sept ans,* ou : *Recueil des ouvrages de M. le duc du Mayne, qu'il a fait (sic) pendant l'année* 1677 *et dans le commencement de* 1678. Le second de ces titres se trouve seulement au dixième feuillet. En tête de l'*Épître dédicatoire* il n'y a que ces mots : *A Madame de Montespan.* Le mot *Epistre* est en titre courant. Nous indiquerons dans les notes les variantes tirées du texte de Cizeron-Rival ; parmi ces variantes, plusieurs tout au moins ne sauraient être attribuées à une transcription inexacte, et elles ont quelque intérêt, parce que le texte de Cizeron doit venir d'une ancienne copie, où l'on peut conjecturer que se trouvait la première rédaction de l'*Épître,* avant les corrections que l'auteur y fit au moment de l'impression.

A

MADAME DE MONTESPAN.

Madame,

Voici le plus jeune des auteurs qui vient vous demander votre protection pour ses ouvrages. Il auroit bien voulu attendre pour les mettre au jour[1] qu'il eût huit ans accomplis. Mais il a eu peur qu'on ne le soupçonnât d'ingratitude s'il étoit plus de sept ans au monde sans vous donner des marques publiques de sa reconnoissance.

En effet, MADAME, il vous doit une bonne partie de tout ce qu'il est. Quoiqu'il ait eu une naissance assez heureuse, et qu'il y ait eu peu d'auteurs que le ciel ait regardés[2] aussi favorablement que lui, il avoue que votre conversation a beaucoup aidé à perfectionner en sa personne ce que la nature avoit commencé. S'il pense avec quelque justesse, s'il s'exprime avec quelque grâce, et s'il sait déjà faire un assez juste discernement des hommes, ce sont autant de qualités qu'il a tâché de vous dérober. Pour moi, MADAME, qui connois ses plus secrètes pensées, je sais avec quelle admiration il vous écoute; et je puis vous assurer avec vérité qu'il vous étudie[3] beaucoup plus volontiers que tous ses livres.

Vous trouverez, dans l'ouvrage que je vous présente, quelques traits assez beaux de l'histoire ancienne[4]. Mais il craint que, dans la foule d'événements[5] merveilleux qui sont arrivés de nos jours, vous ne soyez guère touchée de tout ce qu'il pourra[6] vous apprendre des siècles passés. Il craint cela avec d'autant plus de raison, qu'il a éprouvé la même chose[7] en lisant les livres. Il trouve quelquefois étrange que les hommes se soient fait une nécessité d'apprendre par cœur des auteurs qui nous disent des choses si fort au-dessous[8] de ce que nous voyons. Comment pourroit-il être frappé des victoires des Grecs et des Romains, et de tout ce que Florus et Justin lui racontent[9]? Ses nourrices[10], dès le berceau, ont accoutumé

---

1. « Pour les mettre au jour » manque dans Cizeron-Rival.
2. Dans les *Œuvres diverses d'un auteur de sept ans*, il y a *regardé*, sans accord.
3. « Et je vois avec plaisir qu'il vous étudie. » (*Cizeron-Rival.*)
4. « Ancienne » manque dans le texte de Cizeron-Rival.
5. « Des événements. » (*Cizeron-Rival.*)
6. « De ce qu'il pourra. » (*Ibidem.*)
7. « Qu'il a éprouvé qu'il pensoit de même. » (*Ibidem.*)
8. « D'apprendre par cœur des récits si fort au-dessous. » (*Ibidem.*)
9. « Nous racontent. » (*Ibidem.*)
10. « Les nourrices. » (*Ibidem.*)

ses oreilles à de plus grandes choses[1]. On lui parle, comme d'un prodige, d'une ville que les Grecs prirent en dix ans. Il n'a que sept ans, et il a déjà vu chanter en France des *Te Deum* pour la prise de plus de cent villes.

Tout cela, Madame, le dégoûte un peu de l'antiquité. Il est fier naturellement. Je vois bien qu'il se croit de bonne maison. Et avec quelques éloges qu'on lui parle d'Alexandre et de César[2], je ne sais s'il voudroit faire aucune comparaison avec les enfants de ces grands hommes. Je m'assure que vous ne désapprouverez pas en lui cette petite fierté, et que vous trouverez qu'il ne se connoît pas mal en héros. Mais vous m'avouerez aussi que je ne m'entends pas mal[3] à faire des présents, et que dans le dessein que j'avois de vous dédier un livre, je ne pouvois choisir un auteur qui vous fût plus agréable, ni à qui vous prissiez plus d'intérêt qu'à celui-ci. Je suis,

Madame,

Votre très-humble et très-obéissante servante,

XXXX[4].

1. « A de plus grandes actions. » *(Cizeron-Rival.)*
2. « Ou de César. » *(Ibidem.)*
3. Les éditions de Luneau de Boisjermain (1768), de la Harpe, de Geoffroy et d'Aimé-Martin ont : « que je n'entends pas mal. »
4. « Votre très-humble servante, Scarron. » *(Cizeron-Rival.)*

HARANGUE

FAITE AU ROI

PAR L'ABBÉ COLBERT.

NOTICE.

Louis Racine a placé cette harangue parmi les *Ouvrages attribués à Jean Racine*, aux pages 81-89 du volume qu'il a fait imprimer en 1747 en appendice à ses *Mémoires*. Il « n'a publié le discours, dit Geoffroy (tome VII, p. 6), que parce qu'il l'a trouvé dans les manuscrits de son père. » L'assertion de cet éditeur n'est pas justifiée. Nulle part Louis Racine ne dit rien de semblable. L'éditeur de 1807, d'ordinaire plus exact que Geoffroy, ne l'a cependant pas été tout à fait, ce nous semble, en cette occasion. « Les personnes les mieux informées, dit-il dans son *Avertissement* (tome VII, p. 4), et notamment Boileau, ont assuré que ce discours avait été composé par Racine. C'est d'après ce témoignage que Louis Racine en parle dans ses *Mémoires* sur la vie et les ouvrages de son père, p. 101. » Dans le passage que l'on cite de ses *Mémoires*, et qu'on trouvera à la page 252 de notre tome I, Louis Racine n'allègue point le témoignage de Boileau : il y parle seulement de *quelques personnes éclairées*, que d'ailleurs il ne nomme pas. Au dire de ces personnes, Racine était l'auteur de la *Harangue au Roi* qui « fut prononcée par une autre bouche que la sienne en 1685, et se trouve dans les *Mémoires du clergé.* »

D'Alembert, dans l'*Éloge de Jacques-Nicolas Colbert* (tome II de *l'Histoire des membres de l'Académie françoise*), dit à la page 376 : « On assure qu'il eut recours à Racine pour composer sa harangue. » Mais, après Louis Racine, nous ne saurions voir en d'Alembert un témoin nouveau. Une note qu'il a mise au bas de la même page donne à croire qu'il ne connaissait d'autre preuve de cette attribution à Racine que le passage des *Mémoires* de son fils, et l'insertion du discours parmi les *Ouvrages attribués* que celui-ci avait fait imprimer en 1747. C'est toujours à Louis Racine, et à lui seul, qu'il en faut revenir ; mais son autorité est ici d'un grand poids ; et quoiqu'il ne veuille rien affirmer, et nous laisse ignorer comment son opinion s'était formée, il est évident qu'il la croyait bien fondée, tenant sans doute le fait de bonne source. Il y a d'ailleurs dans la harangue un mérite littéraire qui est une preuve d'un autre genre, et tout aussi forte. Sans faire tort à l'abbé Colbert, et sans oublier qu'il était alors depuis sept ans déjà un des quarante de l'Académie française, où il était entré à l'âge de vingt-quatre ans, il est permis de douter qu'il eût un si remarquable talent d'écrivain.

Dans les diverses éditions des *OEuvres* de notre auteur on a donné ce discours d'après le texte de Louis Racine. Dans ce texte cependant il s'était glissé quelques inexactitudes. Celui que le lecteur trouvera ici est conforme à l'édition originale, pièce in-4° de dix pages, qui a pour titre : *Harangue faite au Roy à Versailles le vingt et un juillet M.DC.LXXXV, par Monseigneur l'illustrissime et reverendissime* JACQUES-NICOLAS COLBERT, *archevesque et primat de Carthage, coadjuteur de l'archevesché de Rouen. Assisté de Messeigneurs les archevesques, évesques et autres députés de l'assemblée generale tenüe à Saint-Germain en Laye en ladite année mil six cens quatre-vingt-cinq. En prenant congé de Sa Majesté. A Paris, de l'imprimerie de Frederic Leonard, imprimeur ordinaire du Roy.... M.DC.LXXXV.* Louis Racine renvoie aux *Mémoires du clergé*. En effet, le discours de l'abbé Colbert se trouve aussi à la page 798 du *Recueil des Actes, Titres et Memoires concernant les affaires du Clergé de France, à Paris, chez Pierre Simon, M.DCC.XL.* C'est de ce volume (in-folio) que Louis Racine a sans doute fait usage ; mais sa transcription n'a pas été complétement fidèle, puisque ce texte de 1740 est conforme à celui de 1685. Un troisième texte semblable existe aux pages 248-252 du *Procez-verbal de l'assemblée generale du clergé de France, tenüe à Saint-Germain en Laye au Chasteauneuf, en l'année mil six cens quatre-vingt-cinq. A Pa-*

ris, chez Frederic Leonard.... M. DC. LXXXX, un volume in-folio. La harangue y est précédée (p. 248) de ces quelques mots d'avertissement :

« Du mesme jour de relevée (*samedi, vingt-unième juillet*). L'assemblée s'estant rendue à Versailles dans la salle des ambassadeurs qui avoit esté préparée pour la recevoir, et Messieurs les agens l'ayant avertie que le Roy estoit prest à luy donner audience, M. le marquis de Seignelay, secretaire d'Estat, est venu la prendre, avec M. le marquis de Blainville, grand maître des ceremonies; on est allé à la chambre du Roy ; les gardes estoient en haye sous les armes, et les officiers à leur teste. Les deux battants de porte ouverts, et toutes choses disposées en la manière ordinaire, Monseigneur le coadjuteur de Rouen a porté la parole et a dit. »

Ces anciennes éditions nous apprennent, comme on a pu le remarquer, que l'abbé Colbert prononça son discours le 21 juillet 1685. La note suivante, qui a passé de l'édition de 1807 (tome VII, p. 24) dans celle de M. Aimé-Martin, contient donc une évidente et grave erreur : « Le principal objet de ce discours était de remercier Louis XIV de l'édit du 22 octobre 1685, portant révocation de celui de Nantes. » Comme nous l'avons déjà fait remarquer dans l'*Avertissement* placé en tête de notre tome I, à la page XIX, M. Aimé-Martin a aggravé l'erreur de cette note, en y ajoutant quelques lignes où il dit que le plus grand poëte de la France n'a pu se rendre coupable d'une action déplorable, et qu'il vaut mieux croire que Louis Racine a été mal informé. Il faut avoir lu avec distraction la harangue du coadjuteur de Rouen, pour n'en avoir pas reçu une impression toute contraire. D'Alembert ne s'y est pas trompé. Il a été frappé des *conseils de charité évangélique* qu'avait fait entendre l'abbé Colbert dans son discours; il y a trouvé *une leçon importante et chrétienne* donnée au Roi, *une leçon vraiment digne du ministre d'un Dieu de paix*. Bien loin en effet d'encourager les violences de la persécution, l'orateur disait : « Quelque intérêt que nous ayons à l'extinction de l'hérésie, notre joie l'emporteroit peu sur notre douleur, si pour surmonter cet hydre, une fâcheuse nécessité avoit forcé votre zèle à recourir au fer et au feu, comme on a été obligé de faire dans les règnes précédents.... Nous gémirions en secret sur un triomphe qui, avec la défaite des ennemis de l'Église, envelopperoit la perte de nos frères. » Un pareil langage en ce temps-là était assez significatif ; il demandait un vrai courage, et fait honneur à Racine aussi bien qu'au prélat qui en prenait la responsabilité. On a souvent dit que tous les grands hommes du dix-septième siècle avaient approuvé les rigueurs de Louis XIV contre l'hérésie; il est bon de montrer que parmi ceux d'entre eux qui avaient le plus de religion, des exceptions doivent être notées. Ni Fénelon, ni Saint-Simon, ni Racine n'ont aimé les dragonnades.

Sire,

Le clergé de France, qui ne s'approchoit autrefois de ses souverains que pour leur retracer de tristes images de la religion opprimée et gémissante, vient aujourd'hui, la reconnoissance et la joie dans le cœur, faire paroître à Votre Majesté cette même religion toute couverte de la gloire qu'elle tient de votre piété.

Elle a paru, durant plus d'un siècle, sur le penchant de sa ruine; on l'a vue déchirée par ses propres enfants, trahie par ceux qui devoient la soutenir et la défendre, en proie à ses plus cruels ennemis. Enfin, après une longue et funeste oppression, elle respira peu de temps avant votre naissance heureuse; avec vous elle commença de revivre, avec vous elle monta sur le trône. Nous comptons les années de son accroissement par les années de votre règne, et c'est sous le plus florissant empire du monde que nous la voyons aujourd'hui plus florissante que jamais.

Si elle se souvient encore de ses troubles et de ses malheurs passés, ce n'est plus que pour mieux goûter le parfait bonheur dont vous la faites jouir : elle est sans agitation et sans crainte à l'ombre de votre autorité; elle est même, si j'ose ainsi dire, sans desirs, puisque votre zèle ne lui laisse pas le temps d'en former, et que votre bonté va si souvent au delà de ses souhaits.

Ce zèle ardent pour la foi, cette bonté paternelle dans tous les besoins de l'Église, qualités si rares dans les princes, font, Sire, le véritable sujet de nos éloges.

Nous laissons à vos autres[1] sujets assez d'autres vertus à

---

1. Dans le texte de Louis Racine, qui est aussi le texte des édi-

admirer en vous. Les uns vous représenteront comme un monarque bienfaisant, libéral, magnifique, fidèle dans ses promesses, ferme et inflexible contre toute sorte d'injustice, droit et équitable jusques à prononcer contre ses propres intérêts, véritablement maître de ses peuples, et plus maître encore de lui-même.

Les autres vous respecteront[1] comme un roi toujours sage et toujours victorieux, dont les impénétrables desseins sont plus tôt exécutés que connus; qui ne règne pas seulement sur ses sujets par son autorité souveraine, mais sur son conseil par la supériorité de son génie, mais sur les cours[2] de ses voisins par la pénétration de son esprit et par la sagesse dont il sait instruire ses ministres; qui pouvant tout par lui-même, sait se passer des plus grands hommes, et sans eux résoudre, entreprendre, exécuter; qui donne la loi sur la mer aussi bien que sur la terre; qui lance, quand il lui plaît, la foudre jusque sur les bords de l'Afrique; qui sait à son gré humilier les nations superbes, et réduire des souverains à venir aux pieds de son trône, reconnoître son pouvoir et implorer sa clémence[3].

Vos ennemis mêmes, Sire, ne peuvent s'empêcher de louer vos actions héroïques; ils sont contraints d'avouer que rien n'est capable de vous résister, et le mérite du vainqueur adoucit en quelque sorte le malheur des vaincus.

Ce n'est pas à nous, Sire, à parler des progrès étonnants de vos armes triomphantes : nous ne devons pas confondre l'éclat d'une valeur qui n'est que l'objet de l'admiration des hommes, avec ces œuvres saintes qui sont en estime devant Dieu. Le clergé, Sire, s'attachera surtout à louer en vous cette piété

---

tions de la Harpe, de Geoffroy et d'Aimé-Martin, le mot *autres* a été omis.

1. Quoique le texte de Louis Racine ait bien : « vous respecteront, » on a imprimé par erreur dans l'édition de 1807 : « vous représenteront. » M. Aimé-Martin a reproduit cette faute.

2. Au lieu de *les cours*, il y a *les cœurs* dans le texte de Louis Racine.

3. Allusion aux soumissions qu'au mois de mai de cette même année le doge de Gênes étoit venu faire à Louis XIV. Voyez ci-dessus, p. 123, note 3.

qui toujours attentive aux intérêts de la religion, n'omet rien de ce qui peut être nécessaire pour la relever dans les lieux où elle est abattue, pour l'étendre au delà des mers dans les lieux où elle est inconnue, pour la faire triompher dans l'un et l'autre monde.

Mais, que dis-je, l'Église ne doit-elle pas elle-même consacrer des victoires que vous avez si heureusement fait servir à la propagation de la foi et à l'extinction de l'hérésie? Il semble que vous n'ayez combattu et triomphé que pour Dieu, et le fruit que vous tirez[1] de la paix nous fait assez connoître quel étoit le principal but de vos victoires. C'est par ces victoires que vous avez établi cette redoutable puissance qui, tenant désormais vos voisins en bride, ôte aux hérétiques de votre royaume, et l'audace de se révolter, et l'espoir de se maintenir par de séditieux commerces avec les ennemis de l'État.

Si c'eût été la seule ambition qui vous eût armé, jusqu'où n'auriez-vous point étendu votre empire? Vous vous êtes hâté de finir la guerre, lorsque vous en pouviez tirer de plus grands avantages. Ne sait-on pas que ce n'a été que par l'empressement que vous aviez de donner tous vos soins au progrès de la religion? La conversion de tant d'âmes engagées dans l'erreur vous a paru la plus belle de toutes les conquêtes, et le triomphe le plus digne d'un roi très-chrétien.

Mais quelle que soit votre puissance, elle avoit encore besoin du secours de votre bonté. C'est en gagnant le cœur des hérétiques que vous domptez l'obstination de leur esprit; c'est par vos bienfaits que vous combattez leur endurcissement; et ils ne seroient peut-être jamais rentrés dans le sein de l'Église par une autre voie que par le chemin semé de fleurs que vous leur avez ouvert.

Aussi faut-il l'avouer, SIRE, quelque intérêt que nous ayons à l'extinction de l'hérésie, notre joie l'emporteroit peu sur notre douleur, si pour surmonter cet hydre[2], une fâcheuse nécessité avoit forcé votre zèle à recourir au fer et au feu,

---

1. Dans le texte de Louis Racine : « que vous avez tiré. »

2. Louis Racine a mis : « cette hydre. » Nous suivons le texte des anciennes éditions, que justifie plus d'un exemple.

comme on a été obligé de faire dans les règnes précédents. Nous prendrions part à une guerre qui seroit sainte, et nous en aurions quelque horreur, parce qu'elle seroit sanglante; nous ferions des vœux pour le succès de vos armes sacrées, mais nous ne verrions qu'avec tremblement les terribles exécutions dont le dieu des vengeances vous feroit l'instrument redoutable; enfin nous mêlerions nos voix aux acclamations publiques sur vos victoires, et nous gémirions en secret sur un triomphe qui, avec la défaite des ennemis de l'Église, envelopperoit la perte de nos frères.

Aujourd'hui donc que vous ne combattez l'orgueil de l'hérésie que par la douceur et par la sagesse du gouvernement, que vos lois, soutenues de vos bienfaits, sont vos seules armes, et que les avantages que vous remportez ne sont dommageables qu'au démon de la révolte et du schisme, nous n'avons que de pures actions de grâces à rendre au ciel, qui a inspiré à Votre Majesté ces doux et sages moyens de vaincre l'erreur, et de pouvoir, en mêlant avec peu de sévérité beaucoup de grâces et de faveurs, ramener à l'Église ceux qui s'en trouvoient malheureusement séparés.

Nous le confessons, SIRE, c'est à Votre Majesté seule que nous devons[1] bientôt le rétablissement entier de la foi de nos pères : aussi ne falloit-il pas que l'État vous devant déjà son salut et sa gloire, l'Église dût à un autre qu'à vous sa victoire et son triomphe; sans cela, votre règne, que le ciel a voulu qu'il[2] fût un règne de merveilles, auroit manqué de son plus bel ornement. On auroit bien dit un jour de Votre Majesté ce que l'Écriture dit de plusieurs grands rois de Juda : « Il a terrassé ses ennemis, et relevé la monarchie; il a autorisé et réformé les lois; il a fait régner la justice; » mais on auroit ajouté ce que le saint Esprit reproche à ces princes : « Il n'a pas aboli les sacrifices qui se faisoient sur la montagne. »

---

1. Les plus récentes éditions ont substitué « nous devrons » à « nous devons, » qui est le texte de l'édition originale aussi bien que de celle de Louis Racine.

2. Les éditions de la Harpe, de Geoffroy et d'Aimé-Martin remplacent « qu'il » par « qui. » On pourrait bien en effet regarder *qu'il* comme une faute d'impression.

Que votre nom, Sire, sera éloigné de ce reproche! Ce que votre zèle a déjà fait, la postérité le regardera toujours comme la source de vos prospérités et le comble de votre gloire.

Mais ce n'est pas au rétablissement des temples et des autels que se borne votre zèle : vous avez entrepris de faire revivre la piété et les bonnes mœurs, et c'est à quoi Votre Majesté travaille avec succès, autant par son exemple que par ses ordres. C'est un honneur maintenant de pratiquer la vertu, et si le vice n'est pas tout à fait détruit, au moins est-il réduit à se cacher, et les voiles dont il se couvre épargnent aux gens de bien un fâcheux scandale, et sauvent les âmes foibles du péril d'une contagion funeste.

Ne pensons plus à ces jours de ténèbres, où la plupart de ceux qui étoient encore dans le sein de l'Église sembloient n'y être demeurés que pour l'outrager de plus près; où les blasphèmes et les railleries de ce qu'il y a de plus saint éclatoient avec audace : ces monstres d'infidélité ont disparu sous votre règne heureux; et si les remontrances, tant de fois réitérées sur ce sujet, ne nous donnoient connoissance de ce désordre, nous l'ignorerions à jamais.

Qu'est devenu cet autre monstre produit par l'esprit de vengeance, toujours altéré du sang des hommes, mais plus encore de celui de la noblesse françoise? Nous n'avons qu'à le laisser dans l'oubli éternel où, depuis tant de temps, vous l'avez enseveli. Vous l'avez étouffé, tout indomptable qu'il paroissoit[1]. Votre Majesté a su renverser les fausses maximes de l'honneur et de la honte; et autant qu'une détestable erreur avoit mis de fausse gloire à se venger, autant y auroit-il d'ignominie à ne vous pas obéir : c'est ainsi que votre volonté seule l'emporte sur la coutume invétérée du mal, et sur le penchant criminel des hommes.

Le clergé ne se dispose plus qu'à être le spectateur de la fin de toutes vos saintes entreprises, après en avoir admiré de si heureux commencements; il cesse d'user de remontrances; s'il a encore quelques besoins, vous les connoissez : cela lui suffit. Il vient encore de ressentir en cette assemblée d'insignes

1. La déclaration du mois d'août 1679 pour la répression des duels. (*Note de l'édition de 1807.*)

effets de votre protection royale, et persuadé que vous lui avez destiné une longue suite de grâces dans d'autres temps, et avec les circonstances dont vous seul les savez si bien accompagner, il craindroit par ses demandes, ou de troubler l'ordre que votre sagesse y a établi, ou peut-être de mettre des bornes où votre zèle n'en a point mis.

L'unique affaire qui nous occupe, c'est l'obligation de rendre à Votre Majesté de très-humbles actions de grâces. Après un si juste devoir, assurés que nous sommes de votre puissante protection, nous pouvons nous séparer sans inquiétude. Nous allons dans les provinces de votre royaume faire retentir les louanges que l'Église doit à votre zèle. Chaque pasteur aura la joie de retrouver, par vos soins, son troupeau plus nombreux qu'il ne l'avoit laissé, et chacun de nous redoublera ses vœux pour obtenir du ciel qu'il redouble ses bénédictions en faveur d'un prince qui se les attire par des actions si glorieuses, et si utiles à la religion.

FACTUMS

POUR LE MARÉCHAL DE LUXEMBOURG.

NOTICE.

On peut s'étonner que dans aucune des précédentes éditions de Racine il n'ait été parlé des *Factums* pour le maréchal de Luxembourg. Assurément, par leur importance et par la valeur du témoignage sur lequel s'appuie l'opinion que Racine y a eu part, ils méritaient tout au moins une mention, et y avaient bien plus de droit que le *Chapelain décoiffé* et l'*Arrêt burlesque*, nommés par les éditeurs de 1768 (tome VI, p. 435 et 436) et par ceux de 1807 (tome VII, p. 37 et 38) parmi les pièces qu'il fallait sinon donner, du moins indiquer. Il est vrai qu'au temps de ces éditeurs les *Mémoires* de Saint-Simon n'avaient été publiés que très-incomplétement, et n'étaient pas lus comme ils le sont maintenant. Nous aurions aujourd'hui été averti de toutes parts, si nous avions laissé passer, sans le remarquer, le passage suivant de ces *Mémoires* (tome I, p. 145) : « Le célèbre Racine, si connu par ses pièces de théâtre et par la commission où il étoit employé lors pour écrire l'histoire du Roi, prêta sa belle plume pour polir les *Factums* de M. de Luxembourg, et en réparer la sécheresse de la matière par un style agréable et orné, pour les faire lire avec plaisir et avec partialité aux femmes et aux courtisans. Il avoit été attaché à M. de Seignelay, étoit ami intime de Cavoye, et tous deux l'avoient été de M. de Luxembourg, et Cavoye l'étoit encore. » Dans le même sens que cette dernière phrase de Saint-Simon, nous avons eu occasion (tome I, p. 115) de parler des liaisons de Racine avec le parti que le maréchal de Luxembourg avait vu se former à la cour autour de lui.

Parmi les *Factums* qui ont été composés pour M. de Luxembourg dans son procès en préséance contre seize pairs de France, quels sont ceux auxquels on peut croire que Racine a prêté le secours de sa *belle plume?* Saint-Simon les a-t-il clairement désignés? Peut-on les trouver encore aujourd'hui?

Avant d'examiner ces questions, nous devons dire quelques mots de ce procès de préséance, que les *Mémoires* de Saint-Simon ont d'ailleurs sauvé de l'oubli, et qui, suivant une de ses expressions [1], « partialisa le monde avec de grands éclats. » On trouve l'exposé du sujet et des diverses phases du débat dans plusieurs des *Mémoires* et des *Factums* publiés par les deux parties, et, avec plus de détails, surtout sous une forme plus vive et plus piquante, dans les *Mémoires* de Saint-Simon et dans une des notes qu'il avait écrites sur le *Journal* de Dangeau (voyez ce *Journal*, à la date du 31 janvier 1689, tome II, p. 316-319). Saint-Simon étant dans toutes les mains, nous aurons à lui emprunter seulement ce qui se rapporte à l'histoire des *Factums* et ne se trouve pas ailleurs; quant aux origines de la contestation, il suffira de les indiquer brièvement d'après une ancienne pièce manuscrite que nous trouvons aux Archives de l'Empire, dans le *Recueil concernant les ducs et pairs*, volume VIII, coté KK, 599. Cette pièce est intitulée : *Extrait des Mémoires faits pour et contre Monsieur de Luxembourg*. On y lit aux folios 489 et 490 cet exposé des faits préliminaires de la cause :

« En 1576, au mois de septembre, le roi Henri III érigea le duché de Piney pour *François de Luxembourg, ses successeurs et ayants cause, tant mâles que femelles, en quelque degré que ce soit, fils ou filles, ou ceux qui viendront d'eux, mâles et femelles, ou ses autres héritiers ou ayants cause.* Ces lettres furent registrées au Parlement le 19 dudit mois et an.

« En 1581, au mois d'octobre, le Roi accorda au même François de Luxembourg, duc de Piney, la pairie pour lui, ses hoirs et successeurs mâles ou femelles et ayants cause, ce qui fut registré au Parlement le 30 décembre suivant.

« Ce François de Luxembourg ne laissa qu'un fils, Henry de Luxembourg, duc de Piney, pair de France; et une fille, Margue-

---

[1]. *Journal* de Dangeau, tome II, p. 319, à la note.

rite de Luxembourg, dont est descendu M. le duc de Gesvres. Henry mourut en 1616 et ne laissa qu'une fille unique, Charlotte-Marguerite de Luxembourg, duchesse de Piney, princesse de Tingry.

« En 1620, elle fut mariée, par contrat du 5 juillet, avec Messire Léon d'Albert, seigneur de Brantes, chevalier des ordres du Roi, à cause d'elle duc de Piney, pair de France. Il fut dit par ce contrat qu'il porteroit, et ses enfants, le nom et les armes de Luxembourg, et que le fils aîné seroit après eux duc de Piney, pair de France. Il obtint des lettres patentes, le 10 juillet de la même année, pour être reçu au Parlement, comme ayant cause de sa femme, et fut effectivement reçu, le 8 février 1621, au rang de l'érection cidessus rapportée. Il paroît qu'au lit de justice du 3 avril de la même année il eut séance après le duc d'Uzès ou de Retz[1], et avant les ducs de Montbazon, qui avoit rang de 1595, et de Lesdiguières de 1620. Il mourut en 1630. De son mariage sortit un fils interdit et hors du monde, et une fille. Sa veuve se remaria, au mois de juin 1631, avec Henry de Clermont, à cause d'elle duc de Piney, pair de France, qui n'a point été reçu au Parlement. De ce second mariage sortit, pour unique héritière, Magdelène-Charlotte-Bonne-Thérèse de Clermont de Luxembourg, mariée en 1661 à François-Henry de Montmorency, duc de Luxembourg et de Piney, pair de France, en conséquence de son contrat de mariage, par lequel les père et mère de sa femme se dévêtirent en leur faveur, du consentement du fils du premier lit, et en présence de la fille, lors religieuse, chanoinesse de Poussay, à condition néanmoins que ladite Magdelène-Charlotte-Bonne-Thérèse venant à décéder sans enfants, son mari resteroit, sa vie durant, duc de Piney, pair de France, qu'ensuite ledit duché et pairie retourneroit aux père et mère de la dame sa femme, et passeroit après à Henry-Léon d'Albert de Luxembourg, fils du premier lit de Charlotte-Marguerite de Luxembourg, puis iroit aux héritiers de Marguerite de Luxembourg, mariée au marquis de Gesvres.

« En 1661, au mois de mars, le Roi accorda à M. le duc de Luxembourg des lettres patentes, scellées en cire verte, pour au-

---

1. On explique dans le grand *Factum pour Monsieur de Luxembourg* que ce fut après le duc d'Uzès, et non après le duc de Retz, que Léon d'Albert eut séance, et l'on en donne d'irrécusables preuves. La confusion des noms était venue d'une erreur du commis du greffe.

toriser son mariage, porter le nom et les armes de Luxembourg avec celles de Montmorency, jouir du duché de Piney et pairie de France, ses hoirs mâles et femelles. »

Le duc de Luxembourg ayant poursuivi l'enregistrement de ces lettres patentes de 1661, il y eut opposition formée par les ducs et pairs, qui prétendaient qu'il ne pouvait avoir rang ni séance en sa qualité de duc et pair que du jour de sa réception. Un arrêt du 20 mai 1662 ordonna qu'il serait incessamment procédé à la réception de M. de Luxembourg, sans préjudice des droits des ducs et pairs dans la question de préséance, laquelle demeurait dans son entier. Il fut décidé que jusqu'à ce que l'opposition des ducs et pairs eût été jugée, M. de Luxembourg n'aurait rang et séance en la cour en sa qualité de duc et pair que du jour de sa réception.

En exécution de cet arrêt du 20 mai 1662, M. de Luxembourg prêta serment le 22 du même mois; mais, depuis ce temps, il évita de prendre séance en la cour.

Les ducs et pairs publiant partout que les lettres de 1661 contenaient une nouvelle érection de pairie, le duc de Luxembourg, qui était alors maréchal, eut recours au Roi pour qu'il interprétât son intention. Le Roi lui accorda, le 6 avril 1676, de nouvelles lettres patentes, par lesquelles il déclara que sa volonté n'avait pas été de faire une nouvelle érection du duché et de la pairie par les lettres de 1661, mais seulement d'approuver le contrat de mariage du duc de Luxembourg. Celui-ci attendit cependant jusqu'en 1689 pour faire valoir de nouveau ses prétentions, qu'il réservait depuis vingt-sept ans. Le 20 janvier de cette année 1689, il donna sa requête, par laquelle il conclut à ce que les lettres de 1676 fussent enregistrées, et à prendre rang et séance des 19 septembre 1576 et 30 décembre 1581, jours des enregistrements des lettres d'érection accordées à François de Luxembourg. Les ducs et pairs déclarèrent alors qu'ils s'opposaient à l'enregistrement des lettres de 1676. Le duc de Luxembourg poursuivit l'audience; mais ses adversaires retardèrent le jugement par toutes sortes de formalités de procédure. On arriva ainsi jusqu'au 19 mars 1692, jour où la cour rendit un arrêt qui appointait en droit sur la demande du maréchal, et sur les oppositions des ducs et pairs, et joignait le tout au premier appointement du 20 mai 1662.

Le différend entre les parties portait principalement sur ces questions, si la dignité de pair est masculine, et si les filles et les petites-filles peuvent la transmettre à leurs maris et à leurs descendants ; si les lettres dans lesquelles le Roi approuvait un contrat de mariage contenant une cession de droits ainsi transmis, étant conçues et expédiées dans les termes et la forme nécessaires pour une nouvelle érection, faisaient revivre l'ancienne, ou ne devaient avoir effet que du jour qu'elles avaient été enregistrées[1]. Les opposants soutenaient que dans les duchés-pairies, même femelles, le titre de leur dignité personnelle, la préférence du rang et de la séance en la cour des pairs, au sacre et couronnement des rois, et autres fonctions de pairs, ne peuvent passer à la fille d'un duc et pair ni à son mari, pour avoir le rang et les prérogatives du jour de l'ancienne érection ; que la dignité de duc et pair dans les duchés-pairies, même femelles, peut encore moins passer à la fille de la fille du duc et pair, ou à son mari ; que la prétention d'étendre l'effet des duchés et pairies femelles au delà même du premier degré, et aux descendants des filles, principalement aux filles des filles ou à leurs maris, pour se conserver le rang et la séance et les fonctions de ducs et pairs du jour de l'ancienne érection, est contre toutes les règles[2].

Le maréchal de son côté prétendait établir ces propositions, que la pairie est un office de la couronne et une dignité héréditaire, patrimoniale et perpétuelle, comme sont les fiefs ; et par conséquent qu'elle est transmissible à tous les héritiers et successeurs du duc et pair en faveur de qui elle a été instituée ; que la duché-pairie de Piney (c'était celle qui lui avait été donnée par son contrat de mariage) était féminine, ayant été accordée par les lettres d'érection à tous les descendants de François de Luxembourg tant mâles que femelles, en quelque degré qu'ils fussent, et à perpétuité ; que le Roi par ses lettres avait expressément joint et annexé la dignité de pairie au duché et à la terre de Piney par un lien inséparable, pour la rendre plus réelle ; que le rang que la pairie donne à celui qui la possède, se réglant par le temps de l'érection de la terre, et étant par conséquent réel, il passe à tous ceux qui jouissent de cette dignité ; que les femmes qui sont revêtues d'une duché-pairie féminine, la communiquant naturellement à leurs maris, qui ont l'administration de leurs biens, leur transmettent en même temps tous

---

1. *Plaidoyer* du chancelier d'Aguesseau dans ses *OEuvres* (édition de 1762), tome III, p. 643.

2. *Mémoire sur la question de préséance pour Messieurs les Ducs et Pairs*, dans le *Recueil de factums* publié à Toulouse en 1757, tome I, p. 173 et 174.

les droits et même les fonctions de la pairie, et par conséquent le rang et la séance, qui en font partie [1].

Nous avons dit que M. de Luxembourg avait sollicité l'arrêt d'appointement en droit qui fut rendu le 19 mars 1692 ; Saint-Simon cependant fixe seulement après la victoire de Neerwinden (29 juillet 1693) le moment où le maréchal, fier de cette victoire, qu'avaient précédée celles de Leuze, de Fleurus et de Steinkerque, « se crut assez fort pour entreprendre tout de bon ce procès de préséance [2]. » — « Jusqu'en 1693, dit-il ailleurs [3], qui fut l'année qu'il (*le duc de Saint-Simon*) perdit son père, cette affaire ne fit que languir, mais elle devint alors fort échauffée par les procédures, et plus encore par les procédés. » Saint-Simon n'avait alors que dix-huit ans ; il revenait de l'armée, où il avait servi sous le maréchal de Luxembourg, et combattu à Neerwinden. Tout jeune qu'il était, il porta dans cette contestation la singulière ardeur dont il donna depuis tant de preuves, surtout dans les affaires de cette nature. Ce fut lui qui « en soutint les plus grands efforts [4]. » Les opposants les plus fermes étaient avec lui MM. de la Trémouille, de Chaulnes, de Richelieu, de la Rochefoucauld et de Rohan. La direction du procès était, du côté des ducs et pairs, principalement aux mains de Riparfonds, célèbre avocat consultant, et, après lui, de Magneux et d'Aubry, intendants des ducs de la Trémouille et de la Rochefoucauld. Lorsqu'ils écrivirent leurs *Mémoires* et *Factums*, ils ne se passèrent assurément pas des conseils de Saint-Simon ; il est difficile de croire qu'il n'ait pas fait lui-même beaucoup des recherches historiques qui y abondent, qu'il n'ait pas rédigé bien des passages de ces écrits souvent remarquables. Quelque différence d'âge, d'expérience littéraire et de qualités d'esprit qu'il y eût entre l'auteur des lettres à Nicole et le jeune Saint-Simon, si, comme il y a toute vraisemblance, deux tels jouteurs ont été un moment aux prises, la lutte était curieuse ; malheureusement la part de chacun ne peut se faire dans des écrits auxquels bien des personnes travaillaient.

Au témoignage de Saint-Simon, un homme d'une grande science et qui y joignait une réputation d'éloquence, Denis Talon, écrivit

1. *Factum pour Messire François-Henry de Montmorency, duc de Luxembourg et de Piney, pair de France*, à la fin.
2. *Mémoires*, tome I, p. 138 et 139.
3. *Journal* de Dangeau, à la note, tome II, p. 318. — 4. *Ibidem*.

pour M. de Luxembourg, dont sa mère, Françoise Doujat, se trouvait être parente. Ce fut lui qui *fouilla les bibliothèques, rassembla les matériaux* pour les factums, *présida à tout ce qui se fit*[1]. Dans les premiers commencements de cet interminable litige, il avait cependant conclu, comme avocat général, contre les prétentions de M. de Luxembourg. L'année même où il changea d'avis et prêta son concours à la cause qu'il avait autrefois combattue, il venait d'être nommé président à mortier : c'était en 1693. Nous admettrions malaisément que Saint-Simon, dans une affaire dont il s'occupait si passionnément, et dont il voulait connaître tous les ressorts, ait pu être mal informé, et qu'on ne doive pas s'en rapporter à lui lorsque dans la même page, et dans le récit de la même phase du procès, il représente le président Talon et Racine comme donnant leurs soins, chacun à sa manière, et suivant son talent particulier, aux factums de M. de Luxembourg.

Nous regrettons qu'il n'ait pas dit expressément quels sont ceux de ces factums qu'il savait être l'œuvre de Talon et de Racine. Il est clair toutefois qu'il s'agit de ceux qui furent faits au temps où le procès fut sérieusement repris, c'est-à-dire en 1693 et au commencement de 1694.

Lorsque étudiant attentivement son récit, on y voit M. de Luxembourg se hâter de prendre les devants et de s'assurer des conclusions du procureur général avant que les productions de ses adversaires fussent faites, c'en est assez déjà pour croire qu'un des factums du maréchal dut précéder celui que Saint-Simon appelle le *premier factum* des ducs et pairs, ce factum qu'avec un compliment ironique le duc de Chaulnes lui-même porta tout mouillé encore de l'impression au procureur général, trop pressé de rédiger ses conclusions[2]. Il est à remarquer d'ailleurs que dans le passage déjà cité, Saint-Simon s'exprime comme s'il y avait eu plusieurs factums préparés par Talon, polis par Racine ; et plus loin, lorsque pour la première fois il sort de ce vague pour dire en quelle circonstance un de ces factums fut écrit, il l'appelle *un nouveau factum de M. de Luxembourg.* Quelque autre avait donc précédé celui-là.

Voici ce qu'il nous apprend de ce nouveau factum :

Le premier président de Harlay, partial pour le maréchal de

1. *Mémoires*, tome I, p. 145.
2. *Mémoires* de Saint-Simon, tome I, p. 146.

Luxembourg, au lieu de faire juger l'affaire par l'assemblée de toutes les chambres, nomma de petits commissaires pour l'examiner chez lui. Sur ces entrefaites, « nous fûmes avertis, dit Saint-Simon, d'un nouveau factum de M. de Luxembourg, dont on avoit tiré très-secrètement peu d'exemplaires;... il se distribuoit sous le manteau aux petits commissaires.... Ce factum, contre toutes règles, ne nous fut point signifié.... Maunoury, l'un des petits commissaires, eut horreur d'une supercherie qui n'alloit à rien moins qu'à nous faire perdre notre procès. Il prêta ce factum si secret à Magneux, intendant du duc de la Trémoille, qui le fit copier en une nuit, et qui le lendemain.... fit assembler chez Riparfonds extraordinairement. Là ce factum fut lu. On y trouva quantité de faits faux, plusieurs tronqués, et un éblouissant tissu de sophismes. La science de Talon et l'élégance et les grâces de Racine y étoient toutes déployées[1]. »

L'affaire devant être jugée quatre jours après la révélation que les ducs et pairs avaient eue du factum, ceux-ci voulurent réclamer un court délai pour avoir le temps de faire leur réponse : ils ne purent pénétrer jusqu'au premier président, et se virent réduits à des expédients de chicane afin de traîner en longueur. Le duc de Richelieu avait toutes ses causes commises au grand conseil; on résolut en conséquence qu'il formerait une requête pour y faire renvoyer celle-ci. Comme cependant le temps était trop court pour introduire la requête, on s'avisa d'un moyen de gagner quelques jours qui permettraient au duc de Richelieu de faire sa signification. Saint-Simon avait des lettres d'état qu'il produisit, et qui auraient suspendu le procès pour six mois, s'il n'avait été certain qu'elles seraient cassées au premier conseil des dépêches : elles le furent en effet; mais le duc de Richelieu avait eu le temps de prendre ses mesures pour porter au conseil l'affaire en règlement de juges. Là il y eut, comme au Parlement, « force factums de part et d'autre, dit Saint-Simon, et force sollicitations[2]. » Le conseil renvoya l'affaire au Parlement; mais le but que les ducs et pairs s'étaient proposé n'en fut pas moins atteint. « Le procès se trouva hors d'état d'être jugé de cette année[3]. »

Saint-Simon raconte que le maréchal de Luxembourg fut outré de dépit contre le duc de Richelieu, dont la chicane avait rompu

---

1. *Mémoires*, tome I, p. 153 et 154.
2. *Ibidem*, p. 161. — 3. *Ibidem*, p. 162.

toutes ses mesures. « Aussi, ajoute-t-il, n'épargna-t-il ni sa personne ni sa conduite, ni le ministère du cardinal de Richelieu, dans un de ses factums. M. de Richelieu, très-vivement offensé, fit sur-le-champ une réponse, et tout de suite imprimer et distribuer, par laquelle il attaqua la fidélité dont M. de Luxembourg avoit vanté sa maison, par les complots du dernier duc de Montmorency, pris en bataille dans son gouvernement contre le feu Roi à Castelnaudary, et pour cela exécuté à Toulouse en 1632 ; et la personne de M. de Luxembourg, par sa conduite sous Monsieur le Prince, par sa prison pour les poisons et les diableries.... Outre ces faits, fortement articulés, le sel le plus âcre y étoit répandu partout [1]. » Cette vengeance ne suffisait pas au duc de Richelieu. Il fit dans la salle des Gardes à Versailles une scène très-vive au maréchal, qui se crut obligé d'apaiser sa colère, en lui déclarant « qu'il étoit très-fâché de l'impertinence du factum publié contre lui ;... qu'au reste il n'avoit point du tout vu cette pièce, qu'il châtieroit ses gens d'affaires... ; qu'enfin il avoit donné ordre très-précis pour la faire entièrement supprimer [2]. » Le duc de Richelieu promit de son côté la suppression de sa réponse. Les deux pièces furent en effet supprimées, mais après que le duc de Richelieu en eut donné à pleines mains à tous ses amis [3].

Le procès de préséance, renvoyé au Parlement, y recommença avec vigueur [4]. Les ducs et pairs tentèrent une négociation avec le premier président pour obtenir l'assemblée de toutes les chambres. Harlay promit de leur donner satisfaction sur ce point, puis rétracta sa promesse. Il fallut en revenir à la tactique dont on avait déjà fait usage, et recourir encore aux chicanes pour traîner le procès en longueur. On chercha tous les moyens de récuser le premier président, et l'on finit par en trouver un qui fut reconnu valable. L'affaire en resta là pour cette année [5]. La mort du duc de Sully, l'un des opposants, une maladie de Portail, rapporteur du procès, laissèrent tout en suspens jusqu'au moment où le duc de Luxembourg mourut (4 janvier 1695).

Nous ne croyons pas qu'il y ait à chercher au delà de ce temps la part qu'eut Racine aux factums pour la maison de Luxembourg. Après la mort du maréchal, son fils aîné, Charles-François-Frédéric

---

1. *Mémoires*, tome I, p. 162 et 163. — 2. *Ibidem*, p. 164.
3. *Ibidem*, p. 165. — 4. *Ibidem*, p. 177. — 5. *Ibidem*, p. 184.

de Montmorency-Luxembourg, reprit le procès par un acte fait au greffe, le 26 mars 1695. Un arrêt du 1er février 1696 donna acte de la reprise. Nous trouvons dans les Recueils plusieurs mémoires de cette nouvelle époque du procès. Un d'eux a pour titre : *Mémoire pour M. le duc de Luxembourg et de Piney, pair de France, contre MM. les ducs et pairs* (27 pages in-4°). Il est de l'année 1696 [1]. Un autre, qui a pour titre : *Mémoire pour M. de Luxembourg, pair de France, touchant la question de l'extinction de la pairie prétendue par MM. les ducs et pairs* (28 pages in-4°), et qu'une note manuscrite du *Recueil Thoisy* attribue à M. *Argoud, advocat*, fut également fait pour le fils du maréchal, et est, à ce qu'il nous semble, de la même année 1696, où fut aussi imprimé le *Mémoire sur la question de l'extinction de la pairie de Piney, pour Messieurs les ducs et pairs. Contre Monsieur le duc de Montmorency* (76 pages in-4°, à Paris, chez Ch. Guillery). Nous avons encore quelques écritures des ducs et pairs produites en janvier 1699, bien peu de temps avant la mort de Racine. Ce qui se fit en cette année-là ne peut plus nous regarder. Il est fort douteux même qu'à la reprise du procès, en 1696, Racine ait continué à prêter sa plume aux avocats chargés des intérêts de la maison de Luxembourg. En tout cas, Saint-Simon, dont le témoignage est le seul sur lequel nous puissions nous appuyer, ne parle certainement que de la part que Racine prit en 1693 et 1694 aux factums du maréchal. Nous n'avons donc pas à nous occuper des mémoires pour le fils du maréchal qui viennent d'être mentionnés. Bornons-nous à dire quelques mots de la fin de ce long procès, pour ne pas laisser trop incomplet le récit que nous en avons fait.

Les ducs et pairs avaient fait signifier au duc de Luxembourg qu'il eût à opter entre les lettres d'érection de Piney de 1581, et celles de 1662. L'abandon des premières faisait tomber le procès ; si le duc de Luxembourg renonçait aux dernières, il s'exposait, dans le cas où il perdrait sa cause, à être entièrement déchu de la dignité de pair de France. Un arrêt du 13 avril 1696 donna gain de cause à l'héritier du maréchal sur l'érection de 1662, et l'appointa sur celle de 1581. L'affaire revenait ainsi au même état où

---

[1]. Ce mémoire se trouve dans le *Recueil concernant les ducs et pairs* que nous avons cité à la page 366, et qui est aux Archives de l'Empire ; il commence au f° 737. Au-dessus du titre on y a écrit à la main : « Par M. Nivelle, advocat, 1696. » Ce même mémoire est aussi à la page 288 d'un volume du *Recueil Thoisy* dont nous aurons à parler ci-après.

le maréchal l'avait laissée. Nous avons vu que le procès donna lieu à des *Mémoires* en 1699. Le duc de Luxembourg cependant laissa longtemps dormir la contestation. Il la fit revivre à l'époque de l'affaire de d'Antin, dont les prétentions ne pouvaient être accueillies sans devenir pour lui un précédent favorable. Un édit, qui fut enregistré au Parlement le 21 mai 1711, mit fin à toutes les querelles de la pairie, qui depuis quelque temps s'étaient multipliées. Par cet édit la prétention de l'ancienne érection de Piney se trouva écartée. Le duc de Luxembourg eut son rang de 1662, en vertu de la réérection faite alors pour le maréchal son père.

Nous avons dû chercher quels sont parmi les factums produits dans ce procès ceux dont Racine passait pour avoir poli le style ; et, comme l'a montré le précédent exposé des faits, nous n'avions pas, dans notre recherche, à sortir des limites des années 1693 et 1694. A la Bibliothèque impériale nous avons trouvé les éditions originales de plusieurs factums du procès de préséance ; outre ces pièces détachées, un volume du *Recueil Thoisy* (Matières historiques, tome XXIX, in-4°) où l'on a réuni ces mêmes factums et quelques autres relatifs à la même affaire. Aux Archives de l'Empire, le *Recueil concernant les ducs et pairs*, volume VIII, que nous avons eu occasion de citer plus haut, nous a donné plusieurs des mêmes factums et quelques autres mémoires manuscrits. Il existe aussi un *Recueil de factums et mémoires sur les causes les plus intéressantes et les plus célèbres* (2 volumes in-4°, à Lyon, M.DCC.X, ou, même édition, avec un changement de titre, à Toulouse, M.DCC.LVII), dans le tome premier duquel on a réimprimé les plus importantes des mêmes pièces, et de plus un grand factum pour les ducs et pairs que nous n'avons pas rencontré ailleurs.

Parmi les pièces manuscrites du *Recueil* des Archives, il y a une *Supplique* de M. de Luxembourg au Roi (folios 467 et 469), dont l'objet est de demander une interprétation des intentions du Roi lorsqu'il avait donné les lettres patentes du mois de mars 1661, et une *Requête au Roi* (folios 473 et 475), également pour obtenir une déclaration que par ces lettres de 1661 l'intention de Sa Majesté n'a point été de rien changer ni innover au titre de la première érection de la pairie du duché de Piney. Ces deux pièces sont antérieures aux lettres patentes du 16 avril 1676. Fussent-elles plus importantes, nous serions dispensé par leur date de nous y arrêter.

Un *Mémoire sur les rangs de duc et pair que M. de Luxembourg de-*

mande des années 1577 et 1581, *et sur les rangs et prérogatives de prince qu'il prétend pour ses enfants*, se trouve, également manuscrit, aux folios 187-195 du même *Recueil*. Au-dessus du titre on a écrit : « Août 1693. Pour M. de Pontchartrain fils. » La première partie seule de ce *Mémoire* traite de l'affaire de préséance. Une autre pièce manuscrite, qui doit être à peu près du même temps, et qui est donnée aux folios 425-465, a pour titre : *Mémoire pour servir de réponse aux causes d'opposition de quelques-uns de Messieurs les ducs et pairs à la réception de Monsieur le duc de Luxembourg en la dignité de duc et pair à cause du duché et pairie de Piney.* C'est, il nous semble, comme une première ébauche, bien plutôt qu'un résumé, du grand factum dont nous parlerons tout à l'heure. Dans un passage du *Mémoire* manuscrit on s'exprime ainsi : « Il y auroit de la témérité d'avancer que le Roi n'eût pas eu le pouvoir de faire une érection de pairie de cette qualité, et de prétendre de donner des bornes à la puissance des rois dans la création des charges et des dignités. Messieurs les ducs et pairs apparemment n'en formeront pas les difficultés. » La note suivante, d'une écriture différente, se lit à la fin du *Mémoire* : « Quand il est dit à la fin de ces écritures qu'il n'y a pas d'apparence que les ducs et pairs veulent entrer en contestation avec le Roi pour savoir s'il a pu faire l'érection, il faudroit un style un peu mordicant contre les ducs et pairs, dire qu'il est à croire qu'ils se contenteront de l'imprudence qu'ils ont commise d'avancer qu'ils s'estiment obligés par l'intérêt de l'ordre public et de leur dignité d'empêcher que M. de Luxembourg ne fût reçu en vertu des lettres que le Roi lui a données ; puis que Sa Majesté sait pourvoir à ce qui regarde le public et qu'il ne leur appartient pas de le faire, que leur dignité ne leur donne point ce droit-là, et que s'il y a quelque chose qui soit contraire à la dignité de duc et pair, ce n'est pas d'en voir jouir un homme de la naissance de M. de Luxembourg. » Cette note pourrait bien avoir été dictée par le maréchal lui-même. Aucune recommandation semblable ne fut sans doute nécessaire du moment que Racine eut mis la main aux factums. On pouvait se reposer sur lui du soin de les assaisonner d'un sel assez *mordicant*, et de trouver des termes fiers à la fois et mesurés, pour rappeler aux opposants la noblesse de la maison de Luxembourg. Nous ne saurions chercher des traces de sa collaboration dans le dernier mémoire dont nous venons de parler, et qui, nous l'avons dit, n'est à nos yeux qu'une première ébauche, ni dans celui qui avait été écrit pour M. de Pontchartrain : tous deux sont trop peu développés, et trop peu remarquables de toute façon.

Parmi les pièces vraiment importantes que nous trouvons sur le procès de préséance dans les années dont nous avons à nous occuper, celle qui nous paraît la première en date est un factum pour les ducs et pairs, qui a pour titre : *Mémoire sur la question de préséance. Pour MM. les ducs et pairs de France, contre M. le maréchal de Luxembourg.* Nous ne l'avons rencontré que dans le *Recueil de factums et mémoires* publié à Lyon et à Toulouse, et qui contient seulement, comme nous l'avons dit, des réimpressions. Il y est donné sans date; mais dans une note manuscrite du *Recueil* des Archives (folio 821), nous apprenons que ce *Mémoire*, signé DE RIPARFONS, *advocat*, fut publié en 1693, chez L. Sevestre. C'est un factum fort travaillé, fort savant, fort habile, et dont les développements sont très-longs. Il a, dans la réimpression de Lyon et de Toulouse, 108 pages in-4°, de la page 161 à la page 269. Un factum pour le maréchal de Luxembourg, très-important aussi et très-étendu, l'avait nécessairement précédé. Ce n'est pas là une simple conjecture. Il est dit expressément dans le *Mémoire pour les ducs et pairs* que « l'on n'a rien oublié de toutes les couleurs de l'art pour faire valoir une prétention de préséance aussi extraordinaire que l'est celle de M. le duc de Luxembourg...; on a recherché avec soin dans tous les monuments publics et particuliers, dans tous les auteurs et dans les historiens.... pour tâcher d'y découvrir quelques exemples[1]. » A toutes les pages du *Mémoire* on trouve l'exposition et la réfutation de ces exemples allégués par les avocats de M. de Luxembourg et de tous les arguments dont ils ont fait usage. Enfin on y voit que dans le factum de M. de Luxembourg, auquel les ducs et pairs répondent, il y avait un moyen qu'il avait « voulu tirer de l'élévation des maisons de Luxembourg et de Montmorency[2]. » — « Ce n'est pas, dit à ce sujet le *Mémoire*, ce qui fait la matière des contestations. Messieurs les ducs et pairs en connoissent l'éclat (*des maisons de Luxembourg et de Montmorency*); mais l'on ne devoit pas outrer l'induction qu'on en a tirée : le nom de Montmorency, qui est à la tête des qualités de M. de Luxembourg, faisoit assez remarquer les avantages de sa naissance, sans pousser les choses plus loin.... On a cru que l'on ne pouvoit faire valoir les avantages de ces deux maisons,

---

1. *Recueil de factums et mémoires*, tome I, p. 163. — 2. *Ibidem*, p. 167.

sans effacer le lustre de plusieurs autres, qui ont autant ou plus de relief dans le royaume et dans les autres États de l'Europe, et dont l'on ne devoit pas affecter de diminuer la splendeur.... Il n'étoit même pas nécessaire pour ses intérêts de parler des prérogatives des deux maisons de Luxembourg et de Montmorency : le public les connoît assez, et Messieurs les ducs et pairs n'auroient pas manqué eux-mêmes d'en relever tout l'éclat; ils sont d'un caractère trop sincère pour leur dénier la justice qu'elles méritent, car ils présument que ce qu'on a dit à cet égard a été par un zèle officieux, et contre l'aveu même de M. de Luxembourg, parce qu'il a parfaite connoissance de la grandeur des autres maisons[1]. » Un peu plus bas, le *Mémoire*, dans sa conclusion, finit par ces paroles piquantes : « Il ne suffit pas, pour avoir la gloire de précéder Messieurs les pairs, d'aspirer à cet honneur. Quelque habitude qu'ait M. de Luxembourg de vaincre partout, d'occuper les premiers rangs, et ne rien trouver qui résiste à son bras, à sa valeur et à son courage, il sait lui-même que quand il s'agit de régler les rangs entre les pairs, d'avoir séance en la cour de France, d'entrer dans le sanctuaire de la justice, d'avoir sa place dans le premier tribunal du monde, et de remplir les autres fonctions éminentes de ces dignités, il y a des règles supérieures auxquelles on doit déférer..., et qu'enfin on ne peut déplacer Messieurs les pairs, troubler le rang de leurs séances, et intervertir l'ordre public[2]. » Le factum si longuement et si vivement réfuté par les ducs et pairs, et qui devait mériter d'être ainsi combattu, ne pouvait être, suivant toutes les vraisemblances, qu'un de ceux dont le président Talon avait rassemblé les matériaux, et où Racine avait répandu les agréments de son style. Il s'est dérobé à nos recherches. Le seul factum important que nous ayons pour le maréchal est postérieur au *Mémoire* des ducs et pairs publié chez Sevestre. Si, pour le démontrer, nous nous contentions de dire que le titre de celui-ci porte la date de 1693, et le titre de l'autre celle de 1694, ce genre de preuve pourrait donner lieu à quelque contestation; mais il y en a de plus convaincantes. On chercherait en vain dans le grand factum, imprimé en 1694, le moyen qui avait été tiré de l'élévation des maisons de Luxembourg et de Montmorency, et ce passage où, suivant le *Mémoire* des ducs et pairs, les avocats du

---

1. *Recueil de factums et mémoires*, tome I, p. 268.
2. *Ibidem*, tome I, p. 269.

POUR LE MARÉCHAL DE LUXEMBOURG. 379

maréchal avaient tenté de rabaisser la grandeur des autres maisons. Les exemples d'ailleurs et les arguments dont le *Mémoire* essaye la réfutation ne sont pas précisément ceux que nous trouvons dans le factum que nous avons eu sous les yeux; enfin, et ceci est entièrement décisif, ce qui est dit à la page 246 du *Mémoire* des ducs et pairs, des arrêts de 1309 et de 1331 au sujet du comté d'Artois, est cité avec les expressions textuelles à la page 50[1] de notre factum. On peut comparer les deux passages ; on verra que l'un répond à l'autre. Du reste, il n'est pas impossible de déterminer assez exactement la date du grand factum de M. de Luxembourg, pour trouver là une preuve de plus : c'est ce que nous ferons plus loin quand nous aurons parlé des faits postérieurs, qui nous en fourniront les moyens. Il est établi par ce que nous venons d'exposer qu'il y eut avant le *Mémoire* de Riparfonds, publié en 1693 chez Guillery, un factum très-important pour le duc de Luxembourg, que ce n'est pas celui que nous avons, et que celui-ci, au contraire, est la réponse au *Mémoire*. Souvenons-nous maintenant de ce que nous avons trouvé dans le récit de Saint-Simon[2] : un *premier factum* des ducs et pairs fut porté au procureur général Labriffe ; il répondait à un factum du maréchal qu'on s'était hâté de donner avant que les productions de la partie adverse fussent faites. Il semble bien qu'on doive reconnaître là, et le *Mémoire* de Riparfonds que nous avons déjà cité, et le factum de Luxembourg qui nous échappe aujourd'hui. Saint-Simon parle ensuite, on ne l'a pas non plus oublié, d'un *nouveau factum* secrètement distribué aux petits commissaires, et dans lequel étaient déployées « toute la science de Talon et les grâces de Racine. » Ce doit être celui que nous avons sous ce titre : *Factum pour Messire François-Henry de Montmorency, duc de Luxembourg et de Piney, pair de France : demandeur en enregistrement de lettres patentes des mois de mars 1661 et avril 1676, et deffendeur.... A Paris, de l'imprimerie de Jean-Baptiste Coignard.... M.DC.LXXXXIV.* Il se trouve, soit comme pièce détachée, soit dans le *Recueil* de Lyon et de Toulouse, dans le *Recueil Thoisy*, dans celui des Archives. L'édition de 1694 a 144 pages in-4°. On pourrait s'étonner, après l'avoir lu, qu'un si complet et si beau travail, qui semblerait avoir été fait pour

---

1. Dans le même *Recueil* de Toulouse, d'après lequel nous venons de citer aussi le *Mémoire* des ducs et pairs.
2. Voyez ci-dessus, p. 371 et 372.

une entière publicité, nous paraisse le même que celui dont on voulut faire un usage presque clandestin, dont les planches furent rompues, après qu'on en eut tiré secrètement quelques exemplaires, et qui d'abord se distribua seulement à un petit nombre de personnes; mais ce que dit Saint-Simon de ce factum « si secret », de son importance, de l'érudition et du talent éblouissant avec lequel il avait été composé et écrit, donne lieu exactement à la même difficulté, et du reste s'applique très-bien à la pièce que nous venons de désigner. Que cette dernière pièce soit bien celle dans laquelle Saint-Simon signale plus particulièrement la collaboration de Racine, on en doute encore moins lorsqu'on lit ces premières lignes d'une lettre écrite par Antoine Arnauld à M. Dodart, le 20 mai 1694[1] : « J'ai lu une partie du factum de M. de Luxembourg. Qui que ce soit qui l'ait fait, il est fort beau. » Ces mots : *qui que ce soit qui l'ait fait*, ne laissent pas d'être significatifs sous la plume d'un ami de Racine, écrivant à un autre ami du même Racine. Arnauld avait évidemment entendu dire à qui on attribuait le factum, ce qui devait l'avoir disposé à le trouver beau, et en même temps nous explique l'intérêt qu'il témoigne pour cet écrit dans la suite de sa lettre, où il donne ses conseils sur plusieurs passages, ne se bornant pas à les critiquer, mais exprimant le désir que pour l'un d'eux on fît un carton. Or le factum dont il s'occupe ainsi, et dont l'auteur présumé paraît si bien ne pas lui avoir été indifférent, est justement celui qui a été imprimé chez Coignard en 1694. Les passages qu'il examine dans sa lettre en sont tous tirés. On les trouve aux pages 33, 37, 51 et 89 de notre grand factum.

Tout en regrettant de n'avoir pu découvrir l'autre factum, de date antérieure, auquel peut-être aussi Racine avait eu part, nous croyons que celui dont nous venons de parler est le principal travail qui ait été fait pour le maréchal de Luxembourg. C'est toujours la pièce à laquelle on renvoie dans les divers mémoires des deux parties que nous avons lus : par exemple, dans un *Mémoire* de 27 pages, déjà cité, *pour M. le duc de Luxembourg*, fils du maréchal; dans un *Mémoire* de 67 pages, écrit en janvier 1699, pour les ducs et pairs, *sur l'extinction de la pairie de Piney*, créée en 1581. Il y a un passage de ce dernier écrit où l'on accuse le maréchal d'avoir altéré les termes du dispositif de l'arrêt de 1662 « dans les

---

1. Voyez le tome VII des *OEuvres* d'Arnauld, p. 446, lettre DCLXV.

deux factums qui ont été distribués sous son nom. » Or quels sont ces *deux factums*, les seuls que l'auteur du *Mémoire* semble croire digne d'être rappelés ? Une note à la marge du même passage est ainsi conçue : « Cette altération se trouve dans le grand factum de M. de Luxembourg, p. 15, et dans l'abrégé, p. 4. » C'est dans notre factum de 1694, à la page 15, désignée par l'avocat des ducs et pairs, que se lit la phrase dénoncée comme une altération dans l'arrêt. Elle est aussi à la page 4 d'une courte pièce de 24 pages, intitulée : *Factum pour M. le duc de Luxembourg contre MM. les ducs et pairs. Sommaire du procès pour la préséance de la duché-pairie de Piney*. Ce n'est autre chose, comme le dit le *Mémoire* des ducs et pairs, que l'abrégé du factum de 144 pages, qu'ils appellent eux-mêmes d'une façon significative *le grand Factum*. De tout cela il résulte, nous le répétons, que le factum le plus considérable, celui dont il est le moins douteux que Racine ait poli et orné la rédaction, est le factum imprimé chez Coignard en 1694. C'est particulièrement cet écrit qui mérite de ne pas être tout à fait absent des OEuvres de Racine. Quant au *Sommaire* qu'on en a tiré, le travail de rédaction a bien pu être fait sans l'aide de Racine ; et d'ailleurs nous pouvons en tout cas le négliger : il offre peu d'intérêt à côté du factum qu'il abrège.

Nous avions à nous demander si, parmi les ouvrages attribués à notre auteur, nous devions donner le grand *Factum* dans toute son étendue, ou seulement en détacher, pour les mettre sous les yeux du lecteur, quelques parties saillantes. Nous avons sans hésitation préféré ce dernier parti. S'il paraît incontestable que Racine a pris une part plus ou moins grande à la rédaction de cet écrit, il est impossible de déterminer cette part et celle qu'il faut laisser à Denis Talon et aux avocats employés par le maréchal de Luxembourg. Dès lors rien ne justifierait assez l'insertion dans les OEuvres de Racine d'un écrit d'une telle étendue, qui aurait rempli le quart à peu près d'un volume, et qui, par l'intérêt trop peu général du sujet, aurait peut-être paru d'une lecture fatigante à bien des lecteurs. Sans méconnaître ce qu'il y a de talent dans l'exposé de tant d'exemples historiques, recueillis avec une science très-patiente, discutés en bon langage, nous avons choisi de préférence quelques morceaux qui appartiennent moins exclusivement à l'érudition, ceux qui nous ont paru avoir dans leurs développements la forme la plus littéraire ; et cela, non-seulement parce qu'ils peuvent plaire davantage, mais surtout parce qu'on se sent plus porté à les attribuer à Racine.

Quelque peu de précision que Saint-Simon ait mis dans la désignation des factums dont il attribue l'*élégance* et les *grâces* à Racine, nous n'avons guère risqué de nous tromper en regardant le factum imprimé chez Coignard en 1694 comme la principale pièce qu'il a eue en vue. Nous avons parlé d'un autre écrit pour M. de Luxembourg, que Saint-Simon mentionne aussi sous le nom de *factum*, et auquel nous serions tenté de croire que Racine n'est pas non plus demeuré étranger, sans qu'il y ait là toutefois, comme pour le grand factum, une vraisemblance presque équivalente à la certitude. C'est la *Requête au Roi, en réponse à celle du duc de Richelieu, pour l'évocation du procès*. Saint-Simon, dans ce qu'il dit de cette pièce, n'avertit point spécialement que Racine y ait travaillé ; mais comme il fait entendre que sa coopération s'est étendue à tous les factums de cette époque, il est permis de conjecturer que celui-ci n'a pas fait exception. Si d'ailleurs, parmi les écritures de ce procès, il y en a une où semble se trahir une plume exercée et redoutable par sa piquante finesse, c'est, à notre avis, surtout celle-là. Une preuve de ce genre n'est peut-être pas la moins frappante de toutes ; elle nous porte à croire que derrière les gens d'affaires du maréchal, dont celui-ci, intimidé par sa partie adverse, promettait de châtier l'impertinence, on aurait peut-être trouvé Racine. Nous donnons donc aussi quelques passages de cette *Requête au Roi* : nous avons surtout choisi ceux qui, par leur vivacité, avaient fait scandale, et avaient excité la colère du duc de Richelieu. On trouve la *Requête* dans le volume que nous avons déjà indiqué du *Recueil Thoisy*, folio 513. C'est une pièce de 30 pages, sans nom d'imprimeur et sans date. On sait d'ailleurs qu'elle est du commencement de mars 1694. Le duc de Richelieu avait fait signifier la cédule évocatoire le 1er février, et sa requête au Roi le 24 du même mois. L'arrêt du conseil privé du Roi, qui juge qu'on ne peut évoquer du parlement de Paris les causes de pairie, est du 10 mars. Nous n'avons pas besoin de faire remarquer que la *Requête* du maréchal de Luxembourg *au Roi* est de date moins ancienne que son grand factum : cela résulte nécessairement de la succession des faits du procès, tels que Saint-Simon nous les a fait connaître. Mais ces deux pièces parurent à bien peu de temps de distance. C'est ici que nous devons fixer, comme nous l'avons promis, l'époque précise où le grand factum fut produit. Il suffit pour cela de faire attention à quelques dates fournies par la *Requête* du maréchal de Luxembourg, et de les rapprocher des indications de Saint-Simon, qui rapporte les faits non pas, il est vrai, aux quantièmes du mois, mais aux jours de la semaine. « Ce même jour (28 *janvier* 1694), dit la *Requête*, le sieur duc de Saint-Simon fit signifier des lettres d'état, qui ayant été levées par arrêt de Votre Majesté du 30 dudit mois, le 1er février ensuivant M. de Richelieu.... fit signifier la cédule évocatoire. » De son côté Saint-Simon nous apprend que le grand factum pour M. de Luxembourg fut communiqué un lundi aux ducs et pairs par un des petits commissaires; que le lendemain mardi on s'assembla chez Riparfonds, que l'affaire devait être jugée le vendredi suivant, et qu'il fallut par conséquent se hâter de faire avant ce jour usage des lettres d'état, qui furent signifiées dès le jeudi. Ce jeudi était le 28 janvier; l'assemblée des ducs et pairs chez Riparfonds se tint donc le mardi 26 du même mois; et ce fut le lundi 25 janvier 1694 que le grand factum pour M. de Luxembourg fut pour la première fois révélé aux ducs et pairs, qui le firent copier en une nuit. Son impression clandestine, et sa distribution aux petits commissaires étaient certainement très-récentes. L'édition que nous avons aujourd'hui (*Coignard*, 1694) paraîtrait bien ne pouvoir être celle qui avait été tirée à si peu d'exemplaires, mais plutôt une réimpression faite un peu plus tard, lorsqu'on voulut avoir une publicité étendue. Mais il importe assez peu : ce qu'il nous suffit d'avoir montré, c'est que les deux pièces dont nous donnons ici les fragments furent l'une et l'autre produites au commencement de l'année 1694, à un mois à peu près d'intervalle. En le remarquant, on pourra trouver plus probable que qui a prêté son concours à l'une ne l'a pas refusé à l'autre.

Le *Recueil* de Lyon et de Toulouse donne le grand *Factum* de 1694 aux pages 19-96, et la *Requête* de la même année, adressée au Roi par le maréchal de Luxembourg, aux pages 96-112. Nous croyons utile d'indiquer à nos lecteurs cette réimpression, qui est correcte, parce que s'ils désirent connaître entièrement les deux écrits dont nous ne pouvons mettre ici sous leurs yeux qu'un petit nombre de pages, ils les trouveront là plus aisément qu'en pièces détachées, et que dans les volumes cités plus haut du *Recueil Thoisy* et du *Recueil* des Archives de l'Empire, où ils auraient seulement l'avantage de rencontrer, pour l'un comme pour l'autre, l'impression de 1694.

FACTUM

Pour Messire François-Henry de Montmorency, duc de Luxembourg et de Piney, pair de France : demandeur en enregistrement de lettres patentes des mois de mars 1661 et avril 1676, et défendeur.

Contre Messire Henry de Lorraine, duc d'Elbeuf, ayant repris au lieu de Messire Charles de Lorraine, son père. Messire Charles de Rohan, duc de Montbazon. Messire Charles de Levi, duc de Ventadour. Messire Charles duc de la Trimoüille et Thoüars. Messire Maximilien-Pierre-François de Bethune, duc de Sully. Messire Henry-Albert de Cossé, duc de Brissac. Messire Charles-Albert Dailly, duc de Chaunes. Messire Armand-Jean du Plessis de Vignerod, duc de Richelieu. Messire Louis duc de Saint-Simon, ayant repris au lieu de Claude de Saint-Simon. Messire François duc de la Rochefoucaut. Messire Jacques de Nompar de Caumont, duc de la Force. Messire de Grimaldy, duc de Valentinois, tous ducs et pairs de France, défendeurs et demandeurs en requête et opposition à l'enregistrement desdites lettres patentes.

La contestation qui est entre M. le duc de Luxembourg et Messieurs les ducs et pairs est un point d'honneur, de rang et de préséance pour la pairie de Piney, et non pas une question du titre, de la propriété, ou du domaine de cette terre. M. de Luxembourg demande la séance en ce premier parlement de France, qui est la cour des pairs, du temps que ce duché a été érigé en pairie au profit de François de Luxembourg et de ses successeurs. Revêtu de cet office éminent de la couronne, et ayant succédé à ce duché par le mariage de Mme de Luxembourg et par le titre de la dot qu'elle lui en a constituée, il soutient être bien fondé de prendre son rang de l'année 1581 que la pairie a été créée. La décision de cette question ne dépend point de la puissance ni de l'ancienneté des maisons des parties qui contestent, mais du temps de l'érection de leurs pairies. Ainsi lorsque quelques-uns de MM. les ducs et pairs ont affecté d'élever le lustre et la grandeur de leurs maisons, ils n'ont fait en cela qu'anticiper le soin que M. de Luxembourg auroit pris avec plaisir, s'ils ne l'avoient point voulu prévenir. De sa part il ne dira rien du nom glorieux de Montmorency, de sa naissance ni de ses emplois, sinon qu'il croit être gentilhomme, et qu'il souhaite que Messieurs du Parlement soient persuadés qu'il n'est pas indigne d'avoir place dans cette illustre Compagnie, qui est la première du royaume. On ne peut pas lui ôter cette prééminence, que plusieurs de MM. les ducs et pairs pensoient si peu à lui disputer au commencement et dans le temps qu'il poursuivoit en 1661 sa réception, qu'ils lui firent la grâce pendant son absence de solliciter Messieurs de la grand'chambre, et de suppléer à ce devoir que l'extrémité de la maladie, où il étoit tombé, l'empêchoit de leur rendre : l'on ne sait par quelle fatalité ils ont changé de sentiment. Il a cet avantage d'être fondé sur le droit commun et sur l'usage ancien et non contesté du royaume, qui règle l'ordre des séances des pairs du temps de l'érection des pairies et de l'enregistrement de leurs lettres. L'exemple domestique de Léon d'Albert, qui ayant épousé la fille de Henry de Luxembourg, dernier mâle de cette glorieuse famille, a conservé par son mariage cette même prérogative, est un préjugé pour la petite-fille du même Henry, qui ayant reçu par les traces du sang et par le canal de la succession[1] la propriété du duché, a pu légitimement transmettre à M. de Luxembourg, son mari, le privilége de la préséance de la pairie. Enfin il a pour lui la volonté formelle et expresse du Roi, qui étant le souverain dispensateur de ces dignités, lui a continué par ces lettres de 1661 le même rang dont avoient joui François et Henry de Luxembourg, et a déclaré par celles de 1676 qu'il n'avoit point entendu faire

---

1. N'y a-t-il pas là des expressions qu'on aurait peine à croire de Racine? En outre, dès ce début, la construction de quelques phrases est assez embarrassée. Nous pensons donc que dans la rédaction des morceaux mêmes les plus remarquables, il se peut bien que tout ne soit pas de notre auteur, et qu'il se soit souvent contenté de quelques retouches.

J. RACINE.

une nouvelle érection de pairie. C'est ce qui sera montré dans la déduction du fait, en expliquant toutes les lettres que trois rois ont accordées successivement pour la terre de Piney, dont les clauses doivent faire la décision de cette contestation, qu'on peut dire être autant et plus de fait que de droit[1].

.... Pour le droit, il est constant que les duchés, qui sont les grands fiefs de la couronne, sont héréditaires, et patrimoniaux de même que les autres fiefs ordinaires; qu'ils peuvent être possédés par les femmes comme par les hommes, pour les transmettre à leurs enfants et descendants à perpétuité; que la pairie, qui est une dignité ajoutée et unie aux duchés, de même que les duchés le sont aux fiefs, est pareillement héréditaire et patrimoniale, et que les femmes y peuvent succéder au défaut des mâles quand l'érection en est faite en faveur des mâles et des filles et de leurs descendants; que si les filles qui ont recueilli le duché et la pairie, peuvent les faire passer à leurs enfants et héritiers par voie de succession, elles peuvent aussi les transmettre à leurs maris par la force et l'effet du contrat de mariage, pour en avoir l'administration et en exercer les droits de même que de la dot et des autres biens de la femme; qu'entre ces droits de la pairie est celui d'assister aux sacres des rois, et d'avoir séance au Parlement, dont le mari aussi bien que les enfants de la duchesse peut jouir pour en faire les fonctions; or comme le rang, l'ordre et la séance dans l'une et l'autre cérémonie sont réglés par l'ancienneté de l'érection suivant le droit commun, aussi le mari, qui représente la femme et qui soutient son fief et la dignité qui y est attachée, est bien fondé de prendre la même prééminence que les autres pairs[2].

.... Toutes les questions que MM. les ducs et pairs ont agitées dans leur *Mémoire*, s'évanouissent par une déclaration si formelle. Les scrupules qu'on peut faire à cause de l'édit de 1566, qui réunit les duchés par le défaut de mâles, les fictions de l'extinction de la pairie, les difficultés qu'on a voulu former sur les érections féminines, pour dire que la

---

1. Pages 1-3 de l'édition de 1694.
2. Page 93 *bis*. (Il y a, par une erreur de pagination, deux feuillets marqués 93-94.)

concession ne s'étend point au second degré ni à la fille d'une fille d'un duc et pair qui n'est plus de la famille; celles qu'on a faites sur la transmission de la femme à son mari qui est un étranger, sont toutes décidées par les lettres de 1676, qui doivent servir de loi. La volonté du Roi, qui est le dispensateur des dignités de la couronne, qu'il crée et supprime quand il veut, et qu'il peut faire revivre quand elles sont éteintes, est la règle certaine et inviolable de toutes ces contestations. Et ce seroit entreprendre sur l'autorité souveraine et contrevenir à la volonté expresse du Roi, que de combattre les lettres de 1661 et de 1676 de nullité[1].

.... Il faut retrancher tout ce qu'on a dit de la loi salique, laquelle ne peut avoir aucune application à la succession des duchés et des pairies; car qu'entend-on par la loi salique? Ou c'est ce brocard rapporté dans une compilation barbare et inintelligible qui porte le titre de cette loi : *De terra salica nulla portio pertineat ad fœminam;* ou c'est la loi ancienne et fondamentale de l'état monarchique du royaume, qui n'admet point les femmes à la succession de la couronne. Si l'on entend la première, l'auteur du *Mémoire* n'y trouvera pas son compte, parce que dans cette même compilation il y a un autre article, qui porte que cette exclusion des femmes n'a lieu qu'en cas qu'il y ait des mâles qui concourent avec elles : *Dum virilis sexus exstiterit, fœmina in aviaticam terram non succedat.* Cette exception prouve que cette exclusion des femelles n'est pas absolue, mais a lieu seulement en cas de concurrence des mâles. Aussi tous nos savants historiens françois, et ceux mêmes dont l'auteur du *Mémoire* s'est servi, ont évité cet endroit comme un écueil, et ont dit[2] que *la loi de la succession masculine du royaume de France vient plutôt d'une ancienne coutume que d'aucune ordonnance ni établissement par écrit; que cette ancienneté est de plus grand poids que la loi salique; et que son origine est d'autant plus auguste et vénérable que son observation immémoriale a été inviolablement gardée pendant plusieurs siècles.*

1. Pages 97 et 98.
2. Hotman in *Francogallia.* Loisel, *de la Loi salique.* — MM. Dupuys dans le *Traité des droits du domaine.* (*Note du* Factum.)

Si au contraire on entend par la loi salique cette loi originale du royaume qui s'est conservée en la mémoire de nos pères, et qui a passé jusqu'à nous par une tradition inviolable et perpétuelle, on se trompe de vouloir mettre en parallèle la succession des pairies avec celle de la couronne. Cette comparaison est odieuse, et blesse la souveraine puissance des rois. On n'a jamais douté qu'ils ne soient en droit de rendre ces dignités féminines quand il leur plaît, puisque les grands seigneurs et les vassaux mêmes ont la faculté de faire des fiefs et des arrière-fiefs masculins et féminins quand ils le jugent à propos. Cette loi qui exclut les femmes de la couronne est une loi éternelle, immuable et indépendante des rois; mais celle des duchés et des pairies dépend de l'autorité et de la volonté du Roi. Il peut, selon les nécessités de l'État et la conjoncture des temps, ériger ces dignités pour des femelles, comme pour des mâles, et pour les descendants des uns et des autres.

.... La couronne est déférée aux mâles par le droit du sang et de la loi de France, et non par le droit d'hérédité; mais les duchés et les pairies sont déférés par la loi de l'investiture, telle qu'il a plu aux rois de l'accorder. Si c'est, comme il arrive le plus souvent, aux hoirs mâles et femelles, il ne suffit pas alors d'être du sang, mais il faut être héritier de celui au profit de qui la pairie a été donnée. C'est une différence qui a été marquée par du Molin[1], pour montrer que ces grands fiefs, quoique mouvants de la couronne, ne sont pas cependant gouvernés par la loi de la masculinité ni par celle de la souveraineté, mais par les conditions de l'investiture, et par la loi de l'inféodation, suivant la volonté du souverain. L'auteur qui dans ce siècle a défendu avec autant de suffisance que de solidité les droits de la couronne contre les prétentions d'Espagne a reconnu ces vérités, quoique la cause qu'il défendoit semblât l'engager dans un parti contraire[2]. Mais comme il savoit que la succession de la couronne n'a rien de commun avec celle des pairies, il n'a pas fait difficulté

---

1. *Sur la coutume de Paris*, article 8, glose 3. (*Note du* Factum.)
2. Anton. Dominicy contre Chiflet, et le Tourneur, conseiller au parlement d'Aix. (*Note du* Factum.)

d'avouer que les duchés et les pairies n'étoient pas sujets à la loi salique pour la condition de la masculinité[1].

.... Voilà quel étoit l'usage et le droit commun des apanages, des pairies, des duchés et des comtés pendant trois siècles. Mais pour les apanages les choses ont changé sous le roi Charles V. Il est le premier qui a ordonné que la part ou la dot des filles de France leur seroient données en deniers ou en rentes, et que les apanages des fils de France seroient restreints aux descendants mâles, sans pouvoir passer aux filles. Cet établissement plein de prudence et d'une bonne politique, fait par un prince plus connu par le titre de sage que par sa qualité de roi, a été inviolablement observé par ses successeurs, et renouvelé par l'ordonnance de Charles IX. de 1566. Mais il n'y a point eu de loi particulière, ni aucune ordonnance qui ait abrogé l'hérédité des duchés et pairies, et la faculté de les donner aux femmes, qui n'ont point été excluses. Les uns et les autres sont demeurés dans leur première nature et dans le droit commun, pour être héréditaires, et sujets aux conditions des fiefs ordinaires, à l'effet d'être concédés aux filles, comme aux enfants mâles des ducs et pairs.

L'édit de 1566, qui a été fait dans la fin du dernier siècle, n'a rien statué de particulier sur l'incapacité des femmes, ni sur leur exclusion absolue des duchés. Cette ordonnance n'a été faite que pour retrancher la multiplicité de ces dignités, que les rois avoient été comme forcés pendant les guerres civiles et étrangères d'accorder à l'importunité des courtisans, et des officiers qui étoient dans le service. Pour mettre une barrière et une digue à ces nouvelles créations, dont le nombre étoit excessif, on fut obligé d'ordonner la réunion des duchés et des comtés au domaine par le défaut des mâles, même pour les terres qui ne venoient point de la couronne. On crut que cette extinction qui se faisoit de plein droit par le défaut des mâles seroit un frein pour retenir les particuliers, qui appréhendant la perte de leurs propres terres, ne voudroient pas la risquer sur la tête et sur la vie de leurs enfants mâles, au préjudice de leurs filles et de leurs autres parents. Mais cette loi n'a point donné de bornes à la souveraine puissance des

---

[1]. Pages 106-109.

rois, et n'a pu les dépouiller du pouvoir qu'ils ont de distribuer ces dignités et ces offices à ceux qui ont bien mérité de l'État : ce qui est le droit le plus essentiel et le plus éclatant de la souveraineté. La dispensation de ces grands offices de la couronne est dans la personne du Prince, comme les rayons dans le soleil[1]. Il n'y a point de loi qui puisse retenir ces épanchements de la royauté qui vont à récompenser la vertu et le service de ses sujets. Il s'est tant trouvé d'inconvénients dans cet édit, que jusques à présent il a été impraticable. Il réunit au domaine des terres qui n'en ont jamais fait partie, et auxquelles le Roi n'a donné que titre de duché. Il prive les seigneurs de qui ces terres érigées en duché ou comté relèvent, de leur mouvance et de leur directe féodale. Il blesse les substitutions dont ces terres sont chargées en faveur des mâles et des femelles. Le remède pour ce mal dont l'ordonnance de Blois s'est voulu servir, en obligeant ceux qui obtiennent de semblables érections à se purger par serment que leurs terres ne sont sujettes à aucune substitution, est un remède captieux, dit Coquille[2], qui souvent est l'occasion d'un parjure.

.... Depuis cet édit, qui ne parle point des pairies, mais seulement des duchés et des comtés, il s'est fait autant d'érections de duchés et de pairies en faveur des femmes que dans tous les temps qui ont précédé sa publication.

Ces premiers offices de la couronne sont plus aux rois qu'aux personnes qui en sont revêtues. Leur être n'est rien que sous le nom glorieux du Roi. Il dépend de lui de faire une pairie personnelle et viagère, ou de la rendre héréditaire et perpétuelle ; de la donner aux mâles et à leur postérité seulement, ou de l'accorder aux femmes et à leurs descendants ; de la restreindre à un premier degré, ou de l'étendre à tous les degrés du sang. Sa puissance en cela est semblable à celle de Dieu, qui a, selon l'Écriture, les hommes entre ses mains, comme l'argile est entre celles du potier. Il a le pouvoir de faire des vaisseaux d'un honneur éclatant, et d'autres d'un

---

1. *A principe exeunt omnes dignitates ut a sole radii.* Cassiodore. (*Note du* Factum.)

2. *Sur l'ordonnance de Blois.* (*Note du* Factum.)

usage commun[1]; les uns d'un plus grand et les autres d'un moindre prix. L'argile peut-elle dire à l'artisan : Pourquoi m'as-tu donné cette forme? *Nunquid dicit figmentum ei qui se finxit :* « *Quid me fecisti sic*[2]? » Peut-elle demander que celui qui l'emploie lui rende compte de son ouvrage? Y a-t-il un duc et pair qui puisse se plaindre pourquoi le Roi a fait une pairie féminine plutôt que masculine? Un seigneur suzerain peut bien de son domaine faire un fief féminin, et les pairies par les lois de l'État étant héréditaires de même que les fiefs, qui empêche que le Roi, dans la concession qu'il en fait, les assujettisse aux lois ordinaires des successions? La dignité de pair n'est pas seulement distinguée des autres offices en ce qu'elle n'est pas viagère et personnelle, mais encore en ce qu'elle est héréditaire, réelle, féodale et seigneuriale. C'est à cause de cette réalité de l'hérédité, et de l'union à un fief et à un duché, qu'elle peut être possédée par des filles d'un duc et pair et être transmise à leurs descendants.

Tout dépend donc de la volonté du Prince, des conditions et des termes sous lesquels chaque pairie est érigée[3]. . . . .
. . . .

AU ROI

ET A NOSSEIGNEURS DE SON CONSEIL.

Sire,

François-Henry de Montmorency, duc de Luxembourg et de Piney, pair de France, remontre très-humblement à Votre Majesté que M. le duc de Richelieu, dans une requête impri-

---

1. *An non habet potestatem figulus luti ex eadem massa facere aliud quidem vas in honorem, aliud vero in contumeliam?* Paul. ad Rom. [chapitre ix, verset 21]. (*Note du* Factum.)

2. Saint Paul, *Épître aux Romains*, chapitre ix, verset 20.

3. Pages 130-133.

mée et signifiée le 24 février dernier, contenant tous ses moyens d'évocation, se plaint à tort de ce que le suppliant publie dans le monde et répand dans la cour que la cédule évocatoire a été obtenue par un esprit d'incident; car ce ne sont point les manières du suppliant, qui a toujours traité M. le duc de Richelieu et les autres ducs et pairs avec toute l'honnêteté possible.... L'instance pendante au parlement de Paris pour la préséance est commencée il y a plus de trente ans; M. le duc de Richelieu a formé son opposition à l'enregistrement des lettres de continuation de pairies données en faveur du suppliant dès le 12 février 1662; il a toujours contesté, écrit et produit; et dans le factum qu'il a donné conjointement avec les autres ducs et pairs, il a reconnu ce parlement, qui est la cour des pairs, comme le seul juge naturel de ces contestations. Les parents du suppliant, du chef desquels il évoque aujourd'hui, étoient officiers titulaires dans cette cour, de même qu'ils le sont à présent. Cependant, après trente années de contestation volontaire au parlement de Paris, il attend dans la dernière extrémité que le rapport est commencé, pour évoquer à un autre parlement; il se dégrade lui-même, et avilit, ou plutôt veut anéantir, le plus beau privilége qu'il puisse avoir, d'être jugé dans cette cour[1].

.... Les douze et treizième exemples qui regardent les condamnations rendues contre M. le duc de Rohan, par arrêt de 1628 au parlement de Toulouse, et contre M. le duc de Montmorency en 1632 au même parlement, sont des exemples singuliers qui ne violent point la règle ordinaire, et ne font point brèche à la loi générale. Dans ces temps difficiles et fâcheux des mouvements des huguenots au cœur du royaume, il étoit de la prudence et de la souveraineté du Prince de ne pas suivre cette ponctuelle et scrupuleuse justice de la formalité des jugements; car il ne faut pas dans ces conjonctures attendre que les rebelles aient ruiné l'État, afin d'agir contre eux légitimement et les poursuivre devant leurs juges naturels. Cette souveraine injustice est un souverain droit, dit un excellent auteur de ce temps; ce seroit pécher contre la raison, de ne pas pécher en ceci contre les formes. Combien

---

1. Pages 1 et 2 de l'édition originale.

étoit-il périlleux de transférer les accusés de la province de Languedoc, où le délit avoit été commis, et de faire venir les témoins en la ville de Paris! D'ailleurs le premier de ces accusés, M. de Rohan, ne demande pas son renvoi, et le dernier voulut bien renoncer à son privilège : *Quoique vous ne soyez mes juges naturels*, dit-il dans son interrogatoire, *et que je ne doive vous reconnoître, vu ma qualité de duc et pair de France, néanmoins, puisqu'il plaît au Roi que je réponde, je le ferai*[1]. Ces exemples extraordinaires, qui arrivent rarement, ne doivent pas être rapportés pour en faire l'application à une contestation qui n'est qu'un point d'honneur, de préséance et de rang, pour lequel le Roi s'en est rapporté au Parlement.

M. de Richelieu devoit se dispenser du dernier exemple de M. le duc de la Valette, étant plutôt une preuve de grand crédit de Monsieur le Cardinal dont il porte le nom, qu'un véritable effet de la justice. Si son conseil n'avoit pas tronqué les Mémoires[2] d'où il a tiré l'arrêt de 1639 qui condamna M. de la Valette par des juges incompétents, et s'il eût fait voir l'arrêt du 31 juillet 1643[3], *qui ayant cassé et annulé toute la procédure faite par les commissaires, comme nulle, déchargea M. de la Valette de l'accusation contre lui intentée, sauf à se pourvoir pour ses dommages et intérêts*, l'on ne croit pas que M. le duc de Richelieu eût souffert dans cette requête un exemple si extraordinaire et si injuste, qui n'est fondé que sur le crédit et l'autorité d'un ministre puissant et favori[4].

.... Enfin, pour détruire tous les faits de la requête de M. le duc de Richelieu et effacer toutes les impressions qu'il

---

1. *Mercure françois*, année 1632. (*Note de la* Requête.)
2. *Mémoires de Montrésor*. (*Note de la* Requête.)
3. Nous avons cru pouvoir ici faire un changement au texte de la *Requête*, qui porte : « l'arrêt du 3 juillet 1648. » Ce ne peut être qu'une faute d'impression. On lit dans la *Gazette* du 8 août 1643 : « Le duc de la Valette, à présent duc d'Épernon, après avoir été déchargé par *arrêt solennellement rendu le* 31 *du passé*, toutes les chambres assemblées, de l'accusation contre lui intentée dès le mois d'octobre 1638,... a été ensuite remis par Leurs Majestés en ses charges de colonel général de l'infanterie françoise et de gouverneur et lieutenant général pour Leurs Majestés en Guyenne. »
4. Pages 27 et 28.

a voulu donner contre le privilége de la pairie, le suppliant finira par les paroles mêmes qu'il a employées dans son *Factum*, signifié et imprimé pour l'instance du Parlement[1], et qu'on ne sauroit trop répéter : *Le Roi a bien voulu renvoyer la décision à son parlement de Paris, qui est par le titre auguste qu'il a toujours eu de la cour des pairs et de la cour de France, dépositaire de cette puissance que nos rois lui ont confiée de donner et juger les rangs et les séances des pairs, et d'être, par une prérogative d'honneur qui lui est réservée, les seuls juges de leurs pairies.* Il reconnoît lui-même que a cour des pairs, la cour de France et la cour du Roi étoient la seule cour de Parlement, et que les autres parlements n'étoient point des émanations de cette cour de France ni de la cour des pairs : qu'il accorde, s'il peut, ce qu'il dit dans son *Factum* avec ce qu'il a écrit dans sa *Requête* du 24 février dernier[2]. . . . .
. . . .

1. Il s'agit du *Mémoire sur la question de préséance pour Messieurs les ducs et pairs*, dont nous avons parlé ci-dessus, p. 377.
2. Pages 29 et 30.

RÉPONSE

DE MONSEIGNEUR L'ARCHEVÊQUE DE PARIS

AUX QUATRE LETTRES DE MONSEIGNEUR L'ARCHEVÊQUE DE CAMBRAI

NOTICE.

CETTE réponse a été imprimée pour la première fois en un volume in-12 de cent pages, sans lieu ni date ; on sait d'ailleurs qu'elle est de l'année 1698. Un exemplaire que possède la Bibliothèque impériale porte, au-dessous du faux titre, cette petite note, qui est de la main du président Bouhier : *Attribuée communément à M. Jean Racine de l'Académie Franç.* Bouhier, dont la jeunesse avait été contemporaine des dernières années de Racine, avait pu recevoir cette information au temps même où la lettre fut publiée. Remarquons surtout que, par ses liaisons avec les littérateurs les plus distingués de son temps, par son goût éclairé pour les livres, par ses habitudes d'esprit, cet homme d'une érudition solide et variée échappe plus que beaucoup d'autres au soupçon d'avoir admis légèrement et sans critique la tradition qu'il nous a conservée. Au tome IX de la *Correspondance de Fénelon* (Paris, Ferra jeune et A. le Clere, 1827-1829), p. 135, nous trouvons aussi cette note, au sujet de la *Réponse aux quatre lettres de l'archevêque de Cambrai* : « On attribue cette *Réponse* à Racine ; mais il n'a fait que prêter sa plume à M. de Noailles, et mettre en œuvre les matériaux qu'on lui a fournis. » Les éditeurs ne disent pas s'ils ont eu sous les yeux, dans l'exemplaire dont nous venons de parler, la note manuscrite du président Bouhier, et si elle leur a seule révélé le fait qu'ils ne paraissent pas révoquer en doute. Il peut bien être venu de quelque autre côté à leur connaissance; car en tout ce qui touche à Fénelon, les sources les plus diverses d'information leur ont été ouvertes. Il ne serait donc pas trop téméraire de croire que leur autorité ne fait pas double emploi avec celle de Bouhier. Du reste, c'est principalement dans le caractère, dans le style, dans les rares qualités de l'œuvre de polémique attribuée à Racine que, pour notre compte, nous trouverions les meilleures preuves que cette attribution mérite confiance.

Le 27 octobre 1697, M. de Noailles, archevêque de Paris, publia une *Instruction pastorale sur la perfection chrétienne et sur la vie intérieure; contre les illusions des faux mystiques.* Le dessein de cette *Instruction* était principalement de réfuter le livre de l'*Explication des maximes des saints;* et bien que l'archevêque de Cambrai n'y fût pas expressément nommé, on y affectait de relever toutes les propositions de son livre; et sa doctrine y était notée « par les plus fortes qualifications, dit l'abbé Ledieu[1], même en des termes durs, qu'on pourroit dire injurieux. » Fénelon, très-blessé de cette *Instruction*, qui « paroit, écrivait-il[2], douce et modeste, et.... a plus de venin que toute la véhémence de Monsieur de Meaux, » répondit par quatre *Lettres à Monseigneur l'archevêque de Paris.* Le cardinal de Bausset dit[3] qu'il ne les avait pas publiées en France, qu'il s'était borné à les adresser aux examinateurs nommés par le Pape; mais qu'à son insu, elles avaient été réimprimées en Italie, et bientôt reproduites par les presses de Hollande. L'archevêque de Cambrai, écrivant le 20 février 1698 à l'abbé de Chanterac, qui était alors à Rome, lui annonçait l'envoi de ses trois premières lettres. Ce fut seulement le 15 mars suivant que celui-ci répondit qu'il avait reçu les trois lettres, et les avait portées le jour même au saint-office. Quant à la quatrième lettre, qui fut écrite plus tard pour répondre à l'*Addition à l'Instruction pastorale*, Fénelon en parle pour la première fois dans sa lettre du 17 mars 1698 au Nonce, à qui il l'envoyait[4]. Il ne tarda sans doute pas beaucoup, après ce temps, à « faire courir dans le monde » ses lettres à l'archevêque de Paris, comme celui-ci le lui reproche dans

---

1. Voyez les *OEuvres de Fénelon* (édition de Lebel), tome V, p. 199, note *b*.
2. Dans une lettre à l'abbé de Chanterac, du 7 janvier 1698. Voyez le tome VIII de la *Correspondance de Fénelon*, p. 318 et 319.
3. *Histoire de Fénelon*, tome II, p. 105.
4. Voyez dans la *Correspondance de Fénelon*, tome VIII, les *lettres* CCCXLVIII, CCCLXVI et CCCLXVII, p. 420, 492 et 496.

sa *Réponse*. L'intention de M. de Noailles de préparer cette réponse était déjà annoncée le 8 avril 1698 par l'abbé de Chanterac à l'abbé de Langeron[1]. Si nous avons relevé ces dates, c'est qu'on en doit conclure que la *Réponse aux quatre lettres* fut faite en assez peu de temps, en un mois, ou six semaines au plus. Fénelon dit qu'elle lui fut envoyée manuscrite par M. de Noailles le 25 mai 1698, et que trois jours après, le 28 du même mois, il la reçut imprimée, et apprit qu'elle se vendait publiquement chez le libraire de l'archevêque de Paris[2].

Il nous semble que parmi les écrits polémiques de cette époque on en trouverait difficilement un où il y ait la même vivacité de style, une ironie maniée avec autant de grâce et de finesse, une telle adresse à décocher les traits les plus piquants. Nous voudrions nous garder de toute prévention; mais nous nous imaginons reconnaître là quelque chose de la manière de Racine, telle qu'elle nous est connue par ses lettres à Nicole, et retrouver une malice, un art à peu près du même caractère, avec les différences qu'on est en droit d'attendre de l'âge beaucoup plus sérieux où Racine était arrivé, et de la nécessité où il était de faire parler un grave archevêque autrement qu'un jeune poëte raillant ses instituteurs. L'*Instruction pastorale* de M. de Noailles, à laquelle Fénelon reprochait tant de venin, ne manque sans doute pas elle-même de traits redoutables, et n'est pas non plus l'œuvre d'un écrivain sans talent; mais on n'y trouve certainement ni le même ton, ni le même style que dans la *Réponse aux quatre lettres*. A propos de cette *Instruction pastorale*, Fénelon disait : « Monsieur de Paris s'est livré à MM. Boileau (*l'abbé Boileau*) et Duguet[3]. » Ne voulait-il pas insinuer par là qu'ils avaient aidé le Cardinal à écrire son *Instruction*? S'il fallait croire que M. de Noailles leur eût en effet demandé des inspirations, il deviendrait plus probable encore qu'il a de même emprunté quelque secours pour écrire sa *Réponse* à l'archevêque de Cambrai; et l'on ne s'étonnerait pas qu'il eût de nouveau cherché un auxiliaire du côté de Port-Royal. Seulement, cette fois, pour un écrit qui n'était pas une lettre pastorale, il ne se serait

---

1. *Correspondance de Fénelon*, tome VIII, lettre CCCLXXVIII, p. 549.
2. *Responsio D. Archiepiscopi cameracensis ad epistolam D. parisiensis Archiepiscopi*. *OEuvres de Fenelon*, tome V, p. 443.
3. *Correspondance de Fénelon*, tome VIII, p. 319.

pas fait scrupule de recourir à une plume qu'il savait plus vive et plus acérée.

Les relations de Racine avec l'archevêque de Paris sont connues. Dès les premiers temps de l'épiscopat de M. de Noailles, il avait été auprès de lui l'avocat et comme le chargé d'affaires des religieuses de Port-Royal[1]; et à l'époque où fut écrite la *Réponse aux quatre lettres*, il n'avait pas cessé d'avoir besoin de l'appui de l'archevêque de Paris pour une si chère maison : il devait donc être très-disposé à le servir avec zèle. Quant à M. de Noailles, il avait eu sans nul doute, dans ses fréquents entretiens avec Racine, bien des occasions d'admirer comment il savait plaider les causes qu'il prenait en main. Nulle difficulté donc de ce côté à croire que le prélat et le poëte aient pu se concerter dans une œuvre commune. Il y en a un peu plus, nous l'avouons, quand on regarde du côté de Fénelon, et que l'on pense aux ménagements que Racine lui aurait dus. Nous avons, il est vrai, prouvé que les deux lettres de 1697, citées par Louis Racine dans ses *Mémoires*, ne sont pas de Fénelon, comme longtemps on l'avait cru[2]; rien n'établit donc qu'il y ait eu entre l'archevêque de Cambrai et notre poëte cette intime amitié qu'on s'était plu à supposer. Il reste cependant ceci, qu'au commencement de l'année 1698, à peine trois mois avant le temps où Racine aurait mis la main à un écrit si dur pour Fénelon, celui-ci faisait le plus gracieux accueil dans son palais de Cambrai à Jean-Baptiste Racine, dont le père avait écrit au prélat pour le remercier de tant de bonté[3]. Nous venons de dire qu'il n'avait jamais existé d'intime amitié entre Racine et Fénelon. Parlant toutefois des sentiments que l'archevêque de Cambrai lui avait toujours témoignés, Racine a prononcé lui-même ce mot d'*amitié*, qui demeure significatif, bien qu'il ne faille pas en exagérer ici le sens et la portée. Il écrivait à son fils Jean-Baptiste, le 5 avril 1697 : « L'amitié qu'avoit pour moi Monsieur de Cambrai ne me permet pas d'être indifférent sur ce qui le regarde, et je souhaiterois de tout mon cœur qu'un prélat de cette vertu et de ce mérite n'eût point fait un livre qui lui attire tant de chagrins. » L'occasion même dans laquelle Racine parlait ainsi est digne de remarque. Celui en qui les douleurs infligées à Fénelon éveillaient de tels souvenirs de reconnais-

1. Voyez notre tome I, p. 136 et 137.
2. Voyez *ibidem*, p. 310, note 3.
3. *Lettre de Racine à son fils*, en date du 26 janvier 1698.

sance a-t-il pu, si peu de temps après, travailler lui-même à irriter ces douleurs? Les puissants motifs que Racine avait de complaire à l'archevêque de Paris, les liens qui l'unissaient à un parti où l'on se prononçait d'autant plus vivement contre les doctrines de Fénelon, que ce prélat était ami des Jésuites, pourraient être regardés comme des explications d'une pareille conduite; mais n'en seraient-ils pas des excuses bien insuffisantes? Et faut-il dès lors, sans preuves positives, imputer à Racine une action qui le ferait à bon droit taxer de peu de générosité, ou tout au moins de grande faiblesse? Nous laissons au lecteur le soin de décider si ces considérations morales, qui paraîtront plus ou moins fortes, selon l'idée qu'on se sera faite du caractère de Racine, doivent être d'un plus grand poids que la tradition attestée par le président Bouhier, et que les vraisemblances littéraires dont nous avons été frappé.

On nous accordera tout au moins que, parmi les ouvrages attribués à Racine, il y avait lieu de ne pas entièrement passer sous silence, comme les éditeurs précédents l'ont fait, la *Réponse aux quatre lettres de l'archevêque de Cambrai*. Nous n'en donnerons ici que quelques fragments, nos raisons pour ne pas la reproduire tout entière étant à peu près celles que nous avons exprimées déjà au sujet des *Factums* pour M. de Luxembourg. Elle risquerait, il est vrai, beaucoup moins que les *Factums*, de paraître trop longue, et, dans quelques parties, trop aride; mais, d'un autre côté, il y a moins d'inconvénient à renvoyer aux *OEuvres de Fénelon*[1], accessibles pour tous, qu'aux recueils de *Factums*, difficiles à trouver, ceux qui auront le désir de lire dans leur entier les écrits auxquels Racine passe pour avoir eu quelque part.

1. La *Réponse de l'archevêque de Paris* est imprimée au tome V des *OEuvres de Fénelon*, p. 383-440. Nous suivons le texte de l'édition de 1698, qui du reste a été fidèlement reproduit par celle de Lebel (Versailles, 1820)

RÉPONSE

DE MONSEIGNEUR L'ARCHEVÊQUE DE PARIS

AUX QUATRE LETTRES DE MONSEIGNEUR L'ARCHEVÊQUE DE CAMBRAI.

Monseigneur,

Je ne doute point que vous n'ayez senti quelque peine en m'attaquant personnellement. Vous m'en assurez; notre ancienne amitié et ma conduite à votre égard me le persuadent. Vos amis, qui m'ont fait des remerciements même depuis mon *Instruction pastorale*, ont paru étonnés du ton que vous avez pris en écrivant contre moi. Je ne vous dirai pas en quels termes des personnes habiles et sages ont parlé de vos lettres. Je ne veux pas croire que ce soit le succès de l'*Instruction* qui vous ait mis en mauvaise humeur; mais il est vrai que dans le temps qu'elle parut, vous y trouvâtes de la modération. Vous croyez avoir droit présentement de me censurer et de vous plaindre : c'est à vous à vous examiner de votre côté, et à moi à vous satisfaire, si vos plaintes sont justes.

Je ne vous reprocherai point, Monseigneur, la manière si peu usitée de faire courir longtemps dans le monde des lettres imprimées que vous marquiez m'avoir adressées, et que je n'avois point vues. Vous savez pourtant combien saint Jérôme trouvoit extraordinaire qu'une lettre que saint Augustin lui avoit écrite eût couru dans les provinces et à Rome, avant que de lui être rendue à lui-même. Saint Augustin se disculpa très-sérieusement d'une faute dont il n'étoit pas coupable. Mais je n'y regarde pas de si près. Si vous avez raison dans le fond, je ne vous ferai point de procès sur la forme.

Vos quatre lettres se réduisent à deux chefs : à m'attaquer sur mon procédé, et sur la doctrine de mon *Instruction pastorale*. D'autres soupçonneroient que vous usez de récrimination, pour embrouiller l'affaire, et pour faire diversion, s'il est possible. Quoi qu'il en soit, après avoir dit en général que le procédé des prélats dont vous vous plaignez a été tel que vous ne pourriez espérer d'être cru en le racontant, vous m'accusez en particulier de foiblesse, de variation, d'indiscrétion, de dureté; et vous le faites de cet air décisif dont vous avez prononcé dans vos *Maximes des saints*. Que ne me permettiez-vous au moins de me taire? Je vous aurois volontiers laissé triompher parmi le petit troupeau qui vous applaudit. Mais vous me sommez, Monseigneur, vous me forcez de parler. Je souhaite de tout mon cœur qu'on ne vous impute pas ce qu'on disoit sans fondement à saint Jérôme, au sujet des lettres de saint Augustin : *Suggerebant non simplici a te animo factum, sed laudem atque rumusculos et gloriolam populi requirente, ut de nobis crescere*. Que n'avez-vous lu de sang-froid les endroits de mon *Instruction pastorale* que vous attaquez? Que n'avez-vous rappelé dans votre esprit les idées de mon procédé? Vous m'auriez épargné le déplaisir de vous répondre.

J'ai appris de saint Grégoire à ne point mettre mon honneur en ce qui peut blesser celui de mon frère; et l'éclaircissement que vous exigez ne peut vous être avantageux. On dit que votre style a ébloui diverses personnes qui avouent ne rien entendre au fond de la matière; mais l'éblouissement ne dure pas toujours : la vérité se manifeste tôt ou tard; on fait justice à ceux qui l'ont soutenue; on est honteux de s'être laissé éblouir; on se fâche quelquefois contre l'auteur du prestige[1].

.... Avant d'entrer dans le détail des faits, permettez-moi, Monseigneur, d'établir deux ou trois principes, sur quoi l'on doit juger de notre conduite. L'équité, l'amitié, la charité nous obligent de bien penser d'un homme que nous estimons, jusqu'à ce que nous soyons convaincus qu'il n'a pas de bons sentiments. Après cette conviction, il faut employer les moyens les plus propres à le désabuser : ces moyens sont, pour l'ordinaire, la douceur et la patience. Mais si notre ami s'opiniâtre, et que son autorité tourne au préjudice de l'Église, alors il y a obligation de se déclarer hautement,

---

1. Pages 3-7 de l'édition originale.

surtout quand on est en place. Le ménagement seroit pris, selon la parole d'un saint pape, pour une espèce d'approbation. Nous devons aimer Jésus-Christ et l'Église plus que l'ami le plus tendre.

On peut voir l'application de ces principes dans la conduite de saint Basile, de saint Grégoire de Nazianze, de saint Augustin à l'égard d'Eustathe, de Maxime, de Pélage. Je ne cite point ces exemples pour faire des comparaisons odieuses, mais pour autoriser la règle. Ne craignez pas, Monseigneur, que je vous confonde avec des hérétiques, après les protestations que vous avez faites de vous soumettre au saint-siége. Si je me suis écarté, à votre égard, des règles que je viens d'établir, j'ai tort, vous avez eu raison de vous plaindre. Si je les ai observées exactement, vos plaintes ne sont pas justes[1].

.... Répandez donc encore, si bon vous semble, que j'ai approuvé votre ouvrage : c'est là le fort de vos plaintes contre moi. De ce que je vous ai donné quelques observations, après la simple lecture d'un livre que les plus habiles reconnoissent ne pouvoir être entendu qu'à la troisième ou quatrième fois, vous concluez que je suis responsable de tout le reste. Vous établissez là une étrange maxime. Voudriez-vous qu'on vous imputât d'avoir approuvé dans les écrits de Mme Guyon, que vous avez lus et relus, toutes les erreurs que vous n'y avez ni aperçues ni relevées? Voudriez-vous même que sur les écrits que vous avez faits pour la défendre, on vous rendît garant de toutes ses visions? Il y en auroit pourtant un peu plus de sujet que de me rendre garant de votre livre. Les écrits de la dame sont tout autrement clairs que les vôtres; ils avoient été condamnés; elle étoit violemment suspecte de fanatisme. Et si vous prétendez que votre amitié pour un tel auteur peut excuser le jugement trop favorable que vous en avez porté, mon amitié pour vous méritoit, ce me semble, que vous vous échauffassiez un peu moins contre moi, sur ce que je ne vous ai pas jugé d'abord avec assez de rigueur. C'étoit à vous plus qu'à personne à couvrir cette faute, si c'en étoit une : *Ipse non gravavi vos, donate mihi hanc injuriam*[2].

1. Pages 8 et 9. — 2. Pages 18-20.

.... Les Pélagiens avoient cela de commun avec les faux mystiques, qu'ils tempéroient de telle sorte presque toutes leurs expressions, qu'ils pouvoient les accommoder, selon les occurrences, au sens catholique et à leurs erreurs. *Ita sententiam temperasti*, disoit saint Augustin à Julien, *ut et vestra et nostra posset voce defendi*[1]. Ils ne faisoient nulle difficulté, par exemple, d'employer le mot de grâce, et d'en reconnoître la nécessité. Mais il se trouvoit à la fin que, renversant le langage ordinaire et les idées communes, ils n'entendoient par le mot de grâce qu'une bonne inclination naturelle, ou la loi écrite. Les fidèles les plus éclairés, comme les plus simples, ne pouvoient manquer d'être d'abord trompés par ces artifices. On ne suppose pas du premier coup qu'un homme nous parle en chiffre; et plus on est droit et sincère, plus on est porté à interpréter favorablement le langage ambigu des personnes qu'on estime, et qui nous assurent qu'elles pensent comme nous. Saint Augustin, avec toute sa lumière et son zèle, avoue qu'il fut surpris par les détours et les équivoques de Pélage[2].

.... En vérité, Monseigneur, plus je rappelle les idées de mon procédé à votre égard, plus je suis étonné de vos plaintes. Peut-on agir avec plus de cordialité? Je parle avec confiance, parce que j'ai cent témoins irréprochables de ma conduite. Ma bonté n'étoit pas néanmoins si molle que vous l'avez voulu faire entendre, et qu'on me l'a reproché dans le temps que vous m'en faisiez des remerciements. Je vous ai aimé; mais je ne vous ai pas flatté. Quelque porté que je fusse à vous justifier, je ne vous ai rien dissimulé de ce qui pouvoit vous faire condamner. Il est vrai que je ne vous ai pas parlé avec empire, ni desiré qu'on usât de voies dures pour arrêter vos desseins. Mais un homme de votre pénétration avoit-il besoin de paroles si fortes pour m'entendre? Un homme de votre caractère doit-il être réprimé par l'autorité, avant qu'on ait mis tout en œuvre pour le ramener par la raison? Souvenez-vous, je vous supplie, de la manière dont je vous parlai dès la première lecture que vous nous fîtes de votre

---

1. Lib. IV, *contra Jul.* 3 [n. 29, tome X, p. 600]. (*Note de l'auteur.*)
2. Pages 22 et 23.

manuscrit, à M. de Beaufort¹ et à moi. Nous vous dîmes que vous entrepreniez là une chose bien hardie. Vous savez que la politesse fait adoucir les expressions, quand on est obligé de condamner un ami; mais si cet ami est homme d'esprit, on suppose qu'il suppléera par ses réflexions tout ce que l'honnêteté a fait supprimer en lui parlant. C'est ainsi qu'on ménage tout à la fois et la vérité, et la délicatesse des hommes qui ont peine à la souffrir².

.... Bien des gens jugèrent, en suivant votre livre pied à pied, que c'étoit une apologie adroite de votre amie. De là sont venues, à ce qu'on croit, les obscurités et les contradictions de l'ouvrage. Vous vouliez soutenir une doctrine censurée, sans combattre ouvertement la censure. L'entreprise étoit embarrassante. Il falloit dire le oui ou le non sans qu'on s'en aperçût; mais on s'en est aperçu. Pour vous justifier, vous dites que si un auteur avoit fait de telles contradictions, il auroit été non-seulement *dissimulé*, *mais extravagant*. Qu'est-ce que cela conclut, Monseigneur, contre ceux qui montrent ces contradictions en propres termes? Le vrai dénouement, disent les gens éclairés, c'est que l'auteur a voulu justifier des écrits censurés, et n'a osé s'éloigner en tout du langage des censures³.

.... La grande ressource de votre cause, dit-on, a été d'introduire le jansénisme sur la scène. Il y a longtemps que Mme Guyon et ses fauteurs ont fait jouer ce ressort pour amuser le peuple, et pour la faire échapper à la censure. Mais pourquoi imputer aux jansénistes un zèle dont les plus déclarés contre le jansénisme sont visiblemment aussi échauffés que personne? Qui l'auroit cru, il y a dix ans, disoit un homme d'esprit, que l'abbé des Marais⁴ passeroit pour janséniste, et que l'abbé de Fénelon deviendroit moliniste? On augure toujours mal d'une cause qu'on défend par de mau-

1. Joseph de Beaufort, grand vicaire de M. de Noailles. Il avait pris part à l'examen du livre des *Maximes des saints*. Voyez au tome VII de la *Correspondance de Fénelon*, les *lettres* CXXXVIII et CLX, p. 304 et 350.
2. Pages 25-27. — 3. Pages 31 et 32.
4. C'est aujourd'hui Monsieur l'évêque de Chartres. (*Note de l'auteur.*)

vais moyens. La vérité ne veut être soutenue que par les armes de la vérité.

Qui est-ce qui ne connoît, Monseigneur, ceux qui se sont le plus déclarés contre Mme Guyon et son parti? Feu Monsieur l'évêque de Genève, Monsieur l'évêque de Chartres, le père général des Chartreux[1], le P. Paulin, ex-provincial de son ordre, feu Monsieur de Paris, mon prédécesseur. Quels jansénistes! Avant ce malheureux temps de division, auriez-vous cru qu'on pût soupçonner seulement Monsieur de Meaux de favoriser Jansénius? Il auroit bien oublié les leçons de M. Cornet, qui l'a élevé. Pour moi, vous n'ignorez pas combien on me reproche d'avoir trop retenu les instructions du P. Amelote. Si vous aviez lu un livre[2] qui paroît depuis quelques mois contre l'ordonnance que je fis pour censurer le livre de l'*Exposition de la foi sur la prédestination et sur la grâce*[3], vous verriez comme je suis janséniste. Il est pourtant vrai que, condamnant les sentiments outrés de ce livre, je me déclarai sans biaiser pour la doctrine de saint Augustin, tant de fois adoptée par le saint-siége. Je connus fort bien, Monseigneur, que ma conduite ne plairoit pas à tout le monde; mais un chrétien, un évêque ne doit consulter que la vérité et sa conscience. Notre devoir est d'éprouver tout, d'approuver ce qui est bon, de rejeter ce qui est mauvais. Nous devons retrancher, sans acception de personnes, tout excès en matière de foi, de morale, de discipline. J'espère que Dieu me fera la miséricorde de m'inspirer le discernement, l'amour et la pratique de ces règles. Vous êtes aussi capable que nul autre de les goûter et de les pratiquer. On prétend cependant que ces jansénistes, contre lesquels votre parti crie tant ici, vous ne

---

1. Il a écrit la vie de feu M. d'Aranthon, évêque de Genève. Voyez liv. III, ch. IV. (*Note de l'auteur.*)

2. Ce livre doit être le *Problème ecclésiastique, proposé à M. Boileau de l'Archevêché...*, 1698 (in-12). Il passe pour être d'un bénédictin, dom Thierry de Viaixnes.

3. L'ordonnance de M. de Noailles est du 20 août 1696. L'ouvrage qu'elle censurait était de Martin de Barcos, abbé de Saint-Cyran, et avait pour titre : *Exposition de la foi de l'Église romaine, touchant la grâce et la prédestination*, à Mons, chez Gaspard Migeot, 1696.

les trouvez pas ailleurs tout à fait si noirs : *quod volumus sanctum est*[1].

.... Vous me faites néanmoins une étrange objection, Monseigneur. « Si j'ai cru que vous êtes quiétiste, dites-vous, et que vous ayez voulu enseigner le désespoir sous le nom du sacrifice de l'intérêt propre, il falloit dire ouvertement que vous avez blasphémé, et que vous avez déguisé vos blasphèmes. » Si, au contraire, j'ai cru « que vous avez entendu de bonne foi par intérêt propre non le salut, mais une affection imparfaite sur le salut[2]; si je pense que votre doctrine soit saine, quoiqu'il me paroisse qu'il vous soit échappé des termes qui l'expriment mal, j'aurois dû vous engager, avec ma bonté ordinaire, à vous expliquer, et favoriser vos explications. » A cela vous savez mieux que personne combien il m'est aisé de répondre. J'ai cru, Monseigneur, comme toutes les personnes habiles le croient, que vous enseigniez le sacrifice absolu du salut, et non d'une affection imparfaite pour le salut[3]. J'ai vu, et je vous le démontrerai, si vous voulez l'entendre, que je ne pouvois vous disculper de cette erreur, dont vous pouviez n'avoir pas compris tout le venin, qu'en supposant que vous étiez tombé dans une absurdité dont vous ne seriez peut-être pas trop aise qu'on vous accusât pour vous justifier. Vous savez que cette bonté, qu'on m'a tant reprochée, n'a pu tirer de vous une explication suffisante, que je n'étois que trop porté, disoit-on, à favoriser. Je ne jugeai point à propos de dire, comme vous soutenez que je le devois faire, *que vous aviez blasphémé, et que vous vouliez déguiser vos blasphèmes*. Je n'ai point cru *vous devoir pleurer encore sitôt comme mort*[4]. Défiez-vous, Monseigneur, de

---

1. Pages 53-55.

2. Dans la *Seconde lettre* de l'archevêque de Cambrai, p. 4 (*de l'édition de* 1698), d'où cette citation est tirée, on lit aussi : « une affection imparfaite *sur* le salut. » Mais ici nous trouverons sept lignes plus bas : « une affection imparfaite *pour* le salut. »

3. *Max. des saints*, art. X. (*Note de l'auteur.*)

4. « Il falloit pleurer sur moi comme sur un homme qui n'a que le nom de vivant, et qui est mort. Il falloit dire ouvertement que j'ai blasphémé, et que j'ai voulu déguiser mes blasphèmes. » (*Seconde lettre* de l'archevêque de Cambrai, p. 4.)

la vivacité de votre imagination : elle vous emporte quelquefois au delà des bornes. Souvenez-vous que la charité ne pense point le mal; qu'elle souffre tout; qu'elle espère tout, tandis qu'il y a la moindre apparence de regagner nos frères. Il y peut avoir d'abord plus d'éblouissement que de mauvaise foi dans les erreurs qu'on soutient. Je n'ai point dû vous traiter comme un quiétiste incorrigible, puisque vous offriez au chef de l'Église de vous corriger. Mais en vous épargnant, par la bonne opinion que j'avois de vous, je ne devois pas épargner le quiétisme, que vous pouviez fort bien favoriser sans y penser[1]....................
....

1. Pages 65-68.

CRITIQUE

DE L'ÉPÎTRE DÉDICATOIRE

DE CHARLES PERRAULT.

NOTICE.

Lorsque l'Académie eut achevé son *Dictionnaire*, qu'elle publia en 1694, elle chargea son secrétaire perpétuel, l'abbé Regnier Desmarais, de composer la *Préface* et l'*Épître dédicatoire* au Roi. Cependant l'abbé Regnier ayant été obligé de s'absenter, quelques-uns de ses confrères usurpèrent la tâche que la Compagnie lui avait confiée. Charpentier fit une préface et une épître; Charles Perrault, de son côté, une autre épître. L'abbé Regnier dit dans ses *Mémoires* que l'Académie préféra à l'épître qu'il avait préparée celle dont Charpentier était l'auteur. Mais le projet de Charpentier, tel que nous l'avons, diffère entièrement de l'*Épître dédicatoire* que l'on trouve imprimée à la tête de l'édition de 1694; il est donc probable que l'Académie demanda à Charpentier une nouvelle rédaction, qui est celle que nous avons aujourd'hui, et dans laquelle plusieurs phrases du projet de Charles Perrault ont été conservées [1].

L'abbé Regnier, piqué du dégoût qu'on lui avait donné, fit sur le projet d'épître de Charpentier des remarques critiques, que d'Alembert avait vues écrites de sa main, et qu'il a publiées à

[1]. Voyez d'Alembert, *Éloge de Regnier Desmarais*, dans l'*Histoire des membres de l'Académie françoise*, tome III, p. 213, 214 et 284.

la suite de l'éloge de cet académicien [1]. « On ajoute, dit d'Alembert [2], qu'aidé de Racine, il (*l'abbé Regnier*) en avait fait de semblables sur l'*Épître* de Charles Perrault. » Nous ne pensons pas que d'Alembert, qui ne paraît nullement sûr du fait, ait connu, au sujet de ces remarques, pour lesquelles Racine aurait aidé le secrétaire perpétuel, un autre témoignage que celui de l'abbé d'Olivet. Ce témoignage est, il faut le dire, donné en des termes assez vagues. A la suite de ses *Remarques de grammaire sur Racine* (Paris, 1738), d'Olivet a fait imprimer (p. 122-148) l'épître de Perrault et la critique de cette épître. Lorsque M. Perrault « fut content de son ouvrage, dit-il [3], il en fit imprimer quarante copies, pour en distribuer à tous ses confrères, afin que chacun en son particulier se donnât la peine de l'examiner. Une de ces copies est heureusement parvenue jusqu'à moi, avec des remarques manuscrites, où je soupçonne l'abbé Regnier, et Racine lui-même, d'avoir eu bonne part. » D'où venait à d'Olivet ce *soupçon*, en ce qui concerne Racine? Il ne le dit pas. Sur la copie qu'il a eue entre les mains quelques-unes des remarques étaient-elles de l'écriture de Racine? Cette écriture n'est pas difficile à reconnaître. Pourquoi donc l'abbé d'Olivet n'est-il pas plus affirmatif, s'il a eu sous les yeux la plus simple et la plus irrécusable de toutes les preuves? Et comment ne nous a-t-il pas mis à même de distinguer les notes de Regnier de celles de Racine, comme il a dû le faire lui-même d'après la différence des deux écritures, si en effet il y en avait deux? Mais nous ne savons s'il est très-vraisemblable que sur un même exemplaire de l'*Épître* de Perrault, deux académiciens aient mêlé leurs remarques, lorsque chaque membre de la Compagnie avait, suivant l'usage, reçu le sien pour y consigner séparément ses observations. Les notes attribuées par d'Olivet à l'abbé Regnier et à Racine sont quelquefois piquantes; les intentions satiriques y abondent; ce serait bien loin d'être une raison de croire que Racine n'y a pas eu de part, si quelques traits de cette ironie ne visaient bien haut pour laisser reconnaître une main prudente, par exemple dans la remarque 16 sur l'expression *vengeur des rois*. Racine n'aurait-il pas hésité à mesurer avec tant de rigueur et tant de malice le droit que Louis XIV pouvait avoir à cette épithète? Dans plusieurs passages de cette *Critique de l'Épître*

---

1. *Éloge de Regnier Desmarais*, p. 281-284.
2. *Ibidem*, p. 214. — 3. Page 121.

on peut dire que la gloire du Roi, telle au moins que la comprenait la flatterie de ce siècle, est à peu près aussi chicanée que le style de Perrault. Il est permis d'hésiter avant d'attribuer à Racine cette hardiesse, et un choix si extraordinaire du sujet de ses épigrammes. Il n'a pas échappé à d'Alembert, à propos de la remarque 4, qu'il est difficile de la croire de notre poëte, puisqu'il aurait manqué de mémoire en critiquant une pensée qu'il avait lui-même exprimée d'une manière analogue dans son discours à la réception de l'abbé Colbert, et qui y était sujette aux mêmes objections. Plusieurs des reproches faits au style de Perrault ont été notés par d'Alembert, et, ce nous semble, avec raison, comme manquant de justesse dans leur sévérité : Racine avait d'ordinaire le goût plus sûr. En résumé, il y a bien des raisons de douter qu'il ait eu quelque part à cette critique. Luneau de Boisjermain (tome VI, p. 436) s'est contenté de la signaler et de renvoyer au livre de l'abbé d'Olivet, sans la reproduire dans son édition; Geoffroy l'a omise également. Peut-être ont-ils bien fait. Mais les éditeurs de 1807 l'ont insérée dans leur *Supplément aux OEuvres de Racine* (tome VII, p. 43-58); et M. Aimé-Martin a suivi leur exemple. Pour être plus rigoureux qu'ils n'ont été, il nous eût fallu avoir plus que des doutes, cet écrit étant d'ailleurs assez court.

ÉPÎTRE AU ROI

POUR ÊTRE PLACÉE EN TÊTE DU DICTIONNAIRE DE L'ACADÉMIE

PAR CHARLES PERRAULT*.

Sire,

Le *Dictionnaire de l'Académie françoise* paroît enfin[1] sous les auspices de Votre Majesté[2], et nous avons osé mettre à la tête de notre ouvrage le nom auguste[3] du plus grand des rois. Quelques soins que nous ayons pris d'y ras-

---

* Nous donnons cette *Épître* et la *Critique* d'après le texte de d'Olivet mentionné dans la *Notice*. Les chiffres de renvoi placés dans l'*Épître* correspondent aux chiffres des remarques dont se compose la *Critique*.

sembler[4] tous les termes dont l'éloquence[5] et la poésie peuvent former l'éloge des plus grands héros, nous avouons, SIRE, que vous nous en avez fait sentir plus d'une fois et le défaut et la foiblesse[6]. Lorsque notre zèle[7] ou notre devoir nous ont engagés à parler du secret impénétrable[8] de vos desseins, que la seule exécution découvre aux yeux des hommes, et toujours dans les moments marqués par votre sagesse, les mots de *prévoyance*, de *prudence* et de *sagesse* même ne répondoient pas à nos idées[9], et nous aurions osé nous servir de celui de *providence*[10], s'il pouvoit jamais être permis de donner aux hommes ce qui n'appartient qu'à Dieu seul. Ce qui nous console[11], SIRE, c'est que sur un pareil sujet les autres langues n'auroient aucun avantage sur la nôtre[12] : celle des Grecs et celle des Romains seroient dans la même indigence ; et tout ce que nous voyons de brillant et de sublime dans leurs plus fameux panégyriques[13] n'auroit ni assez de force ni assez d'éclat pour soutenir le simple récit de vos victoires. Que l'on remonte de siècle en siècle jusqu'à l'antiquité la plus reculée, qu'y trouvera-t-on de comparable au spectacle qui fait aujourd'hui l'attention de l'univers : toute l'Europe armée contre vous, et toute l'Europe trop foible ?

Qu'il nous soit permis, SIRE, de détourner un moment les yeux d'une gloire si éclatante[14], et d'oublier, s'il est possible, le vainqueur des nations[15], le vengeur des rois[16], le défenseur des autels, pour ne regarder que le protecteur de l'Académie françoise. Nous sentons combien nous honore une protection si glorieuse[17] ; mais quel bonheur pour nous de trouver en même temps le modèle le plus parfait de l'éloquence[18] ! Vous êtes, SIRE, naturellement et sans art, ce que nous tâchons de devenir par le travail et par l'étude[19] ; il règne dans tous vos discours[20] une souveraine raison[21], toujours soutenue d'expressions fortes et précises, qui vous rendent maître de toute l'âme de ceux qui vous écoutent, et ne leur laissent d'autre volonté que la vôtre[22]. L'éloquence où nous aspirons par nos veilles, et qui est en vous un don du ciel, que ne doit-elle point à vos actions héroïques[23] ? Les grâces que vous versez sans cesse sur les gens de lettres peuvent bien faire fleurir les arts et les sciences ; mais ce sont les grands événements qui font les poëtes et les orateurs[24] : les merveilles de votre règne en auroient fait naître au milieu d'un pays barbare.

Tandis que nous nous appliquons[25] à l'embellissement de notre langue, vos armes victorieuses la font passer chez les étrangers : nous leur en facilitons l'intelligence par notre travail, et vous la leur rendez nécessaire par vos conquêtes ; et si elle va encore plus loin que nos conquêtes, si elle réduit toutes les langues des pays où elle est connue à ne servir presque plus qu'au commun du peuple, une si haute destinée vient moins de sa beauté naturelle et des ornements que nous avons tâché d'y ajouter[26], que de l'avantage d'être la langue de la nation qui vous a pour monarque, et (nous ne craignons point de le dire) que vous avez rendue la nation dominante. Vous répandez sur nous[27] un éclat qui assujettit les étrangers à nos coutumes dans tout ce que leurs lois peuvent leur avoir laissé de libre : ils se font honneur de parler comme ce peuple à qui vous avez appris à surmonter tous les obstacles, à ne plus trouver de places imprenables, à forcer les retranchements les plus inaccessibles. Quel empressement [28], SIRE, la postérité n'aura-t-elle point à rechercher, à recueillir les mémoires de votre vie, les chants de victoire qu'on aura mêlés à vos triomphes? C'est ce qui nous répond du succès [29] de notre ouvrage; et s'il arrive, comme nous osons l'espérer, qu'il ait le pouvoir de fixer la langue pour toujours, ce ne sera pas tant par nos soins, que parce que [30] les livres et les autres monuments qui parleront du règne de VOTRE MAJESTÉ feront les délices de tous les peuples, feront l'étude de tous les rois, et seront toujours regardés comme faits dans le temps de la pureté du langage et dans le beau siècle de la France. Nous sommes [31], avec une profonde vénération, etc.

CRITIQUE DE L'ÉPÎTRE DE CHARLES PERRAULT.

1. *Le Dictionnaire de l'Académie françoise paroît enfin.* — Ce mot: *enfin*, ne peut ici être dit qu'en deux sens: ou comme par un aveu de la lenteur de l'Académie à travailler, ou comme par une espèce de vaine complaisance d'avoir pu venir à bout d'un si grand ouvrage. Or, dans l'un comme dans l'autre sens, il est mal, parce qu'il n'est ici question ni de s'accuser, ni de se vanter.

2. *Sous les auspices de* VOTRE MAJESTÉ. — On dit bien: *agir sous les auspices, entreprendre, achever quelque chose sous les aupices d'un grand prince*, pour marquer que c'est par ses ordres que tout s'est fait; que c'est son génie, son bonheur qui ont influé sur tout. Mais *paroît sous les auspices* ne se peut dire, à mon sens, que dans une occasion: ce seroit si un auteur, n'ayant pas voulu, par modestie, mettre un ouvrage au jour, venoit à y être excité, et comme forcé par les instances d'un grand prince; car alors on pourroit dire, avec fondement, que cet ouvrage paroît au jour sous les auspices du prince. Mais ici il n'y a rien de semblable.

3. *Et nous avons osé mettre à la tête de notre ouvrage le nom auguste.* — Cette phrase: *mettre le nom d'un prince à la tête d'un ouvrage*, pour dire: « lui dédier un ouvrage, » me

semble impropre, en ce qu'elle ne signifie point en effet ce qu'on veut lui faire signifier. Le mot : *oser*, me semble aussi n'être pas à propos en cet endroit. Car, en général, bien loin que ce soit une hardiesse à qui que ce soit de dédier un livre à un grand prince, c'est au contraire une marque de respect, un acte d'hommage; et pour l'Académie, à l'égard du Roi qui en est le protecteur, c'est un devoir, c'est une obligation indispensable.

4. *Quelques soins que nous ayons pris d'y rassembler tous les termes dont l'éloquence et la poésie peuvent former l'éloge des plus grands héros.* — De la façon dont ceci est énoncé, on peut croire que l'Académie, en faisant son Dictionnaire, n'a eu d'autre chose en vue que de recueillir les mots dont on peut se servir dans un panégyrique, dans une ode, dans un poëme épique, ou que du moins, en rassemblant aussi tous les autres, elle ne l'a fait que par manière d'acquit; mais que pour ceux qui peuvent entrer dans l'éloge d'un grand prince, elle y a travaillé avec tout un autre soin. Car c'est là ce qui résulte naturellement de la phrase dont il s'agit.

Que si on la veut prendre dans un sens plus étendu, et comme faisant une figure qui, dans l'expression de la plus noble partie, comprend le tout, il y aura un autre inconvénient : c'est que tous les faiseurs de dictionnaires seront aussi bien fondés que nous à dire qu'ils ont *pris soin de rassembler tous les termes dont on peut former l'éloge des plus grands héros.*

Il y a d'ailleurs une autre observation à faire là-dessus : c'est que les mots de *jurer, blasphémer, voler, tuer, assassin, traître, crime, poison, inceste,* etc., ne sont pas moins dans le *Dictionnaire de l'Académie,* que ceux de *régner, vaincre, triompher, libéral, magnanime, conquérant, valeur, gloire, sagesse,* etc.; qu'ainsi on peut dire, avec le même fondement, que nous avons *pris soin de rassembler* tous les termes dont on peut se servir pour faire les invectives les plus sanglantes et pour décrire les actions les plus abominables.

5. *Tous les termes dont l'éloquence.* — Phrase louche par elle-même, et qui laisse en doute d'abord si on ne veut point dire : *tous les termes, l'éloquence desquels.*

6. *Nous avouons,* Sire, *que vous nous en avez fait sentir plus*

d'une fois et le défaut et la foiblesse. — Ces mots-là, de la manière dont ils sont rangés, font tout un autre sens que celui qu'on a voulu leur donner. On a voulu dire que le Roi nous faisoit sentir la foiblesse et la pauvreté de la langue ; et cette phrase, tout au contraire, signifie qu'il nous a fait sentir le défaut et la foiblesse des héros.

7. *Lorsque notre zèle.* — Quand on a avancé une proposition, il faut que la preuve qu'on en donne ensuite y ait un parfait rapport. Ainsi, après avoir dit que le Roi nous a fait sentir plus d'une fois *la foiblesse* de la langue, il faudroit, pour le bien prouver, faire une espèce d'énumération des diverses choses en quoi il nous l'a fait sentir. Mais ici on ne parle que d'une seule ; et outre qu'en cela on manque à prouver suffisamment ce qu'on avoit avancé, puisqu'une proposition générale ne sauroit être prouvée par un fait particulier, on donne de plus lieu de croire que ce n'est qu'à l'égard de ce fait particulier qu'on a trouvé la langue foible.

8. *Parler du secret impénétrable.* — Parler d'un secret, c'est le révéler, le divulguer : de sorte qu'on pourroit dire que, bien loin que le zèle et le devoir engagent à parler du secret impénétrable des desseins d'un prince, ils obligent au contraire à n'en dire mot.

9. *Ne répondoient pas à nos idées.* — Il faudroit, pour la justesse de la construction : *ont mal répondu*, puisque auparavant il y a : *nous ont engagés ;* ou bien, ce qui seroit encore plus régulier : *Toutes les fois que notre zèle ou notre devoir nous ont engagés..., nous avons trouvé que les mots.... ne répondoient pas à nos idées.*

10. *Providence.* — Reconnoître que le terme de *Providence* n'appartient qu'à Dieu seul, et qu'il ne peut jamais être permis de donner aux hommes ce qui n'appartient qu'à Dieu, mais cependant dire en même temps qu'on le donneroit s'il étoit permis de le donner, il y a en cela une contradiction d'idées, et cela se détruit de soi-même.

D'ailleurs, en disant : *Et nous aurions osé, etc., s'il pouvoit être permis, etc.*, on marque une grande disposition à faire la chose même que l'on reconnoît n'être pas permise. Je ne sais si je me trompe, mais cet endroit, à ce qu'il me semble, blesse la bienséance.

11. *Ce qui nous console.* — Voilà encore un endroit où l'expression fait tort au sens ; car si l'Académie est vraiment touchée de ce qui regarde la gloire du Roi, ce ne doit pas être un sujet de consolation pour elle de ce que les autres langues ne sont pas plus capables que la nôtre de donner une juste idée des actions d'un si grand prince. On ne peut avoir raison de s'exprimer de la sorte que quand on veut laisser voir qu'on n'agit que par émulation. Mais hors de là, il est mal de dire qu'on se console de ne pouvoir pas bien faire, parce que d'autres ne peuvent pas faire mieux.

12. *C'est que* sur *un pareil sujet les autres langues n'auroient aucun avantage* sur *la nôtre.* — De ces deux *sur,* le premier est peut-être impropre ; car on ne dit pas *avoir avantage sur quelqu'un sur quelque chose,* mais *en quelque chose.* De plus, l'exactitude et la pureté du style ne souffrent pas qu'on mette dans un petit membre de période deux *sur* qui dépendent tous deux d'un même régime.

13. *De brillant et de sublime dans leurs plus fameux panégyriques.* — A prendre le mot de *panégyrique* dans un sens étroit, cela n'iroit pas loin. Ainsi je ne doute point que par les *plus fameux panégyriques,* on n'ait eu en vue tout ce que les anciens, Grecs et Romains, peuvent avoir fait de plus achevé, en matière de louanges, dans tous leurs ouvrages. Mais en même temps aussi je crois que c'est une exagération, et trop forte en elle-même, et vicieuse outre cela quant au sens et à l'expression, que de dire que ce qu'il y a de plus brillant et de plus sublime dans l'éloquence, ou grecque ou romaine, ne puisse pas avoir *assez de force et assez d'éclat pour soutenir le simple récit des victoires* du Roi. Le brillant, le sublime et l'éclat ne sont point faits pour *soutenir,* et un *simple récit* ne doit point être *soutenu.* Cela implique contradiction.

14. *Qu'il nous soit permis,* Sire, *de détourner les yeux d'une gloire si éclatante.* — Je ne blâme point cette phrase ; mais pourtant *les yeux d'une gloire* peuvent trouver de mauvais plaisants.

15. *Le vainqueur des nations.* — Pour pouvoir dire qu'un prince est le *vainqueur des nations,* il ne suffit pas qu'il ait été toujours victorieux dans toutes les guerres qu'il a ou entre-

prises ou soutenues contre diverses nations : il faut qu'il ait subjugué des nations entières. Or cela ne se peut pas dire du Roi, quoique ses victoires et ses conquêtes soient plus grandes et plus glorieuses par elles-mêmes que celles des princes qui ont subjugué plusieurs nations.

16. *Le vengeur des rois.* — Cette épithète ne convient pas non plus. Il faudroit, pour la fonder, que le Roi eût effectivement rétabli le roi d'Angleterre sur le trône. Tant qu'il ne l'y rétablit point, il est son protecteur, son appui, mais il n'est point son *vengeur*, le mot de *vengeur* supposant un homme qui non-seulement a pris quelqu'un sous sa protection, mais qui l'a effectivement vengé de ses ennemis et rétabli en son premier état.

17. *Une protection si glorieuse.* — La construction souffre ici; car il ne suffit pas que, sous le terme de *protecteur*, celui de *protection* soit enfermé, pour dire ensuite absolument : *une protection si glorieuse;* mais il faut nécessairement que celui même de *protection* ait été exprimé : ces mots : *une si glorieuse*, étant ici de même nature que le pronom démonstratif *ce*, qu'on ne peut jamais employer sans que le terme auquel il se rapporte ait été employé peu de temps auparavant, ou sans ajouter ensuite quelque chose qui marque précisément de quoi il s'agit. Ainsi, après avoir parlé de la protection dont le Roi honore l'Académie, on peut bien dire : *une si haute protection*, Sire. Que si on ne s'est point encore servi du mot de *protection*, il faudra dire : *une si haute protection que celle dont vous nous honorez**, ou quelque autre chose de semblable ; car si l'on n'ajoute rien après *une si haute protection*, dans un cas où le même mot n'a pas précédé, encore une fois il n'y a point de construction.

Si glorieuse. En parlant des grandes actions du Roi, c'est fort bien dit : *des actions si glorieuses*, parce que c'est à lui qu'elles apportent de la gloire ; mais en parlant de la protection que le Roi nous donne, comme ce n'est pas à lui, mais à

---

* La phrase proposée par l'abbé Regnier.... n'est point française; il faut dire : *une aussi haute protection que celle dont vous nous honorez. (Note de d'Alembert.)* — La remarque de d'Alembert est juste. Il est à noter qu'il s'exprime ici comme s'il croyait n'avoir affaire qu'à l'abbé Regnier.

nous qu'elle fait honneur, il faut le marquer, et dire : *une protection qui nous est si glorieuse.*

Ce qu'il y a encore de plus considérable à observer sur cette phrase : *combien nous honore une protection si glorieuse,* c'est qu'elle roule sur des termes qui ne disent à peu près que la même chose, et qu'ainsi elle tombe dans le vice où tomberoit celui qui diroit : « Je sens combien me fait de plaisir une chose si agréable, » ou : « Je sens combien m'est utile une chose si avantageuse; » car l'honneur et la gloire ne sont pas plus distincts entre eux que l'agrément et le plaisir, que l'avantage et l'utilité.

18. *Quel bonheur pour nous de trouver en même temps le modèle le plus parfait de l'éloquence!* — De la façon dont ceci est énoncé, on ne donne pas assez à entendre où l'on a trouvé ce modèle; et puisque c'est du Roi qu'on veut parler, il me semble qu'il auroit fallu dire : *de trouver en vous,* ou quelque chose d'équivalent. Mais sans m'arrêter à ce qui regarde ici l'expression, je passe à ce qui regarde le sens.

Le Roi parle sans doute très-purement; il s'exprime avec une grande justesse, avec une grande précision, et il a l'esprit si excellent, il est si consommé dans les affaires de son État, que tout ce qu'il pense et tout ce qu'il dit dans ses conseils est toujours ce qu'il y a de mieux à dire et à penser. Tout cela fait un très-grand prince, un très-grand génie, qu'on peut proposer aux rois pour modèle; mais fait-il un orateur éloquent sur le modèle duquel ceux qui aspirent à l'éloquence doivent et puissent se former? De plus, quand le bon sens, la pureté et la précision qui règnent dans tout ce que le Roi dit dans ses conseils feroient cette véritable éloquence que les académiciens doivent chercher, comment la pourroient-ils imiter, puisque pour cela il faudroit être admis dans ses conseils et pouvoir l'entendre parler sur les affaires de son État? Car s'ils n'ont l'honneur de le voir et de l'entendre que comme la foule des courtisans, ils pourront bien apprendre de lui à se posséder toujours, à ne dire jamais rien de dur, rien d'inutile, rien que de précis et de sage; mais tout cela regarde bien plus les mœurs que l'éloquence. Ainsi, plus j'approfondis la louange qu'on a voulu donner en cela au Roi, moins je la trouve convenable.

19. *Vous êtes*, Sire, *naturellement et sans art, ce que nous tâchons de devenir par l'étude.* — Pour juger si cette proposition renferme un sens juste, il faut examiner ce que le Roi est naturellement, et ce que les académiciens doivent travailler à devenir par l'étude. Le Roi est naturellement, c'est-à-dire par sa naissance, et sans y avoir rien contribué de lui-même, roi de France; il est naturellement très-bien fait; il est naturellement d'une bonne et heureuse complexion; et si l'on veut étendre encore davantage le sens de *naturellement*, il a naturellement de l'esprit, de la pénétration, de la bonté, de la douceur, de la fermeté, de la grandeur d'âme. Voilà à peu près ce qu'on peut dire que le Roi est naturellement, et qu'il a sans le secours de l'art. Mais est-ce là ce qu'un académicien doit se proposer de devenir et d'acquérir? Il me semble que, comme académicien, ce qu'il doit se proposer, c'est de devenir un excellent grammairien, un excellent critique en matière de littérature, un excellent historien, un excellent orateur, un excellent poëte, enfin un excellent homme de lettres. Or le Roi n'est rien de tout cela naturellement.

20. *Il règne dans tous vos discours.* — La chose est vraie en soi, mais elle me paroît mal énoncée; car ces mots: *dans tous vos discours*, ne conviennent nullement au Roi. Il faudroit dire: *Il règne dans tout ce que vous dites;* ou bien: *Vous ne dites rien où il ne règne.*

21. *Une souveraine raison.* — Cette souveraine raison dont il est ici question, et qui fait les sages princes et les habiles politiques, est-ce là même que celle qui fait les orateurs et les poëtes? Nullement: c'en est une d'une espèce toute différente, et qui n'a rien de commun avec l'éloquence, si ce n'est parce qu'il n'y a point de véritable éloquence que celle qui est fondée sur la raison.

22. *Qui vous rendent maître de toute l'âme de ceux qui vous écoutent, et ne leur laissent d'autre volonté que la vôtre.* — Tout cela se peut fort bien dire d'un grand prédicateur, d'un grand orateur, d'un éloquent général d'armée, accoutumé à haranguer ses soldats et à leur inspirer ce qu'il veut, mais non pas d'un roi qui donne ses ordres à ses ministres, et qui leur prescrit ce qu'ils doivent faire. Voilà quant au sens des paroles; je viens maintenant aux paroles mêmes.

C'est fort bien dit, en parlant d'un orateur : *ceux qui l'écoutent*. Mais en parlant d'un roi qui agite, qui discute avec ses ministres les affaires de son État, il faut dire : *ceux qui l'entendent parler*. Et dire en cette occasion : *ceux qui l'écoutent*, c'est une phrase aussi impropre que si on disoit : *ses auditeurs*, pour dire : *ses ministres*.

Il y a, ce me semble, une autre faute de justesse dans ces paroles : *qui vous rendent.... et ne leur laissent;* car ce ne sont pas les expressions fortes et précises qui *rendent* un homme *maître, etc.*, c'est la souveraine raison, soutenue de ces expressions. Et par conséquent, au lieu que ces mots sont mis au pluriel et se rapportent à *expressions*, ils doivent être mis au singulier et se rapporter à *souveraine raison*.

Je crois aussi qu'en cet endroit, *expression forte* n'est pas bien dit, parce que, dans la bouche du maître, des expressions fortes sont des expressions dures, et qui tiennent de l'empire et de la menace.

Quant à cette autre façon de parler : *maître de toute l'âme*, il me semble qu'elle a quelque chose de poétique, et qu'elle est ici mal appliquée; car s'agit-il que le Roi, pour faire entrer ses ministres dans son sentiment, se rende maître de leur esprit par la force de ses raisons et de ses paroles ?

23. *L'éloquence où nous aspirons par nos veilles, et qui est en vous un don du ciel, que ne doit-elle point à vos actions héroïques ?* — Si on s'étoit contenté de dire que l'éloquence où l'Académie aspire doit beaucoup aux actions héroïques du Roi, on auroit dit une chose qu'on pourroit trouver moyen de soutenir. Mais de dire que l'éloquence, qui est en lui *un don du ciel*, doit beaucoup *à ses actions héroïques*, c'est une chose qui ne se peut pas défendre; car c'est dire précisément que le don du ciel, qui est en lui, doit beaucoup à ses actions.

24. *Les grâces que vous versez sans cesse sur les gens de lettres peuvent bien faire fleurir les arts et les sciences; mais ce sont les grands événements qui font les poëtes et les orateurs.* — Si les grâces répandues sur les gens de lettres font fleurir les lettres, il s'ensuit nécessairement qu'elles font aussi des poëtes et des orateurs; car les lettres ne peuvent pas fleurir sans l'éloquence et la poésie. Ainsi le sens du second membre de cette période étant déjà enfermé dans le premier, il n'y a pas

lieu de l'énoncer ensuite dans le second membre comme par une espèce d'opposition, et d'en former un axiome.

Mais quand il n'y auroit nulle difficulté en cela, je ne vois pas sur quoi on fonde que ce sont les grands événements qui font les poëtes et les orateurs. Tout ce qu'ils font, c'est de leur fournir des sujets propres à les exciter et à les soutenir. Alexandre a été un des plus grands conquérants du monde, et il n'y a peut-être jamais eu de plus grand événement dans l'univers que le renversement de l'empire des Perses, suivi de l'établissement de celui des Grecs dans une partie considérable de l'Europe, dans l'Égypte, et dans l'Asie jusqu'au Gange. Cependant les grandes choses qu'il a faites lui ont-elles fait naître un excellent poëte grec? Et le poëte Chérilus, qui les a vues, et qu'il combloit même de bienfaits, en a-t-il été moins mauvais poëte? Les victoires d'Annibal, grandes et signalées en Espagne et en Italie, et celles mêmes de Jules César, ont-elles fait naître des poëtes et des orateurs? En a-t-on vu de bien fameux du temps de Charlemagne, si célèbre par ses grandes actions, et par l'empire romain partagé avec les Grecs? Et s'il étoit vrai que les merveilles du règne d'un prince en dussent faire naître *au milieu d'un pays barbare*, pourquoi les premiers Ottomans n'en ont-ils point eu dont le nom ait mérité de parvenir jusques à nous? Je sais bien que l'éloquence ne doit pas être renfermée dans les bornes d'une vérité rigoureuse; mais il ne faut pas aussi, dans une épître, s'emporter comme feroit un orateur dans la tribune, ou comme un poëte dans un ouvrage pindarique.

25. *Tandis que nous nous appliquons*. — Voici une période d'une extrême longueur, et qui n'a en cela nulle proportion avec les autres, qui sont presque toutes coupées.

Il me semble, au reste, qu'il y a quelque chose qui blesse la bienséance, de représenter dans un même tableau, d'un côté l'Académie travaillant à la composition ou à la révision du *Dictionnaire*, et de l'autre le Roi à la tête de ses armées.

Mais laissant cela à part, puisque c'est du *Dictionnaire* qu'on parle, et du *Dictionnaire* achevé, il ne faut pas dire en le présentant: *Tandis que nous nous appliquons..., vos armées* (sic) *victorieuses la font passer;* mais: *Tandis que nous nous sommes appliqués..., vos armées victorieuses l'ont fait passer, etc.*

26. *Des ornements que nous avons tâché d'y ajouter.* — Travailler au dictionnaire d'une langue, est-ce y ajouter *des ornements?* Tous ceux qui font des dictionnaires ne sont que des compilateurs plus ou moins exacts. On orne, on embellit une langue par des ouvrages en prose ou en vers, écrits avec un grand sens, un grand goût, une grande pureté, une grande exactitude, un grand choix de pensées et d'expressions. Mais on ne peut pas dire que ce soit y ajouter *des ornements*, que d'en recueillir, d'en définir les mots, et d'en fournir des exemples tirés du bon usage.

27. *Vous répandez sur nous.* — Ce *nous*, si on en juge par tous les autres qui sont dans l'*Épître*, et même par ceux qui sont dans la période précédente, doit s'entendre des académiciens : de sorte qu'à prendre droit par les termes, cela signifie que les étrangers sont assujettis aux coutumes de l'Académie dans tout ce que leurs lois leur ont pu laisser de libre. Mais quand on ôteroit l'équivoque de *nous*, qui est très-facile à ôter, il ne seroit peut-être pas aisé de réduire cette pensée à un sens juste et raisonnable; car la langue d'un pays peut-elle raisonnablement se mettre au rang des choses que les lois laissent à la liberté des peuples de quitter comme il leur plaît?

28. *Quel empressement.* — Tout ceci, quant au sens, ne me paroît pas assez lié, ni avec ce qui précède, ni avec ce qui suit.

29. *C'est ce qui nous répond du succès.* — Qu'est-ce que le succès d'un ouvrage? Est-ce simplement de durer longtemps, et de passer à la postérité? Si cela est, tous les mauvais ouvrages qui sont parvenus jusqu'à nous depuis deux mille ans, plus ou moins, ont eu un grand succès. Et que promet-on au *Dictionnaire*, quand on ne lui promet autre chose? Mais si, par le succès d'un ouvrage, on entend, comme on le doit, le jugement avantageux qu'en fait le public après l'avoir examiné, comment peut-on dire que l'empressement que la postérité aura à recueillir les mémoires de la vie du Roi, est ce qui répond du succès du *Dictionnaire?*

30. *S'il arrive.... qu'il ait le pouvoir de fixer la langue pour toujours, ce ne sera pas tant par nos soins, que parce que.* — C'est dire : « S'il arrive qu'il ait le pouvoir de fixer la langue, ce ne sera pas lui qui la fixera. » La bonne logique auroit voulu qu'on eût dit : « S'il arrive que la langue françoise, telle qu'elle

est aujourd'hui, vienne à être fixée pour toujours, ce ne sera pas tant par nos soins, que parce que, etc. »

31. *Nous sommes*. — Lorsqu'un particulier écrit à un autre particulier, il peut finir sa lettre partout où il veut. Il peut couper tout d'un coup, et dire : *Je suis*, sans que cela ait aucune liaison de sens avec ce qui a précédé. Peut-être même que c'est mieux fait d'en user de la sorte, que de s'amuser à prendre un tour pour finir une lettre comme en cadence. Mais il n'en est pas de même, à mon avis, quand une Compagnie écrit au Roi. Il faut que tout soit plus compassé, plus mesuré, plus étudié, et que du moins les dernières choses qu'on a dites aient quelque rapport de sens avec la protestation par laquelle on finit; car une fin brusque et qui n'est liée à rien marque de la négligence ou de la lassitude; et l'un et l'autre blessent le respect.

TRADUCTIONS

NOTICE.

Il convient de réunir dans une même notice tout ce que nous avons à dire des diverses traductions que Racine a écrites.

Elles avaient toutes été déjà publiées, et avaient pris place dans ses *OEuvres;* mais le texte n'en avait pas été donné avec assez d'exactitude. Les éditeurs s'étaient plusieurs fois trompés dans l'indication des auteurs traduits, et, pour quelques-uns de ces opuscules, avaient admis trop légèrement des erreurs accréditées par les fils de Racine sur l'époque probable où leur père y avait travaillé. Il était cependant de quelque intérêt d'y regarder de plus près.

Le *Banquet de Platon,* les *Fragments de la Poétique d'Aristote* et les *Extraits de Lucien et de Denys d'Halicarnasse* sont les plus importants de ces écrits, parce qu'ils doivent être rapportés à un temps où Racine était maître de son style; les autres sont des études de jeunesse, bien que Racine s'en soit occupé un peu plus tard qu'on ne l'a dit. La valeur très-inégale qu'ont ces écrits, et qui s'explique par la différence de leur date, nous a engagé à en former comme deux divisions distinctes, et à les faire imprimer en caractères différents. Le petit texte nous a paru suffire pour la seconde division, que nous donnons en appendice, à la fin du volume; il n'aurait pas suffi pour la première, qui n'est pas seulement, comme celle-là, un objet de curiosité biographique. Nous parlerons d'abord des trois écrits qui composent cette première division, et que nous avons tout à l'heure nommés.

De ces trois écrits, le seul qui puisse donner une juste idée du talent de Racine dans la traduction, et, disons-le même, le seul qui, à parler rigoureusement, soit une traduction véritable, est le *Banquet*. Racine n'avait pourtant traduit que par complaisance, et comme à regret, ce dialogue de Platon; mais il n'était pas dans ses habitudes de s'acquitter avec négligence, même d'une tâche dont il ne se chargeait pas sans quelque répugnance et quelques scrupules; et d'ailleurs, quelque impatience que lui causât l'entreprise où on l'engageait, une fois aux prises avec l'éloquence de Platon, comment ne l'eût-elle pas bien inspiré? Il fit donc un travail digne de sa plume si élégante; mais il ne le livra pas à l'impression; et ce fut seulement trente-trois ans après sa mort qu'une indiscrétion le révéla au public. En 1732, un volume in-12 fut imprimé sous ce titre : LE BANQUET DE PLATON. *Traduit un tiers par feu M. Racine, de l'Académie françoise, et le reste par Madame de ***. A Paris, chez Pierre Gandouin Libraire, Quay des Augustins, à la Belle Image*. Au commencement du volume est une *Épître à Monsieur le marquis de Grave*, signée BOUSQUET; il y est dit vers la fin : « Tels sont les vœux.... que je me crois heureux de publier à la tête d'un manuscrit qui me tomba, il y a plus de vingt ans, entre les mains, parmi d'autres écrits d'une dame très-illustre, dont le nom, si j'osois le déclarer, n'orneroit pas peu cet ouvrage. » On sait que *Bousquet*, l'éditeur pseudonyme, n'était autre que l'abbé d'Olivet. Après l'*Épître* vient un court *Avertissement*, où cet éditeur s'exprime ainsi : « Pour mettre les lecteurs au fait, je n'ai qu'à rapporter une lettre de M. Racine à M. Despréaux. Cette lettre est du 18 décembre; mais l'année n'y est pas marquée. Il seroit aussi difficile d'en deviner la date précise, qu'inutile de la savoir au juste. » D'Olivet donne ensuite le texte de la lettre, que l'on trouvera plus loin, avant celui du *Banquet*, p. 451-453.

Le même abbé d'Olivet avait déjà parlé de la traduction du *Banquet* dans son *Histoire de l'Académie françoise* (voyez, dans sa *Notice sur Jean Racine*, sa *Réponse à M. de Valincour*) : « J'ai eu la curiosité, dit-il, de parcourir ce qui reste de ses papiers (*des papiers de Racine*) dans sa famille. Il n'y a rien qui puisse être publié. Ce sont des collections d'Homère et de Sophocle, avec de petites notes à son usage. C'est une traduction du *Banquet de Platon;* mais il en manque la moitié. » Dans une petite note de l'édition de 1743, il ajouta : « On a imprimé à Paris, en 1732, un petit volume intitulé : *le Banquet de Platon, traduit un tiers par feu M. Racine et le reste par Madame de ****. Cette dame est l'illustre Marie-Madeleine-Gabrielle de Rochechouart de Mortemart, abbesse de Fontevrault, morte en 1704. » Les éditeurs de 1807 (*OEuvres de Racine*, avec le commentaire de la Harpe) ont recueilli dans les papiers de Jean-Baptiste Racine des renseignements curieux, qui complètent l'histoire de la publication de 1732, et qui nous instruisent de ce que d'Olivet n'a pas dit. Voici comme ils parlent (tome V, p. 369) dans leur *Avertissement* sur le *Banquet de Platon :* « Cette traduction n'était pas destinée à voir le jour, encore moins à paraître sous le nom de Racine. Elle s'était trouvée à sa mort parmi ses papiers, et était restée entre les mains de ses enfants. Jean-Baptiste Racine nous apprend comment elle en est sortie. Dans ses notes manuscrites sur la vie de son père, qui ont servi à Louis pour rédiger les *Mémoires* publiés en 1747, il déclare qu'en 1732 l'abbé d'Olivet, étant un jour venu le trouver chez lui, mit la main dans ses tiroirs, s'empara du manuscrit du *Banquet de Platon*, et, sans son aveu, le porta aussitôt chez un libraire du quai des Augustins pour le faire imprimer. A ce manuscrit était jointe la lettre à Boileau.... » Avant l'année 1732, d'Olivet connaissait les papiers de Racine, et y avait remarqué la traduction du *Banquet ;* car la première édition de son *Histoire de l'Académie*, où il en parle, est de 1729. Mais cela n'infirme aucunement le témoignage de Jean-Baptiste Racine, et prouve seulement que lorsque d'Olivet fouilla dans les tiroirs, il savait déjà (depuis plus de vingt ans, dit-il lui-même) ce qu'il y trouverait, et avait, après réflexion, changé d'avis sur le peu d'intérêt qu'il avait trouvé d'abord à publier le *Banquet*.

Ce qui est moins facile à expliquer, après la révélation que les éditeurs de 1807 nous ont faite des notes manuscrites de Jean-Baptiste Racine, c'est la manière dont son frère parle du *Banquet* dans ses *Mémoires*. Il rapporte la traduction que Racine en fit au temps de son enfance, lorsqu'il étudiait à Port-Royal (voyez notre tome I, p. 211). Puis, faisant probablement réflexion que le style de ce morceau pourrait sembler bien étonnant chez un écolier, même quand cet écolier était Racine, il ajoute dans une note (*ibidem*, note 3) : « S'il n'a pas fait cette traduction à Port-Royal, il l'a faite à Uzès : c'est un ouvrage de sa jeunesse. Quoique la traduction soit bonne, un fragment si peu considérable ne méritoit peut-être pas d'être imprimé; il le fut cependant chez Gandouin, en 1732. On a mis à la tête une lettre sans date d'année, qui m'est inconnue, et ne se trouve point parmi les autres lettres, écrites à Boileau, qui sont entre mes mains. » Il faut en effet refuser de reconnaître l'authenticité de la lettre, dès qu'on veut faire passer la traduction du *Banquet* pour une œuvre de la première jeunesse de Racine, c'est-à-dire d'un temps où ni Boileau ni Racine n'allaient à la cour, où ils ne se connaissaient même pas encore; il faut plus : il faut nier que le travail de Racine ait eu rien de commun avec celui de l'abbesse de Fontevrault, qui, née en 1645, ne traduisait apparemment point Platon lorsque Racine était à Port-Royal ou en Languedoc (de 1655 à 1663).

L'erreur que Louis Racine a commise dans ses *Mémoires* est trop évidente pour donner lieu à une discussion sérieuse. C'est à regret que nous ajouterons : le mot d'erreur conviendrait difficilement ici. Tous les papiers de son père, et aussi les notes de Jean-Baptiste Racine, avaient passé sous ses yeux quand il écrivit ses *Mémoires*. Ce qui est probable, c'est que jugeant l'abbé d'Olivet coupable d'un abus de confiance, il n'a pas été fâché de contester tout ce qu'il a pu dans une publication faite contre les intentions de la famille. La traduction d'ailleurs d'un ouvrage tel que le *Banquet* ne lui paraissait sans doute très-séante ni à une abbesse, ni à un converti, comme l'était Racine à l'époque où il s'en chargea. Ne voulant pas cependant aller jusqu'à nier l'authenticité de cette traduction, l'auteur des *Mémoires* aura pensé que, pour se tirer d'embarras, il fallait en faire un péché de jeunesse. En cette circonstance, comme en plusieurs autres, par une exagération de respect filial, il a manqué de sincérité, et, ce qui est moins grave, en même temps d'adresse.

M. Aimé-Martin, dans une note sur la *Lettre* où Racine annonçait à Boileau l'envoi de la traduction du *Banquet* (tome V de l'édition de 1844, p. 97), dit que, selon toutes les vraisemblances, Racine écrivit cette lettre après qu'il eut renoncé au théâtre, et avant la disgrâce de Mme de Montespan, c'est-à-dire de 1678 à 1686; il n'a fait qu'adopter sur ce point l'opinion de M. de Saint-Surin, éditeur des OEuvres de Boileau (1821), opinion qu'il serait difficile de contredire; car on ne voit pas quel autre temps assigner au travail que l'abbesse de Fontevrault obtint de la complaisance de Racine.

Voici comment M. Cousin, dans ses *Notes sur* le Banquet (tome VI de la traduction des *OEuvres de Platon*, p. 411 et 412), parle de la traduction de Racine et de celle de Mme de Rochechouart : « J'ai mis à profit ce morceau échappé à la plume savante de l'un des écrivains les plus habiles de la langue française. Il eût été ridicule de ne pas se servir d'une traduction de Racine, et cependant même à Racine je ne pouvais sacrifier Platon. De là les emprunts perpétuels que j'ai faits à ce fragment, et les changements que je me suis permis d'y introduire pour rétablir le sens et quelquefois la couleur de l'original. Quant à la traduction de Mme de Rochechouart, le style en est toujours bon, et il y a de loin en loin des tournures et des expressions heureuses que j'ai recueillies. D'ailleurs elle est d'une inexactitude qui ne permettait pas de songer à s'en servir. L'auteur d'*Esther*, dans la partie du *Banquet* qu'il a traduite, affaiblit l'expression de l'amour grec et substitue au langage naïf et direct de l'original la phraséologie équivoque de la galanterie moderne. Mme de Rochechouart dénature bien plus le texte, et le discours d'Aristophane n'est plus reconnaissable dans la chaste traduction de la docte abbesse. En effet, l'épreuve était aussi trop forte, et on ne peut la blâmer de n'avoir pas osé traduire ce qu'une femme lira même difficilement. On voit, au reste, qu'elle a traduit sur le latin de Ficin et ne connaissait pas le moins du monde l'original. »

En un point nous oserions ne pas nous soumettre entièrement à l'autorité du maître que nous venons de citer. Il nous paraît bien sévère quand il reproche à quelques parties de l'œuvre de Racine « la phraséologie équivoque de la galanterie moderne. » L'*expression de l'amour grec* est certainement *affaiblie* à dessein et adroitement voilée par notre poëte, comme l'heureuse différence de nos mœurs lui a paru l'exiger; mais nous ne voyons pas qu'il y ait substitué nulle part l'expression de *la galanterie française*. On aurait tout au plus à remarquer, dans les passages où la difficulté est ingénieusement éludée, une inexactitude historique, bien pardonnable, nulle inexactitude littéraire, nulle fade altération de la couleur du style. Quelques faux sens, mais peu nombreux et de peu d'importance, pourraient être relevés; on noterait quelques membres de phrase supprimés, d'autres ajoutés pour éclaircir la pensée. Nous voulons aujourd'hui une littéralité plus scrupuleuse : qui se flatterait néanmoins de conserver aussi bien à la langue de Platon son élégance et son charme? C'est là un genre d'exactitude qui en vaut bien un autre.

Le texte grec sur lequel Racine a travaillé est-il celui qu'a donné Henri Estienne en 1578, avec la traduction latine de Jean de Serres? M. Grille nous semble l'insinuer dans le passage de sa *Lettre à M. le marquis de la Porte sur des livres, des événements et des hommes de l'ancien et du nouveau régime*, Paris, 1847, in-8° : « Je vous montrerai un bel exemplaire de Platon, mis en latin par Serranus et imprimé par Henri Estienne.... Il y a trois volumes, reliés en huit fascicules in-folio. L'exemplaire porte les armes de Mme de Rochechouart abbesse de Fontevrault; il fut pris en 1792 par un moine de cette maison, et vendu ensuite à un libraire de qui je l'ai dernièrement acheté. C'est ce livre qui servit à la savante abbesse à traduire le *Banquet* en compagnie de Racine. » La découverte bibliographique de M. Grille peut faire regarder, non comme certain, mais comme probable, que l'abbesse de Fontevrault a fait sa traduction sur son exemplaire d'Henri Estienne, et qu'elle s'est aidée de la version latine de Jean de Serres plutôt que de celle de Ficin, à laquelle M. Cousin avait pensé. Mais Racine n'a pas précisément travaillé *en compagnie* de Mme de Rochechouart; et elle n'a sans doute pas eu besoin de lui prêter son exemplaire, lorsqu'elle l'a prié de revoir sa traduction. Les *OEuvres de Platon* ne manquaient pas à la bibliothèque de notre poëte, et il nous serait impossible de dire quel texte il a suivi. Nous avons cherché si quelques-unes des inexactitudes de la traduction de Racine pouvaient s'expliquer par des particularités du texte de 1578 ou du latin de Jean de Serres; et notre recherche ne nous a fait rien trouver de décisif sur ce point.

Dans la *Copie exacte de l'état des livres que M. Racine a*

remis à la Bibliothèque du Roi (c'était en 1756), il est fait mention, parmi les *Manuscrits*, de la *Traduction d'une partie du* Banquet *de Platon et de quelques morceaux de la* République. Si ce don précieux de Louis Racine se trouvait encore aujourd'hui à la Bibliothèque, où il avait été déposé, l'écriture du manuscrit suffirait sans doute pour démontrer l'anachronisme commis par les *Mémoires sur la vie de Jean Racine*. Mais comme des preuves d'autre nature surabondent, le manuscrit nous aurait surtout été utile pour établir le texte dans toute sa pureté ; il nous aurait donné d'ailleurs, outre le *Banquet*, des fragments de la *République*, qui nous sont inconnus, et qui devaient avoir été traduits à une époque antérieure. Mais il s'est égaré, et depuis longtemps. Au commencement de ce siècle, la disparition en était constatée par Mouchet, premier employé aux manuscrits de la Bibliothèque. Nous n'avions donc aucun moyen de contrôler l'exactitude de l'édition de 1732 ; notre texte y est fidèlement conforme, ce qu'on ne peut pas toujours dire de celui qu'ont donné les précédentes éditions des *OEuvres de Racine*.

Luneau de Boisjermain est le premier qui ait joint aux *OEuvres de Racine* la partie du *Banquet* que notre auteur a traduite. Elle est aux pages 413 et suivantes de son tome V. Dans une courte préface, qui précède le *Banquet*, l'éditeur s'exprime ainsi : « Nous ne dirons rien de cette traduction ; c'est un ouvrage de la jeunesse de Racine, auquel il travailla sans goût et sans plaisir. » Luneau de Boisjermain avait trop facilement accepté l'assertion de Louis Racine ; et la manière dont il parle d'un travail très-remarquable par le style prouve qu'il ne l'avait pas lu avec attention. Nous avons vu que les éditeurs de 1807 avaient été mieux informés ; en général leur critique était plus attentive et plus sûre.

Geoffroy (tome VI, p. 445 et suivantes) a donné, non-seulement cette partie du *Banquet* qui a été traduite par Racine, mais celle qui, dans l'édition de 1732, appartient à Mme de Rochechouart. Cela ne lui a pas encore semblé suffisant. L'abbé d'Olivet avait jugé à propos de supprimer, dans la traduction de la docte abbesse, le discours d'Alcibiade, pour se conformer à l'avis exprimé dans la lettre de Racine à Boileau. Geoffroy a voulu combler cette lacune, et n'a pas craint de placer à côté de la traduction de Racine et de Mme de Rochechouart la fin du dialogue traduite par lui-même. Il avait certainement raison de ne pas juger *inutile* ce discours d'Alcibiade, quoi qu'en eût dit Racine, à qui il aurait dû suffire d'alléguer ce qu'il a pour nous de scandaleux. Toutefois on n'a aucun besoin de trouver le dialogue complet dans les *OEuvres de Racine;* ni la traduction de l'abbesse de Fontevrault, ni celle de Geoffroy n'y sont à leur place. celle-ci surtout, puisque, pour l'y admettre, on n'a pas même, comme pour la première, ce prétexte que le souvenir en est inséparable de celui de l'ouvrage de Racine. La témérité de Geoffroy n'a pas eu le succès pour excuse. Dans le voisinage redoutable qu'il a affronté, son *Discours d'Alcibiade* ne fait pas une bonne figure. « Ce morceau, dit M. Cousin dans ses *Notes sur* le Banquet (p. 412), est si inexact et fait si légèrement qu'il nous a été impossible de l'employer. »

M. Aimé-Martin n'a pas fait difficulté de donner place dans son édition à la traduction de Mme de Rochechouart et à celle de Geoffroy. Nous avons pensé, pour nous, que le lecteur se contenterait de trouver ici celle de Racine.

Après le *Banquet* nous avons placé les *Fragments de la Poétique d'Aristote.* Ils ont été publiés pour la première fois par Geoffroy dans son édition des *OEuvres de Racine*, tome VI, p. 549-563. Ils avaient été signalés par une lettre de Louis Racine, écrite en 1756 à l'abbé Sallier, bibliothécaire du Roi, que Geoffroy a insérée dans sa *Préface* (p. 546 et 547), et qui nous a été conservée au tome I, folio 282, des manuscrits de Racine.

Louis Racine, dans cette lettre, qui est datée simplement : « Ce samedi, » disait : « Hier au soir, je retrouvai un livre qui mérite bien d'accompagner les autres. C'est *Petri Victorii Commentarii in librum Aristotelis de Arte poetarum*, 2ᵃ *editio, Florentiæ, in officina Juntarum*, 1573; in-folio (*L. Racine a écrit par erreur* 1673). A la marge de ce petit in-folio on trouve plusieurs passages de la *Poétique* d'Aristote traduits par mon père. Je vous prie d'ajouter ce livre à l'état que je vous ai remis; et je remettrai le tout lorsque vous l'enverrez chercher, ou tout à l'heure, ou lundi à huit heures du matin. »

La Bibliothèque impériale possède l'exemplaire du livre de

Petrus Victorius (Pierre Vettori, savant philologue florentin du seizième siècle) sur les marges duquel Racine a essayé de rendre en français plusieurs passages de la *Poétique*. Il ne se proposait évidemment pas de travailler pour le public, mais seulement de s'expliquer mieux à lui-même la pensée d'Aristote, comme le prouveraient d'ailleurs assez les paraphrases et commentaires çà et là mêlés à la traduction; et l'on voit bien que son travail eût été tout différent, s'il avait prétendu faire véritablement œuvre de traducteur. Nous avons donc pu nous demander si ces fragments de la *Poétique* ne devaient pas tout simplement être mis au nombre des annotations que portent à la marge beaucoup de livres ayant appartenu à Racine, et dont le lecteur trouvera dans le volume suivant les plus intéressantes. Mais, toute réflexion faite, nous avons cru qu'après avoir été au-devant de toute erreur sur le véritable caractère de ce travail, il n'y avait aucun inconvénient à lui donner place parmi les traductions de notre auteur, ainsi que Geoffroy et Aimé-Martin l'avaient fait avant nous, et même parmi celles de ces traductions qui se recommandent plus particulièrement à l'attention. En effet, cette interprétation de la *Poétique*, quoique Racine ne la destinât qu'à son propre usage, s'est trouvée par de très-solides qualités digne d'échapper à l'oubli. Elle n'est certainement pas une étude de la première jeunesse de Racine; elle ne paraît pas non plus avoir pu l'occuper après qu'il eut renoncé au théâtre, mais, suivant toute vraisemblance, il l'a faite dans le temps où il s'intéressait le plus aux règles de cet art tragique qu'il pratiquait si glorieusement. On n'en peut guère douter, lorsqu'on fait attention aux passages auxquels il s'est attaché de préférence dans l'ouvrage d'Aristote : son choix a porté sur ceux qui intéressent le poëte dramatique.

Dans le texte donné par Geoffroy, reproduit par Aimé-Martin, nous n'avons eu à corriger, d'après les notes manuscrites de Racine, que de très-légères et très-peu nombreuses inexactitudes.

Le titre de *traduction* pourrait être aussi contesté au petit traité qui a pour titre : *Comment il faut écrire l'histoire;* mais ce serait par des raisons un peu différentes. Racine avait voulu annoter et commenter Aristote plutôt que le traduire dans l'exacte acception du mot. Il ne s'est nullement proposé d'éclaircir le texte de Lucien ni celui de Denys d'Halicarnasse, lorsqu'il leur a emprunté ce qu'ils avaient dit de plus sage sur les devoirs de l'historien et sur les règles à suivre dans la composition historique. Uniquement préoccupé du fond des choses, il n'a cherché qu'à recueillir d'utiles leçons : aussi a-t-il abrégé ses auteurs, et un peu librement traité leur texte, dont il a reproduit parfois la pensée plutôt que la forme. Louis Racine paraît ne s'être pas trompé sur le temps où son père s'est occupé de ce travail. Il dit, dans ses *Mémoires* (voyez notre tome I, p. 277), que ce fut à l'époque où il se prépara à sa tâche d'historiographe : « Mon père, pour se mettre ses devoirs devant les yeux, fit une espèce d'extrait du traité de Lucien sur la manière d'écrire l'histoire. Il remarqua dans cet excellent traité des traits qui avoient rapport à la circonstance dans laquelle il se trouvoit.... » Si ce n'est qu'une conjecture, elle est du moins extrêmement vraisemblable. Non-seulement le dessein que Racine pouvait avoir, en s'attachant plutôt au sens qu'à la forme de ces anciens préceptes, est manifeste ; il faut ajouter que l'élégance et la fermeté du style excluent toute supposition d'un travail de première jeunesse. Un écrivain exercé a seul pu resserrer ainsi Lucien sans lui rien faire perdre. Il y a là beaucoup plus et beaucoup mieux qu'une simple analyse. Ce n'est pas tout à fait, je le répète, une traduction, au moins une traduction fidèle ; Racine toutefois ne s'est pas tenu assez loin des auteurs dont il voulait avoir sous les yeux les judicieuses remarques, pour que nous ayons dû songer à placer ailleurs qu'ici les extraits qu'il en a faits.

Louis Racine a donné en 1747 l'*Extrait du traité de Lucien* aux pages 13-18 du volume qu'il publia alors comme un appendice à ses *Mémoires*. Son texte est, cette fois encore, inexact de parti pris, et il serait difficile de se rendre raison des retranchements et des changements qu'il s'est permis. Nous ne saurions non plus deviner pourquoi il n'a pas joint à ces pages celle que Racine a, sur le même sujet, tirée de Denys d'Halicarnasse. Elle y est cependant mêlée aujourd'hui, parmi les papiers de son père qu'il a lui-même donnés à la Bibliothèque du Roi ; et elle ne peut lui avoir échappé.

M. Aimé-Martin, qui a eu entre les mains le manuscrit de notre auteur, l'a suivi plus fidèlement que n'avait fait Louis Racine; il a cependant encore altéré quelques passages. Il n'a pas omis le morceau emprunté à Denys d'Halicarnasse; il a bien reconnu qu'il était distinct de l'*Extrait de Lucien*, et l'a donné à part avant cet *Extrait;* mais il est clair qu'il n'a pas trouvé (s'il l'a cherché) de quel auteur Racine l'avait tiré, et il l'a intitulé : *Sur la manière d'écrire l'histoire, par* Racine. Voyez son édition de 1844, tome V, p. 207.

L'*Extrait du traité de Lucien* est au tome II des manuscrits de Racine, folios 21-29. L'*Extrait* de Denys d'Halicarnasse y a été joint, ou plutôt intercalé, et sépare l'alinéa qui finit par ces mots : « pourvu qu'elles conviennent à celui qui parle, » de celui qui commence ainsi : « Il faut être court et circonspect. » A la rigueur on pourrait croire que Racine, qui ne prétendait pas faire une traduction, ne s'est pas fait scrupule d'insérer parmi les emprunts qu'il a faits à Lucien quelques préceptes analogues tirés d'un autre auteur. Mais il ne l'eût pas fait à une place où cette addition aurait coupé les idées dans leur suite naturelle; et il faut remarquer que le feuillet double où est le passage de Denys d'Halicarnasse est distinct des précédents, et que deux pages blanches suivent la dernière phrase de ce passage. Les pages des deux *Extraits* ont, il est vrai, dans l'ordre où elles sont disposées aujourd'hui, une pagination qui se suit, de 1 à 17; mais ces chiffres ne doivent pas être de la main de Racine. Nous avons donc, comme M. Aimé-Martin, séparé l'*Extrait* de Lucien et celui de Denys d'Halicarnasse, qui ont sans doute été faits dans le même dessein et dans le même temps, mais qui, empruntés à des sources différentes, seraient à tort confondus.

On comprend difficilement par quelle distraction M. Aimé-Martin les a mêlés parmi les traductions qu'il donne comme des brouillons d'écolier, et qu'il a réunis sous le titre général de *Fragments de traductions par Jean Racine*. Un *Avis de l'éditeur* qu'il a placé en tête de ces divers morceaux[1] les désigne tous, sans faire d'exceptions, comme les *premières étu-*

---

1. Voyez le tome V, p. 205 et 206, des *OEuvres complètes de J. Racine*, édition de 1844.

des d'un enfant : « l'auteur avait alors quatorze ans, peut-être seize. Il était à Port-Royal. » Et, dans cet *Avis*, rien n'avertit le lecteur que l'*Extrait du traité : Comment il faut écrire l'histoire*, doive être distingué de ce que l'éditeur croyait être des exercices de collége. Le témoignage de Louis Racine n'a pu cependant, nous l'avons vu, tromper ici M. Aimé-Martin, comme il l'a fait pour d'autres écrits ; ce témoignage au contraire aurait dû le garantir d'une si singulière erreur, et Louis Racine l'a donné deux fois, d'abord dans ses *Mémoires*, puis dans une petite note au bas de la première page du *Traité de Lucien*.

Il nous reste à parler des traductions qui forment notre seconde division, et qui sont réellement les seules que Louis Racine ait désignées comme des exercices scolaires. Ces traductions sont la *Vie de Diogène le cynique*, l'opuscule qui a pour titre : *des Esséniens* ; la *Lettre de l'Église de Smyrne*, la *Vie de saint Polycarpe*, l'*Extrait d'une lettre de saint Irénée à Florin*, l'*Épître de saint Polycarpe aux Philippiens*, et les ragments intitulés : *de Saint Denys, archevêque d'Alexandrie*, et *des Saints martyrs d'Alexandrie*.

Qu'on nous permette de donner quelques détails minutieux sur l'état où sont aujourd'hui, en ce qui regarde ces traductions, les manuscrits de Racine que possède la Bibliothèque impériale. Sur le premier feuillet du tome II on lit cette indication écrite de la main de Louis Racine : « Brouillons et Extraits faits presque à la sortie du collége, » avec une note de son frère Jean-Baptiste expliquant clairement que le collége dont il s'agit est celui de Beauvais[1]. Aux feuillets suivants (2-19) on trouve la *Vie de Diogène*. Le feuillet 20 porte

---

1. Voici cette note : « Jean Racine sortit du collége de Beauvais, dirigé par quelques ecclésiastiques de mérite et de savoir, en 1655, le 1er octobre, et fut mis à Port-Royal, où il ne resta que trois ans, puisque, au mois d'octobre 1658, il fut envoyé à Paris pour faire sa philosophie, n'ayant encore que quatorze ans. On a peine à comprendre comment en trois ans il a pu faire les progrès qu'il fit à Port-Royal. Ses facultés, qui étoient fort médiocres, ne lui permettant pas d'acheter les belles éditions des auteurs grecs,

écrit de la main de Louis Racine : « Extrait fait par Jean Racine du *Traité de Lucien sur la manière d'écrire l'histoire.* » Ce traité est écrit sur les feuillets 21-29. Sur le feuillet 30 Louis Racine a écrit de nouveau : « Brouillons et Extraits faits par Jean Racine, presque à la sortie du collége; » et il a ajouté : « On y trouve une traduction de la *Vie de Diogène le cynique* par Diogène Laërce; » puis les titres suivants : *La Vie de saint Denys, archevêque d'Alexandrie. — Des Esséniens. — Lettre de l'Église de Smyrne. — Vie de Diogène le cynique.* A la suite de ce feuillet viennent, dans l'ordre où nous les avons nous-même rangées, les traductions qui ont pour titre : *des Esséniens* (f. 31-52), *Lettre de l'Église de Smyrne* (f. 53-60), *Vie de saint Polycarpe* (f. 61 et 62), *Extrait d'une lettre de saint Irénée* (f. 62 et 63), *Épître*

il les lisoit dans les éditions de Bâle, où il n'y a pas de version latine.

« Son fils avoit hérité de l'exemplaire de Platon et de Plutarque, dont les marges étoient chargées d'apostilles de sa main.

« Il traduisit le *Banquet de Platon*, imprimé en 1732.

« Il fit des extraits, tout grecs, de quelques traités de saint Basile, et quelques remarques sur Homère et Pindare. »

Ainsi les *Brouillons et Extraits* que Louis Racine a voulu désigner auraient été écrits à la sortie du collége de Beauvais, autrement dit à Port-Royal, où l'on devrait croire également que Racine a annoté les œuvres de Platon et de Plutarque, fait des extraits de saint Basile, des remarques sur Homère et sur Pindare, et même (cela semble du moins résulter de la rédaction de la note) traduit le *Banquet de Platon.* Nous remontons là à la source de plusieurs erreurs qui depuis ont été reproduites. Il y en a d'évidentes. Louis Racine, dans la première édition de ses *Mémoires* (voyez notre tome I, p. 209, note 1), a dit, d'après son frère, que Racine fut envoyé au collége d'Harcourt « n'ayant encore que quatorze ans. » Dans la seconde édition il a corrigé cette faute : Racine en 1658 avait dix-neuf ans. Faire remonter au temps de Port-Royal la traduction du *Banquet*, n'est pas, nous l'avons déjà dit, une moins incontestable méprise. Une note écrite si légèrement ne mérite donc confiance dans aucune de ses parties. Il se peut que Racine n'ait eu à Port-Royal d'autres éditions des auteurs grecs que celles de Bâle, ainsi que Louis Racine l'a répété dans ses *Mémoires;* mais alors ses traductions de Philon et d'Eusèbe sont d'une autre époque, car il ne les a pas faites sur ces éditions.

de saint Polycarpe (f. 63-67), *de Saint Denys, archevêque d'Alexandrie*, et *des Saints martyrs d'Alexandrie* (f. 69-77).

Il suit incontestablement de là que Louis Racine regardait toutes les traductions que l'on trouve aujourd'hui encore parmi les manuscrits de son père, comme faites peu de temps après sa sortie du collége de Beauvais, c'est-à-dire à Port-Royal, à l'exception du *Traité de Lucien*, qu'évidemment on n'a pas mis, en l'insérant entre les feuillets 19 et 30, là où il devait être, où Louis Racine l'aurait mis. La liste qu'il donne au feuillet 30 comprend tout le reste; car ceux des opuscules qu'il n'a pas nommés font évidemment suite, *les Saints martyrs d'Alexandrie* à *Saint Denys, évêque d'Alexandrie*, les autres à la *Lettre de l'Église de Smyrne*. On ne peut séparer ce qui non-seulement est analogue par le sujet, mais encore est d'une écriture tout à fait semblable, et se continue sur un même feuillet, quelquefois sur une même page.

La date marquée par Jean-Baptiste Racine sur quelques-uns des feuillets du manuscrit s'accorde avec les notes de son frère. Sur le feuillet 1, il a mis : « de 1655 à 1658, » et il a répété cette date en tête de l'opuscule *des Esséniens* (folio 31), en tête aussi du feuillet 68 qui précède *Saint Denys* et *les Saints martyrs d'Alexandrie*, et sur lequel Louis Racine a écrit *Vies des saints*.

Les fils de Racine n'avaient certainement fait qu'une conjecture; et ils auraient dû s'apercevoir que cette conjecture souffrait de trop grandes difficultés. L'erreur en sera démontrée, nous le croyons, par l'examen que nous allons faire de chacun des petits écrits auxquels ils ont assigné leur date entre 1655 et 1658.

La *Vie de Diogène le cynique* aurait été singulièrement choisie à Port-Royal pour un exercice d'écolier. Louis Racine dit dans ses *Mémoires* (voyez notre tome I, p. 210) que là « on ne confioit pas à un jeune homme un livre tout grec sans précaution; » et, comme exemple de l'extrême attention qu'on y avait pour la pureté des mœurs, il cite les ouvrages historiques de Plutarque, dans lesquels les maîtres de Racine effaçaient avec soin les passages « trop naïfs, » avant de lui faire traduire cet auteur « d'ailleurs si grave. » Comment donc s'imaginer que Diogène de Laërte ait pu échapper à une censure si prudente? Mieux eût valu ne pas retirer au jeune homme l'innocent roman des *Amours de Théagène et de Chariclée*, et ne pas lui laisser entre les mains un ouvrage moins attrayant sans doute, mais qui convenait bien moins encore à son âge. Si Racine rencontre un passage scabreux du texte, il le traduit avec une hardiesse de langage, et une science d'interprétation, dont on s'étonnerait moins au temps où il se fut éloigné de ses maîtres vigilants, et où il écrivait des lettres dans lesquelles il est quelquefois question de lectures assez libres. Nous croirions donc volontiers que la traduction de la *Vie de Diogène* ne fut pas faite avant 1658, mais plutôt un peu après, et lorsque Racine venait d'achever ses études scolaires. Nous n'avons pas à alléguer, il est vrai, de preuves absolues et décisives, mais seulement des vraisemblances morales. Si quelques personnes en étaient moins frappées que nous, et s'il fallait leur accorder que Racine ait pu faire ce travail étant encore dans les petites écoles de Port-Royal, nous aurions des raisons d'une autre nature pour ne pas étendre notre concession aux autres traductions. Celles-ci ne doivent pas être de la même date que la traduction de la *Vie de Diogène*. Non-seulement, dans cette dernière, l'écriture n'est pas tout à fait la même; mais on y remarque de singuliers archaïsmes, souvent répétés, dont Racine n'a pas fait usage ailleurs. Entre des écrits différents par la langue, et dont en même temps les derniers nous semblent supérieurs pour les qualités du style, il faut mettre un certain intervalle. Si nous ne pouvons déterminer cet intervalle avec certitude, nous donnerons du moins, pour quelques-uns des morceaux traduits d'Eusèbe, des preuves irrécusables qu'ils ne sont pas du temps des études de Port-Royal.

Lorsque Racine a traduit la *Vie de Diogène*, il n'a eu sous les yeux qu'une assez ancienne édition, on le reconnaît à quelques passages : peut-être une de ces éditions de Bâle dont parle Jean-Baptiste Racine, celle de 1531, ou celle de 1533, l'une et l'autre ne donnant que le texte grec[1]. Ce qui est

1. Le *Diogène de Laërte* publié à Bâle en 1524 n'est au contraire qu'une traduction latine d'Ambroise le camaldule. Nous ne savons

tout à fait certain, c'est qu'il n'a pas alors connu les notes de Ménage (*Ægidii Menagii Notæ in Diogenis Laertii de Vitis philosophorum libros X*, Parisiis, M.DC.LXII, in-8°). Il aurait sans doute profité de ce savant travail, s'il avait fait sa traduction après 1662.

Si cette traduction n'est pas irréprochable, elle est loin cependant d'être sans mérite, surtout quand on n'oublie pas que le jeune écrivain trouvait alors peu de secours pour l'intelligence du texte. Racine y rencontre souvent l'expression qui resterait aujourd'hui encore la plus nette et la plus vive. Un peu plus tard que lui, Gilles Boileau a traduit en français cette même *Vie de Diogène*, dans le livre qui a pour titre : *Diogène Laërce, de la Vie des Philosophes, traduction nouvelle par M. B****, à Paris, M.DC.LXVIII, 2 volumes in-12. Il a beaucoup moins bien entendu le grec que Racine, et ne l'a pas si heureusement rendu.

Le mot de *brouillons*, que Louis Racine applique à toutes ces traductions de la jeunesse de Racine, convient beaucoup moins à celle-ci qu'aux autres, qui sont très-chargées de corrections et de ratures, tandis qu'il y en a peu dans la *Vie de Diogène*, écrite avec plus de soin.

Sous le titre : *des Esséniens*, Racine a traduit ce qu'il a trouvé dans Josèphe sur cette secte juive, et dans Philon sur la même secte et sur les Thérapeutes. Il a lui-même pris soin d'indiquer, dans de petites notes, quel auteur il a suivi; et il a écrit sur des feuillets distincts ce qui n'a pas été pris à la même source. M. Aimé-Martin n'aurait donc pas dû ajouter ce sous-titre fort inexact : *Fragments traduits de Philon*, ôtant ainsi à Josèphe sa part, qui n'est pas beaucoup moindre, ni présenter deux morceaux différents comme un seul ouvrage, où l'on est alors étonné de trouver tantôt des redites, tantôt des choses qui ne s'accordent pas tout à fait. Il est remarquable que dans les traductions que nous donnons après celle-ci, Racine a également pris de différents côtés, pour les rapprocher, des textes qui se rapportaient à un même sujet. On

---

si Racine a pu la consulter. Mais il ne s'est assurément pas contenté de traduire sur le latin. Il indique quelque part, dans une note, une variante pour le texte grec.

serait tenté de croire qu'il ne se proposait pas seulement un exercice d'interprétation et de style, mais qu'il réunissait des matériaux pour quelque travail sur l'histoire religieuse, ou tout au moins qu'il voulait approfondir, pour sa propre instruction, l'étude de certaines parties de cette histoire. Ce dessein, qui paraît si vraisemblable, n'est guère celui d'un écolier.

S'il fallait toujours songer aux éditions de Bâle, Racine se serait peut-être servi, pour l'historien Josèphe, de celle de 1544, in-folio. Quant à Philon, l'édition des œuvres de cet auteur qu'à un certain moment il a eue entre les mains est, comme nous le dirons bientôt, celle de Paris, 1640, in-folio. Mais était-ce à ce même moment qu'il traduisait les fragments sur les Esséniens? Nous ne devons pas l'affirmer, parce qu'entre cette traduction et les dernières de celles qui suivirent, un intervalle de temps dont il vaudrait la peine de tenir compte peut être supposé.

La *Lettre de l'Église de Smyrne*, la *Vie de saint Polycarpe*, la *Lettre de saint Irénée*, et l'*Épître de saint Polycarpe aux Philippiens* ont été certainement traduites ensemble, et ne forment qu'un seul travail. Tout le prouve : il s'agit toujours de saint Polycarpe; l'écriture n'offre pas de différences; et plusieurs de ces extraits commencent sur le même feuillet, parfois sur la même page où finit le précédent.

M. Aimé-Martin au titre des deux premiers a ajouté ce sous-titre : *Fragments traduits d'Eusèbe*; il a eu tort, au moins pour ce qui est de la *Lettre de l'Église de Smyrne*. Racine, à la marge de différents passages de cette lettre, a lui-même cité Eusèbe; mais il n'aurait pas ainsi répété cette indication, s'il eût tout tiré du même auteur. Voici d'ailleurs ce qui ne laisse aucun doute. Eusèbe, au livre IV, chapitre XV[1], de son *Histoire ecclésiastique*, n'a donné qu'en partie la *Lettre de l'Église de Smyrne*. Racine, qui a comblé les lacunes, a donc fait sa traduction sur un autre texte. La *Lettre*, que nous ne connaîtrions pas tout entière si Eusèbe seul nous l'avait conservée, avait été trop répandue dans toutes les Églises d'Orient, auxquelles l'Église de Smyrne l'avait envoyée, pour qu'on

---

1. Nous citons d'après l'édition de 1659, dont il sera parlé tout à l'heure.

ne l'ait pas retrouvée ailleurs que dans la citation incomplète de l'évêque de Césarée. Il en existait plusieurs manuscrits. Ce fut Usserius (Jacques Usher, évêque d'Armagh) qui le premier en fit imprimer le texte grec, en même temps qu'une ancienne traduction latine, assez défectueuse. En 1647, il publia à Londres un volume in-4°, intitulé : *Appendix Ignatiana*.... Ce volume renferme une seconde partie, dont la pagination est distincte, et qui a son titre à part : *Ignatii Antiocheni et Polycarpi Smyrnensis episcopi martyria*.... C'est là (p. 13-30) qu'Usserius a donné la *Lettre de l'Église de Smyrne*, et c'est là que Racine a pris le texte qu'il a eu sous les yeux en même temps que celui d'Eusèbe. Il nous apprend lui-même que ce volume était entre ses mains, puisqu'il en cite les pages 61 et 62 dans une note sur la *Vie de saint Polycarpe*. Il aurait, il est vrai, à défaut du livre d'Usserius, trouvé une partie des passages qui y complètent les fragments donnés par Eusèbe, dans les notes[1] de l'édition de ce dernier auteur publiée à Paris, chez Vitré, en 1659 (in-folio). Peut-être sont-ce ces notes qui l'ont mis sur la voie de l'*Appendix Ignatiana*; mais il est aisé de reconnaître, à quelques passages, qu'il a eu recours au texte complet, tel qu'il est dans Usserius. Toutefois il est certain qu'il s'est servi, et ce n'est pas une remarque inutile à faire, de l'édition d'Eusèbe que nous venons de citer, tout au moins pour la traduction des *Saints martyrs d'Alexandrie*. Là, en effet, non-seulement il a cité dans une note deux passages de la traduction latine d'Henri de Valois, qui est celle qu'on trouve à côté du texte grec dans l'édition de 1659, où elle parut pour la première fois; mais il renvoie, dans une autre note du même opuscule, à la page 163 pour un passage d'Eusèbe ; et la citation de cette page ne se rapporte qu'à cette même édition. Une petite difficulté se présente cependant pour ceux des fragments empruntés à Eusèbe où il est question de saint Polycarpe. A la marge de celui qui contient des renseignements donnés sur la vie de ce saint par saint Irénée, au troisième livre des *Hérésies*, Racine a écrit : *Eusèbe, livre IV, chapitre* 13; et au

---

1. Voyez la page 68 de la seconde partie de cette édition d'Eusèbe (*Annotationes in librum IV*).

même endroit, dans une note, il cite le même *Eusèbe, livre III, chapitre* 35. Au commencement de la *Lettre de saint Irénée à Florin*, il écrit à la marge : *Eusèbe, livre V, chapitre* 19. Or, d'après l'édition de 1659, il eût fallu dire : *livre IV, chapitre* 14; *livre III, chapitre* 36; *livre V, chapitre* 20. Si c'est dans une édition du texte grec d'Eusèbe que Racine a pris ces chiffres qu'il donne, ce ne peut être que dans celle de Genève (*Historiæ ecclesiasticæ scriptores græci, græco-latine nunc primum editi, ex interpretatione Christophorsoni.... Coloniæ Allobrogum, M.DC.XII*). Il aurait suivi le texte grec, pour la citation du livre III, chapitre 35; la traduction de Christophorson, dont les divisions sont différentes, pour la citation du livre IV, chapitre 13, et du livre V, chapitre 19. On serait donc en droit de conclure de là ou que Racine consultait dans le même temps, pour son travail, deux éditions d'Eusèbe différentes, ou qu'il n'a eu l'édition de 1659 que lorsqu'il s'est occupé des *Martyrs d'Alexandrie*. Cette seconde supposition n'a rien d'improbable, l'écriture des deux dernières traductions n'étant pas tout à fait la même que celle des précédentes, et permettant de croire qu'elles ont été faites un peu plus tard.

Quoi qu'il en soit, il reste bien établi, au moins pour les *Martyrs d'Alexandrie*, et pour le fragment sur *Saint Denys*, qui en est inséparable, que Racine n'a pas fait sa traduction avant 1659; et la date de Jean-Baptiste Racine est ici convaincue d'erreur, aussi bien que la note de Louis Racine : *Brouillons faits presque à la sortie du collége*, entendue dans ce sens que ces *Brouillons* sont du temps de Port-Royal. Maintenant qu'on veuille bien se souvenir des raisons qui nous ont porté à croire entreprise plus tard que ce même temps de Port-Royal la traduction de la *Vie de Diogène*, d'une langue plus surannée cependant que celles qui ont suivi; que l'on fasse attention à l'érudition de quelques-unes des notes du jeune traducteur, à ces indications chronologiques, dans lesquelles il cite de gros in-folios, à la forme de ce travail, qui suppose tout autant, et plutôt peut-être, des recherches historiques que le désir de se fortifier dans les études grecques et d'exercer sa plume; à ces divers ouvrages qu'il devait avoir à sa disposition, Josèphe, Philon, Eusèbe, Usserius, Baronius et Petau, en outre Tertullien et saint Jérôme, si leur témoignage, qu'il allègue, n'a pas été cité de seconde main : on pensera, ce nous semble, qu'un écolier ne pouvait travailler de cette manière, et que, parmi les traductions qui commencent aux *Esséniens*, celles mêmes pour lesquelles nous n'avons pas, comme pour les autres, l'indication d'une date fournie par la citation de l'*Eusèbe* de Vitré, ne doivent pas non plus cependant être antérieures à 1659.

Nous pouvons, croyons-nous, ne pas nous borner à marquer cette limite, mais faire encore un pas de plus. Le seul temps de la jeunesse de Racine où l'on s'explique sans peine qu'il se soit essayé à un travail sérieux sur des sujets de l'histoire religieuse, et qu'il ait eu à sa disposition une bibliothèque de théologien, nous paraît être celui qu'il passa en Languedoc, près de son oncle le vicaire général : arrivé à Uzès dans les derniers mois de 1661, il y demeura probablement toute l'année suivante, et même une partie de l'année 1663 [1]. Par les lettres qu'il écrivit de cette ville nous savons qu'il se plaignait que le nombre de ses livres y fût « fort borné. » Mais il ajoutait que les livres qui lui manquaient étaient les livres français, particulièrement les « livres à conter fleurette; » et que, d'ailleurs, « les sommes de théologies latines » et les « Pères grecs » ne faisaient pas défaut [2]. Il disait aussi : « Je fais force extraits de théologie [3]. » Les travaux dont nous apprenons ainsi qu'il était occupé ne sont pas, on le voit, sans analogie avec ceux dont nous parlons ici, et qu'on ne peut s'étonner de ne pas trouver expressément mentionnés dans ces mêmes lettres : il y glissait volontiers, et avec une sorte d'affectation de légèreté, sur tout ce qui aurait paru trop sérieux à ses frivoles correspondants; mais nous ne doutons pas, et nous l'avons dit ailleurs [4], que ce temps ait pu être un des plus studieux de sa vie; les *Remarques sur les Olympiques* et *sur l'Odyssée* nous en fourniront, dans le volume suivant, des preuves assurées. Toutes les vraisemblances nous paraissent donc favoriser cette con-

---

1. Voyez la *Notice biographique*, p. 43, 47, et 55, note 1.
2. *Lettre à l'abbé le Vasseur*, du 4 juillet 1662.
3. *Lettre au même*, du 17 janvier 1662.
4. *Notice biographique*, p. 51.

jecture que Racine aurait travaillé de 1661 à 1663 aux traductions des fragments sur les *Esséniens*, sur *Saint Polycarpe* et sur les *Martyrs d'Alexandrie*. Il semblerait seulement que les derniers de ces fragments l'ont occupé un peu plus tard que les autres. Nous devons dire ici qu'avant cet examen approfondi, nous avons eu nous-même trop de confiance dans le témoignage des fils de Racine, et dans les indications des éditeurs qui l'ont accepté, lorsque nous avons admis, dans notre *Notice biographique*, p. 21, que les traductions de Diogène de Laërte, de Philon et d'Eusèbe avaient bien pu être faites à Port-Royal.

La digression à laquelle nous avons été entraîné, et que nous ne croyons pas inutile, sur la date probable de ces traductions, nous a interrompu lorsque nous les suivions une à une et dans leur ordre. Les deux qui viennent immédiatement après la *Lettre de l'Église de Smyrne*, et qui sont la *Vie de saint Polycarpe*, et l'*Extrait d'une lettre de saint Irénée à Florin*, ont été faites l'une et l'autre sur le texte d'Eusèbe. Il n'en est pas de même de l'*Épître de saint Polycarpe aux Philippiens*; et M. Aimé-Martin aurait dû le faire remarquer. Eusèbe parle de l'*Épître aux Philippiens*, comme d'une lettre excellente dans son livre IV, chapitre xiv (Racine a traduit ce passage), mais il n'en rapporte pas le texte. Le Febvre d'Étaples l'a publiée le premier en 1498, mais seulement dans une traduction latine. Le texte grec a été imprimé pour la première fois par le P. Halloix, dans le livre qui a pour titre : *Illustrium Ecclesiæ orientalis scriptorum qui primo Christi sæculo floruerunt Vitæ et Documenta*. Duaci, M.DC.XXXIII (in-folio). Usserius l'a reproduit aux pages 13 et suivantes de ses *Lettres de saint Polycarpe et de saint Ignace* (*Polycarpi et Ignatii Epistolæ*. Oxoniæ, M.DC.XLVIII, in-4°)[1]. Ce livre d'Usserius est probablement celui dont s'est servi Racine ; il devait l'avoir en même temps que l'*Appendix Ignatiana*, qui n'en est que le complément.

1. La première édition publiée par Usserius de *Polycarpi et Ignatii Epistolæ* n'est pas celle dont nous donnons ici le titre, mais celle qui parut en 1644, comme le dit Ittig à la page 270 de la *Bibliotheca Patrum apostolicorum græco-latina*, Leipzig, 1699.

Dans le texte donné par Halloix et par Usserius, il y a quelques lacunes, que ces éditeurs ont remplies à l'aide d'une ancienne version latine. Racine n'a pas seulement traduit la partie de l'*Épître* qui existe en grec, mais aussi les passages que le latin supplée. Il a d'ailleurs omis quelques phrases qui n'avaient pu lui offrir de difficultés ; et la même remarque s'appliquerait à plusieurs de ses traductions, même, comme nous l'avons dit, à celle du *Banquet*, où les omissions, il est vrai, sont sans importance : il ne tenait pas à une minutieuse exactitude. Nous ne conclurons donc pas d'un petit nombre d'omissions dans l'*Épître de saint Polycarpe*, qu'il ait fait usage d'un texte différent de celui dont nous avons parlé.

Louis Racine a réservé le titre de *Vies des saints*[1] pour les deux derniers fragments que le traducteur a intitulés : *de Saint Denys, archevêque d'Alexandrie*, et *des Saints martyrs d'Alexandrie*. Mais pourquoi les fragments qui se rapportent à la vie de saint Polycarpe n'auraient-ils pas été aussi bien compris sous le même titre de *Vies des saints?* Si Louis Racine avait su que les deux dernières traductions de son père, et celles-là seulement, devaient faire partie d'un travail plus étendu sur les *Vies des saints*, il l'aurait sans doute dit plus expressément. N'attachons pas trop d'importance à un titre sur lequel il n'avait sans doute pas beaucoup médité. Nous avons déjà fait remarquer (p. 443) que l'écriture des deux fragments sur *Saint Denys* et sur les *Martyrs d'Alexandrie*, un peu différente de celle des fragments précédents, peut donner à croire qu'ils ne sont pas tout à fait du même temps ; mais le travail étant d'ailleurs du même genre, nous croirions difficilement que les uns aient été écrits longtemps après les autres. Nous n'avons cependant pas voulu regarder comme certain que Racine, lorsqu'il traduisait les *Esséniens*, et tout ce qui se rapporte à saint Polycarpe, eût déjà entre les mains les éditions qu'il cite dans l'opuscule *des Saints martyrs d'Alexandrie*, en indiquant les chiffres des pages qu'il avait sous les yeux.

---

1. Sous ce titre, qu'on trouve, comme il a été dit (p. 438), au feuillet 68, il a écrit : *neuf feuillets* ; c'est bien le nombre que nous trouvons, en ne comptant que les deux derniers fragments.

Ces éditions, comme nous le montrerons ci-après dans nos notes, sont, pour les *OEuvres de Philon*, celle de Paris, 1640 (in-folio), et pour les *OEuvres d'Eusèbe*, celle qui nous a servi plus haut à prouver l'erreur des fils de Racine, l'édition de Paris, 1659 (in-folio).

Dans le manuscrit des traductions de Racine, à partir de celle des *Esséniens*, les ratures et les corrections sont très-nombreuses. Quelquefois elles peuvent laisser de l'incertitude sur l'expression, sur la phrase auxquelles le traducteur s'est définitivement arrêté. En plusieurs endroits la première expression, et celle qu'une correction lui a substituée, sont l'une et l'autre effacées, de sorte qu'une phrase entière ou une partie de phrase resterait incomplète si l'éditeur ne faisait un choix sous les ratures. On est le plus souvent guidé dans ce choix par une remarquable particularité du manuscrit : entre ces variantes, également barrées, la plupart du temps on en trouve une soulignée, ce qui semble bien indiquer qu'elle doit être rétablie malgré la rature. M. Aimé-Martin en a jugé ainsi ; et nous ne pensons pas que ce soit lui, ou quelque autre lecteur du manuscrit qui ait souligné les expressions qu'il choisissait. En général, M. Aimé-Martin s'est bien tiré de quelques petites difficultés qu'offraient tant de ratures ; et sa lecture a rendu la nôtre plus aisée ; mais dans quelques autres parties de son travail nous avons rencontré bien des fautes. Des erreurs, parfois très-singulières, qu'elles soient de son fait ou de celui de son imprimeur, affectent en plusieurs passages le sens des phrases, ou mettent à la charge de Racine des locutions vicieuses ; dans la *Vie de Diogène* surtout, il y en a beaucoup de ce genre. M. Aignan, dans son édition (si elle mérite ce nom), les a acceptées de confiance ; et, comme il en a cependant remarqué la bizarrerie, il en a fait l'objet de notes, où il les fait ressortir, les blâme ou les explique. L'examen du manuscrit lui eût épargné tout ce travail, qu'il est permis de trouver un peu singulier.

Si nous n'avions pas eu affaire ici à des écrits de jeunesse, dont il paraîtrait superflu de recueillir les innombrables variantes, nous aurions indiqué, comme nous l'avons fait ailleurs, toutes les leçons effacées, au lieu de nous borner, comme nous le ferons, à noter les plus intéressantes, et nous aurions rendu compte minutieusement de l'état du manuscrit ; en outre, nous ne nous serions pas permis de compléter quelques phrases, dont autrement le sens resterait interrompu, en prenant sous les ratures ce qui a été effacé sans avoir ensuite été souligné. Mais ici le scrupule eût été excessif, fatigant pour le lecteur, et sans véritable utilité. Il a dû suffire de ne rien ajouter au manuscrit, de n'en rien retrancher, et de ne rétablir, dans les passages qui se lisent sous les ratures, que ce qui était nécessaire au sens, et ce que l'auteur n'avait pas eu le temps de refaire.

LE
BANQUET DE PLATON

LE BANQUET DE PLATON.

LETTRE DE RACINE A DESPRÉAUX,

EN LUI ENVOYANT LE *BANQUET* DE PLATON.

18 décembre.

Puisque vous allez demain à la cour, je vous prie, Monsieur, d'y porter les papiers ci-joints. Vous savez ce que c'est. J'avois eu dessein de faire, comme on me le demandoit, des remarques sur les endroits qui me paroîtroient en avoir besoin; mais comme il falloit les raisonner, ce qui auroit rendu l'ouvrage un peu long, je n'ai pas eu la résolution d'achever ce que j'avois commencé, et j'ai cru que j'aurois plus tôt fait d'entreprendre une traduction nouvelle. J'ai traduit jusqu'au discours du médecin, exclusivement. Il dit, à la vérité, de très-belles choses, mais il ne les explique point assez; et notre siècle, qui n'est pas si philosophe que celui de Platon, demanderoit que l'on mît ces mêmes choses dans un plus grand jour. Quoi qu'il en soit, mon essai suffira pour montrer à Mme de*** que j'avois à cœur de lui obéir. Il est vrai que le mois où nous sommes[1] m'a fait souvenir de l'ancienne fête des Saturnales, pendant laquelle les serviteurs prenoient avec leurs maîtres des libertés qu'ils n'auroient pas prises dans un autre temps. Ma conduite ne ressemble pas trop mal à celle-là : je me mets sans façon à côté de Mme de***; je prends des airs de maître;

---

1. On a vu que la lettre est datée du mois de décembre.

je m'accommode sans scrupule de ses termes et de ses phrases; je les rejette quand bon me semble. Mais, Monsieur, la fête ne durera pas toujours, les Saturnales passeront, et l'illustre Dame reprendra sur son serviteur l'autorité qui lui est acquise. J'y aurai peu de mérite en tout sens; car il faut convenir que son style est admirable : il a une douceur que nous autres hommes nous n'attrapons point; et si j'avois continué à refondre son ouvrage, vraisemblablement je l'aurois gâté. Elle a traduit le discours d'Alcibiade, par où finit *le Banquet* de Platon; elle l'a rectifié, je l'avoue, par un choix d'expressions fines et délicates, qui sauvent en partie la grossièreté des idées; mais avec tout cela, je crois que le mieux est de le supprimer[1]. Outre qu'il est scandaleux, il est inutile; car ce sont les louanges, non de l'amour, dont il s'agit dans ce dialogue, mais de Socrate, qui n'y est introduit que comme un des interlocuteurs. Voilà, Monsieur, le canevas de ce que je vous supplie de vouloir dire pour moi à Mme de***. Assurez-la qu'enrhumé au point que je le suis depuis trois semaines, je suis au désespoir de ne point aller moi-même lui rendre ces papiers; et si par hasard elle demande que j'achève de traduire l'ouvrage, n'oubliez rien pour me délivrer de cette corvée. Adieu, bon voyage; et donnez-moi de vos nouvelles, dès que vous serez de retour.

1. On l'a supprimé dans cette édition (*Note de l'édition de* 1732). — M. Cousin, dans ses *Notes sur* le Banquet (*OEuvres de Platon*, tome VI, p. 411 et 412), dit par deux fois que Mme de Rochechouart « s'arrêta devant le discours d'Alcibiade, » comme avait fait avant elle, en 1559, Louis le Roi, professeur de langue grecque au Collége de France. Le témoignage de Racine nous avertit qu'il y a là une petite erreur; elle avait déjà été signalée à la page 9 de la brochure de M. F. Grille, que nous avons citée ci-dessus, p. 430.

LE BANQUET DE PLATON.

SUR L'AMOUR.

APOLLODORE.

Je crois que je n'aurai pas de peine à vous faire le récit que vous me demandez : car hier, comme je revenois de ma maison de Phalère, un homme de ma connoissance, qui venoit derrière moi, m'aperçut, et m'appela de loin. « Hé quoi? s'écria-t-il en badinant, Apollodore ne veut pas m'attendre? » Je m'arrêtai, et je l'attendis. « Je vous ai cherché longtemps, me dit-il, pour vous demander ce qui s'étoit passé chez Agathon[1], le jour que Socrate et Alcibiade y soupèrent. On dit que toute la conversation roula sur l'Amour, et je mourois d'envie d'entendre ce qui s'étoit dit de part et d'autre sur cette matière. J'en ai bien su quelque chose par le moyen d'un homme à qui Phénix avoit raconté une partie de leurs discours ; mais cet homme ne me disoit rien de certain. Il m'apprit seulement que vous saviez le détail de cet entretien : contez-le-moi donc, je vous prie. Aussi bien, à

---

1. Racine a chargé de notes latines et françaises les marges d'un *Platon* (édition de Bâle, in-folio, 1534). Nous parlerons de ces notes, quand nous nous occuperons des livres que notre poëte a annotés ; mais ici même, il peut être à propos d'en citer quelques-unes. Au bas de la première page du *Banquet*, Racine a écrit : « C'est cet Agathon qui est cité trois ou quatre fois dans la *Poétique* d'Aristote (*voyez chapitres* IX, XV *et* XVIII), et qu'Aristophane raille plaisamment en le faisant venir habillé en femme dans le *Jugement des femmes contre Euripide* (Racine désigne la comédie intitulée Θεσμοφοριάζουσαι). Il falloit qu'il fût beau par excellence. »

qui peut-on mieux s'adresser qu'à vous pour entendre le discours de votre ami? Mais dites-moi, avant toute chose, si vous étiez présent à cette conversation. — Il paroît bien, lui répondis-je, que votre homme ne vous a rien dit de certain, puisque vous parlez de cette conversation comme d'une chose arrivée depuis peu, et comme si j'avois pu y être présent. — Je le croyois, me dit-il. — Comment, lui dis-je, Glaucon? ne savez-vous pas qu'il y a plusieurs années qu'Agathon n'a mis le pied dans Athènes? Pour moi, il n'y a pas encore trois ans que je fréquente Socrate, et que je m'attache à étudier toutes ses paroles, toutes ses actions. Avant ce temps-là j'errois de côté et d'autre; et croyant mener une vie raisonnable, j'étois le plus malheureux de tous les hommes. Je m'imaginois alors, comme vous faites maintenant, qu'un honnête homme devoit songer à toute autre chose qu'à ce qui s'appelle philosophie. — Ne m'insultez point, répliqua-t-il. Dites-moi plutôt quand se tint la conversation dont il s'agit. — Nous étions bien jeunes vous et moi, lui dis-je. Ce fut dans le temps qu'Agathon remporta le prix de sa première tragédie[1]. Tout se passa chez lui le lendemain du sacrifice qu'il avoit fait avec ses acteurs pour rendre grâce aux Dieux du prix qu'il avoit gagné. — Vous parlez de loin, me dit-il; mais de qui savez-vous ce qui fut dit dans cette assemblée? Est-ce de Socrate? — Non, lui dis-je : je tiens ce que j'en sais de celui-là même qui l'a conté à Phénix, je veux dire d'Aristodème, du bourg de Cydathène, ce petit homme qui va toujours nus pieds. Il se trouva lui-même chez Agathon : c'étoit alors un des hommes qui étoit le plus attaché à Socrate. J'ai

---

1. Dans ses notes sur le *Platon* de Bâle, Racine, en regard de la phrase : ὅτε τῇ πρώτῃ τραγῳδίᾳ ἐνίκησεν Ἀγάθων, a écrit : « Agathon remporta le prix *dès* sa première tragédie. » *Dès* ne serait-il pas également ici la vraie leçon, que d'Olivet aurait altérée?

quelquefois interrogé Socrate sur des choses que cet Aristodème m'avoit récitées, et Socrate avouoit qu'il m'avoit dit la vérité. — Que tardez-vous donc, me dit Glaucon, que vous ne me fassiez ce récit? Pouvons-nous mieux employer le chemin qui nous reste d'ici à Athènes? » Je le contentai, et nous discourûmes de ces choses le long du chemin. C'est ce qui fait que, comme je vous disois tout à l'heure, j'en ai encore la mémoire fraîche; et il ne tiendra qu'à vous de les entendre. Aussi bien, outre le profit que je trouve à parler ou à entendre parler de philosophie, c'est qu'il n'y a rien au monde où je prenne tant de plaisir. Tout au contraire des autres discours. Je me meurs d'ennui quand je vous entends, vous autres riches, parler de vos intérêts et de vos affaires. Je déplore en moi-même l'aveuglement où vous êtes. Vous croyez faire merveilles, et vous ne faites rien d'utile. Peut-être vous, de votre côté, vous me plaignez, et me regardez en pitié. Peut-être même avez-vous raison de penser cela de moi. Et moi, non-seulement je pense que vous êtes à plaindre, mais je suis très-convaincu que j'ai raison de le penser.

L'AMI D'APOLLODORE.

Vous êtes toujours vous-même[1], cher Apollodore. Vous ne cessez point de dire du mal de vous et de tous les autres[2]. Vous êtes persuadé qu'à commencer par vous, tous les hommes, excepté Socrate, sont des misérables. Je ne sais pas pour quel sujet on vous a donné le nom de *furieux;* mais je sais bien qu'il y a quelque chose de cela dans tous vos discours. Vous êtes toujours en fureur contre vous et contre tout le reste des hommes, excepté contre Socrate.

1. Dans l'édition de Geoffroy et dans celle d'Aimé-Martin, on a ainsi corrigé cette phrase : « Vous êtes toujours le même. »
2. Dans ses notes sur le *Platon* de Bâle, Racine traduit : « Vous vous condamnez toujours vous et les autres. »

APOLLODORE.

Il vous semble donc qu'il faut être un furieux et un insensé pour parler ainsi de moi et de tous tant que vous êtes?

L'AMI D'APOLLODORE.

Une autre fois nous traiterons cette question. Souvenez-vous maintenant de votre promesse, et redites-nous les discours qui furent tenus chez Agathon.

APOLLODORE.

Les voici; ou plutôt il vaut mieux vous faire cette narration de la même manière qu'Aristodème me l'a faite.

« Je rencontrai Socrate, me disoit-il, qui sortoit du bain, et qui étoit chaussé plus proprement qu'à son ordinaire. Je lui demandai où il alloit si propre et si beau. — Je vais souper chez Agathon, me répondit-il. J'évitai de me trouver hier à la fête de son sacrifice, parce que je craignois la foule; mais je lui promis en récompense que je serois du lendemain, qui est aujourd'hui. Voilà pourquoi vous me voyez si paré. Je me suis fait beau pour aller chez un beau garçon. Mais vous, Aristodème, seriez-vous d'humeur à venir aussi, quoique vous ne soyez point prié? — Je ferai, lui dis-je, ce que vous voudrez. — Venez, dit-il, et montrons, quoi qu'en dise le proverbe, qu'un galant homme peut aller souper chez un galant homme sans en être prié. J'accuserois volontiers Homère d'avoir péché contre ce proverbe, lorsque après nous avoir représenté Agamemnon comme un grand homme de guerre, et Ménélas comme un médiocre guerrier, il feint que Ménélas vient au festin d'Agamemnon sans être invité[1], c'est-à-dire qu'il fait venir un homme de peu de valeur chez un brave homme qui ne l'attend pas. — J'ai bien peur, dis-je à Socrate, que je ne sois le Ménélas du

---

1. *Iliade*, livre II, vers 408.

festin où vous allez. C'est à vous de voir comment vous vous défendrez ; car pour moi, je dirai franchement que c'est vous qui m'avez prié. — Nous sommes deux, répondit Socrate, et nous étudierons en chemin ce que nous aurons à dire. Allons seulement. — Nous allâmes vers le logis d'Agathon, en nous entretenant de la sorte. Mais à peine eûmes-nous avancé quelques pas, que Socrate devint tout pensif, et demeura en la même place sans bouger. Je m'arrêtois pour l'attendre ; mais il me dit d'aller toujours devant, et qu'il me suivroit. Je trouvai la porte ouverte ; et il m'arriva même une assez plaisante aventure. Un esclave d'Agathon me mena sur-le-champ dans la salle où étoit la compagnie, qui étoit déjà à table, et qui attendoit que l'on servît[1]. Agathon s'écria en me voyant : O Aristodème, soyez le bienvenu, si vous venez pour souper. Que si c'est pour affaire, je vous prie, remettons les affaires à un autre jour. Je vous cherchai hier partout pour vous prier d'être des nôtres. Mais que fait Socrate ? — Alors je me retournai, croyant certainement que Socrate me suivoit. Je fus bien surpris de ne voir personne. Je dis que j'étois venu avec lui, et qu'il m'avoit même invité. — Vous avez bien fait de venir, reprit Agathon ; mais où est-il ? — Il marchoit sur mes pas, lui répondis-je ; et je ne conçois point ce qu'il peut être devenu. — Petit garçon, dit Agathon, courez vite voir où est Socrate ; dites-lui que nous l'attendons. Et vous, Aristodème, placez-vous à côté d'Éryximaque. — Un esclave eut ordre de me laver les pieds ; et cependant celui qui étoit sorti revint annoncer qu'il avoit trouvé Socrate sur la porte de la maison voisine, mais qu'il n'avoit point voulu venir, quelque chose qu'on lui eût pu dire. — Vous me

---

1. En tête de la page où se trouve ce récit, dans le *Platon* de Bâle, Racine a écrit : « Entrée du festin contée agréablement. »

dites là une chose étrange, dit Agathon. Retournez, et ne le quittez point qu'il ne soit entré. — Non, non, dis-je alors, ne le détournez point : il lui arrive assez souvent de s'arrêter ainsi, en quelque endroit qu'il se trouve. Vous le verrez bientôt, si je ne me trompe : il n'y a qu'à le laisser faire. — Puisque c'est là votre avis, dit Agathon, je m'y rends. Et vous, mes enfants, apportez-nous donc à manger; donnez-nous ce que vous avez; on vous abandonne l'ordonnance du repas : c'est un soin que je n'ai jamais pris. Ne regardez ici votre maître que comme s'il étoit du nombre des conviés[1]. Faites tout de votre mieux; et tirez-vous-en à votre honneur. — On servit. Nous commençâmes à souper, et Socrate ne venoit point. Agathon perdoit patience, et vouloit à tout moment qu'on l'appelât; mais j'empêchois toujours qu'on ne le fît. Enfin il entra comme on avoit à moitié soupé. Agathon, qui étoit seul sur un lit au bout de la table, le pria de se mettre auprès de lui. — Venez, dit-il, Socrate, venez, que je m'approche de vous le plus que je pourrai, pour tâcher d'avoir ma part des sages pensées que vous venez de trouver ici près; car je m'assure que vous avez trouvé ce que vous cherchiez. Autrement vous y seriez encore. — Quand Socrate se fut assis : Plût à Dieu, dit-il, que la sagesse, bel Agathon, fût quelque chose qui se pût verser d'un esprit dans un autre, comme l'eau se verse d'un vaisseau plein dans un vaisseau vide! Ce seroit à moi de m'estimer heureux d'être auprès de vous, dans l'espérance que je pourrois me remplir de l'excellente sagesse dont vous êtes plein; car pour la mienne, c'est une espèce de sagesse bien obscure et bien douteuse; ce n'est qu'un songe : la vôtre, au contraire, est une sagesse

---

1. Agathon dit à ses valets : « Imaginez-vous que vous nous avez tous priés à souper. » (*Note de Racine, dans le* Platon *de Bâle.*)

magnifique, et qui brille aux yeux de tout le monde. Témoin la gloire que vous avez acquise à votre âge, et les applaudissements de plus de trente mille Grecs, qui ont été depuis peu les admirateurs de votre sagesse. — Vous êtes toujours moqueur, reprit Agathon, et vous n'épargnez point vos meilleurs amis. Nous examinerons tantôt quelle est la meilleure de votre sagesse ou de la mienne ; et Bacchus sera notre juge. Présentement ne songez qu'à souper. — Pendant que Socrate soupoit, les autres conviés achevèrent de manger. On en vint aux libations ordinaires ; on chanta un hymne en l'honneur du dieu Bacchus ; et après toutes ces petites cérémonies, on parla de boire. Pausanias prit la parole : « Voyons, nous dit-il, comment nous trouverons le secret de nous réjouir. Pour moi, je déclare que je suis encore incommodé de la débauche d'hier ; je voudrois bien qu'on m'épargnât aujourd'hui. Je ne doute pas que plusieurs de la compagnie, surtout ceux qui étoient du festin d'hier, ne demandent grâce aussi bien que moi. Voyons de quelle manière passer gaiement la nuit. — Vous me faites plaisir, dit Aristophane, de vouloir que nous nous ménagions ; car je suis un de ceux qui se sont le moins épargnés la nuit passée. — Que je vous aime de cette humeur ! dit le médecin Éryximaque. Il reste à savoir dans quelle intention se trouve Agathon. — Tant mieux pour moi, dit Agathon[1], si vous autres braves vous êtes rendus ; tant mieux pour Phèdre, et pour les autres petits buveurs, qui ne sont pas plus vaillants que nous. Je ne parle pas de Socrate : il est toujours prêt à faire ce qu'on veut. — Mais, reprit

---

1. Racine a mis dans la bouche d'Agathon ce que Platon fait dire à Éryximaque. Ficin et de Serres, dans leurs traductions latines, ont commis la même erreur ; mais ils n'ont pas comme Racine supprimé la phrase : Οὐδαμῶς οὐδ' αὐτὸς ἔρρωμαι, qui est dite par Agathon avant la reprise d'Éryximaque : « Tant mieux pour moi, etc. »

Éryximaque¹, puisque vous êtes d'avis de ne point pousser la débauche, j'en serai moins importun si je vous remontre le danger qu'il y a de s'enivrer. C'est un dogme constant dans la médecine, que rien n'est plus pernicieux à l'homme que l'excès du vin : je l'éviterai toujours tant que je pourrai, et jamais je ne le conseillerai aux autres, surtout quand ils se sentiront encore la tête pesante du jour de devant. — Vous savez, lui dit Phèdre en l'interrompant, que je suis volontiers de votre avis, surtout quand vous parlez médecine; mais vous voyez heureusement que tout le monde est raisonnable aujourd'hui. — Il n'y eut personne qui ne fût de ce sentiment. On résolut de ne point s'incommoder, et de ne boire que pour son plaisir. — Puisque ainsi est, dit Éryximaque, qu'on ne forcera personne, et que nous boirons à notre soif, je suis d'avis premièrement que l'on renvoie cette joueuse de flûte. Qu'elle s'en aille jouer là dehors tant qu'elle voudra, si elle n'aime mieux entrer où sont les dames, et leur donner cet amusement. Quant à nous, si vous m'en croyez, nous lierons ensemble quelque agréable conversation. Je vous en proposerai même la matière, si vous le voulez. — Tout le monde ayant témoigné qu'il feroit plaisir à la compagnie, Éryximaque continua ainsi : Je commencerai par ce vers de la *Ménalippe* d'Euripide² : *Les paroles que vous entendez, ce ne sont point les miennes;* ce sont celles de Phèdre³. Car Phèdre m'a souvent dit avec une espèce d'indignation : O Éryximaque, n'est-

---

1. Les mots : « reprit Éryximaque, » sont une addition de Racine, rendue nécessaire par l'erreur dont il est parlé dans la note précédente.

2. *Ménalippe* ou *Mélanippe*, tragédie d'Euripide perdue : voyez Aristophane, *les Thesmophoriazuses*, vers 548. Le vers 272 de la même pièce est, comme nous l'apprend le scoliaste, tiré de *Ménalippe*.

3. Ce dernier membre de phrase est, comme ce qui précède, en italique dans l'édition de 1732; mais c'est à tort.

ce pas une chose étrange que, de tant de poëtes qui ont fait des hymnes et des cantiques en l'honneur de la plupart des Dieux, aucun n'ait fait un vers à la louange de l'Amour, qui est pourtant un si grand dieu? Il n'y a pas jusqu'aux sophistes qui composent tous les jours de grands discours à la louange d'Hercule et des autres demi-dieux. Passe pour cela. J'ai même vu un livre qui portoit pour titre : *l'Éloge du Sel*, où le savant auteur exagéroit les merveilleuses qualités du sel, et les grands services qu'il rend à l'homme. En un mot, vous verrez qu'il n'y a presque rien au monde qui n'ait eu son panégyrique. Comment se peut-il donc faire que parmi cette profusion d'éloges on ait oublié l'Amour, et que personne n'ait entrepris de louer un dieu qui mérite tant d'être loué ? Pour moi, continua Éryximaque, j'approuve l'indignation de Phèdre. Il ne tiendra pas à moi que l'Amour n'ait son éloge comme les autres. Il me semble même qu'il siéroit très-bien à une si agréable compagnie de ne se point séparer sans avoir honoré l'Amour. Si cela vous plaît, il ne faut point chercher d'autre sujet de conversation. Chacun prononcera son discours à la louange de l'Amour. On fera le tour à commencer par la droite. Ainsi Phèdre parlera le premier, puisque c'est son rang, et puisque aussi bien il est le premier auteur de la pensée que je vous propose. — Je ne doute pas, dit Socrate, que l'avis d'Éryximaque ne passe ici tout d'une voix. Je sais bien au moins que je ne m'y opposerai pas, moi qui fais profession de ne savoir que l'amour. Je m'assure qu'Agathon ne s'y opposera pas non plus, ni Pausanias, ni encore moins Aristophane, lui qui est tout dévoué à Bacchus et à Vénus. Je puis également répondre du reste de la compagnie, quoique, à dire vrai, la partie ne soit pas égale pour nous autres qui sommes assis les derniers. En tout cas, si ceux qui nous précèdent font bien leur devoir, et épuisent la matière, nous en serons quittes pour leur donner notre approbation. Que Phèdre commence donc, à la bonne heure, et qu'il loue l'Amour. » Le sentiment de Socrate fut généralement suivi. De vous rendre ici mot à mot tous les discours que l'on prononça, c'est ce que vous ne devez pas attendre de moi, Aristodème, de qui je les tiens, n'ayant pu me les rapporter si parfaitement, et moi-même ayant laissé échapper quelque chose du récit qu'il m'en a fait; mais je vous redirai l'essentiel. Voici donc à peu près, selon lui, quel fut le discours de Phèdre.

DISCOURS DE PHÈDRE.

C'est un grand dieu que l'Amour, et véritablement digne d'être honoré des Dieux et des hommes. Il est admirable par beaucoup d'endroits, mais surtout à cause de son ancienneté; car il n'y a point de dieu plus ancien que lui. En voici la preuve. On ne sait point quel est son père ni sa mère, ou plutôt il n'en a point. Jamais poëte, ni aucun autre homme ne les a nommés. Hésiode, après avoir d'abord parlé du Chaos, ajoute[1] :

> La Terre au large sein, le fondement des cieux;
> Après elle l'Amour, le plus charmant des Dieux.

Hésiode par conséquent fait succéder au Chaos la Terre et l'Amour. Parménide[2] a écrit que l'Amour est sorti du Chaos :

> L'Amour fut le premier enfanté dans son sein.

Acusilas[3] a suivi le sentiment d'Hésiode. Ainsi, d'un

---

1. *Théogonie*, vers 116, 117 et 120.
2. Parménide d'Élée, philosophe et poëte.
3. Acusilas d'Argos, ancien historien, qui vivait un peu avant l'expédition de Darius en Grèce. Voyez Josèphe, *Contre Appion*, livre I, chapitres II et III.

commun consentement, il n'y a point de dieu qui soit plus ancien que l'Amour.

Mais c'est même de tous les Dieux celui qui fait le plus de bien aux hommes ; car quel plus grand avantage peut arriver à une jeune personne[1] que d'être aimé[2] d'un homme vertueux ; et à un homme vertueux que d'aimer une jeune personne qui a de l'inclination pour la vertu? Il n'y a ni naissance, ni honneurs, ni richesses qui soient capables, comme un honnête amour, d'inspirer à l'homme ce qui est le plus nécessaire pour la conduite de sa vie : je veux dire la honte du mal, et une véritable émulation pour le bien. Sans ces deux choses, il est impossible que ni un particulier, ni même une ville, fasse jamais rien de beau ni de grand. J'ose même dire que si un homme qui aime avoit ou commis une mauvaise action, ou enduré un outrage sans le repousser, il n'y auroit ni père, ni parent, ni personne au monde devant qui il eût autant de honte de paroître que devant ce qu'il aime. Il en est de même de celui qui est aimé. Il n'est jamais si confus que lorsqu'il est surpris en quelque faute par celui dont il est aimé. Disons donc que, si par quelque enchantement une ville ou une armée pouvoit n'être composée que d'amants, il n'y auroit point de félicité pareille à celle d'un peuple qui auroit tout ensemble et cette horreur pour le vice et cet amour pour la vertu. Des hommes ainsi unis, quoique en petit nombre, pourroient, s'il faut ainsi dire, vaincre le monde

---

1. Le texte grec est : νέῳ ὄντι. Racine dit dans sa *Lettre* à Boileau que l'abbesse de Fontevrault avait *rectifié* le discours d'Alcibiade. Il fait lui-même ici quelque chose de semblable. Voyez la note suivante, et ci-dessus la *Notice*, p. 429 et 430.

2. Il y a ainsi *aimé*, au masculin, dans l'édition de 1732. Voyez ci-après, p. 469, ligne 22. — Nous avons à peine besoin de faire remarquer pourquoi Racine, dans ces deux passages, laisse un sens très-étendu au mot *personne*.

entier; car il n'y a point d'honnête homme qui osât jamais se montrer devant ce qu'il aime après avoir abandonné son rang ou jeté ses armes, et qui n'aimât mieux mourir mille fois que de laisser ce qu'il aime dans le péril. Ou plutôt il n'y a point d'homme si timide qui ne devînt alors comme le plus brave, et que l'Amour ne transportât hors de lui-même. On lit dans Homère que les Dieux inspiroient l'audace à quelques-uns de ses héros [1] : c'est ce qu'on peut dire de l'Amour plus justement que d'aucun des Dieux. Il n'y a que parmi les amants que l'on sait mourir l'un pour l'autre. Non-seulement des hommes, mais des femmes même ont donné leur vie pour sauver ce qu'elles aimóient. La Grèce parlera éternellement d'Alceste, fille de Pélie [2] : elle donna sa vie pour son époux, qu'elle aimoit, et il ne se trouva qu'elle qui osât mourir pour lui, quoiqu'il eût son père et sa mère. L'amour de l'amante surpassa de si loin leur amitié, qu'elle les déclara, pour ainsi dire, des étrangers à l'égard de leur fils : il sembloit qu'ils ne lui fussent proches que de nom. Aussi, quoiqu'il se soit fait dans le monde un grand nombre de belles actions, celle d'Alceste a paru si belle aux Dieux et aux hommes, qu'elle a mérité une récompense qui n'a été accordée qu'à un très-petit nombre de personnes : les Dieux, charmés de son courage, l'ont rappelée à la vie. Tant il est vrai qu'un amour noble et généreux se fait estimer des Dieux mêmes.

1. Voyez dans l'*Iliade* le vers 482 du livre X, et le vers 262 du livre XV.
2. *Pélio*, dans l'édition de 1732. Les éditeurs des OEuvres de Racine, à l'exception de Luneau de Boisjermain, ont corrigé *Pélio* en *Pélias*. L'erreur évidente de l'édition de 1732 vient sans doute de ce que le manuscrit portait (peut-être avec un *e* mal formé) *Pélie*, qui traduit bien Pelias, comme *Élie* traduit Elias, *Isaïe* Isaias, etc.

Ils n'ont pas ainsi traité Orphée : ils l'ont renvoyé des enfers, sans lui accorder ce qu'il demandoit. Au lieu de lui rendre sa femme, qu'il venoit chercher, ils ne lui en ont montré que le fantôme ; car il manqua de courage, comme un musicien qu'il étoit. Au lieu d'imiter Alceste, et de mourir pour ce qu'il aimoit, il usa d'adresse, et chercha l'invention de descendre vivant aux enfers. Les Dieux, indignés de sa lâcheté, ont permis enfin qu'il pérît par la main des femmes.

Combien, au contraire, ont-ils honoré le vaillant Achille! Thétis, sa mère, lui avoit prédit que s'il tuoit Hector, il mourroit aussitôt après ; mais que s'il vouloit ne le point combattre, et s'en retourner dans la maison de son père, il parviendroit à une longue vieillesse. Cependant Achille ne balança point : il préféra la vengeance de Patrocle à sa propre vie. Il voulut non-seulement mourir pour son ami, mais même mourir sur le corps de son ami. Aussi les Dieux l'ont-ils honoré par-dessus tous les autres hommes, et lui ont su bon gré d'avoir sacrifié sa vie pour celui dont il étoit aimé ; car Eschyle se moque de nous quand il nous dit que c'étoit Patrocle qui étoit l'aimé. Achille étoit le plus beau des Grecs, et par conséquent plus beau que Patrocle. Il étoit tout jeune, et plus jeune que Patrocle, comme dit Homère[1]. Mais véritablement, si les Dieux approuvent ce que l'on fait pour ce qu'on aime, ils estiment, ils admirent, ils récompensent tout autrement ce que l'on fait pour la personne dont on est aimé. En effet celui qui aime est quelque chose de plus divin que celui qui est aimé ; car il est possédé d'un dieu. Et de là vient qu'Achille a été encore mieux traité qu'Alceste, puisque les Dieux l'ont envoyé après sa mort dans les îles des bienheureux. Je conclus

---

1. *Iliade*, livre XI, vers 787.

que de tous les Dieux l'Amour est le plus ancien, le plus auguste, et le plus capable de rendre l'homme vertueux durant sa vie, et heureux après sa mort.

Phèdre finit de la sorte. Aristodème passa par-dessus quelques autres, dont il avoit oublié les discours, et il vint à Pausanias, qui parla ainsi.

DISCOURS DE PAUSANIAS.

Je n'approuve point, ô Phèdre, la simple proposition qu'on a faite de louer l'Amour. Cela seroit bon s'il n'y avoit qu'un Amour. Mais, comme il y en a plus d'un, je voudrois qu'on eût marqué, avant toutes choses, quel est celui que l'on doit louer. C'est ce que je vais essayer de faire. Je dirai quel est cet Amour qui mérite qu'on le loue, et je le louerai le plus dignement que je pourrai.

Il est constant que Vénus ne va point sans l'Amour. S'il n'y avoit qu'une Vénus, il n'y auroit qu'un Amour ; mais puisqu'il y a deux Vénus, il faut nécessairement qu'il y ait aussi deux Amours. Qui doute qu'il n'y ait deux Vénus ? L'une ancienne, fille du Ciel, et qui n'a point de mère : nous la nommons *Vénus Uranie ;* l'autre plus moderne, fille de Jupiter et de Dioné : nous l'appelons *Vénus populaire*. Il s'ensuit que de deux Amours, qui sont les ministres de ces deux Vénus, il faut nommer l'un *céleste*, et l'autre *populaire*. Or tous les Dieux, à la vérité, sont dignes d'être honorés ; mais distinguons bien les fonctions de ces deux Amours.

Toute action est de soi indifférente, comme ce que nous faisons présentement, boire, manger, discourir. Aucune de ces actions n'est ni bonne ni mauvaise par elle-même ; mais elle peut devenir l'un ou l'autre par la manière dont on la fait. Elle devient honnête, si on la fait selon les règles de l'honnêteté ; et vicieuse, si on la fait contre ces règles. Il en est de même d'aimer : tou amour en général n'est point louable ni vertueux, mais seulement celui qui fait que nous aimons vertueusement.

L'Amour de la Vénus populaire inspire des passions basses et populaires. C'est proprement l'Amour qui règne parmi les gens du commun. Ils aiment sans choix, plutôt les femmes que les hommes, plutôt le corps que l'esprit. Et même entre les esprits ils s'accommodent mieux des moins raisonnables, car ils n'aspirent qu'à la jouissance : pourvu qu'ils y parviennent, il ne leur importe par quels moyens. De là vient qu'ils s'attachent à tout ce qui se présente, bon ou mauvais; car ils suivent la Vénus populaire, qui, parce qu'elle est née du mâle et de la femelle, joint aux bonnes qualités de l'un les imperfections de l'autre.

Pour la Vénus Uranie, elle n'a point eu de mère, et par conséquent il n'y a rien de foible en elle[1]. De plus, elle est ancienne, et n'a point l'insolence de la jeunesse. Or l'Amour céleste est parfait comme elle. Ceux qui sont possédés de cet Amour ont les inclinations généreuses : ils cherchent une autre volupté que celle des sens; il faut une belle âme, un beau naturel pour leur plaire et pour les toucher; on reconnoît dans leur choix la noblesse de l'Amour qui les inspire. Ils s'attachent, non point à une trop grande jeunesse, mais à des personnes qui sont capables de se gouverner; car ils ne s'engagent point dans la pensée de mettre à profit l'imprudence d'une personne qu'ils auront surprise dans sa première innocence, pour la laisser aussitôt après, et pour courir à quelque autre; mais ils se lient dans le dessein de ne se plus séparer, et de passer toute leur vie avec ce qu'ils aiment.

1. Inexact, avec intention. Voyez ci-dessus, p. 463, note 1.

Il seroit effectivement à souhaiter qu'il y eût une loi par laquelle il fût défendu d'aimer des personnes qui n'ont pas encore toute leur raison, afin qu'on ne donnât point son temps à une chose si incertaine ; car qui sait ce que deviendra un jour cette trop grande jeunesse ? quel pli prendront et le corps et l'esprit ? de quel côté ils tourneront, vers le vice ou vers la vertu ? Les gens sages s'imposent eux-mêmes une loi si juste. Mais il faudroit la faire observer rigoureusement par les amants populaires dont nous parlions, et leur défendre ces sortes d'engagements, comme on leur défend l'adultère[1]. Ce sont eux qui ont déshonoré l'amour : ils ont fait dire qu'il étoit honteux de bien traiter un amant. Leur indiscrétion et leur injustice ont seules donné lieu à une semblable opinion, qui, à la prendre en général, est très-fausse, puisque rien de ce qui se fait par des principes de sagesse et d'honneur ne sauroit être honteux.

Il n'est pas difficile de connoître l'opinion que les hommes ont de l'amour dans tous les pays de la terre ; car la loi est claire et simple. Il n'y a que les seules villes d'Athènes et de Lacédémone où la loi est difficile à entendre, et où elle est sujette à explication. Dans l'Élide, par exemple, et dans la Béotie, où les esprits sont pesants, et où l'éloquence n'est pas ordinaire, il est dit simplement qu'il est permis d'aimer qui nous aime. Personne ne va parmi eux à l'encontre de cette ordonnance, ni jeunes ni vieux. Il faut croire qu'ils ont ainsi autorisé l'amour pour en aplanir les difficultés, et afin qu'on n'ait pas besoin, pour se faire aimer, de recourir à des artifices que la nature leur a refusés. Les choses vont autrement dans l'Ionie, et dans tous les pays soumis à la do-

---

1. Le texte dit : « Comme on leur défend d'aimer les femmes de condition libre. »

mination des barbares; car là on déclare infâme toute personne qui souffre un amant. On traite sur un même pied l'amour, la philosophie, et tous les exercices dignes d'un honnête homme[1]. D'où vient cela? C'est que les tyrans n'aiment point à voir qu'il s'élève de grands courages, ou qu'il se lie dans leurs États des amitiés violentes : or c'est ce que l'amour sait faire parfaitement. Les tyrans d'Athènes en firent autre fois l'expérience : l'amitié violente d'Harmodius et d'Aristogiton renversa la tyrannie dont Athènes étoit opprimée. Il est donc visible que dans les États où il est honteux d'aimer qui nous aime, cette trop grande sévérité vient de l'injustice de ceux qui gouvernent, et de la lâcheté de ceux qui sont gouvernés ; mais que dans les pays au contraire où il est honnête de rendre amour pour amour, cette indulgence est un effet de la grossièreté des peuples qui ont craint les difficultés.

Tout cela est bien plus sagement ordonné parmi nous. Mais, comme j'ai dit, il faut bien examiner l'ordonnance pour la concevoir. Car d'un côté, on dit qu'il est plus honnête d'aimer aux yeux de tout le monde que d'aimer en cachette, surtout quand on aime des personnes qui ont eux-mêmes[2] de l'honneur et de la vertu, et encore plus quand la beauté du corps ne se rencontre point dans ce qu'on aime[3]. Tout le monde s'intéresse pour la prospérité d'un homme qui aime. On l'encourage : ce qu'on ne feroit point si l'on croyoit qu'il ne fût pas honnête d'aimer. On l'estime quand il a réussi dans son amour ; on le méprise quand il n'a pas réussi. On permet à son amant de se servir de mille moyens pour parvenir à son but ; et il n'y a pas un seul de ces moyens qui ne fût capable de le

1. Il y a dans le texte : ἡ φιλογυμναστία, *le goût de la gymnastique*.
2. Voyez ci-dessus, p. 463, note 1.
3. Le sens exact serait: « quand même ces personnes seraient plus laides que d'autres. »

perdre dans l'esprit de tous les honnêtes gens, s'il s'en servoit pour toute autre chose que pour se faire aimer. Car si un homme, dans le dessein de s'enrichir, ou d'obtenir une charge, ou de se faire quelque autre établissement de cette nature, osoit avoir pour un grand seigneur[1] la moindre des complaisances qu'un amant a pour ce qu'il aime; s'il employoit les mêmes supplications, s'il avoit la même assiduité, s'il faisoit les mêmes serments, s'il couchoit à sa porte, s'il descendoit à mille bassesses où un esclave auroit honte de descendre, il n'auroit ni un ennemi ni un ami qui le laissât en repos. Les uns lui reprocheroient publiquement sa turpitude, ses bassesses; les autres en rougiroient, et s'efforceroient de l'en corriger. Cependant tout cela sied merveilleusement à un homme qui aime. Tout lui est permis. Non-seulement ses bassesses ne le déshonorent pas, mais on l'en estime comme un homme qui fait très-bien son devoir. Et ce qui est de plus merveilleux, c'est qu'on veut que les amants soient les seuls parjures que les Dieux ne punissent point; car on dit que les serments n'engagent point en amour. Tant il est vrai que les hommes et les Dieux donnent tout pouvoir à un amant. Il n'y a donc personne qui là-dessus ne demeure persuadé qu'il est très-louable en cette ville, et d'aimer, et de vouloir du bien à ceux qui nous aiment.

Mais ne croira-t-on pas le contraire, si l'on regarde d'un autre côté avec quel soin un père met auprès de ses enfants une personne qui veille sur eux, et que le plus grand soin de ces personnes est d'empêcher qu'ils ne parlent à ceux qui les aiment? S'il arrive même qu'on les voie entretenir de pareils commerces, tous leurs camarades les accablent de railleries; et les gens

---

1. Rien dans le grec ne répond à cette expression.

plus âgés ni ne s'opposent à ces railleries, ni ne querellent ceux qui le[1] font. Encore une fois, à examiner cet usage de notre ville, ne croira-t-on pas que nous sommes dans un pays où il y a de la honte à aimer et à se laisser aimer?

Voici comme il faut accorder toutes ces contrariétés. L'amour, comme je disois d'abord, n'est de soi-même ni bon ni mauvais. Il est louable, si l'on aime avec honneur; il est condamnable, si l'on aime contre les règles de l'honnêteté.

Il y a de la honte à se laisser vaincre à l'amour d'un malhonnête homme; il y a de l'honneur à se rendre à l'amitié d'un homme qui a de la vertu. J'appelle malhonnête homme cet amant populaire qui aime le corps plutôt que l'esprit. Son amour ne sauroit être de durée, car il aime une beauté qui ne dure point: dès que la fleur de cette beauté est passée, vous le voyez qui s'envole ailleurs, sans se souvenir de ses beaux discours et de toutes ses belles promesses. Il n'en est pas ainsi de l'amant honnête: comme il s'est épris d'une belle âme, son amitié est immortelle, car ce qu'il aime est solide et ne périt point.

Telle est donc l'intention de la loi qui est établie parmi nous: elle veut qu'on examine avant que de s'engager, et qu'on honore ceux qui aiment pour la vertu, tandis qu'on aura en horreur ceux qui ne recherchent que la volupté; elle encourage les jeunes gens à se donner aux premiers et à fuir les autres; elle examine quelle est l'intention de celui qui aime, et quel est le motif de celui qui se laisse aimer. Il s'ensuit de là qu'il y a de la honte à s'engager légèrement; car il n'y a que le temps qui découvre le se-

---

1. Il y a bien *le* dans l'édition originale. M. Aimé-Martin y a substitué *les;* mais ne peut-on faire rapporter *le* aux mots : « les accablent de railleries » ?

cret des cœurs. Il est encore honteux de céder à un homme riche, ou à un homme qui est dans une grande fortune, soit qu'on se rende par timidité, ou qu'on se laisse éblouir par l'argent, ou par l'espérance d'entrer dans les charges; car outre que des raisons de cette nature ne peuvent jamais lier une amitié véritable et généreuse, elles portent d'ailleurs sur des fondements trop peu durables.

Reste un seul motif pour lequel, selon l'esprit de notre loi, on peut accorder son amitié à celui qui la demande; car tout de même que les bassesses et la servitude volontaire d'un homme qui aspire[1] à se faire aimer ne sont point odieuses et ne lui sont point reprochées, aussi y a-t-il une espèce de servitude volontaire qui ne peut jamais être blâmée : c'est celle où l'on s'engage pour la vertu. Tout le monde s'accorde en ce point, que si un homme s'attache à en servir un autre, dans l'espérance de devenir honnête homme par son moyen, d'acquérir la sagesse, ou quelque autre partie de la vertu, cette servitude n'est point honteuse, et ne s'appelle point une bassesse. Il faut que l'amour se traite comme la philosophie, et que les lois de l'un soient les mêmes que les lois de l'autre, si l'on veut qu'il soit honnête de favoriser celui qui nous aime. Car si l'amant et l'aimé s'aiment tous deux à ces conditions, savoir, que l'amant, en reconnoissance des honnêtes faveurs de celui qu'il aime, sera prêt à lui rendre tous les services qu'il pourra lui rendre avec honneur; que l'aimé, de son côté, pour reconnoître le soin que son amant aura pris de le rendre sage et vertueux, aura pour lui toutes les complaisances que l'honneur lui permettra; et si l'amant est véritablement capable d'inspirer la vertu et la prudence à ce qu'il aime, et que l'aimé ait un véri-

---

1. *Aspirent*, dans le texte de 1732; mais c'est sans doute une faute d'impression.

able desir de se faire instruire : si, dis-je, toutes ces conditions se rencontrent, c'est alors uniquement qu'il est honnête d'aimer qui nous aime. L'amour ne peut point être permis pour quelque autre raison que ce soit. Alors il n'est point honteux d'être trompé. Partout ailleurs il y a de la honte, soit qu'on soit trompé, soit qu'on ne le soit point. Car si, dans l'espérance du gain, on s'abandonne à un amant que l'on croyoit riche, et qu'on reconnoisse que cet amant est pauvre en effet, et qu'il ne peut tenir parole, la honte est égale de part et d'autre. On a découvert ce que l'on étoit, et on a montré que pour le gain on pouvoit tout faire pour tout le monde. Et qu'y a-t-il de plus éloigné de la vertu que ce sentiment? Au contraire, si, après s'être confié à un amant que l'on auroit cru honnête homme, dans l'espérance d'acquérir la vertu par le moyen de son amitié, on vient à reconnoître que cet amant n'est point honnête homme, et qu'il est lui-même sans vertu, il n'y a point de déshonneur à être trompé de la sorte; car on a fait voir le fond de son cœur : on a montré que pour la vertu et dans l'espérance de parvenir à une plus grande perfection, on étoit capable de tout entreprendre; et il n'y avoit rien de plus glorieux que d'avoir cette passion pour la vertu. Il s'ensuit donc qu'il est beau d'aimer pour la vertu. C'est cet amour qui fait la Vénus céleste, et qui est céleste lui-même, utile aux particuliers et aux républiques, et digne de leur principale étude, qui oblige l'amant et l'aimé de veiller sur eux-mêmes, et d'avoir soin de se rendre mutuellement vertueux. Tous les autres amours appartiennent à la Vénus populaire. Voilà, ô Phèdre, tout ce que j'avois à vous dire présentement sur l'amour.

Pausanias ayant fait ici une pause (car voilà de ces allusions que nos sophistes enseignent), c'étoit à Aristophane à parler; mais il en fut empêché par un hoquet qui lui étoit survenu, apparemment pour avoir trop mangé. Il s'adressa donc à Éryximaque, médecin, auprès de qui il étoit, et lui dit : « Il faut, ou que vous me délivriez de ce hoquet, ou que vous parliez pour moi jusqu'à ce qu'il ait cessé. — Je ferai l'un et l'autre, répondit Éryximaque; car je vais parler à votre place, et vous parlerez à la mienne quand votre incommodité sera finie. Elle le sera bientôt, si vous voulez retenir votre haleine, et vous gargariser la gorge avec de l'eau. Il y a encore un autre remède qui fait cesser infailliblement le hoquet, quelque violent qu'il puisse être : c'est de se procurer l'éternument en se frottant le nez une ou deux fois. — J'aurai exécuté vos ordonnances, dit Aristophane, avant que votre discours soit achevé. Commencez[1]. »

[1]. Ici finit la traduction de M. Racine : le reste est de Mme de ***. (*Note de l'édition de* 1732, *p.* 48.) — Dans la même édition, le discours d'Éryximaque est à la page 49; le discours d'Aristophane, à la page 61; le discours d'Agathon, à la page 78; le discours de Socrate, à la page 92, jusqu'à la page 132. Ces quatre derniers discours, comme l'éditeur en avertit, et comme l'atteste un passage de la *Lettre de Racine à Despréaux*, n'appartiennent pas à la traduction de Racine, mais à celle de l'abbesse de Fontevrault.

FRAGMENTS
DE LA
POÉTIQUE D'ARISTOTE

FRAGMENTS

DE LA

POÉTIQUE D'ARISTOTE.

. . . .
. . . .

LA[1] tragédie est donc l'imitation d'une action grave et complète, et qui a sa juste grandeur. Cette imitation se fait par un discours, un style composé pour le plaisir, de telle sorte que chacune des parties qui la composent subsiste et agisse séparément et distinctement. Elle ne se fait point par un récit, mais par une représentation vive, qui, excitant la pitié et la terreur, purge et tempère ces sortes de passions. [*C'est-à-dire qu'en émouvant ces passions, elle leur ôte ce qu'elles ont d'excessif et de vicieux, et les ramène à un état modéré et conforme à la raison*[2].]

1. La traduction de Racine commence à la page 54 du livre de Pierre Vettori, dont il a été parlé ci-dessus, p. 432 et 433, dans la *Notice* sur les *Traductions*. Jusque-là on ne trouve, dans l'exemplaire de la Bibliothèque impériale que nous avons mentionné, que des passages marqués de traits au crayon, et quelques petites notes, également au crayon, qui indiquent par un ou deux mots ce dont il s'agit, par exemple : *Parodie, Dithyrambe*, etc. — Ce premier alinéa est la traduction du passage de la *Poétique*, qui commence aux mots : Ἔστιν οὖν τραγῳδία, et finit aux mots : καὶ παρὰ ταῦτα οὐδέν (chapitre vi).

2. Cette dernière phrase n'est qu'une explication du texte, bien que Racine ne l'ait point distinguée de sa traduction, comme nous le faisons ici en l'imprimant en italique et en la mettant entre des

J'appelle discours composé pour le plaisir, un discours qui marche avec cadence, harmonie et mesure. Et quand je dis que chacune des parties doit agir séparément, je veux dire qu'il y a des choses qui se représentent par les vers tout seuls, et d'autres par le chant. Or, puisque c'est en agissant que se fait l'imitation, il faut d'abord poser qu'il y a une des parties de la tragédie qui n'est que pour les yeux [*comme la décoration, les habits, etc.*]; ensuite il y a le chant et la diction; car c'est avec ces choses qu'on imite. J'appelle diction la composition des vers; et pour le chant, il s'entend assez sans qu'il soit besoin de l'expliquer. La tragédie est l'imitation d'une action. Or toute[1] action suppose des gens qui agissent, et les gens qui agissent ont nécessairement un caractère [*c'est-à-dire des mœurs et des inclinations qui les font agir*]; car ce sont les mœurs et l'inclination [*c'est-à-dire*[2] *la disposition de l'esprit*], qui rendent les actions telles ou telles; et par conséquent les mœurs et le sentiment [*ou la disposition de l'esprit*] sont les deux principes des actions. Ajoutez que c'est par ces deux choses[3] que tous les hommes viennent[4] ou ne viennent pas à bout de leurs desseins et de ce qu'ils souhaitent. La fable est proprement l'imitation de l'action. J'entends par le mot de fable le tissu ou le contexte des affaires. Les mœurs [*ou autrement le caractère*], c'est ce qui rend un homme tel ou tel [*c'est-à-dire bon ou méchant*]; et le sentiment marque la disposition de l'esprit, lorsqu'il se déclare par les

---

crochets. Dans la suite nous avons isolé de même ce qui nous a paru une simple glose.

1. Au lieu de *toute*, Racine avait d'abord mis *cette*.
2. Ici, comme en plusieurs autres passages de ces notes, Racine s'est servi de l'abréviation *i.* (*id est*), au lieu de *c'est-à-dire*.
3. Il y avait d'abord : *par les actions*.
4. Il y avait d'abord : *parviennent*.

paroles, qui font connoître dans quel sentiment nous sommes. Il faut donc nécessairement qu'il y ait six parties de la tragédie, lesquelles constituent sa nature et son essence : la fable, les mœurs, la diction, le sentiment, la décoration et tout ce qui est pour les yeux, et le chant; car il y a deux choses par lesquelles on imite [*qui sont le chant et la diction*], une manière d'imiter [*qui est la représentation du théâtre, c'est-à-dire la décoration, les habits, le geste, etc.*]; et il y a trois choses qu'on imite, au delà desquelles il n'y a rien de plus [*c'est-à-dire l'action, les mœurs et les sentiments*]. . . . .
. . . .
. . . .

Un[1] tout est ce qui a un commencement, un milieu et une fin. Le commencement est ce qui n'est point obligé d'être après une autre chose, et après quoi il y a ou il y doit avoir d'autres choses. La fin, au contraire, est ce qui est nécessairement ou qui a de coutume d'être après une autre chose, et après quoi il n'y a plus rien. Le milieu est ce qui est après une autre chose, et après quoi il y a encore d'autres choses. Il faut qu'une fable bien constituée ne commence et ne finisse point au hasard, mais qu'elle soit selon les règles que nous en venons de donner. . . . .
. . . .
. . . .

Voilà[2] pourquoi la poésie est quelque chose de plus philosophique et de plus parfait que l'histoire. La poésie est occupée autour du général, et l'histoire ne regarde que le détail. J'appelle le général ce qu'il est convenable qu'un tel homme dise ou fasse vraisemblablement ou né-

---

1. Ὅλον δέ ἐστι.... ταῖς εἰρημέναις ἰδέαις (chapitre vii).
2. Διὸ καὶ φιλοσοφώτερον.... ἢ τί ἔπαθεν (chapitre ix).

cessairement; et c'est là ce que traite la poésie, jetant son idée sur les noms qui lui plaisent [*c'est-à-dire empruntant les noms de tels ou de tels pour les faire agir ou parler selon son idée*]. L'histoire, au contraire, ne traite que[1] le détail; par exemple, ce qu'a fait Alcibiade, ou ce qui lui est arrivé. . . . .
. . . .
. . . .

Le[2] prologue est toute cette partie[3] de la tragédie qui précède l'entrée du chœur. L'épisode est toute cette partie de la tragédie qui est entre deux cantiques du chœur; l'exode, toute cette partie de la tragédie après laquelle le chœur ne chante plus. Les parties du chœur sont : 1° l'entrée, πάροδος [*c'est-à-dire lorsque le chœur parle tout entier la première fois*]; la seconde, le repos, στάσιμον, c'est-à-dire ce chant du chœur qui est sans anapeste et sans trochée [*et où le chœur demeure fixe en sa place*]; et enfin la lamentation, κόμμος, ce chant lugubre du chœur et des acteurs ensemble. . . . .
. . . .
. . . .

Puis[4] donc qu'il faut que la constitution d'une excellente tragédie soit, non pas simple, mais composée, et pour ainsi dire nouée, et qu'elle soit une imitation de choses terribles et dignes de compassion (car c'est là le propre de la tragédie), il est clair premièrement qu'il ne faut point introduire des hommes vertueux qui tombent du bonheur dans le malheur; car cela ne seroit ni terri-

---

1. Ce commencement de la phrase a été ajouté au texte, pour l'expliquer.
2. Ἔστι δὲ πρόλογος.... καὶ ἀπὸ σκηνῆς (chapitre XII).
3. Il y avait d'abord, ici et dans la phrase suivante : « cette partie entière. »
4. Ἐπειδὴ οὖν δεῖ.... ἐπιφανεῖς ἄνδρες (chapitre XIII).

ble ni digne de compassion, mais bien cela seroit détestable et digne d'indignation[1]. Il ne faut pas non plus introduire un méchant homme qui, de malheureux qu'il étoit, devienne heureux : car il n'y a rien de plus opposé au but de la tragédie, cela ne produisant aucun des effets qu'elle doit produire ; c'est-à-dire qu'il n'y a rien en cela de naturel ou d'agréable à l'homme, rien qui excite la terreur ni[2] qui émeuve la compassion. Il ne faut pas non plus qu'un très-méchant homme tombe du bonheur dans le malheur ; car il y a bien [à] cela quelque chose de juste et de naturel ; mais cela ne peut exciter ni pitié ni crainte ;

1. Dans la *Préface* de *Phèdre*, Racine fait allusion à ce passage de la *Poétique*, à propos du caractère d'Hippolyte dans Euripide. Voyez notre tome III, p. 300 et 301. A la note 1 de cette dernière page, nous avons dit qu'il nous avait été impossible de découvrir où Racine avait « remarqué dans les anciens qu'on reprochoit à Euripide d'avoir représenté Hippolyte comme un philosophe exempt de toute imperfection : ce qui faisoit que la mort de ce jeune prince causoit beaucoup plus d'indignation que de pitié ; » et nous avons ajouté qu'il pouvait bien avoir lu dans quelque commentateur ce que, sur la foi d'un souvenir un peu vague, il a attribué aux *anciens*. La lecture des *Commentaires* de Vettori nous fait maintenant penser que la réminiscence de notre poëte lui venait de ce livre, dont il s'était servi quelques années sans doute avant la composition de *Phèdre*, pour étudier la *Poétique*. Nous y lisons en effet, à la page 120, le commentaire suivant de ce passage d'Aristote : Ἐπειδὴ οὖν δεῖ τὴν σύνθεσιν, κ. τ. λ. : *Non sine causa autem existimare aliquis posset, fretus hoc testimonio summi doctoris, peccasse Euripidem, qui sumpsit personam Hippolyti tanquam tragœdiæ aptam, misericordiæque movendæ idoneam; casus namque illius, ut docet hic auctor, dirus fuit ac nefarius, non miserabilis; neque enim decebat tam integrum et castum adolescentem in eam miseriam cadere, etc.* Nous avons, dans la même note, parlé de la réponse que Schlegel a faite à cette critique du personnage d'Hippolyte. Vettori, au passage dont nous venons de citer une partie, avait dit avant Schlegel : *An purgari potest poeta, quia, quamvis eximiæ probitatis foret Hippolytus, tamen contempserat Venerem ipsiusque dignitatem læserat? Est vero erratum non parvum graveque crimen committere quicquam contra Deum aliquem.*

2. Au lieu de *ni*, il y avait d'abord *ou*.

car on n'a pitié que d'un malheureux qui ne mérite point son malheur, et on ne craint que pour ses semblables. Ainsi cet événement ne sera ni terrible ni digne de compassion. Il faut donc que ce soit un homme qui soit entre les deux, c'est-à-dire qui ne soit point extrêmement juste et vertueux, et qui ne mérite point aussi son malheur par un excès de méchanceté et d'injustice. Mais il faut que ce soit un homme qui, par sa faute, devienne malheureux, et tombe d'une grande félicité et d'un rang très-considérable dans une grande misère : comme OEdipe, Thyeste, et d'autres personnages illustres de ces sortes de familles. . . . .
. . . .
. . . .

Puis[1] donc que c'est par l'imitation que le poëte peut produire en nous ce plaisir qui naît de la compassion et de la terreur, il est visible que c'est de l'action et pour ainsi dire du sein de la chose que doit naître ce plaisir. Voyons maintenant quelles sortes d'événements peuvent produire cette terreur et cette pitié. Il faut de nécessité que ce soient des actions qui se passent entre amis ou entre ennemis, ou entre des gens qui ne soient ni l'un ni l'autre. Si un ennemi tue un ennemi, nous ne ressentons aucune pitié ni à lui voir faire cette action, ni lorsqu'il se prépare à la faire. Il n'y a que le moment même où nous lui voyons répandre du sang [*où nous pouvons ressentir cette simple émotion que la nature ressent en voyant tuer un homme*]. Nous n'aurons point non plus une grande pitié pour des gens indifférents qui voudront se tuer les uns les autres. Il reste donc que ces événements se passent entre des personnes liées ensemble par les nœuds du sang et de l'amitié : comme, par exemple, lorsqu'un frère

---

1. Ἐπεὶ δὲ τὴν ἀπὸ ἐλέου.... εἴρηται ἱκανῶς (chapitre xiv).

ou tue ou est prêt de tuer son frère, un fils son père, une mère son fils, ou un fils sa mère ; et ce sont de ces événements que le poëte doit chercher. On ne peut changer et démentir les fables qui sont reçues : on ne peut point faire, par exemple, que Clytemnestre ne soit point tuée par Oreste; qu'Ériphile ne soit point tuée par Alcmæon. Il faut donc que le poëte ou invente lui-même un sujet nouveau, ou qu'il songe à bien traiter ceux qui sont déjà inventés. Expliquons ce que nous entendons par bien traiter. On peut faire, comme faisoient les anciens, que ceux qui agissent, agissent avec connoissance de cause : comme Euripide fait que Médée tue ses enfants, qu'elle connoît pour ses enfants; ou on peut faire en sorte que ceux qui commettent une action de cette nature la commettent à la vérité, mais sans savoir ce qu'ils font, et qu'ils reconnoissent ensuite la personne contre qui ils l'ont commise : par exemple, OEdipe dans Sophocle. Il est vrai que dans cette tragédie l'action s'est faite hors de la tragédie [*c'est-à-dire longtemps avant la reconnoissance*]; mais, dans la tragédie même, Alcmæon, chez le poëte Astydamas, tue sa mère avant que de la connoître; et Télégonus blesse son père avant que de le connoître, dans la tragédie d'*Ulysse blessé*. Il y a encore une troisième manière, qui est de faire que celui qui va commettre quelque action horrible par ignorance, reconnoisse, avant l'action même, l'horreur de son action. Et il n'y a que ces trois manières; car il faut de nécessité ou que l'action s'achève ou qu'elle ne s'achève point; et que ceux qui agissent, ou connoissent ou ignorent ce qu'ils veulent faire. La plus mauvaise de ces trois manières, c'est lorsqu'un homme veut faire une action horrible avec connoissance de cause, et qu'il ne l'achève pourtant pas; car il n'y a rien en cela que de scélérat, et il n'y a point de tragique, n'y ayant point de sang répandu. Aussi il arrive peu qu'on représente rien de cette nature. On en peut voir un exemple dans l'*Antigone*, où Hémon veut tuer son père Créon, et ne le tue point. La seconde de ces trois manières [*et qui est meilleure que l'autre dont je viens de parler*], c'est lorsqu'un homme [*agit avec connoissance, et qu'il*] achève l'action; mais le meilleur de bien loin, c'est lorsqu'un homme commet quelque action horrible sans savoir ce qu'il fait, et qu'après l'action il vient à reconnoître ce qu'il a fait; car il n'y a rien là de méchant et de scélérat, et cette reconnoissance a quelque chose de terrible et qui fait frémir. Cette dernière manière est infiniment la meilleure. En voici des exemples : dans le *Cresphonte*, Mérope, mère de Cresphonte, le veut faire mourir, et ne le tue point, parce qu'elle le reconnoît pour son fils. Dans *Iphigénie*, la sœur reconnoît son frère, et ne le tue point; et dans *Hellé*, le fils reconnoît sa mère au moment qu'il l'alloit livrer. C'est pour cela que l'on a souvent dit que les tragédies ne mettent sur la scène qu'un petit nombre de familles; car les poëtes qui cherchoient à traiter des actions de cette nature en sont redevables à la fortune, et non pas à leur invention. Ainsi ils sont contraints de revenir à ces mêmes familles, où ces sortes d'événements se sont passés. Voilà tout ce qu'on peut dire de la constitution de l'action et de la fable, et de la nature dont les fables doivent être.

Venons[1] maintenant aux mœurs. Il y a quatre choses qu'il faut y chercher. Premièrement, qu'elles soient bonnes. Un personnage a des mœurs lorsqu'on peut reconnoître, ou par ses actions ou par ses discours, l'inclination et l'habitude qu'il a au vice ou [à] la vertu. Ses mœurs seront mauvaises si son inclination est mauvaise, et elles

---

1. Περὶ δὲ τὰ ἤθη.... ἐν τοῖς ἐκδεδομένοις λόγοις ἱκανῶς (chapitre xv).

seront bonnes si cette inclination est bonne. Les mœurs, ou le caractère, se rencontrent en toutes sortes de conditions ; car une femme peut être bonne, un esclave peut l'être aussi, quoique d'ordinaire la femme soit d'une moindre bonté que l'homme, et que l'esclave soit presque absolument mauvais. La seconde qualité que doivent avoir les mœurs, c'est d'être convenables ; car la valeur tient rang parmi les mœurs, mais elle ne convient pas aux mœurs d'une femme, qui naturellement n'est point brave et intrépide. Troisièmement, elles doivent être semblables [*c'est-à-dire que les personnages qu'on imite doivent avoir au théâtre les mêmes mœurs que l'on sait qu'ils avoient durant leur vie*] ; et cette qualité de semblables est différente des deux premières, qui sont d'être bonnes et convenables. En quatrième lieu, il faut qu'elles soient uniformes ; car quoique le personnage qu'on représente paroisse quelquefois changer de volonté et de discours, il faut néanmoins [*qu'il soit toujours le même dans le fond, que tout parte d'un même principe, et*] qu'il soit inégalement égal et uniforme. On peut apporter pour exemples de mauvaises mœurs qui le sont sans nécessité, le Ménélas de l'*Oreste ;* de mœurs messéantes, et qui ne conviennent pas au personnage, les lamentations d'Ulysse dans la *Scylla*, et les discours philosophiques de *Ménalippe ;* et de mœurs inégales et qui se démentent, l'*Iphigénie en Aulide ;* car Iphigénie timide, et qui a peur de mourir, ne ressemble en rien à l'Iphigénie qui s'offre généreusement à la mort, et qui veut mourir malgré tout le monde. Or il faut toujours chercher dans les mœurs, aussi bien que dans la constitution de la fable, ou le nécessaire, ou le vraisemblable : c'est-à-dire qu'il faut que celui qui parle ou qui agit fasse et dise tout nécessairement ou vraisemblablement ; qu'une chose n'arrive point après l'autre que par nécessité, ou parce qu'il est vraisemblable qu'elle arrive ainsi. Il est donc manifeste que le dénouement de la fable doit être tiré de la fable même, et non point du secours d'une machine, comme dans *Médée* et dans l'*Embarquement des Grecs après la prise de Troie*. Le secours d'une machine ne peut être bon que pour les choses qui sont hors de la fable, ou qui se sont passées devant la fable (comme sont les choses qu'il est impossible que l'homme sache sans le secours des Dieux), ou pour les choses qui doivent arriver après la fable, et qu'on ne peut savoir que par révélation ou par prophétie ; car nous accordons aux Dieux la connoissance de toutes choses. Il ne faut pas non plus qu'il y ait rien d'absurde et de peu vraisemblable dans l'action ; cela ne se souffre que dans les choses qui sont hors de la tragédie : ce qu'on peut voir dans l'*OEdipe* de Sophocle[1]. La tragédie étant une imitation des mœurs et des personnes les plus excellentes, il faut que nous fassions comme les bons peintres, qui en gardant la ressemblance dans leurs portraits, peignent en beau ceux qu'ils font ressembler. Ainsi le poëte, en représentant un homme colère ou un homme patient[2], ou de quelque autre caractère que ce puisse être, doit non-seulement les représenter tels qu'ils étoient, mais il les doit représenter dans un tel degré d'excellence, qu'ils puissent servir de modèle ou de colère, ou de douceur, ou d'autre chose. C'est ainsi qu'Agathon et Homère ont su représenter Achille.

Le poëte doit observer toutes ces choses, et prendre garde surtout de ne rien faire qui choque les sens qui jugent de la poésie [*c'est-à-dire les oreilles et les yeux*] ;

---

1. Peut-être il veut dire qu'il n'étoit pas vraisemblable que l'on n'eût point fait une recherche plus exacte des meurtriers de Laïus. Cette absurdité se peut souffrir, selon Aristote, parce qu'elle est dans des choses qui précèdent la tragédie. (*Note de Racine.*)

2. Il y avait d'abord *doux*, au lieu de *patient*.

car il y a plusieurs manières de les choquer : j'en ai parlé dans d'autres discours où je traite de cette matière.

Nous[1] avons dit ce que c'est que reconnoissance. Il y en a de plusieurs sortes. La première, qui est la plus grossière, et dont la plupart se servent faute d'invention, est celle qui se fait par les signes. De ces signes les uns sont naturels et attachés dès la naissance à la personne, comme cette lance dont les enfants de la terre sont marqués [*c'étoit une famille de Thèbes*], ou de petites étoiles, comme dans le *Thyeste* de Carcinus. Les autres sont acquis et venus depuis; et de ceux-là il y en [a] qui sont encore attachés au corps de la personne, comme sont les cicatrices; ou sont tout à fait extérieurs, comme les colliers, et ce petit berceau dans la *Tyro*. On peut faire même de bonnes ou de médiocres reconnoissances avec ces sortes de signes. Ulysse, par exemple, à la faveur de sa cicatrice, est reconnu d'une façon par sa nourrice, et d'une autre façon par les porchers. [*Car il y a moins d'art dans cette dernière, où Ulysse découvre exprès sa cicatrice pour se faire reconnoître et pour vérifier son discours; au lieu que dans l'autre, c'est sa nourrice qui le reconnoît d'elle-même en voyant cette cicatrice. Ainsi il n'y a point de dessein dans cette reconnoissance; il y a, au contraire, une surprise qui fait une péripétie; et les reconnoissances de cette nature sont bien meilleures que ces autres qui se font avec dessein*[2].] . . Les secondes[3] . . . .

. . . .

1. Ἀναγνώρισις δὲ.... ὑπὸ τῶν συβωτῶν (chapitre XVI).
2. Dans cette dernière phrase, depuis : « Ainsi il n'y a point, » on retrouve quelque chose de la phrase du texte : Εἰσὶ γὰρ αἱ μὲν πίστεως...; mais c'est plutôt commenté que traduit.
3. Δεύτεραι δὲ.... (chapitre XVI). Racine n'a traduit que le premier mot de la phrase.

La[1] plus belle des reconnoissances est celle qui, étant tirée du sein même de la chose, se forme peu à peu d'une suite vraisemblable des affaires, et excite la terreur et l'admiration : comme celle qui se fait dans l'*OEdipe* de Sophocle et dans l'*Iphigénie*; car qu'y a-t-il de plus vraisemblable à Iphigénie, que de vouloir faire tenir une lettre dans son pays? Ces reconnoissances ont cet avantage par-dessus toutes les autres, qu'elles n'ont point besoin de marques extérieures et inventées par le poëte, de colliers et autres sortes de signes. Les meilleures, après celles-ci, sont celles qui se font par raisonnement. . .
. . . .
. . . .

Homère[2] est admirable pour beaucoup de choses, mais surtout en ce qu'il est le seul des poëtes qui sait parfaitement ce qui convient au poëte; car le poëte doit rarement parler comme poëte; car il n'imite point lorsqu'il parle, mais lorsqu'il fait parler les autres. Tous les autres poëtes parlent partout et n'imitent presque jamais. Homère, au contraire, dès qu'il a dit quelques paroles pour préparer ses personnages, amène aussitôt ou un homme, ou une femme, ou quelque autre personnage, qui parlent chacun selon leurs mœurs et leur caractère; car tout a son caractère chez lui, et il n'y a point de personnage sans caractère . . . .
. . . .
. . . .

On[3] demandera peut-être laquelle imitation est la plus parfaite, ou celle qui se fait par le poëme épique, ou celle qui se fait par la tragédie. [*Ceux qui donnent l'avantage*

---

1. Πασῶν δὲ βελτίστη.... ἐκ συλλογισμοῦ (chapitre XVI).
2. Ὅμηρος δὲ ἄλλα τε πολλὰ.... ἀλλ' ἔχον ἦθος (chapitre XXIV).
3. Πότερον δὲ βελτίων.... Πρῶτον μὲν οὖν.... (chapitre XXVI).

au poëme épique disent que] la meilleure des imitations est celle qui se fait avec le moins d'embarras, et qui ne se propose que les honnêtes gens pour spectateurs. Ils appellent une imitation qui se fait avec embarras, celle qui veut tout imiter, et qui craignant de n'être pas assez entendue et de ne point faire son effet, s'efforce de s'imprimer elle-même, s'agite, et emprunte le secours du geste et du mouvement des acteurs[1]. Tels sont ces mauvais joueurs de flûte, qui tournent autour d'eux-mêmes pour mieux représenter un disque[2], une pierre qui tourne [*et qui ne se fient pas à la cadence de leur chant*]; et ceux encore qui, pour exprimer l'action de Scylla [*qui attire à elle les vaisseaux*], attirent à eux celui qui chante auprès d'eux [, *soit le maître de musique ou quelque autre*]. La tragédie [*disent-ils*] ressemble en cela aux acteurs modernes, et elle est, à l'égard du poëme épique, ce que ces nouveaux acteurs sont à l'égard des anciens; car Mynisque, ancien acteur, accusant Callipides de faire trop de gestes, l'appeloit un singe; on disoit la même chose du comédien Pindare : au lieu que le poëme épique, n'ayant que les honnêtes gens pour spectateurs, n'a point besoin de tous ces secours empruntés, dont la tragédie se sert pour faire son effet sur ses spectateurs, qui sont d'ordinaire une vile populace; et de là on conclut qu'elle est la moindre imitation, puisqu'elle se fait avec le plus d'embarras.

Je réponds à cela, premièrement. . . . . . .

1. Le commentaire n'a rien entendu à ce passage. (*Note de Racine, à la suite du* commentaire.) — Geoffroy a fait remarquer justement que, si Racine a raison en faisant ce reproche au commentaire de Vettori, il ne s'est lui-même tiré, comme il a pu, de ce passage difficile qu'en le paraphrasant : en effet il n'a pas serré de près le texte.

2. Racine a écrit *disc*.

EXTRAITS
DU TRAITÉ DE LUCIEN

COMMENT IL FAUT ÉCRIRE L'HISTOIRE

ET DE

LA LETTRE DE DENYS D'HALICARNASSE A CNEIUS POMPÉE

EXTRAIT

DU TRAITÉ DE LUCIEN

COMMENT IL FAUT ÉCRIRE L'HISTOIRE [1].

.... L'ÉLOGE[2] et l'histoire sont éloignés infiniment, et, comme disent les musiciens, δὶς διὰ πασῶν[3] : c'est-à-dire que ce sont les deux extrémités.

Il[4] n'y a guère moins de différence entre l'histoire et la poésie. Le poëte a besoin de tous les Dieux quand il veut peindre Agamemnon. Il lui faut la tête et les yeux de Jupiter, la poitrine de Neptune, le bouclier de Mars. Mais l'historien peint Philippe borgne, comme il étoit[5].

L'utilité[6] est le principal objet de l'histoire. Le plaisir suit l'utilité, comme la beauté suit d'ordinaire la santé.

L'historien[7] a pour juges des lecteurs malins, qui ne demandent pas mieux que de le reprendre, et qui l'examinent avec la même rigueur qu'un changeur examine la monnoie.

1. Tel est le titre que Racine lui-même a mis en tête du manuscrit de ce morceau. Voyez ci-dessus, p. 433-436.
2. Lucien, *Comment il faut écrire l'histoire*, § 7 (édition Lehmann).
3. « De deux octaves. » — 4. Lucien, *ibidem*, § 8.
5. La pensée de cette dernière phrase est empruntée à une phrase du § 38 : μὴ μελέτω αὐτῷ.... Φίλιππος ἐκκεκομμένος τὸν ὀφθαλμὸν ὑπὸ Ἀστέρος τοῦ Ἀμφιπολίτου τοῦ τοξότου ἐν Ὀλύνθῳ, ἀλλὰ τοιοῦτος οἷος ἦν δειχθήσεται. « Que Philippe ait eu un œil crevé à Olynthe par l'archer Aster d'Amphipolis, cela ne doit pas gêner l'historien : il le montrera tel qu'il était. »
6. Lucien, *ibidem*, § 9. — 7. *Ibidem*, § 10.

Alexandre[1] jeta dans l'Hydaspe l'histoire d'Aristobule, qui lui faisoit faire des actions merveilleuses qu'il n'avoit point faites, dans la bataille qu'il avoit gagnée contre Porus, et lui dit qu'il lui faisoit grâce de ne l'y pas faire jeter lui-même.

Il[2] y a des historiens qui croient faire grand plaisir à un prince, en ravalant le mérite de ses ennemis. Achille seroit moins grand, s'il n'avoit défait que Thersite, au lieu d'Hector.

D'autres[3] invectivent contre le chef des ennemis, comme s'ils vouloient le défaire la plume à la main.

Il[4] se moque d'un historien impertinent qui vouloit imiter, ou pour mieux dire copier Thucydide en toutes choses, jusqu'à faire arriver une peste dans le camp des ennemis, parce qu'il y a une peste dans Thucydide. Il commençoit en déclinant son nom, et mettoit : « Creperius a écrit, etc. » Il faisoit une oraison funèbre, à l'imitation de Périclès, et la faisoit réciter par un centurion.

Un[5] autre remplira son histoire de petits détails et de mots de l'art, comme feroit un soldat ou un ouvrier qui auroit travaillé dans le camp.

Un[6] autre emploiera tout son temps à faire d'ennuyeuses descriptions ou de l'habillement et des armes du général, ou d'un bois, ou d'une caverne; et quand ils viennent aux grandes affaires, ils y sont neufs, comme un valet que son maître auroit fait son héritier, qui ne sait

1. Lucien, *Comment il faut écrire l'histoire*, § 12.
2. *Ibidem*, §§ 13 et 14.
3. *Ibidem*, § 14. — Nous renvoyons à ce paragraphe, quoiqu'il ne s'y trouve pas de phrase précisément semblable à celle-ci. Mais Lucien y parle d'un historien qui, à la fin de son préambule, promettait « de faire essuyer lui-même, autant qu'il était en lui, une défaite aux barbares. »
4. *Ibidem*, § 15. — *Il*, c'est-à-dire Lucien.
5. *Ibidem*, § 16. — 6. *Ibidem*, §§ 19 et 20.

comment mettre les habits de son maître, ni sur quelle viande il doit se ruer, préférant quelque méchant haricot aux perdrix et aux faisans.

Ils[1] pensent attraper le merveilleux en écrivant des choses contre le vraisemblable, des blessures prodigieuses, des morts incroyables.

Un[2] autre faisoit des noms grecs de tous les noms latins, appeloit *Cronos*[3], Saturnin; *Frontin*, Fronton, etc.

Ils[4] se servent quelquefois de phrases magnifiques, comme pourroit faire un poëte, et tombent tout à coup dans de basses expressions. C'est un homme qui a un pied chaussé d'un brodequin, et une sandale à l'autre pied.

Il[5] y en a qui mettent de magnifiques prologues au devant d'une histoire fort peu importante[6]. Le casque est d'or et la cuirasse est de haillons; et tout le monde s'écrie : « La montagne accouche. »

Un[7] autre entrera d'abord en matière, et croira imiter Xénophon, qui commence d'abord : « Darius et Parysatis eurent deux fils. » Mais ils ne voient pas qu'il y a des prologues qui sont imperceptibles, et qui sont pourtant de véritables prologues.

Ils[8] confondent toute la géographie.

Ils[9] décrivent curieusement et fort au long de petites choses, et passent légèrement sur les grandes. Ils ont grand soin de bien examiner le piédestal, et ne disent presque rien de la statue.

---

1. Lucien, *Comment il faut écrire l'histoire*, § 20.
2. *Ibidem*, § 21.
3. Ou plutôt *Cronios*, leçon substituée par Lehmann, d'après plusieurs manuscrits, à *Cronos* que donnent presque toutes les anciennes éditions.
4. Lucien, *ibidem*, § 22. — 5. *Ibidem*, § 23.
6. Première rédaction : « de l'histoire la moins importante. »
7. Lucien, *ibidem*, § 23. — 8. *Ibidem*, § 24. — 9. *Ibidem*, § 27.

Un[1] qui n'avoit jamais sorti de Corinthe commençoit ainsi son histoire : « Les yeux sont de plus sûrs témoins que les oreilles; » et après cela décrivoit la Perse et tout ce qui s'y rencontroit d'extraordinaire.

Un[2] autre avoit fait un prologue prophétique, promettant d'écrire le triomphe dans un temps où la guerre n'étoit pas encore terminée.

Voilà[3] les principales fautes où peut tomber un historien; voici les principales qualités qu'il doit avoir.

Les[4] deux les plus nécessaires, ce sont un bon sens pour les choses du monde, et une agréable expression, σύνεσίν τε πολιτικὴν καὶ δύναμιν ἑρμηνευτικήν. La première est un don du ciel; l'autre se peut acquérir par un grand travail et une grande lecture des anciens.

Un[5] historien doit être capable d'agir lui-même et de commander[6] en un besoin. Il faut qu'il ait vu l'armée, des soldats rangés en bataille et faisant l'exercice, ce que c'est qu'une aile, qu'un front, des bataillons, des escadrons; qu'il ait vu de près des machines de guerre, et qu'il ne s'en rapporte pas aux yeux d'autrui.

Surtout[7] il doit être libre, n'espérant ni ne craignant rien, inaccessible aux présents et aux récompenses; appelant *figue*, une figue, etc.; ne faisant grâce à personne, et ne respectant[8] rien par mauvaise honte; juge équitable et indifférent, sans pays, sans maître, et sans dépendance, ἄπολις, αὐτόνομος, ἀβασίλευτος; qu'il dise les choses comme elles sont, sans les farder ni les déguiser; car il n'est pas poëte, il est narrateur, et par conséquent n'est

1. Lucien, *Comment il faut écrire l'histoire*, § 29.
2. *Ibidem*, § 31. — 3. *Ibidem*, § 33.
4. *Ibidem*, § 34. — 5. *Ibidem*, § 37.
6. Racine avait mis d'abord : « gouverner. »
7. Lucien, *ibidem*, §§ 38, 41 et 42.
8. *Respectant* a été substitué à *rougissant*.

point responsable de ce qu'il raconte. En un mot, il faut qu'il sacrifie à la seule vérité, et qu'il n'ait pas devant les yeux des espérances aussi courtes que celles de cette vie, mais l'estime de toute la postérité.

Qu'il[1] imite cet architecte du phare d'Égypte, qui mit sur du plâtre le nom du roi qui l'employoit, mais dessous ce plâtre son propre nom, sachant bien que le plâtre tomberoit après sa mort, mais qu'en récompense son nom se verroit éternellement sur la pierre.

Alexandre[2] a dit plus d'une fois : « Oh! que ne puis-je revenir dans trois ou quatre cents ans pour entendre de quelle manière les hommes parleront de nous! »

Il[3] ne faut point se mettre en tête d'avoir un style si magnifique et si guindé : il faut s'y prendre plus familièrement. Que le sens, à la vérité, soit pressé, c'est-à-dire, que ce ne soient point des paroles vagues, et qu'il y ait du sens et des choses partout; mais que l'expression soit claire, et comme parlent les honnêtes gens. Car, comme l'historien ne doit avoir dans l'esprit que la liberté et la vérité, il faut aussi qu'on n'ait pour but dans le style que la netteté, et de représenter les choses telles qu'elles sont; en un mot, que tout le monde l'entende, et que les savants le louent : ce qui arrivera, si on se sert d'expressions qui ne soient point trop recherchées, ni aussi trop communes.

Il[4] faut pourtant que l'historien ait quelque chose du poëte dans les pensées, surtout quand il viendra à écrire[5] une bataille, des armées qui se vont choquer, des vais-

---

1. Lucien, *Comment il faut écrire l'histoire*, § 62. — 2. *Ibidem*, § 40.
3. *Ibidem*, §§ 43 et 44. — Cet alinéa commençait d'abord ainsi : « Les pensées doivent être profondes, » phrase que Racine a effacée.
4. Lucien, *Comment il faut écrire l'histoire*, § 45.
5. Dans le texte de Louis Racine : *décrire*, au lieu d'*écrire*.

seaux qui combattent les uns contre les autres. C'est alors qu'on a besoin, pour ainsi dire, d'un vent poétique qui enfle les voiles, qui fasse grossir la mer. Mais il faut pourtant que l'expression ne s'élève guère de terre, et qu'elle ne se ressente en rien de la fureur des corybantes; enfin il faut aller bride en main.

N'avoir[1] point trop de soin de l'harmonie et du son, mais aussi ne pas écorcher les oreilles.

Il[2] faut bien prendre garde de qui on prend des mémoires, et ne consulter que des gens non suspects ou de haine ou de complaisance, soit pour eux-mêmes, soit pour les autres.

Quand[3] on a fait provision de bons mémoires, alors il faut les coudre, et faire comme une suite ou un corps d'histoire, sec et décharné d'abord, pour y mettre ensuite la chair et les couleurs.

Il[4] faut, comme le Jupiter d'Homère, que l'historien porte les yeux de tous côtés, tantôt sur les Thraces, tantôt sur les Mysiens[5]; qu'il voie aussi bien ce qui se passe dans le parti des ennemis comme dans l'autre parti, qu'il mette tout dans une égale balance, qu'il se mêle, qu'il combatte, qu'il fuie avec les fuyards, qu'il donne la chasse avec les victorieux.

Son[6] esprit doit être[7] comme un miroir pur et sans taches, qui reçoit les objets tels qu'ils sont, ne mettant rien du sien qu'une expression naïve, sans se mettre en peine de quelle nature est ce qu'il dit, mais bien de quelle manière il le doit dire. C'est aux Athéniens à lui fournir l'or

---

1. Lucien, *Comment il faut écrire l'histoire*, § 46.
2. *Ibidem*, § 47. — 3. *Ibidem*, § 48. — 4. *Ibidem*, § 49.
5. Voyez l'*Iliade*, livre XIII, vers 4 et 5.
6. Lucien, *Comment il faut écrire l'histoire*, § 51.
7. Dans le texte de Louis Racine : « Il doit être. »

et l'ivoire, et à lui de tailler l'un ou l'autre, et de le mettre en œuvre[1].

Il[2] faut que la narration ne soit point décousue. Non-seulement les choses doivent se suivre, mais elles doivent se tenir les unes aux autres.

Il[3] faut savoir négliger les petites choses, et ne point trop s'étendre dans les descriptions. Témoin Homère, qui en a pu faire de si belles, et qui a si souvent passé par-dessus courageusement. Ne croyez point que Thucydide soit long dans la description de la peste; songez de quelle importance est tout ce qu'il dit : il fuit les choses, mais les choses l'arrêtent malgré lui.

On[4] peut s'élever et être orateur dans les harangues, pourvu qu'elles conviennent à celui qui parle.

Il[5] faut être court et circonspect dans les jugements que l'on porte des uns et des autres, toujours être appuyé de preuves, éviter d'être calomniateur, et ne les point faire mal à propos. Songez surtout que vous n'êtes point devant les juges, et qu'il ne s'agit point de faire le procès à ceux dont vous parlez. Théopompe a passé en cela les bornes, et semble plus un accusateur qu'un historien.

S'il[6] se présente des fables ou des choses peu vraisemblables à raconter, contez-les, mais non pas comme les croyant et voulant forcer les autres à les croire; mais donnez-les pour telles qu'elles sont, sans les appuyer.

---

1. Lucien ne se contente pas de cette simple allusion métaphorique. Il développe la comparaison, et nomme Phidias, Praxitèle, Alcamène.
2. Lucien, *Comment il faut écrire l'histoire*, § 55.
3. *Ibidem*, §§ 56 et 57.
4. *Ibidem*, § 58.
5. *Ibidem*, § 59. — 6. *Ibidem*, § 60.

EXTRAIT

DE DENYS D'HALICARNASSE

SUR LA MANIÈRE D'ÉCRIRE L'HISTOIRE [1].

La première chose que doit faire celui qui veut écrire l'histoire, c'est de choisir un sujet qui soit beau et agréable aux lecteurs. C'est un avantage qu'Hérodote a par-dessus Thucydide. Car Hérodote raconte la guerre que les Grecs ont eue[2] contre les Barbares et les actions des uns et des autres dignes de n'être jamais oubliées. Au lieu que Thucydide n'écrit qu'une seule guerre et encore infortunée, qu'il seroit à souhaiter qui n'eût jamais été, ou qui fût ensevelie dans le silence. Car lui-même éloigne son lecteur en lui disant qu'il va raconter des malheurs horribles, des villes désertes ou renversées, des morts sans nombre, des pestes, des tremblements de terre, des éclipses plus fréquentes qu'elles n'ont jamais été.

. . . .

La seconde chose que doit faire un historien, c'est de bien considérer là où il commence et là où il finit. Hérodote a encore cet avantage sur Thucydide. Car le premier commence à la première injure que les Barbares

---

1. Ce titre n'est pas dans le manuscrit de Racine. M. Aimé-Martin s'est aperçu qu'ici il n'y a plus rien qui appartienne à Lucien, mais il paraît (voyez ci-dessus la *Notice*, p. 435) avoir pris pour une page originale de Racine ce qui n'est que la traduction un peu libre et abrégée de deux passages de la *Lettre de Denys d'Halicarnasse à Cneius Pompée* (§§ 3 et 4). On trouvera ces passages aux pages 128 et 129 du tome II des *OEuvres de Denys d'Halicarnasse*, édition in-folio de Francfort (1586).

2. Il y a *eu*, sans accord, dans le manuscrit de Racine.

firent aux Grecs et finit[1] à la vengeance. Thucydide commence au contraire par dépeindre la Grèce heureuse et florissante, et finit à la bataille que les Athéniens perdirent contre ceux du Péloponèse.

1. Dans l'édition de M. Aimé-Martin, par une erreur sans doute de l'imprimeur, qu'aura trompé la répétition des mots *et finit* à deux lignes de distance, on a omis cette partie du texte : « à la vengeance. Thucydide commence au contraire par dépeindre la Grèce heureuse et florissante, et finit. » Non-seulement ainsi la phrase est incomplète, mais Hérodote se trouve avoir poussé son histoire jusqu'à la bataille perdue par les Athéniens contre ceux du Péloponèse. Sans remarquer cette énormité, M. Aignan a copié scrupuleusement le texte de son devancier.

APPENDICE

AUX TRADUCTIONS

LA VIE

DE DIOGÈNE LE CYNIQUE[1].

Diogène, natif de Sinope, étoit fils d'un changeur nommé Icésius. Dioclès rapporte qu'il fut obligé de s'enfuir de son pays à cause que son père, qui tenoit la banque publique, avoit fait de la fausse monnoie. Mais Eubulide[2], dans le livre qu'il a écrit de ce philosophe, assure que ce fut Diogène lui-même qui fut atteint de ce crime, et qu'il fut banni pour cela de Sinope avec son père; et en effet, il confesse ingénument lui-même dans son *Podale*[3] d'avoir fait de la fausse monnoie. Quelques-uns disent qu'ayant été créé maître de la monnoie, les ouvriers qui travailloient sous lui lui mirent en tête de la falsifier, et que pour ce sujet il vint à Delphes et à Délos, pays d'Apollon, pour savoir de ce dieu s'il feroit ce qu'on lui conseilloit, et que l'oracle l'ayant encore confirmé dans cette résolution[4], il fit en effet de la fausse monnoie, ne prévoyant pas ce qui en pourroit arriver[5] : si bien que depuis,

---

1. Voyez la *Notice*, p. 436 et suivantes.

2. MM. Aimé-Martin et Aignan ont imprimé *Euclide*. Cette faute n'est pas dans le manuscrit.

3. La plupart des anciens textes portaient : ἐν τῷ Ποδάλῳ; quelques manuscrits : ἐν τῷ Πορδάλῳ (leçon adoptée par Huebner, Leipzig, 1833). Ménage a conjecturé ingénieusement qu'il faut lire Παρδάλει, Diogène de Laërte nommant lui-même deux fois Πάρδαλιν (*la Panthère*) dans la liste qu'il a donnée des ouvrages du Cynique.

4. Racine avait écrit d'abord : « ayant rendu là-dessus une réponse favorable. »

5. Racine n'a pas bien compris la phrase τὸ πολιτικὸν νόμισμα οὐ συνείς, « n'ayant pas vu qu'il s'agissait de la coutume, de l'opinion publique. » L'oracle avait joué sur le mot νόμισμα. Nous relevons le contre-sens de Racine, parce qu'il rend ce passage de sa traduc-

la chose étant découverte, il fut banni, ou, comme d'autres veulent, il se retira de lui-même, pour la crainte qu'il avoit. Il y en a d'autres qui racontent qu'ayant reçu de son père[1] l'intendance de la monnoie, il la falsifia, et que, pour ce sujet, ce premier fut mis en prison, où il mourut, mais que Diogène, heureusement pour lui, se sauva. Ces mêmes auteurs assurent qu'il vint, à la vérité, à Delphes, toutefois qu'il ne demanda pas à l'oracle s'il feroit de la fausse monnoie, mais ce qu'il feroit pour se rendre illustre dans le monde; et que l'oracle là-dessus lui répondit d'en faire[2].

Étant arrivé à Athènes, il alla aussitôt trouver Antisthène, pour être reçu au nombre de ses disciples; et bien que ce philosophe eût résolu de ne plus recevoir personne, et le rabrouât d'abord fort rudement, il le vainquit néanmoins par son obstination; car comme Antisthène levât[3] un bâton pour le frapper s'il ne se retiroit : « Frappe, lui dit Diogène, en lui présentant la tête, mais sache que tant que tu parleras, il n'y a point de bâton si dur qu'il me puisse chasser d'auprès de toi. » Antisthène le reçut dès lors au nombre de ses disciples; et depuis ce temps-là, il commença à vivre dans une simplicité tout à fait grande, et telle qu'il convenoit à un misérable banni, comme il étoit. Théophraste, dans son *Mégarique*[4], dit de lui que voyant un jour courir un rat, il prit

---

tion peu intelligible. Il faut dire au reste qu'ici le grec est obscur : Ménage le croit altéré, et propose de lire : τὸ Πυθικὸν νόμισμα οὐ συνείς, « ne comprenant pas dans quel sens l'oracle prenait νόμισμα. »

1. Racine avait écrit d'abord : « qu'ayant succédé à son père à la charge; » et à la fin de la phrase : « s'enfuit, » au lieu de : « se sauva. »

2. C'est la suite du contre-sens que nous avons fait remarquer plus haut. Il eût fallu dire : « et que l'oracle là-dessus lui fit la réponse que nous avons rapportée. »

3. M. Aimé-Martin a corrigé *levât* en *leva*. Nous donnons la leçon du manuscrit. Ce latinisme, de l'imparfait du subjonctif après *comme*, est le tour que Racine prend d'ordinaire dans cette traduction. On verra cependant aussi que çà et là il emploie l'imparfait de l'indicatif après *comme* : voyez p. 516, 519, etc.

4. Diogène de Laërte nomme cet ouvrage (Μεγαρικός) parmi ceux qu'il attribue à Théophraste, dans sa *Vie* de ce philosophe.

de là un sujet de se consoler, considérant que ce petit animal vivoit à son aise dans des trous obscurs, sans se soucier ni de coucher dans un lit, ni de manger des morceaux délicats. Il fut le premier, au rapport de quelques-uns, qui s'avisa de faire doubler son manteau, à cause du besoin qu'il en avoit, parce qu'il avoit accoutumé de s'entortiller dedans quand il vouloit dormir. Il portoit aussi ordinairement une besace où il mettoit ses provisions ; car il n'avoit point de lieu particulier où se retirer quand il vouloit ou manger, ou dormir, ou étudier[1] ; mais le premier endroit où il se trouvoit lui étoit bon ; et à propos de cela, il disoit que les Athéniens lui avoient bâti un palais magnifique pour prendre ses repas, montrant le portique du temple de Jupiter. Il prit, au commencement, un bâton par nécessité, à cause qu'il relevoit de maladie ; depuis, à la vérité, il ne le porta plus dans la ville ; mais toutes les fois qu'il alloit aux champs, il n'alloit point sans sa besace et son bâton, comme rapportent Olympiodore, Polyeucte et Lysanias. Ayant écrit à un de ses amis de lui chercher quelque maisonnette pour se loger, et voyant que cet homme ne s'empressoit pas trop de lui en trouver, il s'alla loger dans un tonneau qui étoit dans la place de Métroos[2], ainsi qu'il le déclare lui-même dans ses lettres. Pour s'endurcir au chaud et au froid, il avoit accoutumé[3], l'été, de se rouler sur du sable brûlant ; et l'hiver, il embrassoit des statues couvertes de neige.

C'étoit un homme, au reste, d'un naturel extrêmement piquant et railleur[4].... Il disoit des combats qui se font en l'honneur de Bacchus, que c'étoit de grandes merveilles pour étonner les sots ; et des orateurs de son temps, qu'ils étoient les valets de la populace. Il disoit aussi que quand il consideroit dans cette vie les magistrats, les médecins et les philosophes, l'homme lui paroissoit l'animal du monde le plus

1. Première rédaction : « ou enseigner. »
2. Ou plutôt « du *Métroon.* » Le *Métroon* était le temple de la mère des Dieux à Athènes.
3. Racine avait écrit d'abord : « il prenoit plaisir. »
4. Racine a supprimé une phrase du texte, sans doute parce qu'il a jugé que les jeux de mots en étaient intraduisibles. Il a marqué la lacune par deux astérisques.

sage et le plus raisonnable ; mais que lorsqu'il venoit ensuite à contempler les devins, les ambitieux, les avares, et toute autre semblable manière de gens, il ne trouvoit rien de si fou que l'homme. Il répétoit souvent cette parole, qu'un homme devoit toujours faire provision ou de raison pour se consoler dans les adversités de la vie, ou de corde pour se pendre [1]. Voyant un jour Platon à un festin magnifique, qui ne mangeoit que des olives : « D'où vient, lui dit-il, grand philosophe, que vous, qui avez été autrefois tout exprès en Sicile pour manger de bons morceaux, maintenant que vous êtes à même, vous n'en mangez point ? — J'atteste les Dieux, répliqua Platon, que là, non plus qu'ici, je ne vivois que d'olives et d'autres semblables fruits. — Qu'étoit-il donc nécessaire que vous y allassiez ? interrompit brusquement Diogène. Est-ce qu'il n'y avoit point d'olives en Attique dans ce temps-là ? » Phavorin, dans son histoire de toutes sortes [2], attribue ce mot à Aristippe. Une autre fois, comme il mangeoit des figues, il rencontra Platon en son chemin, et d'abord il lui demanda s'il en vouloit goûter ; Platon en prit volontiers quelques-unes, qu'il mangea : « Je vous avois dit, reprit tout d'un coup Diogène, d'en goûter et non pas de les avaler. » Un jour que Platon traitoit quelques amis de Denys le tyran, Diogène se trouva chez lui, et voyant des tapis que ce philosophe avoit fait étendre pour s'asseoir, il se mit à les fouler, disant : « Je foule aux pieds la vanité de Platon. — Mais, lui répliqua Platon, combien es-tu plus [3] vain et plus orgueilleux que moi, de croire que tu peux faire cela sans orgueil ! » Quelques-uns rapportent la chose d'une autre manière, et racontent que Diogène dit : « Je foule aux pieds l'orgueil de Platon ; » et que Platon lui répondit : « Mais avec un autre orgueil. » So-

1. Cette phrase est mieux comprise dans l'*Abrégé des Vies des philosophes*, imprimé au tome XXII des *OEuvres de Fénelon* (édition de Lebel) : « Il vaut beaucoup mieux, disoit-il, se consoler que se pendre (p. 172). » — Cet abrégé, que nous aurons occasion de citer çà et là, a été attribué à l'archevêque de Cambrai ; mais on le croit du P. du Cerceau.

2. C'est-à-dire : « dans ses *Histoires diverses*. »

3. Racine a écrit à la marge cette note : « *Lege in gr.* (in græco) διαφέρεις *pro* διαφαίνεις. »

tion, dans son quatrième livre, rapporte encore un autre bon mot que dit ce cynique à Platon. Il avoit prié ce philosophe de lui donner un peu de vin et de figues ; Platon lui en envoya une grande cruche toute pleine. Diogène l'ayant rencontré à quelque temps de là : « Je pense, lui dit-il, que si l'on s'enquéroit de vous combien font deux et deux, vous répondriez *vingt*, si vous ne répondez pas plus à propos de ce qu'on vous interroge, que vous donnez à proportion de ce qu'on vous demande, » voulant marquer par là le vice de Platon qui étoit grand parleur de son naturel. On lui demandoit une fois en quel lieu de la Grèce il avoit vu des hommes qui fussent honnêtes gens : « Pour d'hommes, répliqua-t-il, je n'en vis jamais; mais j'ai vu des enfants à Lacédémone qui l'étoient. » Un jour qu'il discouroit fort sérieusement, voyant que personne ne le venoit entendre, il se mit à fredonner de la voix comme une cigale, et ayant de cette sorte amassé beaucoup de monde autour de soi, il commença à leur reprocher leur peu d'esprit, de courir, comme ils faisoient, pour entendre des niaiseries, et de se presser si peu pour ouïr de bonnes choses. Il se plaignoit que les hommes disputoient tous les jours sur cent badineries, comme à qui escrimeroit et à qui lutteroit le mieux, et que personne ne disputoit à qui seroit le plus honnête homme. Il disoit qu'il s'étonnoit de la folie des grammairiens de son temps, qui se tourmentoient le corps et l'âme pour défricher[1] les peines et les fatigues d'Ulysse, et qui ne prenoient pas garde à celle qu'ils se donnoient inutilement. Il se moquoit plaisamment des musiciens qui trouvent bien le moyen, ajoutoit-il, de mettre leurs lyres d'accord, et qui mènent une vie si déréglée. Il n'étoit pas moins divertissant sur les astrologues qui s'amusent, poursuivoit-il, toute leur vie, à contempler le soleil et la lune, et qui ne voient pas le plus souvent ce qui se passe à leurs pieds. Il disoit des orateurs qu'ils s'étudioient plutôt

---

1. MM. Aimé-Martin et Aignan ont remplacé ce mot par celui de *déchiffrer*; c'est à tort. Racine a écrit et voulu écrire *défricher*, dont on trouve des exemples dans ce sens. Ce verbe, d'après le *Dictionnaire de l'Académie* de 1694, veut dire, au figuré : « éclaircir, démêler une chose embrouillée et épineuse. »

à dire de bonnes choses qu'à en faire. Il étoit ennemi mortel des avares, qui ne haïssent rien tant, à les entendre parler, que l'argent, et qui l'adorent dans l'âme. Il ne pouvoit non plus souffrir ces sortes de gens qui louent fort ceux qui ont l'esprit au-dessus des richesses [1], et qui cependant n'estiment d'heureux que ceux qui sont riches. Il blâmoit fort ces hypocrites qui faisoient des sacrifices aux Dieux pour leur santé, et qui se soûloient au sacrifice jusqu'à se faire malades. Il disoit qu'il ne pouvoit assez s'étonner de la sobriété des valets qui ne déroboient rien de ce qu'on servoit sur table, voyant leurs maîtres avaler à leurs yeux de si bons morceaux. Il louoit fort ceux qui pouvant se marier ne se marioient, ou qui pouvant aller sur mer n'y alloient point, et qui pouvant se mêler d'affaires publiques ne s'en mêloient point, ou qui pouvant mener une vie voluptueuse ne la menoient point, et enfin ceux qui pouvant s'approcher des grands seigneurs ne se soucioient point d'en approcher. Il disoit qu'il falloit toujours avoir les mains ouvertes pour ses amis [2]. Ménippe [3], dans ce livre qu'il a écrit de *la Vente de Diogène*, raconte de lui, qu'ayant été fait captif, comme on l'eût [4] mis en vente, celui qui le vouloit acheter lui demanda ce qu'il savoit faire : « Commander [5]; » reprit Diogène; puis s'adressant au sergent qui le crioit : « Crie, lui dit-il: *Qui veut acheter son maître?* » Durant qu'il étoit ainsi exposé en vente, on ne lui vouloit pas permettre de s'asseoir : « Hé quoi ! dit-il, quand on achète des

---

1. Le manuscrit donne à choisir entre ce membre de phrase et celui-ci : « qui méprisent les richesses. » Le premier, qui se rapproche plus du grec : ὅτι χρημάτων ἐπάνω εἶεν, est écrit en interligne, sans que l'autre soit effacé.

2. Racine avait écrit d'abord : « qu'il falloit tendre les mains à ses amis. »

3. Dans l'édition dont Racine a fait usage, on lisait Μένιππος. Mais quelques manuscrits ont Ἕρμιππος, et Ménage croit que c'est la vraie leçon, Hermippe de Smyrne ayant écrit des *Vies des philosophes*.

4. Il y a *eust* dans le manuscrit. Voyez ci-dessus, p. 506, note 3; mais aussi plus bas, p. 560, note 2.

5. Racine avait écrit d'abord : « commander aux hommes; » mais il a ensuite effacé les mots : *aux hommes*.

poissons, regarde-t-on s'ils sont debout ou assis[1]? » Il se plaignoit que c'étoit une chose étrange que quand on achetoit un plat ou une marmite on les manioit et l'on les examinoit auparavant, et qu'on achetoit les hommes sur la simple vue. Il disoit à Xéniade, celui qui l'avoit acheté, qu'encore qu'il fût son esclave, il falloit qu'il se résolût à lui obéir, par la raison qu'on obéit à un médecin et à un précepteur[2], tout esclaves qu'ils sont. Eubule, dans le livre qui est intitulé *la Vente de Diogène*, raconte qu'il éleva les enfants de Xéniade de cette sorte : après qu'il les eut instruits dans tous les arts libéraux, il voulut qu'ils apprissent à monter à cheval, à tirer de l'arc, à manier la fronde et à lancer le javelot. Au reste il ne souffrit point qu'ils allassent aux lieux publics pour s'exercer à la manière des athlètes, chez les maîtres de ces exercices; mais il se donna la peine lui-même de les exercer, afin de les rendre plus robustes et plus dispos. Il eut soin de leur faire apprendre par cœur plusieurs passages, tant des poëtes que des orateurs, et même de ses écrits; et afin qu'ils retinssent plus aisément ce qu'il leur enseignoit, il leur fit un abrégé de tout ce qui étoit nécessaire pour avoir les principes des sciences. Au reste il vouloit, quand ils étoient chez eux, qu'ils s'employassent aux offices de la maison, en se contentant pour leur nourriture de quelques viandes légères, et d'un peu d'eau pure. Pour ce qui est du corps, il ne se soucioit point qu'ils fussent malpropres ni mal peignés; au contraire, il les laissoit aller dans les rues[3], le plus souvent sans pourpoint et sans souliers, car il vouloit qu'ils marchassent ainsi sans dire mot et sans regarder personne qu'eux-mêmes, et les menoit quelquefois dans cet équipage à la chasse. Mais ces jeunes gens, d'autre côté, avoient un soin particu-

1. Première rédaction : « s'ils sont debout ou non. »
2. Dans le texte grec, κυβερνήτης, « un pilote. »
3. Il y avait d'abord : « mais il les menoit ainsi avec* soi tout salopes. »

* Racine, dans ces traductions de sa jeunesse, écrit ordinairement *avecque*. Elles offrent, en plus grand nombre que ses manuscrits d'un temps postérieur, d'autres archaïsmes d'orthographe, que nous mentionnerons à la fin de l'*Introduction grammaticale*, en tête du *Lexique*.

lier de lui, et faisoient tout ce qu'ils pouvoient pour le mettre bien auprès de leur père et de leur mère. Eubule rapporte encore qu'il acheva ses jours chez Xéniade, et que les enfants de son maître l'enterrèrent.

Étant à l'article de la mort, Xéniade lui demanda de quelle manière il vouloit être enterré : « Le visage dessous, reprit-il ; car ceux qui sont dessous auront bientôt le dessus. » Il disoit cela à cause du progrès des Lacédémoniens, qui de petits commencements s'étoient élevés à une grande puissance. Quelqu'un l'ayant mené chez lui, le pria de ne point cracher, de peur de rien gâter dans sa maison, qui étoit merveilleusement propre et bien parée; mais Diogène, sans dire mot, tira un gros crachat du fond de son estomac, et le lui jetant au nez : « Excusez, lui dit-il, c'est que je n'ai trouvé que ce lieu-là ici d'assez sale pour cracher. » Il y en a qui prétendent que ce mot est d'Aristippe. Une fois, étant au milieu de la rue, il se mit à crier : « Que tout ce qu'il y a d'hommes ici viennent à moi! » En même temps, plusieurs s'amassèrent autour de lui; mais Diogène les écartant avec son bâton : « Je demandois des hommes, dit-il, et non pas des bêtes. » C'est Hécaton qui rapporte cela dans son premier livre des *Sentences*. On raconte d'Alexandre qu'il disoit de lui, que s'il n'eût été Alexandre, il eût voulu être Diogène[1]....

Métroclès, dans ses *Dits notables*, rapporte qu'un jour, comme on lui faisoit le poil, il s'en alla, la barbe à demi faite, à un festin que faisoient ensemble de jeunes gens, où il fut fort bien battu; mais que pour se revancher, il fit un grand placard où il mit en écrit le nom de ceux qui lui avoient fait cet outrage, et qu'il les suivoit partout avec cette affiche dans les mains. Ainsi il se vengea de l'affront qu'ils lui avoient fait, en les faisant connoître, et attirant sur eux la haine et l'indignation de tout le monde. Il disoit qu'il étoit un bon chien de chasse à l'égard des personnes louables, parce qu'il ne les suivoit pas avec moins d'ardeur qu'un chien fait un lièvre, et que cependant personne de ceux qui font métier de louer les

---

1. Racine a omis ici une phrase du texte, dans laquelle il n'aurait pu traduire le jeu de mots de πήραν, et d'ἀναπήρους. Il a encore cette fois marqué la lacune par des astérisques.

gens ne l'osoit mener[1] à la chasse[2]. Quelqu'un disoit une fois devant lui, en se vantant[3] : « J'ai bien vaincu[4] des hommes en ma vie aux jeux pythiens. — Des hommes? reprit Diogène ; c'est moi qui sais vaincre les hommes ; mais toi, ce ne sont que des faquins. » On lui représentoit un jour qu'il étoit vieux, et qu'il devoit songer à se reposer : « Hé quoi? repartit-il, si j'étois entré[5] en lice pour courir, songerois-je à m'arrêter quand je serois près du but ; au contraire, ne tâcherois-je pas à mieux courir que jamais ? » Quelqu'un l'ayant prié de souper, il n'y voulut point aller, à cause que quelques jours auparavant il y avoit été, et qu'on ne l'en avoit point remercié. L'hiver, il alloit les pieds nus dans la neige, et faisoit toutes les autres choses que nous avons rapportées ci-devant. Il tâcha, au commencement, de manger de la viande crue ; mais n'en pouvant venir à bout, il s'en désista. Il rencontra une fois l'orateur Démosthène dans un cabaret, qui dinoît : dès que Démosthène le vit, il se voulut retirer ; mais Diogène l'ayant aperçu : « Tu n'as que faire de t'enfuir, lui dit-il ; tu n'en auras pas été moins au cabaret pour cela[6]. » Quelques étrangers souhaitants[7] de voir cet orateur : « Le voilà, dit-il, en élevant sa main et leur montrant le doigt du milieu, le flatteur des Athéniens. » Un jour, voyant un pauvre homme qui, ayant laissé choir un morceau de pain, avoit honte de le ramasser, il le voulut guérir de cette mauvaise honte-là ; et attachant une corde à l'embouchure de son tonneau, il se mit à le traîner de cette sorte tout le long de la rue Céramique ; et il disoit

1. Première rédaction : « ne l'avoit encore voulu mener. »
2. Cette phrase, dont le sens a échappé au jeune Racine, est bien traduite à la page 182 de l'*Abrégé*, déjà cité, *des Vies des philosophes* : « Il disoit.... qu'aucun de ceux qui le louoient n'avoit assez de courage pour venir à la chasse avec lui. »
3. Et non pas : « en se vautrant, » comme on l'a imprimé dans les éditions de MM. Aimé-Martin et Aignan.
4. Racine avait mis d'abord : *surmonté*.
5. *Entré* est en interligne et a été ajouté après coup.
6. L'auteur de l'*Abrégé des Vies des philosophes* (p. 175) est resté plus près du texte : « Plus tu te caches dans le cabaret, et plus tu t'y enfonces. »
7. *Souhaitants* est ainsi au pluriel dans le manuscrit.

qu'il imitoit en cela les maîtres de musique qui détonnent quelquefois dans un concert, afin de faire prendre le ton aux autres. Il assuroit qu'on pouvoit être fou jusqu'au bout des doigts[1], et qu'en effet, si l'on voyoit quelqu'un aller dans les rues le doigt du milieu tendu, il n'y a personne qui ne le prît pour un fou, au lieu qu'on ne trouvoit rien à dire quand il tendoit celui qui est proche du pouce. Il disoit qu'on avoit à bon marché les choses qui valent beaucoup, et qu'au contraire on vendoit bien cher celles qui ne valent rien, vu qu'on ne pouvoit faire faire une statue à moins de trois mille oboles, et qu'on avoit un boisseau de farine pour deux liards. Il disoit une fois à Xéniade, celui qui l'avoit acheté : « Prenez garde à m'obéir de point en point, et à faire ce que je vous ordonnerai. — Hé quoi? lui répliqua Xéniade,

Les fleuves révoltés remontent à leurs sources[2] !

— Mais, lui répondit Diogène, si vous étiez malade, et que vous eussiez acheté un médecin, au lieu de faire ce qu'il vous ordonneroit vous amuseriez-vous à lui dire :

Les fleuves révoltés remontent à leurs sources? »

Il y eut une fois un homme qui le vint trouver à dessein de se faire philosophe[3]. Diogène, pour l'éprouver, lui donna d'abord un merlan, qu'il tenoit, à porter, et lui commanda de le suivre; mais l'autre[4] jeta là le merlan, tout honteux, et s'en retourna comme il étoit venu. Diogène le rencontra à quelques jours de là, et ne pouvant s'empêcher de rire en le voyant : « Faut-il qu'un merlan, lui dit-il, ait rompu une amitié comme la nôtre? » Dioclès rapporte cela autrement, et raconte qu'un homme ayant dit à Diogène : « Commandez, et nous vous obéirons. » Diogène le prit à part, et lui donna un morceau de fromage à porter; mais que l'autre ayant refusé de le faire :

1. Le sens est « que la folie tient souvent à un doigt, à la différence d'un doigt. »
2. *Médée* d'Euripide, vers 411.
3. Il y avait d'abord : « pour apprendre de lui la philosophie. »
4. Racine avait d'abord ajouté : « mais celui-ci, *qui n'étoit pas accoutumé à ce métier.* »

DE DIOGÈNE LE CYNIQUE.

« Hé quoi ? lui répliqua-t-il, voulez-vous rompre avec moi pour un morceau de fromage ? » Voyant un jour un petit garçon qui buvoit dans le creux de sa main, il tira son écuelle de sa besace, et la jetant par terre : « Il a, dit-il, plus d'esprit que moi. » Il jeta aussi sa cuillère[1] pour un même sujet, voyant un autre jeune garçon qui mangeoit une soupe de lentilles avec une croûte de pain qu'il avoit creusée en guise de cuillère.

Voici à peu près sa manière de raisonner : « Toutes choses appartiennent aux Dieux ; les sages sont amis des Dieux : or est-il que tous biens sont communs entre amis, et par conséquent toutes choses appartiennent aux sages. » Un jour, comme rapporte Zoïle, voyant une femme qui se prosternoit devant un autel, jusqu'à se mettre dans une posture indécente, Diogène la voulut guérir de cette superstition-là ; et s'approchant d'elle : « N'avez-vous point peur, lui dit-il, que Dieu, qui est partout, ne voie derrière vous quelque chose qui ne soit pas fort honnête ? » Il consacra un homme à Esculape, seulement pour avoir soin d'aller battre ceux qui viendroient baiser la terre dans le temple de ce dieu. Il disoit que toutes les malédictions tragiques étoient tombées sur lui ; qu'il étoit sans ville, sans maison, sans pays, gueux, vagabond, et vivant à la journée ; mais qu'il opposoit à la fortune la constance, aux lois la nature, aux passions la raison. Une fois Alexandre le vint voir, qu'il se reposoit au soleil dans la place de Cranion[2], et s'arrêtant devant lui : « Diogène, lui dit-il, demande-moi ce que tu voudras. — Ce que je veux, reprit Diogène, c'est que vous vous ôtiez un peu de mon soleil. » Quelqu'un ayant lu une fois devant lui un ouvrage d'assez longue haleine, comme il fut à la fin du livre, voyant qu'il n'y avoit plus[3] de feuillets écrits, il se mit à crier, comme font les matelots sur mer : « Terre ! terre ! prenons courage. » Un homme lui vouloit prouver une fois, par un argument sophistique, qu'il avoit des cornes ; mais Diogène, pour toute réponse, passant sa main

---

1. Racine écrit *cueilliere*.
2. Le Cranion était un bois sacré, avec un gymnase, tout près de Corinthe.
3. Au lieu de ces mots : « voyant qu'il n'y avoit plus, » Racine avait mis d'abord : « n'y ayant plus. »

sur son front : « Je ne les sens point, » dit-il. Il fit environ la même chose à un autre qui soutenoit qu'il n'y avoit point de mouvement ; car il se leva tout d'un coup et se mit à se promener. Un astrologue discouroit un jour devant lui des choses célestes : « Depuis quand, mon ami, lui dit-il, êtes-vous revenu du ciel ? » Un certain eunuque, perdu de débauche, avoit fait mettre cette inscription sur la porte de son logis : *Que rien de méchant n'entre ici dedans.* « Où est-ce donc, reprit Diogène, que logera le maître de la maison ? » Ayant une fois des huiles de senteur, au lieu de s'en parfumer la tête, comme font les autres, il s'en oignit les pieds ; et la raison qu'il en rendit, c'est que l'odeur des parfums de la tête s'exhale en l'air, au lieu que celle des pieds monte droit au nez. Les Athéniens lui conseilloient de se faire initier aux mystères de quelques dieux, et lui disoient, pour l'y porter davantage, que ceux qui l'étoient dans cette vie avoient les places honorables dans les enfers. « Vraiment, répliqua-t-il, ce seroit une assez plaisante chose que tandis qu'Agésilaus et Épaminondas seroient dans la fange, une troupe de marauds initiés eût le haut bout dans les îles des bienheureux. » Voyant des rats qui venoient ronger les miettes de sa table : « Comment ? dit-il, Diogène a des parasites ! » Un jour, Platon l'appelant chien : « Vous avez raison, lui répliqua-t-il, car [1] j'ai été retrouver ceux qui m'ont vendu. » Une fois, comme il sortoit des bains, quelqu'un lui demanda s'il y avoit bien des hommes au bain : « Il n'y en a pas un, » repartit-il ; mais ensuite un autre l'ayant prié de lui dire s'il y avoit bien du monde au bain : « Tout en est plein, » ajouta-t-il. Un jour, Platon ayant défini l'homme : *Un animal sans plumes et qui n'a que deux pieds,* cette définition plut extrêmement à tous ceux qui étoient présents ; mais Diogène, sans mot dire, prit un coq, qu'il se donna la peine de plumer tout entier, et l'ayant porté chez Platon : « Tenez, leur dit-il, voilà l'homme de Platon, » de sorte que ce philosophe fut obligé d'ajouter à sa définition : « et qui a les ongles larges. » On lui demandoit à quelle heure il falloit dîner : « Si l'on est riche, reprit-il, quand on veut ; si l'on est pauvre, quand on peut. » Ayant remarqué à Mégare

---

1. Au lieu de *car,* il y avait d'abord : « et c'est pour cela que. »

que les moutons y étoient gras et couverts de bonne laine, au lieu que les enfants y étoient presque tous nus : « J'aimerois mieux dit-il, être mouton que fils d'un Mégarien. » Un homme, dans les rues, l'ayant heurté d'un ais qu'il portoit, se mit ensuite à crier : « Gare ! gare ! — Est-ce, lui dit-il, que tu as envie de me heurter encore une fois ? » Il appeloit les orateurs[1] les valets de la populace ; et les couronnes qu'on leur donnoit, des ampoules de gloire. Il alloit quelquefois en plein jour, une lanterne allumée à la main, et comme on lui demandât[2] pour quelle raison il faisoit cela : « Je cherche, répondoit-il, un homme. » Un jour qu'il se reposoit[3] en pleine rue, tout dégouttant de l'eau de la pluie qui étoit tombée sur lui, cela amassa autour de lui plusieurs personnes que ce spectacle avoit touchés[4] de pitié ; mais Platon s'étant rencontré là par hasard : « Hé ! de grâce, leur dit-il, si vous avez pitié de cet homme, laissez-le là, » voulant témoigner par ces paroles la vanité de ce philosophe, comme ne faisant cela que par ostentation. Il y eut une fois un homme qui lui donna un soufflet : « Vraiment, reprit-il, j'ai bien oublié de n'avoir pas mis[5] un casque. » Un certain Midias, qui lui en vouloit, le rencontra un jour, et l'ayant bien battu : « Ton argent est prêt, » ajouta-t-il. Diogène ne répondit rien sur l'heure ; mais le lendemain il l'attendit avec des gantelets aux deux mains[6], et lui assenant un coup de toute sa force : « Ton argent est prêt, » lui dit-il. Lysias, un certain apothicaire, lui demandoit une fois s'il croyoit qu'il y eût des dieux : « Il faut bien que je le croie, lui répliqua-t-il, puisque je sais même qu'ils n'ont point de plus grand ennemi que toi. » Quelques-uns assurent que ce mot est de Théodore. Voyant un jour un homme qui se lavoit dans l'eau pour se purifier : « Hé ! pauvre miséra-

1. Première rédaction : « Il disoit que les orateurs étoient. »
2. Voyez ci-dessus, p. 506, note 3.
3. Racine avait écrit d'abord : « Un jour on le trouva », dont une première correction avait fait : « Un jour qu'il étoit. »
4. Dans le manuscrit il y a bien « touchés, » et non « touchées. » Voyez ci-dessus, p. 463, note 2.
5. M. Aimé-Martin a ainsi corrigé cette phrase : « j'ai bien oublié de mettre un casque. »
6. Première rédaction : « à la main. »

ble, lui dit-il, sache que cette eau n'est pas plus capable d'effacer les crimes que tu as[1] commis pendant ta vie, que des fautes de grammaire. » Il assuroit que les hommes se plaignoient à tort de la fortune, parce qu'ils demandoient aux Dieux, non pas ce qui étoit bon véritablement, mais ce qui leur paroissoit bon. Il disoit à ceux qui sont effrayés des songes qu'ils font : « Vous vous embarrassez des choses que vous faites en dormant, et vous n'avez pas la moindre inquiétude de celles que vous faites étant éveillés. » S'étant trouvé aux jeux olympiques, comme le héraut, selon la coutume, se fût mis à crier : « Dioxippe a vaincu tous les hommes qui ont paru dans la lice, — C'est moi, dit-il, qui sais vaincre les hommes; car pour lui ce ne sont que des esclaves. » Il étoit fort aimé des Athéniens, jusque-là qu'ils condamnèrent au fouet un jeune garçon pour avoir rompu son tonneau, et lui en firent donner un autre. Denys le stoïque rapporte qu'après la bataille de Chéronée, il fut pris prisonnier des Macédoniens, et qu'étant mené à Philippe, ce roi lui demanda qui il étoit : « Un espion, reprit-il, de ton insatiable avidité. » Ce même auteur assure que cette hardiesse donna de l'admiration à Philippe, qui donna ordre qu'on le délivrât sur l'heure. Alexandre avoit envoyé des lettres à Athènes, adressantes à Antipatre, par un certain Athlie, qui veut dire en grec autant que malheureux. Diogène s'y trouva présent quand il les reçut, et faisant allusion à ce nom : « Athlie, dit-il, a envoyé les lettres d'Athlie à Athlie par Athlie. » Perdiccas[2] l'ayant menacé par lettres de le faire mourir s'il ne le venoit trouver : « Il ne fera pas grand'chose, répliqua-t-il, puisqu'une mouche et une araignée[3] en peuvent bien faire autant. Que ne me menace-t-il plutôt, ajouta-t-il, que si je ne le vais trouver, il trouvera bien le moyen de vivre heureux sans moi ? » Il crioit souvent que les Dieux ne donnoient que trop de moyens aux hommes pour vivre à leur aise[4], mais que ces moyens étoient

1. « Tu as » a été substitué à « tu pourrois avoir. »
2. Dans l'édition de M. Aimé-Martin on a imprimé *Perviccus*. M. Aignan a reproduit cette faute d'impression.
3. Il y a « un araignée » dans le manuscrit.
4. Il y avait d'abord : « pour vivre heureux. »

DE DIOGÈNE LE CYNIQUE.   519

cachés à ceux qui aimoient si fort les ragoûts, les parfums, et toutes ces vaines superfluités. Voyant un jour un homme qui se faisoit chausser par son valet : « Tu ne seras point encore parfaitement heureux, lui dit-il, qu'on ne t'ait coupé les deux mains, afin que tu te puisses honnêtement faire moucher par lui. » Une autre fois, ayant aperçu des sergents[1] qui menoient en prison un coupeur de bourse qui avoit volé une aiguière : « Voilà, dit-il, de grands voleurs qui en mènent un petit en prison. » Voyant un jeune garçon qui ruoit des pierres à une potence : « Courage, lui dit-il, tu parviendras au but[2]. » Il se trouva une fois entouré d'une foule de petits garçons qui crioient : « Gare! gare! qu'il ne nous morde. — Ne craignez rien, leur dit-il : un chien ne mange point de carottes. » Voyant un homme qui prenoit plaisir à se couvrir de la peau d'un lion : « Cesse, mon ami, lui dit-il, de déshonorer l'habit de la vertu. » On exaltoit un jour devant lui le bonheur de Callisthène, d'être participant[3], comme il étoit, de toute la magnificence d'Alexandre : « Et moi, répliqua-t-il, je le trouve bien malheureux de ne pouvoir dîner ni souper que quand il plaît à Alexandre. » Il disoit que quand il avoit affaire d'argent, et qu'il en prenoit de ses amis, c'étoit une dette dont ils s'acquittoient, plutôt qu'un présent qu'ils lui fissent[4]. On le trouva un jour en pleine rue qui faisoit quelque chose de la main qui n'étoit pas fort honnête; mais lui, sans s'étonner : « Plût aux Dieux, dit-il, que je pusse aussi bien apaiser la faim de mon ventre en le grattant! » Il se donna bien une fois la peine de remener lui-même à la maison un jeune garçon qui alloit faire la débauche avec des seigneurs de Perse, et avertit ses parents d'avoir l'œil sur lui. Il y eut un jour un jeune homme fort bien paré qui le vint consulter sur certaine matière : « Je ne vous répondrai point, lui dit Diogène, que vous ne m'ayez fait savoir auparavant si vous êtes homme ou femme. » Une autre fois, comme il étoit au bain, il en vit un qui ver-

1. Racine avait écrit d'abord : « des archers. »
2. Première rédaction : « Voyant un petit garçon qui jetoit des pierres.... à la fin tu y viendras. »
3. Il y avait d'abord : « de participer. »
4. M. Aimé-Martin a mis *faisoient*, au lieu de *fissent*.

soit du vin d'un pot dans un autre, afin de juger, par le bruit que faisoit le vin en tombant[1], s'il réussiroit dans ses amours ; et comme, à son avis, le pot eût rendu un bon son : « Il est d'autant plus mauvais pour toi, lui dit Diogène, qu'il est fort bon. » Quelques-uns, dans un festin[2], lui jetoient de loin, par dérision, des os comme à un chien ; mais Diogène, se levant de table, se mit à pisser contre eux comme un chien. Il disoit des orateurs et de ceux qui mettent leur gloire à bien parler, qu'ils étoient trois fois hommes, c'est-à-dire trois fois misérables. Il appeloit un riche ignorant, un mouton qui avoit une toison d'or[3]. Ayant vu sur la porte d'un fameux débauché cet écriteau : *Maison à vendre :* « Je me doutois bien, dit-il, que cette maison boiroit tant et mangeroit tant qu'elle vomiroit enfin son maître. » Un jeune garçon se plaignoit une fois à lui de la multitude de ceux qui le vouloient corrompre : « Cesse, lui répondit Diogène, de leur faire voir qu'on te peut corrompre. » Étant un jour entré dans un bain fort sale : « Où est-ce, dit-il, qu'on se va laver[4] à la sortie de ce bain-ci ? » Il entendoit une fois un joueur de luth qui en jouoit d'une manière fort grossière, et comme tous les autres le traitassent[5] d'ignorant et de ridicule, lui seul le louoit et le prisoit extrêmement. Quelques-uns lui en demandèrent la raison : « Je l'admire, reprit-il, de ce que jouant si mal, il s'amuse plutôt à cela qu'à tuer ou à voler. » Il y en avoit encore un autre qui faisoit fuir tout le monde dès qu'il commençoit à jouer ; un jour Diogène l'ayant rencontré : « Bonjour, lui dit-il, Monsieur le Coq. — D'où vient que vous m'appelez ainsi ? lui fit l'autre. — C'est, répliqua-t-il, que tu fais lever tout le monde dès que tu commences à chanter. » Voyant plusieurs personnes qui avoient les yeux fichés sur un jeune garçon, il se mit à ramasser du lupin qui étoit à terre, à la vue de tout le monde, et en remplissoit à mesure sa besace. Cette action fit tourner la tête à tous ceux

---

1. Voyez les lexiques grecs aux mots Κοτταβός et Κοτταβισμός.
2. Après *festin*, il y a ces mots, effacés : « pour se moquer. »
3. Racine avait mis d'abord : « une toison dorée. »
4. Dans l'édition de M. Aimé-Martin on a imprimé : « que l'on fera laver. » M. Aignan, prenant ce non-sens pour le texte véritable, en a fait l'objet d'une observation grammaticale.
5. Voyez ci-dessus, p. 506, note 3.

qui étoient là : « Hé quoi? leur dit-il, aimez-vous mieux me voir que ce beau fils? » Un homme extrêmement superstitieux lui disoit une fois : « Ne me fâche pas; car d'un coup de poing je te romprois la tête. — Et moi, reprit-il, je te ferois trembler si je t'avois seulement regardé[1] du côté gauche. » Un certain Hégésias le prioit un jour de lui prêter quelques-uns de ses ouvrages pour apprendre la philosophie : « Dites-moi un peu, reprit Diogène, si vous vouliez manger des figues, voudriez-vous qu'on vous donnât des figues en peinture, et n'en achèteriez-vous pas de véritables? Avouez donc que vous êtes fou, puisque pouvant embrasser l'exercice véritable de la philosophie, vous vous contentez de la voir par écrit. » Quelqu'un lui reprochoit qu'il s'étoit enfui de son pays : « Hé, misérable, lui répliqua-t-il, n'y ai-je pas trop gagné, puisque c'est ce qui m'a fait devenir philosophe? » Et à un autre qui lui disoit : « Ceux de Sinope t'ont banni de leur pays, — Et moi, reprit-il, je les condamne à n'en bouger. » Voyant un homme qui avoit gagné le prix aux jeux olympiques, qui menoit paître les brebis : « Pauvre homme, lui dit-il, à ce que je vois, tu n'as quitté les jeux olympiques que pour venir aux néméens[2]. » On lui demandoit une fois d'où venoit que les athlètes ne sentoient point les coups qu'on leur donnoit : « C'est, reprit-il, qu'ils ne sont faits que de chair de pourceaux et de bœufs. » Il demandoit un jour l'aumône à une statue, et la raison qu'il en donna : « Je m'apprends, dit-il, à être refusé. » Il fut obligé au commencement de demander l'aumône pour subsister. Un jour donc, comme il priât quelqu'un de la lui donner : « Si tu l'as jamais donnée à quelque autre en ta vie, lui disoit-il, donne-la-moi; si tu ne l'as point donnée, commence par moi. » Un tyran lui demandoit un jour quel airain étoit le meilleur : « Celui, répliqua-t-il, dont on fond les statues d'Harmodius et d'Aristogiton. » A propos

1. Le texte sur lequel Racine a traduit avait παρών, au lieu de πταρών, *éternuant*, qui est la vraie leçon, celle que Ménage a rétablie d'après un manuscrit.

2. Le jeu de mots était intraduisible et demandait une explication : ἐπὶ τὰ νέμεα signifie « aux jeux néméens » ou « aux pâturages. »

de Denys le tyran, il disoit qu'il traitoit ses amis comme des sacs; « car, ajoutoit-il, il les pend[1] quand ils sont pleins, et les jette quand ils sont vides. » Un nouveau marié avoit fait mettre cette inscription sur le seuil de sa porte : *Hercule Callinique, fils de Jupiter, loge céans; que rien de méchant n'entre ici dedans;* mais Diogène, sans dire mot, écrivit ceci ensuite : *Après la mort, le médecin*[2]. Il vit une fois un homme, qui s'étoit ruiné en folles dépenses, qui faisoit son soupé de quelques olives dans une gargoterie : « Misérable, lui dit-il, si tu eusses dîné de la sorte, tu ne souperois[3] pas aujourd'hui comme tu fais. » Il disoit que les hommes vertueux étoient les images des Dieux. Il appeloit l'amour l'occupation des oisifs. Quelqu'un lui ayant demandé ce qu'il croyoit qu'il y eût au monde de plus misérable, il répondit : « Un vieillard pauvre; » et à un autre qui s'enquéroit de lui quelle étoit la bête la plus dangereuse : « Un médisant, répliqua-t-il, entre les farouches; et un flatteur entre les privées. » Voyant un tableau où il y avoit deux centaures fort mal peints : « Quel est le Chiron[4] des deux? » dit-il. Il appeloit les paroles de flatterie des filets de miel; et le ventre, la Charybde de la vie. Ayant ouï dire qu'un certain Didyme avoit été surpris en adultère : « Il est digne, dit-il, d'être pendu par son nom[5]. » On lui demandoit un jour d'où venoit que l'or étoit pâle :

---

1. M. Aimé-Martin a lu : *prend*. Cette faute a été reproduite dans l'édition de M. Aignan.

2. Il y a en grec un autre proverbe : « Après la guerre, l'alliance. » — A la suite de ceci, Racine a omis une petite phrase du texte, sans doute par distraction.

3. Il y a dans le manuscrit *souperas*, au lieu de *souperois*; c'est évidemment un lapsus.

4. Ou : « Quel est le pire ($\chi\varepsilon\ell\rho\omega\nu$). » Ici encore le traducteur aurait dû, ce semble, expliquer le jeu de mots.

5. On lit dans l'édition de M. Aimé-Martin : « Il est digne deux fois, dit-il, d'être pendu par son nom. » *Deux fois* n'est pas dans le manuscrit, et n'est pas du tout le sens du jeu de mots ($\dot\varepsilon\kappa\ \tau\tilde\omega\nu\ \delta\iota\delta\acute\upsilon\mu\omega\nu$), que Racine n'a pas expliqué et qu'il ne pouvait d'ailleurs pas expliquer décemment. Peut-être eût-il bien fait de supprimer une phrase, devenue inintelligible dans la traduction française.

« C'est, répliqua-t-il, que tout le monde est aux aguets pour l'attraper. » Voyant une femme dans une litière : « Ce n'est pas là, dit-il, une cage pour une bête si farouche. » Il vit[1] un jour un esclave fugitif qui étoit assis sur la margelle d'un puits : « Mon ami, lui fit-il, prends garde d'y tomber[2]. » Une fois étant au bain, il aperçut un certain Cillius, qui étoit un de ces voleurs qui viennent pour voler les habits de ceux qui se baignent, et s'approchant de lui : « Est-ce pour voler ou pour vous baigner[3], lui dit-il, que vous êtes ici ? » Voyant un jour des femmes qu'on avoit pendues à des oliviers : « Plût aux Dieux, s'écria-t-il, que tous les arbres portassent de semblables fruits ! » Ayant rencontré un certain homme qui étoit accusé de fouiller dans les sépulcres, il lui dit sur-le-champ ces deux vers :

« Qui t'amène en ces lieux, honte de la nature?
Viens-tu fouiller les morts jusqu'en leur sépulture[4] ? »

On lui demandoit un jour s'il avoit un valet ou une servante ; il répondit que non. « Et qui est-ce donc, reprit celui qui l'interrogeoit, qui prendra le soin de tes funérailles après ta mort ? — Celui, répliqua-t-il, qui voudra loger dans ma maison. » Il aperçut un jour un beau garçon qui dormoit à son aise, couché tout de son long : « Réveille-toi, lui dit Diogène, n'as-tu point de peur

Qu'une flèche, en dormant, te perce par derrière[5] ? »

1. Première rédaction : « Il aperçut. »
2. Voici encore un bon mot qui ne se comprend plus dans la traduction. Ménage a bien fait remarquer que le mot grec φρέαρ ne signifiait pas seulement un puits, mais qu'il était de plus, à Athènes, le nom d'un tribunal. Il croit même qu'il pouvait y avoir aussi un jeu de mots sur ἐμπέσῃς ou ἐκπέσῃς.
3. La plaisanterie de Diogène a plus de sel dans le texte grec : Ἐπ' ἀλειμμάτιον ἢ ἐπ' ἄλλο ἱμάτιον. C'est un nouvel exemple d'un jeu de mots qu'on ne pouvait rendre.
4. Le second de ces vers traduit un vers grec qui revient deux fois dans l'*Iliade* d'Homère ; c'est le 343ᵉ et le 387ᵉ du livre X.
5. C'est, avec un léger changement (εὕδοντι, « dormant, » pour φεύγοντι, « fuyant »), le vers 95 du livre VIII de l'*Iliade*.

et à un autre qui aimoit extrêmement la bonne chère : « Si tu n'y donnes ordre, lui dit-il,

Tes jours seront, mon fils, de fort courte durée [1]. »

Un jour, Platon discouroit de ses idées, assurant qu'une table avoit sa tabléité, et un pot sa potéité : « Pour moi, reprit Diogène, je vois bien un pot et une table; mais je ne vois ni potéité, ni tabléité. — C'est, lui répliqua Platon, que tu as des yeux pour voir la table et les pots; mais tu n'as pas assez d'esprit pour concevoir la tabléité et la potéité. » On lui demandoit une fois quel homme lui paroissoit Socrate : « Un fou, » répliqua-t-il [2]. Un autre s'enquéroit de lui en quel âge il se falloit marier : « Quand on est jeune, dit-il, il n'est pas temps; quand on est vieux, il n'est plus temps. » Quelqu'un lui disoit un jour : « Que voudriez-vous qu'un homme vous donnât pour recevoir un soufflet de lui? « Un casque, » reprit Diogène. Voyant un jeune homme qui se paroit : « Si c'est aux hommes, lui dit-il, que tu veux disputer le prix de la beauté, tu es bien misérable; si c'est aux femmes, tu es bien injuste. » Comme un jeune homme eût rougi devant lui : « Courage, lui dit Diogène, je vois la couleur de la vertu. » Entendant un jour plaider deux avocats sur un larcin dont l'un étoit accusé par l'autre, il les condamna tous deux : « Car l'un, ajouta-t-il, a volé, et l'autre ne l'a point été. » On lui demandoit un jour quel vin étoit le plus agréable à boire : « Le vin d'autrui, » répondit-il. On lui disoit une fois : « Tout le monde se rit de toi. — Je ne suis pas ridicule pour cela, » reprit-il. Un autre soutenoit devant lui que c'étoit une chose malheureuse que de vivre : « Dis de mal

---

1. *Iliade*, livre XVIII, vers 95. Diogène substitue ἀγοράζεις, « tu achètes, » au dernier mot d'Homère : ἀγορεύεις, « tu dis. »

2. Ce passage, que Racine a trouvé dans l'édition dont il s'est servi, n'est pas dans toutes les éditions ni dans tous les manuscrits. Ménage a conjecturé avec vraisemblance qu'on avait à tort fait entrer dans le texte une note dans laquelle un lecteur de Diogène de Laërte rappelait ici un mot de Platon : « On lui demandoit une fois quel homme lui paroissoit Diogène : « Un Socrate fou, » répondit-il. » Voyez dans le *la Bruyère* de M. Servois (tome II, p. 509-511), la *Lettre* de la Bruyère à Ménage.

vivre, interrompit Diogène, et non pas de vivre. » Quelques-uns lui conseilloient de faire chercher un valet qu'il avoit, et qui s'étoit enfui. « Non, non, reprit-il, ce seroit une chose ridicule que Manès se pût passer de Diogène, et que Diogène ne se pût passer de Manès. » Un jour, comme il mangeoit des olives, un homme lui vint offrir des gâteaux; mais il le renvoya avec ce vers :

« Fuyons, ami, fuyons ces infâmes tyrans[1]. »

On lui demandoit une fois de quelle espèce de chien il étoit : « Quand j'ai faim, répliqua-t-il, je suis doux comme un chien de Mélite; mais quand je suis soûl, je suis ardent comme un chien de Molosse[2]. Enfin, ajouta-t-il, je suis de cette espèce de chien qu'on prise extrêmement, mais que peu de personnes veulent mener à la chasse, à cause de la fatigue qu'il se faut donner. En effet, vous louez assez mon genre de vie, mais il n'y en a pas un qui le veuille suivre à cause des peines et des sueurs qu'il faut endurer. » On s'enquéroit une fois de lui si les sages mangeoient des tartes et des gâteaux : « Cela est étrange, répliqua-t-il, qu'ils en mangent tout de même que d'autres hommes. » Quelqu'un se plaignoit à lui de ce qu'on donnoit souvent l'aumône à de gros gueux aveugles et estropiés, et qu'on ne donnoit rien aux philosophes : « C'est, répliqua-t-il, que la plupart des hommes prévoient bien qu'ils pourront devenir aveugles ou estropiés, mais pas un n'espère de devenir philosophe. » Il demandoit un jour l'aumône à un homme fort avare, et comme celui-ci ne se pressoit pas trop de la lui donner : « Je ne demande pas votre mort, lui dit-il, je demande ma vie[3]. » Quelqu'un lui ayant reproché qu'il avoit autrefois fait de la fausse monnoie : « Il est vrai, répondit-il, que j'ai été autrefois ce que vous êtes; mais le mal est que vous ne serez jamais ce que je suis. » Et à un autre

1. Euripide, *Phéniciennes*, vers 40.
2. Les chiens de Mélite (très-probablement *Malte*) étaient de petits chiens recherchés pour leur gentillesse; les *molosses* ou chiens de *Molossie* (contrée de l'Épire) étaient pleins d'ardeur à la chasse.
3. Racine n'a pas entendu cette phrase, qui signifie : « je te demande pour ma nourriture, non pour ma sépulture. »

qui lui faisoit le même reproche : « Je pissois aussi, répliqua-t-il, plus roide en ce temps-là [1] que je ne fais à cette heure. » Un jour, étant allé à Mynde, il prit garde en entrant que les portes de la ville étoient fort grandes, bien que la ville fût fort petite, et s'adressant à quelques Myndiens qui étoient là : « Messieurs, leur dit-il, si vous m'en croyez, vous fermerez les portes de votre ville, de peur qu'elle ne sorte. » Voyant un homme qu'on avoit surpris volant de la pourpre, qu'on menoit en prison, il lui dit sur-le-champ ce vers :

« La mort sera bientôt de ton sang empourprée[2]. »

Cratère l'ayant fait prier de le venir trouver : « J'aime mieux, répliqua-t-il, lécher du sel à Athènes, que de manger les meilleurs morceaux du monde à la table de Cratère. » Il alla voir une fois un certain orateur nommé Anaximène, qui étoit fort gras : « Si vous faisiez bien, lui dit Diogène, vous nous donneriez la moitié de votre ventre; car vous n'en seriez pas plus mal, et nous nous en trouverions mieux. » Un jour, comme ce même orateur haranguât publiquement, Diogène se mit à montrer de loin un morceau de salé, et attira par cette action tous les assistants auprès de soi; et comme Anaximène s'en voulût fâcher : « Vous voyez, leur dit Diogène, tous les beaux discours de votre orateur ne valent pas un liard, car mon salé ne m'a pas coûté davantage. » On lui reprochoit une fois de ce qu'il mangeoit en plein marché : « C'est, répliqua-t-il, que j'ai faim en plein marché. » Il y en a quelques-uns qui lui attribuent encore cet autre mot-ci. Platon le trouva un jour qui lavoit des choux, et s'approchant de lui : « Si tu eusses pu te résoudre, lui dit-il tout bas à l'oreille, à faire la cour à Denys le tyran, tu ne serois pas réduit à laver toi-même tes choux. » Mais Diogène s'approchant de lui tout de même : « Si tu eusses pu te résoudre, lui repartit-il, à laver toi-même tes choux, tu ne serois pas réduit à faire la cour à Denys le tyran. » Quelqu'un lui disoit un jour : « Tu ne saurois croire combien il y a de gens qui se moquent de toi. —

---

1. Racine a encore mal compris ce passage, qu'il aurait pu se dispenser de traduire.
2. *Iliade*, livre V, vers 83.

Peut-être, répliqua-t-il, que les ânes se moquent d'eux aussi ; mais ils ne se soucient point pour cela des ânes, ni moi d'eux. » Voyant un jeune homme qui raisonnoit de philosophie : « Courage! lui dit-il, voilà le moyen de rendre les amants de ton corps amoureux de ton esprit. » Étant un jour entré dans le temple de Samothrace, comme quelqu'un s'étonnât de la multitude des offrandes qui y avoient été faites par ceux qui avoient fait des vœux au milieu de la tempête, et qui étoient échappés du naufrage : « Vous en verriez bien d'autres, reprit Diogène, si tous ceux qui n'en sont pas réchappés avoient accompli les leurs. » Il y en a qui donnent ce mot à Diagoras. Il vit[1] une fois un jeune homme qui alloit à un festin : « Mon ami, lui dit-il, tu en reviendras pire que tu n'es. » Ce jeune homme le rencontra quelques jours après, et l'ayant abordé : « Vous voyez, lui dit-il, j'ai été au festin, et si[2] je n'en suis pas empiré pour cela. — Non, sans doute, reprit Diogène, car tu en es plus gros et plus gras[3]. » Il demandoit un jour à quelqu'un une chose d'assez grande conséquence : « Si tu me peux persuader, lui dit l'autre, que je te la dois donner, je te la donne. — Moi, répliqua Diogène, si j'avois quelque chose à te persuader, je te persuaderois de t'aller pendre. » Un jour, comme il retournoit de Lacédémone à Athènes, on lui demanda d'où il venoit et où il alloit : « Je viens de quitter des hommes, dit-il, pour voir des femmes. » Une autre fois qu'il retournoit des jeux olympiques, on lui demanda s'il y avoit bien du monde : « Pour du monde, répondit-il, il y en a assez ; mais d'hommes, fort peu. » Il comparoit les prodigues à ces figuiers qui naissent dans des précipices, dont les fruits ne sont point mangés par des hommes, mais par des corbeaux et par des vautours.

1. Première rédaction : « Il rencontra. »

2. Racine emploie cette locution dans le sens de *et pourtant*. C'est encore un de ces archaïsmes qui suffiraient, nous l'avons dit, pour attester la date ancienne de ce travail.

3. Ce n'est nullement le sens de la phrase : Χείρων μὲν οὔ, Ἐυρυτίων δέ. Diogène joue encore sur le double sens de χείρων : voyez ci-dessus, p. 522, note 4. Eurytion était, comme Chiron, un centaure ; il y a aussi un jeu de mots sur son nom, mais fondé sur une allusion obscène, qui ne pouvait être traduite.

Phryné, cette fameuse courtisane, ayant offert à Delphes une Vénus d'or, il alla mettre cette inscription au-dessous : *Cette Vénus a été érigée des dépouilles de la lubricité des Grecs.* Un jour, comme Alexandre passoit devant lui : « Ne me connois-tu pas? lui dit ce roi; je suis le grand Alexandre. — Et moi, répliqua Diogène, je suis Diogène le cynique. » On lui demandoit une fois d'où venoit qu'on l'appeloit chien : « C'est, répliqua-t-il, que je caresse ceux qui me donnent, j'aboie après ceux qui ne me donnent rien, et je mords les coquins. » Comme il cueilloit des figues à un figuier, quelqu'un l'en voulut empêcher, en lui disant que cet arbre étoit impur, et qu'il n'y avoit rien[1] qu'un homme s'y étoit pendu : « Eh bien, répondit-il, je le purifierai. » Voyant un athlète qui venoit de remporter le prix aux jeux olympiques, et qui ne pouvoit détourner ses yeux de dessus une courtisane : « Voyez, dit-il, ce brave champion, qu'une jeune fille emmène par le collet. » Il comparoit les belles courtisanes à du miel empoisonné. Un jour, comme il mangeoit en plein marché, il y eut plusieurs personnes qui s'amassèrent autour de lui, et qui se mirent à crier : « Au chien! au chien! » Mais Diogène, sans s'émouvoir : « C'est vous, leur répliqua-t-il, qui êtes des chiens, de rôder comme vous faites à l'entour de moi durant que je dîne. » Voyant deux jeunes débauchés qui se cachoient pour éviter sa rencontre : « Ne craignez rien, leur dit-il, un chien ne mange point de carottes[2]. » On lui demandoit un jour d'un jeune efféminé de quel pays il étoit : « Voilà une belle demande, répondit-il, il est de Tégée[3]. » Il rencontra une fois un certain homme qui avoit été autrefois fort fameux pour être un méchant athlète[4], et qui depuis s'étoit fait médecin : « Vraiment, lui dit-il, vous avez trouvé un beau secret pour mettre en terre ceux qui vous jetoient à terre

1. Dans l'édition de M. Aimé-Martin : « qu'il y avoit peu de temps. »
2. Voyez ci-dessus, p. 519.
3. La réponse de Diogène n'a pas de sens en français. Il y a une équivoque sur le mot Τεγεάτης, le mot τέγος pouvant signifier un lieu de prostitution.
4. M. Aimé-Martin a ainsi corrigé ce membre de phrase : « qui avoit la réputation d'avoir été autrefois un méchant athlète. »

auparavant. » Un jeune homme lui montroit un jour une épée qu'un de ses amoureux lui avoit donnée : « Voilà une belle épée, répondit-il, mais la garde[1] en est fort vilaine. » Comme quelques-uns louassent fort un homme d'un présent qu'il lui avoit fait : « Et moi, répliqua Diogène, vous ne me louez point de l'avoir mérité? » Quelqu'un lui redemandoit un manteau : « Si vous me l'avez donné, reprit-il, il est à moi; si vous me l'avez prêté, je m'en sers. » Un autre[2] lui disoit une fois : « Il a de l'or caché dans son manteau. — Oui, sans doute, répliqua-t-il, et c'est pour cela que je couche dessus. » On lui demandoit une fois quel fruit il avoit tiré de la philosophie : « N'y ai-je pas trop gagné, répliqua-t-il, quand je n'y aurois gagné que d'être prêt comme je suis à tous les accidents qui peuvent m'arriver? » Quelqu'un le prioit de lui dire de quel pays il étoit : « Du monde, » répondit-il. Comme quelques-uns sacrifiassent aux Dieux pour avoir un fils : « Et vous ne sacrifiez point, leur dit-il, pour avoir un fils honnête homme. » Celui qui avoit la charge de lever les tailles la[3] lui vouloit faire payer, mais il le renvoya avec ce vers :

Dépouillez les Troyens, mais épargnez Hector[4].

Il disoit que les concubines étoient les reines des rois, parce qu'elles leur faisoient faire tout ce qu'elles vouloient. Les Athéniens ayant résolu qu'on décerneroit à Alexandre les

1. Ménage fait remarquer que le même mot λαβή signifie la *garde de l'épée* et *l'occasion dans laquelle le présent a été reçu*. Sans cette explication le mot de Diogène ne s'entend pas assez.

2. Dans le texte grec il n'y a pas « un autre, » mais « un bâtard, *un enfant supposé* (ὑποβολιμαίου τινός). » Le Cynique dans sa réponse fait allusion à la honteuse condition de cet homme, par le mot ὑποβεβλημένος, dont il se sert. Il valait mieux cette fois encore ne pas essayer de traduire que de remplacer le bon mot de Diogène par une phrase qui n'a aucun sel.

3. Il y a bien *la* dans le manuscrit. M. Aimé-Martin a substitué « la taille » à « les tailles. »

4. Ce vers était sans doute tiré de quelque poëme homérique. Ménage, qui le nomme, sans indiquer la source, *Homeri versum*, fait remarquer que δ' Ἕκτορος prête à un jeu de mots : δέκτορος veut dire « du mendiant. »

mêmes honneurs qu'à Bacchus : « Faites-moi, leur dit-il, tout d'un train[1] votre Sérapis. » Quelqu'un lui reprochoit qu'il hantoit dans[2] des lieux infâmes : « Le soleil, répliqua-t-il, entre bien dans des cloaques, et n'en est pas gâté pour cela. » Un jour qu'il soupoit dans un temple, voyant des pains qu'on y avoit apposés[3], qui étoient sales et gâtés, il les alla prendre et les jeta dehors, disant que rien de sale ni d'impur ne devoit entrer dans le temple. Un homme lui disoit une fois qu'il étoit un ignorant qui ne savoit rien et qui faisoit le philosophe : « Quand je le contreferois, répondit-il, il faudroit toujours que je le fusse beaucoup pour le contrefaire comme je fais. » On lui amena un jour pour être son disciple un jeune garçon qu'on lui disoit qui avoit un beau naturel et qui étoit bien morigéné : « Qu'a-t-il donc affaire de moi ? » repartit-il. Il comparoit ceux qui parlent bien et qui font mal à des luths qui rendent un beau son, mais qui n'ont aucun sentiment. Lorsqu'il alloit au théâtre, il y entroit toujours quand les autres en sortent ; et comme on lui demandât pourquoi il faisoit cela : « C'est, répondit-il, que je me suis étudié toute ma vie à faire le contraire de ce que font les autres. » Il disoit une fois à un jeune efféminé : « N'as-tu point honte de te faire pire que la nature ne t'a fait ? car elle t'a fait homme, et tu t'efforces de devenir femme. » Voyant un homme sans jugement qui accordoit un luth : « Ne devrois-tu pas être honteux, lui dit-il, de savoir mettre un luth d'accord, et de ne pouvoir être d'accord avec toi-même ? » Quelqu'un disoit devant lui : « Pour moi, je n'ai point d'inclination à la philosophie. — Pourquoi vis-tu donc, lui répliqua-t-il, puisque tu ne te soucies point de bien vivre ? » Voyant un jeune homme qui parloit de son père avec mépris : « N'as-tu point de honte, lui dit-il, de mépriser avec orgueil celui qui t'a donné de quoi être orgueilleux ? ». Entendant un beau garçon qui tenoit des discours sales : « Ne devrois-tu pas rougir, lui dit-il, de tirer d'une gaîne d'ivoire une lame de plomb ? » On lui reprochoit qu'il alloit boire au

1. Et non « tout d'un trait, » comme on lit dans l'édition de M. Aimé-Martin.
2. M. Aimé-Martin, et après lui M. Aignan, ont supprimé *dans*, ce qui rajeunit le tour.
3. Les mêmes éditeurs donnent *apportés*, au lieu d'*apposés*.

DE DIOGÈNE LE CYNIQUE.

cabaret : « Vous devriez ajouter, répliqua-t-il, que je me fais faire la barbe chez un barbier. » Comme quelqu'un l'accusât d'avoir reçu un manteau d'Antipatre, il lui dit ce vers :

Il ne faut point des Dieux rejeter les largesses[1].

Un homme, sans y prendre garde, le heurta d'un grand ais qu'il portoit, et se mit ensuite à crier : « Gare! gare! » Mais Diogène, pour toute réponse, s'approchant de lui, lui donna un bon coup de bâton, et se mit à crier de même : « Gare! gare! » Voyant un débauché qui sollicitoit une femme de mauvaise vie : « Misérable, lui dit-il, que cherches-tu en un lieu où le meilleur pour toi c'est de ne rien obtenir? » Et à un autre extrêmement poudré et parfumé : « Prends garde, lui fit-il, que les parfums de ta tête ne te mettent en mauvaise odeur dans le monde. » Il disoit que les esclaves obéissent à leurs maîtres, et les méchants à leurs passions. Quelqu'un lui demandoit d'où venoit qu'en grec on appelle les esclaves *andrapodas*. « C'est, répliqua-t-il, qu'ils ont des pieds d'homme et une âme comme la tienne[2]. » . . . .
. . . .

1. *Iliade*, livre III, vers 65.
2. La *Vie de Diogène* ne se termine pas ici; mais Racine n'a pas été plus loin dans sa traduction.

DES ESSÉNIENS[1].

Il[2] y a parmi les Juifs trois différentes sectes qui font profession de l'amour de la sagesse. La première est des Pharisiens, la deuxième des Saducéens, et la troisième[3], qui paroît aussi la plus sainte et la plus austère, est de personnes que l'on nomme Esséniens, qui sont bien Juifs de nation, mais qui sont beaucoup plus étroitement liés ensemble par une affection mutuelle que ne sont les autres.

Ils abhorrent toutes les voluptés et tous les plaisirs, comme mauvais et illégitimes, et ils tiennent comme une souveraine vertu parmi eux que de garder une exacte tempérance et de ne se point laisser vaincre à leurs passions. C'est pourquoi ils ont de l'aversion pour le mariage, et prennent seulement auprès d'eux quelques enfants étrangers, lorsqu'ils sont en un âge tendre et susceptible des impressions qu'on leur veut donner ; et les regardant comme leur propre sang, ils

1. Voyez ci-dessus la *Notice*, p. 440 et 441.
2. Ici Racine a écrit à la marge : « Joseph, *de Bello Jud.*, l. 2, c. 12. » Tout ce commencement est en effet emprunté à l'historien Josèphe. Dans le livre II de la *Guerre de Judée*, comme dans le livre XVIII des *Antiquités judaïques*, cité un peu plus bas par Racine, quelques éditions ont des divisions de chapitres différentes de celles qu'il indique. Au nombre des éditions avec lesquelles il est d'accord, il y a celle qui a été donnée par Froben à Bâle (M.D.XLIV, in-folio). Mais comme Racine cite les titres en latin, on peut douter qu'il ait fait usage de cette édition où tout, jusqu'aux titres, est en grec. Le morceau *sur les Esséniens* est également au chapitre xii du livre II dans la traduction française de Josèphe par Arnauld d'Andilly, dont l'*Achevé d'imprimer* est du 25 juin 1668. Il est au chapitre viii du même livre II dans l'édition de Richter (Leipzig, 1827, 6 volumes in-12).
3. L'autographe donne ainsi les noms de nombre, avec la désinence une seule fois écrite pour les trois : « la 1., la 2., la 3eme. »

les forment et les élèvent selon leurs mœurs et leur discipline. Ainsi leur éloignement du mariage ne vient pas de ce qu'ils voudroient abolir la succession des enfants aux pères, qu'il entretient dans le monde ; mais c'est qu'ils croient se devoir garantir de l'incontinence des femmes, qui, selon leur opinion, ne gardent presque jamais[1] à leurs maris la fidélité qu'elles leur doivent.

Ils méprisent les richesses, et rien ne leur paroît plus excellent et plus admirable qu'une communauté de tous biens. Aussi l'on n'en voit point entre eux qui soient plus riches que les autres, parce qu'ils ont établi comme une loi inviolable à tous ceux qui embrassent leur genre de vie, de distribuer en commun tout ce qu'ils possèdent. De là vient que l'on ne voit parmi eux ni le rabaissement de la pauvreté, ni l'élévation des richesses, et que toutes leurs possessions étant mêlées ensemble, ils n'ont tous qu'un seul patrimoine comme des frères.

Ils tiennent comme une chose impure les eaux de senteur et les huiles de parfum, et si par hasard et malgré eux, on en a répandu quelque goutte sur leurs corps, se lavent et se nettoient aussitôt. Ils croient qu'il n'y a rien pour eux qui soit plus dans la bienséance que de fuir toutes les délicatesses, et de ne porter que des habits blancs, qui sont les plus simples ; ils choisissent quelques-uns d'entre eux, à qui ils donnent le soin de pourvoir aux besoins communs de tous.

Ils ne sont pas tous retirés dans une seule ville de la Judée ; mais plusieurs d'entre eux habitent en diverses villes. Ceux de leur compagnie qui viennent du dehors sont reçus par eux comme en leur propre maison, et ils vivent avec ceux qu'ils n'ont jamais vus comme avec leurs plus intimes amis. C'est pourquoi ils font leurs voyages sans porter sur eux quoi que ce soit, sinon quelques armes pour se défendre contre les voleurs. Il y a dans chaque ville une personne qui a la charge de recevoir les hôtes, et de les pourvoir d'habits et de toutes les autres choses dont ils ont besoin.

On voit dans leurs vêtements, dans leur visage, et dans

---

1. Le texte dit *qu'aucune femme* (μηδεμίαν) ne garde la fidélité envers un seul.

tous leurs gestes, la même simplicité et la [même] modestie que dans des enfants que l'on élève sous une étroite discipline. Ils ne quittent jamais ni leurs habits, ni leurs souliers, qu'ils ne soient ou entièrement déchirés, ou tout à fait usés par le temps.

Ils ne vendent jamais rien, et n'achètent rien entre eux; mais chacun donnant aux autres ce dont ils ont besoin reçoit aussi d'eux ce qui lui est nécessaire[1], quoiqu'ils ne soient pas obligés de donner toujours quelque chose en échange à ceux dont ils reçoivent ce qu'ils leur ont demandé.

Ils ont une piété toute particulière envers Dieu; jamais ils ne tiennent aucun discours profane avant le lever[2] du soleil, mais ils passent tout ce temps en des vœux et en des prières qu'ils ont reçues[3] de leurs ancêtres, comme s'ils demandoient à Dieu qu'il fasse lever cet astre. En suite de quoi les directeurs les envoient tous travailler aux métiers auxquels ils sont propres; et après qu'ils ont travaillé avec une grande assiduité jusqu'à la cinquième heure (c'est-à-dire jusqu'à onze heures[4]), ils s'assemblent encore tous en un même lieu, où se ceignant d'une espèce de caleçon de toile, ils se lavent dans de l'eau froide. Et s'étant ainsi purifiés, ils s'assemblent en un autre lieu particulier, dont l'entrée est défendue à tous ceux qui ne sont pas de leur profession.

Étant donc purs, ils entrent tous dans leur réfectoire avec le même respect que l'on entreroit dans quelque temple sacré, et s'y étant assis en silence et avec modestie, celui qui a la charge de faire le pain leur en distribue à tous selon leur

1. Nous avons ici pris sous les ratures la seule phrase vraiment correcte et à peu près exacte qu'on puisse tirer du manuscrit. Si l'on négligeait les mots effacés, pour ne transcrire que ceux qui leur ont été substitués dans l'interligne, on trouverait cette phrase : « mais se donnant chacun l'un à l'autre ce dont il a besoin, reçoit aussi l'un de l'autre ce qui lui est nécessaire. »

2. Dans le manuscrit, *lever* a été effacé, et remplacé par *retour*, qui ensuite a été effacé également.

3. Racine fait ainsi accorder le participe *reçues* avec le second des deux substantifs auxquels il se rapporte.

4. Nous n'avons pas besoin d'avertir que c'est une explication ajoutée par le traducteur.

rang, et le cuisinier leur sert aussi à chacun un petit plat où il n'y a que d'une sorte de viande. Le prêtre fait une prière, avant laquelle il n'est pas permis à aucun de rien manger ; aussitôt qu'ils ont achevé de dîner, le même prêtre fait encore une prière ; et ainsi, soit avant ou après leurs repas, ils rendent toujours grâces à Dieu, comme à celui qui leur fournit leur nourriture. Après cela, ils quittent ces vêtements qu'ils estiment comme sacrés, et retournent à leur ouvrage jusques au soir, qui est le temps où ils reviennent souper. S'il leur est venu quelques étrangers, ils les font seoir à la même table qu'eux.

Jamais aucun cri ni aucun tumulte ne trouble la paix de leur solitude, et chacun aime mieux laisser parler les autres que de parler lui-même lorsque son rang vient de le faire : de sorte que le grand silence qui règne au dedans de leurs maisons est comme une espèce de mystère qui donne de l'étonnement et de la vénération à ceux qui sont de dehors. La principale cause de ce grand silence est leur continuelle sobriété, qui leur fait réduire leur boire et leur manger à une très-petite mesure. Ils ne font jamais rien sans l'ordre de leurs directeurs, excepté deux choses que l'on laisse en leur liberté, qui sont d'avoir compassion des misérables et de les secourir ; car il leur est permis de soulager les besoins de ceux qui sont dignes de leur assistance, et de leur donner de quoi vivre lorsqu'ils[1] en manquent. Mais quant à leurs propres parents, ils ne peuvent jamais leur faire aucun don sans la permission des supérieurs.

Ils sont de très-justes modérateurs de leur colère, et savent tempérer leurs ressentiments. Ils sont fidèles dans leurs promesses et amateurs de l'union et de la paix.

La moindre parole qu'ils aient donnée leur est plus inviolable que ne sont aux autres tous les serments : c'est pourquoi ils ne jurent point afin qu'on les croie, estimant que les jurements sont encore pires que les parjures ; car ils disent qu'un homme est déjà condamné de mensonge et de perfidie

---

1. M. Aignan fait ici une remarque sur l'emploi d'*alors que*. Mais il a encore pris cette fois une inexactitude de l'édition de M. Aimé-Martin pour le texte même de Racine. Le manuscrit a *lorsque*.

dans l'esprit de ceux qui le connoissent, lorsqu'on ne veut point ajouter foi à ses paroles s'il ne prend Dieu à témoin pour persuader qu'elles sont sincères.

Ils s'appliquent avec un soin particulier à la lecture des livres des anciens, et recherchent principalement ceux qui sont utiles et pour l'âme et pour le corps, et ceux dont ils peuvent tirer la connoissance de quelques herbes salutaires, ou de la vertu particulière de quelques pierres minérales, qui peuvent servir pour la guérison de toutes sortes de maux.

Lorsque quelqu'un se présente pour entrer dans leur société, ils ne l'y admettent pas aussitôt, mais ils le font demeurer au dehors l'espace d'un an, et lui proposant le même genre de vie que le leur, ils lui donnent une besoche[1] pour travailler et cette sorte de caleçon dont nous avons parlé, et lui font porter un habit blanc.

Après qu'il a donné durant tout ce temps des preuves de sa tempérance, on lui accorde la même nourriture qu'aux autres, et on lui permet de se servir des eaux les plus pures pour se laver; ils ne l'admettent pas néanmoins encore à leur société; car après que l'on a éprouvé sa tempérance durant un an, on veut éprouver outre cela son esprit et son naturel, l'espace de deux autres années, et si l'on reconnoît qu'il soit digne d'être reçu, on le reçoit alors. Toutefois il ne participe point à la table commune, qu'il n'ait promis par des serments solennels et terribles, premièrement d'honorer la Divinité d'un culte religieux; ensuite de rendre aux hommes ce qui leur est dû selon la justice; de ne faire jamais tort à personne, ni de son propre mouvement, ni quand on le lui auroit commandé; d'abhorrer toujours les méchants, et de secourir et défendre les gens de bien; de garder la foi à tout le monde, et principalement aux puissances supérieures, étant persuadés qu'il n'y a point d'autorité et de domination dans le monde qui ne soit établie de Dieu; et si lui-même vient à être élevé en puissance, de n'en point abuser, en maltrai-

---

1. M. Aimé-Martin a corrigé *besoche* en *bêche*. Une *besoche* est une sorte de *hoyau* : c'est ainsi que le *Dictionnaire* de Nicot (1606) traduit le mot. Racine avait d'abord mis « une scie. » Le mot grec est ἀξινάριον, *hachette*.

DES ESSÉNIENS.

tant ceux qui lui seront soumis, et de ne point affecter de se distinguer d'eux[1] par la magnificence des habits et par tous les autres ornements du luxe. Ils font vœu encore d'aimer toujours la vérité, et de reprendre les menteurs, de ne souiller leurs mains d'aucun larcin, et de garder leur âme pure de tout gain injuste; de ne rien cacher à ceux de leur profession, et de ne rien découvrir aux autres de leurs mystères, quand on les y voudroit contraindre jusqu'à leur faire souffrir la mort même. Outre cela, ils font encore serment de n'enseigner jamais d'autre doctrine que celle qu'ils ont reçue, de garder avec un très-grand soin les livres de leur secte et les noms des anges. Voilà les serments par lesquels ils engagent toutes les personnes qui embrassent leur profession.

Quant à ceux qui sont convaincus de quelques fautes considérables, ils les chassent de leur société; et pour l'ordinaire, celui qui a été ainsi excommunié, finit ses jours misérablement; car étant comme lié à eux et par ses serments et par la vie qu'il y a menée, on ne lui laisse recevoir aucune nourriture de la main des autres. Et ainsi, ne se repaissant que de quelques herbes, son corps se détruit peu à peu par la faim, jusqu'à ce qu'il vienne à mourir. C'est pourquoi il y en a plusieurs dont ils ont eu compassion, et qu'ils ont comme rappelés à la vie, lorsqu'ils rendoient leurs derniers soupirs, jugeant que des tourments qui les avoient réduits à une telle extrémité, étoient suffisants pour l'expiation de leurs fautes.

Ils sont fort exacts et fort équitables dans leurs jugements. Ils s'assemblent pour le moins au nombre de cent, lorsqu'ils veulent juger de quelque chose; et ce qu'ils ont une fois arrêté demeure ferme et immuable.

Après Dieu[2], il n'y a point de nom qui parmi eux soit en

---

1. Il y a ici une correction, d'une autre encre et d'une écriture un peu différente, qui modifie ainsi la fin de la phrase, aux dépens du sens, si l'on fait dépendre le *que* de *persuadés*, ou tout au moins de la clarté, si l'on veut le rattacher à *promis*, qui est neuf lignes plus haut : « et que si lui-même, etc., il n'en abusera point..., et n'affectera point de, etc. »

2. Racine a écrit ici en marge : *N^a* (*Nota*). Il marquait souvent de ce *Nota*, sur ses livres, les passages qui le frappaient le plus.

plus grande vénération que celui du législateur Moïse : jusque-là que quiconque d'entre eux a osé le blasphémer, est aussitôt condamné à mort.

Ils font gloire d'avoir une grande déférence pour les anciens, et de céder à ce que plusieurs ont déterminé.

Ils sont infiniment plus soigneux que tout le reste des Juifs à s'abstenir de tout travail des mains les jours de sabbat; car non-seulement ils préparent leur nourriture dès le jour précédent, pour ne point même allumer du feu en ce saint jour, mais ils font encore scrupule d'y remuer le moindre instrument et le moindre meuble[1]. . . . .

Ils vivent pour l'ordinaire fort longtemps, et il y en a plusieurs d'entre eux qui passent même au delà de cent ans : ce qui provient, je crois, de la vie sobre et réglée qu'on leur voit mener.

Ils méprisent toutes les adversités, et il n'y a point de douleur si grande, qu'elle ne cède à la grandeur de leur courage. Ils font plus d'état d'une mort belle et glorieuse que de l'immortalité même. La guerre des Romains a fourni des preuves suffisantes de cette disposition de leur âme ; car au milieu des supplices et des tortures, au milieu des feux et des déboîtements de membres que l'on leur faisoit endurer, et de tous les divers tourments par lesquels on les vouloit contraindre ou de blasphémer le nom du législateur, ou de manger des viandes qu'ils n'ont pas coutume de manger, non-seulement ils ne condescendirent à aucune de ces choses, mais ils ne daignoient pas même flatter leurs[2] bourreaux le moins du monde, et répandre une seule larme.

Au contraire, riant parmi les douleurs, et se moquant de ceux qui les appliquoient aux tortures les plus cruelles, ils rendoient l'âme avec allégresse, et comme la devant bientôt recouvrer. Car c'est une opinion qui s'est affermie parmi eux, que les corps sont mortels et d'une matière qui n'a aucune solidité, au lieu que les âmes sont immortelles[3] et durent tou-

---

1. Racine a omis ici quelques phrases, dont les premières auraient pu répugner à la délicatesse de notre langue.
2. Dans l'autographe, *leur* est sans *s*, d'après un ancien usage, que Racine suit assez souvent dans ces traductions de sa jeunesse : voyez le *Lexique*.
3. Ici encore Racine a écrit : N^a (*Nota*).

jours, et que sortant d'un air pur et subtil, elles entrent dans le corps comme dans une étroite prison, par la force de certains charmes naturels qui les y entraînent; mais qu'aussitôt qu'elles sont détachées des liens de cette chair, se trouvant comme délivrées d'une longue servitude, elles se réjouissent alors au milieu des airs. Ils soutiennent même (et suivent en cela l'opinion commune des Grecs) qu'il y a au delà de l'Océan une demeure destinée pour les âmes innocentes, c'est-à-dire un lieu qui n'est incommodé ni de la pluie, ni de la neige, ni de la chaleur excessive, mais qui est continuellement tempéré par le souffle agréable d'un doux zéphyr qui s'y élève de l'Océan; et qu'au contraire, pour les âmes criminelles, il y a des cachots qui sont également froids et ténébreux, et où l'on ne trouve que des supplices qui durent toujours[1]. . . . .

Voilà quelle est la théologie des Esséniens touchant la nature de l'âme; et leur sagesse a je ne sais quels appas inévitables qui gagnent le cœur de tous ceux qui l'ont une fois goûtée.

Il y en a quelques-uns parmi eux qui se mêlent de prévoir les choses futures, et qui en cherchent la connaissance par la lecture des livres sacrés, par des purifications particulières, et par les oracles des prophètes; et il arrive rarement qu'ils se trompent dans leurs prédictions.

Il y a encore une autre sorte d'Esséniens, qui sont entièrement conformes aux premiers, quant à leur vivre, leurs coutumes et leurs constitutions, mais qui n'ont pas du mariage le même sentiment qu'eux. Car ils disent que ceux qui ne se marient point retranchent une grande partie de la vie, qui est la succession des enfants, ou plutôt que si tout le monde suivoit leur exemple, toute la race des hommes s'éteindroit bientôt.

Au reste, ils éprouvent leurs femmes durant[2] trois ans, et après qu'ils ont reconnu, par des effets naturels, qu'elles pour-

---

1. Racine a passé ici deux phrases, où Josèphe rapproche de cette croyance des Esséniens celle des Grecs sur les Iles des bienheureux et sur les supplices des enfers.

2. *Durant* est biffé, mais souligné.

ront être fécondes, ils se marient enfin. Tout le temps qu'elles sont grosses, ils ne les voient point, montrant bien par là qu'ils se marient, non pas pour le plaisir, mais pour la seule génération des enfants[1]. . . . .

Les Esséniens[2] font profession de remettre entre les mains de Dieu le gouvernement de toutes choses. Ils soutiennent que les âmes sont immortelles, et croient que la justice doit être le principal objet de nos desirs. Ils envoient des offrandes au temple, mais ils n'y sacrifient point, à cause de la différence des purifications dont ils se servent. Ce qui fait que n'étant point admis comme les autres au temple public[3], ils font leurs sacrifices en particulier.

Au reste, ce sont des hommes tout à fait honnêtes et vertueux, et qui s'emploient tout entiers dans l'exercice de l'agriculture. Mais ce qui les élève au-dessus de tous ceux qui suivent le chemin de la vertu, c'est leur admirable justice; et on n'en trouvera aucuns, ni chez les Grecs, ni chez les Barbares, qui en aient approché le moins du monde. C'est de toute antiquité qu'ils l'ont embrassée, et jamais rien ne les a détournés de la pratiquer.

Tous leurs biens sont en commun, et celui d'entre eux qui étoit le plus riche ne jouit pas davantage des biens qu'il a apportés en entrant chez eux, que celui qui ne possédoit rien du tout; et pour comble d'étonnement, ils vivent ainsi étant au nombre de plus de quatre mille.

Ils ne veulent prendre ni femmes ni esclaves, jugeant qu'en prenant ceux-ci, l'on viole le droit de la nature, et qu'en prenant celles-là, l'on s'expose à de continuelles dissensions. C'est pourquoi, vivant seuls et en leur particulier, ils se servent charitablement les uns les autres.

1. Il ne manque ici que deux petites phrases, qui terminent ce qui, dans ce chapitre de Josèphe, concerne les Esséniens.

2. Il y a ici dans le manuscrit, à la marge : « *Idem, Antiquit. Jud.*, l. 18, c. 2. » Ce morceau, qui, dans la traduction d'Arnauld, est de même au chapitre II, mais au chapitre I dans l'édition de Richter, commence sur un nouveau feuillet. Toutefois le mot *Idem* dont Racine s'est servi dans la note montre que ce second extrait doit être regardé comme faisant suite aux feuillets précédents.

3. Racine a de nouveau mis à la marge : N^a (*Nota*).

Ils établissent des receveurs, c'est-à-dire quelques prêtres reconnus pour gens de bien, qui doivent, en recevant leurs revenus et tout ce que leurs terres leur rapportent, leur fournir leur pain et leur nourriture.

Après[1] avoir parlé des Esséniens[2] qui ont choisi et embrassé la vie active et laborieuse, et qui excellent avec tant de perfection en toutes ses parties, ou au moins en la plupart, pour me servir d'un terme moins fort et plus modeste, j'ai maintenant, pour suivre l'ordre de mon dessein, à parler de ceux qui se sont consacrés à la vie spirituelle et contemplative : j'en dirai donc ce que j'en dois dire, sans ajouter aucune chose du mien, pour embellir mon discours de ces ornements empruntés qui sont si ordinaires aux poëtes et à tous les autres écrivains, à cause de l'indigence où ils sont des belles matières[3] ; et sans faire autre chose que de m'attacher simplement à la vérité, qui peut seule épuiser l'esprit le plus riche

---

1. Ici commencent, sur un feuillet distinct des précédents, les fragments tirés de Philon, dont le dernier est écrit sur un feuillet double, où les deux premières pages seulement sont remplies. Racine a mis à la marge : « Phil. Jud. *de Vita contempl.* » (Philo Judæus, de Vita contemplativa). — Ce premier morceau, bien que Racine l'ait compris sous le titre : *des Esséniens*, ne concerne pas proprement les *Esséniens*, mais les *Thérapeutes*. Voyez dans le *Dictionnaire de Trévoux*, à l'article *Thérapeutes*, une assez longue dissertation sur ces deux questions : 1º les Thérapeutes étaient-ils des Juifs Esséniens? 2º Étaient-ils même des Juifs? n'étaient-ce pas plutôt des Chrétiens?

2. Chez Philon, le traité d'où est tiré le second fragment traduit par Racine, sur les vrais Esséniens (voyez ci-après, p. 554), précède celui où se trouve ce premier fragment, sur les Thérapeutes : de là les mots, par lesquels le traité commence : « Après avoir parlé des Esséniens. » Malgré ce début, nous laissons les morceaux dans l'ordre où Racine les a traduits. Dans le manuscrit, le second commence à la même page où finit le premier, à savoir au verso du feuillet 49.

3. M. Aimé-Martin a lu « de telles matières. »

et le plus fécond; ce qui ne m'empêchera pas néanmoins d'entrer dans la carrière, et de faire tous mes efforts pour n'y point demeurer vaincu; car il ne faut pas que l'extraordinaire vertu de ces grands hommes réduise au silence ceux qui se croiroient criminels d'y avoir laissé aucune belle action ensevelie.

Le nom de ces amateurs de la sagesse déclare quelle est leur profession; car ils en ont un qui signifie tout ensemble et médecins et adorateurs[1] : ce qui leur convient très-bien, soit à cause qu'ils font profession d'une médecine d'autant plus élevée au-dessus de celle qui est en usage dans les villes, que celle-ci ne s'étend que sur les corps, et que celle-là s'exerce sur les âmes mêmes, et en chasse des maladies très-fâcheuses et très-opiniâtres qui ont leur source dans les plaisirs et dans les cupidités, dans les afflictions et dans les craintes, dans l'avarice et dans la folie, dans l'injustice, et dans une infinité d'autres passions et d'autres vices; soit parce qu'ils apprennent par la connoissance de la nature et des lois divines[2] à adorer cette essence qui est infiniment meilleure que le bon, et qui est plus simple et plus ancienne que l'unité même[3]. .
. . . .

Au reste, ceux qui embrassent ce genre de vie n'y sont attirés ni par coutume, ni par conseil; mais étant comme ravis hors d'eux-mêmes par un amour tout céleste, ils ressentent des transports aussi violents que les bacchantes et les corybantes des païens, jusqu'à ce qu'ils jouissent de la vue de l'objet qu'ils aiment. Et ensuite l'ardent désir qu'ils ont de la vie éternelle et bienheureuse leur faisant croire qu'ils sont déjà morts à cette vie misérable et mortelle, ils abandonnent leurs biens[4] entre les mains de leurs enfants ou de leurs autres pa-

---

1. C'est le nom de *Thérapeutes*. Il y a dans le texte grec : θεραπευταὶ γὰρ καὶ θεραπευτρίδες ἐτύμως καλοῦνται.

2. Dans l'édition de M. Aimé-Martin et dans celle de M. Aignan : « des autres vices, » au lieu de : « des lois divines. »

3. Nous marquons les lacunes, parfois assez longues, de la traduction. Rien ne les indique dans le manuscrit.

4. Ici encore, il y a *leur*, sans *s*, avec *biens* au pluriel : voyez ci-dessus, p. 538, note 2.

rents, les en instituant héritiers par une résolution toute volontaire, ou s'ils n'ont point de parents, à leurs plus intimes amis; car il est bien raisonnable que ceux qui ont déjà acquis des richesses que l'on peut dire être clairvoyantes, laissent des richesses aveugles à ceux qui sont aveugles eux-mêmes. .
. . . .

Ainsi se dépouillant de toutes leurs possessions, et ne se laissant plus toucher d'aucun objet qui les trompe, ils fuient pour ne regarder jamais derrière eux, et se séparent de leurs frères, de leurs enfants, de leurs femmes, de leurs pères et de leurs mères, de leurs nombreuses alliances, et de leurs plus étroites amitiés, et enfin des lieux où ils sont nés et où ils ont été élevés, sachant que l'accoutumance que l'on y prend a un poids et un charme auquel il est très-difficile de résister. Mais leur retraite du monde ne consiste pas à passer seulement d'une ville en une autre ville, comme ces malheureux et pauvres esclaves qui étant vendus par ceux à qui ils appartenoient auparavant, ne font que changer de maître et ne sont point délivrés de servitude.

Car il est certain que toutes les villes, et même les mieux policées, sont toujours pleines d'une infinité de tumultes et de troubles, qui ne peuvent être qu'insupportables à un esprit uniquement adonné à l'étude de la sagesse. C'est pourquoi ils ont leur demeure hors de l'enceinte des villes, c'est-à-dire dans de grands jardins ou dans des campagnes désertes, dont ils recherchent la solitude, non point par un esprit sauvage et une aversion des hommes, mais parce qu'ils savent combien la conversation de ceux dont la vie est si dissemblable à la leur est importune et dangereuse.

Cette secte est répandue en plusieurs endroits de la terre : aussi est-il bien juste et que les Grecs, et que les Barbares, ne soient point privés de la vue d'une si extraordinaire vertu. Mais il n'y a point de pays où ils soient en plus grand nombre que dans toutes les provinces d'Égypte, et principalement aux environs d'Alexandrie.

Ceux d'entre eux qui sont les plus éminents en sainteté sont envoyés de toutes parts, ainsi qu'une espèce de colonies, en un lieu qu'ils regardent comme leur véritable patrie, et qui est tout à fait propre pour la vie qu'ils mènent. Il est situé au-dessus de l'étang Marie[1], sur une colline assez plate et assez étendue, et il ne peut être placé plus commodément, si l'on regarde la sûreté du lieu et la bonté de l'air que l'on y respire. Je dis que l'on y est en sûreté, à cause du grand nombre des maisons et des bourgades dont il est environné; et quant à la pureté de l'air, elle provient des vapeurs continuelles qui s'élèvent de cet étang et de la mer qui en est proche, et dans laquelle il se décharge; car les vapeurs de la mer étant aussi subtiles que celles de cet étang qui s'y déchargent sont épaisses, il s'en fait un mélange qui rend la température de cet air extrêmement saine.

Leurs logements sont fort simples, et ils ne leur servent que pour deux choses dont ils ne peuvent se passer, c'est-à-dire pour les défendre tant de la chaleur du soleil que de la froidure de l'air. Ils ne sont pas fort proches les uns des autres, comme dans les villes; car les voisinages sont toujours importuns et désagréables à ceux qui aiment et recherchent la solitude avec tant d'ardeur. Ils ne sont pas non plus fort éloignés, parce qu'ils se plaisent à vivre en communauté, et qu'ils veulent se pouvoir secourir les uns les autres, s'ils étoient attaqués par des voleurs.

Ils ont chacun un lieu particulier et sacré, qu'ils appellent un oratoire ou cabinet[2], dans lequel ils se retirent pour s'instruire en secret dans les mystères de leur vie, toute d'oraison. Ils n'y portent ni boire ni manger, ni rien de tout ce qui est nécessaire pour les besoins du corps; mais seulement les lois et les oracles qui sont sortis de la bouche des prophètes, les hymnes et toutes les autres choses qui peuvent servir à l'accroissement et à la perfection de leurs connoissances et de leur piété.

Le souvenir de Dieu est continuellement gravé dans leur pensée, jusque-là qu'étant endormis ils ne s'entretiennent dans leurs songes que de sa beauté et de sa grandeur, et qu'il y en a même beaucoup qui en expliquant les choses qui se

---

1. En marge, d'une autre encre : « Mœris. » La note n'est pas exacte : Μάρεια, Μαρία, qu'on lit dans le texte grec, désigne un étang ou lac (le Maréotide), voisin d'Alexandrie.
2. Dans le texte grec : σεμνεῖον καὶ μοναστήριον.

DES ESSÉNIENS. 545

passent alors en leur imagination, font entendre des paroles d'une philosophie très-sainte et très-excellente.

Ils ont coutume de prier deux fois le jour, au matin et au soir, c'est-à-dire que quand le soleil se lève, ils demandent à Dieu qu'il leur rende la journée véritablement heureuse, et qu'il remplisse leur esprit de sa divine lumière : de même que lorsqu'il se couche[1], ils demandent encore à Dieu que leur âme étant déchargée du fardeau des sens et des choses sensuelles, elle puisse être renfermée en elle-même, afin que jouissant d'un parfait repos, elle s'applique toute[2] entière à la recherche de la vérité.

Tout le reste du temps qui est entre le matin et le soir est consacré à la lecture et à la méditation ; car ils lisent les saintes Écritures, et s'exercent dans l'étude des préceptes de sagesse qu'ils ont reçus[3] de leurs pères, croyant que les secrets de la nature y sont cachés sous des paroles allégoriques et mystérieuses dont leurs pères se sont servis pour en enseigner la connoissance.

Ils ont des livres de leurs anciens, qui ayant été comme les patriarches de leur secte, leur ont laissé plusieurs mémoires de la doctrine de ces allégories, qu'ils regardent comme des originaux et des modèles, par l'imitation desquels ils se conforment au véritable esprit de leur secte; car ils ne se contentent pas de méditer seulement sur les ouvrages des autres, mais ils composent eux-mêmes plusieurs hymnes et plusieurs cantiques à la louange de Dieu, y faisant entrer de toutes sortes de cadences et de mesures, et les embellissant de rimes qui les font paroître beaucoup plus pompeux et plus vénérables.

Les autres six jours de la semaine, ils demeurent chacun en leur particulier, et étudient en ces petits cabinets dont nous avons parlé, sans sortir le moins du monde hors de la porte, et sans regarder au dehors par quelque lieu que ce puisse être. Mais le jour du sabbat, ils viennent tous ensemble

---

1. Dans l'édition de M. Aimé-Martin : « lorsqu'ils se couchent. »
2. Ici, il y a bien *toute*, au féminin, dans l'autographe.
3. Le manuscrit porte *reçu* (*receü*), et, deux lignes plus bas, *servi* (*servy*), sans accord.

comme en une commune assemblée, et s'assisent[1], selon leur âge, avec une honnête contenance, tenant leurs mains sous leur manteau[2]. Lors celui d'entre eux qui est le plus ancien, et qui a le plus de connoissance de leur doctrine, s'avance au milieu de tous, et leur parle avec un visage et une voix grave, ne disant rien qu'avec prudence et avec jugement, et ne s'arrêtant point à faire ostentation de son éloquence, comme ces orateurs et ces sophistes que nous voyons aujourd'hui; mais songeant seulement à bien expliquer et à bien faire comprendre le vrai sens de ses pensées; et ainsi ses paroles ne frappent pas seulement les oreilles de ses auditeurs, mais elles y trouvent un chemin par où elles passent jusques au fond de leur âme, pour y demeurer éternellement gravées. Cependant tous les autres l'écoutent en un profond silence, ne lui témoignant leur approbation que par quelque petit clin d'œil ou par quelque mouvement de tête.

Cette salle publique, dans laquelle ils s'assemblent tous les jours du sabbat, est divisée en deux différents appartements, l'un des hommes et l'autre des femmes; car elles assistent aussi de tout temps à leurs assemblées, et n'embrassent pas ce genre de vie avec moins d'ardeur et de zèle que les hommes. La muraille donc qui les sépare s'élève de terre environ trois ou quatre coudées de haut, en forme d'une petite cloison, le reste demeurant ouvert jusques aux voûtes, et cela pour deux raisons : la première, pour conserver la pudeur naturelle que les hommes doivent avoir à l'égard des femmes; la seconde, afin que les femmes elles-mêmes étant en un lieu où la voix se peut ouïr distinctement, elles écoutent sans peine celui qui parle, et ne trouvent aucun obstacle qui les empêche de l'entendre.

Ils embrassent la tempérance comme un fondement qu'ils doivent jeter en leur âme pour y établir ensuite toutes les

1. Tel est le texte du manuscrit, et non *s'asseyent*, qui est une correction de M. Aimé-Martin.

2. Le texte ajoute : « τὴν μὲν δεξιὰν μεταξὺ στέρνου καὶ γενείου, τὴν δὲ εὐώνυμον ὑπεσταλμένην παρὰ τῇ λαγόνι. » Racine a effacé ce qu'il avait d'abord écrit pour traduire le commencement de ce membre de phrase : « tenant leurs mains cachées au dedans de leur manteau, c'est-à-dire la droite entre le sein.... »

autres vertus. Jamais aucun d'eux ne boit ou ne mange le moins du monde avant le soleil couché, parce qu'ils croient que les exercices de la philosophie sont des ouvrages dignes de la lumière, au lieu que les nécessités du corps doivent être ensevelies dans les ténèbres : c'est pourquoi ils donnent à ceux-là toute la journée, et n'accordent à celles-ci qu'une petite partie de la nuit. Il y en a même quelques-uns qui, en l'espace de trois jours, ne songent pas une seule fois à manger, tant ils sont possédés de l'ardent desir d'accroître leurs connoissances. Il y en a d'autres qui trouvent de telles délices et un contentement si grand à se nourrir l'âme des viandes spirituelles de la sagesse, qui leur déploie tous ses trésors et tous ses secrets avec une libéralité qui est sans bornes, qu'ils demeurent à jeun une fois autant que les autres, et passent près de six jours entiers sans rien manger, s'accoutumant à vivre comme les cigales, qui, à ce qu'on dit, ne se nourrissent que de l'air, parce qu'elles trouvent dans leur chant, comme je crois, un divertissement qui leur facilite cette abstinence.

Le sabbat est pour eux une fête toute sainte et toute auguste, et ils le célèbrent avec une extraordinaire vénération. C'est en ce jour qu'après avoir pourvu aux nécessités de leur âme, ils ont soin aussi de fortifier la foiblesse de leur corps, étant certes bien juste qu'ils prennent quelque relâche après de si longs travaux, puisque les bêtes mêmes n'en sont pas privées. Mais il n'y a aucune magnificence dans leurs festins, et ils se réduisent à manger un peu de pain qui est fort simple, en y joignant aussi quelques grains[1] de sel pour tout assaisonnement, ou un peu d'hysope, comme font ceux d'entre eux qui sont les plus délicats ; leur breuvage est de l'eau courante ; car ils regardent la faim et la soif comme deux fâcheuses maîtresses auxquelles la nature a soumis tout le genre humain, et qui se doivent adoucir, non point par des choses qui les flattent, mais par celles qui sont absolument nécessaires, et sans lesquelles on ne sauroit vivre. C'est pourquoi ils mangent pour n'avoir plus faim, et boivent pour n'avoir plus soif ; et ils abhorrent l'assouvissement comme l'ennemi et le destructeur du corps et de l'âme.

1. « Quelque grain », au singulier, dans le manuscrit.

Or, comme il y a deux manières de se couvrir, dont l'une est le vêtement et l'autre la maison[1], et comme les maisons de ces sages, ainsi que nous avons dit ci-dessus, sont dépourvues de magnificence et d'ornement, n'y ayant rien que ce qui y est entièrement nécessaire, il en est de même de leurs habits, qui ne sont pas moins simples et moins modestes, et qu'ils ne prennent que pour se garantir des incommodités du froid et de la chaleur. En hiver, ils portent une robe épaisse et pesante, au lieu de fourrure; et en été, ils se contentent de quelque robe de toile, ou de quelque autre linge dont ils se couvrent; car, en un mot, la simplicité, la modestie leur est particulièrement vénérable, sachant que le faste et l'orgueil est le père de mensonge[2], au lieu que la modestie est la mère de la vérité, et que le mensonge et la vérité sont comme deux sources, dont la première répand dans le monde toute cette multitude de maux dont il est rempli, au lieu que l'autre y fait couler avec abondance toutes sortes de biens humains et divins.

Je veux dire aussi quelque chose de la manière dont ils se comportent dans leurs festins publics et solennels[3]. . . .
. . . .
Ils y viennent tous vêtus de blanc et avec un visage gai, mais néanmoins extrêmement grave; et aussitôt que le signal leur a été donné par quelqu'un des semainiers[4] (car c'est ainsi qu'ils appellent ceux qui ont la charge du réfectoire), ils se tiennent chacun debout, selon leur rang et avec une grande modestie; et ainsi, avant que se mettre à table, ils élèvent les yeux et les mains au ciel: les yeux, parce qu'ils ont appris à attacher leur vue sur les objets qui méritent d'être regardés; et les mains, parce qu'elles sont pures de toute avarice, et que jamais elles ne se sont laissé souiller par aucun gain illicite et profane, pour quelque prétexte que ce fût. Ils demandent donc

---

1. Nous avons dû ici encore rétablir en partie ce qui a été raturé, parce que des corrections qui se lisent dans les interlignes on ne pourrait tirer une phrase régulière ni complète.
2. « De mensonge » a été substitué à « du mensonge. »
3. Racine a passé ici plusieurs pages du texte grec.
4. Dans le texte: ὑποσημαίνοντός τινος τῶν ἐφημερευτῶν.

à Dieu qu'il daigne leur être favorable, et qu'il n'y ait rien en ce festin qui ne soit conforme à ses desirs.

Après que leurs prières sont achevées, les plus anciens commencent à se mettre à table les uns après les autres, selon le temps qu'ils sont entrés dans la compagnie ; car ils ne mesurent pas l'antiquité par l'âge, ou par le nombre des années, vu que ceux qui en ont le plus ne passent parmi eux que comme des enfants et de jeunes gens, s'il n'y a que peu de temps qu'ils ont embrassé leur genre de vie ; mais ils regardent comme véritablement anciens ceux qui ont passé leur enfance, leur jeunesse, et toutes leurs années, dans l'étude sainte de cette philosophie contemplative[1], qui est aussi la plus belle et la plus divine.

Ils admettent à leur table des femmes, dont la plupart sont fort âgées, et ont gardé leur virginité, l'ayant embrassée non point par contrainte et malgré elles, comme quelques-unes de celles qui exercent la prêtrise parmi les Grecs, dont la virginité est involontaire ; mais elles n'y ont été poussées que par le seul amour de la sagesse, dans l'exercice de laquelle ayant voulu passer toute leur vie, elles ont foulé aux pieds toutes les voluptés du corps et des sens.

Toutefois leurs places sont séparées de celles des hommes, ceux-ci étant assis au côté droit, et les femmes au côté gauche.

Si quelqu'un pense que ces nobles et ces généreux amateurs de la sagesse soient couchés à table sur des lits, qui, quoiqu'ils ne soient pas richement parés, peuvent au moins tenir quelque chose de la mollesse et de la délicatesse : qu'il sache qu'ils ne se servent que de simples matelas, composés de quelques herbes viles et communes en ce pays, où l'on en fait d'ordinaire de la natte et du papier, se couchant dessus, et les élevant tant soit peu vers les coudes, afin qu'ils s'y puissent appuyer.

Au reste, ce ne sont point des esclaves qui les servent, et ils croient que c'est entièrement agir contre l'ordre de la nature que de se faire servir par des valets ; car les hommes,

---

1. M. Aimé-Martin a mis *contemplatrice*. Cette forme n'est pas dans le manuscrit.

disent-ils, naissent tous également libres, n'étoit que l'injustice et l'ambition de ceux qui ont voulu semer dans le monde cette malheureuse inégalité qui est la source de tous les maux, ont mis entre les mains des puissants la domination qu'ils ont usurpée sur les foibles.

Ils ne possèdent donc point d'esclaves ni de valets, et ils ne sont servis que par des personnes entièrement libres, qui leur rendent ces devoirs officieux sans qu'on les y oblige et sans attendre qu'on le leur commande; mais au contraire, ils se viennent présenter eux-mêmes avec joie et avec empressement, avant qu'on les y ait exhortés.

Et qu'on ne pense pas que l'on les admette tous indifféremment en cet emploi, car on les examine auparavant avec grand soin entre les plus jeunes et les meilleurs de la compagnie; et ainsi l'on ne choisit que des personnes sages et bien élevées, et en qui l'on voit un véritable et parfait amour pour la vertu la plus sublime, afin qu'ils puissent servir les frères avec la même affection et la même ardeur que des enfants bien nés serviroient leurs pères et leurs mères, comme en effet ils ne les regardent point autrement que leurs pères communs, et ont pour eux plus de tendresse que pour ceux mêmes que le sang leur a donnés : tant il est vrai qu'il n'y a point de nœud si puissant sur les âmes vertueuses que la vertu!

Ils ne ceignent point leur robe, et ils ne la retroussent point à leur ceinture pour servir à table; mais ils la laissent toute étendue[1], afin que l'on ne voie en ces festins aucune marque de servitude, cette manière de servir étant particulière aux esclaves. Je sais que quelques-uns, entendant ces choses, s'en riront; mais je sais aussi que ceux-là seuls s'en riront, dont les actions ne sont dignes que de gémissements et de pleurs.

Le vin n'y entre point du tout; mais ils boivent d'une eau qui est fort claire et fort pure, avec cette seule distinction que le commun d'entre eux la prend toute froide, au lieu que ceux des anciens qui sont d'une complexion plus foible, la font chauffer auparavant.

---

1. *Étendue* a été biffé dans le manuscrit, mais ensuite souligné : voyez ci-dessus, p. 447.

Leur table est pure de toutes viandes qui aient eu vie, et l'on y voit seulement du pain pour toute nourriture, du sel pour tout mets, et quelquefois un peu d'hysope que l'on donne pour tout assaisonnement à ceux qui paroissent les plus délicats. Car la même raison qui porte les prêtres à offrir des sacrifices que l'on appelle sobres, parce que l'on n'y boit point de vin, a porté aussi ces amateurs de la sagesse à n'en point boire, parce, disent-ils, que le vin est un poison qui rend l'âme folle et insensée, et que les viandes si bien apprêtées et si délicieuses ne servent qu'à irriter la concupiscence, qui est la plus insatiable de toutes les bêtes.

Après qu'ils se sont assis à table,......[1] le silence est encore plus profond qu'auparavant, et l'on n'en verroit pas un qui osât dire le moindre mot ou respirer un peu fortement : si ce n'est que quelqu'un d'eux propose quelque difficulté de l'Ecriture sainte, ou qu'il explique celle qui aura été proposée par un autre. Ce n'est pas qu'il se mette beaucoup en peine d'en trouver l'explication; car son but n'est pas de tirer de la gloire de sa subtilité et de sa science, mais seulement d'examiner la vérité, et lorsqu'il l'a trouvée, de ne la point envier à ceux qui, bien qu'ils n'aient pas une si grande vivacité que lui pour la chercher, ne desirent pas avec moins d'ardeur d'en acquérir la connoissance.

Il leur parle donc, et les instruit avec loisir, pesant et insistant sur ses paroles, et les répétant plusieurs fois, afin de graver profondément dans leurs esprits les vérités qu'il leur enseigne; car autrement, lorsque l'on parle avec trop peu d'étendue ou avec trop de vitesse, et, comme l'on dit, sans reprendre haleine, l'esprit des auditeurs ne pouvant suivre la volubilité de la langue de celui qui parle, ils sont contraints de demeurer beaucoup en arrière, et ne peuvent atteindre à l'intelligence de ce qu'on leur dit.

Cependant les autres, ayant la vue continuellement attachée sur lui, l'écoutent tous avec une même attention et une même contenance; et s'ils comprennent et entendent parfaite-

---

1. Racine, en omettant ici quelques lignes, a trouvé moyen de rendre insensible une lacune qui existe, en cet endroit, dans le texte grec.

ment ce qu'il leur dit, ils le lui font voir par quelque inclination de tête ou par quelque mouvement des yeux; s'ils le trouvent digne de louanges, ils le lui témoignent par la joie et par la sérénité qui se répand sur tout leur visage; et si, au contraire, il leur vient en l'esprit quelque incertitude et quelque doute, ils le lui font connoître ou en branlant doucement la tête, ou en remuant le bout d'un doigt de la main droite.

Il en est de même de ceux qui ont servi à table; car ils se tiennent debout durant tout le temps qu'il parle, et ne l'écoutent pas avec moins d'attention que les autres. . . .

Lorsque ce docteur juge qu'il leur a suffisamment parlé, et qu'il leur semble avoir tous satisfait[1] à l'obligation qu'ils avoient, l'un d'enseigner à ses auditeurs une doctrine entièrement conforme au véritable esprit de la secte, et les autres de lui donner toute l'attention qu'il leur est possible, ils frappent tous ensemble des mains pour témoigner leur satisfaction et leur contentement.

En suite de quoi, le docteur se lève et chante un hymne à la louange de Dieu, soit qu'il l'ait lui-même nouvellement composé, ou qu'il vienne de quelqu'un de leurs anciens poëtes...... Et cependant tous les autres demeurent chacun en leurs places avec modestie, et l'écoutent en un silence très-profond, jusqu'à ce qu'il vienne à prononcer les dernières paroles de son cantique; car alors tous les hommes et toutes les femmes élèvent unanimement leurs voix pour lui répondre.
. . . .
Le souper étant fini, ils célèbrent la veille qu'ils nomment sacrée, c'est-à-dire que, se levant tous ensemble, ils se rangent au milieu de la salle où ils ont soupé, et se divisent en deux chœurs, l'un des hommes et l'autre des femmes. Cha-

---

1. Il y a ici une correction d'une autre écriture. Une main, qui paraît être celle d'une personne plus âgée (à en juger par la forme moins moderne des caractères), a substitué à ces mots ceux-ci : « et qu'ils croient tous avoir satisfait. » — Un peu plus loin, la même main a remplacé le membre de phrase : « lui donner toute l'attention qu'il leur est possible, » par : l'écouter. — Dans le premier de ces deux passages, Racine a fait la faute de mettre *satisfaits*, au pluriel.

que chœur choisit pour chef et pour conducteur celui d'entre tous qui est le plus vénérable, et le plus habile en l'art de chanter; et ensuite ils chantent plusieurs cantiques composés en la louange de Dieu. Et après que chaque chœur s'est comme rassasié du plaisir de chanter l'un après l'autre, ils se joignent lors les uns aux autres, et ne font tous qu'un même chœur, afin de goûter ainsi sans aucun mélange les délices de l'amour divin.

En quoi ils imitent ce que firent autrefois nos pères sur la mer Rouge, en considération des merveilles que Dieu y avoit opérées pour eux. . . . . Car les hommes et les femmes, se trouvant également transportés d'étonnement et de reconnoissance envers Celui qui leur avoit fait voir et éprouver des choses qui étoient élevées au-dessus de toute parole, de toute pensée[1] et de toute espérance, s'unirent ensemble en un même chœur, et chantèrent des cantiques d'actions de grâces à Dieu : Moïse servant de chef et de conducteur aux hommes, ainsi que la prophétesse Marie aux femmes.

C'est ainsi que les deux bandes de ces sages adorateurs et adoratrices du vrai Dieu s'unissent ensemble; et par le mélange de leurs voix toutes différentes et toutes contraires, celle des hommes étant aussi basse que celle des femmes est élevée, ils forment un concert véritablement agréable et harmonieux. Leurs cantiques sont composés de pensées tout à fait nobles, de paroles tout à fait belles, ainsi que les chœurs de ceux qui les chantent sont composés de personnes tout à fait saintes et religieuses.

Après donc qu'ils se sont enivrés jusques au matin de cette ivresse toute sainte et toute divine, ils sont très-éloignés de se sentir ou la tête pesante[2], ou les yeux chargés de sommeil; mais étant même plus rassis et plus éveillés que lorsqu'ils ont commencé[3] à se mettre à table, ils tournent leur vue et tout le reste du corps vers l'Orient; et dès que le soleil se montre, ils élèvent les mains au ciel et demandent à Dieu qu'il leur rende cette journée heureuse, qu'il leur fasse connoître

1. *Pensée* a été effacé, puis souligné.
2. On peut ici choisir entre *pesante* et *chargée de vin*. L'une et l'autre traduction est effacée, et rien n'est souligné.
3. Dans l'autographe : *commencés*.

la vérité, et qu'il rende leur esprit vif et pénétrant dans la contemplation de ses mystères. En suite de quoi, ils se retirent chacun en leurs petits oratoires[1], pour s'appliquer, selon leur coutume, à l'étude et à l'exercice de la philosophie. . . .

Les[2] mages sont en vogue parmi les Perses; et ce sont des personnes qui, par la contemplation des ouvrages de la nature, recherchent la connoissance de la vérité, et qui s'instruisant à loisir dans la science mystérieuse des vertus divines, en instruisent aussi les autres par des explications très-claires et très-évidentes. Les Indes ont les gymnosophistes parmi eux, qui ajoutant l'étude de la morale à celle de la philosophie naturelle, rendent toute leur vie comme un modèle parfait de toutes sortes de vertus.

La Palestine et la Syrie ne sont pas moins fertiles en ces grands exemples de sainteté, étant l'une et l'autre très-peuplées par la nombreuse nation des Juifs, entre lesquels il y a une sorte de personnes qui sont au nombre de plus de quatre mille, ou peu s'en faut, comme je crois, et que les Grecs appellent Esséniens, c'est-à-dire saints, qui est un nom très-conforme à leur sainteté; car c'est en la parfaite adoration du vrai Dieu qu'ils excellent principalement, non point par l'immolation des bêtes et des victimes, mais par le grand soin qu'ils ont de rendre leurs âmes toutes pures et toutes saintes.

1. Il y avait d'abord : « en son petit oratoire. » Racine a substitué *leur*, sans *s*, à *son*, et ajouté après coup deux *s* à « petits oratoires. »

2. Ce qui suit est tiré encore de Philon, mais non plus de sa *Vie contemplative*. Racine a donné en marge cette indication : « Idem Phil. *Quod omnis probus liber*. » C'est-à-dire qu'il traduit maintenant quelques passages du traité de Philon qui a pour titre : Περὶ τοῦ πάντα σπουδαῖον εἶναι ἐλεύθερον. Dans l'édition de 1640 (ainsi que dans celle de Leipzig, 1828) ce titre est d'abord traduit : *Quod liber sit quisquis virtuti studet;* mais, dans les deux éditions, le titre courant est tel que Racine le donne. Sa traduction commence à la fin du § 11 et finit au commencement du § 13 de l'édition de 1828. — Voyez ci-dessus, p. 541, notes 1 et 2.

DES ESSÉNIENS.

En premier lieu, ils ont leur demeure dans la campagne[1], et s'éloignent des villes le plus qu'ils peuvent, à cause des vices et des crimes qui y sont si ordinaires, sachant que la vie impure de tous ceux qui y demeurent est comme un air corrompu et pestiféré qui frappe l'âme de plaies mortelles et incurables.

Ils s'exercent les uns dans l'agriculture, et les autres dans quelques métiers qui s'accordent avec le repos de leur solitude, travaillant ainsi pour leur propre utilité et pour celle de leur prochain, sans amasser des trésors d'or et d'argent, et sans posséder de grands fonds de terre pour en tirer des revenus, mais se fournissant seulement des choses qui sont nécessaires à la vie. Car ils sont peut-être les seuls entre tous les hommes qui, demeurant pauvres et dénués de tout bien, plutôt par un dépouillement volontaire que par une indigence forcée, s'estiment très-riches et très-abondants en toute sorte de félicité, croyant, et certes avec grande raison, que celui-là possède beaucoup de biens[2] qui se contente de peu de choses.

L'on n'en verra aucun entre eux qui se mêle de travailler ni en dards, ni en javelots, en épées ou en casques, en cuirasses ou en boucliers, en armes ou en machines, ni en quelques instruments de guerre que ce puisse être, ni même en aucunes choses qui, en temps de paix, pourroient servir d'occasions de péché.

Pour ce qui est de faire trafic ou en marchandises, ou en vin, ou sur la mer, ils n'y pensent pas seulement en songe, rejetant loin d'eux tout ce qui est capable de les faire tomber insensiblement dans l'avarice.

L'on ne voit pas un seul esclave parmi eux; mais étant tous également libres, ils se servent les uns les autres, et condamnent ceux qui possèdent des esclaves, non-seulement comme injustes et ennemis de l'équité, mais même comme des impies et des destructeurs de la loi de la nature, laquelle ayant engendré et nourri[3] tous les hommes, ainsi que leur

1. Racine a substitué *la* à *les*, tout en laissant le mot *campagnes* au pluriel.
2. « De biens » est biffé et souligné.
3. Dans le manuscrit : « engendrés et nourris. »

mère commune, les a rendus frères et propres frères les uns des autres, non point seulement de nom, mais en effet et en vérité. Il n'y a donc, disent-ils, que la violente passion de dominer, qui n'ayant trouvé aucun obstacle à ses malheureux desseins, a rompu les nœuds de cette alliance sacrée, et a fait succéder la discorde à l'union, et l'inimitié à l'amour.

Quant à la philosophie, ils en laissent la logique, comme entièrement inutile pour l'acquisition de la vertu, à ceux qui se plaisent à perdre le temps en paroles; et la physique, comme une science tout à fait élevée au-dessus de la nature, à ceux qui aiment à promener leur esprit au delà des nues, pour parler ainsi, sinon en tant qu'elle traite de l'essence de Dieu et de la création de l'univers; mais ils se réservent la morale, et s'y exercent avec un soin tout particulier, prenant pour guides et pour maîtresses les lois qu'ils ont reçues de leurs pères, dont ils croient qu'il est impossible à l'esprit humain de comprendre la sublimité, s'il n'est rempli d'une lumière toute divine. Ils en enseignent donc l'explication généralement en tout temps, mais particulièrement les jours du sabbat; car ils tiennent le sabbat pour un jour sacré, et ils s'y abstiennent de tout autre ouvrage. Mais s'assemblant tous en des lieux qu'ils estiment saints, et qu'ils appellent synagogues, ils s'assisent [1] tous selon leur rang et selon leur âge, c'est-à-dire les jeunes au-dessous des anciens, se tenant tous en une contenance honnête, et avec toute l'attention qu'ils doivent avoir. Lors il y a un d'entre eux qui prend les saintes Écritures et leur en lit quelque chose; et en même temps un autre des plus doctes et des plus habiles, remarquant les passages les plus obscurs qui s'y rencontrent, leur en donne aussitôt l'éclaircissement; car toute leur philosophie est cachée sous des figures et sous des allégories, à l'imitation de celle des anciens philosophes.

Ils sont instruits dans la sainteté, dans la justice, dans la science de bien gouverner les familles et les républiques, dans la connoissance de ce qui est véritablement bon ou de ce qui est véritablement mauvais, et de ce qui est indifférent, dans la pratique des choses honnêtes, et dans la fuite de celles qui

1. Voyez ci-dessus, p. 546, note 1.

leur sont contraires, apprenant à se conduire sur trois principes ou sur trois règles fondamentales : l'amour de Dieu, l'amour de la vertu, et l'amour du prochain.

L'amour qu'ils ont pour Dieu paroît en une infinité de choses : premièrement, par la chasteté continuelle et inviolable qu'ils gardent toute leur vie; ensuite par l'horreur qu'ils ont de tout jurement et de tout mensonge; et par la créance où ils sont que Dieu est l'auteur de tous les biens, et qu'il ne le peut être d'aucun mal.

L'amour qu'ils ont pour la vertu paroît en ce qu'ils n'aiment ni les richesses, ni la gloire, ni les plaisirs; il paroît encore par leur tempérance et leur patience, par leur frugalité, par la simplicité de leur vie, par la facilité de leur humeur, par leur modestie, par le respect qu'ils portent aux lois, par l'uniformité de leurs actions, et par toutes les autres choses semblables.

Enfin ils font paroître l'amour qu'ils ont pour le prochain par l'union et l'égalité parfaite et inexplicable dans laquelle ils vivent les uns avec les autres, et par la communauté de biens dont ils font profession, et dont je crois qu'il ne sera pas mal à propos de dire ici quelque chose.

Premièrement, nul d'eux n'a aucun logement qui ne lui soit commun avec tous les autres; car outre qu'ils vivent plusieurs en une même communauté, ils y reçoivent aussi à bras ouverts ceux de leur profession qui les viennent visiter.

Ils n'ont qu'un même lieu où ils renferment tous les meubles et toutes les autres choses qui leur sont nécessaires pour leur ménage; leurs[1] dépenses sont communes aussi bien que leurs vêtements et leur nourriture, mangeant tous en un même réfectoire.

Je sais que l'on ne trouvera point, en quelque autre lieu que ce soit, des personnes qui n'aient ainsi qu'une même maison, qu'un même genre de vie, et qu'une même table. Mais pour eux, n'ont-ils pas raison de le faire? puisque de tout ce qu'ils reçoivent d'ordinaire à la fin de la journée pour récompense de leurs travaux, ils ne s'en réservent aucune

---

1. *Leur*, sans *s*, est ajouté en marge, d'une autre encre.

chose; mais ils apportent tout en commun pour en accommoder ceux qui peuvent en avoir besoin.

Ils n'abandonnent point leurs malades comme des personnes inutiles et qui ne peuvent gagner de quoi vivre, mais ils ont toujours en réserve tout ce qui est nécessaire pour les maladies, et n'épargnent rien qui puisse servir au soulagement de leurs malades.

Ils honorent extrêmement les vieillards, et ils ont pour eux le même respect et le même soin, que de généreux et charitables enfants auroient pour leurs pères, leur donnant toute sorte d'assistance corporelle et spirituelle.

Voilà quelle est l'excellence et la sainteté que ces généreux athlètes de la vertu reçoivent de la véritable philosophie, qui, sans leur donner tous ces titres vains et ambitieux que les philosophes grecs s'attribuent, leur propose pour exercices ces actions si saintes et si louables qui établissent l'âme en une parfaite liberté.

LETTRE DE L'ÉGLISE DE SMYRNE,

TOUCHANT LE MARTYRE DE SAINT POLYCARPE[1].

L'Église de Dieu qui est dans Smyrne, à l'Église de Dieu qui est dans Philomélie[2], et à toutes les autres Églises de la terre qui composent l'Église sainte et catholique :

Que Dieu le père et son fils, Notre Seigneur Jésus-Christ, répande sur vous, avec plénitude, sa miséricorde, sa paix et son amour.

Nos très-chers frères, nous vous envoyons le récit des combats de quelques-uns de nos martyrs, et particulièrement du bienheureux Polycarpe, qui a comme scellé de son sang la persécution que son martyre a terminée. Car il semble que Dieu nous ait voulu proposer, dans le martyre de ce saint homme, la manière dont nous devons combattre pour son Évangile. Il a permis qu'il ait été livré aux méchants, comme le Seigneur l'a bien voulu être lui-même, afin que nous fus-

---

1. Sur le texte que Racine a traduit, voyez ci-dessus, p. 441 et 442.
2. Racine a écrit en marge : « Euseb. » Il a eu en effet sous les yeux Eusèbe*, comme le montre le nom de *Philomélie* (ville de la grande Phrygie) que donne le texte de cet auteur, tandis que celui d'Usserius a *Philadelphie* (ville de Lydie), dans le grec, et *Philomélie* dans l'ancienne version latine seulement qui est imprimée en regard. Dans le manuscrit de Racine, il y avait d'abord *Philadelphie*, qui a été effacé. La *Lettre*, qui était encyclique, portait en cet endroit, tantôt un nom, tantôt un autre, suivant qu'elle était envoyée à telle ou telle Église.

* Livre IV, chapitre xv, dans l'édition de 1659, de même que dans celle de Heinichen, Leipzig, 1827.

sions ses imitateurs et que nous n'ayons pas soin seulement de ce qui nous regarde, mais encore de ce qui regarde notre prochain, vu que c'est un devoir du véritable et parfait amour de ne desirer pas moins le salut de tous ses frères que le sien propre.

Heureux donc et glorieux sont tous les martyres qu'on souffre selon la volonté particulière de Dieu (car la piété chrétienne nous oblige de reconnoître la souveraine puissance de Dieu sur toutes les créatures); mais qui n'admirera le grand courage, l'invincible patience, et l'ardente charité de ces illustres martyrs, qui, bien qu'ils fussent tellement déchirés à coups de fouets, que leurs veines mêmes et leurs artères se montroient à découvert, et que l'on pouvoit discerner sans peine toute la disposition intérieure de leur corps, et enfin qu'ils fussent réduits en un état qui donnoit de la compassion et causoit des larmes aux plus insensibles de leurs spectateurs, étoient[1] néanmoins si constants et si généreux, qu'on n'entendit[2] jamais aucun d'eux ni gémir ni soupirer?

En quoi ces martyrs de Jésus-Christ nous faisoient bien voir que durant toutes ces tortures, ils étoient comme[3] absents de leur corps, ou plutôt que le Seigneur lui-même étoit présent en eux et conversoit avec eux; et qu'étant tout remplis de sa grâce, ils méprisoient ces peines passagères, qui, par un moment de douleur, leur faisoient éviter une éternité de peines.

Les flammes dont leurs bourreaux les environnoient n'avoient point d'ardeur pour ceux qui avoient continuellement gravés dans la pensée les feux qui ne s'éteignent jamais; et qui étant déjà moins des hommes que des anges, élevoient[4]

---

1. M. Aimé-Martin donne : « *ils* étoient. » M. Aignan a fait sur cet *ils* une note, que l'examen du manuscrit lui eût épargnée.

2. Dans le manuscrit : « qu'on n'entendist. » Racine a-t-il voulu, par un latinisme, comme nous en avons signalé plusieurs dans la *Vie de Diogène*, mettre l'imparfait du subjonctif? On en peut douter : il écrit souvent avec *st* le passé défini de l'indicatif.

3. M. Aimé-Martin a omis *comme*.

4. Le correcteur dont nous avons déjà parlé plus haut (p. 552, note 1) a ainsi modifié ce commencement de phrase. que, dans

sans cesse les yeux de leur âme, ou plutôt Dieu même tenoit sans cesse leur âme élevée vers ces biens du ciel qui sont réservés à ceux qui auront persévéré jusques à la fin : ces biens que l'oreille n'a point entendus, que l'œil n'a point vus, et que l'esprit de l'homme n'a jamais compris.

Ils ne souffroient pas avec moins de générosité la fureur des bêtes auxquelles on les exposoit, les pointes des pierres aiguës, des écailles de poissons sur lesquelles on les couchoit[1], et les rigueurs d'une infinité d'autres tortures auxquelles le tyran les appliquoit afin de leur faire abjurer la foi par ces tourments si cruels.

Il n'y a point aussi d'artifice dont le diable ne se soit avisé pour les surprendre ; mais grâces à Dieu, ils n'ont pas tous succombé à ses efforts, la constance de l'illustre Germanique[2] ayant servi beaucoup à fortifier la foiblesse de ses compagnons. Car lorsqu'il eut[3] été exposé aux bêtes farouches, il fut si éloigné de s'arrêter aux vains discours du proconsul qui l'exhortoit d'avoir compassion de son jeune âge, qu'il força même la bête de se jeter sur lui, et de le dévorer : tant il souhaitoit de se voir délivré[4] d'une vie qui n'est que corruption et que péché[5]. Ce fut lors que le peuple, tout étonné du courage inébranlable de ces saints disciples de Jésus-Christ,

---

notre texte, nous avons reproduit tel que Racine l'avait d'abord écrit, bien qu'il soit effacé dans le manuscrit, et que le jeune traducteur ait probablement goûté et, non sans raison, adopté la correction : « Les flammes dont leurs bourreaux inhumains les environnoient leur paroissoient froides parce qu'ils ne pensoient qu'à se garantir de celles qui ne s'éteignent jamais, et qu'étant déjà moins des anges que des hommes, ils élevoient, etc. »

1. Cette phrase a été traduite plutôt d'après le texte d'Eusèbe, que d'après celui d'Usserius, un peu moins développé en cet endroit.

2. Martyr dont les martyrologes latins placent la fête au 19 janvier.

3. Dans l'autographe : *eust*.

4. *Délivré* a été substitué à *délivrer*.

5. Il y avait d'abord : « Comme s'il se fût hâté de se délivrer de la compagnie criminelle de ces impies. » — En marge : « Euseb. »

commença à crier : « Perdez les impies ; que l'on cherche Polycarpe ! »

Mais un Phrygien nommé Quintus, nouvellement venu de Phrygie, ayant vu les bêtes auxquelles on le menaçoit de l'exposer[1], se laissa aller à la crainte qu'elles lui donnèrent. Cet homme s'étoit venu présenter de lui-même, et avoit persuadé à quelques autres de le suivre ; mais enfin le proconsul le gagna si bien par ses conseils et par ses prières, qu'il le fit résoudre à jurer par la fortune de César, et à sacrifier aux idoles. C'est pourquoi, nos très-chers frères, nous ne pouvons approuver que l'on aille ainsi se présenter de soi-même, comme en effet ce n'est point là ce que l'Évangile nous enseigne.

Quant à l'admirable Polycarpe, ayant su tout ce qui se passoit, il en fut si peu troublé qu'il ne vouloit pas même sortir de la ville ; mais voyant que tout le monde le lui conseilloit, il se retira dans une petite maison de campagne qui n'en étoit pas fort éloignée, et il demeura là quelque temps, sans en sortir ni jour ni nuit, et sans y avoir aucune autre occupation que de prier pour tout le monde, et pour la paix [de] toutes les Églises de la terre, selon sa coutume. Il eut même, en priant, une[2] vision, trois jours avant que d'être pris, dans laquelle il lui sembla voir le chevet de son lit tout en feu ; et s'étant tourné à l'heure même vers ceux qui étoient près de lui, il leur dit, par un esprit de prophétie, qu'il devoit être brûlé tout vif.

Cependant ceux qui le cherchoient n'épargnant aucune peine pour le trouver, et étant déjà proches de ce lieu, il se retira encore dans une autre petite maison de campagne ; et aussitôt ses persécuteurs arrivèrent à celle dont il venoit de sortir. Mais voyant bien qu'il n'y étoit pas, ils se saisirent de deux

---

1. Racine avait d'abord écrit : « auxquelles on le vouloit aussi exposer. » Dans le texte donné par Usserius, il y a simplement : ἰδὼν τὰ θηρία ; mais dans celui d'Eusèbe : ἰδόντα τοὺς θῆρας, καὶ τὰς ἐπὶ τούτοις ἀπειλάς. C'est donc encore ici Eusèbe que Racine a suivi : aussi a-t-il de nouveau, en cet endroit, écrit à la marge : « Euseb. »

2. En marge : *Eus.* (Eusèbe).

jeunes garçons qui s'y trouvèrent, dont l'un, ne pouvant résister aux tourments, fut contraint de découvrir le lieu où le saint vieillard s'en étoit allé. Aussi bien il ne lui étoit pas possible de demeurer plus longtemps caché, vu que quelques-uns même de ses domestiques le trahissoient. D'ailleurs, un des intendants de la police, nommé Hérode, n'avoit rien tant à cœur que de le produire dans l'amphithéâtre : ce qui devoit faire entrer Polycarpe dans l'héritage[1] du ciel, et le rendre participant de la gloire de Jésus-Christ, au lieu que ceux qui le trahissoient se rendroient compagnons du supplice de Judas.

Ainsi ses persécuteurs, ayant pris ce jeune garçon en leur compagnie, partirent le même jour, qui étoit le vendredi, vers l'heure du souper, et s'en allèrent armés et à cheval après ce saint vieillard, comme des archers après quelque insigne voleur. Et étant arrivés la nuit à la maison où il étoit, ils le trouvèrent couché dans une des chambres d'en haut; et quoiqu'il lui fût assez facile de se retirer encore de ce lieu en un autre, il ne le voulut point entreprendre, disant : « Que la volonté de Dieu soit faite. » Ayant donc su que ces gens l'attendoient, il descendit en bas, où il leur tint quelques discours, pendant[2] qu'ils s'étonnoient tous de voir, dans un âge si avancé, une constance si admirable, et que quelques-uns même d'entre eux disoient : « Étoit-ce donc pour prendre ce vieillard vénérable que nous nous sommes donné tant de peine ? »

Polycarpe commanda que l'on leur apprêtât à manger à l'heure même, autant qu'ils desireroient, et les supplia de lui accorder seulement une heure, pour prier en liberté : ce qu'ayant obtenu, il commença à prier debout et à haute voix; mais la grâce de Dieu dont il étoit rempli lui fit faire cette prière avec tant de ferveur, qu'il fut même plus de deux heures sans la pouvoir finir, et que tous ceux qui étoient pré-

1. Dans le texte grec il y a un jeu de mots, que Racine n'a pu traduire, sur κλῆρος (*héritage*) et κληρονόμος, terme ici assez obscur appliqué à Hérode outre le titre de εἰρήναρχος.

2. Il y a dans le manuscrit, devant « pendant, » *et*, non effacé, et *ce*, effacé. Au lieu de « pendant qu'ils s'étonnoient, » Racine avait probablement d'abord voulu tourner ainsi : « et cependant ils s'étonnoient. »

sents, admirant une si grande ferveur, ne pouvoient voir sans quelque regret qu'un vieillard si sage et si vénérable dût être livré à la mort.

Après qu'il eut achevé cette prière, dans laquelle il s'étoit souvenu de tous ceux qui étoient jamais venus[1] à sa connoissance, soit grands ou petits, illustres ou inconnus, et généralement de toute l'Église catholique et universelle, l'heure de partir étant venue, on le mit sur un âne, et on l'amena ainsi vers la ville, le jour du grand samedi (c'est-à-dire le samedi saint)[2]. Il eut à sa rencontre Hérode, ce magistrat dont nous avons parlé, qui étoit avec son père Nicétès, dans un chariot, où ayant fait monter le saint vieillard, ils employoient toutes sortes de belles paroles pour le fléchir : « Car enfin, lui disoient-ils, quel mal trouvez-vous qu'il y ait à donner à César le nom de Seigneur, à sacrifier, et à faire quelques autres choses semblables pour vous garantir de la mort? » D'abord Polycarpe ne leur voulut point répondre ; mais se voyant pressé: « Je ne ferai rien, leur dit-il, de ce que vous me conseillez. » Si bien que désespérant de le pouvoir vaincre, ils le chargèrent de mille injures, et le poussèrent d'une telle violence hors du chariot, qu'il tomba à terre, et s'écorcha, en tombant, tout l'os de la jambe. Mais sans s'étonner le moins du monde, et comme s'il ne lui fût rien arrivé du tout, il poursuivit gaiement, et avec vitesse, tout le chemin qui restoit encore jusqu'à l'amphithéâtre où on le menoit, et où le bruit et la confusion étoit lors si grande que personne ne s'y pouvoit faire écouter.

A peine Polycarpe y eut mis le pied, que l'on entendit une voix du ciel qui lui disoit : « Ayez bon courage, Polycarpe, et armez-vous de constance. » Personne ne vit celui qui avoit parlé ; mais quant à la voix, elle fut entendue de tous ceux

1. Dans l'édition de M. Aimé-Martin on a imprimé : « De tous ceux qui *n'étoient* jamais venus. » M. Aignan, croyant cette fois encore commenter une phrase de Racine, dit : « Il est difficile de comprendre qu'on *se souvienne* de ceux qu'on ne connoit pas; *faire mention* étoit peut-être le mot propre. »

2. Les mots que nous avons mis entre parenthèses sont une glose de Racine. Sur le sens des mots grecs σαββάτου μεγάλου, voyez ci-après, p. 571, note 1.

des nôtres qui étoient présents. Enfin Polycarpe étant entré, il s'éleva aussitôt un grand bruit parmi le peuple, dès qu'il entendit seulement que Polycarpe étoit pris. Le proconsul le fit approcher, et lui demanda s'il étoit celui que l'on nommoit Polycarpe : ce que le martyr ayant avoué, le proconsul essaya par beaucoup de raisons à lui faire abjurer la foi, en lui disant : « Ayez vous-même quelque respect pour votre âge, » et toutes les autres choses qu'ils ont coutume de dire en ces rencontres. « Jurez, ajouta-t-il, par la fortune de César, repentez-vous de votre erreur, et dites : *Perdez les impies.* »

Ce fut lors que Polycarpe ayant regardé d'un visage grave et assuré toute la multitude de ses spectateurs, et leur ayant imposé silence de la main, éleva ensuite les yeux au ciel, et dit en gémissant : « Oui, mon Dieu, perdez les impies. » Le proconsul, non content de cela, lui dit : « Jurez, et je vous rends la liberté ; blasphémez Jésus-Christ. — Il y a quatre-vingt-six ans que je le sers, répondit Polycarpe, et jamais il ne m'a fait aucun mal. Comment pourrois-je blasphémer mon roi et mon sauveur ? »

Le proconsul persistant toujours à lui dire qu'il jurât par la fortune de César : « Si vous prétendez encore, lui dit Polycarpe, de me faire jurer par la fortune de César, comme vous dites, parce que vous ne savez pas qui je suis, je ne vous le cèle point, je suis chrétien. Et si vous voulez savoir ce que c'est que d'être chrétien, donnez-moi du temps, et je vous en informerai. » Le proconsul lui dit : « Justifiez-vous devant le peuple. — Pour ce qui est de vous, répondit Polycarpe, je ne dédaignerai pas de vous parler sur ce sujet ; car les chrétiens apprennent à rendre aux puissances et aux grandeurs établies de Dieu l'honneur qu'on leur doit, lorsque cet honneur ne blesse point leur religion ; mais quant à cette populace, nous ne croyons pas qu'elle mérite que nous défendions notre innocence devant elle. »

Le proconsul lui dit : « J'ai des bêtes sauvages auxquelles je vous ferai exposer si vous ne vous repentez de votre erreur. — Faites-les venir, dit Polycarpe ; car nous ne savons ce que c'est que de nous repentir du bien pour suivre le mal, et il n'y a que l'iniquité dont on se doive repentir, afin d'embrasser la justice. » Le proconsul lui dit : « Si vous ne vous repentez, je vous ferai dévorer par les flammes, puisque les bêtes ne vous font point de peur. » Mais Polycarpe lui répondit : « Vous me menacez d'un feu qui ne brûle que pour un temps, et qui s'éteint un moment après : c'est sans doute que vous ne connoissez pas qu'il y a dans l'autre vie un feu qui brûle toujours, et où les impies doivent être éternellement punis. Mais que tardez-vous? Faites de moi ce que vous voudrez. »

Pendant qu'il disoit ces choses, et beaucoup d'autres semblables, l'on voyoit naître en lui une force et une joie toute nouvelle, jusque-là que l'on remarqua même une grâce extraordinaire sur son visage ; et il s'étonnoit si peu de tout ce qu'on lui disoit, que le proconsul en étoit lui-même tout épouvanté. Mais enfin il envoya un héraut pour crier trois fois au milieu de l'amphithéâtre : « Polycarpe a confessé qu'il est chrétien. » Aussitôt après ce cri, toute la multitude des païens et des Juifs qui étoient dans Smyrne, étant comme transportée de fureur, commença à crier de toute sa force : « C'est le docteur de l'impiété dans toute l'Asie ; c'est le père des chrétiens ; c'est le destructeur de nos dieux ; c'est celui qui enseigne à tout le monde de ne leur point sacrifier et de ne les point adorer. » Et en même temps ils crièrent à un surintendant des jeux, nommé Philippe, qu'il lâchât un lion sur Polycarpe. Mais cet homme leur ayant dit qu'il ne le pouvoit pas, parce que le temps de sa charge étoit expiré, ils crièrent tous unanimement que Polycarpe fût brûlé tout vif ; car il falloit que la vision qu'il avoit eue lorsqu'en priant il vit le chevet de son lit tout en feu fût accomplie, aussi bien que les paroles qu'il avoit dites alors par esprit de prophétie[1], en se retournant vers les fidèles qui étoient avec lui : « Il faut, leur dit-il, que je sois brûlé tout vif. »

Cette voix du peuple fut aussitôt suivie de l'effet : cette furieuse multitude ramassa promptement dans les boutiques et dans les bains tout le bois qui étoit nécessaire pour le feu : en quoi les Juifs signaloient leur ardeur par-dessus tous les autres, selon leur coutume.

Ainsi, le bûcher étant dressé, le saint martyr se dépouilla de

---

1. Il y a *prophéties*, au pluriel, dans l'autographe.

ses vêtements, quitta sa robe, et commença à se déchausser, ce que peut-être il n'avoit encore jamais fait, chaque fidèle s'étant toujours empressé de lui rendre ce pieux office, afin de trouver par là le moyen de baiser ses pieds sacrés : tant son extraordinaire sainteté le rendoit vénérable à tout le monde avant son martyre. L'on apprêta donc aussitôt tous les instruments dont il étoit besoin ; mais comme il vit que l'on le vouloit clouer à un poteau : « Laissez-moi, dit-il, en cette posture. Celui qui me donne le courage d'attendre le feu sans le craindre me donnera aussi la force d'y demeurer ferme, sans que je sois attaché avec des clous. »

Ainsi, on ne le cloua point, et on se contenta de le lier avec des cordes, après qu'il eut lui-même présenté ses mains derrière le poteau afin d'y être attaché. Ce fut en cet état que, comme un illustre agneau choisi du milieu du grand troupeau de l'Église, et préparé pour être immolé en holocauste agréable à Dieu, il éleva les yeux au ciel, et parla de cette manière : « Seigneur, Dieu tout-puissant, père de Jésus-Christ, votre cher fils, qui doit être béni de tous les hommes, et par qui nous avons reçu la connoissance de votre nom ; Dieu des anges et des puissances, aussi bien que de toutes les créatures, et particulièrement de tous les justes qui marchent en votre présence, je vous bénis de ce que vous me faites la grâce, en ce jour et à cette heure, de me mettre au nombre de vos martyrs, en me faisant boire le calice de Jésus-Christ, votre fils, pour entrer, par l'incorruption de votre Esprit saint, dans la résurrection et la vie éternelle de l'âme et du corps, après que j'aurai été offert aujourd'hui devant vos yeux comme un sacrifice agréable et parfait, selon que vous l'aviez déjà ordonné, que vous me l'aviez montré par avance, et que vous l'accomplissez présentement, ô Dieu qui êtes toujours véritable et toujours fidèle. C'est pour cette grâce et pour toutes les autres que je vous loue, que je vous bénis, et que je vous glorifie, avec Jésus-Christ, votre cher fils, qui est l'éternel dans le ciel, à qui, comme à vous et au Saint-Esprit, gloire soit maintenant[1] et dans tous les siècles à venir. Amen. »

1. Racine avait d'abord écrit : « que je vous bénis, et que je vous rends gloire, à vous, et à votre fils bien-aimé, Jésus-Christ,

Il n'eut pas plus tôt prononcé cette dernière parole que les bourreaux mirent le feu au bûcher, qui ayant jeté, à l'heure même, une flamme éclatante, nous vîmes un miracle véritablement grand; et Dieu a voulu que nous le vissions, afin que nous publiassions ces merveilles à toute la terre; car cette flamme se courbant en forme d'arc, ou comme le voile d'un vaisseau enflé [1] par les vents, enveloppoit et environnoit de toutes parts le saint martyr, dont le corps étoit au milieu des feux, non point comme une chair qui grilloit, mais comme un pain qui cuisoit, ou comme de l'or et de l'argent qui se purifioit dans le fourneau; car nous sentîmes même une odeur excellente qui en sortoit, comme si c'eût été de l'encens qu'on eût brûlé, ou de quelque autre parfum précieux qu'on eût répandu.

Les idolâtres s'étant donc aperçus que le corps de Polycarpe ne pouvoit être consumé par les flammes, commandèrent à un bourreau de s'approcher de lui, et de lui plonger un poignard dans le sein. Il exécuta leur commandement, et aussitôt il sortit de la plaie une colombe [2] qui fut suivie d'une si grande abondance de sang que le feu en fut tout éteint: ce qui fit admirer à tous les spectateurs l'extrême différence qu'il y a entre les infidèles et les élus, du nombre desquels étoit Polycarpe, cet admirable martyr, ce docteur vraiment apostolique et prophétique de notre siècle, et enfin ce grand évêque de l'Église catholique de Smyrne, qui n'a jamais prononcé aucune parole qui n'ait été accomplie, ou qui ne doive s'accomplir un jour.

Mais cet adversaire malicieux et jaloux du bonheur des justes, considérant la gloire du martyre de ce saint et la conduite irréprochable de tout le reste de sa vie, et voyant bien qu'il ne lui pouvoit ravir la couronne d'immortalité qu'il avoit reçue, et le prix qu'il avoit si justement remporté par sa course, fit tous ses efforts pour nous ravir au moins la pos-

---

l'éternel et souverain prêtre, par qui gloire soit à vous, à lui, et au Saint-Esprit, maintenant.... »

1. Il y a bien dans le manuscrit : « le voile.... enflé », et non *la voile enflée*.

2. Il n'est pas parlé de *colombe* dans le texte d'Eusèbe, mais seulement dans celui d'Usserius. »

session de ses reliques, lorsque plusieurs des nôtres se préparoient à les recueillir, pour satisfaire à l'ardent desir que nous avions de voir un corps si saint au milieu de nous.

Il suggéra donc à Nicétès, père d'Hérode et frère d'une femme nommée Alcès, d'aller trouver le proconsul pour le prier de n'accorder point aux chrétiens le corps du martyr, de peur, disoit-il, qu'ils ne commençassent à l'adorer, et n'abandonnassent même leur Jésus crucifié : en quoi il étoit secondé par les Juifs qui sollicitoient la même chose très-ardemment, nous ayant déjà empêchés de retirer ce saint corps du milieu du feu. Ils ignoroient sans doute que les chrétiens ne peuvent abandonner Jésus-Christ, qui est mort pour le salut de tous ceux qui sont sauvés, et qu'ils n'en adoreront jamais d'autres. Car, pour ce qui est de Jésus-Christ, nous l'adorons comme fils de Dieu ; mais quant aux martyrs, nous les honorons comme les vrais disciples et les imitateurs du Seigneur, et nous les aimons autant que mérite l'amour extrême qu'ils ont eu pour leur roi et pour leur maître, priant Dieu qu'il nous fasse la grâce de les suivre dans la vertu, et de les accompagner dans la gloire.

Lors un centenier, voyant le bruit que faisoient les Juifs sur ce sujet, prit le corps du martyr, et le fit jeter au milieu du feu pour être brûlé. Mais cela ne nous empêcha pas de recueillir ensuite ses os et ses cendres, qui étoient un trésor pour nous plus estimable que l'or, et plus riche que les pierres les plus précieuses, afin de les mettre dans quelque lieu vénérable et digne de leur sainteté. Et c'est là que nous espérons de Dieu la grâce de célébrer tous, avec allégresse et avec joie, l'heureux jour de sa divine naissance, afin d'honorer la mémoire de ces généreux athlètes de Jésus-Christ, et de laisser à la postérité chrétienne l'exemple de leur zèle et de leur ardeur, afin qu'elle s'efforce de l'imiter.

Voilà, nos très-chers frères, tout ce qui s'est passé à Smyrne touchant le martyre que le bienheureux Polycarpe y a souffert, avec douze autres disciples de Jésus-Christ, venus de Philadelphie ; mais sa gloire a tellement éclaté au-dessus de tous les autres, que l'on n'entend que son nom dans la bouche de tout le monde, jusque-là même que les païens ne sauroient s'empêcher de publier ses louanges de toutes parts.

Il n'y a personne qui n'en parle, non-seulement comme d'un des plus excellents maîtres de l'Église, mais comme d'un de ses plus illustres martyrs, et qui ne desire très-ardemment de pouvoir imiter un martyr si saint et si conforme à l'Évangile de Jésus-Christ; car ayant surmonté par sa constance la cruauté d'un juge inhumain, et ayant reçu par ce moyen la couronne de l'immortalité, il se réjouit maintenant en la compagnie des apôtres et de tous les justes ; il glorifie Dieu le père, et bénit son fils, Notre Seigneur, le sauveur de nos âmes, le gardien de nos corps, et le souverain pasteur de l'Église catholique répandue par toute la terre. Voilà les choses dont vous nous aviez demandé un ample récit, mais dont nous ne vous envoyons, pour le présent, par notre frère Marc, qu'une courte relation. Au reste, nous vous prions que, quand vous l'aurez lue, vous en fassiez[1] part à tout le reste de nos frères, afin qu'ils rendent aussi gloire à Dieu, qui sait si bien choisir ses fidèles serviteurs, et qui, en nous communiquant sa grâce et ses dons, nous peut[2] faire tous entrer dans son royaume éternel, par Jésus-Christ, son fils unique, à qui soit gloire, honneur, force et grandeur dans tous les siècles. Amen.

Saluez de notre part tous les saints. Nous vous saluons tous aussi; et Évariste, qui a écrit la présente lettre, vous salue, lui et toute sa maison.

Saint[3] Polycarpe souffrit le martyre le 26. de mars[4], le

---

1. Racine a écrit : « vous en *faisiez*. »

2. Outre ce *peut*, il y en a un autre dans le manuscrit, après *qui*, à la ligne précédente.

3. Dans ce dernier alinéa, traduit sur le texte d'Usserius, l'écriture de Racine n'est pas tout à fait la même que dans les pages qui précèdent; il paraît avoir été ajouté un peu plus tard.

4. Racine a suivi Usserius, qui par les mots μηνὸς ξανθικοῦ δευτέρᾳ entend le 26 mars. « A Smyrne, dit-il, où Polycarpe a souffert le martyre, on commençait le mois appelé *xanthique* le 25 mars. » Voyez son ouvrage : *Ignatii.... et Polycarpi.... martyria*, à la page 69, et aussi à la page 70, où il corrige la phrase : πρὸ ἑπτὰ καλανδῶν Μαίων. Dans les *Notes* de Henri de Valois, dont Racine n'a pas tenu compte ici, quoiqu'elles soient à la suite du texte d'Eusèbe dans l'édition de 1659, il est dit (p. 70) qu'à Smyrne le mois xan-

jour du grand samedi ¹, à la huitième heure (c'est-à-dire à deux heures après midi). Il fut pris par Hérode, intendant de la police ², Philippe de Trallie³ étant pontife (c'est-à-dire exerçant parmi les païens le sacerdoce auquel étoit attachée la surintendance des jeux publics, que les païens estimoient sacrés parce qu'ils les faisoient à l'honneur des Dieux⁴), Statius Quadratus étant proconsul, et Jésus-Christ régnant dans tous les siècles, à qui soit gloire, honneur, majesté et empire éternel, dans la suite de tous les âges. Amen.

thique devait commencer le 22 février, puisqu'il en était ainsi dans le reste de l'Asie. Valois dit donc que saint Polycarpe souffrit le martyre le 23 février. Le 26 mars est la date donnée par la chronique d'Alexandrie.

1. La veille de Pâques, dit Halloix, suivant lequel, en l'année 169, Pâques tombait le 27 mars. Valois, à la page déjà citée de ses *Notes*, dit que les opinions des savants varient beaucoup sur le grand sabbat. Suivant Gilles Boucher, c'était le sabbat où tombait le premier jour des Azymes; suivant d'autres, la fête du Purim ou des sorts.

2. Hérode n'est pas qualifié dans ce passage du texte grec; mais Racine lui a donné le même titre que plus haut, p. 563.

3. Ou plutôt de *Tralles* ou *Trallis*, ville de Lydie.

4. Cette glose de Racine est à peu près la traduction de la note d'Usserius (p. 70) sur les mots : ἐπὶ ἀρχιερέως Φιλίππου..... *Cum enim sacra haberentur ista certamina, et festivis diebus in Deorum honorem exhiberi solita, qui eis præerant in sacerdotum ordinem prius cooptabantur.*

LA VIE DE SAINT POLYCARPE.

Voici[1] comme Irénée parle de saint Polycarpe dans son troisième livre des *Hérésies :*

Polycarpe non-seulement a été instruit par les apôtres, et a eu une étroite liaison avec un grand nombre de ceux qui ont vu Jésus-Christ; mais même les apôtres l'ont ordonné évêque de l'Église de Smyrne en Asie. Nous l'avons vu nous-même[2] dans nos premières années, car il a vécu fort longtemps, et après être parvenu jusqu'à une extrême vieillesse, il a enfin couronné sa vie par un très-illustre et très-glorieux martyre.

1. Racine a écrit ici à la marge : « *Euseb.*, livre 4, c. 13. » (Voyez la *Notice*, p. 442 et 443.) Au-dessus de cette indication et plus près du titre, il a encore écrit la note suivante : « *Polycarp. servire Christo cœpit an. Chr.* 83. *Episc. creat.*, au plus tard, en 98 de J. C., s'il est vrai, comme dit Tertullien, *de Præscript.*, c. 32, et Eus. l. 3, c. 35, et saint Jérôme, *de Scr. eccles.*, qu'il ait été sacré évêque de Smyrne par l'apôtre saint Jean. V. *Usser in Pol. act.*, p. 61 et 62. Selon ce calcul, qui paroît indubitable, il a été plus de 70 [ans] évêque. » — Usserius, en effet, à la page 61 du livre que nous avons déjà cité (c'est dans la partie de ce livre qui a pour titre : *In acta martyrii s. Polycarpi, ab Ecclesia smyrnensi conscripta*), renvoie à sa *Préface* où il a dit : *Ab anno.... vulgaris epochæ* CLXIX, *ad quem passionem Polycarpi referimus, subductis* 86, *relinquitur ejusdem epochæ annus* LXXXIII, *quo non natum quidem illum, sed renatum Christo primum nomen dedisse dicamus necesse est.* Usserius dit de plus, à la page 62 : *Constat.... ultra* LXX *annos episcopatum smyrnensem obtinuisse Polycarpum.* Les passages de Tertullien et de saint Jérôme auxquels Racine renvoie sont également cités par Halloix, qui en donne le texte, à la page 469 de ses *Illustrium orientalis ecclesiæ scriptorum qui primo Christi sæculo floruerunt Vitæ et Documenta* (1633). Racine a-t-il eu ce livre aussi entre les mains? Nous n'en trouvons aucun autre indice.

2. Il y a ici *nous-mêmes*, avec *s*, dans le manuscrit.

LA VIE DE SAINT POLYCARPE. 573

Il n'a jamais enseigné d'autre doctrine que celle qu'il avoit reçue des apôtres, et que nous recevons de l'Église, comme en effet il n'y a que celle-là seule qui soit véritable. Aussi toutes les Églises d'Asie, et ceux qui jusques aujourd'hui ont été assis dans la chaire de Polycarpe, témoignent assez par leurs sentiments et par leur conduite, combien ce grand homme a été un témoin plus vénérable et plus fidèle de la vérité que Valentin, Marcion, et autres semblables prédicateurs du mensonge.

Ce fut lui qui étant venu à Rome sous le pontificat d'Anicet, ramena à l'Église de Dieu plusieurs de ceux que ces malheureux hérétiques avoient arrachés de son sein, publiant partout qu'il n'avoit reçu des apôtres que la seule et unique vérité qui étoit enseignée par l'Église.

Il y a encore aujourd'hui des personnes qui lui ont autrefois entendu dire que Jean, le disciple du Seigneur, étant à Éphèse, alloit un jour pour se laver, et qu'ayant trouvé Cerinthe dans le bain, il en sortit aussitôt avant que s'être lavé, en disant : « Hâtons-nous de nous retirer d'ici, de peur que le bain où est Cerinthe, cet ennemi de la vérité, venant à tomber, nous ne nous trouvions enveloppé dans ses ruines[1]. »

Aussi Polycarpe lui-même ayant rencontré un jour Marcion, qui se présenta devant lui en lui disant : « Voilà Marcion devant vous; il faut qu'aujourd'hui vous le connoissiez. — Je vous connois déjà bien, répondit-il; je sais que vous êtes le fils aîné du démon. » Tant les apôtres et leurs disciples ont fait scrupule d'avoir le moindre commerce, non pas même d'un simple entretien, avec les hérésiarques qui falsifioient et corrompoient la vérité ecclésiastique[2]. . . . .

Nous avons aussi une excellente lettre que Polycarpe écrivit aux Philippiens, et c'est là que tous ceux qui ont quelque soin de leur salut peuvent apprendre, s'ils veulent, quelle a

---

1. Il semble que Racine se soit souvenu de ce passage, lorsqu'il a mis dans la bouche de Joad des paroles qui rappellent celles de saint Jean. Voyez les vers 1021-1024 d'*Athalie*.

2. Racine a effacé ici cette phrase, qu'il avait d'abord, comme tout le reste, traduite d'Eusèbe : « Et c'est ce que saint Paul nous enseigne, lorsqu'il dit [*Épître à Tite, chapitre* III, *verset* 10] : Fuyez l'hérétique, après que vous l'aurez averti une ou deux fois. »

été la foi que ce grand saint a tenue, et la vérité qu'il a enseignée.

Le bienheureux Polycarpe étant venu à Rome sous le pontificat d'Anicet[1], ils traitèrent ensemble de quelques petits différends qui étoient entre eux, et ils les accordèrent aussitôt, ne voulant pas même entrer dans une dispute contentieuse touchant le jour de la célébration de la Pâque, qui étoit leur principal différend; car Anicet ne pouvoit pas persuader à Polycarpe de ne point garder une coutume qu'il avoit toujours pratiquée avec Jean, le disciple de Notre-Seigneur, et avec les autres apôtres, en la compagnie desquels il avoit vécu, non plus que Polycarpe ne pouvoit pas persuader à Anicet de ne point garder une coutume qu'il disoit avoir été pratiquée par tous les prêtres, c'est-à-dire par tous les prélats de son Église, qui avoient été ses prédécesseurs.

1. Racine a écrit ici en marge : « *Idem Iren. in epist. ad Vict. apud Eus. l.* 5, *c.* 24 (*Idem Irenæus, in epistola ad Victorem apud Eusebium,* etc.). » C'est l'indication du passage d'Eusèbe dont la traduction commence. — Au-dessus de cette note, entre la dernière ligne du paragraphe précédent et la première de celui-ci, on lit cette autre note : « *An.* 167 *ex Baron. et Petav.* 5. M. Aur. 1. Anic. (*Anno* 167 *ex Baronio et Petavio, quinto M. Aurelii, primo Aniceti.*) » Baronius en effet, au tome I, p. 348 de ses *Annales ecclésiastiques* (Paris, M.DC.XVI), dit que ce fut l'an de Jésus-Christ 167 que Polycarpe vint à Rome; et, selon lui (p. 347), cette année était la cinquième de l'empire de Marc-Aurèle, la première du pontificat d'Anicet. En conséquence, il place le martyre de saint Polycarpe en l'année 169 (p. 349). Mais quant au P. Petau, Racine s'est trompé en citant son témoignage. L'année que ce père compte comme la cinquième de l'empire de Marc-Aurèle, et la première du pontificat d'Anicet, est l'année 165, qui, selon lui, fut celle aussi où saint Polycarpe vint à Rome. Voyez le tome II de son livre *de Doctrina temporum* (Paris, M.DC.XXVII), p. 689. A la page suivante, le P. Petau dit que saint Polycarpe souffrit le martyre en l'année 167; les Bollandistes (*Acta Sanctorum*, janvier, tome II, p. 691) regardent cette date comme la mieux établie. Halloix (p. 573) veut que le saint soit venu à Rome l'an de Jésus-Christ 160 : « Baronius, dit-il, a fait usage d'une chronique d'Eusèbe incorrecte et fautive. » Pour le martyre de saint Polycarpe, Halloix admet (p. 583) la date de 169. Henri de Valois, à la page 109 de ses *Notes*, conteste aussi les dates de Baronius.

Ils communiquèrent donc ensemble comme amis et comme frères, et Anicet laissa célébrer dans l'Église à Polycarpe les mystères de l'Eucharistie, pour le respect qu'il lui portoit. Enfin ils se séparèrent en paix l'un de l'autre; et ainsi ceux qui observoient la coutume de Rome, ou qui ne l'observoient pas, demeurèrent dans l'union de l'Eglise universelle.

EXTRAIT

D'UNE LETTRE DE SAINT IRÉNÉE A FLORIN,

QUI ÉTOIT TOMBÉ DANS L'HÉRÉSIE DES VALENTINIENS.

Ce n'est pas là[1], ô Florin, la doctrine qui vous a été enseignée par les prêtres (c'est-à-dire par les évêques[2]) qui ont été avant nous, et qui eux-mêmes avoient été instruits dans l'école des apôtres. Car je me souviens qu'étant encore enfant, je vous ai vu dans l'Asie Mineure, auprès de Polycarpe, lorsque vous viviez à la cour de l'Empereur avec tant d'éclat, et que vous faisiez tous vos efforts pour vous insinuer dans les bonnes grâces de ce saint homme. Je me souviens même beaucoup plus des choses qui se sont passées alors, que de celles qui sont arrivées plus nouvellement, tant il est vrai que ce que nous avons vu dans notre enfance croît en nous à mesure que nous avançons en âge, et s'unit tellement avec notre âme qu'il ne s'en peut plus séparer : de sorte que je pourrois dire encore quel étoit le lieu où étoit assis le bienheureux Polycarpe, lorsqu'il nous instruisoit, quelles étoient ses démarches et ses gestes, son genre de vie et la forme de son corps, quels discours il tenoit au peuple, et la manière dont il racontoit les entretiens qu'il avoit eus avec saint Jean et avec les autres disciples qui avoient vu Jésus-Christ, les paroles qu'il avoit entendues d'eux, et les choses qu'ils lui avoient dites touchant le Seigneur, ses miracles et sa doctrine; ce que Polycarpe ayant appris de ceux mêmes qui avoient été les témoins oculaires de la vie du Verbe incarné, nous le racontoit aussi, conformément à ce que nous voyons dans les saintes Écritures.

1. Racine a écrit en marge : « *Eus. l.* 5. *cap.* 19. » Voyez ci-dessus, la *Notice*, p. 443.
2. Glose ajoutée par Racine.

Dieu donc ayant eu tant de miséricorde pour moi, qu'il a voulu que je fusse présent à tous les discours de ce grand saint, je les écoutois attentivement, et je les gravois, non pas sur du papier, mais dans le fond de mon cœur, où, par la grâce de Dieu, je les conserve encore, et les repasse continuellement dans mon esprit.

Aussi puis-je assurer devant Dieu que si ce bienheureux et apostolique prêtre (c'est-à-dire prélat[1]) eût entendu une si étrange doctrine, il se fût écrié aussitôt en se bouchant les oreilles, et en disant selon sa coutume : « Ô bon Dieu, m'avez-vous laissé dans le monde jusques à cette heure afin que j'eusse la douleur d'entendre des dogmes si abominables ? » Je ne doute pas même qu'à l'instant il ne s'en fût enfui du lieu où on lui eût tenu de tels discours, en quelque état qu'il se fût trouvé, et soit qu'il y eût été debout ou assis. C'est ce que l'on peut reconnoître clairement par les lettres qu'il a écrites, soit aux Églises voisines de la sienne, pour les confirmer dans la vérité, soit à quelques-uns des frères, pour les avertir de leur devoir et les exhorter à l'accomplir.

1. Glose de Racine.

ÉPÎTRE DE SAINT POLYCARPE,

ÉVÊQUE DE SMYRNE, ET SACRÉ MARTYR DE JÉSUS-CHRIST,

AUX PHILIPPIENS [1].

Polycarpe et les prêtres qui sont avec lui, à l'Église de Dieu qui est dans Philippes. Que le Dieu tout-puissant et le Seigneur Jésus-Christ, Notre Sauveur, répande sur vous avec plénitude sa miséricorde et sa paix.

Je me suis beaucoup réjoui en Jésus-Christ, Notre Seigneur, de ce que vous avez dignement reçu chez vous des personnes qui sont des modèles vivants de la parfaite charité, et que vous avez[2] accompagné, comme vous deviez, ceux qui étoient chargés de ces chaînes honorables qui sont de précieuses couronnes pour ceux[3] que Dieu et Notre Seigneur ont particulièrement choisis pour rendre témoignage à la vérité.

Au reste[4], mes frères, ce n'est pas de mon propre mouvement que je vous écris ici de ce qui regarde les devoirs de la piété et de la justice; mais parce que c'est vous-mêmes qui m'y avez engagé par vos prières; car moi, ni tout autre qui me ressemble, ne sommes point capables de suivre que de

---

1. Sur le texte grec et latin de cette *Épître*, voyez ci-dessus, la *Notice*, p. 445 et 446.

2. Dans l'édition de M. Aimé-Martin on a imprimé « que vous aviez. » M. Aignan relève l'incorrection de la phrase; mais cette incorrection n'est pas du fait de Racine, qui a écrit : « que vous avez. »

3. Il entend St Ignace, arch. d'Ant. (*archevêque d'Antioche*), Zozime et Rufe. (*Note de Racine.*)

4. Deux longs paragraphes du texte manquent ici dans la traduction de Racine. Dans la suite il a également omis plusieurs passages. Il nous paraît superflu de noter ces omissions volontaires.

bien loin la sagesse de l'illustre et bienheureux Paul, qu
vous ayant autrefois honorés de sa présence, vous a si parfaitement instruits[1], et si puissamment affermis dans la parole
de la vérité, et qui même, lorsqu'il étoit absent et éloigné de
Philippes, a écrit des lettres si excellentes, que si vous les lisez
et les considérez avec soin, vous pourrez vous établir de plus
en plus dans la foi qui vous a été donnée de Dieu, laquelle
est la mère qui vous a tous enfantés, qui est suivie de l'espérance, précédée et conduite par l'amour envers Dieu, Jésus-
Christ et le prochain ; car quiconque est animé de ces trois
vertus a accompli les préceptes de la justice évangélique,
puisque celui qui est possédé de l'amour divin est éloigné de
tout péché.

Au contraire, l'avarice est la source de tous les maux. Souvenons-nous donc que nous n'avons rien apporté dans le
monde, et que nous n'en emporterons rien aussi[2]. Armons-
nous des armes de la justice[3]. Apprenons premièrement à marcher dans les commandements du Seigneur ; et après cela,
instruisez vos femmes à marcher aussi dans la foi qui leur a
été donnée de Dieu, dans la charité et la pureté. Qu'elles
aient toujours un amour sincère et véritable pour leurs maris,
et une charité qui se répande également sur tous les autres,
et qui soit accompagnée d'une parfaite continence. Qu'elles
instruisent leurs enfants dans la connoissance et dans la crainte
de Dieu.

Que les veuves se conservent chastes et modestes, marchent
pour honorer la foi du[4] Seigneur ; qu'elles prient continuellement
pour tout le monde ; qu'elles soient éloignées de toutes sortes
de calomnies, de médisances, de faux témoignages, d'avarice
et de péché ; et qu'elles se représentent sans cesse qu'elles
sont les autels vivants de Dieu.

Considérons que l'on ne se moque point de Dieu[5], et me-

1. Racine a en outre écrit *instruit*, sans l'effacer, devant *si*, à la
ligne précédente.
2. *Ire épître de saint Paul à Timothée*, chapitre VI, verset 7.
3. Comparez l'*Épître de saint Paul aux Éphésiens*, chapitre VI,
verset 11.
4. Racine avait mis d'abord : « marchent dans la foi. »
5. *Épître de saint Paul aux Galates*, chapitre VI, verset 7.

nons une vie qui soit conforme à ses commandements et qui puisse servir à sa gloire.

Que les diacres se rendent toujours irrépréhensibles en la présence de sa justice, et qu'ils vivent comme des ministres de Dieu en Jésus-Christ, et non pas comme des ministres des hommes.

Pour vous autres, mes frères, soyez soumis aux prêtres et aux diacres, comme à Dieu et à Jésus-Christ.

Et vous, vierges, que votre conduite soit irréprochable, et que votre conscience soit toute chaste et toute pure[1].

Que les prêtres soient pleins de charité, de tendresse[2] et de compassion envers tout le monde; qu'ils ramènent dans le chemin du salut ceux qui en sont égarés; qu'ils visitent tous les malades; qu'ils ne négligent ni la veuve, ni l'orphelin, ni le pauvre; mais qu'ils aient soin de faire toutes sortes de bonnes œuvres devant Dieu et devant les hommes. Qu'ils s'abstiennent de toute colère, de tout égard aux différentes conditions des personnes, et de tout jugement injuste; qu'ils soient éloignés de toute avarice; qu'ils ne croient pas facilement le mal que l'on dit contre quelqu'un; qu'ils ne soient point précipités dans leur jugement; qu'ils ne donnent jamais aucun sujet de scandale; qu'ils évitent les faux frères et ceux qui se servent du nom du Seigneur pour couvrir leur hypocrisie, et tromper les simples.

Car quiconque ne confesse point que Jésus-Christ est venu en une véritable chair, est un antechrist[3]; quiconque ne confesse point le martyre [de la] croix, est enfant du diable; et quiconque altère les paroles du Seigneur pour les accommoder à ses propres passions en niant et la résurrection des morts et le jugement à venir, est le fils aîné de Satan.

Fuyons donc les vaines et fausses doctrines de ces corrupteurs, et embrassons la vérité que nous avons reçue par tradi-

---

1. Dans l'autographe : « tout pure. »

2. On lit dans l'édition de M. Aimé-Martin : « de tendresse pure. » Dans le manuscrit, le mot *pure* est au-dessus de la ligne, mais il appartient à la phrase précédente, qu'il termine, et où d'ailleurs M. Aimé-Martin l'avait déjà placé.

3. *Ire épître de saint Jean*, chapitre IV, verset 3.

tion dès le commencement de l'Évangile ; soyons vigilants dans les prières et infatigables dans les jeûnes[1]. . . . .

Je vous exhorte tous d'écouter avec une entière docilité la parole[2] de la justice, et de faire tous vos efforts pour imiter cette admirable patience que vous avez vu pratiquer de vos propres yeux, non-seulement aux bienheureux Ignace, Zozime et Rufe, mais à plusieurs autres de vos frères, au grand Paul lui-même, et à tout le reste des apôtres : considérant que tous ces saints n'ont pas couru en vain et sans récompense, mais qu'étant parvenus jusques au bout de la carrière de la foi et de la justice, ils y ont reçu le rang et la place qui leur étoit due près du Seigneur qu'ils avoient suivi dans ses souffrances, n'ayant point aimé le siècle présent, mais seulement Celui qui est mort pour nous, et que Dieu a ressuscité pour nous.

Je me suis beaucoup affligé pour Valens, qui a été autrefois ordonné prêtre parmi vous, lorsque j'ai su combien il connoît peu la dignité à laquelle il a été élevé. Et c'est pourquoi je vous conjure d'être exempts de toute avarice, d'être toujours chastes et sincères, et de vous éloigner de tout péché ; car comment celui qui ne sait pas se gouverner lui-même pourra-t-il instruire les autres[3] ?

Quiconque se laisse corrompre par l'avarice, sera bientôt souillé de l'idolâtrie, et réputé entre les païens. Y a-t-il personne d'entre vous qui ne sache point le jugement du Seigneur ? Ignorons-nous que les saints jugeront le monde[4], selon que Paul nous l'apprend ? Pour moi, je n'ai jamais cru ni entendu de vous aucune chose semblable. Aussi avez-vous été

---

1. Racine avait ainsi traduit le reste de la phrase, mais il a ensuite effacé cette fin : « demandant continuellement à Dieu, à qui rien n'est caché, qu'il ne nous laisse point tomber dans la tentation, le Seigneur ayant dit lui-même que l'esprit est vif, mais que la chair est infirme. » Ces dernières paroles sont tirées de l'*Évangile de saint Matthieu*, chapitre XXVI, verset 41.

2. Il y a « les parole (*sic*) » dans le manuscrit. — A la ligne suivante, Racine avait mis d'abord : « que vous avez vue, » puis il a ajouté *pratiquer* dans l'interligne.

3. Comparez la *Ire épître de saint Paul à Timothée*, chapitre III, verset 5.

4. *Ire épître de saint Paul aux Corinthiens*, chapitre VI, verset 2.

instruits par ce grand apôtre, et vous avez été les premiers honorés de ses lettres. C'est de vous qu'il se glorifie à toutes les Églises qui connoissoient Dieu, en un temps où nous autres qui sommes à Smyrne ne le connoissions pas encore.

Je ne puis donc, mes frères, ne point ressentir une extrême douleur pour ce Valens et pour sa femme, et je souhaite de tout mon cœur que Dieu leur donne la grâce d'une véritable pénitence. Au reste, soyez doux et modérés envers eux, et ne les regardez pas comme vos ennemis[1], mais comme des membres malades et blessés que vous devez tâcher de guérir, afin que tout le corps de votre Église jouisse d'une parfaite santé. Et c'est en agissant de la sorte que vous opérerez vous-mêmes votre salut[2]....

Je prie Dieu, le père de Notre Seigneur Jésus-Christ, et Jésus-Christ lui-même, qui est le fils de Dieu et le grand prêtre éternel, de vous établir sur le fondement inébranlable de la vérité, de vous donner un esprit de douceur et exempt de toute colère, de vous faire marcher devant lui avec toute sorte de patience, de modération, de persévérance et de pureté, et enfin de vous faire part de la gloire de ses saints aussi bien qu'à nous et à tous ceux qui vivent maintenant sur la terre, et qui doivent croire un jour en Jésus-Christ, Notre Seigneur, et en son Père qui l'a ressuscité d'entre les morts.

Priez pour tous les saints; priez pour les rois, les puissances et les princes, pour ceux qui vous persécutent et vous haïssent, et pour les ennemis de la croix : afin que travaillant pour le salut de tout le monde, vous parveniez vous-mêmes, par ce moyen, au comble de la perfection.

Vous m'avez écrit, vous et Ignace, que si quelqu'un va d'ici en Syrie, nous y fassions[3] tenir vos lettres. Je ne man-

---

1. Comparez l'*Épître II aux Thessaloniciens*, chapitre III, verset 15.

2. Après cette phrase on lit sous les ratures cette traduction de la suite de la version latine; le grec de cette partie est perdu « Car je ne doute pas que vous ne soyez beaucoup versés dans la lecture des livres saints et que vous n'ayez une entière connoissance de tout ce qu'ils contiennent. »

3. Il y a *faisions* dans le manuscrit. Voyez ci-dessus, p. 570, note 1.

querai pas de le faire dès qu'il s'en présentera quelque occasion favorable.

Nous vous envoyons, comme vous l'avez desiré, les lettres d'Ignace, tant celles qu'il nous avoit adressées que toutes les autres que nous avions entre nos mains. Nous les avons mises à la suite de cette lettre, et vous en pourrez sans doute tirer un très-grand profit. Car elles contiennent la véritable doctrine de la foi, de la patience, et de tout ce qui sert à l'édification de notre âme en Jésus-Christ, Notre Seigneur.

Je vous envoie cette lettre par Crescens, dont vous savez que je vous ai toujours recommandé le mérite[1], et que je vous recommande encore particulièrement; car il a mené une vie tout à fait irréprochable tant qu'il a été parmi nous, et je crois qu'il ne vivra pas avec vous d'une autre sorte. Je vous recommande aussi beaucoup sa sœur, lorsqu'elle sera arrivée en vos quartiers. Je souhaite que vous soyez toujours fidèles à Jésus-Christ, et que sa grâce vous remplisse tous. Amen.

1. « Le mérite » est écrit au-dessus de « la personne, » qui n'est pas effacé.

DE SAINT DENYS,

ARCHEVÊQUE D'ALEXANDRIE[1].

L'EMPEREUR[2] Philippe étoit sur la troisième année[3] de son empire, lorsque Héracle étant passé de cette vie en l'autre, après seize ans d'épiscopat, Denys lui succéda dans le gouvernement des Églises d'Alexandrie.

Quant[4] aux choses qui lui arrivèrent, je rapporterai ici ce qu'il en dit dans la lettre qu'il a écrite à Germain, où il parle de lui-même en cette manière : « Pour ce qui est de moi, dit-il, je parle en la présence de Dieu, et il sait que je ne mens point et que je n'ai jamais pensé à me retirer de mon propre mouvement, et sans m'y être vu engagé par l'ordre de sa Providence. Cela est si vrai que, lors même que l'édit de la

---

1. Voyez ci-dessus, la *Notice*, p. 442, 443 et 446.

2. Racine a écrit à la marge : « *Euseb*. l. 6, ch. 35. » Ce premier paragraphe forme à lui seul le chapitre XXXV du livre VI de l'*Histoire ecclésiastique* d'Eusèbe, aussi bien dans l'édition de 1659 que dans celle de 1828.

3. A la marge, dans le manuscrit : « *Anno Christi*. 248. *Fab*. 10. » Dans les *Annales ecclésiastiques* de Baronius, tome I, p. 444, on lit : « L'an de Jésus-Christ 248, du pape Fabian 10, de l'empire de Philippe 3, Denys fut fait évêque d'Alexandrie, après le trépas d'Héraclas, qui l'avoit été douze ans selon Eusèbe, ou quatorze à qui y voudra prendre garde de plus près. » Racine ne s'écarte de Baronius que pour le nombre d'années qu'il donne à l'épiscopat d'Héracle. Ce nombre d'années diffère selon les éditions d'Eusèbe. Dans celle de 1659, que Racine a suivie, il y a (de même que dans celle de 1828) : ἑκκαίδεκα. La traduction latine de Christophorson (voyez l'édition de 1581) donne : *undecim annis*.

4. A la marge dans le manuscrit : « *Ib*. *chap*. XL. » Racine, dans la division des chapitres, continue à suivre l'édition de 1659.

persécution de Dèce[1] fut publié, Sabin ayant envoyé aussitôt Frumentaire pour me chercher, je demeurai quatre jours entiers dans ma maison, attendant que cet homme m'y vînt trouver, lequel cependant parcouroit tout le pays pour ce sujet, visitant les chemins, les fleuves et les campagnes, et généralement tous les lieux qu'il croyoit me devoir servir ou de retraite ou de passage. Il falloit sans doute qu'il fût frappé de quelque aveuglement pour ne point trouver ma maison, ou plutôt il ne pouvoit s'imaginer que je demeurasse chez moi en un temps où l'on me rechercholt de toutes parts. Mais enfin, Dieu m'ayant commandé, quatre jours après, de me retirer, et m'en ayant ouvert le chemin d'une manière toute miraculeuse, je sortis, quoique avec peine, de ma maison, accompagné de mes domestiques et de plusieurs de nos frères. Et les choses qui sont arrivées depuis font bien voir que tout ce qui s'est passé en cette occasion a été véritablement un ouvrage de la providence de Dieu, puisque nous n'avons pas peut-être été inutiles à quelques personnes. »

Et un peu après il rapporte ce qui suivit sa retraite, et continue ainsi son discours :

« Étant tombés sur le soir entre les mains des soldats, moi et tous ceux qui m'accompagnoient, nous fûmes amenés à Taposiris[2]. Cependant Timothée, qui par la providence de Dieu ne s'étoit pas trouvé avec nous, et n'avoit point été pris, étant revenu ensuite à la maison, il la trouva toute déserte et environnée de soldats qui la gardoient, et sut que nous étions tous prisonniers. Écoutez maintenant, poursuit-il, quelle a été l'admirable conduite de la sagesse de Dieu ; car je vous dirai au vrai ce qui s'est passé. Timothée s'étant mis en fuite, et étant tout rempli de trouble et de frayeur, eut à sa rencontre un paysan qui lui demanda la cause pour laquelle il couroit avec tant de hâte. Timothée lui avoua sincèrement ce qui se passoit : ce que cet homme ayant entendu, entra aussitôt dans une maison où il alloit pour se trouver à quelques noces qu'on y célébroit (car ces sortes de gens ont coutume

---

1. A la marge : « *An.* 253. »
2. Petite ville d'Égypte, entre Canope et Alexandrie. (*Note de Racine.*) — Il y avait trois villes de ce nom en Égypte.

de passer les nuits entières en ces festins), et il raconta la chose à ceux qui y étoient assemblés et qui s'étoient déjà mis à table, lesquels s'étant levés à l'heure même, et avec autant de promptitude que s'ils en eussent reçu le signal, se mirent à courir de toute leur force, et se vinrent jeter avec de grands cris dans le lieu où nous étions, lequel ayant été aussitôt abandonné des soldats qui nous gardoient, ces gens s'approchèrent de nous, et nous trouvèrent sur quelques couchettes, qui n'étoient couvertes de rien. Quant à moi, Dieu m'est témoin que je les prenois d'abord pour des voleurs, qui n'étoient venus que pour piller et que pour faire quelque butin; et ainsi, sans bouger de dessus le lit où j'étois couché, je commençai à me dépouiller, et n'ayant laissé sur moi qu'une simple robe de lin, je leur présentois déjà le reste de mes vêtements. Mais ils me commandèrent de me lever et de me retirer au plus tôt. Ce fut alors que m'apercevant du sujet pour lequel ils étoient venus, je m'écriai en les suppliant avec instance de se retirer eux-mêmes, et de nous laisser en ce lieu; ou plutôt, s'ils nous vouloient faire quelque faveur, d'exécuter par avance le dessein de ceux qui nous avoient amenés, et de me couper la tête. Pendant que je m'écriois de la sorte, comme tous ceux qui m'ont suivi et accompagné dans tous mes travaux le savent assez, ces gens me firent lever par force. Mais m'étant ensuite jeté par terre, ils me prirent par les mains et par les pieds, et m'enlevèrent hors de ce lieu. Je fus aussitôt suivi de ceux de nos frères qui ont été les témoins de tout ce que je viens de rapporter, savoir Gaje, Fauste, Pierre et Paul, lesquels, m'ayant pris eux-mêmes entre leurs bras, m'emportèrent hors de cette petite ville, et m'ayant fait monter sur un âne qui n'étoit point sellé, me ramenèrent en cet état. » Ce sont là les choses que Denys écrit de lui-même.

DES

SAINTS MARTYRS D'ALEXANDRIE[1].

Voici comme il[2] raconte, dans sa lettre à Fabius, évêque d'Antioche, les combats de ceux qui souffrirent le martyre dans Alexandrie, sous l'empereur Dèce : « Ce ne fut l'édit de l'Empereur qui alluma la persécution qui s'est élevée contre nous, car elle a prévenu d'une année entière la publication de cet édit[3]. Ce fut donc un je ne sais quel faux prophète et magicien qui, par la prédiction des maux dont il menaçoit la ville d'Alexandrie, émut et excita contre nous toute la multitude des païens, échauffant en eux cet esprit de superstition qui

1. Racine a écrit en marge : « *Ib.* chap. 41. » Au lieu de *Eusèbe, livre* VI, il a mis *Ibidem,* cette traduction faisant suite à la précédente, où il a cité les chapitres xxxv et xl du même livre VI. Voyez ci-dessus, la *Notice,* p. 442, 443 et 446.
2. Saint Denys.
3. *Ann. Christ.* 252. Philon, *de Legatione ad Cajum*, p. 1009, décrit une sédition qui s'étoit élevée dans Alexandrie contre les Juifs, et tous les supplices qu'on leur faisoit endurer, le pillage de leurs biens, et plusieurs autres traitements tous semblables à ceux qu'ils faisoient souffrir aux chrétiens; et l'on y peut voir combien ce peuple étoit sujet aux séditions, et combien étoit furieuse la haine qu'il portoit de tout temps contre les Juifs, avec lesquels il confondoit aisément les chrétiens. Il en parle encore fort amplement dans le traité *Contra Flaccum.* Il y décrit le naturel des Alexandrins, et ce qu'il en dit est fort beau. Il dit entre autres : τὸ αἰγυπτιακὸν διὰ βραχυτάτου σπινθῆρος εἰωθὸς ἐκφυσᾶν στάσεις. Dion en parle en mêmes termes. (*Note de Racine.*) — La page 1009 indiquée dans cette note se rapporte à l'édition qui a pour titre : *Philonis Judæi omnia quæ extant opera. Ex accuratissima Sigismundi Gelenii et aliorum interpretatione. Lutetiæ Parisiorum*, M.DC.XL (in-folio). Dans cette même édition, à la page 967 du traité *In Flaccum*, est la phrase dont Racine cite le texte grec, et que l'interprète latin traduit ainsi : .... *Ægyptii e minima scintilla sueti.... seditiones accendere.*

leur a toujours été si naturel : de sorte que ce peuple étant irrité contre nous par ses artifices, et se voyant en mains une puissance absolue pour commettre toutes sortes de cruautés, commença à croire que toute sa piété et sa dévotion envers les Dieux consistoit à répandre le sang des chrétiens.

« Premièrement donc, ils se saisirent d'un vieillard nommé Mètre [1], et lui commandèrent de prononcer quelques paroles impies et sacriléges ; mais voyant qu'il ne leur vouloit pas obéir, ils le chargèrent de coups de bâtons, et après lui avoir piqué les yeux et tout le visage avec des roseaux durs et pointus, ils le menèrent hors de la ville [2], et le lapidèrent.

« Après cela, ils amenèrent dans le temple de leurs idoles une femme chrétienne, nommée Quinte [3], et la voulurent contraindre de les adorer : ce qu'ayant refusé de faire avec horreur et exécration, ils la lièrent par les pieds, et la traînèrent par toute la ville, sur un pavé de pierres inégales et escarpées, la déchirant d'un côté à coups de fouets, pendant qu'elle étoit toute écorchée de l'autre par les pointes de ces carreaux, jusqu'à ce qu'ils l'allèrent enfin lapider au même lieu que le précédent. Ils se jetèrent tous ensuite d'une commune fureur dans les maisons de tous les fidèles ; et chacun d'eux allant attaquer ceux de leurs voisins qu'ils reconnoissoient pour tels, pillant et ravageant tout ce qui étoit dans leur maison, se saisissant des plus précieux d'entre leurs meubles, et jetant çà et là, ou mettant au feu ceux qui étoient plus vils ou qui n'étoient que de simple bois, ils faisoient voir dans Alexandrie l'image d'une ville prise d'assaut. Cependant nos frères se sauvoient le mieux qu'ils pouvoient, et tâchoient de se retirer, voyant avec joie leurs biens perdus et dissipés, à l'imitation de ceux à qui saint Paul a rendu cet honorable témoignage [4] ; et jusqu'à présent je ne sache qu'un seul entre eux qui, étant tombé entre les mains des infidèles, a renié le Seigneur.

« La très-admirable Apollonie [5], qui étoit une vierge déjà

---

1. A la marge du manuscrit : « Saint Mètre. »
2. *Ibidem* : « εἰς τὸ προαστεῖον » (*dans le faubourg*), texte d'Eusèbe.
3. *Ibidem* : « Sainte Quinte. »
4. Voyez l'*Épître aux Hébreux*, chapitre x, verset 34.
5. A la marge du manuscrit : « Sainte Apollonie. »

DES SAINTS MARTYRS D'ALEXANDRIE.

fort âgée, ayant aussi été saisie par ces barbares, ils lui meurtrirent le visage de tant de coups, qu'ils lui firent sortir toutes les dents de la bouche; en suite de quoi, ayant dressé un bûcher proche de la ville, ils la menaçoient de la brûler toute vive, si elle ne prononçoit avec eux les blasphèmes que leur impiété lui proposoit. Mais cette courageuse vierge les ayant un peu adoucis par quelques feintes prières[1], et s'étant ainsi dégagée d'entre leurs mains, elle se jeta tout d'un coup au milieu du feu, où elle fut aussitôt réduite en cendres.

« Ils surprirent de même Sérapion[2] lorsqu'il étoit encore chez lui, et après l'avoir appliqué aux plus cruelles tortures, et l'avoir rendu perclus de tous ses membres, ils le précipitèrent du haut de sa maison.

« Au reste, il n'y avoit point de rue, point de grand chemin, point de détours par où il nous fût libre de passer; et l'on ne voyoit partout que des gens qui crioient sans cesse que l'on entraînât et que l'on brûlât à l'heure même tous ceux qui refuseroient de blasphémer.

« Les choses demeurèrent longtemps en cet état, jusqu'à ce qu'une sédition et une guerre civile s'étant allumée[3] entre ces malheureux païens, leur fit tourner contre eux-mêmes la cruauté qu'ils avoient exercée contre nous. Ainsi la fureur dont ils étoient animés envers les chrétiens ne pouvant plus avoir son cours ordinaire, nous eûmes quelque intervalle de tranquillité et de relâche.

« Mais voilà que l'on nous annonce tout d'un coup le changement d'un règne qui nous étoit si favorable. Les menaces terribles que l'on nous fait renouvellent nos troubles et nos frayeurs. Enfin l'édit de la persécution est publié[4], et il s'en élève une si effroyable, qu'il sembloit que ce fût de celle-là

---

1. Racine a aussi écrit en interligne : « ayant fait quelque semblant de leur vouloir obéir. » Comme il n'a effacé ni l'une ni l'autre des deux phrases, on ne sait quelle est celle qu'il a préférée.
2. A la marge du manuscrit : « Saint Sérapion. »
3. *Allumée* est ainsi au singulier dans le manuscrit.
4. A la marge du manuscrit : « *An.* 253. » Racine a déjà donné plus haut (voyez p. 585, note 1) cette date de la persécution de Dèce.

que le Seigneur eût voulu parler, lorsqu'il a dit que les élus mêmes, si cela étoit possible, seroient en danger de tomber[1].

« Tout le monde aussitôt est saisi de crainte. Entre ceux qui étoient les plus éminents, ou par leur extraction, ou par leurs richesses, les uns vont se présenter eux-mêmes avec crainte pour sacrifier ; les autres, et particulièrement ceux qui étoient élevés aux charges publiques[2], s'accommodent à la nécessité de leurs affaires ; d'autres se laissent entraîner par leurs amis, et sitôt que l'on les appelle par leur nom à ces sacrifices impurs et profanes, ils s'en approchent à l'heure même : les uns pâlissant et tremblant de crainte, comme s'ils alloient moins pour sacrifier que pour être eux-mêmes immolés en sacrifice, jusque-là qu'ils attiroient sur eux la risée de tous ceux qui étoient présents, et qu'ils faisoient juger à tout le monde que leur lâche timidité les rendoit également incapables et de sacrifier et de mourir. Il y en avoit d'autres au contraire qui, s'approchant des autels avec plus d'audace, protestoient hardiment et effrontément qu'ils n'avoient jamais été chrétiens en toute leur vie. C'est de ces sortes de personnes que le Seigneur a prédit qu'ils[3] seroient sauvés difficilement, et cette prédiction est très-véritable.

« Quant au commun des chrétiens, les uns suivent l'exemple de ces premiers ; les autres se mettent en fuite, ou sont pris par les infidèles ; et de ceux-là il y en a eu qui étant demeurés[4] fermes jusque dans les liens et dans la prison, et quelques-uns même durant plusieurs jours de captivité, ont ensuite abjuré la foi avant que d'être amenés devant les juges. Il y en a eu d'autres enfin qui, ayant souffert généreusement quelques tortures, ont manqué de courage pour souffrir le reste.

---

1. *Saint Matthieu*, chapitre XXIV, verset 24 ; *saint Marc*, chapitre XIII, verset 22.

2. Telle est la leçon très-lisible du manuscrit. M. Aimé-Martin a lu : « Aux sublimes charges, » ce qui n'a pas de sens raisonnable et aurait dû paraître suspect à M. Aignan, qui a cru devoir avertir le lecteur de l'impropriété de l'expression.

3. Voyez ci-dessus, p. 517, note 4.

4. *Demeuré*, sans accord, dans le manuscrit, ainsi que *choisi*, six lignes plus bas.

DES SAINTS MARTYRS D'ALEXANDRIE.

« Mais quant à ceux que le Seigneur avoit choisis pour être les fermes et bienheureuses colonnes de son Église[1], comme ils étoient soutenus par sa puissance, et qu'ils avoient reçu de lui une force et un courage qui répondoit à la solidité de la foi sur laquelle ils étoient établis, on les a vus[2] paroître ainsi que les admirables confesseurs de son royaume.

« Le premier d'entre eux fut Julien[3]. C'étoit un homme goutteux, qui ne pouvoit se tenir debout, ni moins encore marcher. Mais on le fit apporter devant les juges par deux autres chrétiens, dont l'un renonça aussitôt à la foi, au lieu que l'autre qui avoit nom Cronien, et qui étoit surnommé Eunus[4], ayant confessé le Seigneur aussi bien que le saint vieillard Julien, on les mit tous deux sur des chameaux, et on les mena par toute la ville d'Alexandrie, qui est très-grande, comme vous savez, les fouettant le long du chemin en cette posture : en suite de quoi, on les brûla dans de la chaux vive[5], en présence de tout le peuple.

1. A la marge du manuscrit : « Le saint fait allusion aux 22 et 23.ème verset du *psaume* 117. » — Voici le texte de ces deux versets : *Lapidem, quem reprobaverunt ædificantes, hic factus est in caput anguli. — A Domino factum est istud; et est admirabile in oculis nostris.*

2. *Vu* (*veü*), sans accord, dans l'autographe.

3. A la marge : « Saint Julien. »

4. *Ibidem* : « Saint Eunus. »

5. Ἀσβέστῳ πυρί. L'interprète a mis en cet endroit *ardentissimo igne;* et plus bas il a mis *calce viva.* Mais le καὶ αὐτοὶ qui est au 2. passage fait bien voir qu'ils n'ont tous deux qu'un même sens. Outre que ces païens étoient trop cruels pour faire mourir tout d'un coup, *ardentissimo igne*, ceux contre qui ils étoient si enragés, οὐκ εὐθὺς ἐπὶ τὰ κυριώτατα μέρη τὰς πληγὰς ἔφερον, dit Philon, ἵνα μὴ θᾶττον τελευτήσαντες, θᾶττον καὶ τὴν τῶν ὀδυνηρῶν ἀντίληψιν ἀπόθωνται. Il dit même qu'ils ne brûloient les Juifs que dans de fort petits feux, composés d'un peu de sarments, οἰκτρότερον καὶ ἐπιμηκέστερον ὄλεθρον δειλαίοις τεχνάζοντες. (*Note de Racine.*) — Les passages de Philon cités par Racine sont le premier à la page 974, le second à la page 975 de l'édition de 1640, dans l'opuscule *In Flaccum.* L'un est traduit par l'interprète latin : *Nec statim plagis letalibus appetebantur, ne accelerata morte cito eriperentur cruciatibus;* et l'autre : *Quo diutius morerentur et miserius.* Dans le passage de la page 974, Racine a substitué ἔφερον à φέροντες; dans celui

DES SAINTS MARTYRS D'ALEXANDRIE.

« Pendant qu'on les menoit au supplice, il y eut un soldat nommé Besas[1], qui étant indigné du traitement injurieux que l'on leur faisoit souffrir, s'opposa courageusement à ceux qui en étoient les auteurs. Mais s'étant tous écriés contre lui, on le mena aussitôt lui-même en jugement; et ce généreux soldat de Jésus-Christ, ayant glorieusement combattu dans cette illustre guerre de la foi, fut condamné à perdre la tête.

« Il y en avoit aussi un autre qui étoit Africain de nation, et que l'on appeloit Macar[2], c'est-à-dire heureux, comme il l'étoit en effet par les bénédictions que Dieu avoit répandues sur lui[3]. Ce Macar donc, n'ayant point voulu se rendre à toutes les sollicitations que le juge lui faisoit pour le persuader d'abjurer la foi, fut brûlé tout vif.

« Après eux parurent Épimaque et Alexandre[4], qui, outre les incommodités de la prison où ils étoient détenus depuis fort longtemps, ayant été découpés avec des rasoirs, déchirés à coups de fouets, et tourmentés par une infinité d'autres supplices, furent aussi consumés dans de la chaux vive.

« Ils furent suivis de quatre femmes chrétiennes, dont la première étoit Ammonarie[5], cette sainte vierge qui irrita tellement le juge par la protestation qu'elle lui fit de ne jamais prononcer aucun des blasphèmes qu'il vouloit qu'elle prononçât, que cet homme, ayant entrepris de la vaincre à quelque prix que ce fût, la fit appliquer durant un fort long temps aux plus cruelles tortures. Mais elle accomplit fidèlement sa promesse, et on la mena enfin au dernier supplice. Les autres

---

de la page 975, il a omis τοῖς devant δειλαίοις. Plus haut, dans la note, il cite καὶ αὐτοὶ, au lieu de καὶ οὗτοι, et *calce viva*, au lieu de *vivæ calcis incendio*. Ces petites inexactitudes sont sans importance; celles qui portent sur le texte grec et sur la traduction de l'édition d'Eusèbe publiée en 1659 ne doivent pas donner à croire que Racine ait fait usage d'une autre édition. Les traductions antérieures à celle de Henri de Valois ont tout autrement rendu le passage qui est l'objet de la note. Voyez d'ailleurs plus bas, p. 594, note 5.

1. A la marge du manuscrit : « Saint Besas. »
2. *Ibidem* : « Saint Macar. »
3. Voyez l'*Évangile de saint Matthieu*, chapitre v, verset 10.
4. A la marge du manuscrit : « Epimaque et Alexandre. »
5. *Ibidem* : « Sainte Ammonarie. »

étoient Mercurie¹, que son grand âge et sa vertu rendoient extrêmement vénérable² ; Denise³, cette mère féconde en enfants, mais qui ne préféra pas l'amour de ses enfants à l'amour qu'elle avoit pour Dieu ; et une autre femme qu'on nommoit encore Ammonarie⁴. Comme le juge étoit tout honteux d'avoir exercé en vain tant de cruautés, et qu'il rougissoit de se voir vaincu par des femmes, ces trois dernières ne passèrent point par les tourments, mais il les fit tout d'un coup mourir par le fer. Aussi leur illustre conductrice, la généreuse Ammonarie, sembloit⁵ avoir été assez tourmentée pour toutes les autres.

« Ensuite Héron, Ater et Isidore⁶, qui étoient tous trois d'Égypte, furent livrés en jugement avec un jeune enfant de quinze ans, nommé Dioscore⁷. Le juge voulut commencer par ce dernier ; et croyant qu'il se laisseroit facilement surprendre ou intimider, il tenta d'abord de le persuader par de beaux discours, et enfin de le forcer par les supplices ; mais Dioscore ne se laissa ni tromper ni vaincre. Quant aux autres, après qu'il les eut fait mettre tout en sang, voyant qu'ils demeuroient toujours fermes, il les fit aussi jeter au feu. Mais pour revenir à Dioscore, s'étant fait admirer de tout le monde, et ayant répondu avec une extraordinaire sagesse à toutes les demandes qu'on lui faisoit, le juge, qui ne pouvoit s'empêcher lui-même de l'admirer, le laissa aller, disant qu'en considération de son âge, il lui vouloit encore donner du temps pour se repentir. Et maintenant cet invincible soldat de Jésus-Christ est avec nous, ayant été réservé pour soutenir un combat plus long, et pour remporter une couronne plus sublime et plus glorieuse ⁸.

1. A la marge du manuscrit : « Sainte Mercurie. »
2. *Ibidem* : « Σεμνοπρεπεστάτη πρεσβῦτις. »
3. *Ibidem* : « Sainte Denise. »
4. *Ibidem* : « Autre sainte Ammonarie. »
5. *Sembloit* est biffé dans le manuscrit, et cependant *avoir* n'est pas changé en *avoit*.
6. A la marge : « Autres martyrs. » — 7. *Ibidem* : « Dioscore. »
8. *Ibidem* : « Εἰς μακρότερον [τὸν] ἀγῶνα καὶ διαρκέστερον .... τὸν ἆθλον. » — C'est le texte d'Eusèbe : « Pour un combat plus long et une couronne plus durable. »

« Il y eut un autre chrétien, qui étoit aussi d'Égypte, et qu'on nommoit Némésien[1], lequel fut faussement accusé comme un compagnon de voleurs. Mais s'étant purgé, en présence de son centenier [2], d'une calomnie qui lui avoit été imposée avec si peu de fondement, on le déféra ensuite comme chrétien, et on l'amena lié et enchaîné devant le proconsul[3], qui, par une extrême injustice, l'ayant fait fouetter et tourmenter au double de ce que les voleurs ont accoutumé de l'être, le fit brûler en la compagnie de ces infâmes. Et ainsi ce bienheureux martyr eut l'honneur d'être traité en sa mort comme on avoit traité Jésus-Christ même.

« Au reste, il y avoit devant la place où les juges étoient assemblés une compagnie entière de soldats chrétiens [4], qui étoient Ammon, Zénon, Ptolémée et Ingène, et avec eux un vieillard nommé Théophile. Il arriva qu'un chrétien ayant été présenté en jugement, ces généreux soldats reconnurent qu'il étoit prêt de succomber et de renoncer à la foi. Ce fut lors qu'ils commencèrent tous à serrer les dents de dépit, à lui faire signe du visage, à tendre les mains vers lui, et à s'agiter de tout le corps pour l'exhorter à demeurer ferme[5]. Tout le monde se tourna aussitôt pour les regarder; mais avant que personne mît la main sur eux, ils vinrent eux-mêmes se présenter devant le tribunal du juge, en disant qu'ils étoient chrétiens : de sorte que le proconsul et tous ceux de son conseil commencèrent à être saisis de crainte. Et pendant que les coupables attendoient avec assurance les supplices auxquels ils se voyoient prêts d'être condamnés, les juges au contraire

---

1. A la marge : « Saint Némésien. »
2. *Ibidem :* « Cela montre qu'il étoit encore un soldat. »
3. *Ibidem :* « ἡγούμενον. » — Les mots : Ἦκε δεσμώτης ἐπὶ τὸν ἡγούμενον, sont ainsi traduits dans l'édition de 1659 : *ad præfectum vinctus adducitur.*
4. Les mots : « soldats chrétiens » sont répétés à la marge.
5. V[oyez] p. 163, touchant les martyrs de Lyon. Il est [dit] d'un chrétien, nommé Alexandre, qu'il paroissoit comme une femme en travail d'enfant, ὥσπερ ὠδίνων, par l'empressement avec lequel il exhortoit les chrétiens devant les juges. (*Note de Racine.*) — Cette page 163 (livre V, chapitre II) est celle de l'édition de 1659. Voyez ci-dessus, p. 442 et p. 591, note 5.

trembloient de frayeur. Enfin ils sortirent de ce lieu (pour être conduits à la mort[1]) avec la même allégresse que des vainqueurs après leur victoire, étant tout joyeux d'avoir rendu un si illustre témoignagne à la vérité, et de voir que Dieu les faisoit triompher d'une manière si glorieuse.

« Il [2] y en eut une infinité d'autres, soit dans les villes ou dans les bourgades, que les païens immolèrent à leur fureur. J'en rapporterai ici un exemple. Il y avoit un chrétien, nommé Ischyrion [3], qui s'étoit mis au service d'un magistrat, et qui étoit comme l'intendant de sa maison. Son maître lui commanda de sacrifier aux Dieux ; mais voyant qu'il refusoit de lui obéir, il lui en fit de très-grands reproches ; voyant ensuite que cela ne l'ébranloit pas, il le chargea de mille injures. Enfin, le voyant toujours inflexible, il prit un grand bâton ferré par le bout, et lui en ayant percé les entrailles de part en part, il le tua.

« Que dirai-je du grand nombre de ceux qui s'étant réfugiés dans les déserts et sur les montagnes, y périrent tant par la rigueur de la faim et de la soif, du froid et des maladies, que par la cruauté des voleurs et des bêtes farouches ? Ceux d'entre eux qui sont échappés de tous ces périls savent quels ont été ceux que Dieu a choisis, et qui ont reçu de lui la récompense de leurs travaux. Je ne vous en rapporterai qu'une histoire, et je crois qu'elle suffira pour vous faire juger de ce qui peut être arrivé aux autres.

« Chérémon, homme fort âgé, étoit évêque d'une ville qu'on appelle Nil. Ce vieillard, s'en étant fui avec sa femme sur une montagne de l'Arabie, n'est point revenu depuis. Et quelques recherches que nos frères aient faites [4] de l'un et de l'autre, ils n'en ont pu apprendre aucune nouvelle, et ne les ont trouvés ni morts ni vifs. Il y en a eu plusieurs autres qui s'étant retirés sur cette même montagne, furent pris par les Sarrasins, et réduits en servitude par ces barbares, dont les uns ont à peine été rachetés avec de très-grandes sommes

---

1. Glose de Racine.
2. A la marge du manuscrit : « *Id. cap.* XLII. »
3. *Ibidem* : « Saint Ischyrion. »
4. Il y a *fait*, sans accord, dans l'autographe.

d'argent, et les autres ne l'ont pu être encore jusqu'aujourd'hui.

« Ce n'est pas sans sujet, mon très-cher frère, que je vous écris ces choses; mais c'est afin que vous connoissiez combien de maux et quelles misères nous avons ici endurées[1], quoique ceux qui y ont eu plus de part que moi peuvent aussi les connoître plus parfaitement. »

Voici ce qu'il ajoute encore un peu après :

« Lors donc que ces saints martyrs, qui étant devenus les héritiers du royaume de Jésus-Christ, sont maintenant assis avec lui, et qui ayant été faits participants de la puissance qu'il a de juger les hommes, les jugent en effet avec lui-même : lors, dis-je, qu'ils étoient encore parmi nous, ils reçurent à leur communion quelques-uns de nos frères qui étoient tombés, et que l'on avoit convaincus du crime d'avoir sacrifié aux idoles. Car, jugeant que les sentiments de regret et de pénitence qu'ils voyoient en eux, pourroient être agréables à Celui qui aime beaucoup mieux la pénitence du pécheur que sa mort, ils écoutèrent favorablement leurs prières, ils se réconcilièrent avec eux, et donnèrent à l'Église des lettres de recommandation en leur faveur, les faisant participer à leurs prières et à leur communion[2].

« Que nous conseillerez-vous donc, mes frères, en cette rencontre? Comment devons-nous nous gouverner? Souscrirons-nous et nous conformerons-nous à la sentence que ces saints martyrs ont prononcée? Devons-nous autoriser leur jugement par notre conduite, et faire grâce comme ils l'ont faite? Traiterons-nous avec douceur ceux qu'ils ont traités[3] avec compassion? ou, au contraire, devons-nous condamner leur jugement comme injuste et déraisonnable, et nous constituer, par ce moyen, les examinateurs et les juges de ce que ces saints ont arrêté? Faut-il que nous contristions leur bonté

---

1. Dans le manuscrit, le participe s'accorde ainsi avec le second substantif.

2. A la marge du manuscrit : « Ἑστιάσεις. » Voici quel est, dans Eusèbe, le dernier membre de cette phrase : καὶ προσευχῶν αὐτοῖς καὶ ἑστιάσεων ἐκοινώνησαν.

3. Traité, sans accord, dans le manuscrit.

par notre rigueur, et que nous renversions ce qui a été ordonné par eux? »

Ce n'a pas été sans raison que Denys a inséré ces choses dans sa lettre, et qu'il a remué cette question touchant la manière dont on devoit traiter ceux qui, durant la persécution, étoient tombés par infirmité.

Car[1] ce fut en ce temps que Novatien, prêtre de l'Église de Rome, s'étant élevé contre eux par un esprit aveuglé d'orgueil, et soutenant qu'il ne leur pouvoit plus rester aucune espérance de salut, quand même ils feroient tout leur possible pour retourner à Dieu par une sincère conversion et une confession pure de leurs péchés, il se fit l'auteur d'une secte particulière de gens qui, par un excès de vanité, se nommèrent *purs*. Sur quoi, après que l'on eut assemblé à Rome un fort grand concile, où se rendirent soixante évêques, outre les prêtres et les diacres, dont le nombre y étoit beaucoup plus grand, et que l'on se fut informé du sentiment particulier de tous les pasteurs des autres provinces, touchant ce qu'on devoit faire sur ce sujet, l'on déclara, par un décret qui fut publié partout, que Novatien et tous les complices de son audace, aussi bien que tous ceux qui adhéreroient à l'opinion cruelle et impitoyable de ce faux docteur, devoient être réputés comme des membres retranchés du corps de l'Église; et que pour ceux des frères qui étoient malheureusement tombés durant la persécution, on devoit leur appliquer les remèdes de la pénitence, afin de leur procurer la santé.

On[2] pourroit rapporter ici l'histoire de Sérapion, écrite par saint Denys, et qui est dans l'Office du Saint-Sacrement[3].

1. A la marge du manuscrit : « *Id.* c. 43. »
2. *Ibidem* : « *Id.* chap. 44. » — Au chapitre XLIV du livre VI d'Eusèbe, que ces dernières lignes de Racine annoncent l'intention de traduire, il est en effet parlé de saint Sérapion. On lit encore au-dessous des mêmes lignes, en marge : « *Id.* chap. 45. » Dans ce chapitre XLV se trouve l'épître de saint Denys à Novatien, qui devait, on le voit, être traduite aussi. Mais ce travail paraît n'avoir pas été continué.
3. *L'Office du Saint-Sacrement.... avec trois cent douze nouvelles leçons tirées des saints Pères et auteurs ecclésiastiques des douze premiers*

siècles..., fut publié, en 1659, chez Pierre le Petit (1 volume in-8). La seconde partie du volume, qui a une pagination à part, a pour titre : *Traditio Ecclesiæ de sanctissimo Eucharistiæ sacramento*. On y trouve, à la page 27 (*Officium sextum. — Ex sancto Dionysio, Alexandrino episcopo. — Lectio* 4), l'histoire de saint Sérapion, avec renvoi au livre VI, chapitre XLIV, d'Eusèbe. Nous avons vu un autre exemplaire de ce livre portant la date de 1661, et qui du reste à la page 27 n'offre pas de différence avec l'édition de 1659. Ne croyant pas que Racine ait pu désigner un autre livre que celui dont nous venons de parler, nous trouvons là une nouvelle preuve qu'il n'a pas écrit ces traductions avant l'année 1659, et qu'on les a rapportées à tort au temps de ses études à Port-Royal.

TABLE DES MATIÈRES

CONTENUS DANS LE CINQUIÈME VOLUME.

ÉPITAPHES.. 1
    Notice... 3
        I. Épitaphe de C. F. de Bretagne, demoiselle de Vertus.. 9
        II. Épitaphe de Michel le Tellier....................... 12
        III. Épitaphe de Mademoiselle de Lamoignon........ 13

EXPLICATIONS DE MÉDAILLES................... 15
    Notice... 17
        I. La prise de Marsal.................................. 47
        II. La ville d'Erford rendue a l'archevêque de Mayence... 50
        III. Dunkerque fortifiée................................ 52
        IV. Woërden secouru................................... 55
        V. La trêve.. 58

FRAGMENTS ET NOTES HISTORIQUES........... 61
    Notice... 63
        I. 71
        II. 73
        III. 74

IV.	....	76
V.	....	83
VI.	....	88
VII.	Cardinal Mazarin..........................	89
VIII.	....	93
IX.	M. de Schomberg..........................	94
X.	....	103
XI.	....	104
XII.	....	105
XIII.	....	106
XIV.	Mort de M. Colbert.......................	110
XV.	....	111
XVI.	....	111
XVII.	1685..	112
XVIII.	1691..	113
XIX.	....	114
XX.	1693..	115
XXI.	1693, 21 mai.................................	118
XXII.	1694..	119
XXIII.	....	120
XXIV.	....	121
XXV.	Bons mots du Roi..........................	123
	Patience du Roi.............................	125
XXVI.	Nouvelles.....................................	126
XXVII.	Strasbourg....................................	126
XXVIII.	Allemagne....................................	129
XXIX.	Angleterre....................................	132
	Espagne..	133
XXX.	Turcs. Négociations de Noailles, évêque d'Ax.	134
	Venise...	136
XXXI.	....	137
XXXII.	Pologne..	139
XXXIII.	....	142

TABLE DES MATIÈRES. 601

XXXIV.	....	145
XXXV.	Vienne.....	147
XXXVI.	Hollande..........	148
XXXVII.	Portugal........	154
XXXVIII.	Portugal........	161
XXXIX.	....	162
XL.	....	164
XLI.	Cardinaux.......	167
XLII.	Rome............	168
XLIII.	....	170
XLIV.	....	170
XLV.	....	171
XLVI.	....	171
XLVII.	....	172
XLVIII.	....	173
XLIX.	Pierre de Marca........	173
L.	....	178
LI.	1665............	180
LII.	1672............	182
LIII.	1679............	184
	1680............	186
	1681............	188
	1682............	189
LIV.	....	189
LV.	....	190

NOTES SUR DES SUJETS RELIGIEUX............ 199

I.	Réflexions pieuses sur quelques passages de l'Écriture sainte........	201
II.	Remarques sur *Athalie*........	205
III.	Port-Royal et Filles de l'enfance........	212
IV.	Extrait des 9mes difficultés.......	216
V.	Accusations contre les PP. Bénédictins.....	219

VI. Extrait des registres du Parlement............	221
VII. Extrait du livre intitulé *Concordia rationis et fidei seu Alnetanæ quæstiones*...............	227

OUVRAGES ATTRIBUÉS A RACINE............. 231

PRÉCIS HISTORIQUE DES CAMPAGNES DE LOUIS XIV DEPUIS 1672 JUSQU'EN 1678................. 233

Notice.. 233

Précis historique................................. 243

RELATION DE CE QUI S'EST PASSÉ AU SIÉGE DE NAMUR.. 305

Notice.. 305

Relation.. 312

EPÎTRE A MADAME DE MONTESPAN............. 349

Notice.. 349

Épître.. 353

HARANGUE FAITE AU ROI PAR L'ABBÉ COLBERT.. 356

Notice.. 356

Harangue... 359

FACTUMS POUR LE MARÉCHAL DE LUXEMBOURG. 365

Notice.. 365

Factum... 384

Au Roi et a Nosseigneurs de son conseil............ 391

RÉPONSE DE MONSEIGNEUR L'ARCHEVÊQUE DE PARIS AUX QUATRE LETTRES DE MONSEIGNEUR L'ARCHEVÊQUE DE CAMBRAI............ 395

Notice.. 395

Réponse de l'archevêque de Paris.................. 400

TABLE DES MATIÈRES.   603

CRITIQUE DE L'ÉPÎTRE DÉDICATOIRE DE CHARLES PERRAULT.. 408

    Notice... 408

    Épître de Charles Perrault........................... 410

    Critique de l'épître de Charles Perrault........... 412

TRADUCTIONS... 423

    Notice... 425

LE BANQUET DE PLATON................................ 449

    Lettre de Racine à Despréaux en lui envoyant le *Banquet de Platon*.. 451

    Le Banquet de Platon................................... 453

FRAGMENTS DE LA POÉTIQUE D'ARISTOTE........ 475

EXTRAITS DU TRAITÉ DE LUCIEN, *COMMENT IL FAUT ÉCRIRE L'HISTOIRE*, ET DE LA LETTRE DE DENYS D'HALICARNASSE A CNEIUS POMPÉE. 491

    Extrait du traité de Lucien *comment il faut écrire l'histoire*... 493

    Extrait de Denys d'Halicarnasse..................... 500

APPENDICE AUX TRADUCTIONS...................... 503

    La Vie de Diogène le cynique........................ 505

    Des Esséniens... 532

    Lettre de l'Église de Smyrne touchant le martyre de saint Polycarpe... 559

    La Vie de saint Polycarpe............................. 572

    Extrait d'une lettre de saint Irénée a Florin, qui étoit tombé dans l'hérésie des Valentiniens................ 576

    Épître de saint Polycarpe, évêque de Smyrne, et sacré martyr de Jésus-Christ, aux Philippiens............... 578

    De saint Denys, archevêque d'Alexandrie.......... 584

    Des saints martyrs d'Alexandrie..................... 587

FIN DE LA TABLE DES MATIÈRES.

10001. — IMPRIMERIE GÉNÉRALE DE CH. LAHURE
Rue de Fleurus, 9, à Paris